# 渭源年鉴

## （2019）

渭源县地方志编纂中心　编

图书在版编目（CIP）数据

渭源年鉴. 2019 / 渭源县地方志编纂中心编. -- 兰州 : 兰州大学出版社, 2019.12
ISBN 978-7-311-05718-3

Ⅰ. ①渭… Ⅱ. ①渭… Ⅲ. ①渭源县－2019－年鉴 Ⅳ. ①Z524.24

中国版本图书馆CIP数据核字(2019)第235473号

策划编辑　梁建萍
责任编辑　张国梁
封面设计　王　挺

书　　名　渭源年鉴(2019)
作　　者　渭源县地方志编纂中心　编
出版发行　兰州大学出版社　(地址:兰州市天水南路222号　730000)
电　　话　0931-8912613(总编办公室)　0931-8617156(营销中心)
　　　　　0931-8914298(读者服务部)
网　　址　http://press.lzu.edu.cn
电子信箱　press@lzu.edu.cn
印　　刷　北京虎彩文化传播有限公司
开　　本　880 mm×1230 mm　1/16
印　　张　23.75(插页22)
字　　数　591千
版　　次　2019年12月第1版
印　　次　2019年12月第1次印刷
书　　号　ISBN 978-7-311-05718-3
定　　价　95.00元

## 《渭源年鉴》（2019）编辑委员会

**顾　问**　吉　秀　李新定　陈　栋

**主　任**　蔺红军

**副主任**　何晓云　李婉玉　郭　凯　康学斌

**委员单位**（排名不分先后）

纪律检查委员会监察委员会机关
县委办公室
县人大常委会办公室
县人民政府办公室
县政协办公室
县人民武装部
县人民法院
县人民检察院
县委组织部
县委宣传部
县委统一战线工作部
县委政法委员会
县委机构编制委员会办公室
县委直属机关工作委员会
县信访局
县委巡察工作领导小组办公室
渭河源大景区管理委员会
苏维埃政府纪念馆
县委党校（行政学校）
县档案馆
县妇女联合会
县总工会
团县委
县科学技术协会
县工商业联合会
县文学艺术界联合会
县残疾人联合会
民革渭源县支部
民盟渭源县支部
发展和改革局
教育局
科学技术局
工业和信息化局
公安局
民政局
司法局
财政局
人力资源和社会保障局
自然资源局
住房和城乡建设局
交通运输局
水务局
农业和农村局
商务局
文体广电和旅游局
卫生健康局
退役军人事务局
应急管理局
审计局
市场监督管理局

统计局
扶贫开发办公室
医疗保障局
粮食和物资储备中心
融媒体中心
市生态环境局渭源分局
农村道路服务中心
社会保障事业服务中心
机关事务服务中心
水土保持站
交通运输综合行政执法大队
政务服务中心
供销合作联社
体育运动中心
林业服务中心
疾病预防控制中心
农机中心
就业服务中心
劳务服务中心
农技中心
马铃薯产业服务中心
中医药产业服务中心
种业服务中心
畜牧兽医服务中心
农村能源开发服务中心
综合性应急救援中队
地方志编纂中心
爱卫办
妇幼保健站
给排水公司
第一中学
第二中学
第三高级中学
第四高级中学
职业中等专业学校
教师进修学校
税务局
综合执法局
地震局
烟草专卖局
中邮渭源分公司
气象局
武警中队
人民银行
农业银行
甘肃银行
工商银行
邮政储蓄银行
住房公积金管理部
国网渭源县供电公司
电信公司
移动公司
联通公司
广播电视网络渭源县分公司
新华书店
中盐甘肃省公司渭源县配送中心
人寿保险公司
财产保险公司
大地财产保险公司
人民医院
中医医院
中西医结合医院
国家统计局渭源调查队
清源镇
五竹镇
锹峪镇

莲峰镇
路园镇
北寨镇
大安乡
秦祁乡
新寨镇
庆坪镇
祁家庙镇
上湾镇
麻家集镇
峡城乡
田家河乡
会川镇

## 《渭源年鉴》（2019）编辑人员

**主　编**　朱平地

**副主编**　王枝正

**校　对**　朱平地　王枝正　田芳红　李录存　钟镇军

## 《渭源年鉴》（2019）编辑说明

一、《渭源年鉴》（2019）是渭源县人民政府主管、渭源县地方志编纂中心编纂的综合性地方年鉴，也是系统记述渭源县自然、社会、经济、政治、文化等各方面情况的大型年度资料性文献。

二、《渭源年鉴》（2019）编辑坚持以马克思列宁主义、毛泽东思想、邓小平理论、“三个代表”重要思想、科学发展观、习近平新时代中国特色社会主义思想为指导，紧紧围绕县委、县政府中心工作，突出时代特点和地方特色，全面、客观、真实、系统地记述渭源县各乡镇、各部门、各行业基本情况，反映渭源县改革发展进程，为推进全面建成小康社会、构建社会主义和谐社会、促进渭源经济社会高质量发展和县内外各界了解渭源、研究渭源提供基本资料和历史借鉴。

三、《渭源年鉴》（2019）采用分类编辑法。内文分为类目、分目、子目、条目四个层次结构，以条目为基本表现形式。全书条目标题统一用黑体加【 】表示。

四、《渭源年鉴》（2019）记述2018年度渭源县情，设特载、大事记、县情概况、政治、民主党派与人民团体、军事政法、经济、农林水牧、财税金融保险、交通邮政通信、经济管理、城乡建设与环境保护、社会事业、乡镇概况、国民经济和社会发展统计公报、年度人物、附录共17个类目。

五、《渭源年鉴》（2019）所载内容、数据和图片，由各乡镇和县直及省市驻渭各部门、各单位提供，经济社会发展统计资料由县统计局提供，封面图片由县融媒体中心提供。

雾里家山梦里情——渭源县城全景图

习近平总书记视察过的渭源县田家河乡元古堆村

中国共产党渭源县离退休干部委员会成立暨选举大会

欧美同学会助力渭源创业致富嘉兴培训班

美丽的渭河风情线

渭河风情线夜景

上湾镇党建主题文化广场

甘肃省农科院专家在祁家庙镇官路村指导当归育苗

祁家庙镇社火表演

渭源县妇联向群众宣传脱贫攻坚政策

会川镇索爷林景观

5月3日，团县委组织龙亭中学举办“起航新时代 同心绘青春”14岁集体生日暨离队入团仪式

5月3日，渭源县举办“学思践悟十九大 青春建功新时代”中学生18岁成人礼活动

老君山公园

2018年春，全县职工在黄香沟植树造林

兰渝铁路渭河特大桥

平坦的旅游公路——罗莲公路

祁家庙镇生活垃圾低温热处理站

4月4日，团县委组织学校师生到梁家坪烈士陵园开展“清明祭英烈 共铸中华魂”系列主题宣传教育活动

北寨镇马莲村搭建的光伏农业蔬菜大棚

祁家庙镇为建档立卡户发放扶贫牛

渭源县消防救援大队组织开展物业住宅小区消防培训演练活动

6月1日，团县委在麻家集镇宗丹小学举办“杭城牵手定西·共青团助力脱贫”捐赠仪式

渭源县“十三五”第一批光伏扶贫（新增）村级电站扩容建设项目莲峰镇上街村项目现场

渭源县“十三五”第一批光伏扶贫项目马莲村村级电站

渭源县妇联组织全县妇女进行“两癌”免费筛查

2018年，全县完成造林封育2.7万亩，年末实有封山育林面积11.63万亩

渭源县乡村旅游特色小镇上湾镇侯家寺村

渭源县总工会为建筑工人开展“夏送清凉”活动

5月25日，团县委组织青年志愿者参加由县委宣传部、祁家庙镇党委、政府主办，烟雾沟村委、驻村帮扶工作队承办的“携手奔小康·共筑中国梦”烟雾沟村文化扶贫活动

渭源县妇联举办妇女手工编织培训

渭源县邮政分公司职工消防演练场景

# 目 录

# 特　载

## 在县委十四届九次全体会议暨县委经济工作会议上的讲话

中共渭源县委书记　吉　秀

（2018年2月9日）

这次县委十四届九次全体会议暨县委经济工作会议的主要任务是：以习近平新时代中国特色社会主义思想为指导，深入学习贯彻落实党的十九大精神，深刻学习领会新进中央委员会的委员、候补委员和省部级主要领导干部学习贯彻习近平新时代中国特色社会主义思想和党的十九大研讨班精神，认真学习贯彻中央经济工作会议精神和省委十三届四次全会暨省委经济工作会议、市委四届六次全会暨市委经济工作会议精神，在全面总结2017年工作的基础上，对今年的重点工作做出部署，动员全县上下进一步振奋精神、坚定信心、鼓足干劲、砥砺前行，聚力谱写决战决胜脱贫攻坚新篇章。

今年是贯彻落实党的十九大精神的开局之年，是改革开放40周年，是我县决胜脱贫攻坚、实施“十三五”规划承上启下的关键之年，做好经济工作意义重大。后面，红军同志还要对经济工作做深入的分析和安排，大家要认真学习领会，抓好贯彻落实。下面，我先讲三个方面的意见。

**一、立足新时代，科学研判形势，牢牢把握经济工作的主动权**

展望新的一年，是大有可为的一年。要做好今年的经济工作，我们必须学深悟透习近平新时代中国特色社会主义经济思想，贯彻落实党的十九大和中央、省委、市委经济工作会议精神，科学研判和准确把握明年经济工作面临的形势。从上级要求看，去年底召开的中央经济工作会议，习近平总书记的重要讲话，全面总结了党的十大以来我国经济发展取得的历史性成就、发生的历史性变革，集中阐释了以新发展理念为主要内容的习近平新时代中国特色社会主义经济思想，全面论述了我国经济转向高质量发展阶段的重大现实意义和深远历史意义，深刻分析了国内外经济形势，深入阐明了今年经济工作的总体要求、政策导向、重点任务，为我们做好经济工作提供了根本遵循和行动指南。李克强同志的讲话，总结了去年经济发展和过去五年工作，对今年经济工作进行了具体部署。省委召开十三届四次全会暨省委经济工作会议，省委林铎书记、省政府唐仁健省长分别围绕“干什么、怎么干”作了重要讲话，全面分析了我省经济发展形势，扎实安排了今年全省经济工作。会议还审议通过了《构建生态产业体系 推动绿色发展崛起的意见》，对加快我省生态文明建设、构建生态产业体系、推动绿色发展崛起作了全面部署。市委四届六次全体会议暨市委经济工作会议，全面总结成绩，深入研判形势，市委书记唐晓明同志提出了三个层面的工作要求，市政府市长戴超同志提出了七个方面的工作要求。我们一定要深入学习贯彻中央、省委和市委经济工作会议精神，切实把思想和行动统一到中央和省委、市委重大决策部署上来。从机遇潜力看，党的十九大为经济发展在理念、战略、举措、预期上提出了新要求，对建设现代化经济体系作了新部署。另外，随着脱贫攻坚进入冲刺阶段，全面小康建设的加速推进，中央、省、市各项含金量很高的帮扶政策必将密集出台，对深度贫困地区的扶持力度必将进一步加大，为我县发展带来强有力的政策支持，提供了难得机遇。从发展基础看，经过近几年持续用力，我县的交通、区位、资源、生态等优势更加突出，基础设施建设的环境效应逐步显现，县域经济增长的集聚效应正在形成，经济发展的结构更优、质量更高、动力更强，产业转型升级步伐不断加快，形成了蓄势赶超的坚实基础。同时，通过全面从严治党的纵深推进，党员干部干事创业劲头明显上升，这些都是我们的底气和动力。我们要坚定信心、振奋精神、鼓足干劲，更加奋发有为地做好今年的经济工作。从面临的困难和问题看，我县经过“十二五”期间的高速增长以后，去年，也同全省、全市一样，遇到了前所未有的困难，生产总值增长3.5%，主要经济指标严重下滑，以传统农业为主导，产业结构不优、经济结构单一落后、二产成为最大的短板的问题充分显现出来。因此，我县经济发展遇到了最大的困难，面临最艰难的时期，必须要爬坡过坎，历经千辛万苦，对此全县各级干部必须要有清醒的认识。

在良好的机遇和形势面前，在前所未有的困难面前，我们要因势利导、顺势而为、乘势而上，直面困难问题，牢牢把握发展的主动权，开创经济社会发展新局面，必须做到“五个特别注重”：一要特别注重贯彻新发展理念。创新、协调、绿色、开放、共享的发展理念是习近平新时代中国特色社会主义经济思想的重要内容。创新才能提高传统生产要素的效率、创造新的生产要素、形成新的要素组合，为我县持续发展提供源源不断的内生动力。协调才能促进区域、领域平衡发展，促进“五位一体”“四个全面”联动发展，促进我县经济社会发展行稳致远。绿色才能破解我县资源环境瓶颈制约，实现产业转型、环境变美、生活提质。开放才能将一县的发展置于广阔的省际、国际空间来谋划，才能获得推动发展所必需的资金、技术、资源、市场、人才乃至机遇和理念，才能充分发挥比较优势，创造更多社会财富。共享才能解决我县发展不平衡不充分的问题，促进公平正义和社会安定，实现党心民心联成“一心”。二要特别注重推动高质量发展。党的十九大指出，我国经济已由高速增长阶段转向高质量发展阶段。高质量发展，就是能够很好满足人民日益增长的美好生活需要的发展，就是体现新发展理念的发展，就是供给侧结构性改革效果彰显的发展。具体到渭源来说，要始终坚持质量第一、效益优先，必须持之以恒“兴产业、提品质、增实效”，紧紧围绕高质量发展定目标、出政策、上项目，加快实现向高质量发展的根本转变。三要特别注重产业发展。经济发展的根基在产业、在实体。发达国家之所以发达，发达地区之所以发达，就在于培育了一批竞争力强、市场份额大的产业实体。可以说，没有强劲的产业实体，就不可能有发达的经济。产业也是农民增收的主渠道，农民只有发展产业，才能有稳定的收入，贫困群众才能稳定脱贫。四要特别注重抓重点、补短板、强弱项。这是推动发展的基本方法。要紧紧围绕中央、省、市决策部署，进一步明晰经济发展思路，什么是重点就抓什么，什么是短板就补什么，什么是弱项就突什么，一以贯之，一抓到底，确保取得实实在在的成效。五要特别注重稳中求进。这是治国理政的重要原则，是做好经济工作的方法论。要巩固“稳”的基础，增强“进”的动能，如果不稳，就是冒进。经济再发展，如果风险防控不住，一切就会功亏一篑。因此，我们必须始终保持清醒头脑，把各种风险挑战考虑清楚，比如说政府债务、民间融资等各领域都容不得半点疏忽，做到该稳的坚决稳住、该进的积极进取，在止滑企稳的基础上争取实现高质量发展。

在认清形势、理清思路的基础上，县委、县政府确定今年全县经济工作的总体要求是：以习近平新时代中国特色社会主义思想为指导，全面贯彻落实党的十九大和中央、省委、市委经济工作会议精神，加强党对经济工作的领导，坚持新发展理念，坚持稳中求进总基调，按照高质量发展的要求，统筹推进“五位一体”总体布局和协调推进“四个全面”战略布局，以推进供给侧结构性改革为主线，聚集高质量绿色发展崛起，以脱贫攻坚和全面小康建设为统揽，坚持项目带动、产业支撑、城乡统筹、民生为本、教育优先、党建保证的发展思路，统筹做好稳增长、促改革、调结构、惠民生、防风险各项工作，突出抓重点、补短板、强弱项，打好防范化解重大风险、精准脱贫、污染防治攻坚战，加快推进生态渭源、健康渭源、法治渭源、诚信渭源、和谐渭源建设，为坚决打赢脱贫攻坚战、全面建成小康社会奠定坚实基础。

今年经济增长预期目标为：GDP增长6%以上，固定资产投资增长10%以上，社会消费品零售总额增长8%以上，大口径财政收入和一般公共预算收入分别增长6%、4%以上，城乡居民可支配收入增长7.7%、10.5%以上，减少贫困人口1.81万人，单位生产总值能耗和主要污染物排放完成市上下达的控制指标。

**二、把握新要求，突出发展产业振兴实体，全力做好今年的经济工作**

全县上下要围绕今年的经济工作目标任务，聚焦发展重点，保持发展定力，努力做到速稳势更强、量增质更优。重点要“打赢三大攻坚战，实现四个更高质量发展”。

打赢三大攻坚战，就是按照党的十九大要求，今后3年要重点抓好决胜全面建成小康社会的防范化解重大风险、精准脱贫、污染防治三大攻坚战。一要打好防范化解重大风险的破袭战。防风险，关键在未雨绸缪、防患于未然。重点是化解政府性债务和金融风险，处理好加快发展与合理负债的关系，推进政府负债“结构合理、规模适度、效益优先”；抓好投融资体制改革，完善政府投资管理配套办法，严控政府新增债务，严格依规实施PPP、政府购买服务、政府投资基金等项目。我县政府性融资平台要抓好自查自纠，摸清债务底数，编制公布政府资产负债率，按照“严格控制增量、逐步消化存量”的原则，积极做好化债安排。今年，国家专项债券增加5500亿元，重点用于在建项目和化解地方政府隐性债务，相关部门要加强工作对接，努力争取获得更多的债券额度；要加大对非法集资的打击力度，依法查处非法吸收公众存款、集资诈骗、高利转贷、暴力催收债务等违法违规行为，及时消除非法集资引发的重大社会不稳定隐患，确保不发生区域性系统性金融风险，确保风险总体可控、风险等级逐年下降。二要打好精准脱贫的决胜战。脱贫攻坚战是我县的最大民生工程、头等大事，也是我们的最大政治任务和底线任务。这方面的工作，这次县委全会后还要召开县委农村暨扶贫开发工作会议进行安排部署，这里我简要点个题。目前，全县还有5.1万贫困人口，都是难啃的“硬骨头”。现在离实现全面建成小康目标不到3年时间，时间紧、任务重。我们要按照省委书记林铎同志提出的“四个有限”的要求，紧扣“两不愁三保障”标准，下足绣花功夫，全面落实“七个一批”“六个精准”各项扶贫措施，扭住产业脱贫这个关键，更加注重扶贫与扶志扶智相结合，激发贫困人口内生动力，确保年内实现2.02万人以上减贫目标。特别是实施好县乡村《脱贫攻坚实施方案》，重点抓实贫困村基础设施提升工程，以求真务实的作风、对症下药的精准、扎实过硬的举措推进扶贫脱贫，做到脱真贫、真脱贫。三要打好污染防治的歼灭战。中央经济工作会议上提出“只有恢复绿水青山，才能使绿水青山变成金山银山”。要坚决打好“大气、水、土壤”污染治理攻坚战，落细落小落实河长制各项职责任务，抓好重点流域的水污染治理，强化环保执法监察，坚决打击违法排污行为。强化工地扬尘监管，持续推进空气质量达标。深入实施“水十条”，全面实施“土十条”，组织实施土壤污染治理修复项目，不断改善土壤环境质量。

实现四个更高质量发展方面：

一要以项目建设为抓手，让投资效益更高。要抓好项目建设和资金争取，全力以赴扩投资、稳增长、增效益。一是优化投资结构，解决“钱从哪里来”的问题。一方面，要抓项目争取。中央经济工作会议和省委经济工作会议，明确了产业政策、项目资金重点向西部地区、深度贫困地区倾斜。县发改和有关部门要深入研究国家产业政策和投资导向，加大项目论证谋划和争取，扎实做好前期准备工作，确保更多的项目纳入项目总盘子。另一方面，转变投资方式，激活社会资本。要认真落实鼓励民间投资的政策措施，创新社会资本和政府合作模式，实现政府、企业和社会多方共赢。同时，要瞄准福州晋安区、兰洽会、500强企业等重点区域，实施更加主动、精准的招商战略，力争落地项目20项以上，到位资金20亿元以上。二是明确建设重点，解决“钱往哪里投”的问题。严控财政资金支出，按照保工资运转、保基本民生、保还本付息、保脱贫攻坚的原则，把资金重点投向脱贫攻坚、民生事业等重点领域，确保资金用到最需要、最迫切、最有效的地方。要加强项目资金监管，对于以政府投资为主的项目，坚持量力而行、分清轻重缓急，该优化的优化、该压缩的压缩、该放慢的放慢；对于没有资金来源的项目，坚决不再新上，严控政府债务增量。坚持效益优先原则，搞好科学论证，做实前期工作，充分考虑好投入和产出比，确保财政资金效益最大化。三是强化资金管理，解决“钱要怎么用”的问题。强化项目服务，完善重大项目联系推进、考核和奖惩等机制，严格实行“一个项目、一名领导、一套班子、一抓到底”的管理机制，大力推行“一线工作法”，及时解决项目建设中存在的困难和问题，促进项目早开工、早建成、早投产。

二要以做强实体经济为抓手，让产业发展更旺。经济发展的根基在产业、在实体。要把产业和工业集中区作为发展的根本支撑，坚持产业主导、园区主场、企业主体，以产业链为抓手，以工业集中区为载体，全力推动产业向集聚化布局、规模化发展、中高端迈进，加快建设现代化经济体系。一是加速产业升级。要按照“生产标准化、销售品牌化、经营产业化”要求，大力发展精细农业，坚持质量兴农、绿色兴农，以推进农业供给侧结构性改革为抓手，依托骨干龙头企业为主体，以资金投入为支撑，着力推进产业转型升级，提升产业层次，推进农业产业规模化、标准化、品牌化发展。中医药产业要把重心放在精深加工上，把现代制药的牌子做高叫响；马铃薯种薯产业要进一步拓展市场，做大做强马铃薯精深加工，打造知名品牌；草牧业要突出大户带动和协会运作，继续扩大养殖规模，进一步提升效益。要统筹抓好设施蔬菜、露地蔬菜和光伏食用菌种植，在发展高原夏菜上取得新突破。特别是要把文化旅游作为加快发展的战略性支柱产业，全面完成大景区管委会组建运行，切实理顺体制机制，进一步抓好文化旅游招商，吸引更多的社会资本，推进景区建设，持续扩大文化旅游品牌影响力，带动商贸物流等第三产业快速发展。积极创新生产经营体系，推进农村“三变”改革，培育壮大家庭农场、农民合作示范社、农业龙头企业等新型农村经营主体，支持农民发展小微企业，推动农业龙头企业与农户建立利益联结机制，真正让土地资源活起来、企业规模强起来、农民腰包鼓起来。同时，推动农村三产融合发展，大力发展乡村旅游、休闲农业、电子商务等新兴业态，畅通县乡村三级电商公共服务网络，全力支持农村电商、微商发展，推动优质农副产品上线销售，让农业发展更有市场、更具效益。二要培育壮大实体经济。实现经济高质量发展，关键就是要大力培育实体经济，归根到底要靠企业。因此，我们要把培育有核心竞争力的企业作为制定和实施经济政策的出发点，把促进企业做大做强作为抓好渭源实体经济发展的重要任务。要大力激发企业发展活力，大力实施“一企一策”行动，推动资金、土地、人才等各种要素向企业聚集，保障各类生产要素供给，为企业创造良好的发展环境，助力企业更好更快发展。实施“小微企业成长计划”，帮助企业解决发展过程中的手续办理、政策支持、发展环境和融资等问题，帮助困难企业恢复生产，促使有潜力的企业尽快成长为优质企业。三要抓实园区平台。园区是发展实体经济的主平台，是拉动工业增长、加快发展县域经济的核心区域。要进一步完善园区生产生活和政务服务设施特别是供气、污水处理等关键设施，筑牢实体经济载体，引导全县工业向“一区三园”集聚，把园区打造成舞动经济发展的龙头。创新园区发展机制，把园区发展重点聚焦到抓招商引资、项目入园、企业培育、财源税源上来，更加注重用地比例和利用强度、投入产出和税收贡献，坚持重质量、重效益、重落地、重开工的四重导向，落实引进、落地、建设、投产、帮扶五项服务，力争在生物医药、农业综合体、旅游服务业、健康养老、环保建材、商贸物流等领域实现新突破，打造工业经济新增长点。四要扩大对外开放发展。中央经济工作会议强调，“要进一步拓展开放的范围和层次，进一步拓展开放的思想观念、结构布局、体制机制，积极构建全面开放新格局”。当前，兰渝铁路已经通车，城市功能、园区基础不断完善，渭源已进入了开放发展的重大历史机遇期。要坚持开放发展思路不动摇，提升对外开放层次，借助外力形成促进县域经济发展新的活动和动力。充分发挥我县交通优势，主动融入“一带一路”，对接南向通道，加快编制发展规划，加快交通、物流等重大基础设施建设，加强对外经贸合作交流，推进产业对接合作，将我县的特色优势产业产品销往西南地区和东南亚各国，不断提升开放型经济发展水平。五要不断优化发展环境。要大力推进简政放权，继续深化投融资体制、行政审批制度等改革，全面建立权力清单、责任清单和涉企收费清单制度，积极推行部门协同和网上并联审批，努力营造宽松、公平、高效、法治的市场环境。同时，要深入开展“双创”行动，完善创新创业孵化平台和扶持政策，引导本土人才积极创业、务工人员返乡创业、成功人士回乡兴业，形成“大众创业、万众创新”的生动局面。

*三要统筹城乡发展，让城市更靓、乡村更美。*要突出规划引领，提升城乡建设水平，加大城乡环境整治力度，推动中心县城、特色小镇、美丽乡村融合互动发展。一是提升中心县城带动力。要推进县城提质，加快推进城市棚户区改造，进一步完善城区路网建设，配套发展一批商

业综合体，繁荣城市业态。要提升精细化管理水平，深入开展市容整治、“打非治违”专项行动，营造经营划行归市、车辆行停有序、市容洁净清爽的城市环境。二是提升特色小镇竞争力。坚持特色发展、错位发展，加快重点镇区给排水改造，提高城镇综合承载能力，因地制宜打造一批以休闲旅游、商贸物流、特色产业为支撑的特色小镇，将特色小镇打造成为发展的新平台、新亮点。三是加快美丽乡村建设步伐。要以乡村振兴战略为抓手，紧扣“产业兴旺、生态宜居、乡风文明、治理有效、生活富裕”总要求，实施贫困村整体提升工程，加快对自然村及主巷道硬化，深入实施农村饮水安全巩固提升工程和农网供电质量保障工程，坚持就近原则实施易地扶贫搬迁，年内基本完成C级危房改造任务，补齐农村发展短板，推动基础设施向农村延伸、公共服务向农村覆盖。加强乡风文明建设，健全乡规民约，培育乡贤文化，开展“文化下乡”“最美家庭”评选等活动，让群众形成美的风尚、过上美的生活。继续推进全域无垃圾综合治理行动，持续抓好农村环境整治、规范农村建房、“厕所革命”三大行动计划，全面改善农村人居环境，打造一批产业强、环境美、生活富、村风好的美丽家园，创建一批市级以上美丽乡村。

*四要突出民生改善，让群众生活更好。*坚持以人民为中心的发展思想，解决好群众最关心、最直接、最现实的利益问题，不断提升人民群众的获得感、幸福感和安全感。一是全面发展社会事业。加快标准化学校和薄弱学校改造步伐，创建群众满意医院和卫生院，重点解决好“择校热”“大班额”“就医难”等问题，努力把实事办好、好事办实，让群众拥有更多的幸福感。二是完善好社会保障。全面落实各项惠民政策，完善城乡居民保险制度和社会救助体系，加强保障性住房建设，促进养老服务事业发展，积极引导就业择业、创新创业，让群众拥有更多的获得感。三是维护好和谐稳定。深化“法治渭源”“平安渭源”建设，切实抓好信访维稳、扫黑除恶、食药监管、安全生产、防汛抗旱、应急处置等工作，构建共建共治共享的社会治理格局，让群众拥有更多的安全感。

**三、展示新作为，强化工作落实，切实加强党对经济工作的领导**

习近平总书记指出，能不能保持经济持续健康发展，从根本上取决于党的领导核心作用发挥得好不好。我们必须增强责任感、使命感、紧迫感，加强和改善党对经济工作的领导，提升驾驭经济工作的能力和水平，为经济高质量发展提供坚强保证。

*一要以坚定的信念引领发展。*坚持把党的政治建设摆在首位，深入推进“两学一做”学习教育常态化制度化，认真开展“不忘初心、牢记使命”主题教育，不断增强“四个意识”，更加坚定“四个自信”，切实把思想和行动统一到党中央和省、市、县委对今年的经济工作的安排部署上来，确保党对经济工作的领导落到实处。把学好用好习近平新时代中国特色社会主义经济思想作为做好经济工作的第一本领，大兴学习之风，调查研究之风，更加注重能力建设，切实增强推动高质量发展的能力和水平。坚持党管意识形态原则，确保意识形态领域安全。

*二要以务实的作风促进发展。*今年的经济工作的目标已经确定，关键在于狠抓落实。全县各级党组织和党员干部要锲而不舍落实中央八项规定精神，驰而不息改作风、纠“四风”，让各级干部从文山会海中解脱出来，从迎来送往中解脱出来，从日常琐事中解脱出来，把心思用在干事业上，把精力投到抓落实中。要以“三纠三促”和“三查三治”专项行动为抓手，严肃查处乱收费、乱罚款、乱摊派等损害经济发展环境的行为，坚决纠正不作为、慢作为、乱作为等问题，有效提升行政效能和政务服务，进一步优化营商环境。各级各部门特别是各级领导干部要牢记使命责任，坚持“功成不必在我、建设必须有我”

的胸怀，把全部心思用在干事创业上，大力弘扬“真抓实干、马上就办”的工作作风，全力以赴把渭源的各项事业推向前进。乡镇和部门要自觉服从和服务于全县经济工作大局，以时不我待、只争朝夕的精神，踏石留印、抓铁有痕的干劲，对看准的事咬住不放，对定下的事持之以恒，对干着的事一抓到底，确保干一件成一件。

*三要以正确的导向激励发展。*坚持以发展论英雄，以实绩用干部，注重在基层一线和困难艰苦的地方培养锻炼干部，注重在经济建设主战场发现选拔干部，大胆提拔重用德才兼备、攻坚克难的干部。强化“一月一督查、一季一分析、半年一小结、年底总评估”的考核调度机制，以大督查推动大落实，以大落实推动大发展。充分发挥考核“指挥棒”作用，为想干事、能干事、干成事、不出事的干部点赞喝彩。建立健全干部容错纠错机制，为敢担当的干部担当、为敢负责的干部负责。

*四要以坚强的堡垒推动发展。*党的根基在基层、血脉在基层、活力源泉在基层，要树立党的一切工作到支部的鲜明导向，注重提升组织力，突出政治功能，建强基层组织这个战斗堡垒。牢固树立“抓好党建是最大政绩”的政绩观，严格落实党建“第一责任人”责任制，抓好党组织书记述职评议，持之以恒地做好优化党组织设置、扩大党组织覆盖的各项工作，实现党的组织和党的工作全覆盖。围绕“明主责、补短板、解难题”三大任务，加快补齐基层队伍、待遇保障、阵地建设三大短板，整顿软弱涣散基层党组织，逐步消除集体经济“空壳村”和“薄弱村”。广大镇村干部和驻村工作队身处基层工作第一线、各种矛盾最前沿，各级各部门要真心理解基层干部，真情解决基层困难，让大家工作有劲头、生活有盼头、事业有奔头。

*五要以风清气正的政治生态保障发展。*始终把纪律和规矩挺在前面，严格落实“两个责任”，深入推进党风廉政建设和反腐败斗争。全面落实监察体制改革试点，实现对所有行使公权力的公职人员监察全覆盖。强力推进巡察工作，突出扶贫攻坚这个重点，发现和惩治群众身边的“微腐败”，形成发现问题、纠正偏差的长效机制。要强化对党员干部的“政治体检”，坚持通过实践考验看信仰，通过为民办事看立场，通过艰巨任务看担当，通过科学考核看本领，通过细微之处看廉洁，从严整治“为官不为”“慵懒散漫”等不正之风，以优良的党风凝聚党心民心，带动政风民风。

同志们，县委十四届九次全体会议暨县委经济工作会议圆满完成了各项议程。会议传达学习了新进中央委员会的委员、候补委员和省部级主要领导干部学习贯彻习近平新时代中国特色社会主义思想和党的十九大精神研讨班精神，中央政治局民主生活会精神，中央经济工作会议和省委十三届四次全体会议暨省委经济工作会议精神，市委四届六次全体会议暨市委经济工作会议精神，听取了县委常委会工作报告，审议通过了《中国共产党渭源县第十届委员会第九次全体会议决议》，认真分析研判了当前经济形势，安排部署了今年经济工作，进一步统一了思想认识，明确了发展目标和重点任务，达到了预期目的，开得很成功。

下面，我就抓好这次会议精神落实，再强调讲几点意见。

*一要强化责任抓落实。*“为官避事平生耻。”在其位、谋其政，任其职、尽其责，这是最基本的道理。不能因为限制多了、管束严了、要求高了，就有了“只要不出事、宁愿不干事”的为官不为和“不求过得硬、只求过得去”的敷衍了事。要时刻认识到肩上有沉甸甸的担子、身后有群众眼巴巴的目光，自觉而坚定地担当起该担当的责任，做好该做的工作，用实际行动推动发展、改善民生。县四大班子成员要发挥示范带头作用，对各自分管的工作负总责，对工作部署是否到位、措施是否可行、落实是否有力、成效是

否明显，都要做到心中有数。县委将紧盯重点工作任务落实，定期召开常委会议专题听取工作汇报、研究制定推进措施、作出决策部署；县政府要定期召开重点工作分析会议和调度会议，针对工作中存在的问题，及时作出安排部署；县人大常委会、县政协要发挥依法监督、民主监督、参政议政职能作用，共同配合抓好全县各项任务落实。各乡镇、各部门、各单位特别是一把手要主动担起抓落实责任，对照各自职责任务，进一步细化分解、落实举措，严格把工作任务和责任落实到单位、落实到个人，做到具体化、项目化、数量化，形成主要领导亲自抓、分管领导重点抓、具体工作有人抓，一级抓一级、层层抓落实的工作机制，做到压力传导无断路、责任落实无空挡，确保部署的工作件件有落实、事事有回音。

二要提升能力抓落实。形势越是复杂，任务越是艰巨，越需要增强驾驭能力和工作本领。全县各级领导干部都要时刻保持知识不足、能力不足、本领不足的恐慌感和危机感，按照党的十九大提出的要求，全面增强“八项本领”（学习本领、政治领导本领、改革创新本领、科学发展本领、依法执政本领、群众工作本领、狠抓落实本领、驾驭风险本领）。在工作实践中要解放思想，注重将原则性与灵活性结合起来，既增强依法办事的水平，又提升创新突破的能力，在依法依规的前提下，富有创造性地把事情干好干成。要讲究方法，在繁重的工作任务面前，学会抓重点，善于“弹钢琴”，发扬“钉钉子”精神，轻重缓急安排得当，具体情况吃透摸准，方向举措找准定实。

三要严督实查问效抓落实。要严督实查、严格考核、严肃执纪问责，强化督查结果的运用，确保“督”出实效，“查”出干劲，“追”出压力动力。要发挥好督促检查这把“利器”，坚持督查工作同目标管理相结合，日常督查和专项督查相结合，明查与暗访相结合，既要督任务、督进度、督成效，又要查认识、查责任、查作风，增强督查的针对性和实效性，倒逼各项任务的落实；动员千遍不如问责一次，要发挥好激励问责的“指挥棒”，坚持正向激励与严肃问责并举，该表彰的表彰，该批评的批评，对不作为、慢作为、乱作为、按期完不成任务的，要严肃问责，让干与不干、干好干坏、干多干少有明确的区分，形成强有力的正激励和硬约束，提升干部队伍的执行力。

同志们，新年度工作任务繁重而艰巨，完成今年各项目标任务，意义特别重大。我们一定要保持必胜的信念、冲刺的状态和决战的劲头，举全县之力，汇全民之智，真抓实干，攻坚克难，以敢死拼命的精神坚决打好打赢脱贫攻坚战。一定要聚力聚焦，进一步集中力量，握紧拳头，用好优势资源，整合项目资金，聚力推动项目建设、招商引资、产业升级等重点工作，以重点领域的突破带动全县工作整体提升。一定要把全面从严要求贯穿于年度工作始终，在党的建设、干部作风、督查考核、跟踪落实等方面，严字当头，紧抓不放，不折不扣，立说立行，以过硬的作风、清廉的政风聚合力、促落实。要坚持说到做到、动辄则咎、雷厉风行、有违必查，让纪律真正成为带电的高压线，以实际行动捍卫党的政治纪律和政治规矩。一定要以高度负责的使命担当，高点定位，奋勇作为，切实提高发展标尺，实现提速提效，自我加压争先进，挖掘潜力创一流，以全新业绩赢得组织和群众认可。

同志们，让我们紧密团结在以习近平同志为核心的党中央周围，全面贯彻习近平新时代中国特色社会主义思想，深入推动党的十九大精神落实落地，坚定信心、保持定力、求真务实、埋头苦干，努力实现高质量发展，为坚决打好打赢脱贫攻坚战、全面建成小康社会作出更大贡献！

# 渭源县人民代表大会常务委员会工作报告

## ——2019年1月5日在渭源县第十六届人民代表大会第三次会议上

渭源县人大常委会主任　李新定

各位代表：

我受县人大常委会委托，向大会报告一年来的主要工作，请予审议。

### 2018年工作回顾

2018年，是我县实施“十二五”规划、打赢脱贫攻坚战、全面建成小康社会的重要一年。一年来，在县委的坚强领导和市人大常委会的监督指导下，县人大常委会坚持以习近平新时代中国特色社会主义思想为指导，认真贯彻落实党的十九大和十九届二中、三中全会精神，坚定不移地坚持党的领导，全面落实县委决策部署，切实履行宪法法律赋予的各项职权，充分发挥地方国家权力机关的作用，关注民生热点，积极主动作为，全面完成了县十六届人大二次会议确定的各项目标任务，做出了积极贡献。

**一、紧紧围绕中心服务大局，全面落实县委决策部署**

一年来，县人大常委会紧紧围绕县委重大决策部署和县域经济发展，在决战脱贫攻坚、加快项目建设、促进民生事业发展上，依法履行监督职能，着力推动工作落实。全年共召开常委会会议8次，主任会议10次，依法作出决议决定12项。

（一）旗帜鲜明提高政治站位，坚定不移坚持党的领导。常委会始终坚持党的领导是搞好人大工作的根本政治原则，牢固树立“四个意识”，始终坚定“四个自信”，坚决做到“两个维护”，自觉在思想上政治上行动上同县委保持高度一致，着力维护县委总揽全局的地位，通过法定程序，及时将县委的重大决策转化为全县人民的共同意志，做到与县委政治上同声、思想上同心、目标上同向、工作上同步、发展上同力，确保人大工作在县委领导下依法有序开展；始终坚持重大事项请示报告制度，常委会开展的重大活动、召开的重要会议、决定的重大事项，都主动向县委请示，事后向县委报告结果，切实做到在县委的领导下开展人大工作，在人大工作中体现县委的领导。

（二）立足服务全县工作大局，及时讨论决定重大事项。常委会按照《中共中央办公厅关于健全人大讨论决定重大事项制度、各级政府决定重大事项向人大报告的实施意见》要求，认真贯彻落实《县人大常委会讨论决定重大事项办法》，加大计划预算审查监督力度，依法行使重大事项决定权，保证县委的决策部署落地见效。常委会按照年初县人民政府报送的13项重大事项清单，听取和审议了2018年财政预算调整方案、2017年财政决算和2018年前8个月财政预算执行情况的专项工作报告、2017年财政预算执行情况及其他财政收支情况的审计工作报告，审议了2018年上半年国民经济和社会发展计划执行情况、“十三五”规划实施情况、2018年地方政府性债务及国有资产管理和2017年、2018年前8个月全县非税收入收支与管理情况的报告，依法批准了2018年财政预算调整方案和2017年全县财政决算，并作出了决议。听取和审议了县人民政府关于提请将渭源县现代农业园区金鸡产业项目、清源路北侧棚户区改造项目列入2018年全县国民经济和社会发展计划的报告，并作出相应决定。

（三）坚持不懈严格法定程序，依法规范进行人事任免。常委会始终坚持党管干部与人大依法任免相统一的原则，坚决贯彻县委意图，认真审议表决各项人事任免议案，严格规范任职资格审查、法律考试、供职发言、集体票决、颁发任命书、向宪法宣誓等法定程序，依法进行人事任免。一年来，依法任免县人民政府副县长6名，县人大常委会工委室负责人4名，政府工作部门主要负责人19名，法院审判员3名、人民陪审员47名；接受县人大常委会委员辞职6名，县人大法制和财政经济委员会组成人员辞职4名，县人大代表辞职14名；补选市四届人大代表1名。先后组织17名国家机关工作人员向宪法宣誓，有力彰显和维护了宪法权威和尊严，增强了国家机关工作人员的法治意识和公仆意识，促使他们依法履职、行权为民、廉洁从政。

（四）竭尽全力决战脱贫攻坚，积极投身全县中心工作。常委会紧盯脱贫攻坚“一号工程”，坚持把精准扶贫精准脱贫作为人大工作的头等大事和第一要务来抓，依托意见建议督办、代表作用发挥、联系部门帮扶、对接东西部协作等方式，扎实开展脱贫攻坚帮扶工作，推动“一户一策”脱贫计划落细落实。常委会班子成员积极落实联乡包村帮户任务，认真开展“大走访、大排查、大讲习、大帮扶”工作，及时召开脱贫攻坚前线指挥部会议，多方协调帮助乡镇解决脱贫攻坚工作中存在的困难和问题。常委会紧扣脱贫攻坚重点任务落实，组织开展《甘肃省农村扶贫开发条例》贯彻实施、中医药产业发展、扶贫资金使用、农民专业合作社发展情况的调研和执法检查，组织常委会部分组成人员赴贵州六盘水市考察学习农村“三变”改革工作，深入扎实有效地推进全县脱贫攻坚工作。常委会持续开展“发挥代表作用·决战脱贫攻坚”活动，充分利用省、市、县、乡四级人大代表与人民群众联系最直接、最紧密的优势，采取多种形式，在宣传富民政策、反映民声民意、提供致富信息、化解矛盾纠纷、帮办实事好事、改善群众生产生活条件等方面，努力发挥人大代表的表率作用。常委会在选派3名机关干部到贫困村担任驻村帮扶工作队队长和队员的同时，经常组织机关帮扶干部对北寨镇阳山村和会川镇元寺滩村开展精准帮扶，积极帮助争取项目资金，支持基础设施建设和产业发展，为打赢脱贫攻坚战提供强有力支持。一年来，先后为帮扶村协调产业发展、基础设施建设资金84万元，争取晋安区人大常委会帮扶资金20万元，全力推进了帮扶村的脱贫攻坚工作。

**二、紧盯民生福祉依法履职，不断增强监督工作实效**

常委会围绕防范化解金融风险、精准脱贫、污染防治“三大”攻坚战，深入视察调研，改进监督方式，强化监督措施，使人大工作监督、法律监督更具时效性、精准性和权威性。一年来，听取和审议专项工作报告26项，开展执法检查2次、专题询问1次，组织县人大代表约见部分地方国家机关负责人活动1次，下达审议意见书4份。

（一）重视民生改善，突出监督重点。常委会在依法行使监督权中突出民生实事重点，针对人民群众最关心、最直接、最现实的焦点热点问题，采取调查、视察、听取专项报告和督办审议意见、满意度测评等方式，先后听取和审议了县人民政府关于全县环境状况和环境保护目标完成情况、食品药品安全管理工作和全域无垃圾专项治理、学前教育情况的报告，针对存在的难点问题，及时下发了审议意见书。经过常委会的持续监督跟进和政府及其相关部门的大力整改，大多数审议意见得到了及时整改，一些影响民生民利的问题得到了有效解决。

（二）关注社会热点，开展专题询问。专题询问作为常委会法定监督方式之一，是近年来各级人大普遍运用且行之有效的监督形式。常委会根据社会反映强烈的物业管理问题，在深入调查研究的基础上，针对物业管理中存在的10个方面的突出问题，组织开展了专题询问，县人民政府分管领导及住建、物价等部门负责人到会应询。常委会第16次会议专题听取和审议了县人民政府关于物业管理情况的报告，针对存在的法律法规宣传滞后、管理质量不高、遗留问题较多、体制机制不全、基础设施落后等问题，提出了进一步健全体制机制、强化监督指导、规范服务行为、加强老旧楼（小区）管理、探索推行“智慧社区”建设等5条审议意见，并转县人民政府限期办理。县人民政府高度重视，认真整改落实，全县物业管理进一步规范，管理和服务水平显著提高。常委会对专题询问问题和审议意见整改落实情况进行了跟踪督办，并专题听取了办理情况的报告，进行了满意度测评，满意率达95%。

（三）注重群众关切，组织约见活动。人大代表约见国家机关负责人是法律赋予人大代表的职权，也是常委会不断加强对部门负责人任期履职监督的有效方式。为积极回应基层群众关切，提高部门负责人履职水平，增强为民亲民意识，常委会精心组织首次开展了县人大代表约见部分地方国家机关负责人活动。约见会前，县人大常委会组织深入调研，充分了解相关情况，广泛征求各方意见，共征求到反映突出的23个方面的问题，经主任会议研究归集为11个问题，重点涉及全县脱贫攻坚、环境治理、学前教育、城市管理、道路交通、农田水利等民生民利方面的急事要事；约见会上，县人民政府及相关部门负责人分别认真细致地回答了代表的询问。约见活动组织安排得力，问题聚焦热点，回答诚恳务实，措施具体可行，充分体现了县人民政府及相关部门自觉接受人大监督和对民生实事的高度重视。会后对约见提出的11个问题及时转交县人民政府进行了整改落实。

此外，常委会有效利用“陇原环保世纪行”工作平台，围绕“城乡垃圾处理”宣传主题开展活动，加强对生态环境保护的监督，着力推进全县生态文明建设；同时，积极配合省、市人大常委会开展了《中华人民共和国义务教育法》执法检查，公路管理工作评议和易地扶贫搬迁、城乡居民医疗保险等调研工作。

**三、维护法律权威弘扬正义，着力推进依法治县进程**

常委会始终坚持维护宪法和法律权威，切实把全面推进依法治县作为应尽之责，认真履行法律监督职能，全力推动“一府两院”依法行政、公正司法。

（一）深入开展执法检查，促进树立法治意识。常委会以执法检查为抓手，着力提高社会管理法治化水平。重点对《中华人民共和国道路交通安全法》贯彻实施情况进行了检查，听取和审议了专题报告，提出要加大宣传教育力度、优化道路交通安全环境、规范道路标志标线和加强执法队伍建设等4条审议意见。常委会十分重视民族宗教工作，专题听取和审议了《宗教事务条例》贯彻实施情况的报告后，指出今后要在加强学习宣传、提升工作水平和加大宗教场所管理等方面持续用力，切实维护全县宗教领域和谐稳定。

（二）不断加强“两院”监督，持续推进公正司法。常委会重视和支持法检“两院”深化司法体制改革工作，专题听取和审议了县人民法院、县人民检察院关于深化司法体制改革工作进展情况的报告，对“两院”在加强司法能力建设、发挥公正司法职能、维护社会公平正义等方面所做的工作给予了充分肯定，督促和支持“两院”要深化思想认识，把握司法改革的正确政治方向；推进配套改革，落实司法改革的制度责任体系；加强队伍建设，重视司法改革的持续发展。通过不断加强对法检“两院”监督，规范司法行为，强化执法联动，进一步推进了阳光司法，提升了司法公信力，为全县经济发展和社会稳定提供了坚强的司法保障。

（三）健全完善备案审查，有效规范行政行为。常委会认真贯彻落实《甘肃省各级人大常委会规范性文件备案审查规定》，结合工作实际，制定出台《渭源县人大常委会规范性文件备案审查办法》，为规范性文件备案审查提供了制度遵循。一年来，对《渭源县乡村公益性岗位管理办法》，各乡镇人大选举办法、决议决定等28件规范性文件进行了备案审查，对存在的问题及时予以纠正，保证了规范性文件合法合规。

（四）认真办理来信来访，及时化解矛盾纠纷。常委会注重来信来访案件的时效性，进一步明确接访、督办、答复等各项措施，规范信访案件办理程序。一年来，共受理群众信访案件24件（次），及时转交并督促相关部门做好办理工作，信访办结率得到进一步提升，一些群众反映强烈的突出问题得到了妥善解决，为促进社会和谐稳定起到了积极的推动作用。

同时，常委会时刻关注全县监察体制改革工作，专题听取和审议了县监察委员会关于监察体制改革试点工作进展情况的报告，为推动监察体制改革提出了富有针对性的意见建议。

**四、突出服务保障主体地位，持续加强改进代表工作**

常委会坚持尊重代表主体地位，不断加强和改进代表服务工作，努力为代表依法履职、发挥作用创造条件，提供服务。

（一）强化政治学习，提高代表履职能力。常委会注重代表素质培养和履职能力的提升。在组织代表分两批参加人大代表履职能力提升培训班的同时，积极组织代表和基层人大工作者参加省、市人大常委会举办的各类培训学习。一年来，共有50名人大代表和基层人大工作者参加了培训。为代表订阅新《宪法》《监察法》《中国人大》《人大研究》《定西人大》《人民之声报》和全国、省、市人大常委会《公报》等学习资料，为进一步提高各级人大代表的理论素质和法律素养提供了条件。

（二）强化机制建设，拓展代表履职途径。常委会积极指导和督促各代表小组开展闭会期间的各类活动，邀请代表和公民列席旁听常委会会议，参加常委会审议议题的调查、视察、执法检查、专题询问和代表约见等活动。利用人大网站、微信公众号，及时通报人大重要情况和工作动态，向代表印发“一府一委两院”阶段性工作总结，主动接受代表监督，进一步拓展了代表知情知政渠道。同时，常委会坚持落实“两联系”制度，不断加强常委会组成人员与代表、代表与人民群众的密切联系，及时听取代表反映社情民意的意见建议，并转交县人民政府尽快办理。

（三）强化建议办理，激发代表履职活力。常委会注重年初抓建议交办、年中抓限期办结、年末抓难点督办，对代表建议办理完成的时间和程序提出了严格要求，并选择具有代表性、办理难度大的10件建议由常委会领导进行重点督办，切实提高了代表建议办理质量。县人民政府及各承办单位高度重视建议办理工作，建立了工作培训、现场答复、监督检查等各项制度，提高了办理实效。7月和12月份，常委会分别组成2个督查组，对代表意见建议办理工作进行督查督办，确保了办理工作落到实处。县十六届人大二次会议期间代表提出的73件意见建议，已经办结或基本办结43件，正在办理11件，列入计划逐步解决19件，办结率58.9%；常委会组成人员联系县人大代表时，代表提出意见建议16件，已经办结或基本办结9件，正在办理4件，列入计划逐步解决3件，办结率56.3%。

（四）强化业务指导，提升乡镇人大履职水

平。常委会从配强人员力量、规范履职程序、深化代表活动等环节入手，着力推动乡镇人大工作向更加标准化、规范化方向发展。严格落实常委会领导分片联系乡镇人大工作制度，经常深入各乡镇，从工作程序、制度建设、职责履行等方面进行指导，尤其针对补选县十六届人大代表工作，安排专人实地督导检查和现场培训指导，保证了补选代表工作依法有序、圆满完成。常委会高度重视乡镇人大主席业务能力提升，按期邀请人大主席列席常委会会议，适时组织参加视察调研和外出学习考察，定期召开县乡人大工作者培训会议。常委会十分重视乡镇人大阵地建设，督促改善乡镇人大代表活动场所的办公条件和工作环境，创新拓展“人大代表之家”和“人大代表工作室”活动方式，充分发挥代表活动阵地平台作用，扎实推进代表向选民述职、代表专题询问、代表履职监督等活动有序开展，全面提升了新时代乡镇人大工作水平。

**五、坚持强基固本开拓创新，注重自身建设提质增效**

常委会始终坚持“打铁还需自身硬”，按照“既要政治过硬，又要本领高强”的要求，切实加强自身建设，促进人大工作创新发展。

（一）加强政治建设，提高理论素养。常委会始终把政治建设摆在首位，坚持党组理论学习与机关党支部理论学习相结合，充分发挥示范带头作用，持续推进“两学一做”学习教育常态化、制度化，坚持集中学习14次。重点深入学习了党的十九大精神和习近平新时代中国特色社会主义思想，习近平关于治国理政、脱贫攻坚的新理念、新思想、新方法，及时传达学习中央和省市县重要文件和会议精神。同时，加强对新《宪法》《监察法》《甘肃省乡镇人大工作条例》等与人大工作密切相关的法律法规和业务知识的学习。通过坚持会前学法、领导干部讲党课、心得体会交流、法律法规知识考试、组织外出培训等方法，着力在真学、真懂、真用上下功夫，进一步提升了常委会班子及机关干部的政治素养，提高了人大机关依法履职尽责的能力。

（二）转变工作作风，提振干事信心。常委会以“转变作风改善发展环境建设年”活动为契机，以严格落实党风廉政建设责任制为抓手，压紧压实两个责任，进一步推动全面从严治党向纵深发展。持续加强纪律作风建设，认真贯彻落实中央八项规定精神和廉洁自律各项规定，严守政治纪律和政治规矩，严格执行党员领导干部个人有关事项报告、外出请示报备等制度，严控“三公”经费支出，机关内部约束力进一步增强。认真执行新形势下党内政治生活若干准则，严格落实党员领导干部组织生活、理论学习、民主生活会、“三会一课”等制度，精心组织机关党支部开展“主题党日+”活动，全面推进党支部标准化建设。

（三）完善规章制度，提升工作效能。按照新时代人大工作的特点和要求，常委会注重健全和完善各项规章制度，强化刚性约束，坚持精悍高效、务实管用的原则，突出针对性和指导性，修订完善了《渭源县人大常委会“三重一大”事项报告制度实施细则》《渭源县人大常委会组成人员工作纪律守则》《渭源县人大常委会关于县人大代表建议、批评和意见办理工作考核奖惩办法（试行）》等17项规章制度，通过严格执行和有效落实，机关各项工作规范有序、效率明显提升。

（四）加大舆论宣传，营造良好氛围。常委会牢牢把握正确舆论导向，坚持把人大宣传工作作为总结经验、创新思维、争创一流的重要途径。5月份，组织召开了全县人大宣传信息工作会议，要求县乡人大工作者要借助各种新闻媒体，进一步拓展宣传渠道，加大宣传力度，充分发挥人大宣传阵地的作用，对县乡人大工作进行全方位、多角度、深层次的宣传报道，全面反映人大工作新动态。一年来，共编发人大工作通报11期、常委会公报3期，通过人大网站、微信公众号发布工作信息100多条，省、市人大刊物发表工作综述、新闻动态等20多篇。同时，为总结我县人大工作的好经验、好做法，系统反映我县人大事业的大势大貌，发挥好“存史、资政、育人、启后”的作用，填补我县社会主义民主政治方面的专志空白，2018年常委会创新性启动开展了《渭源人大志（1949—2020）》编纂工作。

各位代表，县人大常委会过去一年取得的成绩，是县委正确领导和“一府一委两院”密切配合的结果，是全体县人大代表共同努力的结果，也是全县人民大力支持的结果。在此，我谨代表县人大常委会，向关心支持人大工作的各级组织、各界人士表示衷心的感谢，向全体代表、全县人民表示衷心的感谢！

在总结成绩的同时，我们也清醒地认识到，常委会工作还存在不少差距，如监督工作的针对性和实效性还需进一步提升，关注民生、发挥代表作用的形式还需进一步创新，常委会及机关自身建设还需进一步强化。对于这些问题和不足，我们将自觉接受人民监督，虚心听取代表和各方面的意见，在今后的工作中采取有效措施，认真加以解决。

## 2019年工作打算

各位代表，2019年是全县实现整体脱贫摘帽、决战决胜全面小康的关键一年，各项工作时间紧、任务重、要求严，我们必须认清做好今年工作的重大意义和所面临的严峻形势，必须迅速把工作部署、行动节奏和精神面貌转入“敢死拼命”“决战决胜”状态，举全县之力、聚万众之心、集全民之智、一鼓作气、攻坚拔寨、一战而胜，夺取脱贫攻坚全面胜利。在新的一年里，县人大常委会将以习近平新时代中国特色社会主义思想为指导，全面贯彻落实党的十九大和十九届二中、三中全会精神，坚持党的领导、人民当家做主和依法治国的有机统一，认真落实县委的决策部署，聚焦决战决胜脱贫攻坚大局、紧盯持续改善民本民生水平、着眼推进建设民主法治进程，忠实履行宪法法律赋予的职权，不断提升履职能力，切实增强监督实效，凝心聚力推动全县经济社会高质量发展。

### 一、自觉坚持党的领导，始终坚定正确政治方向

坚持党的领导是做好人大工作的基本前提和根本保证。常委会将更加自觉地坚持和依靠党对人大工作的领导，深刻把握习近平总书记关于坚持和完善人民代表大会制度的重要论述以及坚持以人民为中心的发展思想，认真落实中央和省市县委关于加强新时代人大工作的新要求，把坚持党的领导贯穿于人大工作全过程和各方面，主动在脱贫攻坚大局中谋划和推进人大各项工作，保证人大工作正确的政治方向；充分发挥常委会党组的领导核心作用，做到重要工作向县委请示，县委交办的任务高效完成；在加强调查研究的基础上，全面了解经济社会发展态势和人民群众意愿要求，及时依法讨论决定重大事项，促进县委决策部署的落实，确保人大作出的决议决定更加符合实际、贴近民意，努力在行使决定权上取得新进展，重点对2019年全县计划预算执行、环境状况目标完成、国有资产管理和深化“放管服”改革等重大事项依法适时作出决议决定，促进重大决策部署及时得到贯彻落实。坚持党管干部原则，完善任免工作制度，规范任免工作程序，不断增强任免工作的公开力度、透明程度和权威法度，确保县委推荐的人选通过法定程序成为地方国家机关工作人员，为促进全县经济社会发展提供坚强的组织保证。

### 二、创新改进监督方式，不断增强监督工作实效

常委会要把打赢脱贫攻坚战作为今年人大工作的着力点和落脚点，紧扣“两不愁三保障”目标和稳定增收底线性任务要求，重点围绕全县产业扶贫、城乡居民医疗保险、农村住房安全保

障、农村饮水安全、劳动力进疆入闽输转等工作开展调研视察；紧盯脱贫攻坚工作推进时序，加强对承担脱贫攻坚主要任务的政府工作部门和各级帮扶单位、驻村帮扶工作队工作的定期督查，适时对工作推进中慵懒散漫、效能低下的单位负责人启动专题询问、组织代表约见和特定问题调查等监督手段，层层传导脱贫攻坚压力，切实保证按期高质量完成脱贫攻坚各项工作任务。常委会要加强宪法宣传教育，督促“一府两院”严格落实新任命人员向宪法宣誓制度，开展《中华人民共和国旅游法》《甘肃省废旧农膜回收条例》和《甘肃省乡镇人大工作条例》等法律法规贯彻实施情况的专项检查；加大计划预算监督力度，着力推进预算联网监督，全面推进预算绩效管理，提高公共财政资金的使用效益；加强对法院解决“执行难”、检察院民事诉讼和执行活动法律监督工作的调查研究，支持和推动“两院”司法体制改革圆满完成，促进审判权、检察权正确行使。同时，常委会要更加注重增强监督实效，克服监督工作中重审议轻跟踪、重决定轻执行、重检查轻落实等问题，加强对相关执行机关贯彻实施决议决定和审议意见的跟踪监督，切实履行好党和人民赋予的神圣职责。

**三、努力拓展履职平台，充分发挥代表主体作用**

常委会要牢固树立代表主体意识，进一步提升联系代表、服务代表的水平，为代表履职创造条件、搭建平台，充分发挥人大代表在脱贫攻坚中的带动作用。要继续推动“人大代表之家”和“人大代表工作室”建设，健全完善人大代表报告履职情况制度，强化代表履职意识，确保闭会期间代表活动经常化、制度化和规范化。要进一步加大代表建议跟踪督办力度，不断提高建议办理实效，切实保护好广大代表的履职热情。

**四、不断加强自身建设，全面提升人大工作水平**

常委会要始终坚持把学习贯彻党的十九大精神特别是习近平新时代中国特色社会主义思想作为首要政治任务，紧扣时代发展脉搏，不断学习新知识，拓宽新视野，探索新举措，全面提升履职能力水平，切实肩负起新时代坚持和完善人民代表大会制度的崇高使命，不断激发工作热情，增强事业心和责任感。要加强机关制度建设，不断提高常委会工作制度化、规范化、科学化水平。要继续加强与各乡镇人大的联系，强化业务指导，推进乡镇人大规范化建设向高水平迈进。要高度重视宣传工作，坚持正确的舆论导向，加强对人大依法履职实践和新时代人大代表履职风采的宣传，为人大工作与时俱进、创新发展营造良好环境。要全面落实从严治党主体责任，持之以恒加强纪律作风建设，努力把人大机关建设成为全面担负起宪法法律赋予的各项职责的工作机关，成为同人民群众保持密切联系的代表机关。

各位代表，同志们！九万里风鹏正举，新时代新使命催人奋进。让我们紧密团结在以习近平同志为核心的党中央周围，在县委的坚强领导下，以更加坚定的信念，更加昂扬的斗志，更加饱满的热情，更加扎实的作风，为坚决打赢脱贫攻坚战、实现2019年全县脱贫摘帽而努力奋斗！

# 政府工作报告

## ——2019年1月4日在渭源县第十六届人民代表大会第三次会议上

渭源县人民政府县长　蔺红军

各位代表：

现在，我代表县人民政府向大会报告工作，请予审议，并请各位政协委员和其他列席人员提出意见。

### 2018年工作回顾

2018年，面对严峻经济形势和多重发展困难，县人民政府在市委、市政府和县委的坚强领导下，在县人大、县政协的监督支持下，认真贯彻落实习近平新时代中国特色社会主义思想，牢牢把握稳中求进总基调，聚焦脱贫攻坚最大任务，迎难而上、负重奋进、开拓创新、真抓实干，较好地完成了年初确定的目标任务，脱贫攻坚取得阶段性成效，有力推动了全县经济社会发展。预计全县完成地区生产总值35.4亿元，增长6.1%；固定资产投资15.73亿元，增长10%；一般公共预算收入1.48亿元，增长6.1%；一般公共预算支出29.6亿元，增长24.3%；社会消费品零售总额8.1亿元，增长8.6%；城乡居民可支配收入分别达到23531元、7360元，均增长8%。实现外贸进出口总值326万元。国家和省市领导多次莅临我县调研指导工作，2018年中国药博会中药材产业扶贫论坛、全省产业拉练现场观摩、全省中药材产业扶贫现场推进会、欧美同学会脱贫攻坚现场会以及渭水文化旅游节、美食节等一系列节会在我县成功举办，体现了中央和省市对我县工作的关心支持和鼓励鞭策，更是对我县干部群众探索创新、真抓实干的充分肯定。人民日报社、新华社、中央电视台等中央媒体对我县脱贫攻坚、经济社会发展密集报道，渭源影响力、知名度和荣誉度全面提升。一年来，我们重点在以下方面取得了新进展。

脱贫攻坚扎实推进。紧盯“两不愁、三保障”脱贫目标，实施打赢脱贫攻坚战三年行动，打好政策组合拳，整合投入各类资金17.8亿元，退出贫困村31个，净减少贫困人口2.2万人，贫困发生率降至9.08%。健全推进机制，聚焦深度贫困，组建县乡脱贫攻坚前线指挥部，实行党政领导周调度、遍访贫困对象、周督查周通报月评比等制度，落实“一户一策”“一册一卡一清单”精准帮扶措施，全覆盖开展扶贫领域专项巡察，推行驻村帮扶工作队常态化管理，健全了一线指挥督战、各级协调联动和督查考核倒逼的推进机制。创新产业扶贫，采取折股量化、产业到户奖补两种形式，加快培育一批带动贫困户短期致富长期增收的多元富民产业，形成马铃薯种薯、中医药、草牧业等优势产业主导，光伏、食用菌、花卉、旅游、扶贫车间等新型产业补充，劳务产业跟进的产业发展新格局，新发展国有农投公司20家、涉农企业244家、合作社1385个，实现所有村2家以上合作社全覆盖、贫困户产业到户到人和折股量化入股全覆盖，户均折股量化资金达到1.99万元、以奖代补资金达到6446元，人均从产业（含劳务）获得的收入占可支配收入的78%。全力补齐短板，新接通自来水2224户，新建改造通村道路388公里、农村电网419公里，实施易地扶贫搬迁1606户、危房改造2194户，饮水安全率、行政村通畅率均达到100%，自然村通动力电、行政村宽带网络实现全覆盖。九年义务教育巩固率达到97.18%，城乡居民医疗保险、养老保险参保率分别达到98.4%、98.9%。村级集体经济“空壳”全面消除。聚集帮扶合力，深入开展“大走访、大排查、大讲习、大帮扶”活动，订单式培训1.3万人次，激发贫困户自我发展能力。“万企帮万村”活动全面加速，在全市率先开展“互联网+社会扶贫”，社会扶贫网注册1.8万人，成功对接事项2000多个。国扶办、福州市及晋安区、欧美同学会等投入帮扶资金2.7亿元，定点扶贫、东西部协作帮扶、社会扶贫工作扎实有效开展。保障脱贫质量，全面落实扶贫领域项目资金公开公示办法，建设渭源县惠农资金监管网，全力整改各级反馈（自查）脱贫攻坚突出问题187条。扎实开展“脱贫攻坚作风建设年”活动，持续开展扶贫领域作风和腐败问题专项整治，确保脱贫攻坚工作务实、过程扎实、结果真实。

项目建设不断强化。抢抓国家政策叠加机遇，狠抓项目建设，增强发展后劲。加快项目实施，开工建设项目113项，总投资117亿元，完成投资29.6亿元，拉动投资增长10%。连续梯次集中开工项目5批58项。推进重点项目，谋划实施“奋进之笔、得意之作”项目6项，县城区供水工程进展顺利，定渭公路建成通车。渭武高速、易地扶贫搬迁等9个市列重点项目和县医院综合楼、会川污水处理工程等12个中央预算内投资项目完成年度建设任务。扩大招商推介，组团参加“海交会”“兰洽会”等重大节会，实施招商引资项目27项，落实到位资金25亿元，现代农业产业园金鸡扶贫、佛慈红日精制饮片配方颗粒生产等重点招商项目加快推进。健全机制保障，全面落实领导包抓、“六张清单”“八项制度”等项目推进机制，修订完善项目管理办法，创新联审联批、“一会三函”等措施，简化项目报账审批程序。

产业体系日趋完善。积极培育“十大产业”体系，着力在产业转型升级和结构调整上下功夫，预计三次产业比为36.9：10.5：52.6。主导产业基础夯实，马铃薯种薯产业稳步推进，生产脱毒瓶苗4.8亿株、原原种5亿粒、各级种薯80万吨，总产值达到4亿元；中医药产业提质增效，建立标准化种植基地30万亩，种植面积稳定在40万亩，干药产量达到7.4万吨，总产值达到9.5亿元，“渭源白条党参”评为国家驰名商标；草牧业发展迅速，牛、羊、猪、鸡、蜂饲养量分别达到6.4万头、38.1万只、25.1万头、204.3万只、0.9万箱，肉蛋奶总产量达到2.6万吨，总产值22.5亿元。新型产业破题发展，新建村级光伏电站49个，争取72个村扩容指标新建莲峰光伏园区，全县总装机规模达到47.2兆瓦。建成食用菌生产示范园区4个，蔬菜种植面积达到6.4万亩。新建花卉基地404亩，繁育苗木8470万株。劳务产业全链推进，建设扶贫车间20个，吸纳贫困劳动力就业1019人。开发村级公益性岗位1567个，完成技能鉴定1129人，输转劳动力6万人次，实现劳务收入12亿元。工业发展稳步推进，制定“一企一策”计划，盘活停产半停产企业3家，新增规上企业3家。新引进入园企业3家，发展小微企业15家，实施工业项目7项10.3亿元，工业增加值达到1.3亿元，规上工业增加值达到0.49亿元。现代服务业加快发展，扎实推进渭河源、首阳山等核心景区建设，新发展旅游专业村1个、农家乐（客栈）28家，接待游客120万人（次），实现旅游综合收入5.2亿元。电子商务和现代物流融合发展，累计发展网店685家，电子商务交易额突破2亿元。

城乡建设融合发展。以新型城镇化为引领，加快推进城乡一体化进程，城镇化率达到27.3%，提高1.5个百分点。优化规划体系，城乡统筹总体规划和15个乡镇总规纲要完成市级初审，县域乡村建设规划及五竹镇、元古堆村特色小镇规划完成编制，北寨镇、莲峰镇控规启动编制。加快县城建设，实施重点城建项目13项12.8亿元，完成投资8.8亿元。火车站站前广场、文化场馆馆前广场主体完工，关中路、北环路东段等城市道路建成通车，改造城区主次干道7公里、供热管网2.8公里，实施渭河亮化美化工程4.4公里。完成棚户区改造2222户，拆迁1221户12.2万平方米，改造县城老旧楼33栋1001套。推进小城镇建设，五竹、路园等镇区道路拓宽改造项目基本完成，上湾物流园二期、会川秀水丽景棚户区改造等工程加快推进，完成投资0.8亿元。实施农村道路“畅返不畅”工程11条66.5公里，养护里程1230公里。改善环境面貌，新建美丽乡村示范村3个。大力开展全域无垃圾综合整治行动，全市全域无垃圾现场推进会在我县成功召开，通过财政以奖代补建设乡镇垃圾磁化热解站13个，“户分类、社集中、村运转、乡处理”的垃圾收处体系受到了省市高度肯定，在全省推广应用。

生态环境持续改善。坚守生态环境底线，推动绿色发展崛起，加快美丽渭源建设。构建生态屏障，制定《渭源县构建生态产业体系　推动绿色发展崛起的实施意见》和十大绿色生态产业发展计划，完成生态造林8.4万亩，森林覆盖率提高到15.7%。新增水土流失综合治理面积45平方公里，治理程度达到55.3%。加强环保问题整改，严格执行“3456”工作法，完成中央、省市环保督察交办和反馈问题整改23项，长期坚持整治24项，29件环境信访事项全部办结。打好污染防治攻坚战，实施蓝天、碧水、净地行动，有序推进生态红线划定工作，依法整治改造燃煤锅炉38台，严格落实畜禽禁养区规定和“河长+警长”制度，实施畜禽养殖污染治理项目6项，空气质量优良率保持在300天以上，水质达标率达到100%，主要污染物排放量控制在标准以下。

民生福祉不断增进。积极破解民生难题，满足民生需求，推动人民生活更加美好。协调发展社会事业，新建维修校（园）舍4.3万平方米，义务教育均衡发展通过国家评估认定，高考文化课二本上线率达到40.7%，提高5个百分点，渭源一中成功创建省级示范性普通高中，获得全市教育质量振兴奖。全面推行“先诊疗后付费”和“一站式”即时结报制度，县疾控中心综合业务楼完成建设，县医院综合楼主体完工，3所县级公立医院综合改革稳步推进，乡镇卫生院实现标准化建设全覆盖，健康扶贫工作受到国家卫健委、国扶办通报表扬。文化综合场馆、全民健身体育馆等地标性建筑进入工程扫尾。秦腔剧《渭水医魂》获得第九届敦煌文艺奖，《禹河春》《公民张三》入选全国优秀现实题材舞台艺术作品剧目。县广影中心荣获全国服务农民服务基层文化建设先进集体。全面落实民生政策，新增城镇就业2018人，城镇登记失业率为3.8%。完成农村妇女“两癌”检查2万人，超出任务33个百分点。全面落实城乡低保、临时救助、医疗救助等保障和优抚政策，完成城乡低保、特困供养提标和城乡居民基本医疗保险并轨改革，发放各类社会救助资金1.7亿元。推进平安渭源建设，安全生产形势总体稳定，食品药品监管不断加强。受理各类信访事项144件、电子民生平台事项6790件，办结率均达到98%。扎实开展扫黑除恶专项斗争，严厉打击各类违法犯罪活动，治安、刑事案件发案率分别下降35.3%、33.7%，禁毒工作稳步推进，社会大局和谐稳定。

自身建设不断加强。积极转变政府职能，推进依法行政，提升行政效能，不断提高政府信任度、满意度。全面深化改革，以供给侧结构性改革和“放管服”改革为重点，有序推进国有林场、商事、盐业、税务、电价等领域改革。推动“四办”改革，完成政务服务大厅改造搬迁，疏解省市交办堵点问题127项，梳理公布政务服务事项838项，“最多跑一次”“不见面办理”事项达到86%。深化农村“三变”改革，全面完成农村土地确权登记颁证工作，流转土地6.4万亩。狠抓督查问效，深入开展“转变作风改善发展环境建设年”活动，全面落实政府目标管理、政务公开和审计监督，省市巡视巡察、审计、督查反馈问题全部整改到位。推行“五步三法”常态督查机制，开设“新时代新气象新作为抓落实进行时”电视专栏，曝光问责16批156人次。人大代表意见建议、政协委员提案办结和正在办理率分别达到75.3%、83.3%。强化廉政建设，严格落实全面从严治党“一岗双责”，认真贯彻落实中央八项规定实施细则和省政府“十不准”规定，严肃查处贪污腐化和不担当、不作为、弄虚作假等行为，政治生态持续优化。

一年来，统计、人防、气象、档案、编制、粮食、双拥、地方志、机关事务等工作扎实推进，科技、国土、老龄、慈善、质量、物价、金融、消防、民族宗教等事业取得新进展，工会、共青团、妇联、科协、残联等群团组织为全县经济社会发展作出了积极贡献。

各位代表！过去的一年，我们积极克服各种困难和不利因素，取得了来之不易的发展成果，特别是全县广大干部群众在脱贫攻坚实践中展现出的改革创新的精神、勇于担当的勇气、真抓实干的作风，让我们倍受感动、催人奋进，更坚定了我们迎难而上、奋力赶超的信心和决心。政府工作取得的每一点进步，取决于习近平新时代中国特色社会主义思想的伟大引领，归功于市委、市政府和县委的坚强领导，得益于县人大、县政协的鼎力支持，更离不开各级各部门通力协作和广大干部群众的共同努力。在此，我代表县人民政府，向各位人大代表、政协委员，向各民主党派、人民团体和驻渭单位，向武警部队、公安干警，向离退休老干部，向所有关心和支持渭源发展的社会各界人士，表示崇高的敬意和衷心的感谢！

## 2019年工作目标和任务

2019年是新中国成立70周年，是全面建成小康社会的关键之年，更是坚决啃下脱贫攻坚这块硬骨头、实现整体脱贫摘帽的决胜之年。我们要以习近平新时代中国特色社会主义思想为指导，深入贯彻党的十九大和十九届二中、三中全会精神，全面践行习近平总书记视察甘肃“八个着力”重要指示，认真落实中央经济工作、农村工作会议安排部署，坚决落实县委决策决定，清醒认识、科学研判、准确把握、合理确定今年的工作目标，更好地掌握工作主动权，高质量推动脱贫攻坚和经济社会发展。

*一要清醒认识存在的突出问题。*分析当前面临的困难和问题，主要表现在四个方面：一是脱贫攻坚压力较大。全县仍有0.8万户2.9万人104个贫困村和深度贫困村没有脱贫，所需资金缺口较大，C级危房尚未全部消除，贫困户内生动力不强、收入不稳定，返贫风险高，如期实现脱贫、稳定脱贫摘帽还需比以往付出更加艰辛的努力。二是县域经济实力较弱。经济总量偏小，主导产业实力不强、支撑能力弱，新兴产业和新型主体培育不足，重大项目接续能力不够，财政自给率仅为5%，融资难度大，发展需求与财力保障、债务化解矛盾突出。三是基础保障短板突出。城镇承载能力有待提升，水电路气暖等城乡基础设施建设欠账较大，资源利用与环境保护、项目建设与土地报批等矛盾凸显。公共服务均等化水平低，社会治理难度大，安全生产、食品药品等民生保障还存在不少薄弱环节。四是执行能力有待提升。个别部门职能转变不到位，服务意识不强。部分工作人员状态不佳、能力不足、动力不足、担当不足，致使一些工作落实不到位、效果不理想。这些问题，是制约脱贫攻坚和经济社会发展的瓶颈短板，更是今年工作的着力点和

突破口，我们必须坚持问题导向，着力破除。

二要科学研判面临的利好形势。当前我县面临的最大的任务是脱贫攻坚，最大的短板是发展不足，虽然形势严峻、困难重重，但也有诸多难得的有利机遇。一是国家战略推动。中央把脱贫攻坚作为最大政治责任、第一民生工程，坚定实施精准扶贫精准脱贫基本方略，习近平总书记、胡春华副总理先后亲临我县视察，充分表明了党中央、国务院对我县脱贫攻坚的高度重视和格外关怀。如期脱贫摘帽是政治责任，是硬任务、铁任务，不能拖、不能等，我们必须义不容辞地完成这一政治任务和历史使命。二是政策利好叠加。国家围绕助推深度贫困地区脱贫攻坚，加大基础设施领域补齐短板力度，实施乡村振兴战略，持续释放了一系列政策利好，省委省政府作出了推动全省绿色发展崛起的战略部署，出台了支持深度贫困地区发展十大绿色生态产业的一揽子政策措施，市委市政府实施打赢脱贫攻坚战三年行动。这些政策，含金量之高前所未有，是我们有信心有决心打赢脱贫攻坚战、推动高质量发展的动力和保障。三是攻坚合力强大。国务院扶贫办直接定点联系我县，福州市晋安区东西部扶贫协作对口帮扶，欧美同学会、国家农业银行、省市帮扶单位大力支持，省委省政府十分关心和牵挂渭源，分管领导现场办公，对我县提出的脱贫攻坚事项照单全收、全力支持。只要我们充分对接好、利用好，必将为我县加快脱贫攻坚、促进经济增长发挥极其重要的推动作用。

三要准确把握发展的自身优势。从发展基础来看，经过近年的持续努力，兰渝铁路、渭武高速、现代农业产业园等一批大项目相继建设，我县经济运行稳中趋好的基础不断牢固，区位优势、资源优势不断放大，迎来了决胜脱贫攻坚、推动转型升级的发展新阶段。从脱贫指标来看，对照脱贫验收标准，我县脱贫退出的底线性要求已初步达标，安全饮水、产业扶贫、基本公共服务等指标处于全市乃至全省前列，夯实了整县脱贫摘帽的重要基础。从信心决心来看，经过近年的奋力攻坚，我们的工作思路更加清晰，工作机制更加健全，产业体系更加完善，脱贫基础更加牢实。贫困户不等不靠、自力更生，脱贫致富的愿望更强、信心更足，形成了齐心协力促脱贫的良好局面。我们必须锁定目标，应势而谋，因势而动，顺势而为。

综合分析，当前我县正处于机遇叠加、潜力后发的黄金发展期，我们必须把握大势，抢抓先机，既要把握好总量与质量、整体与局部的关系，又要把握好机遇与风险、尽力与量力的关系，科学定位、加压奋进，实现更有内涵、更有活力、更有质量的发展。

实现整县脱贫摘帽，这既是严肃的政治任务，也是庄严的承诺，更是全县人民的梦想。习近平总书记指出“深度贫困并不可怕”“深度贫困是完全可以战胜的”。省委省政府明确“渭源是全国脱贫攻坚的标志县，代表着中国脱贫的水平，代表着甘肃脱贫的水平”，并审时度势、科学研判，将全县整体脱贫时序提前到2019年。目前，全县脱贫基础已经夯实、共识全面形成、信心更加坚定，整县脱贫摘帽的条件已经初步具备。我们必须将脱贫摘帽作为压倒一切的工作，以不忘使命、绝对忠诚的政治担当，以矢志不移、不胜不休的信心决心，以争分夺秒、敢死拼命的精神士气，众志成城、一鼓作气，坚决完成脱贫摘帽任务，为全县人民交上一份满意的答卷。

统筹研判考虑，今年全县经济社会发展的预期目标是：实现全县脱贫摘帽。地区生产总值增长6%，达到37.5亿元；固定资产投资增长12%，达到17.6亿元；社会消费品零售总额增长8%，达到8.75亿元；地方一般公共预算收入增长4%，达到1.54亿元；城乡居民人均可支配收入分别增长8%、10%，达到25413元、8096元。单位生产总值能耗和主要污染物排放控制在下达指标之内。

围绕上述目标，2019年的工作必须要突出决战决胜脱贫摘帽“一个最大任务”，统筹推进项目建设、乡村振兴、城乡建设、文化旅游、生态环境、民生民计等经济社会高质量发展“六项重点工作”，努力把政府工作做得更实更好。

## 一个最大任务：决战决胜脱贫摘帽

我们必须以脱贫摘帽为总令，举全县之力、聚全县之财、集全县之智，咬定目标、攻城拔寨、背水一战，坚决打赢打好脱贫攻坚这场输不起的硬仗。具体要围绕“七个聚焦”，努力做到“七个全面”。

聚焦脱贫标准，全面锁定目标任务。坚决贯彻落实习近平总书记“聚焦再聚焦、精准再精准”指示要求，严格按照“六个精准”和“五个一批”基本要求，坚持现行脱贫标准，攻坚深度贫困乡镇、深度贫困村和特殊困难群体，确保年内减少贫困人口2.6万人以上，贫困发生率下降到1%以下；退出贫困村95个以上，出列贫困村占比达到93%以上。严格时间节点，坚持清单式管理，努力做到三步压茬推进，即9月底全面补齐软硬件短板，10月份完成自查评估、查漏补缺，12月份完善提高、迎接验收。

聚焦坚中之坚，全面提升产业水平。着力构建产业扶贫“551”模式，实现所有依靠产业发展脱贫人口产业增收全覆盖。加快金鸡、肉牛、花卉等重大扶贫产业项目建设，加大合作社等新型经营主体培育，推动贫困户合作化、集约化、规模化经营发展，实现合作社带动贫困户资产收益扶贫全覆盖。健全龙头企业（合作社）与贫困户入股分红、参与合作、资产收益、稳定就业等带贫益贫机制，落实“一户三表”措施，为贫困户稳定脱贫和长期致富提供有力支撑。积极培育“八大”扶贫新业态，继续落实产业以奖代补扶持政策，通过实施“养殖贷”、种养奖补等措施扶持贫困户发展产业，建成莲峰镇光伏扶贫产业园，建设扶贫车间59个，完成劳动力培训1.1万人。实施贫困户种养产业综合保险，实现全县所有脱贫产业保险全覆盖。

聚焦保障服务，全面补齐短板弱项。瞄准深度贫困村、贫困人口，一次性全面补齐水电路房网等基础设施和教育、医疗等公共服务欠账短板，确保整县脱贫硬件全面达标。完成贫困村道路改造提升工程111公里，全面解决通村路“畅返不畅”问题。对所有贫困户房屋逐一排摸、全面鉴定，加快易地扶贫搬迁入住，完成1901户危房改造，筹资完成未纳入系统“四类人群”危房改造任务，全面消除农村危房。继续实施农村饮水安全巩固提升工程，全面解决10个乡镇25个行政村供水不稳、水量不足的问题。改造提升农村电网1576公里，全面解决农村供电质量问题。抓好控辍保学工作，贫困家庭子女义务教育巩固率保持在100%。全面落实健康扶贫政策，开展有需求贫困人口送医上门、送人就医“一人一策”健康帮扶活动，防止因病返贫、因病致贫。

聚焦内源扶贫，全面开展扶志行动。严格落实《关于开展扶贫扶志行动的意见》，加强贫困群众思想、文化、道德、法律、感恩教育，建设新时代文明实践中心，运用“大喇叭”、微信群等开展宣传教育，帮助贫困户摆脱思想贫困。鼓励贫困群众向村两委签订脱贫承诺书，明确脱贫责任，培养主体意识。推广以表现换积分、以积分换物品的积美道德超市自助式帮扶，落实建立村内公共设施岗位补贴、劳务补助、劳动增收奖励机制，坚决杜绝“保姆式”扶贫和政策“养懒汉”。推进移风易俗，探索建立道德评议会、红白理事会、禁毒禁赌会等自治组织，开展高价彩礼、婚丧嫁娶大操大办、薄养厚葬、不赡养老人等专项整治，引导群众树立健康文明新风尚。

聚焦到户到人，全面保证脱贫质量。紧紧围绕“三率一度”和“两不愁、三保障”验收标准，落实精细精准“绣花”式扶贫。全方位、地毯式排查到户到人政策措施落实死角和工作盲区，列出需求短板清单。更加注重帮扶的长期效果，实行“一户一策”脱贫计划精准化研判、动态化管理、具体化落实，夯实稳步脱贫逐步致富基础。实施扶贫项目资金全过程绩效管理，建立目标执行监控机制，切实提高资金使用效益。强化贫困人口精准识别和精准退出，健全规范建档立卡档案资料，严把信息数据录入质量，确保纳入有理有据、脱贫心服口服，坚决杜绝“数字脱贫”“虚假脱贫”。

*聚焦力量集结，全面压实各级责任。*建立压力全员覆盖、责任全员承担、任务全员落实的县乡村责任传导体系，扎实推进脱贫攻坚任务落实。压实党政领导统领统揽主体责任，强化县乡两级脱贫攻坚指挥部和党政一把手负总责领导责任制，落实脱贫攻坚定期调度、“四个一线”、遍访贫困村（对象）制度。压实行业牵头和主管责任，强化专责小组职能，落实组长负责、定期会议、目标责任、信息报送、工作督办制度。压实驻村帮扶主体责任，整合帮扶工作队力量，健全重心下移、靠前指挥、一线落实的驻村帮扶总队长作战体系。压实帮扶单位和帮扶干部帮扶责任，落实每月一次走访帮扶和“一户一策”精准管理。加强东西部扶贫协作、定点帮扶和社会帮扶，汇聚强大攻坚合力。

*聚焦群众满意，全面抓好作风保障。*持续开展扶贫领域腐败和作风问题专项治理，坚决查处形式主义、不担当、不作为和微腐败问题。严格落实扶贫领域项目、事项、资金公开公示，主动接受人民群众、社会舆论、新闻媒体的监督。继续扎实推进日督查周通报月评比制度，以强有力的督查推动任务落实。落实民生和扶贫领域信访问题管理制度，加大“12317”投诉举报办理力度，积极引导社会舆论。

## 六项重点工作：高质量推动经济社会发展

县域经济发展是稳定脱贫持续增收的重要支撑，是全面建成小康社会的根本保障。我们要围绕“五个坚持”“六稳”总基调，以供给侧结构性改革为主线不动摇，以绿色发展、乡村振兴为重点，坚持在“巩固、增强、提升、畅通”上狠下功夫，推动县域经济高质量发展，促进社会和谐稳定。

*强化项目带动引领，打造县域经济发展强劲引擎。*坚持把项目建设作为推动发展的第一抓手，以政府投资撬动社会资本，积蓄发展力量。积极谋划争取项目，紧盯国家《关于保持基础设施领域补短板力度的指导意见》，开展“项目前期谋划攻坚年”活动，重点在脱贫攻坚、农业农村、生态环保、社会民生等领域谋划一批“奋进之笔、得意之作”项目，加快谋划渭河大道、天然气管道输送等重点前期项目，论证储备前期项目50项以上，争取国家政策性资金11亿元以上。推进项目开工建设，按照“2018年12月完成可研阶段审批、3月底完成前期手续、4月底全部集中开工”和“6月、9月再补充集中开工一批条件成熟的项目”时间节点要求，落实项目联审联批、领导包抓全过程跟办、“双督查一跟进”等推进措施，确保总投资92.4亿元85个项目“点对点”“旬保月”压茬推进，完成投资37亿元以上。提高招商引资实效，深入实施“2019招商引资攻坚年”活动，创新完善县级领导包抓统筹、商务部门牵头抓总、一套班子服务到底的招商机制，实行“四个一”工作法，积极挖掘招商线索，精准对接、上门招商、以商招商，争取谋划项目40亿元以上、到位资金27亿元以上。抓好福建聚元公司总部搬迁、佛慈红日精制饮片配方颗粒生产等56个重点招商项目跟踪服务，尽快落地建设。

*强化产业融合发展，着力推动乡村振兴战略实施。*以乡村振兴战略规划为总揽，以产业兴旺为核心，加快新旧动能转化，夯实农民增收、农业发展和农村繁荣的基础。加快优势产业转型升级，中医药产业要围绕培育脱贫攻坚首位产业目标，加快中药材种子种苗和标准化生产，发展种

子种苗基地3万亩，种植面积稳定在40万亩。马铃薯种薯产业要强化种薯繁育体系和营销体系建设，注重新品种引进和本地品种研发，扩大原种种植规模，脱毒瓶苗、原原种生产能力分别稳定在4.8亿株、5亿粒，原种扩繁、良种种植面积分别达到5万亩、35万亩。草牧业要坚持草畜一体化发展，以养殖规模化标准化为重点，加快破解畜禽交易、屠宰加工瓶颈，畜禽总饲养量达到472万头（只）。积极培育新产业新业态，大力发展绿色有机蔬菜、食用菌、花卉等新产业和光伏、旅游、电商等新业态，加快推进4个光伏食用菌园区和莲峰老庄、上湾侯家寺等花卉基地建设，蔬菜种植面积达到6.8万亩以上，打造一批“独一份”“特别特”“好中优”“错峰头”渭源特色产业和农产品。充分发挥电子商务进农村项目作用，拓宽农特产品上行渠道。推动工业经济发展壮大，争取启动建设工业集中区集中供热工程，谋划园区天然气、污水处理项目，力争将渭源工业集中区升格为省级开发区。实施农产品加工业提升工程，推动产品就地转化增值。落实一企一策降成本政策，通过股权改造、并购重组等方式，融资引资帮助入园企业复产增效。打造全国中药精制饮片加工示范基地，培育龙头企业4家，新增小微企业15家、规上企业2家。支持民营经济加快发展，出台民营企业发展十条优惠措施，全面落实税收减免、降低保证金和社保费率，清理取消违规收费等支持民营企业发展的各项政策措施，大力精简审批权限，下大力气解决多头多层重复执法检查和评比活动，让民营企业创新活力充分迸发。建立民营企业堵点问题交办制度，解决企业合理诉求，让企业家专心创业、放心投资、安心经营。实施“一企一策”金融帮扶政策，扶持差异化错位联动发展，新增一批“专精特新”企业。

强化基础设施建设，推进城乡一体协调协同发展。落实新型城镇化战略，按照规划先行、建设跟进、管理到位、功能完善的原则，统筹推进县城、城镇和乡村建设。健全完善城乡规划，坚持规建分离、规拆分离、拆建分离、配套先行的管理思路，全面完成县城总规及城乡统筹规划编制，完善路园镇等13个乡镇控规，实现建制镇控规全覆盖。全面推进城市建设，实施城建项目21项，完成投资14.7亿元，县城区供水、渭水源游客接待中心等重点工程建成投入使用，启动体育广场、禹河河道改造项目，新建城市道路6条。扎实推进城市棚户区、危旧房改造项目，完成棚改1980套。加快推进城区供热供水配套设施建设，改造老旧供热管网6公里、新建改造换热站4座。集中开展城市“两违”、物业管理、市容市貌整治行动，提高城市精细管理水平。夯实基础设施条件，加快推进五竹等特色小镇建设，莲峰一号路东段、会川镇污水处理厂等城镇项目投入使用，新建加油站5处，城镇化率提高到28.8%。持续完善交通路网，旅游公路、沈峡公路、田麻公路建成通车，争取实施朱韩公路提升改造工程，实施安全生命防护工程200公里，公路总里程达到1402公里。着力加快水利设施建设，新增灌溉面积4000亩。全力改善人居环境。积极推进“厕所革命”，新建“千村美丽”示范村3个。纵深开展全域无垃圾综合整治行动，全面建立乡镇垃圾收集转运处理体系，落实“五长一网”精细化管理，集中配备一批垃圾收集处理设施设备。

强化全域培育带动，增强文体旅游融合发展活力。围绕创建省级全域旅游示范县，引入社会资本深度挖掘开发景区内涵，加快推进乡村旅游，打响“渭水源头”形象品牌。着力谋划全域旅游布局，编制全域旅游发展规划，制定文化旅游体育融合发展、乡村旅游发展等政策扶持措施，实施“十大行动计划”，出台完善“引客入渭”、旅游产品开发奖励扶持办法，构建全域旅游发展格局。全力创建特色品牌景区，以创A升A为目标，争取启动秀峰山景区建设，加快主要景点连接道路建设，新建游客中心2个、旅游厕所20座，启动渭河源、首阳山5A、4A级景区创建工作。精心打造乡村旅游示范村，全面打造“渭水源宿”乡村旅游品牌，重点推进峡口、渭河源、元古堆、五竹、秋池湾等5个第一批市级乡村旅游示范村建设，谋划建设罗家磨“水磨民俗村”，加快推进景村一体化建设。努力推动文体旅游融合，实施“旅游+”行动，完善吃住行游购娱旅游要素，发展“体、商、养、学、闲、情、奇”新业态，加快五竹渭河源水镇等康养休闲度假项目建设，举办渭河源冰雪节、渭水文化旅游节、山地自行车赛等重大节庆赛事活动和必购商品、名小吃、星级农家乐等评选活动，促进文体旅游全区域、全要素、全产业链发展。

*强化生态环境治理，建设天蓝地绿水净美丽渭源。*坚持生态优先，绿色发展崛起，坚决打好生态环保这场初心之战、使命之战、关口之战。严格落实环保责任体系，强化“党政同责、一岗双责”，全面推行“1+4”环境监管责任体系和“3+”环境监管模式，实行县乡村社以及环境监察网格化管理机制，坚决遏制环境违法行为。持续加大生态保护问题排查整改，做到整改无死角、不反弹、不弱化。筑牢生态安全屏障，实施渭河源生态保护与综合治理规划，开展大规模国土绿化行动，完成造林6.8万亩。加快推进水土流失综合治理，实施高标准农田建设1.5万亩。加强国家森林公园、地质公园资源保护，开展非法占用林地、破坏生态环境专项整治行动。打好污染防治攻坚战，突出燃煤锅炉整治、煤质管控、城乡清洁供暖、扬尘污染防治等重点，坚决打赢蓝天保卫战。坚持“五水共治”，坚决落实河（湖）长制，启动实施渭河等重点流域“一河一方案”，加大峡口水库等重点水源污染防治力度，着力打好碧水保卫战。坚守耕地保护红线，持续开展污染排放等重点整治，强化土壤污染源头管控，扎实推进净土保卫战。

*强化保障改善民生，提升人民群众满意度获得感。*从群众最关心最直接最现实的“堵点”“痛点”“难点”入手，量力而行、尽力而为，补齐民生短板、促进公平正义、维护和谐稳定。协调发展社会事业，促进教育优先发展，新建校舍9585平方米，学前三年毛入园率、九年义务教育巩固率分别达到96%、98%以上，高考应届二本上线率提高2个百分点。推进健康渭源建设，新建疾控中心业务楼（二期），建设区域医学中心5个，继续深化医药卫生体制改革，加快中医药事业健康发展。文化综合场馆、全民健身体育馆等投入使用。提升社会保障能力，支持鼓励自主创业就业，新增城镇就业1800人。继续实施农村妇女“两癌”检查工作，加快养老服务体系建设，新建路园爱心社区、大安敬老院等养老敬老机构。认真做好孤儿、留守儿童、残疾人等特殊群体关爱教育工作，严格落实城乡居民基本养老和基本医疗保险政策，参保率均达到98%以上。全面落实最低生活保障和各项救助政策，实现最困难群众兜底保障。促进社会安全稳定，强化以道路交通、非煤矿山等为主的安全隐患治理，努力减少一般事故，杜绝重特大事故发生。深入开展打击食品药品农资环境烟草领域违法犯罪专项行动，坚决落实食品药品“四个最严”要求，保障群众饮食用药安全。依法稳妥处理好民族宗教事务。强化重点领域舆情监测监控，净化网络空间。继续推进信访矛盾纠纷排查调处。扎实开展扫黑除恶专项斗争，打好禁毒人民战争，深入推进平安渭源建设。

## 全面加强政府自身建设

各位代表，习近平总书记指出，“伟大梦想不是等得来、喊得来的，而是拼出来、干出来的”。重任千钧惟担当。我们将牢固树立以人民为中心的发展理念，着力提升管理效能和服务水平，不断增强政府执行力和公信力。

*必须坚定政治立场。*把党的政治建设摆在首位，不忘初心、牢记使命，强化“四个意识”，坚定“四个自信”，自觉做到“两个维护”，以对

党忠诚、为党分忧、为党尽职、为民造福的政治担当，确保政府工作沿着正确的政治方向发展。全面落实省政府“十不准”规定，做到提倡的坚决响应、决定的坚决执行、禁止的坚决不做。推动全面从严治党统领政府工作，坚持县委领导，落实县委决策。

*必须坚持依法行政*。加快法治政府建设进程，全面实行行政执法公示、执法全过程记录、重大行政执法决定法制审核等制度，规范执法行为。严格按照法定权限和程序行使权力、履行职责，自觉接受人大的法律监督和政协的民主监督，主动接受公众和舆论监督。深化政务公开，凡涉及公共利益、公众权益和社会关注的事项，及时依法向社会公开，增强政府工作透明度。

*必须深化改革创新*。加快转变政府职能，全面完成政府机构改革。以“放管服”改革为重点，积极推行“只去一栋楼、只进一扇门、受理一个窗、办理一张网、群众一趟跑”改革，优化便民利企的发展和营商环境。实施创新驱动发展战略，深化体制机制改革，加快国有资产、财税、医药卫生、农村农业等重点领域改革，激发全社会创新活力和创造潜能。

*必须强化风险防控*。严厉打击金融诈骗、非法集资，优化金融生态环境，切实防范金融风险。建立政府债务管理和风险管控预警机制，规范政府债务管理，切实防范政府债务风险。严格执行粮食安全、永久基本农田保护、生态保护等底线红线，切实防范政策风险。对扶贫主导产业、龙头企业带动分红等风险进行全面评估，完善模式机制，切实防范扶贫和社会风险。

*必须做到担当作为*。全面激发广大干部新时代新担当新作为，建立政府管理目标指标、重点工作、督查考核、结果运用、组织保障五个体系，形成“正向激励、反向问责”的落实氛围。大力弘扬勇于负责、敢于担当的精神，带头履职尽责，带头担当作为，带头承担责任，凡符合政策要求、符合群众利益、符合发展实际的事，都要想尽一切办法抓落实、干到位。

*必须带头清正廉洁*。始终把纪律和规矩挺在前面，持续加大腐败行为和作风问题查处力度。严格遵守中央八项规定实施细则，驰而不息反“四风”，不断推动政风向善向好。教育引导干部职工忠诚老实、公道正派、实事求是、清正廉洁，不断增强政治定力、纪律定力、道德定力、抵腐定力，习惯在受监督和约束的环境中工作生活。

各位代表，任何困难都动摇不了我们脱贫摘帽的坚定决心，任何挑战都阻挡不了我们加快发展的坚定脚步。让我们紧密团结在以习近平同志为核心的党中央周围，同心同德，砥砺奋进，守正开新，以争分夺秒、敢死拼命的精神，以勇往直前、战则必胜的干劲，为实现全县脱贫摘帽，建设幸福美丽新渭源而努力奋斗！

# 中国人民政治协商会议
# 第九届渭源县委员会常务委员会工作报告

——2019年1月3日在政协第九届渭源县委员会第三次会议上

渭源县政协主席　陈　栋

各位委员：

我代表政协第九届渭源县委员会常务委员会向大会报告工作，请予审议，并请列席会议的同志提出意见建议。

## 2018年工作回顾

2018年，县政协常委会以习近平新时代中国特色社会主义思想为指导，全面贯彻落实中共十九大和十九届二中、三中全会精神，深入学习习近平总书记关于加强和改进人民政协工作的重要思想，坚持团结和民主两大主题，紧紧围绕县委、县政府中心工作，认真履行政治协商、民主监督、参政议政职能，深入推进政协协商民主创新实践，主动谋事、认真干事、努力成事，圆满完成了县政协九届二次会议确定的各项工作任务，为打赢脱贫攻坚战、促进全县经济社会持续健康发展作出了应有的贡献。

一年来，县委、县政府高度重视、大力支持政协工作。县委切实加强对政协工作的领导，制定出台了《中共渭源县委关于进一步加强政协工作　推进人民政协协商民主建设的实施意见》，为县政协更好地履行职能提供了重要政治保证。县委常委会会议专门听取县政协工作汇报，研究政协年度重点工作和协商计划，县委、县政府领导出席县政协全体会议、常委会会议、调研视察等重要协商议政活动，向委员通报有关情况、听取委员发言、研究采纳委员意见建议、推进委员提案办理落实，对县政协的协商、视察、调研报告作出批示或召开会议专门研究，并以县委文件批转各乡镇、各部门贯彻落实，有力促进了县政协各项履职成果的转化落实，为县政协和政协委员更加积极履职尽责、不断加快政协事业发展增添了新的动力。

**一、强化政治引领，不断筑牢团结奋斗的共同思想政治基础**

常委会始终把思想政治建设放在首位，坚决以习近平新时代中国特色社会主义思想武装头脑、指导实践、推动工作，自觉把中央和省、市、县委的各项决策部署贯彻到政协履职的各方面、全过程，确保人民政协事业沿着正确方向前进。

——*提高政治站位，坚定政治方向。*坚持以习近平新时代中国特色社会主义思想为统领，切实加强思想政治建设，旗帜鲜明讲政治，严守政治纪律、政治规矩，牢固树立“四个意识”、更加坚定“四个自信”，坚决维护习近平总书记的核心地位，坚决维护中共中央权威和集中统一领导，始终在政治立场、政治方向、政治原则、政治道路上同以习近平同志为核心的中共中央保持高度一致，进一步把牢政协工作的正确政治方向。

——*加强理论学习，提高思想认识。*认真学习贯彻习近平新时代中国特色社会主义思想，中共十九大和十九届二中、三中全会精神，深入开展学习习近平总书记关于人民政协工作的重要思想专题学习研讨活动，通过参加县委理论中心组学习、县政协党组理论中心组学习、县政协常委会会议集中学习、举办政协委员培训班等形式，提高思想认识，提升能力素质，引导县政协各参加单位、全体委员形成高度的思想自觉、政治自觉、行动自觉，进一步夯实团结奋斗的共同思想政治基础。

——*增强责任意识，落实县委部署。*自觉在中共渭源县委领导下开展工作，及时传达学习县委重要会议精神，认真贯彻落实县委各项决定，坚持重大事项及时向县委请示、重要工作及时向县委汇报、重大活动及时向县委报告，不折不扣贯彻落实县委各项要求。主动融入县委、县政府工作大局，充分发挥县政协党组在政协工作中把方向、管大局、保落实的领导作用，努力将县委、县政府的决策部署转化为县政协和全体政协委员的思想共识与行动自觉，始终与县委、县政府在思想上同心、目标上同向、行动上同步。

**二、紧盯首要任务，全力为打赢脱贫攻坚战献智出力**

按照县委统一部署和要求，充分发挥政协优势，持续深入开展“脱贫攻坚·政协委员有作为”活动，为打赢脱贫攻坚战贡献政协智慧和力量。

——*凝心聚力，积极投身全县脱贫攻坚工作大局。*一是按照县委、县政府统一安排，县政协主席会议成员分别担任联系乡镇脱贫攻坚前线指挥部的总指挥或副总指挥，通过统筹协调、进村入户、调研指导、督促检查，较好地完成了联乡、包村、扶户的各项工作任务。二是按照县脱贫攻坚领导小组安排，4名副主席分别担任“脱贫攻坚重点任务周督查、周通报、月评比”专项督查组组长，就脱贫攻坚重点任务落实情况进行全面督查，有力推动了脱贫攻坚工作扎实开展。三是按照县政协常委会2018年工作要点，成立了由主席会议成员为组长的6个监督性调研小组，深入14个乡镇30个村的156户贫困户，围绕全县2018年预脱贫村脱贫攻坚工作开展情况进行监督性调研，形成的监督性调研报告报县委后，县委主要领导作出重要批示，并在相关会议上给予了充分肯定。四是积极配合省、市政协在我县开展的脱贫攻坚工作监督性调研活动，有2名副主席担任省政协脱贫攻坚帮扶工作专项监督专门监督员，较好地完成了专项监督任务。有3名委员围绕激发贫困群众内生动力、精准推进产业扶贫、“扶贫车间”助力脱贫攻坚工作在市政协常委会上做了交流发言，提出的意见建议得到了市政协的高度重视。

——*主动作为，持续推进“脱贫攻坚·政协委员有作为”活动。*委员们积极投身脱贫攻坚，在助力产业扶贫、健康扶贫、精神扶贫、培训就业、劳务输转、帮办实事等方面精准发力。经济界委员通过“企业+基地+农户”模式，建立了上湾镇周家窑村等3个中药材种植基地，清源镇马家窑村等4个马铃薯良种繁育基地，投放化肥15吨，马铃薯原原种1000万粒，原种40吨，对种植户进行技术培训、田间指导、订单收购；结合“三变”改革，在秦祁乡豹子沟村建立了优质牧草种植基地，带动当地142户贫困户增收。工商联界委员依托各自的公司和基地，组织劳动技能培训30多期2000余人次，提供务工岗位300多个。多方联系爱心企业和人士，资助贫困学生74名，发放资助资金36.5万余元；为2018年高考成绩二本线以上的240名贫困学生每人发放价值300多元的拉杆箱一个，价值8万多元；给贫困学生发放爱心包裹260件，校服及书包100套。

农业科技界委员多层次开展科技讲座、技能培训，积极推广农业新技术运用，参训群众600多人次。教育文化卫生界委员积极开展“三下乡”活动，开展义诊400多人次，创作赠送书画作品300余幅，义写春联800多幅，义演秦腔20场次。

——精准发力，全力以赴为帮扶村帮扶户帮办实事。选派2名科级干部担任驻村工作队队长和村党支部第一书记，机关13名干部帮扶96户建档立卡贫困户，认真制定和落实“一户一策”精准脱贫计划，多方筹措资金，为帮扶户送去慰问物资170多件（套），化肥350多袋，地膜170多卷，马铃薯原种18吨，发放农业科技宣传资料200多份，总价值20余万元。在帮扶村推广种植地膜党参、遮阳网党参育苗、马铃薯原种等新技术；捐赠电脑、电视、打印机等办公设备8台（套），价值3.2万元。争取福州晋安区政协联系企业捐赠帮扶资金30万元。

**三、着力职能发挥，积极推进协商民主广泛多层制度化发展**

积极发挥社会主义协商民主重要渠道和专门协商机构作用，紧紧围绕县委、县政府工作大局，广泛开展多种形式的协商议政活动。

——定期开展会议协商。充分运用全体会议、常委会会议、主席会议积极开展协商议政。九届二次全会期间，委员们通过参加分组讨论、大会发言等形式，聚焦全县经济社会发展、民生改善和脱贫攻坚工作中的重大问题，深入协商讨论、积极建言献策，提交大会发言10篇，提出意见建议40多条。全年召开4次常委会会议、11次主席会议，围绕全县阶段性工作部署、政协重点工作安排等，广泛发扬民主，深入沟通协商，有序推进协商民主健康发展。

——深入开展专题协商。坚持把开展专题协商作为政协履行职能的重要载体，作为围绕中心、服务大局、促进发展的重要举措。5月份，围绕义务教育均衡发展召开专题协商会议，6名委员做了专题发言，提出意见建议30多条，形成的专题协商报告县委主要领导作出批示，县委、县政府专题召开会议进行研究部署，为义务教育均衡发展工作以优异成绩通过省级督导验收和国家认定贡献了委员智慧。8月份，围绕全县社会治安综合治理工作开展专题协商，委员们从建立以人民为中心的综治组织体系、建设多元共治的综合治理机制、加快推进综合治理的精细化与信息化进程、打造专业化规范化人才队伍、深入开展“扫黑除恶”专项斗争等方面提出意见建议20多条，为助力法治渭源和平安渭源建设集智献计、发声出力。

——认真开展对口协商。充分发挥政协专委会基础性作用，适时与联系部门开展对口协商。6月份，提案法制委员会围绕全县安全生产工作开展对口协商活动，委员们围绕安全生产执法检查等方面做了专题发言，并就如何解决安全生产工作中存在的突出问题与主管部门一同分析讨论、深入交流，提出意见建议30多条。7月份，农业与环境资源委员会在前期调研的基础上，召开对口协商座谈会，委员们与县畜牧中心负责人就加快全县草牧业发展步伐，推进脱贫攻坚工作进行交流，总结经验，分析存在的困难和问题，从完善产业链条、推进产业化经营，加大扶持力度、做大养殖规模，加强技术服务、提高养殖水平，注重品牌商标保护利用等方面提出了一些建设性意见建议，形成的2份对口协商报告县委均进行了批转，相关部门认真研究、及时采纳，促成了一些问题的有效解决。

——探索开展界别协商。发挥界别优势和行业特点，结合实际，加强探索实践，开展界别协商。3月份，农业和科技界的委员以农业现代科学技术的推广与应用为主题开展界别协商，从提高思想认识、加强农技推广队伍建设，整合农业培训资源、培养技术型、专业型农民，发挥龙头企业和合作社的引领作用，加大项目支持力度等方面提出意见建议16条。7月份，社会福利保障与政法界的委员，以全县住宿餐饮业健康规范发展为主题开展界别协商，委员们从高度重视规划建设、营造良好营商环境、规范行业健康发展、提升行业发展水平、有效增强行业自律等方面提出意见建议20多条。2个协商报告县委批转后，相关意见建议得到有关部门的重视和采纳。

**四、聚焦中心任务，积极为促进全县经济社会发展建言献策**

紧紧围绕县委、县政府中心工作，对全县经济社会发展中的重点问题和民生改善中的热点问题，深入调查研究，积极建言献策。

——聚焦经济社会发展建言献策。召开全县经济社会发展情况专题协商议政会议，与会委员紧扣脱贫攻坚、“放管服”改革、富民产业培育、教育事业发展、民生改善、全域无垃圾整治、工业经济发展等方面建言献策，提出意见建议46条，形成的专题协商议政报告报送县委后，县委主要领导充分肯定并作出重要批示，县政府高度重视，对相关意见建议进行了任务分解，促进了意见建议的转化落实。围绕全县重点项目建设情况开展专题视察，从高起点谋划、高标准推进、高质量发展、高品质服务等方面提出意见建议21条；围绕招商引资工作进行专题调研，提出意见建议13条，为县委、县政府科学决策和相关部门抓好落实提供了参考。协助市政协完成全市中小企业发展、城乡中小学资源布局等6个课题的调研，提出的意见建议市政协在撰写调研报告时进行了采纳。

——聚焦保障和改善民生建言献策。围绕城乡居民医疗保险工作进行调研，从加大宣传力度、夯实工作基础、完善“一站式”即时结算、提高服务质量等方面提出意见建议12条。围绕推进农村“三变”改革进行调研，从提高思想认识、破解发展难题、完善体制机制、培育壮大市场主体等方面提出意见建议14条，形成的2份调研报告县委予以转发，相关部门在城乡居民基本医疗保障工作和加快推进农村“三变”改革工作中进行了采纳。

——聚焦新兴产业发展建言献策。围绕光伏扶贫产业发展进行专题调研，就加快项目建设进度、严把项目质量安全、强化项目建设管理、确保产业发挥效益等方面提出意见建议9条，形成的调研报告得到县委主要领导的高度重视，并亲自主持召开全县光伏扶贫产业发展推进会议，有力地促进了调研成果的转化落实。围绕旅游景区项目建设与管理情况进行调研，从加强项目管理、加快建设进度、夯实旅游基础、打造文化品牌、开发创意产品、延伸产业链条等方面提出意见建议20多条，为景区建设和文化旅游融合发展提供了有益借鉴。

**五、着眼促进落实，认真开展政协民主监督工作**

充分发挥协商式监督的特色和优势，不断拓宽渠道、创新载体，真正做到在参与中支持、在支持中服务、在服务中监督。

——认真开展专项监督。8月份，围绕全县2018年预脱贫贫困村脱贫攻坚工作开展情况进行专项民主监督，提出意见建议20多条。9月份，围绕“河长制”工作落实情况开展民主监督，从思想认识再提高、在“远中近”上形成共识，责任体系再完善、在“点线面”上齐抓共管，工作思路再创新、在“治建保”上多措并举，工作机制再强化、在“联引督”上同频共振等方面提出意见建议20多条，形成的监督性调研报告县委高度重视，及时进行批转，有力促进了监督成果的转化落实。

——切实加强提案监督。通过县委、县政府主要领导和分管领导批办难点提案，县政协主席、副主席督办重点提案，县政协提案法制委与政府督查室联合督办、专委会对口督办、委员现场督办等形式，努力提高提案办理质量。48件提案办复率达到100%，其中已经解决或基本解决的40件，占83.33%，列入计划解决的8件，占16.67%。

——扎实做好日常监督。积极参与省市政协

在我县开展的监督性调研活动，认真落实“脱贫攻坚重点任务周督查周通报月评比制度”组长责任，积极支持40余名政协委员担任各行业特约监督员，围绕城市管理综合执法、生态建设、基层派出所和乡镇卫生院等工作扎实开展委员小组、委员约谈活动，编发《政协通讯》12期，提出意见建议40多条，为县委、县政府了解民意、体察民情、集中民智和科学决策发挥了积极作用。

**六、增进交流合作，做好团结联谊宣传和文史资料工作**

注重发挥政协联系广泛的优势，切实加强交流与合作，努力为推进我县改革发展增进共识、凝聚力量。

——认真做好团结联谊工作。先后完成辽宁省政协马铃薯产业课题组、金昌市政协、福州市晋安区等3个省16个市、县政协来我县考察学习的配合服务工作。组织委员赴甘州区、肃南县、安定区、陇西县、岷县等县区学习考察，借鉴兄弟县区的先进经验，既增长了委员见识，拓宽了委员视野，也提升了委员履职能力。组织文化界的委员赴福州晋安区开展书画交流活动，展出优秀书画作品160多幅。

——切实加强政协宣传工作。加强对政协重要协商议政活动、政协委员履职成效的宣传报道，在《民主协商报》《定西日报》《定西政协》等报刊上发表理论文章、文史稿件、重大活动信息40余篇，在县电视台播出新闻稿件50多件，传播了政协声音，讲述了政协故事，扩大了履职影响。

——持续推进文史资料工作。不断加强文史研究员队伍建设，新聘任16名县级文史资料研究员。召开文史资料座谈会，研究探索新形势下做好文史资料工作的方法措施。启动《渭源文史资料选辑（第八辑）》征稿及选编工作，征集稿件30多篇，近10万多字。认真征集整理、及时上报《定西文史资料》稿件12篇6万多字，文史资料工作有序推进。

**七、加强自身建设，不断提高政协履职能力和工作水平**

坚持把加强自身建设作为政协履行职责、提高效能的重要工作来抓，不断探索强基固本的有效途径，着力提升政协工作水平。

——着力加强政协党的建设。切实履行政协党组在政协工作中把方向、管大局、保落实的政治责任，坚持把推进党的政治建设贯穿于政协履职的全过程和各方面，全面加强党的政治建设、思想建设、组织建设、作风建设、纪律建设。认真履行全面从严治党主体责任，坚持以上率下，层层传导压力，推动主体责任落地见效。加强政协机关党的建设，成立政协机关党组，推进政协办公室党支部标准化建设。加强和规范党内政治生活，认真落实“三会一课”等组织生活制度，积极开展“党员主题党日”活动。深入推进“两学一做”学习教育常态化制度化，认真开展“转变作风改善发展环境建设年”活动，切实转变工作作风，全面提高履职水平，推动政协各项工作健康发展。坚决贯彻落实中央八项规定及实施细则和省、市、县委相关规定精神，驰而不息加强作风建设，努力营造风清气正、干事创业的政协工作环境。

——着力加强委员队伍建设。注重委员学习培训，组织委员参加全国、省、市政协委员和政协干部培训班4期180人次，举办了为期3天的县政协全体委员培训班。这些培训活动的开展，有效提升了政协委员的整体素质和履职能力。健全联系服务委员制度，制定并落实委员履职工作规则，建立履职档案，加强履职考核，规范了委员履职的严肃性。积极为委员履职创造条件、提供服务，组织委员开展协商、调研、视察等活动，进一步丰富履职方式，拓宽履职渠道，充分发挥了委员在政协工作中的主体作用。

——着力加强专委会建设。重视专委会工作，常委会会议定期听取各专委会工作汇报，专委会负责同志列席常委会议、主席会议；主席会议成员分工联系专委会，指导协调专委会开展工作。探索从各专委会对应的界别委员中选配了3名专委会委员和一名不驻会副主任委员，规范了专委会的人员组成。

——*着力加强制度建设*。先后制定和修订了《政协渭源县委员会关于加强和改进调查研究工作的实施意见》《政协渭源县委员会提案工作规定》《政协渭源县委员会民主协商工作办法》《政协渭源县委员会提案办理协商实施细则》等制度，不断提高政协履行职能的制度化、规范化、程序化水平。

各位委员、同志们，过去的一年，我们所取得的成绩，是中共渭源县委坚强领导、高度重视的结果，是县人大、县政府和社会各界大力支持、热情帮助的结果，是全县各乡镇、各部门、各单位紧密配合、积极参与的结果，也是政协各参加单位、全体政协委员团结协作、共同努力的结果。在此，我代表县政协常委会向所有关心、支持和参与政协工作的各位领导、各位委员、各位同志和各界朋友，表示衷心的感谢和崇高的敬意！

回顾一年来的工作，我们深刻体会到：坚持党的领导，把握正确的政治方向，是做好政协工作的根本保证；坚持围绕中心、服务大局，是政协履行职能的根本要求；坚持情系民生、履职为民，是政协工作的价值取向；坚持团结、发扬民主，是政协工作必须始终把握的主题；坚持与时俱进、继承创新，是推动政协工作不断发展的内在动力。

在总结成绩的同时，我们也清醒地认识到，与新时代人民政协工作的新形势、新任务相比，与县委、县政府的要求和广大人民群众的期望相比，我们的工作仍然存在差距和不足，主要表现在：一是提案办理的质量还需要进一步提高。提案办理中重答复、轻落实的现象还依然存在，提案的办结落实率和满意率还需要进一步提升。二是民主监督的探索实践有待进一步丰富。不善监督、不愿监督的现象还不同程度存在，监督形式和渠道有待进一步拓展。三是反映社情民意信息工作还需要进一步加强。参与反映社情民意信息的面不够广，反映社情民意信息工作的积极性和主动性不够强。四是委员履职能力还待进一步提升。个别委员主体意识、责任意识、担当意识不强，参政议政的积极性不高，主体作用发挥得不充分。五是政协机关干部队伍建设还需要进一步加强。对于这些问题，我们将在今后的工作中认真研究并切实加以改进，也真诚希望各位委员及与会的同志们提出宝贵意见和建议，帮助我们改进工作。

## 2019年工作安排

2019年，是中华人民共和国成立70周年和人民政协成立70周年，也是坚决打赢脱贫攻坚战、实现全县脱贫摘帽的决战决胜之年。县政协工作的总体要求是：高举中国特色社会主义伟大旗帜，以马克思列宁主义、毛泽东思想、邓小平理论、“三个代表”重要思想、科学发展观、习近平新时代中国特色社会主义思想为指导，深入学习贯彻中共十九大精神，在中共渭源县委的坚强领导下，把习近平新时代中国特色社会主义思想作为统揽政协各项工作的总纲，把坚持和发展中国特色社会主义作为巩固共同思想政治基础的主轴，把为决战决胜脱贫攻坚、促进全县经济社会持续健康发展、建设幸福美丽新渭源献计出力作为履职主线，坚持围绕中心、服务大局，认真履行政治协商、民主监督、参政议政职能，不断开创新时代我县政协事业新局面。

### 一、在用习近平新时代中国特色社会主义思想武装头脑、指导工作上展示新作为

把深入学习贯彻习近平新时代中国特色社会主义思想和中共十九大精神作为首要政治任务，通过举办培训班、专题辅导、研讨交流等形式，组织全体政协委员和机关干部深刻把握核心要

义、精神实质、丰富内涵和实践要求，持续在学懂弄通做实上下功夫，努力做到学思用贯通、知信行统一。深入开展习近平总书记关于加强和改进人民政协工作的重要思想大学习、大武装、大培训、大提高活动，推动全体委员和参加人民政协的各党派团体、各族各界人士牢固树立政治意识、大局意识、核心意识、看齐意识，更加坚定道路自信、理论自信、制度自信、文化自信，坚决维护习近平总书记的核心地位，坚决维护中共中央权威和集中统一领导，始终在政治立场、政治方向、政治原则、政治道路上同以习近平同志为核心的中共中央保持高度一致，不断夯实团结奋斗的共同思想政治基础，进一步坚定正确的政治方向。始终坚持党对政协工作的全面领导，自觉在县委领导下开展工作，围绕中心、服务大局，坚决按照县委决策部署谋划和推动工作，认真贯彻落实县委各项部署要求，做到县委决策部署到哪里、政协履职就跟进到哪里、力量就汇聚到哪里，确保政治上同向、思想上同心、工作上同步，真正把党的主张和要求转化为全体政协委员的思想自觉和行动自觉。

**二、在围绕打赢脱贫攻坚战、决胜全县脱贫摘帽献计出力上作出新贡献**

以坚定的政治担当和强烈的责任意识，全力投身脱贫攻坚工作大局，聚焦全县2019年脱贫摘帽首要任务，开展深度调查研究，在抓重点、找难点、补短板、强弱项上建睿智之言、献务实之策、尽竭诚之力。要充分发挥政协优势，团结一切可以团结的力量，凝聚一切可以凝聚的智慧，集委员之智，举政协之力，为脱贫攻坚凝聚力量、鼓劲加油，进一步增强实现全县脱贫摘帽的信心和决心。要紧扣各项重点任务落实，把“日督查、周通报、月评比”制度督查组组长责任和开展政协民主监督结合起来，掌握一线真实情况，为坚决打赢脱贫攻坚战献良策、出实招。要认真落实主席会议成员脱贫攻坚前线指挥部总指挥和副总指挥责任、脱贫攻坚总队长包村抓户责任和县政协机关帮扶责任，全面完成各项工作任务。要充分发挥政协委员优势，持续深入开展“脱贫攻坚·政协委员有作为”活动，组织委员参与产业扶贫、科技扶贫、教育扶贫、医疗扶贫、生态扶贫，努力为脱贫攻坚注入正能量、作出新贡献。

**三、在大力开展协商民主实践、推动全县经济社会发展上创造新业绩**

发挥人民政协协商民主重要渠道和专门协商机构的作用，按照县委的工作部署，聚焦全县中心任务和重点工作，进一步健全以政协全体会议、常委会会议、主席会议为重点，以专题协商、对口协商、界别协商、提案办理协商等为常态的协商议政格局，丰富协商内容、规范协商程序、提高协商质量，重点围绕全县经济社会发展、人居环境改善、农村医疗保险政策落实、中药材产业转型升级、金融业支持县域经济社会发展、《物业管理条例》贯彻落实等开展协商议政活动。加强和改进民主监督工作，提高民主监督实效。围绕脱贫攻坚开展监督性调研，围绕义务教育均衡发展成果巩固、安全生产、招商引资、蔬菜产业发展开展委员约谈，围绕政协各类协商议政报告意见建议的落实开展跟踪监督。进一步创新履职尽责的方式方法，认真开展调研视察和委员小组活动，围绕民营经济发展、社会治安综合治理、学前教育、农民专业合作社运行开展调研，围绕全县重点项目建设、光伏扶贫产业发展等开展专题视察，围绕职业教育、乡村旅游、天然草场保护利用、“扶贫车间”建设等开展委员小组活动，找准存在的短板不足，进诤言、谋良策、出实招，努力做到参政参到要点上、议政议到关键处。要努力提升履职实效，完善履职规则，推进意见建议的办理、反馈和成果转化。要弘扬“体谅包容、关切宽容、和谐兼容”的协商文化精神，坚持商以求同、协以成事，促进各方意见、各界民智、各方利益达成共识、广泛汇聚、协调兼顾。

**四、在凝聚各界力量、促进社会和谐与稳定上注入新活力**

坚持中国共产党领导的多党合作和政治协商制度，牢牢把握团结和民主两大主题，坚持一致性和多样性的统一，着力增进共识，促进团结。要加强与各民主党派和人民团体的联系，为各民主党派和无党派人士在政协履行职能搭建平台、创造条件。要重视加强与新社会阶层和新兴职业中代表性人士的沟通联系，把更多的力量团结在中国共产党的周围。要认真宣传贯彻党和国家民族宗教方针政策，充分发挥民族、宗教界代表人士在人民政协中的作用，协助党委政府做好民族宗教工作，促进民族团结、宗教和顺、社会稳定。要发挥联系广泛的优势，引导政协委员经常深入群众，多做解疑释惑、宣传政策、理顺情绪、化解矛盾的工作，最大限度的凝聚共识，形成心往一处想、劲往一处使的强大合力。

**五、在坚持强基固本、促进履职能力和水平持续提升上焕发新气象**

坚持不懈加强自身建设，按照新时代对政协工作的新要求，以改革创新精神谋划政协履行职能的新思路、新举措，不断推动政协工作再上新台阶。

——*从严加强政协党的建设*。以《中国共产党党章》为根本遵循，认真学习贯彻《中国共产党党组工作条例（试行）》《中国共产党支部工作条例（试行）》和中共中央《关于加强新时代人民政协党的建设工作的若干意见》，按照县委总体要求，切实加强县政协党的建设，更好坚持党对政协工作的全面领导。坚决落实全面从严治党主体责任，严格执行《关于新形势下党内政治生活的若干准则》和《中国共产党党内监督条例》，把政协党组织和党员队伍建设好，充分发挥政协党组在政协工作中的领导作用和“把方向、管大局、保落实”的重要作用，确保把党中央的大政方针和省市县委的决策部署落实到政协各项工作中。加强机关党组和党支部标准化建设，发挥好党支部的战斗堡垒作用和政协组织中的中共党员的先锋模范作用，切实增强政协党组织的凝聚力和战斗力。

——*继续巩固深化作风建设*。继续推进“两学一做”学习教育常态化制度化，自觉践行“三严三实”要求，在政协机关和全体委员中认真开展“强化纪律作风，提升工作效能”活动，大兴调查研究之风、艰苦奋斗之风、求真务实之风，持之以恒强素质，驰而不息抓作风。要把改进工作作风作为提升整体履职水平的切入点，坚持问题导向、坚持深入一线、坚持合力攻关、坦诚提出建议，真正查实情、找问题、出实招。要严格执行中央八项规定及其实施细则和省、市、县委相关规定，不断提升履职能力和工作效率，始终保持忠诚干净担当的良好形象。

——*突出抓好两支队伍建设*。积极探索政协工作的新思路、新举措，坚持以加强“两个队伍”建设为保障，着力提升履职能力和水平。要抓好委员队伍建设，以提升政治把握能力、调查研究能力、联系群众能力、合作共事能力为目标，加强教育培训，严格纪律要求，完善履职考核，努力打造“懂政协、会协商、善议政”和“守纪律、讲规矩、重品行”的委员队伍，切实发挥委员在政协工作中的主体作用、本职工作中的带头作用、界别群众中的表率作用。切实加强政协机关队伍建设，以建设学习型、创新型、效能型、服务型、廉洁型机关为目标，着力打造政治素质高、工作本领强、精神面貌好、纪律作风硬的优秀政协干部队伍，确保政协工作务实高效有序推进。进一步加强和优化政协专门委员会建设，切实发挥专委会在政协工作中的基础性作用和联系界别、联系委员的桥梁纽带作用，进一步优化政协机关整体服务功能，努力把政协组织建成团结、民主、和谐的“委员之家”和委员履职尽责的“保障之所”。

各位委员，新思想引领新时代，新使命开启新征程。让我们高举中国特色社会主义伟大旗帜，以习近平新时代中国特色社会主义思想为指引，更加紧密地团结在以习近平同志为核心的中共中央周围，在中共渭源县委的坚强领导下，围绕中心履职尽责、倾心尽力服务大局，以更加饱满的政治热情、更加高昂的精神状态、更加强烈的责任担当、更加严实的工作作风，不忘初心、牢记使命，凝心聚力、锐意进取，为坚决打赢脱贫攻坚战、实现2019年全县脱贫摘帽，促进全县经济社会持续健康发展和建设幸福美丽新渭源做出新的更大的贡献！

# 大 事 记

## 一月

2日　蔺红军主持召开第24次县政府常务会议。

2日　甘肃政务服务网新版启动活动视频会议召开。

3日　渭源县脱贫攻坚实施方案审定会议在县统办六楼会议室召开。

3日　蔺红军主持召开第25次县政府常务会议。

3日　吉秀主持召开了十四届第28次县委常委会议。

5日　全县帮扶工作（视频）会议在县统办七楼会议室召开。

8日　全县脱贫攻坚领导小组扩大会议（视频）在县统办七楼会议室召开。

8日　全县光伏扶贫推进领导小组会议召开。

9日 全市义务教育阶段学生营养改善计划推进会议在渭源召开。

11—16日　2017年度国家精准扶贫工作成效第三方评估（甘肃组）来渭源县开展国家精准扶贫工作成效第三方评估工作。

12日　省委农村工作暨扶贫开发工作会议（视频）召开。

12日　渭源县“贯彻党的十九大精神，开展困难群众生活保障工作大排查”电视电话会议召开。

15日　国务院扶贫办主任刘永富一行来渭源县开展扶贫慰问调研工作。

17日　全县困难群众生活保障排查问题整改工作会议召开。

17—20日　省扶贫办巡视员张森一行来渭源县督查全省深度贫困地区困难群众生活保障情况。

20日　蔺红军主持召开第26次县政府常务会议。

21日　中国共产党甘肃省第十三届纪律检查委员会第二次全体会议（视频）召开。

21日　吉秀主持召开了十四届第29次县委常委会议。

21日　吉秀主持召开了十四届第8次县委全委会议。

23日　全县脱贫攻坚领导小组第三次会议召开。

23日　渭源县2017年度党（工）委书记抓基层党建工作述职评议会议召开。

24—25日　省食药局党组成员、副局长宋宝才一行对渭源县中药饮片生产企业进行调研。

25日　全国安全生产电视电话会议召开。

25日　省教育厅副厅长赵凯一行来渭源县督查教育精准扶贫工作。

25—26日 全县“学习贯彻党的十九大精神，坚决打赢脱贫攻坚战”县委理论中心组学习专题研讨班开班。

29日 蔺红军主持召开第27次县政府常务会议。

30日 2017年市管领导班子和领导干部党风廉政建设考核暨政绩考核工作会议召开。

30日 全省安全生产工作暨2018年省安委会第一次全体（扩大）会议（视频）召开。

31日 渭源县文化艺术界联合会第三次代表大会召开。

## 二月

1—2日 第一期全县科级干部学习党的十九大精神专题轮训班开班。

2日 吉秀主持召开了十四届第30次县委常委会议。

2日 全县2018年交安委第一次全体（扩大）会议暨春运动员部署会议召开。

3日 全省政法相关工作电视电话会议召开。

5日 全县武装工作会议召开。

6日 全县离退休干部迎新春座谈会召开。

7日 蔺红军主持召开第28次县政府常务会议。

7日 吉秀主持召开了十四届第31次县委常委会议。

7日 县委常委会民主生活会在县统办五楼会议室召开。

7日 县政府党组民主生活会召开。

8日 中国共产党定西市第四届纪律检查委员会第三次全体会议（视频）召开。

8日 全县政法重点工作动员部署会议召开。

8日 全省旅游产业发展视频会议召开。

9日 全市安全生产工作暨2018年市安委会第一次全体（扩大）会议（视频）召开。

9日 全县安全生产工作暨2018年县安委会第一次全体（扩大）会议（视频）召开。

11日 中国共产党渭源县委十四届委员会第九次全体会议暨县委经济工作会议召开。

11日 县委农村工作暨扶贫开发工作会议召开。

15日 市委副书记、市长戴超深入渭源县看望慰问节日期间坚守在一线的供电、供热等单位工作人员。

22日 县委常委会“两学一做”学习教育集中学习暨县委理论中心组集中学习会议召开。

23日 履行全面从严治党第一责任人情况报告暨述纪述廉述作风会议召开。

23日 全县扶贫领域腐败和作风问题警示教育大会（视频）召开。

23日 全省机构编制工作电视电话会议召开。

23日 吉秀主持召开了十四届第32次县委常委会议。

24日 中国共产党渭源县第十四届纪律检查委员会第三次全体会议召开。

26日 县委常委（扩大）会议召开。

26日 县政府全体会议暨党风廉政工作会议召开。

26日 吉秀就落实全面从严治党主体责任集中约谈乡镇党委书记。

27日 全国“两会”期间全省维稳工作电视电话会议召开。

## 三月

1日 2018年度全县禁毒工作会议和县委政法工作会议召开。

1日 全市农口工作视频会召开。

1日 2018年全市工交城建口工作视频会召开。

5日 全省消防工作电视电话会议召开。

5日　蔺红军主持召开第29次县政府常务会议。

6日　蔺红军主持召开了十四届第34次县委常委会议。

7日　渭源县纪念“三·八”国际劳动妇女节颁奖典礼举行。

7日　2018年全县工作会议召开。

7日　全县“农业增效农民增收农村增绿”工作暨“一户一策”精准脱贫计划培训动员会议（视频）召开。

9日　国扶办挂职领导座谈会召开。

9日　渭源县2018年组织工作暨老干部工作会议召开。

12日　省发改委党组副书记、副主任、省西部开发办公室主任李东新一行来渭源县调研。

13日　全县驻村帮扶工作队学习党的十九大精神暨一户一策精准脱贫计划培训班开班。

13日　全省春运总结暨春夏反超速反疲劳酒驾综合治理视频会议召开。

14—16日　电子商务进农村综合示范绩效评价专家组一行来渭源县开展绩效评价。

16日　蔺红军主持召开第30次县政府常务会议。

15—17日　中国扶贫开发协会副会长刘福合一行来渭源县麻家集镇毗达村开展调研。

22日　全省学习贯彻全国“两会”精神领导干部大会（视频）召开。

25日　中共中央政治局委员、国务院副总理胡春华深入渭源县上湾镇调研。

26日　县委常委会“两学一做”学习教育集中学习暨县委理论中心组集中学习会议召开。

26日　全省依法行政工作领导小组（扩大）视频会议召开。

27日　全市2018年文化产业发展工作推进会议召开。

28—29日　北京德青源科技股份有限公司董事长兼总裁钟凯明一行来渭源县考察农业扶贫项目合作事宜。

29日　县委全面深化改革领导小组第六次会议召开。

29日　县委统一战线工作领导小组会议召开。

30日　全市造林绿化动员会议和全域无垃圾城乡环境综合治理工作领导小组扩大（视频）会议召开。

30日　全县全域无垃圾城乡环境综合治理推进会议在县统办七楼会议室召开。

30日　全县机关党组织述职评议及党建工作会议召开。

## 四月

3日　县委书记吉秀主持召开了十四届第35次县委常委会议。

3日　全省反恐怖工作视频会召开。

8日　全省“转变作风改善发展环境建设年活动”动员大会（视频）召开。

9日　2018年全县脱贫攻坚领导小组第四次会议第一阶段会议召开。

10日　渭源县2018年脱贫攻坚领导小组第四次会议第二阶段（视频）召开。

10日　渭源县2018年扶贫领域腐败和作风问题综合整治部署动员会议召开。

10日　全县2018年春季造林绿化工作动员（视频）会议召开。

10日　福建农林大学校长兰思仁一行来渭源县考察光伏食用菌和元古堆村脱贫攻坚情况。

11日　县四大班子在家领导深入到莲峰镇水泉村绿化点参加义务植树活动。

11日　市委常委、市纪委书记、市监察委员会主任王钧一行来渭源县调研扶贫领域执纪问责和干部作风综合整治工作。

12日　全县高考备考推进会议在县统办六楼会议室召开。

11—14日　国务院扶贫办开发指导司司长海波一行来渭源县开展调研。

12日　全国政协常委、省政协副主席郝远一行来渭源县进行“打好精准脱贫攻坚战”监督性调研。

13日　市政府副市长郭维团一行来渭源县调研县工业企业生产经营和新项目建设情况。

13日　2018年省抗旱防汛指挥部成员扩大视频会议召开。

13日　全省民生领域工程质量安全专项整治暨省安委会2018年第二次全体（扩大）会议召开。

16日　县委常委会“两学一做”学习教育集中学习暨县委理论中心组集中学习会议召开。

16日　全县深化“放管服”改革推进政府职能转变领导小组会议召开。

16日　省政府第二次全体会议暨政府系统“转变作风改善发展环境建设年”活动动员会议召开。

17日　省委推进全面从严治党向纵深发展暨第二轮巡视工作动员大会（视频）召开。

17日　市委常委、副市长陈春光来渭源县调研。

17日　蔺红军主持召开第31次县政府常务会议。

18日　中华优秀传统文化“百场万人”宣讲视频会议召开。

18日　中国扶贫志愿服务促进会副会长王家华带领奇正藏药集团、中利集团、甘肃神龙现代农业科技有限公司负责人来渭源县对接产业扶贫、健康扶贫项目。

18日　东乡族自治县政协调研组赴渭源县调研马铃薯产业发展情况。

18日　国扶办开发指导师赴我县调研产业扶贫工作。

18—19日　省人大常委会党组书记、副主任王玺玉一行来渭源县调研脱贫攻坚工作。

19日　全市推动全面从严治党向纵深发展暨“转变作风改善发展环境建设年”活动推进视频会议召开。

19日　全省大学生征兵工作电视电话会议召开。

19日　16时至20时受副高外围暖湿气流和北方冷空气共同影响，渭源县出现阵性降水、局地冰雹，最大降水量出现在渭源县会川镇杨庄村，降水量达20.6毫米，强降水致使渭源县部分乡镇发生洪涝灾害。此次灾害造成渭源县4个乡镇（会川镇、上湾镇、田家河乡、峡城乡）的23个村，174个社，5741户，23981人受灾。受灾面积1442.2公顷，成灾面积622.76公顷，绝收面积58.6公顷，主要受灾农作物有油料、豆类等。灾害已造成直接经济损失199.496万元，其中农业损失172.146万元，公益设施损失27.35万元。

20日　2018年中央一号文件精神宣讲视频会议召开。

20日　全县农村“三变”改革工作领导小组会议召开。

22—28日　蔺红军在广州、佛山、珠海等珠江三角洲城市开展招商活动。

23日　吉秀主持召开了十四届第36次县委常委会议。

24日　全县推动全面从严治党向纵深发展暨“转变作风改善发展环境建设年”活动推进会议（视频）召开。

24日　全县扫黑除恶专项斗争推进会议（视频）召开。

24日　全市落实粮食安全省长责任制工作电视电话会议召开。

24日　2018年全市防汛抗旱视频会议召开。

26日　县环委会2018年第一次全体会议暨第二次全国污染源普查启动会议召开。

26日　2018年全县抗旱防汛工作会议召开。

27日　国务院第一次廉政工作视频会议召开。

## 五月

2日　县委常委会“两学一做”学习教育集中学习暨县委理论中心组集中学习会议召开。

3日　省委理论中心组学习会议（视频）召开。

3日　县脱贫攻坚领导小组第五次会议召开。

4日　全县驻村帮扶工作推进会议召开。

7日　全省第15个民族团结进步宣传月活动视频动员大会暨“富民兴陇”大讲堂召开。

7日　省直单位帮扶渭源县脱贫攻坚协调推进会议召开。

7日　吉秀主持召开了十四届第37次县委常委会议。

7日　十三届省政府第一次廉政工作会议召开。

8日　市直帮扶单位渭源县脱贫攻坚协调推进会议召开。

9日　全省脱贫攻坚工作推进大会（视频）召开。

9日　省审计厅副巡视员李虹一行深入渭源县调研投资审计工作并召开座谈会。

10日　吉秀主持召开了十四届第38次县委常委会议。

11日　全市2018年第三批投资项目集中开工仪式在渭源县举行。

11日　全省推进健康扶贫先锋动员会议召开。

12日　省政府副省长李斌一行来渭源县调研健康扶贫工作。

13—15日　义务教育均衡发展省级第四督导评估验收组来渭源县检查督导。

14日　渭源县创建“全国禁毒示范城市”启动仪式暨禁毒工作推进会议召开。

15日　全县六大特色产业与“一户一策”精准对接工作会议召开。

15日　吉秀主持召开了当前脱贫攻坚重点工作协调推进会。

15日　全县脱贫攻坚领导小组第六次（扩大）会议召开。

16日　全省基层党建工作重点任务推进会暨党支部建设标准化工作部署启动会议召开。

16日　吉秀主持召开了十四届第39次县委常委会议。

16日　吉秀主持召开了十四届第10次县委全委会议。

16日　市委副书记、市长戴超一行来渭源县调研旅游产业发展情况。

17日　吉秀主持召开了十四届第40次县委常委（扩大）会议。

17日　吉秀主持召开了十四届第41次县委常委会议。

18日　全国无党派人士考察团一行来渭源县考察调研乡村振兴中的产业扶贫问题。

18日　全县社会治安突出问题整改工作安排部署会议在县统办楼七楼会议室召开。

18日　蔺红军主持召开了第32次县政府常务会议。

18日　市政府督查2018年重点工作汇报座谈会在县政府接待中心2号楼一楼会议室召开。

21日　全县建档立卡突出问题核查整改工作会议在县统办楼六楼会议室召开。

24日　省财政厅党组书记、厅长张智军一行来渭源县锹峪镇、大安乡调研脱贫攻坚工作开展情况。

24日　全国普通高等学校毕业生就业创业工作电视电话会议召开。

25日　全县2018年招生工作会议召开。

25日　省调查队调研脱贫攻坚工作座谈会在县政府接待中心2号楼一楼会议室召开。

28日　蔺红军主持召开了第33次县政府常务会议。

28日　省政府研究室主任姜安鹏一行到大安

乡调研对接脱贫攻坚工作。

28—29日　吉秀、李新定、陈栋一行赴福州市晋安区开展考察交流活动，并举行晋渭两区县交流座谈会暨扶贫协作协议签约仪式。

29日　市委常委、副市长朱自浩一行来渭源县调研渭河源景区及古长城保护情况。

29日　市政府副秘书长、督查室主任党伟一行来渭源县督查2018年全市经济社会运行情况及扫黑除恶工作。

30日　市委常委、副市长候选人王钧一行来渭源县调研工业经济发展情况。

31日　全国贯彻落实《地方党政领导干部安全生产责任制规定》电视电话会议召开。

31日　杭城牵手定西·共青团助力脱贫捐赠仪式在渭源县麻家集镇宗丹小学举办。

## 六月

1日　全省就业扶贫电视电话会议召开。

1日　妇女儿童工作暨农村妇女“两癌”检查工作启动会议在县卫计局六楼会议室召开。

3—6日　福州市晋安区政协主席魏晓辉带领晋安区扶贫协作考察团来渭源县考察。

5日　甘肃省扫黑除恶专项斗争推进会议召开。

6日　全省农村村级公益性设施共管共享工作启动视频会议召开。

6日　省政府参事室调研全县科技扶贫现状问题与对策座谈会召开。

7日　县四大班子领导到渭源县各考点巡视督导2018年高考工作。

7日　福州市妇联党组成员、副调研员朱余泉一行来渭源县开展精准扶贫对口援助工作。

8日　全县经济运行情况紧急调度暨转变作风改善发展环境建设年活动推进会议召开。

12日　蔺红军主持召开了第34次县政府常务会议。

14日　全县脱贫攻坚领导小组第七次会议召开。

14日　2018年县安委会、交委会、消委会第二次（扩大）会议暨2018年全县质量发展大会召开。

14日　市委常委、市政府副市长高生发来渭源县检查中考备考及高中招生相关工作。

15日　全县基层党建工作重点任务暨党支部建设标准化工作推进会议召开。

15日　吉秀主持召开了十四届第42次县委常委会议。

15日　2018年全省普通高等学校毕业生就业创业工作电视电话会议召开。

19日　省委常委、省委组织部部长李元平深入渭源县调研党建助推脱贫攻坚工作。

21日　举行全县“三变”改革财政扶贫资金入股签约仪式。

21日　全省消防道路交通安全暨危化品道路运输事故处置工作会议召开。

22日　水利部黄河水利委员会来渭源县调研渭源生态水量保障情况。

22—23日　第三期“新时代定西绿色发展讲堂”召开。

23日　全县脱贫攻坚帮扶责任人全员培训班第一期开班。

24—25日　晋安区委书记刘卓群一行来渭源县对接落实东西部扶贫协作工作。

25日　全省产业扶贫现场推进会议召开。

26日　2018反恐应急处突演练暨禁毒示范城市创建、道路交通秩序整治消防安全、反电信诈骗反邪教警示教育集中宣传活动在老君山广场举行。

28日　全县项目建设工作会议召开。

28日　全国深化“放管服”改革转变政府职能电视电话会议召开。

28日　县委常委会“两学一做”学习教育集中学习暨县委理论中心组集中学习会议召开。

28日　吉秀主持召开了十四届第43次县委常委会议。

29日　国务院安委办大型商业综合体消防安全专项整治工作视频会议召开。

29日　蔺红军主持召开了城乡规划委员会工作会议。

30日　全县脱贫攻坚帮扶责任人全员培训班第二期开班。

## 七月

2日　2018年全省脱贫攻坚帮扶工作推进会议召开。

2日　省卫计委副巡视员王坤一行来渭源县督查为民办实事工作。

4日　全省第二季度中央环保督查反馈意见整改调度推进视频会议召开。

4日　2018年全县环保工作暨县环委会第二次全体会议召开。

5日　全市民主党派工作经验交流会在渭源县召开。

6—7日　兰州财经大学党委书记傅德印、校长蔡文浩一行来渭源县大安乡调研对接脱贫攻坚工作。

7—8日　全国工商联党委人事部副部长李冰一行来渭源县考察调研工商联基层党组织和商会建设。

9日　全县全面从严治党暨扶贫领域腐败和作风问题综合整治推进（视频）会议召开。

9日　全县脱贫攻坚帮扶工作（视频）会议召开。

9日　全县网络安全与信息化工作会议召开。

9—10日　共青团渭源县第十七次代表大会召开。

9—14日　省财政厅党组成员、省农发办主任江贵贤一行来渭源县对135个贫困村上半年脱贫攻坚帮扶工作情况进行全面督查。

10日　全省治理高价彩礼推动移风易俗视频会议召开。

10日　蔺红军主持召开了第35次县政府常务会议。

10日　从下午15时开始至晚23时，我县范围内普遍出现中到大雨，最大累计降雨量出现在上湾镇，为32.6毫米，全县累计降雨17.7毫米。受从7月1日开始的持续降雨影响，致使此次降雨造成我县14个乡镇发生洪涝灾害，给群众财产和农作物造成较大影响。截至2018年7月11日下午15：00时，此次灾害造成我县14个乡镇130个村、725个社、20767户群众、86451人受灾。受灾面积4171.6公顷，成灾面积2342.93公顷，绝收面积7.5公顷。灾害已造成直接经济损失1019.72万元，其中农业损失754.82万元，工矿企业损失27万元，基础设施损失210.2万元，家庭财产损失27.4万元。

12日　全市全域无垃圾城乡环境综合治理暨改善农村人居环境工作推进会议召开。

15日　全省殡葬领域突出问题专项整治行动电视电话会议召开。

16日　全县打击和处置非法集资工作领导小组会议召开。

16日　全市防汛减灾工作电视电话会议召开。

17日　全市道路交通安全工作会议（视频）召开。

17—19日　兰州交通大学专项督查组来渭源县开展贫困人口精准识别退出监督检查工作。

17—18日　首届渭水文化旅游节在国家4A级景区渭河源景区举行开幕式。

19日　全省、全市防汛抗洪工作紧急（视频）会议召开。

19日　全省全域无垃圾专项治理行动推进电视电话会议召开。

19日　第四次全国经济普查电视电话会议召开。

19日　蔺红军主持召开了第36次县政府常务会议。

20日　全县脱贫攻坚领导小组第八次会议召开。

20日　全县财政专项扶贫资金支出进度集中约谈会议召开。

20日　全县大数据录入暨帮扶工作半年督查整改工作（视频）会议召开。

20日　国家发展改革委、国家中医药管理局调研组来渭源县调研。

20日　全省通道物流产业发展工作电视电话会议召开。

23日　全县农村村委会（社区）主任学习贯彻党的十九大精神专题轮训班开班。

24日　市安委会第二次全体（扩大）会议召开。

26日　十一届省政协副主席黄选平一行来渭源县开展“脱贫攻坚帮扶工作”专项监督性调研。

26日　中国（甘肃）中医药产业博览会筹备工作视频会议召开。

27日　甘肃省第四环境保护督察组督察定西市工作动员会召开。

27日　全国安全生产电视电话会议召开。

29—31日　福州市晋安区委副书记、区人民政府区长张定峰一行来渭源县调研东西部扶贫协作工作。

30—31日　晋安区人大常委会主任赵坚一行来渭源县考察。

30日　吉秀主持召开了十四届44次县委常委会议。

30日　省安委会2018年第三次全体（扩大）会议召开。

31日　吉秀、蔺红军、黄晓清一行深入县人武部、武警渭源县中队、消防队对驻地官兵进行了慰问，送去了慰问品。

31日　全省压缩企业开办时间工作电视电话会议召开。

31日　蔺红军主持召开了第37次县政府常务会议。

## 八月

1日　全县脱贫攻坚领导小组第九次会议召开。

1日　全县征兵工作会议召开。

1日　2019年项目谋划推进会议召开。

2日　全市科学技术大会（视频）召开。

2日　全市文化和旅游（体育）融合发展大会（视频）召开。

3日　全市扫黑除恶专项斗争暨维稳工作推进会议（视频）召开。

3日　县禁毒委员会第二次全体会议召开。

3—4日　省环保厅副调研员张峰一行来渭源县开展环保督查。

4日　中国共产党渭源县第十四届委员会第十二次全体会议召开。

6日　省委督察专员毛建国一行对渭源县学习贯彻落实习近平总书记视察甘肃重要讲话和“八个着力”重要指示精神、加强政治建设等情况进行督察。

6日　蔺红军主持召开了第38次县政府常务会议。

6—8日　欧美同学会党组书记、秘书长王丕君带领欧美同学会（中国留学人员联谊会）海归专家助力渭源脱贫攻坚服务团来渭源考察调研脱贫攻坚工作。

6日　市委书记唐晓明一行来渭源县峡城乡秋池湾村督查调研脱贫攻坚工作。

8日　首届渭水文化美食节开幕式在渭源县源达美食城举行。

8日　市委副书记、市长戴超一行来渭源县调研工业集中区建设情况。

8日　市委书记唐晓明一行深入渭源县祁家庙镇、庆坪镇督查调研脱贫攻坚政策落实工作。

8日　2018中国（甘肃）中医药产业博览会招商引资暨参展组展工作视频会议召开。

8日　全省治理拖欠农民工工资支付工作电视电话会议召开。

8—9日　省人大常委会副主任王玺玉一行来渭源县调研脱贫攻坚帮扶工作。

8—10日　全县产业扶贫现场推进会议召开。

10日　全县扫黑除恶专项斗争暨维稳工作推进会议召开。

10日　省抗旱防汛指挥部成员扩大紧急视频会议召开。

14日　县四大班子领导调研工业经济发展情况。

14日　省政府参事室调研“三变”改革和村集体经济并召开座谈会。

15日　县四大班子领导一行调研渭河源大景区旅游发展情况。

15日　甘肃省第四次全国经济普查电视电话会议召开。

16日　全县脱贫攻坚工作集中约谈会议召开。

20日　全县“551”产业扶贫政策培训班开班。

22日　福州市政府副市长严可仕一行赴渭源县上湾镇侯家寺村，实地考察调研东西部扶贫协作对口帮扶工作。

22日　渭源县金鸡产业扶贫项目开工仪式在路园镇三河口举行。

23日　甘肃省定西市渭源县优质鲜切花实验示范园项目（一期）满天星首批销售发车仪式在县渭源县莲峰镇老庄村鲜切花基地举行。

23日　全县脱贫攻坚工作调度会议召开。

24日　吉秀主持召开了十四届45次县委常委会议。

24日　渭源县2018年希望工程助力脱贫攻坚助学金发放仪式举行。

24日　全县光伏扶贫产业发展推进会议召开。

25—26日　中国扶贫开发协会会长袁文先一行来渭源县麻家集镇毗达村调研定点扶贫工作。

27日　渭源首个“巾帼扶贫车间”揭牌。

27日　蔺红军主持召开了第39次县政府常务会议。

27日　全国医改工作电视电话会议召开。

28日　市委常委、市委组织部部长寇明春在渭源调研基层党建工作。

30日　吉秀主持召开了十四届46次县委常委会议。

30日　全省火灾防控工作推进视频会召开。

31日　全县健康扶贫政策培训会议召开。

31日　吉秀主持召开了全县金鸡产业扶贫项目建设领导小组会议。

## 九月

3日　蔺红军主持召开了第40次县政府常务会议。

3日　吉秀主持召开了十四届47次县委常委会议。

3日　白银市人大常委会民侨内务司法工作委员会主任尚孝一行来渭源县学习考察县人大常委会司法监督工作等方面经验做法。

3—4日　全县脱贫攻坚领导小组第十次会议召开。

4日　全省非洲猪瘟等重大动物疫病防控工作视频会议召开。

4—6日　县人大常委会组织部分市县人大代表在全县范围内对我县“十三五”规划实施情况进行专题视察。

5日　全县扫黑除恶专项斗争领导小组第四次全体（扩大）会议召开。

6日　2018年县交安委、消安委第三次全体

（扩大）会议召开。

7日　中国农业银行银政企座谈会召开。

7日　市委常委、副市长、市政府残工委主任吴扬杰一行来渭源县专题调研残疾人工作。

8日　福州市企业与企业家联合会会长徐诗文一行来渭源县开展扶贫助学活动。

10日　全县教育工作暨第34个教师节表彰大会召开。

11日　全市党员领导干部网络舆情引导工作培训视频会召开。

11日　省委省政府扫黑除恶专项斗争督导工作全市动员会议（视频）暨汇报会议召开。

11日　部分省市人大代表对渭源县重点项目建设成效进行视察。

11日　市委常委、市政府常务副市长王钧来渭源县召开全市落实企业主体责任双重预防机制标准化建设现场推进会议。

12日　全市社会保险费和非税收入征管职责划转工作动员部署视频会议召开。

13—14日　全省脱贫攻坚观摩拉练活动第二组在渭源县观摩。

14日　省国土资源厅副厅长钟义一行来渭源县开展2017年度实行最严格水资源管理制度考核重点抽查和现场检查工作。

18日　省委、省政府扫黑除恶专项斗争第三督导组督导渭源县工作座谈汇报会召开。

18日　省安委会2018年第四次全体（扩大）会议暨市安委会2018年第三次全体（扩大）会议召开。

19日　全国义务教育均衡发展督导评估专家一行来渭源县督导评估渭源县义务教育均衡发展工作。

19日　古浪县委常委、常务副县长沈忠道一行来渭源县考察垃圾焚化处理先进经验和做法。

19—20日　省脱贫攻坚领导小组基础设施专责工作组陈临军一行来渭源县督导脱贫攻坚基础设施建设工作。

20日　县四大班子领导赴县武警中队营区、陇西驻军靶场举行军事日活动。

20日　县十六届人大常委会第十七次会议召开。

20—21日　渭源县“政银企社”产销衔接大会召开。

21日　全县脱贫攻坚领导小组办公室会议召开。

21日　全省危险化学品安全和治理推进视频会议召开。

25日　蔺红军主持召开了第41次县政府常务会议。

25—26日　欧美同学会助力脱贫攻坚现场会召开。

25日　国务院参事、友成基金会副理事长、青椒计划发起人汤敏一行来渭源县调研。

25日　2018年度贫困退出验收和扶贫对象动态管理动员部署视频会议召开。

25—26日　全县脱贫攻坚帮扶责任人全员培训班第三期开班。

26日　全省质量提升工作推进会议召开。

26—27日　全国政协委员、民建省委会主委宁崇瑞一行来渭源县调研农村危房改造项目。

26日　定西市聚力定制扶贫“联渠道、汇爱心、公益行”渭源爱心活动捐赠仪式在渭源县大安乡大涝子小学操场举行。

26日　省政府研究室副主任王华存一行来渭源县田家河乡开展“甘肃贫困地区儿童发展”情况调研工作。

27日　全市转变作风改善发展环境建设年活动第二次推进视频会议召开。

27日　全县治理高价彩礼推动移风易俗工作会议召开。

28日　全省粮食生产功能区划定工作电视电话会议召开。

29日　全省东西部扶贫协作暨中央单位定点扶贫工作推进（视频）会议召开。

29日　全县脱贫攻坚领导小组第十一次会议召开。

30日　吉秀主持召开了十四届48次县委常委会议。

30日　县委中心组学习会议召开。

30日　《每周快报》通报帮扶责任人约谈会议召开。

30日　中药材马铃薯旅游蔬菜食用菌产业扶贫折股量化2018年度收益分红发放仪式举办。

## 十月

5日　县委中心组学习会议召开。

5日　2018年贫困退出县级达标认定培训暨年度考核指标自评汇报会议召开。

5日　市委副书记、市长戴超深入渭源县药博会产业扶贫论坛会场检查指导药博会筹备工作，并深入到县人民医院、公安局等单位，检查国庆假日值班值守、安全保障等情况。

6日　《中共中央 国务院关于打赢脱贫攻坚战三年行动的指导意见》《中共中央国务院乡村振兴战略规划（2018-2022年）》学习研讨会暨涉农部门及分管单位2018年度第三次全面从严治党集中约谈会议召开。

11日　兰州大学党委书记袁占亭一行来渭源县秦祁乡调研脱贫攻坚工作。

11日　2018中国（甘肃）中医药产业博览会-中药材产业扶贫论坛（甘肃·渭源）在渭源县举办。

13日　安徽省六安市市委常委、政法委书记高斌一行来渭源县考察中医药产业。

15日　2018年县食安委第三次会议召开。

15日　全省中药材产业扶贫推进会在渭源召开。

16日　定西市大中学生分层分类一体化思想引领试点工作动员部署会在清源中学召开。

17日　中央第一巡视组对甘肃省开展脱贫攻坚专项巡视工作动员会议召开。

17日　全市扶贫领域腐败和作风问题专项治理工作推进（视频）会议召开。

17日　2018年全省医改工作电视电话会议召开。

17日　蔺红军主持召开了第42次县政府常务会议。

18日　市委理论中心组学习（扩大）会议暨宪法学习专题辅导会议召开。

20日　全国脱贫攻坚先进事迹甘肃巡回报告（视频）会议召开。

23日　全县党的建设工作暨组织工作推进会议召开。

23日　全县扶贫领域腐败和作风问题专项治理工作推进会议召开。

23日　全县驻村帮扶工作队管理工作推进会议召开。

23日　吉秀主持召开了十四届49次县委常委会议。

23—26日　福州市晋安区副区长丁振新一行来渭源县开展贫困村结对帮扶调研工作并召开座谈会。

23日　全县易地扶贫搬迁推进暨约谈会议召开。

24日　市委第四巡察组对渭源县开展脱贫攻坚专项巡视工作动员会议召开。

24日　省委省政府扫黑除恶专项斗争第三督导组督导定西市情况反馈会议（视频）召开。

24日　定西市参加甘肃省第十四届动员会总结表彰大会召开。

24日　省委社会事业领域改革专项小组专项督察乡镇政府服务能力建设工作。

24日　中国扶贫基金会常务秘书长陈红涛一行来渭源县调研定点扶贫工作。

25日　定西市创建全国禁毒示范城市工作推进视频会议召开。

25日　全国今冬明春火灾防控工作动员会

议、全省今冬明春火灾防控工作动员部署视频会议召开。

26日　全省扫黑除恶专项斗争推进会暨省委省政府督导组第二批进驻督导动员会议召开。

26日　全县脱贫攻坚领导小组第十二次会议召开。

26日　全县前三季度经济形势分析暨工业金融工作推进会议召开。

27日　市委常委、副市长吴扬杰一行来渭源县调研科技创新工作。

29日　吉秀主持召开了脱贫攻坚县委书记周调度会议。

31日　甘肃建投集团总公司工业处处长牛向辉一行来渭源县考察工业项目用地及拟投资项目并召开座谈会。

## 十一月

1日　全省经济运行重点工作电视电话会议召开。

1日　全国非洲猪瘟防控工作电视电话会议和全省非洲猪瘟防控工作电视电话会议召开。

2日　市委理论中心组学习（扩大）暨党纪处分条例学习专题辅导会（视频）召开。

2—3日　省委书记、省人大常委会主任林铎在渭源县调研脱贫攻坚、乡村振兴、基层党建等工作。

4日　全省安全生产暨道路交通安全管理工作紧急视频会议召开。

5日　全县驻村帮扶工作队队长培训班开班。

5日　2018年县安委会第四次全体（扩大）会议暨安全生产、道路交通安全管理工作会议召开。

5日　省政府副省长何伟来渭源县调研脱贫攻坚兜底保障工作。

6日　全省农民工工资清欠工作暨创建“无欠薪”城市动员部署电视电话会议召开。

6—7日　省综治委挂牌督办检查验收组对渭源县社会治安突出问题整改工作进行检查验收。

9日　全县脱贫攻坚领导小组办公室主任（扩大）会议召开。

9日　蔺红军主持召开了第43次县政府常务会议。

9日　全县2018年第二次规委会召开。

12日　全国“大棚房”问题专项清理整治行动推进视频会议召开。

14日　吉秀主持召开了十四届50次县委常委会议。

14日　县委全面深化改革领导小组第七次会议召开。

14日　全省实施乡村振兴战略工作推进会议召开。

14日　吉秀主持召开了全县脱贫攻坚重点任务推进会议暨县委书记调度会议。

14日　全国冬春农田水利基本建设电视电话会议召开。

15日　交通运输部督导组朱永献一行来渭源县督导交通运输工作并召开座谈会。

15日　县委常委会“两学一做”学习教育集中学习暨县委理论中心组集中学习会议召开。

15日　金鸡产业扶贫项目建设领导小组会议召开。

15日　团省委副书记张乐群一行来渭源县调研共青团工作。

15日　全市森林草原防灭火暨渭河源生态保护与综合治理工作电视电话会议召开。

15日　全省打击食品药品农资环境烟草领域违法犯罪专项行动视频会议召开。

16日　全县精准扶贫专项贷款收回及续贷第五次推进会议召开。

16日　全省推进“放管服”改革视频会议召开。

16日　全县扶贫项目资金绩效管理工作推进会议召开。

16日　全市安全生产大督查反馈会议召开。

19日　全省作风建设年活动推进会议（视频）召开。

20日　福州市人大常委会副主任林峰一行来渭源县调研东西部扶贫协作光伏项目实施等工作。

21日　全县供销社社员代表大会暨业务培训会召开。

22日　渭源县脱贫攻坚帮扶工作推进会议（第二次）召开。

22日　全县科技创新大会召开。

22日　全县文化和旅游（体育）融合发展暨乡村旅游示范村建设启动大会召开。

22日　全县扫黑除恶专项斗争领导小组第五次（扩大）会议暨全市扫黑除恶专项斗争政策法律宣讲活动召开。

22日　全县防制重大动物疫病指挥部暨非洲猪瘟防控工作会议召开。

23日　市委理论中心组学习（扩大）会议（视频）召开。

23日　省扶贫办党组成员、副主任、天津市援甘前方指挥部总指挥宋友好一行来渭源县开展东西部扶贫协作交叉调研督查并召开座谈会。

23日　全市巾帼扶贫车间现场推进会议在渭源县召开。

23日　市委书记唐晓明深入渭源县大安乡方家庄村、红堡子村督查调研脱贫攻坚工作。

23日　省财政厅党组成员、副厅长周莹一行来渭源县大安乡开展脱贫攻坚帮扶工作。

24日　福州市罗源县人民政府副县长陈启辉一行来渭源县围绕食用菌生产开展考察交流活动。

27日　省委副书记孙伟，省委常委、常务副省长宋亮一行来渭源县调研督导脱贫攻坚工作，现场办公解决突出困难。

28日　全县脱贫攻坚领导小组第十三次会议召开。

28日　全县精准扶贫专项贷款收回及续贷第七次推进工作会议召开。

29日　渭源县总工会第十次代表大会召开。

## 十二月

1—2日　国务院扶贫办督查专员、开发指导司司长海波一行来渭源县专题调研产业扶贫、金融贷款工作。

2日　国务院安委办危险化学品安全生产专题视频会议召开。

3日　国务院扶贫办党组成员、副主任洪天云一行来渭源县调研脱贫攻坚工作并参加全县脱贫攻坚干部业务培训班开班仪式。

3日　全县脱贫攻坚干部业务培训班在清源中学三楼会议室举办。

4日　全国经济普查领导小组工作会议（视频）召开。

5日　蔺红军主持召开了第44次县政府常务会议。

6日　全县农投公司合作社规范化建设推进会议召开。

6日　吉秀主持召开了十四届第51次县委常委会议。

7日　全县脱贫攻坚领导小组第十四次会议召开。

10日　县委常委会“两学一做”学习教育集中学习暨县委理论中心组集中学习会议召开。

10—12日　全省深度贫困村妇联主席能力提升渭源培训班开班。

10日　省委常委、政法委书记胡焯来渭源县调研。

11日　全县民营企业座谈会召开。

11日　市委常委、副市长、福州定西东西部扶贫协作前方指挥部总指挥陈春光一行来渭源县督促检查东西部扶贫协作考核准备情况。

13—15日　全省推动农民专业合作社发挥带

动作用培训班（视频）召开。

13日　全县扶贫车间建设工作调度推进会议召开。

13日　云南省昭通市永善县政府县长傅再胜一行来渭源县考察脱贫攻坚和产业发展情况。

14日　国务院安委办道路交通安全专题视频会议召开。

14日　东西部扶贫协作领导小组办公室主任（扩大）会议召开。

18日　县四大班子领导在县统办楼七楼会议室收听收看庆祝改革开放40周年大会直播实况。

18日　全市打击食品药品农资环境烟草领域违法犯罪专项行动推进会议（视频）召开。

19日　县委书记吉秀主持召开了十四届第52次县委常委会议。

20日　县环委会2018年第四次全体会议召开。

21日　渭源县顺盈家纺东西部协作扶贫工厂首批纺织品销往美国发车仪式在上湾镇举行。

21日　甘肃省第四环境保护督察组督察定西市情况反馈会召开。

21日　市政府副市长杨晓锋一行来渭源县调研教育工作。

25日　全县脱贫攻坚重点任务调度暨驻村帮扶工作推进（视频）会议召开。

25日　县委书记吉秀主持召开了县四大班子联席会议。

26—27日　渭源县第四季度脱贫攻坚帮扶工作会议暨举办帮扶责任人全员培训班举行。

26日　市委常委、市纪委书记、市监委主任温卫东一行深入渭源调研脱贫攻坚及纪检监察工作。

27日　蔺红军主持召开了第45次县政府常务会议。

27日　出让国有资源资产和资产证券化等多种方式补充基础设施项目资本金培训辅导班召开。

27日　深入学习浙江“千万工程”经验全面扎实推进农村人居环境整治视频会议召开。

27日　全县领导干部大会召开。

28日　定西冬春旅游冰雪体验季启动仪式在渭河源景区举行。

28日　全市领导干部警示教育大会（视频）召开。

28日　全县宣传思想工作会议召开。

28日　全县脱贫攻坚领导小组第十五次会议召开。

28日　全省促进中小企业发展电视电话会议召开。

29日　吉秀主持召开了十四届第53次县委常委会议。

29日　吉秀主持召开了十四届第54次县委常委会议。

# 县情概况

【地理位置】渭源县位于甘肃省中部，定西市中西部，介于北纬34°53″～35°25″、东经103°44″～104°20″之间，北靠安定、临洮，东接陇西，南连漳县，西与卓尼、临潭、康乐毗邻。东西长60公里，南北宽56公里，总面积2065.51平方公里，其中耕地80.07万亩，草地面积81.28万亩。农村人均耕地面积2.45亩，人口密度159.18人/平方公里。林地面积129.96万亩，森林面积48.3万亩，森林覆盖率15.66%。

【建置沿革】据《尚书·禹贡》记载，公元前21世纪，夏禹“导渭自鸟鼠同穴山”的足迹就遍及渭源。当时全国版图分为九州，渭源即属雍州。周时，渭源为西部戎族领地。秦献公元年（前384年），秦献公兵临渭首（今陇西、渭源、临洮一带），灭狄、豲二戎，设狄道（今临洮一带）、豲道（今陇西一带），渭源境属豲道辖地。秦昭襄王二十八年（前279年），置陇西郡，郡治在狄道，渭源为陇西郡之辖地。秦始皇统一六国后，设天下为三十六郡，陇西郡设立首阳县（今渭源县）。首阳县因其境内有商末周初伯夷、叔齐避居采薇之首阳山而得名。秦汉首阳县境与今渭源县大体相当，这是历史上渭源设县之始。汉武帝元朔二年（前217年），分全国为十三郡，首阳属凉州陇西郡。王莽篡汉后，改陇西郡为厌戎郡，首阳归属未变。陇西郡（治所在狄道）为其中一郡，渭源仍为陇西郡所辖。三国曹魏，首阳属秦州陇西郡，后陇西郡改隶凉州。西晋陇西郡隶属秦州，首阳仍属秦州陇西郡。十六国时的前后赵时期，秦州陇西郡首阳县相继归前后赵统治。前秦苻坚于公元351年灭后赵，首阳于其时为前秦所辖。苻坚建元七年（371年）置河州，治枹罕（今临夏），首阳改隶河州陇西郡。后秦沿袭前秦建置。北魏时期首阳隶渭州陇西。西魏文帝大统十七年（551年）始改首阳县为渭源县，兼设渭源郡。县治由原首阳旧县迁到今渭源县城东北一公里的老龙亭。渭源县隶属于渭州（州治襄武）渭源郡（辖二县）。隋文帝开皇三年（583年）实行州县制，废渭源郡，渭源县属渭州。隋炀帝大业三年（607年）复行郡县制，渭源县属陇西郡。唐高祖武德二年（619年），废除郡制，渭源属渭州，隶属秦州总管府（府治上邽）。唐太宗贞观元年（627年）实行道、州、县三级制，渭源县属陇右道（道治鄯州，即今青海乐都县）渭州。唐高宗上元二年（675年），复设首阳县，与渭源县并立。唐高宗仪凤三年（678年），又废除首阳县，并入渭源县。唐代宗广德初年（763—764年），陇右道所属州县尽被吐蕃所占。渭源县境属吐蕃武胜军领地。至宣宗大中五年（851年），一度收复陇右并恢复渭州陇西郡及属县建置，但不久仍为吐蕃所据。北宋改道为路，实行路、府、州、县四级。宋神宗熙宁五年（1072年）八月，王韶筑渭源堡。同年十月，王韶收复熙州（临洮），置熙河路，渭源属熙河路熙州，这时渭源先置通远寨，后置通远军，再后降县为堡，称渭源堡。南宋高宗绍兴元年，金太宗天会九年（1131年），金大将宗弼及陕西都统洛索攻克熙州各地，渭源堡为金属地。金熙宗皇统二年（1142年）改熙州为临洮府，并设立熙秦路（路治临洮府，后改临洮路），渭源堡属熙秦路临洮府。元世祖至元十三年（1276年），升渭源堡为渭源县，属陕西行中书省巩昌路临洮府，府治狄道。至此，渭源从县降堡历时204年之久。至元二十三年（1286年）二月，置甘肃行中书省，驻甘州，渭源县仍属陕西行中书省临洮府。明太祖洪武初，克复县城，渭源属明陕西省临洮府。明洪武九年（1376年），改元行中书省为承宣布政使司，甘肃又为陕西布政使司所辖，渭源县为陕西布政使司临洮府（治狄道）所属。清初，沿用明制。清圣祖康熙六年（1667年），由陕西省分设甘肃省，渭源县属甘肃省临洮府。至高宗乾隆三年（1738年），临洮府治迁至兰州，改称兰州府，渭源县属兰州府管辖。中华民国二年（1913年），废府为道，实行省、道、县三级制。新设兰山道，治兰州，渭源属兰山道。民国十六年（1927年），废道，设省、县两级，渭源直属甘肃行省。民国二十五年（1936年），甘肃省设行政督察专员公署，渭源县属第一区专员公署（署驻地临洮）管辖。1938年，专署驻地迁至岷县。民国三十三年（1944）二月，甘肃省增设第九区行政督察专员公署，专署驻地临洮县，渭源县划拨第九区专员公署。1949年8月14日、15日，渭源、会川相继解放后，两县隶属岷县专区。1950年岷县专区撤销，渭源县划归定西专区管辖。1958年12月，国务院批准撤销渭源县，合并于陇西县，将原会川县区域分别划归临洮、漳县。1961年12月15日，国务院决定恢复渭源县，属临洮专区。1963年12月撤销临洮专区后，渭源县仍划归定西专区管辖。

**【民族人口】**2018年，全县共辖4乡12镇，217个行政村，1584个村民小组。年末全县常住人口33.27万人，其中女性人口16.29万人。常住人口中，城镇人口8.89万人，占常住人口的比重为26.72%；乡村人口24.38万人，占常住人口的比重为73.28%。城镇化率26.72%，比上年提高了0.9个百分点。全年人口出生率为12.73‰，死亡率为7.95‰，人口自然增长率为4.74‰。

**【历史人文】**境内分布着首阳山、鸟鼠山、灞陵桥、战国秦长城遗址等众多的自然景观和人文景观。首阳山，国家AAA级旅游景区，位于渭源县城东南34公里处，为国家森林公园、省级风景名胜区、国家地质公园。系先贤伯夷、叔齐采薇隐居之地，因阳光先照而得名。首阳山是古丝绸之路上的一处宗教胜地，自汉魏以来，僧侣信众开凿修建石窟寺庙，至宋、元、明时期达到鼎盛，是一座历史底蕴深厚的文化艺术宝库。内有大山、二台、三台、四台、五台、后五台、皇洞、释迦庵、老君山等九座独立山峰，悬崖峭壁，形态各异，因九峰环峙，状如莲花而又名莲峰山。渭河源景区，位于甘肃省中部，定西市中西部的渭源县，距县城西南30公里，是黄河最大支流渭河的发源地，也是大禹导渭亲临之地和始祖文化的源起之地。现为国家AAAA级旅游景区、国家级森林公园。景区占地面积为46.7平方公里，森林覆盖率95%以上，动植物种类达750种之多。《尚书·禹贡》载："大禹导渭自鸟鼠同穴山，渭水出焉。"《水经注》云："渭水出陇西首阳县渭谷亭南鸟鼠山。"灞陵桥，国家重点文物保护单位，国家AA级旅游景区，位于渭源县城渭河之上，是千里渭河第一桥，素有"长虹卧波"之美誉，现为全国仅存的唯一一座古典式纯木结构卧式悬臂拱桥。灞陵桥始建于明洪武初年，系明大将军徐达征战元将李思齐时而建，后来多次改建和维修。现桥身长40米，跨度29.5米，高15.4米，宽4.8米，桥身建有廊房13间，由14排吊柱构成，每排4柱，计56柱。战国秦长城，渭源境内的秦长城，修筑于战国时期，是中国最古老的长城地段之一。长城在渭源境内，蜿蜒起伏经过4个乡镇14个村而进入陇西县境，全长39.2公里。

【财政　金融　商贸】全年完成大口径财政收入25360万元，同比增长0.8%。完成一般公共预算收入14777万元，同比增长6.1%。其中税收收入8110万元，同比增长44.6%；非税收入6667万元，同比下降19.9%。公共财政预算支出296294万元，同比增长24.3%。其中：一般公共服务支出21831万元，同比增长10.7%；教育支出58538万元，同比增长5.8%；医疗卫生与计划生育支出35798万元，同比增长27.8%；住房保障支出13638万元，同比增长18.9%。全县金融机构人民币存款余额672485万元，同比增长6.4%，其中住户存款余额494947万元，同比增长9.9%；金融机构人民币贷款余额494388万元，同比下降5.2%，其中涉农贷款余额412356万元，同比下降6.4%。全县固定资产投资同比增长10.3%，其中：项目建设同比增长7.6%。房地产项目同比增长21.2%，共实施房地产项目7个。全县累计完成社会消费品零售总额8.02亿元，同比增长7.6%。按销售单位所在地分：城镇完成5.59亿元，同比增长7.18%乡村完成2.43亿元，同比增长8.50%。按消费形态分：餐饮收入完成1.26亿元，同比增长9.11%；商品零售完成6.76亿元，同比增长7.30%。按行业分：批发业完成0.82亿元，同比增长8.5%；零售业完成5.94亿元，同比增长7.13%；住宿业完成0.16亿元，同比增长13.68%；餐饮业完成1.10亿元，同比增长8.50%。全县共有限额以上商业单位3户。全县城镇居民人均可支配收入23443元，同比增长7.6%；农村居民人均可支配收入7456元，同比增长9.4%。

【农业经济】2018年农作物播种面积111.57万亩。其中：粮食作物播种面积79.41万亩，同比增长4.8%，粮食作物中夏粮播种面积31.19万亩，同比增长5.7%；折粮薯类（马铃薯）播种面积31.76万亩，同比增长5.8%；油料播种面积2.49万亩。全县中草药材播种面积27.99万亩，同比增长6.0%，其中当归、党参、黄芪播种面积分别为8.36万亩、10.78万亩、7.78万亩。蔬菜园艺播种面积1.33万亩。全年粮食作物总产量19.15万吨，同比增长6.6%。其中：夏粮产量5.05万吨，同比下降1.6%。折粮薯类（马铃薯）产量8.17万吨，同比增长11.1%。全县中草药材产量7.44万吨，同比增长11.0%，其中当归、党参、黄芪产量分别为2.38万吨、1.90万吨、2.81万吨。油料产量0.39万吨；蔬菜产量1.17万吨。年末大牲畜存栏2.97万头，同比增长5.3%，其中牛存栏2.81万头，同比增长6.0%。猪、羊、家禽存栏分别为4.03万头、10.40万只和30.47万只。同比增长分别为2.1%、2.2%、3.8%。牛出栏0.50万头，同比增长5.2%。猪、羊、家禽出栏分别为4.34万头、4.86万只和30.86万只，同比增长分别为1.8%、3.4%和1.6%。肉类总产量4644.3吨，鲜蛋产量914.1吨，牛奶产量880.9吨。全县农林牧渔业总产值164040万元，其中：农业产值145198万元，林业产值2551万元，牧业产值12582万元，渔业产值73万元，农林牧渔服务业产值3637万元。全县共实现农林牧渔业增加值109340万元，同比增长5.5%。其中：农业增加值100121万元，同比增长5.5%；林业增加值628万元，同比增长11.9%；牧业增加值7610万元，同比增长5.3%；渔业增加值36万元，同比增长1.4%；农林牧渔服务业增加值946万元，同比增长1.6%。

【脱贫攻坚】以更加精细、精确、精微的措施，集中最优人力，抓住中央定点扶贫和东西部扶贫协作机遇，积极探索建立了分类管理、短板补齐、产业扶贫、推进落实四个层面的“5+3”攻坚体系。按照“五个一批”脱贫路径，把未脱贫人口区分为“三种”类型分类实施，明确帮扶措施，合理确定脱贫时序。在补齐水、电、路、房、网“五大”基础设施建设短板的基础上，健全完善教育、医疗、住房安全“三大”保障体系，全县水、电、网覆盖率比例分别达到

99.55%、100%和100%，行政村路通畅率达到100%，住房年底将全面消除农村D级危房。贫困村幼儿园覆盖面达到94.4%，学前三年毛入园率达到94.52%，九年义务教育阶段巩固率达到97.16%。家庭医生“4+1”联包签约服务和“一人一策”健康帮扶完成签约10.2万人，签约率100%。坚持将产业扶贫作为实现脱贫的治本之策，根据“551”产业扶贫模式，狠抓主体培育、基地建设、要素集聚、利益联结、素质提升“五大”核心环节，着力构建了主导产业保收入、新兴产业拓渠道、就业扶贫促增收的“三种”产业发展格局。全县新发展农投公司17家、农民专业合作社523个、引进涉农企业46家，累计达到1847个，实现了每个行政村2家合作社全覆盖和带动所有建档立卡贫困户股份实化入社全覆盖；累计投入资金2.23亿元，实现了1.36万户未脱贫户产业资金折股量化带动全覆盖；累计投入到户产业以奖代补资金7558.42万元，实现了1.27万户有劳动能力和种养产业发展意愿的未脱贫户全覆盖。马铃薯种薯、中药材生产、蔬菜种植基地分别建成40万亩、40万亩、6.4万亩，开发建设农业观光体验区3处、田园综合体2处，形成了8大规模片带和134个种养业专业村。采取“公司+基地+农户”等多种经营模式，与全县5.2万户（其中贫困户2.5万户）农户建立了紧密的利益联结机制，全面落实农业保险政策，构建保险保本垫底保障体系，户均年稳定增收3000元以上。通过村级光伏电站收益、产业扶贫项目带动、“三变”改革入股分红等措施，87个村集体经济收入可达到5万元以上，全面消除集体经济“空壳村”。建设13个扶贫车间，开发乡村公益性岗位1567个，投入培训资金1885.3万元，开展各类培训7532人，有效提高了贫困群众创业致富的能力与水平。紧扣2020年全面建成小康社会的总目标，健全县乡村协同作战指挥机制，全员覆盖结对帮扶机制，责任落实机制，全员培训机制和督查考核机制“五项”推进机制，创新开展“周督查周通报月评比”制度，建立“一册一卡一清单”到户到人政策措施落实管理“三类”管理清单，脱贫攻坚体制机制更加顺畅，选派880名各级干部组建驻村帮扶工作队217个，组织4992名干部对所有未脱贫户实行全覆盖结对帮扶。同时，汇聚各类帮扶力量，构建形成了大扶贫格局。国扶办协调投入社会帮扶资金4824万元，协调引进德清源、天津红日、云南禾韵花卉公司建设产业扶贫项目。晋安区投入帮扶资金4788.36万元，欧美同学会投入各类帮扶资金物资365万元，省市各级帮扶单位协调落实项目和帮扶物资4029.4万元，全部用于全县脱贫攻坚。全县全年共减少贫困人口5458户22525人。

**【项目建设】**2018年，集中开工项目5批100项，总投资117.03亿元，完成投资51.4亿元。配合完成渭武高速、S227、S229渭源过境段项目建设及征地拆迁任务。引进的天津红日集团与甘肃佛慈药业、北京德清源金鸡扶贫项目等一批项目相续建设开工。通过“海交会”“兰洽会”“药博会”“薯博会”等招商推介签约24项，落实到位资金23.21亿元。新培育规以上企业3家，省市龙头企业6家，GMP认证的企业28家，小微企业458家，工业产品中有6种产品获得“甘肃名牌”产品，5个商标被评为甘肃省著名商标。工业集中园区基本实现了“七通一平”，建成区面积达到3.6平方公里，入驻企业60家，总投资达到27.6亿元，园区企业在产业链条延伸、产能扩大以及技术改造提升上明显加快，工业集中区累计实现税收收入4425万元。

**【产业开发】**2018年，把产业作为壮大县域经济的关键支撑，在做精做强优特产业基础上，强化“551”模式，积极培育了“十大产业”发展体系。马铃薯种薯方面，积极组织参加“薯博会”，签订合作协议8项9409.6万元。全县建设高标准马铃薯产业基地11处、种薯基地21800亩，引进48各原原种新品种，在五竹马铃薯种薯园流转土地28亩建成脱毒苗组培车间和繁育温室。中医药方面，成功举办了2018年“药博会”中药材产业扶贫论坛和全省中药材产业扶贫现场推进会。建设中药材标准化种植基地25万亩，建立标准化中药材种子种苗生产基地4万亩，落实中药材产值保险试点任务5万亩。草牧业方面，成立饲草料配送中心8个，建成的牧草良种基地、青贮玉米种植基地、多年生牧草基地、一年生牧草基地分别达到0.45万亩、5.02万亩、5.01万亩、1.8万亩，牛羊猪鸡存栏量分别达到6.35万头、38.1万只、25.14万头、204.28万只，草牧畜产值达到19.18亿元。旅游方面，成功举办首届渭水文化旅游节和渭水文化美食节，打响渭河源旅游品牌。文体旅融合发展程度更深，渭河源、首阳山等核心景区功能更加完善，打造了上湾镇侯家寺村、锹峪镇峡口村等一批以水上、田园、休闲、康养为主题的区域化旅游景点。新发展高标准农家乐13户，新增床位740张，实施核心景区冬季免费开发和部分景区票价优惠政策，年旅游接待人数109.44万人，总收入4.7亿元。新型产业方面，深入推进国家电子商务进农村综合示范县项目建设，累计建成网店683家，网购平台2个，网销企业51家，物流配送网点188个，实现电子商务交易额达到6029万元。着力构建以智能光伏、生态农业、乡村旅游、转移就业为一体的全产业链光伏产业体系，新建光伏电站49个，总装机规模达到14.763兆瓦，新增扩容72个，总装机14.329兆瓦。积极培育食用菌、花卉林木、蔬菜等新兴富民产业，建成食用菌生产示范园区4个，新建花卉林木基地374亩，蔬菜种植达到6.4万亩。

**【城乡建设】**按照“以河为魂、完善规划，提升功能、南游北居、闭环发展，会清一体、主动融入南向通道经济”的思路整体布局规划城市建设，完成《渭源县总体规划（2017—2035）》审稿编制，“多规合一”规划编制工作已完成前期资料收集及县城、各乡镇纲要，3个“千村美丽”示范村建设规划编制已完成。实施县城道路、火车站广场以及开发建设重点项目13项，总投资46.57亿元，目前完成投资6.5亿元。实施会川镇等5个乡镇小城镇建设项目9项，总投资12.56亿元。实施交通改造提升，建成S227渭源段、改造景区旅游路、祁家庙至峡城公路田家河至峡城段县乡工程，修建自然村组道路434公里，完成“畅返不畅”整治工程11条66.5公里，全县农村公路养护里程达到1042.12公里。全面加强城市管理，努力提升城市品质，在县电视台开辟了“渭源全域无垃圾综合治理”专栏，筹措资金61.5万元对县城区进行亮化工程提升，建成了一批贴近民生文化特色示范街，通过政府购买服务模式对县城区50万平方米道路外包，对乱设摊点、违建进行整治和拆除，清理各类小广告3万余条，拆除存量违法建筑14589平方米。规范煤供中心和一、二级配送网络体系。完成棚户区改造2222户，其中棚户区拆迁改造1221套，改造县城30处老旧楼1001套。危房改造开工建设2219户，新增停车位150个。建成省市县级美丽乡村示范村分别为34个，环境整洁示范村97个。

**【工业经济】**全年实现工业增加值13353万元，同比增长2.5%。工业增加值占全县地区生产总值的比重为4.03%。全县年末共有规模以上工业企业8户，全年累计实现营业收入25630.1万元，营业利润3097.2万元，营业收入利润率12.2%。累计完成工业总产值40193.1万元，同比增长15.7%，实现规模以上工业增加值5420万元，增长5.7%。全年实现建筑业增加值23927万元，同比增长2.8%。建筑业增加值占全县地区生产总值的比重为7.2%。具有资质等级的总承包和专业承包建筑业企业4户。

**【交通　邮电　旅游】**全年交通运输、仓储和邮政业实现增加值17732万元，同比增长4.5%。完成公路客运量158.4万人，同比增长3.6%。完成公路货运量916万吨，同比增长10.3%。全县共有客运线路55条，公交线路4条，公交车辆59辆，年末共有出租车辆227辆。全年邮政行业业务收入1279万元，同比增长41.6%。

其中，快递业务收入1150万元，增长23.0%。全县邮政营业网点18个，快递营业网点75个。全县共有电信企业营业网点235个，从业人员317人，全年电信行业业务收入14020万元。年末全县固定电话用户1.0万户；移动电话用户30.44万户。年末互联网宽带接入用户7.74万户。全年接待境内外游客120.1万人次，同比增长29.2%。实现旅游综合收入4.99亿元，同比增长39.5%。

**【社会事业】**全年科学技术支出604万元。登记科技项目6项，荣获科技进步奖项目1项。专利申请133件，专利授权34件，每万人口发明专利拥有量0.24件。年末全县共有科技特派员73人。年末共有各级各类学校350所。其中：高级中学4所，初级中学19所，小学160所，九年制学校5所，幼儿园159所，成人教育学校1所，中等职业学校1所，特殊教育学校1所。年末共有在校（册）学生47158人。其中：高中在校生7786人，初中在校生9414人，小学在校生17692人，九年制学校在校生849人，在园幼儿10356人，中职在校生982人，特殊教育在校生79人。全县共有教职工4133人，其中专任教师3945人。学前教育三年毛入园率95.15%，学龄儿童入学率100%，九年义务教育巩固率为97.18%，初中毕业生升学率67.0%。本科上线人数1225人，本科上线率40.7%，本科录取率44.3%。年末全县共有国有转企改制演艺企业1个，从业人员38人，全年演出283场次。文化馆1个，从业人员7人，乡镇综合文化站16个。公共图书馆1个，从业人员9人，藏书10.0万册。博物馆1个，从业人员5人，文物藏品1431件。农家书屋217个，文化信息资源共享工程村级终端接收站点217个，乡村舞台217个，城市数字影院1个。全县有广播台1座，全年制作广播节目时间658小时，全年公共广播节目播出时间1958小时，广播人口综合覆盖率96.6%。全县有电视台1座，全年制作电视节目时间418小时，全年公共电视节目播出时间2549小时，电视节目人口综合覆盖率96.2%。广播电视从业人员31人。年末共有各类医疗卫生机构302个。其中：医院5所，乡镇卫生院18个，社区卫生服务中心1个，村卫生室217个，诊所（卫生所、医务室）57个，专业公共卫生机构4个。各类医疗卫生机构共有床位1586张，卫生技术人员781人，其中，执业（助理）医师311人，注册护士229人。孕产妇住院分娩率99.9%，婴儿死亡率3.39‰。全县共有体育场馆1个，体育工作者6人，专职教练员6人，等级裁判员24人，各类在训队员20人，年末全县公共体育场地面积36.67万平方米。群众健身点52个，社会体育指导员1312人，共有各类体育协会、俱乐部16个。

**【社会民生】**全县城镇居民人均可支配收入23443元，比上年增长7.6%；城镇居民人均消费支出17579元。农村居民人均可支配收入7456元，比上年增长9.4%；农村居民人均消费支出8022元。通过了国家义务教育均衡化验收，争取中央、省级等项目资金13171万元，实施9类项目，建设校（园）舍43104平方米，硬化运动场地161830平方米。出台渭源县“健康渭源2030”规划，全县城乡居民参保率达到98.7%。落实了3所县级公立医院综合改革自主权，建成8个中医馆和1个县医联诊疗中心。年末全县城乡居民医疗保险参保人数29.54万人，收缴保险费5006.8万元。年内住院治疗5.5万人（次），基金报销住院费用15302.3万元；门诊诊疗42.68万人（次），报销门诊诊疗费用2099.5万元。年末全县城镇职工医疗保险参保人数1.34万人，收缴保险费5114万元。年内住院治疗1965人（次），基金报销住院费用1632万元。全县机关事业单位养老保险参保人数9507人，本年退休208人，年末领取机关事业单位退休人员养老金人数1873人。年末全县企业职工养老保险参保人数3046人，本年退休92人，年末领取企业职工退休人员养老金人数1516人。年末城乡居民养老保险参保人数207969人，本年退休3398人，年末领取城乡居民退休人员养老金人数51436人。年末失地农民养老保险、村干部养老保险、村医养老保险参保人数分别为1237人、745人和199人。年末失业保险参保人数9679人，领取失业补偿金人数6人。年末工伤保险参保人数11000人，年末领取工伤待遇人数21人。积极开展“春风行动”等各类就业服务活动16场次，全县输转劳动力6万人，实现劳务收入10.81亿元，分别向新疆兵团转移安置65户210人，向福州输转515人。全年新增城镇就业2020人，实现失业人员再就业290人，就业困难人员就业182人，城镇登记失业率3.84%。全县共救助困难群众5116人，发放医疗救助金1310万元，对重点优抚对象1889人，发放各类优抚资金790万元。投资1339万元建设了县救助物资储备库、渭源县儿童福利院、未成年人救助保护中心和救助管理站。年末全县城镇最低生活保障居民共910户1731人。农村最低生活保障居民共17056户55785人，其中一、二类低保居民共3532户12007人。全县年末城镇特困供养7户7人，农村特困供养2207户2207人。县城文化综合场馆及馆前广场、体育馆等地标性建筑工期进入扫尾，35个村级乡村舞台完成了改造升级，开展“中国梦”主题教育实践活动、文化大戏台、文明社会风尚行动，有效满足了群众多层次文化需求。全县受理各类信访事项131件，同比下降40.7%。扎实推进“平安渭源”建设，严格落实“党政同责、一岗双责、齐抓共管、失职追责”安全生产责任体制，严格落实食品药品监管责任制，开展扫黑除恶专项斗争和禁种铲毒工作，围绕12类重点打击对象，排摸出问题线索54条，共打掉涉恶团伙3个，破获刑事案件18起，治安案件7起。

**【外贸招商】**全县全年完成进出口总值326万元，同比增长86.3%，其中出口总值326万元，同比增长86.3%。全县共有电子商务交易平台2个，全年实现平台交易额2700万元。全县电子商务销售金额8730.1万元，同比增长39.0%；电子商务采购金额12000万元，同比增长21.0%。全县共有电子商务从业人员400人。全县招商引资到位资金31.15亿元。全年实施招商引资项目27项，其中新引进项目13项，续建项目14项。

**【生态环境治理】**结合打好污染防治攻坚战和渭源县生态建设十年规划，完善了《渭源县构建生态产业体系　推动绿色发展崛起的实施意见》，对中央、省市环保督察交办和反馈的47项环保问题，全面进行整改。认真落实第二次全国污染源普查工作，投资9800万元完成14台锅炉的淘汰和20台清洁能源改造，对3台20蒸吨及以上燃煤锅炉进行了提标改造和在线监控设施安装。全面落实县乡村三级“河长+警长”制，全面划定水源地、禁养区红线，对县域内水源地内存在养殖、砂场等问题进行全面清查。深入推进全域无垃圾专项治理行动，政府投资2300万元开展全域无垃圾综合治理城乡一体化县财政列支2027万元在12个乡镇建设垃圾低温磁化热解站1座。认真践行“绿水青山就是金山银山”理念，2018年，完成造林封育2.7万亩（人工造林2.5万亩，封山育林0.2万亩），年末实有封山育林面积11.63万亩。全年四旁（零星）植树360万株，全民义务植树350万株，育苗面积0.75万亩。全县森林面积2.97万公顷，森林蓄积量176.62万立方米，森林覆盖率达到15.7%。年末共有领取报酬的各类护林员1216人。全县全年水资源总量2.193亿立方米，其中过境水量0.053亿立方米，人均水资源量659.15立方米。全年总用水量0.273亿立方米，其中：生活用水0.102亿立方米，工业用水量0.017亿立方米，农业用水量0.093亿立方米，人均用水量81.93立方米。全县共有水源地保护区3个，当年完成“三同时”环保验收项目9个，城镇生活污水处理率87%，工业固体废物综合利用率100%。空气质量优良率保持在90%以上，地表水、饮用水、出境水达标率均为100%。

**【安全生产】**全年共发生各类生产经营性安全事故2起，死亡2人，直接经济损失64.05万元。

# 政　治

## 中国共产党渭源县委员会

【概况】2018年以来，中共渭源县委始终坚持以习近平新时代中国特色社会主义思想为指导，全面贯彻落实习近平总书记视察甘肃时重要讲话和“八个着力”重要指示精神，紧紧围绕中央和省、市委各项决策部署，以脱贫攻坚和全面小康建设为统揽，大力弘扬“马上就办、真抓实干”作风，不忘初心、牢记使命，统筹推进“五位一体”总体布局和“四个全面”战略布局，全力打造西部生态文化旅游名县、中国马铃薯良种第一县和全国知名的中医药产业基地，全县经济社会持续平稳较好发展。

【脱贫攻坚】年内减少贫困村31个、贫困人口2.25万人，贫困发生率降至8.97%。一是健全工作机制，落实脱贫攻坚主体责任。县委常委会、县委中心组及时传达学习中央和省市关于精准扶贫精准脱贫工作的最新部署要求，按照习近平总书记和党中央提出的“中央统筹、省负总责、市县落实”和“五级书记”抓扶贫的总体要求，建立健全了组织领导、责任分工、考评奖罚等制度，构筑了横向到边、纵向到底的脱贫攻坚责任体系。建立一线指挥督战工作机制，成立了县乡脱贫攻坚领导小组（前线指挥部），严格落实县委书记周调度和县乡村“三级书记”遍访贫困对象制度，明确了全县党政主要领导和各部门主要负责同志脱贫攻坚第一责任人职责。建立各级协调联动工作机制，组建25个专责推进小组，实行季度领导小组会议和小组定期会议推进制度，制定了承担“五个一批”及危房改造、安全饮水等重点任务部门责任清单。健全党建促扶贫机制，充分发挥基层党组织战斗堡垒作用、村班子带头引领作用、农村党员先锋模范作用，选拔285名产业大户或致富能人担任村党支部书记、村（居）委会主任，选派74名大学生村干部和162名机关党员到村担任第一书记、副书记，整顿软弱涣散村级党组织34个，促进党的建设与脱贫攻坚深度融合。组建了省直单位挂职干部临时党支部，着力强化对省直单位驻村帮扶工作队长、第一书记的管理和督促职能，打牢全县驻村帮扶工作的组织基础。建立督查考核倒逼推进工作机制，制定《渭源县脱贫攻坚责任制实施细则》《渭源县脱贫攻坚业绩考核评价意见》《渭源县督查巡察工作实施方案》，建立了周督查周通报月评比制度，共下发《每周快报》20期，对当月脱贫攻坚各项任务完成好的5个乡镇授予流动红旗；完成差的5个乡镇发放末尾警示黄牌；对18名工作成绩突出的工作队长、队员、帮扶责任人给予个人红旗，对54名工作不负责任、敷衍塞责的工作队长、队员、帮扶责任人给予个人黄牌，共编辑典型问题9篇，经验交流23篇，对

400多名帮扶责任人进行了集中约谈，以严格的督查问责机制倒逼脱贫攻坚任务的落实。建立脱贫攻坚问题整改长效机制，建立了问题整改进展情况定期梳理报送机制，确定专人每周梳理、汇总行业问题整改进展情况；建立问题整改协调联动机制，促进问题整改向基层延伸、向问题末梢拓展；建立问题整改激励约束机制，将问题整改纳入年终考核进行严格考评；建立转作风促整改机制，坚持将主要时间和精力放在脱贫攻坚和基层一线抓落实上；建立问题整改和重点任务双抓工作机制，统筹兼顾问题整改和脱贫攻坚工作，坚持两手抓，两不误。二是坚持分类管理，落实“一户一策”。按照省委、省政府的统一部署要求，全面开展建档立卡贫困人口动态调整，对2017年剩余的1.36万户5.16万未脱贫人口，因户因人制定完善了“一户一策”帮扶计划，进一步明确了贫困人口“五个一批”脱贫路径，通过发展产业和劳务脱贫7246户2.64万人；通过易地搬迁脱贫2051户8749人；通过生态扶贫脱贫700人；通过发展教育脱贫1487户6400人；社会保障政策兜底脱贫3767户9822人（其中一类低保贫困户1047户1884人，二类低保贫困户2580户7798人，农村特困供养对象140户140人）。同时，针对不同致贫原因，精准确定了分类帮扶措施。对完全或部分丧失劳动能力、无增收渠道的3767户9822人贫困人口，在落实社会保障兜底政策的基础上，优先安排村级光伏电站等资产收益带动，户均年增收2000元；对贫困程度较深、有一定劳动能力的2387户9548人贫困人口，在扶持发展产业的基础上，实行产业扶贫和就业扶贫双扶持措施，安排村级公益性岗位1567名，户均年增收6000元，安排生态护林员700名，户均年增收7000元；对贫困程度一般、生产能力较强的7430户3.22万贫困人口，采取折股量化和以奖代补两种形式，重点扶持发展种养产业，户均年增收8000元以上。三是紧盯脱贫标准，补齐短板弱项。紧紧围绕“两不愁、三保障”脱贫目标，全力补齐基础设施、公共服务和社会保障短板。基础设施条件彻底改善，投资2877.81万元实施自来水入户改造提升工程，全县自来水普及率达到97.6%，安全饮水率达到100%。新建村组道路225.7公里，道路总里程达到1291.1公里，行政村通畅率达到100%。开工建设农村危房改造4001户1.72万人（其中建档立卡贫困户1682户7232人），实施易地扶贫搬迁1606户6648人（全部为建档立卡贫困户），全面消除农村D级危房和绝大多数C级危房。实现了全县1584个自然村动力电和217个村有线光纤和无线网络全覆盖。公共服务能力显著提升，建档立卡贫困户适龄儿童义务教育巩固率达到100%，建档立卡贫困户农村合作医疗参保率达到100%。全县建档立卡贫困户享受新型农村合作医疗报销1.59万人次4470.7万元、大病保险赔付1012人次317.12万元、“10元85%”政策兜底补偿1.02万人次480.34万元、民政救助1030人347.8911万元。社会保障体系不断健全，全面落实低收入人口动态调整和“两项制度”衔接政策措施，全县现有纳入建档立卡贫困低保人口9398户32507人（其中一、二类低保3627户9682人，三、四类低保5771户22825人），因户施策给予扶贫政策扶持，有效解决了“两不愁、三保障”短板问题，建档立卡贫困户农村养老保险参保率达到100%。四是狠抓产业扶贫，不断夯实脱贫基础。按照贫困村“村有主导产业、户有增收项目、人有一技之长”的扶贫思路，狠抓主体培育、基地建设、要素集聚、利益联接、素质提升五大核心环节，高低搭配、长短结合，建立了主导产业保收入、新兴产业拓渠道、就业扶贫促增收的产业扶贫模式。狠抓新型经营主体培育，新发展国有农投公司20家，新发展和引进涉农企业244家（累计达到302家），新发展农民专业合作社1385个（累计达到2138个），实现了每个行政村2家以上合作社全覆盖和所有建档立卡贫困户加入合作社全覆盖。狠抓基地建设，全县投入资金2.74亿元，实现了1.36万户未脱贫户产业资金折股量化带动全覆盖，户均折股量化资金1.99万元。累计投入到户产业奖补资金8186万元，实现了对1.27万户有劳动能力和种养产业发展意愿的未脱贫户全覆盖，户均奖补资金达到6446元。建成马铃薯种薯基地40万亩、中药材生产基地40万亩、蔬菜种植基地6.4万亩，农业观光体验区3处、田园综合体2处，形成了八大规模片带和134个种养业专业村。狠抓要素集聚，全县新增土地流转面积1.5万亩、累计达到7.8万亩，各类龙头企业、农民专业合作社劳动力就业人数达到5.6万人，以产业集聚推动工业发展，工业集中区吸纳稳定就业4500人。特别是在国务院扶贫办的协调推动下，引进了北京德青源、天津红日、云南禾韵花卉等一批大企业落户我县，进一步推动了生产要素聚集。狠抓利益联结，采取“公司+基地+农户”“公司+合作社+基地+农户”等多种经营模式，实行“统一供种、统一培训、统一技术、统一管理、统一销售”的订单生产、保底价收购、股份合作、产业捆绑等方式，与全县5.2万户（其中贫困户2.5万户）农户建立了紧密的利益联结机制。同时，全面落实农业保险政策，户均年稳定增收3000元以上。通过村级光伏电站收益、产业扶贫项目带动、“三变”改革入股分红等措施，今年将全面消除集体经济“空壳村”。狠抓素质提升，先后组织驻村帮扶工作队队长、县乡帮扶责任人全员培训4期1.8万人次，开展新时代农民讲习所讲习2200场次15万人次，促进了帮扶责任人认识的转变、政策的掌握和帮扶能力水平的提升。投入资金3868.3万元，开展各类农民实用技能培训7532人，开展农民技能鉴定494人。投入资金1983万元建成扶贫车间15个，吸纳835名贫困劳动力就近就地就业，开发村级公益性岗位1567个。坚持扶智与扶志结合，创新乡村治理和群众教育方式，建立红白理事会等自治组织，引导群众自觉抵制农村婚丧嫁娶大操大办、“天价彩礼”等陈规陋习。深入挖掘贫困乡村脱贫攻坚丰富实践和先进典型，探索推广“道德讲习积美超市”“两户见面会”等做法，用身边事教育身边人。先后承办了中国（甘肃）中药材产业扶贫论坛、全省中药材产业扶贫渭源现场推进会、全省产业扶贫拉练现场观摩、首届渭水文化旅游节和美食节等一系列大型节会，充分展示了我县产业扶贫成效。全县农村居民人均从产业和就业中获得收入6049.6元，建档立卡贫困人口人均产业收入达到3628.7元。五是坚持内联外引，凝聚攻坚合力。整合各类资源，抓好帮扶工作，中央定点扶贫、东西部协作帮扶、社会扶贫工作扎实有效开展，国扶办、晋安区、欧美同学会和省市县各级帮扶单位累计投入帮扶资金2.28亿元，带动各方面帮扶力量全面集聚发力。尤其是在国务院扶贫办等帮扶单位的大力协调帮助下，成功引进了德青源金鸡扶贫项目、天津红日药业配方颗粒与中药精制饮片生产线建设项目以及云南禾韵园艺花卉产业项目，直接带动了近2万多户建档立卡贫困户增收收益，为全县脱贫攻坚注入了强大动力。同时，全县选派880名各级干部组建驻村帮扶工作队217个，组织省市县乡149个单位的4992名干部帮扶全县1.36万户5.16万贫困人口，实现了建档立卡未脱贫人口帮扶责任人全覆盖，构建形成了专项扶贫、行业扶贫、社会扶贫为一体的大扶贫格局。六是坚持问题导向，督促问题整改。全力抓好2017年以来中央和甘肃省巡视及扶贫领域督导检查考核、审计、投诉举报反馈问题整改和线索查处工作，反馈的187条问题，已整改到位186条，占比99.5%，正在整改1条，移交的32条线索，已全部办结。结合“脱贫攻坚作风建设年”“三纠三促”“两查两保”活动，持续加大扶贫领域腐败和作风问题专项整治力度，全年共处置扶贫领域问题线索266件，立案审查85件181人，纪律处分140人，组织处理578人次。

**【高质量发展】**一是深入推进项目建设。紧盯国家和省市最新政策导向，全面落实领导包抓、“六张清单”“八项制度”等项目推进机制，简化项目报账程序，加快项目建设进度，实施总投资117.03亿元的各类项目113项（新建74项、续建39项），完成投资29.6亿元。连续梯次举行项目集中开工5批58项，完成投资12.8亿元。渭武高速、易地扶贫搬迁等9个市列重点项目和县医院综合楼、会川污水处理工程等14个中央预算内投资项目进展顺利。组团参加“海交会”“兰洽会”等重大节会，签约招商引资项目13项，到位资金25亿元，现代农业产业园金鸡扶贫、佛慈红日配方颗粒生产线等重点招商项目加快推进。二是加快产业转型升级。以优化供给为目标，推进传统优势产业提质增效，马铃薯种薯产业实现年生产脱毒瓶苗4.4亿株、原原种4.8亿粒、优质种薯80万吨，产值达到4亿元；中医药种植面积稳定在40万亩左右，干药产量达到7.5万吨，产值达到9.5亿元，“渭源白条党参”被评为国家驰名商标；草牧业发展迅速，牛、羊、猪、鸡、蜂饲养量分别达到6.4万头、38.1万只、25.1万头、204.3万只、0.9万箱，肉蛋奶总产量达到2.6万吨，草牧业总产值达到22.5亿元；扎实推进渭河源、首阳山等核心景区建设，新发展旅游专业村1个、农家乐（客栈）28家，接待游客120.1万人（次），实现旅游综合收入5.2亿元；完成各类专业技能培训1.3万人次，年内输转劳动力6万人，实现劳务收入12亿元以上。以转型升级为动力，推进新型产业破题发展，新建村级光伏电站49个，争取79个村扩容指标新建光伏园区1个，全县装机规模达到47.249兆瓦。建成食用菌生产示范园区4个、蔬菜种植面积达到6.4万亩、花卉基地5个404亩。电子商务和现代物流融合发展，线上交易额突破2亿元。以“一企一策”为抓手，推进工业经济稳步发展，新发展小微企业15家、累计达到480家，引进工业企业3家、累计达到176家，新增规上企业3家、累计达到11家，全县工业增加值达到1.3亿元。制定出台了《渭源县工业转型升级“一企一策”行动方案》，加快推进渭源工业集中区建设，入驻企业58家，稳定就业人数1500人，园区工业经济持续扩张。三是加快城乡统筹发展。以建设“宜人、宜居、宜商、宜游”的人居环境为目标，加快新型城镇化建设，推进城乡一体化发展，全县城镇化率达到27.3%，较去年提高1.5个百分点。县城建设方面，共实施县城重点建设项目13项，总投资12.8亿元，完成投资8.8亿元。小城镇建设方面，全面完成了五竹等4个镇区道路拓宽改造项目，总投资8.6亿元的会川镇青年路棚户区改造一期工程正在进行房屋征收和安置房建设，总投资1.4亿元的五竹镇现代农业示范园建设项目完成了全智能日光温室和厂区硬化、绿化工程建设，其他各乡镇小城镇建设有序推进。全县新建美丽乡村示范村3个，完成植树造林8.4万亩、森林覆盖率提高到15.7%，新增水土流失综合治理面积45平方公里，治理程度达到55.3%，认真整改中央、省市环保督察交办和反馈问题23项，长期坚持整治24项，29件环境信访事项全部办结。实施蓝天、碧水、净地行动，构建了“户分类、社集中、村运转、乡处理”的垃圾收处体系，大力开展全域无垃圾综合整治行动，坚决打好大气、水、土壤污染防治攻坚战，空气质量优良率保持在300天以上，水质达标率达到100%，主要污染物排放量控制在标准以下，城乡人居环境大为改观。

**【社会民生】**一是全面深化改革，社会治理能力和治理体系不断完善。积极推进党和国家机构改革，参照中央、省机构改革方案以及《市县机构改革指导意见》要求，结合我县实际，拟定了《全县机构改革方案》《承担行政职能事业单位改革方案》并正在报省市审批中。积极推进“放管服”改革，制定印发了《渭源县推行“一窗办一网办简化办马上办”改革实施方案》，改造搬迁了政务服务大厅，疏解省市交办堵点问题127项，梳理公布政务服务事项838项，梳理公布县级政务服务事项851项，“最多跑一次”事项

697项，建立了完善的事中事后监管和服务制度，取消停止执行行政审批项目98项。农村“三变”改革有序推进，成立了农村“三变”改革领导小组，制定印发了三变改革方案、清产核资方案、三资管理办法和26个配套方案，组建了渭源县裕兴农业投资有限责任公司和15个乡镇分公司，成立了48个乡镇种植、养殖、农机联合社和489个种植、养殖、农机农民专业合作社；探索建立了“农投公司+合作社+贫困户+基地”运行模式，承接实施了总投资2370万元的中药材、马铃薯、蔬菜、食用菌等产业项目，投资1000万元，作为全县2.5万建档立卡贫困户和217个村集体经济股本资金，进一步密切了“合作社+村集体经济+农户”的利益联结机制，形成了整合资金变股金、土地资源入股、农光互补扶贫、“五位一体”田园建设等可复制可推广的“三变”模式。全面推进机关事业单位养老保险制度改革，全县机关事业养老保险单位清算完成比例为86%，人员清算完成比例为71%。全县经济体制、文化体制、社会体制、生态文明体制等其他各领域改革有序有效推进。二是坚持惠民利民，社会各项事业得到持续发展。坚持普惠性、保基本、均等化、可持续，着力提升公共服务和社会保障能力。始终坚持教育优先发展，不断加大教育投入，着力改善办学条件，争取项目资金13171万元，新建校（园）舍4.31万平方米，全面深化教育领域综合改革，义务教育均衡发展通过国家评估认定，渭源一中成功创建省级示范性高中，全县九年义务教育巩固率达到97.16%，高考文化课二本上线1042人，上线率达到40.7%。不断优化医疗卫生服务，全面实行医疗费用“先诊疗后付费”和“一站式”即时结报，县疾病中心综合业务楼、县医院综合楼主体完工，3所县级公立医院综合改革稳步推进，乡镇卫生院实现标准化建设全覆盖，全县城乡居民参保率达到98.68%，健康扶贫工作得到国家卫计委等部门的通报表扬。计划生育服务管理不断加强，“全面二孩”政策稳步落实，人口自然增长率为4.63‰。深入实施文化惠民工程，全县217个行政村实现“乡村舞台”全覆盖，县城文化综合场馆及馆前广场、全民健身体育馆等地标性建筑进入工程扫尾阶段，全年开展文化惠民演出场次135场次，演出各类文艺节目1920个，受益群众40多万人次，以精准扶贫为题材的秦腔现代戏《禹河春》《公民张三》双双入选2018年文化和旅游部“全国优秀现实题材舞台艺术作品展演”。完善社会保障体系。累计发放城市低保金875.85万元，发放农村低保资金10490.13万元。认真落实促进就业各项政策，全县新增城镇就业2018人，城镇登记失业率3.8%。加快社会福利建设。全面推进社会保险工作，全县城乡居民基本养老保险参保人数20.78万人，全民参保信息登记、工伤保险、失业保险、“两保一孤”保险等工作顺利推进。三是强化综合治理，社会大局始终保持和谐稳定。加强社会治理制度建设，完善党委领导、政府负责、社会协同、公众参与、法治保障的社会治理体制，不断提高社会治理社会化、法治化、智能化、专业化水平。大力推广新时代“枫桥经验”，多元化解矛盾纠纷，对上访群众的合理要求积极协调解决，对重点信访案件实行县级领导包案督办，对重点人员实行重点管控，受理各类信访事项144件、电子民生平台事项4940件，办结率分别为100%、98%。推进“平安创高、法治创优、队伍创专、智能化创新”四创建设，全面开展“十个专项整治”，全面开展命案综合防控侦破、娱乐场所、校园及周边环境、道路交通安全隐患排查、消防安全隐患排查和寄递物流等社会治安突出问题整改，扎实开展禁种铲毒工作，依法打击和惩治黄赌毒黑拐骗等违法犯罪活动，保护人民人身权、财产权、人格权。扎实开展扫黑除恶专项斗争，严厉打击各类违法犯罪活动，治安刑事案件发案同比下降41.2%、35.5%。稳步推进司法体制改革，深入推进依法治县进程，进一步加强“七五”普法宣传工作，提高了干部群众的法律知晓率。着力巩固和发展爱国统一战线，依法管理民族宗教事务，推动民族团结进步，认真落实“党政同责、一岗双责”安全生产监管责任，促进了全县经济社会和谐稳定发展。

**【从严治党】**一是扎实推进思想建设。坚持把“两学一做”学习教育常态化制度化作为全面从严治党的战略性、基础性工程来抓。始终坚持用习近平新时代中国特色社会主义思想武装全县各级党员干部群众，坚持把学习好、宣传好、贯彻好、落实好党的十九大和十九届二中、三中全会精神作为一项重大而紧迫的政治任务。县委班子和各级党组织主要负责人带头为广大党员上党课800多场次、开展警示教育和研讨活动400多场次，全县组织党员集体学习1300多场次。坚持党管宣传、党管意识形态，全面落实“两个巩固”根本任务，认真落实党组织意识形态工作责任制，靠实了各级党委（党组）书记的第一责任、分管领导的直接责任和班子成员“一岗双责”的领导责任，县委常委会和县委理论中心组等会议先后8次研究意识形态工作，建成了县、乡、村三级新时代文明实践中心，开展集中讲习1725场次、分散讲习3338多场次。坚持宣传教育、示范引领、实践养成相结合，持续实施24字“人知人晓”“人信人守”工程，大力培育和践行社会主义核心价值观，不断深化群众性精神文明创建活动，努力营造积极健康、向上向善的主旋律和正能量。二是不断强化政治建设。始终坚持把党的政治建设作为党的建设的根本任务，坚决把思想和认识统一到中央和省、市委的部署上来，修订完善了县委全委会、县委常委会议事决策规则，认真落实民主集中制、“三会一课”、会议记录调阅、党员固定活动日、党性定期分析、组织生活会、民主评议党员等制度，制定《关于在全县各级党组织开展“主题党日+”活动严肃党内组织生活的实施意见》，在全县各基层党组织全面推广“6+X”主题党日活动，在抓实组织集中学习、重温入党誓词、缴纳当月党费等6项规定动作的基础上，创新延伸民主议事、服务奉献、扶贫攻坚等多项主题活动，配套制定了《关于开展党员“党性体检”活动的通知》《关于开展党员“政治生日”活动的通知》，定期开展党员“党性体检”并为本月入党党员过“政治生日”，基层党支部的“吸铁石”“定盘星”作用得到强化，组织力建设取得明显进步。三是加强基层组织建设。认真学习贯彻《中国共产党支部工作条例（试行）》和习近平总书记关于党支部建设的重要论述，把党支部建设摆在更加突出的位置，制定印发《渭源县开展党支部建设标准化工作推进方案》，围绕政治建设标准化、组织设置标准化、班子队伍建设标准化、党内组织生活标准化、党员教育管理标准化、基础保障建设标准化和考核评价标准化的“七化”要求，为农村、机关和国有企业党支部分别确定了重点工作内容，为22个党（工）委提出21个培树创建重点，推动党支部建设标准化工作落细落小、落地见效。制定了《关于建立横向挂靠联动协管机制构建乡镇区域大党建工作格局的实施办法》，专题听取22个党（工）委书记抓基层党建工作述职报告，层层推动落实责任。大力推行基层党建双月“暗访”和常态化督查机制，先后两次深入全县22个党（工）委的72个基层党支部进行暗访和督查，对抓党建工作不力的7名党组织书记、4名党建办主任进行约谈提醒和通报批评。统筹推进各领域党建工作，制定出台《加强非公有制经济组织和社会组织党建工作的实施意见》，强化“一体多翼”领导体系，抓好“小、个、专、园”党组织组建，全县非公企业和社会组织党组织覆盖率达到55.21%和91.35%。坚持“双向培养”，推行“一谈两帮三优先”工作法，探索推行以产业增收示范工程为核心的“四建立四带动”党建扶贫工程和“能人引领、强村带动”工程，建立党员创业基金49个，创建党员创业基地43个。坚持德才兼备、以德为先的“五好”选人用人标准，牢固树立“三个大力选拔、三个坚决不用”

的用人导向，在全省率先落实“逢提必下”制度，注重在扶贫主战场上评价干部、发现干部、选用干部，先后提拔干部40人、交流99人。扎实开展全县县管后备干部调整补充工作，调整充实县管后备干部547人，全面完成了超职数配备干部消化任务。四是持之以恒正风肃纪。坚持把扎实开展“转变作风改善发展环境建设年”活动与深入推进“脱贫攻坚作风建设年”活动、“三纠三促”专项行动结合起来，组织全县各级各部门深入对照自查，列出问题清单，认真整改提高，推进了党风政风明显好转，全县发展环境不断优化。持续加大对中央八项规定和《实施细则》以及省、市、县相关规定贯彻落实情况的监督检查，通过县、乡、村开展“三级联动督查”的方式，对全县各级各部门遵守纪律、节后到岗情况进行了督查，发现问题13个，对8个乡镇和部门在全县进行通报批评并责成对相关责任人进行问责。坚持抓早抓小，对纪律作风问题动辄则咎，对查处的典型问题一律点名道姓通报曝光，全年共查处违反中央八项规定精神问题15起35人，纪律处分29人，诫勉谈话6人，问题查处、纪律处分人数分别增长87%和45%。五是从严落实主体责任。将全面从严治党在年度综合目标责任书考核比重提高到55%，逐级签订了《全面从严治党目标管理责任书》，通过约谈和“三述”等推动主体责任向基层延伸。县委班子成员认真落实“一岗双责”责任，共开展警示约谈30场次，共约谈各级干部956人次，县人大、政府、政协班子成员共开展集中约谈35场次，共约谈党员干部1121人次。对责任意识淡薄、庸懒散慢作风严重、落实全面从严治党主体责任报告制度不认真的54个单位党组织在全县范围内通报批评，对政治敏锐性不强、工作不细不实的16个单位的党组织主要负责人进行了告诫约谈，有力地提升了全县各级各部门落实全面从严治党主体责任的政治责任感和工作主动性。坚持把纪律和规矩挺在前面，不断加大对违纪违法案件的查办力度，持续保持惩治腐败高压态势，大力开展以扶贫领域腐败问题为重点的“五查”活动，全县各级纪检监察组织共受理处置违纪问题线索589件，同比增长49%。强化组织处理，对党员领导干部作出组织处理760人次；加大立案审查调查力度，立案审查调查177件313人，同比增长99%和86%，结案133件，同比增长62%；严肃党纪政务处分，给予党纪政务处分236人（党纪处分204人，政务处分44人，双重处分12人），同比增长54%；严肃查处职务犯罪，共立案调查6件7人，给予党纪、政务处分4人。

## 县委常委会议

**十四届县委第28次**　2018年1月3日，县委书记吉秀主持召开了十四届县委28次常委会会议，会议专题审议并原则同意《渭源县脱贫攻坚实施方案（2018—2020年）》。

**十四届县委第29次**　2018年1月21日，县委书记吉秀主持召开了十四届县委29次常委会会议。会议学习传达了市委组织部《关于印发定西市县区干部选拔任用有关事项报告预审暂行办法的通知》、中国共产党定西市第四届委员会第六次全体会议暨市委经济工作会议精神，安排部署了贯彻落实工作。会议审议并原则同意《中国共产党渭源县第十四届委员会第九次全体会议暨县委经济工作会议筹备方案》。会议传达学习了市委农村工作暨扶贫开发工作会议精神，安排部署了贯彻落实工作。会议审议并原则同意《县委农村工作暨扶贫开发工作会议筹备方案》《渭源县“一事一策”行动方案》。会议审议了《渭源县扶贫领域资金管理办法（试行）》《渭源县党委（党组）意识形态工作责任制考核办法（试行）》《渭源县党委（党组）意识形态工作责任制落实情况专题督查实施方案》《渭源县在应对涉政法重大敏感事件中同步做好依法处理、社会面管控、舆论引导的实施细则》《中共渭源县委常委会班子2017年度民主生活会方案》《全县“学习贯彻党的十九大精神，坚决打赢脱贫攻坚战”县委理论中心组学习专题研讨班方案》《全县开展学习贯彻党的十九大精神集中轮训工作实施方案》《全县机关事业单位控编减编方案（2018—2022）》。会议听取了全县抽调借调挂职人员清理情况汇报。会议研究了有关人事任免事宜。

**十四届县委第30次**　2018年2月2日，县委书记吉秀主持召开了十四届县委第30次常委会会议。会议学习传达了《中国共产党第十九届中央委员会第二次全体会议公报》。会议审议并原则同意《政协第九届渭源县委员会常务委员会2018年工作要点》、渭源县人民政府《关于2018年提请县人大常委会讨论决定重大事项清单的请示》。会议听取了县委党校工作暨行政干部培训工作汇报，并研究部署了党校工作。会议审议并原则同意《渭源县建设“新时代农民脱贫攻坚讲习所”实施方案》。会议审议了全县党管武装工作会议事宜、渭源县第十四届委员会第九次全体会议暨县委经济工作会议事宜、县委农村工作暨扶贫开发工作会议事宜、《渭源县扶贫领域监督检查反馈意见整改方案》。会议审议并原则同意《民主生活会县委常委会班子对照检查材料》。

**十四届县委第31次**　2018年2月7日，县委书记吉秀主持召开了十四届县委第31次常委会会议。会议集中传达学习了中共中央办公厅国务院办公厅《关于印发〈中共中央政治局贯彻落实中央八项规定实施细则〉的通知》、省委办公厅省政府办公厅《关于印发〈中共甘肃省委常委会贯彻中央八项规定实施细则的实施办法〉的通知》（秘密）、习近平同志在第十九届中央纪律检查委员会第二次全体会议上的讲话（秘密）、赵乐际同志在第十九届中央纪律检查委员会第二次全体会议上的报告（秘密）。会议传达学习了全市扫黑除恶专项斗争动员部署会议精神，并安排部署了贯彻落实工作。会议听取了县安委会关于2017年全县安全生产工作进展情况和2018年工作打算的汇报，安排部署了2018年安全生产工作。会议审议并原则同意《渭源县扶贫领域项目资金落实公示公开办法（试行）》《渭源县政务村务公开工作监督问责办法（试行）》《关于调整县直机关工委委员的请示》。

**十四届县委第32次**　2018年2月23日，县委书记吉秀主持召开了十四届县委第32次常委会会议。会议传达学习了全市宣传思想工作会议精神，安排部署了贯彻落实工作。会议传达学习了中央和省、市政法工作会议精神，并安排部署了贯彻落实工作。会议审议并原则同意《关于对2017年全县各乡镇人口和计划生育工作考核情况的通报》《关于兑现2017年人口和计划生育工作奖惩的请示》。审议渭源县第十四届纪律检查委员会第三次全体会议有关事宜。会议审议并原则同意《渭源县德青源金鸡扶贫项目建设推进领导小组名单》《关于给予何亚军同志撤销党内职务处分意见的报告》。

**十四届县委第34次**　2018年3月6日，县委副书记、县人民政府县长蔺红军主持召开了十四届县委第34次常委会会议。会议传达学习了《中国共产党第十九届中央委员会第三次全体会议公报》。会议传达学习了全市统战民族宗教工作会议精神，并就全县贯彻落实工作进行了安排部署。审议2018年目标管理责任书有关事宜。会议审议了《关于2017年度脱贫攻坚及综合目标管理责任书考核结果奖惩的意见》。会议审议并原则同意关于调整部分县委常委工作分工的意见。

**十四届县委第35次**　2018年4月3日，县委书记吉秀主持召开了十四届县委第35次常委会会议。会议传达学习了省委办公厅《关于刘长江、高世太违纪案件及其警示教训的通报》市委《关于进一步加强食品药品安全工作的实施意见》。会议审议了政协渭源县委员会《关于召开县委政协工作会议的建议》、政协渭源县委员会《关于2018年政协委员培训工作的请示》、《关于进一步加强政协工作推进人民政协协商民主建设的实施意见》。会议审议了《渭源县马铃薯产业扶贫项目实施方案》《渭源县中药材产业扶贫项目实施方案》《渭源县蔬菜产业扶贫项目实施方案》、《渭源县食用菌产业扶贫项目实施方案》《关于渭源县“七五”普法考评方案的请示》《渭源县2018年部门预算编制情况》。会议研究了有关资金拨付事宜、《关于召开全县档案工作会议的请示》、《渭源县中国共产党党委（党组）理论学习中心组学习规则实施办法》、《关于进一步加强和改进全县离退休干部工作的实施意见》、渭源县机关公务员（参照管理人员）2018年第一季度职级晋升情况。会议传达学习了全省扶贫领域暨扫黑除恶专项斗争中强化执纪监督监察工作视频会议精神，并就贯彻落实工作进行了安排部署。

**十四届县委第36次**　2018年4月23日，县委书记吉秀主持召开了十四届县委第36次常委会会议。会议传达学习了中共中央办公厅《关于加强调查研究提高调查研究实效的通知》、《张晓弟、韩世峰同志在省委第二巡视组巡视定西市情况反馈会议上的讲话和唐晓明同志表态发言》。会议审议了《关于进一步加强控辍保学提高义务教育巩固水平的实施方案》、渭源县市政管理服务中心设置事宜、《强督查转作风抓落实工作办法》、《2018年度招商引资任务分解情况》、《渭源县国家机关“谁执法谁普法”普法责任制实施方案》、《关于成立渭源县2018年花卉试验示范产业园建设项目领导小组成员的意见》、《关于调整渭源县德青源金鸡扶贫项目领导小组成员的意见》、《渭源县金鸡专项扶贫项目合作协议书》。会议听取了县扶贫办关于省纪委在扶贫领域监督检查反馈意见整改落实情况的汇报。会议传达学习了市委、市政府关于进一步推动党的十八大以来各类问题整改落实工作会议精神，并安排部署了我县贯彻落实工作。会议传达学习了市委、市政府主要领导和分管领导对反邪教工作的批示精神，并安排部署了我县贯彻落实工作。会议传达学习了全市反恐怖工作会议精神，听取全县反恐工作汇报，并安排部署了我县贯彻落实工作。会议传达学习了全省扫黑除恶专项斗争督查情况及全市扫黑除恶专项斗争领导小组第一次（扩大）会议精神，并安排部署了我县贯彻落实工作。会议传达学习了全市信访工作会议精神，并安排部署了我县贯彻落实工作。会议传达学习了全市执行工作第五次联席会议暨决胜基本解决执行难“百日会战”动员部署会议精神，并安排部署了我县贯彻落实工作。会议审议了《关于成立推动党的十八大以来各类问题整改落实工作领导小组名单》。会议审议并原则同意《中共渭源县委常委会2018年工作要点》《中共渭源县委常委会贯彻中央八项规定实施细则的实施办法》。会议传达学习了全省组织部长、全市组织工作会议精神，并汇报了我县贯彻落实情况。会议审议了《关于在全县各级党组织开展“固定党日+”活动严肃党内组织生活的实施意见》《关于进一步加强非公有制经济组织和社会组织党建工作的实施意见》《关于加快培养发展青年农民党员工作的实施意见》《关于积极推进“互联网+党建”工作的实施意见》《关于开展党员“政治生日”活动的通知》、《关于开展党员“党性体检”活动的通知》《省管党费补助发展村级集体经济引导资金分配方案》《利用省管补交党费补助活动经费缺乏的非公有制企业、社会组织党组织事宜》《关于有关单位成立党组的意见》《渭源县科级领导干部赴外培训方案》《关于深化扶贫领域腐败和作风问题专项治理的意见》。会议宣布了市纪委有关通知。会议审议了《渭源县2018“扫黄打非”行动方案》。

**十四届县委第37次**　2018年5月7日，县委书记吉秀主持召开了十四届县委第37次常委会会议。会议审议了《关于对刘小平、黄陆军处理意见的报告》。会议研究了推荐干部事宜和有关人事免职事宜。

**十四届县委第38次**　2018年5月10日，县委书记吉秀主持召开了十四届县委第38次常委会会议。会议审议了《渭源县深入开展“转变作风改善发展环境建设年”活动实施方案》《渭源县深入开展“转变作风改善发展环境建设年”活动领导小组名单》《渭源县推进政法工作“四创建设”实施方案》。

**十四届县委第39次**　2018年5月16日，县委书记吉秀主持召开了十四届县委第39次常委会会议。会议传达学习了习近平总书记在十九届中央政治局第五次集体学习时的讲话（秘密）。会议传达学习了全省基层党建工作重点任务推进会暨党支部建设标准化工作部署启动会会议精神，并安排部署了贯彻落实工作。会议传达学习了省综治委《关于对社会治安问题相对突出的夏河县、渭源县、甘谷县实行挂牌督办的通知》，会议审议了《渭源县社会治安突出问题整改工作方案》《定西市创建全国禁毒示范城市活动渭源县实施方案》《关于宣布废止和失效的县委党内规范性文件的意见》。会议审议了有关单位党组成员增补、任命事宜。会议审议了全县县管科级后备干部初步人选事宜。会议研究了有关人事任免事宜。会议传达了全省脱贫攻坚推进会议精神。

**十四届县委第40次常委（扩大）会议**　2018年5月17日，县委书记吉秀主持召开了十四届县委第40次常委（扩大）会议。会议的主要任务是深刻查找脱贫攻坚突出问题根源，讨论完善全县脱贫攻坚突出问题整改落实方案。县委、县政府主要领导和班子成员、有关部门主要负责人在会议上做了检讨发言，16个乡镇的主要负责同志做了表态发言。人大和政协两位主要领导同志也主动做了表态发言。讨论通过了《全县脱贫攻坚突出问题整改落实方案》。县委书记吉秀结合大家的发言，强调讲了六个方面的要求。一要提高政治站位抓好整改落实。二要知耻而后勇抓好整改落实。三要言而有信抓好整改落实。四要主动担责抓好整改落实。五要真抓实干抓好整改落实。六要严肃问责抓好整改落实。强调了两件具体事情：一是认真开展“一户一策”“回头看”工作。二是要做好已脱贫户数和脱贫人口的进一步核查工作。

**十四届县委第41次**　2018年5月17日，县委书记吉秀主持召开了十四届县委第41次常委会会议，会议专题研究了有关干部推荐事宜。

**十四届县委第42次**　2018年6月15日，县委书记吉秀主持召开了十四届县委第42次常委会会议。会议组织学习了省委巡视工作领导小组办公室《关于认真学习中央贯彻落实〈中央巡视工作规划（2018—2022年）〉推进会和赵乐际同志讲话精神的通知》（秘密）、省委办公厅《关于对脱贫攻坚工作中省财政厅和省人社厅不担当不作为干部问责处理的通报》、省委办公厅省政府办公厅印发《关于构建亲清新型政商关系的意见》的通知、省委省政府《关于进一步深入学习贯彻习近平总书记重要指示精神切实履行各级党委政府推动扫黑除恶专项斗争政治责任的通知》（机密）。会议传达学习全省纪检监察工作会议精神，并安排部署了贯彻落实工作。会议听取了县政府关于易地扶贫搬迁工作存在问题整改情况的汇报。会议听取了县政府关于财政结余资金、闲置资金问题整改情况的汇报。会议听取了县委、县政府分管领导和相关部门负责同志关于2017年度脱贫攻坚问题整改情况的汇报。会议审议了《渭源县“健康渭源2030”规划》《关于实施乡村振兴战略做好农业农村工作的安排意见》《关于全县培育特色产业助推精准扶贫的实施意见》《渭源县产业扶贫种养业到户项目以奖代补实施方案》《渭源县2018年脱贫攻坚帮扶责任人全员培训方案》《关于成立县委巡察工作领导小组的意见》《关于恢复王克仁同志党员权利意见的报告》《关于共青团渭源县第十七届委员会委员、候补委员、常委、书记、副书记候选人建议人选的请示》。会议传达学习了全市基层党建重点任务暨党支部建设标准化工作推进会会议精神，并安排部署了贯彻落实工作。会议审议了《关于成立全县基层党建工作领导小组的意见》《全县开展党支部建设标准化工作推进方案》落实村级办公经费县级配套资金有关事宜。会议研究了有关机构编制事宜。会议研究了挂职干部事宜。

**十四届县委第43次** 2018年6月28日，县委书记吉秀主持召开了十四届县委第43次常委会会议。会议传达学习了省委常委、省委组织部部长李元平在全省领导干部学习贯彻中央深化机构改革精神会议上的讲话（机密）。会议传达学习了全市网络安全和信息化工作会议精神，并安排部署了贯彻落实工作。会议听取了县政府关于易地扶贫搬迁工作存在问题整改情况的汇报。会议听取了县政府关于财政结余资金、闲置资金问题整改情况的汇报。会议听取了县委巡察领导小组关于扶贫领域巡察“回头看”工作情况的汇报。会议审议了《县委党的建设工作领导小组2018年工作要点》、《关于调整县国防动员委员会和各办公室组成人员的报告》（秘密）、《脱贫攻坚重点任务落实周督查周通报月评比制度》、2017年度县管领导班子考核情况、关于调整县政府党组成员事宜。会议研究了有关人事任免事宜。

**十四届县委第44次** 2018年7月30日，县委书记吉秀主持召开了十四届县委第44次常委会会议。会议组织学习了习近平、陈希在全国组织工作会议上的讲话（秘密）、习近平同志在同团中央新一届领导班子集体谈话时的讲话（机密）、《中共定西市委办公室定西市人民政府办公室关于印发〈定西市信访工作责任制实施细则〉的通知》。会议听取了县政府党组关于易地扶贫搬迁工作存在问题整改情况的汇报。会议听取了县政府党组关于全县财政项目资金支出进展情况的汇报。会议研究有关资金拨付事宜。会议审议了《关于进一步加强食品药品安全工作的实施意见》《渭源县发展壮大村级集体经济的实施意见》。会议讨论了《渭源县关于打赢脱贫攻坚战三年行动的实施方案（讨论稿）》。会议审议了中国共产党渭源县第十四届委员会第十二次全体会议事宜。会议听取了全县公务员、事业单位工作人员和机关工勤人员2017年年度考核工作情况的汇报。会议审议了《渭源县脱贫攻坚业绩考核结果运用办法（试行）》《关于深化人才发展体制机制改革的实施意见》《渭源县“归雁工程”实施意见》《关于成立中国共产党渭源县离退休干部委员会的意见》、2017年度驻村帮扶工作队及成员考核事宜。会议研究了市管县处级后备干部事宜、有关人事任免事宜。

**十四届县委第45次** 2018年8月24日，县委书记吉秀主持召开了十四届县委第45次常委会会议。会议组织学习了市委巡察办《关于转发〈省委巡视办关于传达学习中央巡视工作领导小组有关文件精神的通知〉的通知》（秘密）、林铎、唐仁健同志在全省生态环境保护大会上的讲话。会议传达学习了全省农村“三变”改革现场推进会会议精神、省市治理高价彩礼推动移风易俗会议精神，并安排部署了究贯彻落实工作。会议审议了《渭源县治理高价彩礼推动移风易俗实施方案》。会议传达学习了全市妇女工作推进会会议精神，并安排部署了究贯彻落实工作。会议审议了《关于进一步加强和改进妇联和妇女工作的意见》。会议听取了2018年上半年全县意识形态工作的汇报。会议听取了易地扶贫搬迁工作存在问题整改情况的汇报、全县就业扶贫劳工作进展情况汇报、全县供热工作存在问题的汇报、财政项目资金支出进展情况的汇报、全县教育工作存在问题的汇报。会议审议了全县教育工作暨教师节表彰大会事宜。会议审议了关于成立对接欧美同学会定点帮扶工作领导小组的意见、关于调整县委统战工作有关议事协调机构的意见、《关于深入持久开展民族团结进步创建工作的实施意见》、关于调整部分县委常委工作分工的意见。会议研究了拟推荐县处级后备干部及“90后”优秀年轻干部事宜、拟晋升职级人员事宜、有关人事任免事宜。

**十四届县委第46次** 2018年8月30日，吉秀主持召开了十四届县委第46次常委会会议。会议组织学习了省委办公厅《关于对脱贫攻坚工作中镇原县和临夏县不担当不作为干部问责处理的通报》。会议传达学习了省委办公厅《关于认真对照十九届中央第一轮巡视反馈问题深入开展自查自纠活动的通知》。会议传达学习了中共定西市委《关于认真对照十九届中央第一轮巡视反馈问题深入开展自查自纠工作方案》（秘密）。会议审议并原则同意《中共渭源县委关于认真对照十九届中央第一轮巡视反馈问题深入开展自查自纠工作方案》。会议传达学习了全省脱贫攻坚领导小组第七次会议精神，研究部署了贯彻落实工作。会议审议并原则同意县人大常委会党组《关于补选渭源县第十六届人民代表大会代表的请示》、《关于构建生态产业体系推动绿色发展崛起的实施意见》、《关于开展农村村级公益性设施共管共享工作实施方案》、县总工会党组《关于召开渭源县工会第十次代表大会的请示》。会议研究并原则同意《关于对全市基层党建“拉网式”大督查工作中单位和个人的问责处理意见》。会议研究了县妇联、县总工会干部挂职事宜。

**十四届县委第47次**　2018年9月3日，吉秀主持召开了十四届县委第47次常委会会议。会议研究了省纪委第十一督查调查组督办问题整改落实事宜，审议并原则通过了《省纪委第十一督查调查组督办问题整改方案》。会议听取了全县扫黑除恶专项斗争工作汇报。

**十四届县委第48次**　2018年9月30日，吉秀主持召开了十四届县委第48次常委会会议。会议传达学习了全省东西部扶贫协作暨中央单位定点扶贫工作推进（视频）会议精神，研究部署了贯彻落实工作。会议传达学习了全省深化扶贫领域腐败和作风问题专项治理工作推进会议精神，研究部署了贯彻落实工作。会议听取了省委第二巡视组反馈意见整改落实情况的汇报。会议传达学习了市委书记唐晓明在市委民族宗教工作领导小组（扩大）会议上的讲话精神（秘密）。会议审议并原则同意《渭源县宗教领域突出问题整改方案》（秘密）。会议审议并原则同意《渭源县党政机关主要领导干部离任经济责任事项交接办法（试行）》。会议听取了全县安全生产工作情况汇报、脱贫攻坚突出问题整改情况的汇报、易地扶贫搬迁工作存在问题整改情况的汇报及2018年易地搬迁和农村危旧房改造工作情况的汇报、全县贫困人口劳动力输转情况的汇报、财政扶贫专项资金支出及产业扶贫资金支出情况的汇报、农村公路“畅返不畅”整治情况的汇报、全县建档立卡贫困人口控辍保学及医疗费用报销情况的汇报、全县农村安全饮水巩固提升工程进展情况的汇报。会议传达学习了全市组织工作会议暨党的建设工作推进会会议精神，研究部署了贯彻落实工作。会议审议并原则同意《渭源县2018年度综合目标管理责任书考核奖惩办法》。会议研究了有关干部提前退休事宜。会议研究了有关干部挂职事宜。会议审议并原则同意推荐全省抓党建促脱贫攻坚先进基层党组织和致富带头人事宜。

**十四届县委第49次**　2018年10月23日，吉秀主持召开了十四届县委第49次常委会会议。会议组织学习了习近平在十九届中央政治局第八次集体学习时的讲话（秘密）、《关于甘肃祁连山国家级自然保护区神树水电站整改问题及教训的通报》。会议听取了易地扶贫搬迁工作存在问题整改情况的汇报、财政项目资金支出进展情况的汇报、2017年财政专项扶贫资金审计整改情况的汇报。会议传达学习了中央第一巡视组对甘肃省开展脱贫攻坚专项巡视工作动员会会议精神，研究部署了贯彻落实工作。会议传达学习了四届市委扶贫领域第二轮专项巡察工作动员部署会会议精神，研究部署了贯彻落实工作。会议审议并原则同意《中共渭源县委巡察整改落实工作督查暂行办法》、《中共渭源县委巡察工作规划（2017—2021）》。会议传达学习了全市扶贫领域腐败和作风问题专项治理工作推进会会议精神，研究部署了贯彻落实工作。会议传达学习了全市扶贫领域问题线索排查会议精神，研究部署了贯彻落实工作。会议审议并原则同意《关于进一步深化扶贫领域腐败和作风问题专项治理工作实施方案》《关于成立渭源县扶贫领域腐败和作风问题专项治理工作领导小组的报告》《关于召开渭源县第十四次妇女代表大会的请示》《关于追授赵怀越同志“全县优秀共产党员”称号的意见》《关于开展向赵怀越同志学习活动的意见》《渭源县党政领导干部赴晋安区开展“提升脱贫攻坚能力”专题培训方案》、清源镇清源社区和新城社区升格党的基层委员会事宜。

十四届县委第50次　2018年11月14日，吉秀主持召开了十四届县委第50次常委会会议。会议组织学习了习近平总书记在民营企业座谈会上的讲话、《关于安定区新集乡田坪村易地扶贫搬迁项目房屋质量问题调查处理情况及其教训警示的通报》（秘密）。会议传达学习了林铎在渭源调研时的重要讲话精神，研究部署了贯彻落实工作。会议传达学习了全省纪检监察系统组织工作会议精神，研究部署了贯彻落实工作。会议审议并原则同意《渭源县乡镇纪委监督检查和案件查办协作区试点工作实施方案》。会议传达学习了省委省政府扫黑除恶专项斗争第三督导组督导定西反馈会议、全省扫黑除恶专项斗争推进会暨省委省政府督导组第二批进驻督导动员会议、全市扫黑除恶专项斗争领导小组第五次全体（扩大）会议精神，研究部署了贯彻落实工作。会议审议并原则同意《渭源县关于落实省委省政府扫黑除恶专项斗争第三督导组反馈意见的整改方案》。会议传达学习了全市非公有制经济党建暨“百企联百村、党建推扶贫”工作现场推进会会议精神，研究部署了贯彻落实工作。会议传达学习了县区组织部长和编办主任会议精神，研究部署了贯彻落实工作。会议审议并原则同意《渭源县工业发展实施意见》《渭源县工业转型升级“一企一策”行动方案》《关于推荐渭源县工会第十届委员会、经费审查委员会和女职工委员会组成人员候选人建议人选的请示》。

十四届县委第51次　2018年12月6日，吉秀主持召开了十四届县委常委会第51次会议。会议专题学习了习近平总书记在同全国总工会新一届领导班子成员集体谈话时的重要讲话精神、习近平总书记在同全国妇联新一届领导班子成员集体谈话时的重要讲话精神、习近平总书记关于意识形态工作的重要论述、《中共甘肃省委办公厅关于认真学习宣传贯彻〈中国共产党党支部工作条例（试行）〉的通知》和《中国共产党支部工作条例（试行）》，研究部署了贯彻落实工作。会议传达学习了全市宣传思想工作会议精神，审议并原则通过我县贯彻落实意见。会议传达学习了全市精神扶贫工作会议精神，审议并原则通过我县贯彻落实意见。会议审议并原则通过2019年度党报党刊发行情况的说明、《关于加强和改进党的新闻舆论工作的实施意见》。会议传达学习了全省作风建设年活动推进会会议精神及全市转变作风改善发展环境建设年活动第二次推进会会议精神，审议并原则通过我县贯彻落实意见。会议听取了全县“转变作风改善发展环境建设年”活动开展情况的汇报。会议听取了县政府关于精准扶贫贷款回收情况的汇报。会议审议了渭源县第十六届人民代表大会第三次会议有关事宜。会议审议并同意中共政协渭源县委员会党组《关于召开政协第九届渭源县委员会第三次会议的请示》。会议审议并原则通过《渭源县农村人居环境整治三年行动实施方案》、《渭源县贯彻落实〈甘肃省污染防治攻坚方案〉实施方案》。会议审议并原则通过《关于落实中共定西市委统一战线工作领导小组宗教工作定向督导向渭源县反馈意见的整改方案》《渭源县党员领导干部与党外代表人士联谊交友联系制度》《关于增补王德良等3名同志为政协渭源县第九届委员会委员的报告》《关于调整中共渭源县委反腐败协调小组及办公室组成人员的意见》《关于调整部分县委常委工作分工的意见》《渭源县关于进一步激励广大干部新时代新担当新作为的实施意见》《渭源县防止干部“带病提拔”实施意见》。会议研究并原则同意截止2018年11月底拟晋升职级人员事宜。会议研究并原则同意杨芳源提前退休事宜。会议审议并原则通过《渭源县机构改革方案》。会议审议并原则通过关于拟给予陈建高等22名公务员三等功事宜。

**十四届县委第52次** 2018年12月19日，吉秀主持召开了十四届县委常委会第52次会议。会议专题审议并原则通过《关于对牛亚伟处理意见的报告》。

**十四届县委第53次** 2018年12月29日，吉秀主持召开了十四届县委常委会第53次会议。会议组织学习了市委巡察工作领导小组办公室《关于认真学习贯彻落实〈王鸿津同志在临夏州脱贫攻坚工作座谈会上的讲话〉的通知》。会议审议并原则同意《关于全县脱贫摘帽时序从2020年调整到2019年的报告》《关于建立渭源县脱贫攻坚总队长包村抓户责任制的决定》。

**十四届县委第54次** 2018年12月29日，吉秀主持召开了十四届县委常委会第54次会议。会议传达学习了习近平总书记在中央政治局第十次集体学习时的讲话精神。会议传达学习了中央经济工作会议精神，并研究部署了我县贯彻落实工作。会议审议并原则通过《渭源县2019年国民经济和社会发展主要综合指标计划（草案）》。会议审议了渭源县第十六届人民代表大会第三次会议有关事宜。会议审议并原则通过《政协第九届渭源县委员会常务委员会工作报告（审议稿）》。会议审议并原则同意有关资金拨付事宜。会议审议并原则同意成立《马嵬驿文旅公司渭源旅游项目合作协调推进领导小组》。会议审议并原则同意《渭源县加快推进农村集体产权制度改革的实施意见》。会议审议并原则通过《渭源县农村集体产权制度改革试点方案》。会议审议并原则同意成立《渭源县农村集体产权制度改革工作领导小组》。会议审议并原则通过《渭源县2019年投资项目清单》。会议审议并原则通过《渭源县党内法规制度建设问题整改落实方案》。会议审议并原则同意县委常委林柳强工作分工的意见。会议传达学习了全市当前维稳工作会议精神，审议并原则同意我县贯彻落实意见。会议听取了全县反恐怖工作情况的汇报。会议听取了全县意识形态工作情况的汇报。会议审议并原则同意成立《渭源县全域旅游发展领导小组》。会议审议并原则同意县妇联党组《关于县妇联第十四届执行委员会委员、常务委员会委员、主席、副主席候选人建议人选的请示》。会议研究并原则同意县环保局提交的干部提前退休事宜。会议研究并原则同意关于增补县人民政府党组成员事宜。

## 县委办公室工作

**【理论武装】**坚持以理论武装为基础，着力提升综合能力素养。始终把思想理论武装摆在首要位置，结合推进“两学一做”学习教育常态化制度化，不断强化思想政治建设，班子成员和干部职工的理论素养、服务能力明显提升。一是突出重点学。坚持把党的十九大和十九届二中、三中全会精神以及习近平新时代中国特色社会主义思想作为学习重点，扎实开展政治理论学习，有效增强了班子成员和干部职工的政治素质和政策水平。认真组织学习公文写作、信息采编、调查研究等业务知识，广泛学习历史、法律、经济等各方面知识，丰富学习内容，优化知识结构，取得了良好的学习效果。二是创新方式学。坚持集体学和个人学相结合，定期学与平时学相结合，开展讨论与授课辅导相结合，对理论知识反复研究、对精品文章集体研读、对有用资料汇编成册、对热点问题研讨交流，并及时撰写学习笔记。年内共组织开展集中学习30余次，撰写心得体会60余篇。三是注重实效学。坚持理论联系实际的学风，把学习与思考、学习与运用、学习与写作紧密结合起来，引导干部职工结合工作需要学习党的最新理论、方针政策和专业知识，自觉把所学知识内化成素质、转化为智慧、运用于写作，有力提升了履行“三服务”的能力水平。

**【优质服务】**一是加强综合协调。围绕县委决策和工作重心，发挥办公室中枢作用，对上加强与市委办和有关部门的联系沟通，对内加强与各乡镇、各部门、各单位的统筹协调，对外加强与兄弟县区的交往联络，充分调动各方面的积极性和创造性，使办公室各项工作始终保持高效运转。二是加强公文服务。高质量完成了县委全会暨县委经济工作会议、县委农村工作暨扶贫开发工作会议、县委推动全面从严治党向纵深发展暨全县“转变作风改善发展环境建设年”活动推进会等各类重大会议讲话稿。围绕脱贫攻坚、特色产业开发、项目建设、工业发展、城镇建设、民生改善、党的建设等重点工作，上报各类信息790余条，被省、市综合采用或单条反馈37条。严控以县委、县委办和“两办”名义下发的文件数量，严把文件起草关、审核关、收发关，年内共发文565份，同比下降17.8%，共传阅上级文件1072份。三是加强督查调研。围绕县委决议事项、脱贫攻坚、重点项目落实以及领导批示和交办事项，加大督查落实力度，做到了事事有着落、件件有结果，累计督办落实省市批示件64件，有效解决了群众反映的问题。始终把握领导决策意图，深入乡镇村社和项目建设现场开展专题调研，提高了参谋服务能力。四是加强会务服务。始终坚持简约俭朴办会原则，圆满完成2018中国（甘肃）中医药产业博览会综合协调组宾客邀请、人员统计、总体衔接以及开幕式组织、主会场布置等重点任务；全面完成了国扶办2017年度省级党委政府扶贫开发成效交叉考核、台盟中央调研扶贫开发、省委副书记孙伟调研扶贫和土地三项制度改革、省委第八巡视组巡视陇西等各类调研活动和会议活动的会务服务工作。五是加强机要保密。严格执行机要工作24小时值班制度，坚持稳妥慎重、准确无误，累计收发办理各类明密电报2213份。层层落实党政领导干部保密工作责任制，积极开展保密知识宣传培训、专项检查等工作，举办保密知识培训班1期，培训涉密人员80余人，发放保密工作软件41套、保密宣传读本100本，“五法”宣传资料1500余份，查处涉密计算机违规外联行为6起。六是加强后勤保障。严格执行公务接待有关规定，规范接待标准、改进接待方法，圆满完成各项接待任务；严格落实公务派车制度，做到合理调度、高效服务；强化值班值守，加强安全管理，有效保证了政令畅通和机关安全。七是扎实推进脱贫攻坚。坚持精细精确精微“绣花”式扶贫，做到了脱真贫、真脱贫。目前，办公室18名干部共联系帮扶108户贫困户，年内为帮扶户协调投放马铃薯原原种16.8万粒，地膜108捆1080公斤，先后举办各类培训5场（次），培训贫困群众100余人，积极培育牛羊鸡猪养殖户44户。同时，积极开展春节前困难群众生活保障大排查工作，协调村上为生活困难农户发放冬春生活补助6300元以及燃煤、大米、食用油等生活物资。八是统筹推进其他各项工作。加强了党报党刊等重要刊物的征订工作；认真做好群众来访接待和督办工作。

**【从严治党】**坚持以从严治党为保障，牢固树立清廉务实形象。一是狠抓队伍建设。始终把抓班子、带队伍职责摆在首要位置，统筹抓好班子队伍结构优化、干部队伍思想教育等工作，今年以来先后选派6名干部参加了由中办机要局、省委办公厅、市委改革办、中国保密协会、新华社甘肃分社举办的各类学习培训，增强了业务本领。同时，从乡镇和县直部门选调4名优秀年轻干部进入办公室工作。二是落实党建责任。坚定不移落实全面从严治党主体责任，全面落实办公室领导班子的集体责任、办公室主任的第一责任人责任、领导班子成员的分管责任，推动办公室全面从严治党工作落细落实。认真落实党风廉政建设责任制度和廉政自律各项规定，经常开展廉政教育和警示教育，引领全体党员干部讲党性、重品行、作表率，使党风廉政建设具体要求和任务落实到每一个工作环节、每一名干部身上。扎实推动党支部标准化建设，注重党员培育发展工作，今年新培养入党积极分子3名。三是健全约束机制。加强权力运行监督，认真落实民主集中制，凡人员岗位调整、资金使用、干部推荐等重大问题和重要事项的决策，一律提交主任办公会议集体讨论决定。切实严明组织纪律，认真执行请示报告制度，办公室班子成员如实报告个人有关事项。坚持用制度管权管事管人，进一步健全完善了干部外出报告、请销假、财务管理等工作制度，办公室各项工作规范有序高效运转。四是转变工作作风。始终坚持从严要求，认真落实中央“八项规定”精神，严格执行公务接待制度，严格落实各项节约措施，严格规范公车管理，严厉整顿纪律作风。结合省委巡视组反馈意见整改落实工作以及脱贫攻坚作风建设年、转变作风改善发展环境建设年等活动的开展，教育引导广大干部职工进一步提高思想认识，转变工作作风，树立了务实高效、清正廉洁的良好形象。

## 组织工作

**【政治建设】**一是思想教育更加深入有力。坚持集中轮训与经常性教育相结合，全县各级党组织先后举办习近平新时代中国特色社会主义思想和党的十九大精神学习会议142场次，培训各级各类干部6000多人次，带动各级党组织书记开展讲党课2300多场次、十九大精神宣讲1200多场次，利用新媒体推送各类党课及信息动态800多条，参学党员达1.9万多人次，推动了新思想新精神深入基层、深入人心，引导广大党员把树牢“四个意识”、坚定“四个自信”、坚决做到“两个维护”融入具体行动。二是党内政治生活更加严肃规范。严格贯彻落实新形势下党内政治生活的若干准则要求，从严落实“三会一课”、民主生活会、领导干部双重组织生活等制度，组织指导89个县管单位领导班子高质量召开民主生活会，607个党支部召开组织生活会，15289名党员参加民主评议，推动了各级领导班子严守政治纪律和政治规矩，完善规则和议事决策程序，切实把民主集中制落到实处。三是党内组织生活载体更加丰富多彩。结合全县脱贫攻坚和党支部建设标准化工作实际，在上湾镇侯家寺村、会川镇西关村、田家河乡元古堆村分别建成了党建主题文化广场、文化长廊和党团主题教育实践基地，全面推广“6+X”主题党日活动，定期开展党员“党性体检”和“政治生日”活动，累计4300多名党员在基地开展“重温入党誓词”“聆听党史教育”“自觉践行党章”“重走总书记扶贫小道”等形式多样的党员党性教育实践活动190多场次，使党内组织生活增强政治性、体现时代性、富有实效性，推动基本制度严起来、实起来、活起来。

**【党建工作】**一是落实落细抓党建促脱贫攻坚任务。县委组织部先后6次召开部务会议，深入学习《习近平扶贫论述摘编》，制定抓党建促脱贫攻坚三年行动计划，细化分解32项重点任务和104项具体措施，推动了组织工作向中心发力、为大局服务。二是创新党组织引领发展助农增收机制。深化“三链”建设，探索通过“党组织+经营主体+贫困户”的模式助推产业发展、带动农民增收。由县乡党委政府推动，村“两委”主导，新组建农民专业联合社54家，成立农民专业合作社489家，成立产业党组织51个，建立利益联结机制，将772名致富能人党员编入合作社，引导25179户贫困户持股入社、分红受益，形成了以村党组织领导为主体、经营实体党小组带动为骨干、贫困户增收为基础的农村基层党组织新架构，最大限度聚集了同一产业链上党员、致富能人的优势资源，使基层党组织更加有效地深入到帮民致富的产业培育、生产经营活动中，促进了全县农业产业化发展和农民增收致富。三是全面锻造扶贫一线攻坚力量。持续配强乡镇攻坚队伍，将7名年富力强、工作实绩突出的干部选拔为乡镇党政主要负责人，将5名乡镇扶贫站站长提拔进入乡镇领导班子，对2名脱贫攻坚能力不强的乡镇长按程序进行了组织调整，把在岗大学村干部全部调整到贫困村工作。按照“两个一半”（县直单位将一半的科级干部下派担任驻村工作队长，将一半的力量投入精准扶贫）的要求，累计从省市县乡四级单位选派干部880名，为全县217个行政村全覆盖选派驻村帮扶工作队，负责到村帮扶任务的落实。建立驻村帮扶工作总队长协调推进机制，不断调整优化驻村帮扶工作队成员，采用“日督查周通报月评比”、钉钉考勤管理等方式，对全县驻村帮扶工作队进行全覆盖督查，先后下发通报14期，集中约谈驻村帮扶干部264人，对12个帮扶工作先进集体和36名先进工作个人进行表彰奖励，有力促进了帮扶工作队管理从宽、疏、软向严、紧、硬转变。四是加强党组织带头人队伍建设。组织实施村党组织带头人队伍整体优化行动，开展村党组织书记分析研判，调整撤换村党组织书记38人，选派135名优秀机关干部到村担任第一书记。建立了“致富带头人—党员—村干部—村党支部书记”链式培养机制，逐步完善村级后备干部选拔、培养、考核、任用机制，按村干部职数1∶1比例、村党组织书记1∶2比例分别建立后备干部库，储备村级后备干部120人。开展能人引领“1+1”帮扶活动，全面推行“党员能人组团带动型”“党员责任区帮带型”等帮扶模式，先后引导669名致富能人党员结对帮扶1877名困难党员，帮助1819名困难党员增加收入，实现脱贫摘帽。五是加大基层基础保障投入。以发展壮大村级集体经济为抓手，用好用活省管党费补助发展村级集体经济引导资金和各类扶贫资金，坚持项目带动“清零一批”、合作参股分红“稳定一批”、高效转化资源“提升一批”、选育特色试点“培强一批”的“四个一批”发展模式，逐步增强了村集体经济发展后劲。目前，全县年集体经济收入5万元以上的村达到69个，3万元以上的村达到82个，1万元以下的村还有135个。持续加快村级组织活动场所规范化建设，改造村级活动场所19个，从县管党费中列支119.5万元为驻村帮扶工作队配备了办公设备和生活用品，实现了村级活动场所建设全部达标、服务功能全部提升。大幅提高村级办公经费和村组干部待遇，积极落实驻村帮扶工作队和第一书记工作经费，经常性开展走访慰问活动，有效激发了基层活力。

**【队伍建设】**一是鲜明选人用人导向。突出政治素质考察，为事业选人、为事业用人，把脱贫攻坚业绩作为干部选拔任用的重要依据，修订完善《渭源县脱贫攻坚业绩考核结果运用办法》，注重在扶贫主战场上评价干部、发现干部、选用干部，2018年在脱贫攻坚一线选用干部141人。同时，根据班子建设和年轻干部成长需要，扎实开展全县县管后备干部调整补充工作，按照政治素质过硬、工作实绩突出、干部群众认可的要求，调整充实县管后备干部547人。二是精准开展专业能力培训。紧扣落实中央和省市县委重大决策部署，围绕提升干部理论素养、专业能力，以后备干部、新提拔干部、驻村帮扶工作队、村干部和党务骨干为重点，举办11期培训班，培训各级各类干部1813人。不断加大干部赴外培训力度，安排资金180多万元，先后选派304名干部参加省市调训、人才交流和观摩学习，组织50名干部到红旗渠干部学院、贵州组织人事干部学院开展培训。用好网络教学平台，指导1490名干部参加网络培训，引导党员干部拓宽思维，不断增强适应新时代、实现新目标、落实新部署能力。三是激励干部担当作为。深入贯彻落实市委激励干部担当作为30条措施，制定激励干部担当新作为实施意见，认真落实“三个区分开来”要求，探索加大容错纠错工作力度，大胆提拔重用39名敢于担当、实绩突出的干部，释放出激励干部担当作为的强烈信号。充分发挥典型引领作用，会同县委宣传部、县融媒体中心等县级主流媒体持续宣传报道脱贫攻坚、项目建设、招商引资等一线先进典型，形成了奋发有为的激励效应。配合县纪委深入开展不担当不作为问题专项治理，在县电视台设立“说清楚”栏目，责令11个单位主要负责人在电视台公开承诺，整治不作为慢作为等形式主义官僚主义问题4起11人。四是加强干部日常监督管理。制定了干部监督工作联席会议制度、乡镇及机关事业单位中层干部选拔任用有关事项报告预审办法、干部提醒、函询和诫勉工作操作规程等制度，对107个县管领导班子进行全面考察考核，对44名领导干部进行了经济责任审计，先后开展任前谈话5次240多人次，提醒谈话32人，函询15人，诫勉谈话5人，核查出领导干部持有因私出国（境）证件86人109本，全部收回统一管理。充分利用“12380”干部监督举报系统，进一步畅通电话、来信、网络、短信举报受理渠道，受理4件信访举报事项，全部进行了调查核实。五是平稳推进机构改革工作。着手早部署、早调度、早研判，积极稳妥推进机构改革，对全县所有涉改单位进行实地调研，与涉改单位科级干部全覆盖开展谈心谈话，先后征求意见建议110条，调整交流干部246名，消化超职数配备干部92名。同时，结合机构变动，同步研究调整党组织43个，新组建单位于春节前全部挂牌到位，机构人员转隶同步到位。六是持续规范干部基础工作。全面从严管理干部人事档案，对新录用、部队转业、交流调任及新提拔的550名干部档案做了重点复核，对64名干部“三龄两历两身份一入口”进行重新认定。全面推进干部档案数字化建设项目，扫描干部档案623本。不断规范公务员转正定级、职级职务晋升、调任和登记等日常管理工作程序，及时对符合条件的120名公务员（参管公务员）按程序进行了登记。

**【党支部建设标准化】**一是高起点谋划安排部署。先后6次召开部务会议，学习传达省、市关于党支部建设标准化工作会议精神，审议《渭源县开展党支部建设标准化工作推进方案》，明确了推进步骤、时间节点和领导责任，确保推动党支部建设标准化工作落细落小、落地见效。二是建立多维度责任体系。严格落实基层党建工作责任制，建立党支部建设标准化工作县级领导联乡定点抓、组织部门划片全面抓、县直机关联村帮建抓、行业系统指导合力抓的“四抓”责任落实机制，为县委常委和党员副县长确定标准化工作联系点47个，为县委组织部部务会成员划定了3个责任片区，推动形成横向到边、纵向到底、齐抓共管的工作格局。三是全覆盖组织学标议标。把党支部建设标准化工作作为党务干部特别是基层党支部书记培训的重要内容，全覆盖订阅发放《党支部建设标准化手册》，组织全体干部在逐篇通读、系统学习、深入研究的基础上，分5期召开全县党支部建设标准化工作培训会，对各级党组织书记和党务干部全覆盖进行反复培训，让党支部建设标准化工作深入人心，为基层党支部推动日常工作融入标准体系指明了主攻方向。四是大力度推进摸底自查。各基层党组织对照标准化手册，逐级建立已达标和未达标党支部台账，对未达标党支部实行销号管理，完成一项、销号一项，确保各基层党组织在摆家底、查短板中稳步达标。高度跟进对标整改争创工作，同步规范基层党建工作台账设置，引入档案管理理念，逐级建立工作台账索引目录，有效解决了基层党建工作资料“账册混管、查无章循”的乱象。五是常态化开展督查督导。全县基层党（工）委成立22个工作推进机构，对所属党支部全覆盖确定了标准化工作指导联系领导，确保基层党委层面检查工作无盲点。组织部坚持下沉一线抓落实，推行基层党建督查清单式管理办法，常态化开展标准化工作督查，以书面形式反馈被督查单位党组织负责人和相关责任人并限期进行整改。同时，建立了《基层党建工作工作月报告月调度制度》，统筹定目标、定期抓推进、每月查实效，确保了全县党支部建设标准化工作各项任务落地见效。

**【基层党建】**一是抓党建责任更加明晰。县委牢固树立抓好党建是最大政绩理念，定期研究安排部署党建工作，建立了抓党建责任、问题、任务3张清单，专题听取各党（工）委书记抓基层党建工作述职报告，与各党（工）委签订全面从严治党目标管理责任书，制定出台考核评分细则，推动各级党组织特别是党组织书记抓党建强责任的意识更加牢固，党组织书记第一责任人责任和分管领导直接责任不断得到有效落实。二是社区党组织政治功能有效发挥。着力优化组织设置，通过调查摸底、分级培训、确定职数、严密选举程序等环节，及时将党员人数超过100名的2个社区党支部升格成为党委，选举产生了新一届社区党委委员和党委书记。社区党委以组织调整、优化升级为契机，及时对接党员群众个性化、多元化服务需求，深化拓展“民情流水线”工程，大力推广“三必访”工作法，逐步捋顺下辖党组织关系，新成立党支部8个，划分党小组18个，设立公益岗位12个，引导2090名在职党员到社区报到开展志愿服务，实现了组织设置规范化、社区管理精细化、服务群众精准化。三是非公经济组织和社会组织党建工作短板得到有力提升。制定出台《加强非公有制经济组织和社会组织党建工作的实施意见》，强化“一体多翼”领导体系，抓好“小、个、专、园”党组织组建，全县非公企业和社会组织党组织覆盖率分别达到70.2%、83.97%。推行“双报双找”“两查两管”制度，加强流动党员管理，在办事大厅同时开设行业业务办理和党建业务办理“两个窗口”，运用行业业务和党建工作“两个平台”、实行行业年度业务和党建工作相结合的“两个考核”，推动党建工作与非公有制经济组织和社会组织发展“同频共振”。四是机关事业单位党建“灯下黑”“两张皮”难题得到有效破解。紧盯机关事业单位党建“灯下黑”和教育卫生领域党建业务“两张皮”突出问题，在规范落实“三会一课”、主题党日等基本制度的基础上，促进党建和行业领域特色深度融合，在县直机关党组织中积极推行服务中心、建好队伍、做好表率系列活动，在教育和卫生系统积极开展“两争一转”（党组织争先进、党员争模范、教师转作风）、“三好一满意”（服务好、质量好、医德好，群众满意）活动，学校党组织覆盖率提高到94.6%，卫生系统党组织覆盖率达到100%。五是党员教育管理工作稳步提升。加快推进党建信息化进程，制定“互联网+党建”工作实施意见，全覆盖建立网络党支部，75.4%的党员下载安装了“陇原先锋APP”，实现了线上线下党组织都有声音、有服务、有影响力。坚持控总量与调结构相结合，注重在产业工人、青年农民、高知识群体、少数民族、非公有制企业和社会组织中发展党员，全年发展党员246名，特别是在严格执行年度发展党员计划的同时，制定加快发展优秀青年农民党员的意见，对全县排摸出的7.5万多名青年农民建立信息库，发展青年农民党员74名，农村党员“老龄化”现象得到有效遏制。同时，党费管理、党员关系转接、党内表彰、党内激励关怀等工作都取得了新的成效。六是高质量培育党建工作品牌。坚持抓两头、带中间，重点围绕党支部建设标准化手册中确定的集中攻坚类和常抓不懈类项目，积极探索创新，挖掘总结推广全县各级党组织党的建设和组织工作推进中的生动实践、有益探索和鲜活经验，在不同领域培树43个示范点，引导各乡镇党委和县直各党工委开展观摩交流9场次，倒逼形成“你追我赶”的比学赶超氛围。同时，结合扫黑除恶专项斗争，按照“一名县级领导、一套整改方案、一抓到底”的“三个一”要求，对软弱涣散党组织进行集中整顿，县、乡党委负责同志分别主持召开推进会18场次、开展蹲点指导320多人次，整顿转化软弱涣散党组织34个。

**【人才工作】**一是精准选育实用人才。制定了《农村实用拔尖人才选拔管理办法》，精准识别农村种养能手、能工巧匠、经营能人等乡土人才4251名，特别是通过举办“渭河文化美食节”等活动，评选出“金炒勺”“种养加”“电商”等

14类行业能手487名。二是积极打造特派员“升级版”。建设中医药、马铃薯等八大特色产业服务工作站，建成技术服务微信平台开展线上线下融合服务，建成“众创空间”孵化平台，投入150万元创业引导资金撬动1600万元社会投资，成功孵化小微企业12家。三是广泛招引紧缺人才。先后柔性引进中国国际扶贫中心专家技术顾问团队、中国农科院蜜蜂研究所教授刁小琼、厄瓜多尔花卉专家罗伯特等30多名高端人才来渭问诊把脉、发展产业，刚性引进紧缺医疗人才18名助推医疗扶贫。四是鼓励本籍人才返乡创业。出台了《关于实施“归雁工程”的意见》，鼓励支持281名渭源籍在外优秀人才返乡创业，推动本地资源嫁接外地市场、富民产业转移升级，解决贫困群众增收难题，实现“人才回归、资金回流、产业回乡”。

**【组工队伍建设】**坚持政治建部，扎实推进“两学一做”学习教育常态化制度化，采取部务会领学、支部带学、个人自学、交流互学等形式，组织组工干部深学细悟习近平新时代中国特色社会主义思想和党的十九大精神，累计开展集中学习17场次，引导组工干部树牢“四个意识”、坚定“四个自信”、坚决做到“两个维护”。坚持作风兴部，高起点谋划开展“改进工作作风、规范内部管理、优化办公环境”活动，带头破除形式主义、官僚主义，坚决摒弃重形式轻内容、重留痕轻业绩、重软件轻实效等问题，带动各级党务干部转变作风，推进问题在一线发现、政策在一线落实、工作在一线推进，有力推动了基层党建工作实现从“虚”向“实”转变。坚持能力强部，持续开展组工干部“岗位大练兵”活动，开展“周二”集中学习日、理论中心组学习、组工干部讲堂12场次，轮流选调6名党务干部到组织部跟班学习，全覆盖选派组工干部参加赴外培训，帮助开阔眼界、增长知识、创新思维，不断提高组织工作专业水平。坚持从严治部，以做示范、走在前的要求抓实机关支部建设，严肃党内政治生活，严格落实“三会一课”、民主生活会、领导干部双重组织生活会等基本制度，部领导上讲台讲党课4场次，开展集中研讨交流6次，开展纪律教育3次，把严的措施、严的纪律落实到了支部、落实到了党员。同时，不断提升组工信息宣传水平，坚持全员办信息，建立了全县职工信息员队伍，“渭源党建网”和“渭源组工”微信公众平台运行逐步完善，全县信息工作步入全市前列。

## 宣传工作

**【理论武装】**一是持续强化理论中心组学习。先后制定下发了《关于深入学习宣传贯彻党的十九大精神的实施意见》《关于加强和改进党的新闻舆论工作的实施意见》等一系列政策文件，强化各级党委党组理论中心组学习，大力推行个人自学、干部领学、电教看学、一线践学、上门送学、微信互学等“六学模式”，通过召开党组（党委）会、理论中心组学习会和专题讨论会等多种形式，在学懂弄通做实上下功夫，融会贯通，学以致用，坚持用习近平新时代中国特色社会主义思想武装头脑、指导实践，推动各项工作任务落实。二是不断提升理论学习质量水平。按照“学以致用，用以促学，学用相长”的要求，以各级党委党组理论中心组为重点，全力加强和推进理论武装工作，理论学习氛围日益浓厚。先后制定印发《中共渭源县委常委会和县委中心组学习制度》《关于在“两学一做”学习教育常态化制度化中进一步推进学习型党组织、学习型机关建设的实施意见》《渭源县〈中国共产党党委（党组）理论学习中心组学习规则〉实施办法》，从规范中心组成员构成、规范学习内容、规范学习制度等七个方面加强自身建设，各级党委（党组）理论学习中心组学习质量和水平不断提高。同时，创建“互联网络+报刊图书+电视媒体+广播电台+手机通讯”五位一体理论学习格局，全面推进党员干部日学1小时，月读1本书，季度一交流，半年一评价活动，切实提升党员干部的综合素质和工作能力。2018年，县委理论中心组学习17次，专题学习《习近平扶贫论述摘编》4次，100余人进行了交流发言。三是深入开展调查研究，理论宣传普及和研究阐释水平明显提升。深入开展“大调研”活动，深化理论阐释、实践应用、贯彻落实等方面的研究，推出了一批有分量、有价值的研究成果，理论宣传普及和研究阐释水平不断提升。认真实施“乡村补钙工程”，以“两进两入”为载体，深入开展面向基层、面向群众的理论宣讲对谈活动。同时，充分发挥县社科联及文明办作用，组织开展“精神扶贫工程”暨社会科学宣传普及周活动，促进扶贫与扶志、扶智有机结合，为脱贫攻坚提供强大精神动力。四是以新时代文明实践中心载体，开辟理论武装工作“新阵地”。着眼贫困群众“精神贫困”问题，以激发贫困群众主动脱贫的内生动力为目的，以提升脱贫能力素质目标，探索建设新时代文明实践中心，并组建了“渭源讲习群”业务宣传群，开辟了理论武装助推脱贫攻坚的“新阵地”，有力地推动了脱贫攻坚共建小康社会进程。特别是田家河乡各村成立的流动讲习小分队，麻家集镇、上湾镇固定宣传车辆建立的流动讲习所，峡城乡将讲习内容编写成花儿进行传唱，新寨、田家河等乡镇通过企地合作进行的产业发展跟踪式讲习指导，会川镇的“微讲习所”“指间讲习所”等方式的讲习。同时，县讲习办每个月对工作进展情况进行一次督查指导，对问题较多、进展滞后的乡镇村由县委分管领导约谈促进，确保讲习工作顺利开展。

**【意识形态】**一是强力推动意识形态工作责任制落实见效。坚持党管意识形态原则，制定出台《渭源县党委（党组）意识形态工作责任制实施细则》《渭源县党委（党组）网络意识形态工作责任制实施细则》，印发《关于进一步加强和改进全县意识形态工作的通知》，严格落实各级党委（党组）书记第一责任人责任，着力推进“三个带头”和“三个亲自”工作机制落实。积极探索问责追责具体办法，县委与16个乡镇党委、29个县直部门和单位党组织每年签订《渭源县党委（党组）意识形态工作责任书》，并研究制定完善了《渭源县党委（党组）意识形态工作责任制考核办法》，下发了《渭源县党委（党组）意识形态工作责任制落实情况专题督查实施方案》。二是切实加强意识形态阵地建设管理。严格对新闻媒体、印刷企业、报告会、研讨会等的管理，加强对课堂教学、培训机构的管理，全面落实“两个巩固”根本任务，不给错误思想观点提供传播空间和渠道。建立健全新闻阅评制度，加强审读、审看、审听工作，发现问题及时指出，并责成其认真进行整改，新闻宣传管理水平不断提高。设立互联网上网服务营业场所经营单位审批、营业性演出审批、娱乐经营许可证核发、内部资料出版物准印证核发、从事音像制品零售业务许可等七项行政审批工作，实现了“一网通办”基础上“最多跑一次”的目标和“一窗办一网办简化办马上办”的流程。三是坚决打好网上意识形态攻坚战。对内以正确的舆论引导人，对外树立渭源的良好形象，使网上宣传思想工作更加贴近实际、贴近生活、贴近群众，更加富有吸引力和感染力，为渭源经济社会又好又快发展提供了强有力的思想保证、智力支持和舆论环境。积极开展文明上网主题宣传，发布净化网络环境、打击网络谣言的通告，依法管控、处置有害信息。完成全县网站、微博、微信等新媒体调查统计，加强网络评论员队伍建设，提高网络舆情研判和调控水平。做好网民教育引导工作，及时回应网民关切，积极抢占网络舆论制高点，营造风清气正的网络空间。

**【精神文明建设】**一是深入培育和践行社会主义核心价值观。着力推进核心价值观宣传教育，按照《渭源县社会主义核心价值观主题宣传教育十大创建行动实施方案》《关于进一步深化全县社会主义核心价值观十大创建行动的通知》安排，全面、准确、生动、直观地宣传社会主义核心价值观，在全社会营造遵德守礼、践行文明的浓厚氛围。重点抓好示范点建设，打造一条以移风易俗乡风文明建设为重点的社会主义核心价值观公益广告示范街，制作公益广告灯箱30个；筹资17万元对县城区梁家坪段30块社会主义核心价值观公益广告牌内容进行更新，新制作中医药养生广告牌73块，中医药产业宣传公告牌689块；精心打造社会主义核心价值观主题广场1个，制作社会主义核心价值观大型透雕2个、灯柱238个，讲文明树新风透雕2个；以各级文明单位创建为契机，打造示范单位17个、示范村镇32个、示范学校21所、示范企业3个、示范爱国主义教育基地2个、示范景区2个。持续实施24字“人知人晓”“人信人守”工程，着力在落细落小落实上下功夫。二是认真实施公民道德建设工程。持续开展“文明渭源、人人行动”主题活动，不断深化公民素质提升“十大行动”。积极开展“德润陇原·渭源好人”主题实践活动，建立“德润陇原·渭源好人”榜，发布展播先进典型事迹，努力营造崇德向善的良好氛围。组织模范典型评选和学习宣传活动，深入挖掘党员领导干部的感人事迹。进一步加强和规范道德讲堂建设，督促各级各类道德讲堂，按照“九个一”流程经常性开展活动。把开展“学习雷锋——争做志愿者”集中性志愿服务活动与经常化志愿服务活动有机结合起来，广泛开展“暖日行动”、文明交通劝导、关爱慰问“三留守”及各种扶弱助困志愿服务活动。深入推进诚信建设制度化，健全守信联合激励和失信联合惩戒的联动机制。深入实施未成年人思想道德建设“金种子”工程，积极开展“做一个有道德的人”“金种子”美德少年榜、我评议我推荐身边“小英雄”“小模范”等主题实践活动。乡村学校少年宫建设实现了乡镇全覆盖。深入开展“我们的节日”主题活动，全面普及中华民族优秀传统文化教育。三是不断深化群众性精神文明创建活动。以一堂、一队、一牌、一桌、一传播“五个一”建设为重点，深入推进文明城市、文明村镇、文明单位、文明家庭、文明校园“五大创建”活动。全县共创建国家级文明村1个，省级各类文明单位15个，市级各类文明单位118个，县级各类文明单位202个。制定《渭源县“美丽乡村·文明家园”农村精神文明示范创建活动实施方案》，通过核心价值引领行动、载体平台创新行动、道德风尚涵育行动、人居环境提升行动、文化惠民普及行动“五大行动”，成功打造“美丽乡村·文明家园”农村精神文明建设示范村34个，建成省级美丽乡村示范村3个，市级美丽乡村示范村4个，县级美丽乡村示范村4个。组织开展“清洁村、卫生社、洁净院、文明户”“十佳”评选活动，建成环境整洁示范村20个。制定印发《渭源县治理高价彩礼推动移风易俗工作实施方案》，明确规定县域内婚嫁彩礼、礼金、酒宴等最高限额，高价彩礼现象得到有效遏制。创新开展“道德讲习积美超市”建设，建成示点村17个。

**【新闻舆论】**一是对外宣传出新出彩。坚持稳中求进工作总基调，深入宣传中央和省市县委关于经济社会发展的总体要求、主要任务和工作举措，宣传我县经济社会持续健康发展的良好态势。突出项目建设、工业发展、城镇建设、特色优势产业发展等重大主题宣传活动，推出了一大批有思想、有品质、有温度的好报道，全方位、多层次、多角度展示了全县经济社会发展的新气象新面貌。同时，邀请组织中央驻甘记者开展庆祝建党97周年、改革开放40周年等大型主题采访活动。近年来，中央广播电视总台、新华社、新华视频、人民日报、人民视频、甘肃电视台、甘肃人民广播电台等中央和省市主流媒体共刊发我县在经济社会发展、脱贫攻坚、生态文明建设等方面发生巨大变化和取得显著成效的稿件3600余篇。其中央视新闻频道以《渭水源头生态美 山峦叠嶂翠欲滴》为题，通过卫星直播的形式，对渭水源头生态建设和人文地理作了报道，这是央视首次在我县开展现场直播；《元古堆村：我们的生活比之前好多了》《牢记嘱托　打赢脱贫攻坚战》《总书记的牵挂　一枝一叶总关情》《总书记，马岗家的水通了》，大型电视扶贫行动《决不掉队》之《渭源故事·药乡的新药财》等分别在中央电视台《新闻联播》头条位置和新华视频、中央人民广播电台、CCTV12频道等中央媒体播出。二是脱贫攻坚宣传花红果硕。坚持把脱贫攻坚宣传摆在重中之重的位置，精心制定了《关于坚决打赢脱贫攻坚战宣传报道工作方案》，突出宣传中央和省市县委脱贫攻坚相关政策，突出宣传脱贫攻坚实践中涌现出来的先进典型和创造的成功经验，突出宣传脱贫攻坚取得的巨大成就和贫困乡村发生的显著变化，形成了强大宣传声势、宣传规模和宣传高潮，为全县上下决胜决战脱贫摘帽营造了良好舆论氛围。近年来，共在市级以上报刊、电台、电视台和通讯社刊播我县脱贫攻坚方面的稿件2000多篇（条），其中人民日报发稿30余篇，新华社发稿80余篇，中央电视台发稿20余篇。特别是人民日报对我县产业扶贫、易地搬迁扶贫和元古堆村民的红火日子等做了深度报道，元古堆村光伏扶贫典型经验被中央政治局作为第39次集体学习参阅材料。为了更好地展示脱贫攻坚成果，县委宣传部对近5年来我县在各级各类媒体刊发的脱贫攻坚重头稿件进行了归纳整理，形成了《渭源县脱贫攻坚外宣稿件汇编》1书，已印刷出版。三是突发事件和社会热点舆论引导有力。准确把握时度效，加强和改进突发事件、热点问题舆论引导，及时公开事实真相，主动回应社会关切，牢牢掌握话语权。特别是针对代课教师集体上访、退伍军人上访、渭河新城拖欠农民工工资等重大舆情事件，采取多种措施进行“管控引”，迅速抢占舆论制高点，引导社会舆论。认真落实“定期走访媒体”制度，及时了解掌握涉渭涉民网络舆情，协调解决涉及民生、环保、征地拆迁、干部作风等方面的问题。四是内宣工作再上台阶。坚持新闻立台、改革活台、特色强台、人才兴台，积极支持县电视台做大做强，媒体传播力引导力影响力公信力明显提升。先后策划新增《脱贫故事》《砥砺奋进的五年》《新时代　新作为　新篇章》《坚决打赢脱贫攻坚战》《美丽乡村渭源行》《陇原环保世纪行》《曝光台》等栏目。《脱贫故事》栏目被评为全市优秀栏目，采访报道内容被作为全县干部培训教材。五是媒体融合蹄疾步稳。县融媒体中心组建成功，并正式挂牌。渭源发布、渭源广播电视微信公众号关注度持续提升，粉丝量增长近10000余人，登载各类新闻480余组2000余条，累计阅读量达100余万人次，成为宣传渭源、了解渭源的又一重要窗口。渭源发布、渭源广播电视粉丝超过20000多人（次），粉丝覆盖全国31个省市230多个城市以及澳大利亚、加拿大、菲律宾等多个国家。渭源广播电视微信公众号又上线《渭源新闻》视频版，成功打造公众号品牌栏目《微电台》《源来渭源》《航拍渭源》等栏目，受到大众认可和广泛好评。

**【渭河特色文化大县建设】**一是守住“祖业”，文化遗产保护传承深受好评。深入挖掘和开发利用我县渭河文化、始祖文化、丝路文化、长城文化与农耕文化资源，传承优秀文化基因，增强全县人民的文化自信。实施文化遗产“历史再现”工程，推动民办博物馆和民间记忆博物馆建设。全面挖掘民间文化遗产，加强非遗申报保护工作，完成渭源水磨群的保护修缮工程；争取经费完成陇右工委地下印刷所的维修方案，并申请省级文物保护经费进行维修完成灞陵桥保护规划编制工作。深入挖掘羌蕃鼓舞、首阳山伯夷叔齐祭祀所承载的文化内涵，推动民间民俗文化健康发展。加强非物质文化遗产保护传承，部分优秀项目已入省级、市级和县级非物质文化遗产保护名录，其中省级4项、市级30项、县级64项。先后绘制出了《渭源县非物质文化遗产资源分布图》，编辑装订了《渭源县非物质文化遗产调查表》《渭源县非物质文化遗产项目普查图片集》，编辑印刷了《渭源民间故事精选》《渭源花儿精选》《渭源小曲精选》《汪莲莲花儿集》《宗丹沟的轶事》等系列渭源非物质文化遗产丛书。二是繁荣事业，公共文化服务体系日臻完善。县文化综合建设项目室内外装饰工程进入扫尾阶段，即将投入使用，全民健身体育馆正在进行内部装修，217个行政村综合文化服务中心实现全覆盖，“乡村舞台”全面完成建设任务。为全县建档立卡贫困户争取配备电视机482台，数量居全市第一。结合全市“双百千万”文化惠民启动仪式，整合公益性县乡两级文化、“三区”人才、农村文化实用人才、文化志愿者四支队伍，成立了28个文艺小分队。依托“科普大篷车”、文化“三下乡”等惠民活动，举办社火、文艺晚会、篮球赛、秦腔表演、广场舞活动等各类文化体育健身活动。通过政府公开招标采购的方式，安排渭河源演艺公司“送戏下乡”活动。积极推动文艺精品创作生产，3个项目被列入市级重点文艺创作资助项目，《渭源文学作品集》《渭源民间故事》出版发行，《渭水源》杂志复刊。电视纪录片《鼓事》荣膺全国第六届中国纪录片学院奖入围奖，电视纪录片《灞陵桥》被推荐为2017年第一季度优秀国产纪录片。秦腔历史剧《渭水医魂》代表甘肃省晋京参加“全国基层院团戏曲会演”。2018年，该剧荣获甘肃省第九届敦煌文艺奖，这也是该奖项设立24年来，渭源县文艺作品第一次获此殊荣；《禹河春》《公民张三》入选文化部和旅游部主办的“全国优秀现实题材舞台艺术作品展演剧目”。今年1月，新创编的秦腔历史剧《灞陵桥》创排成功。开展“携手新时代　丹青换异彩”晋安区·渭源县书画作品交流展，并对219幅优秀作品进行义拍，所得款项全部用于渭源扶贫项目。县广影中心荣获全国服务农民服务基层文化建设先进集体。三是做大产业，文化旅游融合发展成效显著。着力打造“渭河特色文化大县”和“西部生态文化旅游名县”，实施“文化+”战略，推动文化与科技、旅游、金融、生态、体育等融合发展。利用扶贫资金扶持龙头企业，以农村“三变”改革为抓手，按照“公司+基地+农户”的产业化经营模式，创建乡村旅游示范点，带动建档立卡贫困户稳定收益。制定了《渭源县2018年东西部扶贫协作旅游扶贫项目实施方案》《渭源县旅游产业扶贫项目实施方案》。实施渭河源景区二期环线提升工程，已累计完成投资1600万元。扎实推进渭河文化休闲小镇建设项目、灞陵文化街区开发项目、渭河源景区基础设施建设二期项目等重点文化旅游项目建设。积极推动首阳山景区创建国家AAAA级景区，实施首阳山景区基础设施一期建设项目，已完成投资371.98万元。建成渭源县马铃薯文化博览园。实施渭河源文化旅游产业园项目，总投资约30.6亿元。积极探索发展乡村旅游示范村，全县具有一定规模的农家乐达97户，初步形成了“吃在农家、住在农家、乐在农家、购在农家”的乡村旅游模式。2017年，被评为全市文化产业发展先进县。

**【精神扶贫】**一是做好扶贫同扶志、扶智结合文章，全力打好宣传、思想、文化组合拳。持续开展“文明渭源、人人行动”主题活动，不断深化公民素质提升“十大行动”，加强社会公德、职业道德、家庭美德、个人品德教育，着力做好树立渭源人新形象塑造工程，不断提升公民道德素质和社会文明程度。二是结合党员干部思想实际，集中开展“主题党日+”教育活动。推荐的锹峪镇峡口村党总支书记、锹峪种苗技术协会会长李文平获得第四届定西市诚实守信道德模范奖，王转转、常海燕获得提名奖。进一步加强和规范道德讲堂建设，督促各级各类道德讲堂按照“九个一”流程经常性开展活动，重点开展“道德模范走进道德讲堂——基层巡讲”活动。制定下发《关于在“3·5”学雷锋活动日期间开展志愿服务活动的通知》，以“学习雷锋，争做志愿者”为主题，青年志愿者组织开展了春运志愿服务“暖日行动”，文明交通志愿者开展了文明交通劝导志愿服务活动，党员、巾帼等志愿者组织开展了慰问孤寡老人、留守儿童、残疾人、特困群众等各种扶弱助困志愿服务活动。三是全面加强诚信建设。完善诚信“红黑榜”发布制度，推动城乡基层广泛设立善行义举榜、孝道“红黑榜”和诚信“红黑榜”。强化信用惩戒措施，发布一批失信被执行人名单。深入实施未成年人思想道德建设“金种子”工程，推荐清源二小学生尹思慧同学为甘肃省“新时代好少年”候选人，推荐报送了26首优秀童谣参加省、市开展得2018年优秀童谣征集推广活动，组织协调相关部门对未成年人思想道德建设状况进行了调研。乡村学校少年宫项目建设顺利推进，2018年度中央专项彩票公益金支持8所乡村学校少年宫项目，已召开了全县乡村学校少年宫项目建设管理工作推进会暨项目骨干人员培训班，正在办理集中采购手续，该项目的实施将实现我县“乡村学校少年宫”乡镇全覆盖。开展了已建成清源一小等7所乡村学校少年宫绩效测评工作。四是深入开展“我们的节日”主题活动，弘扬中华民族优秀传统文化。利用春节、清明等传统节日，结合开展“两学一做”学习教育和“党支部共建”工作，在烟雾沟村开展“携手奔小康·共筑中国梦”文化扶贫活动，在文艺表演、现场义诊、政策宣讲的基础上，向群众普及法律、健康、科技、农业种养植等知识；同时积极与福州市晋安区衔接，组织开展了“携手新时代　丹青焕异彩”晋安区·渭源县书画作品展，并对交流展优秀作品进行了义拍，所得善款10万元全部用于烟雾沟、瓦楼、鼠山三村公益事业发展。与中国甘肃网衔接，在烟雾沟村举办2018中国甘肃网“新年新衣”温暖行动和“书香陇原·启智书屋”公益行动，为村民捐赠爱心棉衣117件，为周华寨小学捐赠少儿图书500本配建启智书屋，衣物和图书总价值达10万多元；通过表彰奖励“优秀共产党员”“身边好人”“五星级文明户”，进一步发挥典型引领作用，激发贫困群众致富奔小康的强烈愿望和原动力。

**【队伍建设】**一是严格落实全面从严治党主体责任。认真学习贯彻《准则》和《条例》，进一步加强和规范党内政治生活，加强党内监督，用过硬的政治素养和良好的精神风貌，展示宣传文化战线的良好形象。二是切实加强党的领导。把宣传思想文化工作摆在全局工作的重要位置，列入重要议事日程，认真抓好统筹协调和组织落实。建立健全党委统一领导、党政齐抓共管、宣传部门组织协调、有关部门分工负责、社会力量积极参与的“大宣传”格局，动员各条战线、各个部门的力量，实现工作共融、资源共享、发展共赢，形成了推进宣传思想工作的强大合力。三是全面加强队伍建设。加大干部培训力度，加强马克思主义新闻观、文艺观教育，举办基层通讯员（舆情信息员）培训班，培养基层宣传文化骨干和民间文化人才。深化“走转改”、落实“三贴近”，以优良的作风、端正的学风、清新的文风有力有效开展各项工作，推动宣传思想文化队伍强起来。四是加大督查落实力度。按照“马上就办、真抓实干”的要求，围绕县委、县政府决策部署，加强调查研究，加大督查督办力度，特别是强化对意识形态工作责任制履行情况、精神文明建设任务落实情况、文化产业项目推进实施等重点工作的督查督办，切实推动各项工作任务落实。要紧抓福州市晋安区与我县开展东西部扶贫协作的大好机遇，加强两地宣传文化战线深层次、宽领域、全方位协作，不断提升全县宣传思想文化工作整体水平。

## 统战工作

**【概况】**现有民盟支部1个，成员38人；有民革支部1个，成员17人。工商联1个，下设6个行业商会，5个基层分会。有党外知识分子联谊会1个，会员51名。海外联谊会1个，会员52

名。有少数民族成分17个、1212人，占全县总人口的0.27%，分布在路园等13个乡镇；其中回族是境内的主要少数民族成分。有少数民族干部22名。全县五大宗教俱全，政府批准正式开放的宗教活动场所26处。党外干部4672名，其中县级干部3名，正科级领导干部8名，副科级领导干部51名。有党外知识分子2637名，其中具有高级职称的54人，中级职称的688人。有在台同胞27人，台属59户102人，侨胞11人，侨眷11户22人。

**【统战宣传】**充分发挥统战对象分布范围广、联系面宽的优势，采取微信、微博、新闻媒体、编发《渭源统战信息》《渭源宗教信息》《渭源对台信息》、召开会议与印发宣传资料等形式，大力度宣传渭源县基本情况和渭源县招商引资优惠政策，让更多的人了解渭源、关心渭源、来渭源投资创业。2018年，共印发宣传推介资料360多份，各类信息120多期，通过统战对象对外宣传200多人次。

**【多党合作】**1.完善党员领导干部联系统战对象工作制度。坚持“长期共存、互相监督、肝胆相照、荣辱与共”的基本方针，按照“政治上尊重、工作上关心、生活上关照”的要求，不断创新和丰富党员领导干部与党外代表人士联谊交友的内涵、方式和举措，认真贯彻落实《渭源县党员领导干部联系统战工作对象制度》，确定24名县四大班子党员领导干部每人联系2名统战工作对象。积极搭建有利于民主党派发挥优势的载体和平台，采取观摩重点工作“看”、开展专题调研“促”、深化社会服务“帮”等形式，先后组织20多名民主党派代表人士观摩学习，并围绕卫生技术人员断档问题、非公经济发展、南部供水等开展专题调研，支持民主党派开展科技服务、支教助学、扶贫济困、送药下乡等各类社会服务活动10余次，有效彰显了民主党派在服务发展、关注民生等方面的优势和作用。2.完善政府有关部门与民主党派对口联系制度。政府有关部门进一步加强与民主党派的对口联系，县政府办公室印发文件明确了政府有关部门与民盟支部、民革支部、工商联、知联会加强对口联系，细化了对口联系的内容，提出了具体要求，政府部门明确一位领导和专门处室负责对口联系工作，并根据对口联系的有关要求进一步建立和完善本部门的对口联系制度和办法，明确对口联系工作的具体措施。3.加强社会主义协商民主建设。认真贯彻中央、省、市委关于加强社会主义协商民主建设的意见精神，制定了《关于加强社会主义协商民主建设的意见》《关于加强政党协商的实施办法》，对新形势下开展政党、人大、政府、政协和社会组织协商等作出全面部署，推动协商制度化、规范化、常态化开展。坚持协商于决策之前，就县委全委会工作报告、政府工作报告、半年经济形势、党风廉政建设等情况征求了民主党派的意见，做到了协商于决策之前和决策执行过程当中。4.丰富民主监督形式。为了充分发挥民主党派在脱贫攻坚工作中的监督作用，渭源县统一战线领导小组在与各民主党派组织充分协商的基础上，制定下发了《关于支持各民主党派开展脱贫攻坚民主监督工作的实施方案》，建立脱贫攻坚民主监督工作联席会议制度，确定民革、民盟2个民主党派支委会分别对口大安乡、会川镇2个脱贫任务较重的乡镇开展脱贫攻坚民主监督。各民主党派支委会把脱贫攻坚民主监督作为政治任务，主动与对口乡镇对接商讨，结合自身界别特色，探索创新监督的内容和方式方法，按照实施方案有力有序扎实推进。2个对口乡镇也都成立了领导机构，明确专人负责，主动对接服务，积极配合支持民主党派支委会开展民主监督工作，确保了脱贫攻坚民主监督工作的有序开展。各民主党派结合各自特色，发挥自身优势，分别组建了由本党派相关领域专家、学者组成的脱贫攻坚民主监督团队，围绕脱贫攻坚减贫成效、贫困人口精准识别、精准帮扶、扶贫资金项目管理使用等情况开展监督调研。监督调研组人员先后深入到大安乡扶贫站、大安乡大涝子村、大石岔村光伏发电，会川镇干乍村、本庙光伏食用菌产业园、甘肃田地农业科技有限责任公司马铃薯原原种生产连冻温室，县澳特兰种养业专业合作社、甘肃田地白家食品有限责任公司马铃薯系列食品生产线，开展了一系列有针对性的精准监督、精准服务工作。5.加强民主党派建设。一是为各民主党派争取经费支持。在全县财政预算普遍削减的情况下，经统战部多次汇报，两个民主党派活动经费增加到15000元，并力争在2020年达到2万元以上。二是解决民主党派办公场所、提升办公条件。积极筹措资金，在渭源县气象局租赁办公楼房一层，面积达200平方米，为民主党派建立了办公室、会议室，配备了电脑、打印机，接通了电信网络，安装了多媒体电视。民主党派人士亲切地称呼办公场所为“渭源县民主党派人士之家”。三是加强引导和衔接，弥补了学习交流的短板。各民主党派按照《关于开展“不忘合作初心，继续携手前进”主题教育活动的通知》要求，在抓好学习的同时，开展了讨论交流、大会发言等活动，进一步加强民主党派“五种能力”建设。2018年5月，组织民主党派到漳县学习了民主党派制度建设和工作模式；6月，迎来了临洮县民盟考察团调研；7月，全市民主党派工作经验交流会在渭源县召开。

**【党外代表人士】**1.建立党外代表人士队伍建设制度。认真贯彻落实党外代表人士队伍建设的有关精神，建立了党外干部“四个一”的培养、选拔和使用制度（即一年一走访、一培训、一考核、一推荐），夯实了党外干部充分锻炼成长、充分发挥才干的政治舞台。2.严格党外代表人士的政治安排。党外代表人士在县四大班子任职的有3名，担任县人大代表的有21名，担任县政协委员的有63名。3.加强联系沟通，建立健全联系培养机制。县委统战部及时向县委汇报有关工作，争取支持，同时加强与组织部门的协作配合，建立健全党外代表人士选拔任用工作机制。4.搭建实践锻炼平台，注重能力培养。县委统战部组织党外代表人士在搞好本职工作的同时，积极为全县的发展出良策、办实事。一方面，结合全县发展实际，开展调研献策活动。民主党派和知联会紧紧抓住全县经济社会发展中的重点、热点、难点问题，深入调查研究，共撰写调研文章20篇，提对策建议130条，受到有关单位的高度重视。另一方面，根据各自的特长，积极为群众办实事，开展“送春联、迎新春”、文化科技卫生展三下乡等活动。5.坚持学用结合，增强培训实效性。坚持普遍培训和重点培养相结合，对于基本素质好、工作能力突出、群众基础好的党外代表人士不拘一格、大胆使用，通过政治安排、实职安排、社会安排等方式，使一大批党外优秀人才脱颖而出。

**【民族工作】**1.加强对重大决策部署贯彻落实情况的监督检查。重点围绕县委、县政府《关于进一步加强民族工作，加快少数民族和民族乡村经济社会发展的意见》、《关于贯彻落实〈中共甘肃省委、甘肃省人民政府关于进一步做好新形势下民族工作的意见〉的实施意见》和《关于切实加强对少数民族村经济社会发展对口帮扶工作的意见》有关少数民族和民族村各项优惠政策的落实情况及民族专项规划实施情况进行监督检查，最大限度地发挥民族政策在民族村经济社会发展中的推动效应。2.扎实开展民族团结进步宣传活动。牢牢把握各民族“共同团结奋斗、共同繁荣发展”的主题，认真贯彻落实《关于深入推进“两个共同”示范建设的实施意见》和《民族团结进步创建活动规划纲要（2015—2020年）》，深入开展了全县第22个民族团结进步宣传月活动，组织县直有关单位开展了“三下乡”活动。活动期间统战部捐款8000元，路园镇捐款5000元，积极支持了创建活动。全面落实民族团结进步创建活动规划纲要。全县共创建示范乡镇1个，村23个，社区1个，机关22个，学校34个，企业1个，寺庙1个，家庭80户。3.加强少数民族人才队伍建设。举办全县党政干部、民族工作干部、少数民族干部培训班，培训各部门、单位、各镇、社区的分管领导和专（兼）职民族工作干部、少数民族干部共200人（次）。4.开展了穆斯林群众“尔德节”慰问活动。6月16日，县上四大班子领导集体慰问三河口清真上寺并与穆斯林群众亲切交谈，共谋发展。为全村190户回族群众送去了价值2500元的慰问品。同时，县上领导分别走访慰问了三河口村的10户困难群众，详细询问了他们的生产、生活等情况，并送去了慰问金。5.加强城市民族工作。探索建立了少数民族流动人口流入地各流出地联系协调工作机制，在少数民族流动人口较多的清源、会川等乡镇，建立少数民族流动人口服务中心，确定兼职信息员，及时对辖区内少数民族常住人口和流动人口情况进行了全面调查摸底、加强管理，并为少数民族流动人口在政策咨询、子女入学、务工经商等方面提供有效服务。6.继续实施少数民族人才队伍建设工程和少数民族劳动技能特色培训“出彩工程”。一是制定了《2018年全县“少数民族人才队伍建设工程”实施方案》及年度实施计划，进一步明确了各成员单位工作职责，形成了由县委统战部、县民族宗教事务局牵头抓总，各成员单位密切配合，各负其责、各司其职的工作格局。二是制定了《全县2018年度“出彩工程”培训计划》，依托教育、人社、农业等行业的专门培训机构，积极与各类专业技术人员的主管部门联系，加强少数民族专业技术人才的培训，提高了少数民族人才的能力和素质。

【宗教工作】1.尊重和保护公民信仰宗教和不信仰宗教的权利。全面贯彻落实党的宗教信仰自由政策，旗帜鲜明地保护爱国宗教人士和信教群众的正常宗教活动，反对非法宗教活动。2.认真学习贯彻《宗教事务条例》。一是加强了对宗教团体、教职人员、宗教活动场所管理人员的学习培训。通过深入宗教活动场所进行宣讲、办学习班等方式，在各宗教团体、宗教场所大力宣传《条例》，并要求各级负责人把聚会讲经与宣传《条例》贯彻相结合。二是创新宣传方式，扩大覆盖面。在充分利用各场所开展宗教活动的有利时机，采取发放宣传资料、讲解咨询等形式，对信教群众进行《条例》宣传教育的同时，发挥广播、电视等媒体作用，以群众喜闻乐见的形式，对信教群众进行了多层次、全方位的宣传活动。3.加强了对宗教活动场所财务的监督管理。一是加强财务制度建设。按照《宗教事务条例》的规定，指导各宗教活动场所建立财务制度，包括会计、出纳岗位责任制度、财务收支审批、固定资产管理制度、功德箱“三把锁”管理和三人同时开箱清点制度，逐步实现了有章理事、按制度办事的要求。二是坚持财务收支公开。按照《宗教事务条例》有关规定，县民族宗教事务局定期不定期深入各宗教活动场所，督促各场所将财务收支情况采取张榜公布、召开会议反馈等形式向信教群众公开，接受信教群众的监督。三是加强财务监督管理。为切实推进全县宗教活动场所财务管理工作规范化和制度化，确保宗教活动场所平安、和谐、稳定，全县高度重视宗教活动场所财务监督管理工作，成立了宗教场所财务监督小组，定期对全县的宗教活动场所的财务状况进行检查监督与评比。同时，要求各宗教活动场所建立内部财务监督小组。4.全面开展宗教政策法规学习月活动。一是通过在各宗教活动场所悬挂横幅标语、制作学习宣传专栏、发放学习宣传资料等形式开展了宗教政策法规学习月宣传活动，将党的宗教政策和国家的法律法规宣传到每个宗教活动场所，努力营造“宗教政策法规学习月”活动氛围。在活动中，悬挂横幅标语130多条，制作学习宣传专栏12块，发放《宗教团体教规制度汇编》《宗教政策法规文件选编》等学习书籍80多册，散发有关民族宗教政策法规宣传资料400多份。二是通过举办座谈会、讲座和现场咨询等形式学习宗教政策法规，使党的宗教政策法规深入人心，为全县宗教工作营造良好的法治环境。

三是充分发挥宗教界在构建社会和谐、促进经济发展和文化繁荣中的积极作用，组织宗教界人士及信教群众认真学习宗教政策法规，教育他们遵守法律是每个公民的义务，引导他们运用法律手段保护自身合法权益。引导各宗教活动场所将宗教政策法规的学习宣传纳入到日常讲经讲道中，把学习宗教政策法规作为素质建设的重要内容，使“宗教政策法规学习月”活动成为长期学习、提升自身修养的一项重要内容。四是加强内部民主管理，对照有关政策法规和团体章程，认真查摆日常活动和内部管理方面存在的问题和不足，依法加强内部管理工作，真正做到既开展“宗教政策法规学习月”活动，又贯彻落实好“两个条例”，提升了宗教工作的科学化管理水平。5. 认真开展“和谐寺观教堂”创建活动。一是抓学习，促提高。组织宗教教职人员和场所管理人员认真学习、了解和掌握创建活动标准，努力提高开展创建活动的自觉性。二是抓基础，促安全。把场所安全作为一项经常性、基础性工作常抓不懈，对部分存在安全隐患的危旧房屋、殿堂进行加固维修，排除安全隐患。三是抓管理，促创建。把贯彻落实《宗教事务条例》和开展创建活动紧密联系起来，把讲经布道和《条例》的学习有机结合起来，促进创建活动扎实开展。四是抓教风，提素质。坚持爱国主义教育和科学文化教育，不断提高宗教教职人员的综合素质，使各宗教教职人员做到了遵纪守法，端正了教风教纪，确保团结稳定。五是抓排摸，促落实。安排各宗教活动场所围绕治安、消防、建筑、卫生、文物保护等方面存在的安全隐患和问题进行全面排查，对检查中发现的隐患和问题，及时协调有关单位加以解决。6.坚持我国宗教中国化方向，加强宗教界思想建设，开展“三学一做”主题教育，推进“四进”宗教活动场所活动，积极引导宗教与社会主义社会相适应。7.加强宗教工作“三支队伍”建设。通过举办宗教工作干部、教职人员和宗教团体负责人培训班，提高宗教工作干部、教职人员及宗教团体负责人依法管理宗教事务的能力和水平。继续抓好爱国宗教人士的政治培训工作，不断规范寺庙日常事务管理，坚持宗教人士学习例会制度，采取以会代训的形式，定期对宗教人士传达讲解党的民族宗教政策。重点对宗教人士进行爱国主义、社会主义、民主法制教育、防渗透教育和形势教育等。健全宗教人士培训档案，推进宗教人士管理，努力培养和造就一支政治上靠得住、学识上有造诣、品德上能服众的宗教队伍。

**【非公经济领域统一战线】**1.激发非公有制经济活力。县上从政策扶持、金融扶持、奖励扶持等方面对发展非公有制经济制定了优惠政策，营造有利于非公有制经济发展的政策、法治、市场和社会环境。建立了《渭源县县级领导干部联系商会工作制度》，确定了32名县级领导联系10个基层商会，进一步促进商会组织规范化建设。2.做好非公有制经济人士理想信念教育。把开展理想信念教育同推进非公有制企业法治文化和诚信文化建设相结合，教育广大非公有经济人士进一步树立守法诚信意识。同时，积极开展非公有制经济人士综合评价，为做好政治安排提供依据。3.开展“千企帮千村”精准扶贫行动。为了发挥全县非公企业在助推精准扶贫中的生力军作用，县上制定了“千企帮千村”活动实施方案，确定了109个村开展帮扶活动。各企业按照帮扶工作的要求，深入贫困村，帮助贫困村理思路、制规划、定措施，有力地促进了贫困村贫困户脱贫致富步伐。6月3日至6月6日，渭源县工商联邀请晋安区工商联代表团一行近20人来渭源考察，并开展对接洽谈，两地企业家就涉及各自领域具有投资意向的内容达成协议，并就产品订购、预购进行了现场广泛签约。晋安区政协主要领导代表晋安区爱心企业家向渭源县进行扶贫捐款“百企帮百村”基金30万元。5月16日，县委统战部主要领导带领渭源县非公经济人士一行十余人赴福州市晋安区统战部对接招商引资项目，与会期间，共有5对企业进行了现场签约。

**【港澳台海外统一战线】**1.广泛开展统战政策宣传。采取动态宣传与静态宣传相结合的方法，以集中学习和下基层辅导为载体抓了涉台及海外统战工作知识宣传，加深了对涉台及海外工作的理解和支持。2.积极开展交流交往。借助我县生态旅游品牌，依托马铃薯、中医药等特色优势产业，进一步扩大与深化两岸人员往来和经济、文化各领域交流合作，不断提升两地交流交往交融的层次和水平。7月8日兰恰会期间，省台办组织苏敏惠等19名台湾杰青会考察团赴渭源县莲峰镇绽坡村黄芪种植基地、渭源工业园进行了考察。3.多方争取外商援助。近年来，经省台办衔接，台湾慈济基金会为我县贫困学生和贫困群众捐助冬令物资等价值400多万元。4.欧美同学会助力渭源县北寨镇脱贫攻坚。在县委和统战部的积极争取下，欧美同学会助力帮扶北寨镇，种植业方面，投资50万元在村部、学校旧址改建中药材加工扶贫车间，养殖业方面，引进良种牛羊等养殖品种，为农户提供技术指导和培训。劳务方面，与欧美同学会对接、组织农户集团性劳务输出，增加务工收入；邀请名师培训，针对贫困户如何发展种植、养殖，以名师专家讲座形式不断加大培训力度。教育方面，组织全镇各年级教师，统一在县上参加欧美同学会组织的教师培训。医疗卫生方面，对卫生院现有医疗设施进行更新，提供一些医疗器械，邀请专业人员，对卫生院提供专业的技术指导和培训。精准帮扶对接，全镇建立一个专门负责与欧美同学会对接的工作站，镇上确定由专人负责，及时和欧美同学会沟通交流。由欧美同学会组织30多名留学生，精准帮扶小寨、前进、盐滩三村的30多户贫困户。

**【调查研究】**按照全市统战政策理论研究重点课题计划，根据全县统战工作实际，县委统战部拟定了33个调研课题，主要是全县统一战线面临的基本的、经常性课题。参与调研的统战系统各单位、个人根据实际情况，有针对性地选择一些课题研究，也可以按照工作中存在的重点、难点，出现的新情况、新问题自拟题目进行调研。调研结束后召开专题座谈会，提出许多具有建设性的意见、建议，为党委和政府决策提供依据，为全县经济发展和社会进步做出了贡献。党外知识分子先后提出各类意见、建议20多条，统战部以《渭源统战信息》形式上报县委、县政府和转交有关部门办理。先后撰写调研文章近5篇，其中1篇获得市委统战部统战政策理论调研成果奖。

## 政法综治维稳反邪教工作

**【维稳工作】**筑牢安全防线，预防“颜色革命”。按照《国家安全情况信息搜集提纲》要求，加强情报信息和侦查控制工作。积极开展国家安全人民防线组织建设，完成了16个乡镇和20个县直单位的更名工作，将原来的36个国家安全小组更名为国家安全人民防线建设小组。加强关注人员管控，推进反恐防恐工作。加大对反恐重点目标单位的检查力度。全力做好重要敏感节点期间维稳工作。在“两节”、全国“两会”期间，全面启动“五项机制”，严格落实24小时值班制度和涉稳、涉恐、涉暴情报信息，非正常上访信息“日研判零报告”制度。各乡镇、各有关重点单位调整充实应急值班力量，增加值班人数，确定专人收集、上报情报信息，做到报送时间、内容、处置“三规范”。对重点信访案件实行了三级领导包案责任制，落实了“五个一”方案（一个案件、一名领导、一套专班、一套方案、一包到底）。全国“两会”期间及其他重要时期和敏感节点全县未发生任何影响社会稳定案事件。

**【反邪教工作】**组织开展大调研行动。组织开展大排摸行动。为确保各个节点期间的安全稳定，县委防范办组织县公安局和相关乡镇对我县原登记在册的“法轮功”等其他邪教人员逐一进行了摸底核查。未发现有不良动机和参与诬告滥诉行为人员，未发生邪教组织和邪教人员活动案件。组织开展大培训行动。县委防范办在培训现场设置“甘肃省反邪教‘四合一’平台”二维码图，并安排专门时间让学员到“县反邪教警示教育基地”观摩学习，全县800多名科级干部全部接受了反邪教宣传教育。组织开展大攻坚行动。继续深化“亮剑”行动。积极开展了专项整治。制定了《渭源县实施全省反邪教新媒体六级矩阵建设试点工作方案》，健全完善全县反邪教“211”网宣阵地（县上“二合一”、乡镇一个平台、村级一个网宣阵地），构建“三纵”微矩阵；大力推行“互联网+政务+反邪教”模式，充分依托综治信息平台、政务发布和十大系统微媒体，构建“三横”微联盟；加强与上级平台对接，形成立体化、多回路、全覆盖的新媒体“六级矩阵”，最终实现互联互通，不断提升反邪教宣传影响力。组织开展“小手拉大手”行动。与教育局衔接，在各学校结合日常教学、主题班会、心理健康教育、艺术活动、家庭教育、社会实践开展“九个一活动”（即组织全校老师进行一次培训、组织一场文艺演出、开展一次主题讲座、观看一次反邪教宣传教育片、师生每人阅读一本反邪教书籍、组织一次反邪教志愿者社会实践活动、开展一次师生签名活动、给父母写一封反邪教告诫信、参观一次反邪教警示教育基地），大力开展反邪教宣传教育进校园活动，为创建无邪教校园打下坚实基础。组织开展“无邪教小区”创建行动。8月份，联合县住建局、国土局、房管所开展了一次“抵制邪教、阳光生活”为主题的无邪教示范小区网上评选活动，评选出了昌林小区和渭水润园两个无邪教阳光小区。组织开展新媒体宣传提升行动。依托现有的微信工作群和平安渭源微信公众平台、渭源阳光微信公众号等平台推送反邪教网宣信息和文章，加大反邪教网宣工作力度。借助省上“四合一”、市上“三合一”、提升县上“二合一”平台关注度，主要依托综治信息平台、电子商务平台、政务发布和公、检、法、司、工、青、妇等系统微媒体，加强网宣力量建设，扩大宣传教育覆盖面。开展基层阵地建设行动。各乡镇都按照“七有”标准建立了反邪教工作站或反邪教警示教育中心，有专人负责反邪教工作。依托清源镇城关村文化广场建成渭源县反邪教主题文化广场，让广大村民在文化娱乐的过程中也能学习到邪教知识，提高抵制邪教的能力。

**【化解矛盾纠纷】**责任明晰。按照“属地管理”原则，实行分级分层排查调处，由各乡镇党委、政府负总责，乡镇、村（社区）、社三级自下而上层层排查、梳理、筛选，逐级负责解决。落实“谁主管、谁负责”原则，由县直相关部门牵头，分行业、分系统、分领域进行排查调处。一般矛盾纠纷由村（社区）级专业性、行业性调解组织调处化解；突出矛盾纠纷由乡镇党委、政府统一协调，行业主管部门负责调处化解；单位内部矛盾由单位调解组织调处化解；涉法涉诉类矛盾纠纷由政法部门负责协调相关单位调处化解。深排细查。各乡镇、各部门、各单位将矛盾纠纷排查化解工作与精准扶贫精准脱贫工作相结合，与“七五”普法工作相结合，与“大走访、大排查、大讲习、大帮扶”相结合，健全矛盾纠纷等涉稳问题县、乡镇、村（社区）三级排查网络。将集中排查、日常排查、滚动排查相结合，做到重点人员逐个排查、重点区域拉网排查、重点时期反复排查。特别是加强了对农村精准扶贫精准脱贫领域内落实优惠政策方面、征地拆迁、项目建设、劳动社保、农民工工资及退伍军人安置、严重精神障碍患者管控等民生方面的矛盾纠纷排查。突出事要解决。对排查出来的矛盾纠纷等不稳定因素，严格落实了台账管理制度、分类化解稳控制度，严防矛盾升级、纠纷放大、不稳定因素转化为现实危害。对有现实危害的重点对象、重点群体、重点组织，严格落实“五个一”化解包保稳控机制，严防捣乱破坏。

**【信访工作】**高度重视信访秩序规范化建设，

进一步加大了对违法上访行为的处置力度。截至10月底，县信访局网上共登记录入群众来信来访131件，同比下降40.7%。其中，个体访101件121人次，占信访总量的77.1%，同比件数下降43.3%；集体访9件148人次，占信访总量的6.8%，同比件数下降50%。全县进京访2件，同比持平；赴省访12批58人，同比上升40%；去市访8批46人次，同比上升42.8%。

**【社会治安】**严格落实社会治安综合治理工作责任制。始终坚持问题导向，抓住"关键少数"，靠实领导责任，确保社会治安综合治理工作各项决策部署落实见效。一是凝聚共识。先后在县委常委会、政府常务会传达学习《甘肃省健全落实社会治安综合治理领导责任制实施办法》和《关于对社会治安问题突出的夏河县、渭源县、甘谷县实行挂牌督办的通知》等文件精神，进一步把全县领导干部思想统一到社会治安突出问题整改上来，增强工作责任感和紧迫感。制定了《渭源县健全落实社会治安综合治理领导责任制实施细则》，推动各乡镇各成员单位树立责任意识。二是严肃责任追究。县综治委对2017年发生酒吧纵火案的清源镇、发生校园命案的会川中学给予了限期整改3个月责任追究，县综治委主任对发生重大交通事故的祁家庙镇、发生酒吧纵火案的清源镇和发生校园内命案的会川镇主要负责人、综治办副主任，对负有监管职责的县公安局、县教体局主要领导分别进行了约谈。三是强化结果应用。我县将责任追究结果严格作为单位及个人评先受奖、职务晋升、考核评优的重要依据。对省级文明单位评选、征兵先进单位表彰等4类78个单位126名人员全部进行综治责任追究情况核查。

全面开展社会治安突出问题整改。根据省、市整治工作要求，结合我县实际，认真分析研究全县社会治安形势和现状，提出并安排了八个专项整治（命案综合防控侦破专项整治、文化娱乐场所专项整治、校园及周边环境专项整治、道路交通安全专项整治、消防安全隐患集中排查整治、小区物业管理专项整治、寄递物流专项整治、赌博专项整治），全面开展社会治安突出问题整改工作。

开展命案综合防控侦破专项整治。一是加大矛盾纠纷排查化解力度，减少因矛盾激化引发的命案。二是结合当前在开展的"一标三实"基础信息采集工作，对辖区各类人员开展集中排查，强化重点人员排查管控，防止漏管失控。三是各基层派出所采用定期巡查和不定期抽查相结合的方式加强对中小旅馆、娱乐场所、农贸市场、建筑工地以及城乡接合部等流动人口聚集部位的检查，强化重点部位安全防范，减少命案发生。四是利用民间传统花儿会、各地庙会、山会等重要集会深入各乡镇开展了声势浩大的法治宣传活动，大力推进法治宣传教育，从根本上预防和减少命案。共发命案1起、破1起，命案破案率100%。

开展娱乐场所专项整治。通过四项举措加大对娱乐场所的专项整治。一是靠实责任。与10家KTV、3家网吧签订治安责任书13份，消防责任书8份，全面靠实场所安全责任。二是强化宣传。为40家旅馆、10家KTV、3家网吧悬挂行业场所制度牌149个。三是组织培训。先后4次组织业主学习培训，共计参加培训122人次，提高了娱乐场所业主依法经营、安全隐患防范能力。四是开展检查。逐户、逐家进行突击检查、信息登记和核查，进一步摸清底数，加强场所治安管理。开展检查39次，下发整改通知书45份。对涉及食品的文化娱乐场所检查35家，下发责令整改通知书2份。

开展校园及周边环境专项整治。结合"平安校园"创建，完善校园安全工作机制，构建校园安全网络，加强"三防"建设，全面整治校园及周边环境。一是构建校园安全信息网络。建立学校、家长、教师QQ、微信群，有力保证了安全的快速传递。二是畅通群众举报渠道，全县313

所学校、幼儿园设置“校园安全保护区社会治安综合治理责任人公示牌”，向社会公布部门责任人信息及联系电话，方便群众举报。三是加强督促检查。教体局组成由班子成员分片包干的16个专项督查组对全县所有学校逐一进行了督查检查，下发整改责任书67份，目前已全部整改到位。四是强化“三防”建设，配备专职保安26名，兼职保安328人，在县城区建立护学岗2个，添置更换灭火器3540个，安装视频监控探头2953个。全县各类学校共计筹资32万多元，添置学校安保器具，配备钢叉224把、头盔140个、防刺手套103双、电击棍315把、强光手电227把、防护盾牌105个、防刺背心70个，安装报警器111个。五是坚持齐抓共管。逐步建立起了具有长效性、稳定性和约束力的平安校园建设机制，形成了齐抓校园及周边环境整治工作的格局。县公安局依法打击处置校园周边寻衅滋事治安案件8起；食药局检查学校食堂及周边餐饮单位216家，责令整改5家；综合执法局清理各类学校及幼儿园周边流动摊点400余处，清理超店外经营100余家，取缔占道经营120余处，规范车辆乱停乱放行为1600余起；团县委组织法制副校长深入各中小学校开展“禁毒一堂课”、校园安全等各类宣讲300余场次，受教学生2.2万余人次。

开展道路交通安全隐患专项整治。先后三次召开交安委会对道路交通安全工作进行安排部署，签订县乡村三级道路交通安全目标责任书、签订农户承诺书，建立起了县乡村户“四位一体”的责任体系。开展了交通安全常识进校园、进课堂活动；在电视、微信等媒体曝光了一批酒驾、醉驾、不礼让斑马线等交通违法行为；对排查出的249处有安全隐患的路段进行了限期督办。先后6次开展客货运企业安全检查，对检查出的8处安全隐患，已督促当场整改；对存在2次超员违法行为的5家客运企业进行了集中约谈，并处以3000元罚款。同时，加强农村道路管控，全面启动交通安全劝导站，在农村村口、县乡公路要道口、农村学校门前及周边道路严格落实了劝导和检查措施。截至10月底，全县共查处各类道路交通违法行为67937起，现场查处16232起，非现场处罚51705起。

加强消防安全隐患排查整治。全面深入抓好消防安全工作。与16个乡镇和22个消防安全委员会成员单位签订了目标责任书，与“九小”场所签订了消防安全告知（承诺）书2000多份，发放《消防安全责任制实施办法》读本60余册。对重点单位实行“户籍化”管理，全县39家重点单位已全部录入基础信息，建成重点单位微型消防站15个，辖区设有消防控制室单位16家，消防室持证上岗人员16名，社会单位安装独立式感烟火灾报警探测器80个，高层建筑和住宅建筑配备楼长40名，全面加强了我县消防基础设施建设。开展全国“两会”、“药博会”安保及夏季火灾防控、电动车火灾消防安全整治等专项活动，检查单位1154家次，发现并督促整改火灾隐患1895处，依法行政处罚单位24家、临时查封单位6家、责令三停单位10家。

开展小区物业管理专项整治。今年以来，我县进一步加大物业管理整治力度，规范物业服务企业行为。制定了《渭源县住宅小区物业管理专项整治实施方案》，并与21家物业服务企业签订了《物业服务企业消防安全责任状》。对全县13家物业服务企业管理的22个住宅小区物业管理情况进行了专项检查，排摸出小区监控设备未全覆盖、消防通道堵塞、安保巡查记录不详实等145条问题，针对排摸出的问题，给各物业服务企业下发了限期整改通知书，组织全县21家物业服务企业分期开展消防演练。同时，以老旧小区改造为切入点，安装74个可视对讲单元门，改善了老旧小区在物防、技防方面相对较差的面貌。

开展寄递物流行业专项整治。一是提升企业人员素质。今年8月，组织快递协会渭源县办事处4名工作人员组成代表队参加了全市快递知识竞赛，并荣获了团体一等奖。二是抓好安全检查。对全县寄递和邮政企业进行全面检查46次(家)，督查中发现存在视频监控无法查看、实名制登记不够详细、寄件地址不详细、灭火器过期等14项问题，目前12项已整改到位，2项正在整改。三是助力维稳安保。“药博会”前夕，深入全县10家快递企业及分支机构，59个快递末端网点进行实地检查，通过询问、查看档案、调阅监控等方式重点对收寄验视、实名收寄、过机安检“三个百分之百”制度落实情况进行了检查，确保进县寄递渠道的安全畅通，为“药博会”顺利召开营造良好的外部环境。

开展赌博专项整治行动。在赌博专项整治期间，通过对县城、乡镇电子游戏厅、网吧、旅馆、棋牌室等场所进行明察暗访，加大对赌博活动的排摸力度，摸清违法犯罪活动规律及窝点，确保实施精准打击。今年以来，我县通过线索举报查处2起聚众赌博案、1起利用赌博机组织众多人参与的开设赌场案件，缴获赌资83751元。共受理涉赌治安案件55起，查处违法行为141人，均依法给予治安处罚。整改工作取得显著成效。

**【铁路护路联防】**全县始终将平安铁路创建工作摆在突出位置，重点对铁路两侧五公里范围内的各类情况进行排查摸底，全力排查整治铁路沿线治安隐患。县护路办和沿线乡镇狠抓爱路护路宣传，利用集会、庙会、各类活动开展铁护安全常识宣讲，渭源铁路派出所互相配合在铁路沿线7所中小学开展爱护护路宣传进校园活动，通过“小手拉大手”，以点带面，整体推进，营造全社会重视铁路安全、主动维护铁路安全的良好氛围。

**【依法治县】**加强党委对依法治县工作的领导。县委常委会多次专题听取研究依法治县工作，及时出台了《中共渭源县委关于贯彻落实〈中共中央关于全面推进依法治国若干重大问题的决定〉全面推进依法治县的实施意见》，成立了由县委书记任组长的县委全面推进依法治县工作领导小组。制定了《渭源县人民政府法律专家咨询委员会工作规则》，组建了政府法律专家咨询委员会；建立了政府法律顾问工作制度，落实政府法制工作机构列席政府常务会议制度；制定了《渭源县重大决策专家咨询制度》，设立了专家咨询委员会，组建了由91人组成的重大决策咨询专家库，保证了重大行政决策合规合法。同时，严格按照《定西市规范性文件管理办法》和行政规范性文件“三统一”制度编制规范性文件，健全规范性文件制定、登记、备案、有效期、公布程序和监督检查制度，认真开展了对部门和乡镇制定出台的规范性文件的备案审查工作，严把规范性文件质量关。规范性文件报备率、报备及时率、报备规范率、审查合格率等五项指标均达到100%。创新行政管理方式，进一步转变政府职能。深入开展“两违”专项整治行动，对全县范围内的违法占地、违法建设行为，在摸清现状的基础上，分类采取罚款，责令停止建设、限期整改、限期自行拆除、依法强制拆除等措施进行整治。现场拆除“两违”行为43起，建筑（占地）面积8600多平方米；报请县政府强制拆除14起，建筑面积1695.93平方米。开展精准执法行动，进一步规范行政执法行为。一是强化执法培训。今年3月份，县综合执法局分四批次先后对全县16个乡镇综合执法所执法人员采取跟班学习的方法进行了执法培训，进一步提高各乡镇执法人员的执法水平和素质。二是清理执法证件。清理收缴行政执法证102本，新申请218人，确认行政执法证件854本，行政执法监督证21本。三是开展重大行政执法决定法制审核制度试点工作。成立了以县政府常务副县长为组长，政府办主任、法制办主任为副组长，编制、发改、财政、人社等部门为成员单位的领导小组。印发了《渭源县重大行政执法决定法制审核制度试点工作实施方案》，为重大行政执法法制审核工作提供了有力的保障。

规范行政复议，进一步促进行政权力监督。一是规范行政复议工作。建立和推行行政机关负责人直接审理行政复议案件制度和重大复杂案件集体讨论决定制度。严格按照《行政复议法实施条例》规定，由2名以上行政复议人员办理复议案件。今年共受理行政复议案件13件，办结9件，正在办理4件。二是依法积极应诉，配合人民法院有效化解行政争议。制定了《渭源县行政机关负责人出庭应诉制度》，明确规定"谁主管、谁负责、谁出庭"的原则，要求做到所有行政应诉案件负责人全部出庭应诉。今年，办理行政应诉案件71件，截止驳回起诉65件，判决驳回诉讼请求2件，正在审理4件。

**【司法体制改革】**县法院完成两批法官入额遴选工作，现有法官23人。对现有在编人员进行分类定岗，实现了85%以上的人员向办案一线集中。面向社会公开招录聘用制书记员26名。取消行政化的案件审批制，2017年以来合议庭直接签发裁判文书的案件数量占到案件总数98%以上。2017年至2018年10月，共受理执行案件2983件，执结2822件，执结率94.6%，执行到位标的额15600.7万元。通过执行网络查控系统，共冻结资金1822.5万元，查询到车辆38辆。截至2018年10月，通过中国庭审公开网直播庭审527次；推进裁判文书公开，在中国裁判文书网公开文书2594份；在中国执行信息网公开执行信息2983条。提请人大任命26名人民陪审员，陪审员数量扩大至78名。县检察院将原13个内设机构改设为"一室四部"5个内设机构，完成了13名员额检察官单独职务序列改革等级评定和晋升工作，共评定四级高级检察官5名，一级检察官5名，二级检察官1名，三级检察官2名；择优选升三级高级检察官2名，择优选升二级检察官2名。面向社会公开招聘聘用制书记员14名，入额院领导积极带头办理疑难复杂案件。截至10月份，入额检察官共办理各类案件283件，其中，检察长、副检察长、专职委员等院领导直接办理案件36件，均不低于人均办案5%、30%、40%的指标要求。县司法局为16个司法所均配备了社区服刑人员指纹签到仪和执法记录仪。

**【执法司法规范化建设】**深入开展案件评查工作。按照市委政法委《关于开展2018年全市案件专项评查工作的通知》要求，政法各部门组织对本系统2015年以来受理的重点案件进行了全面评查，共评查各类案件439件，其中县法院评查重点案件94件，县检察院经筛选无重点案件，共评查常规性案件320件，县公安局共评查重点案件13件，县司法局共评查案件12件。扎实开展执法规范化大检查。一是政法各部门对本系统内执法司法规范化工作进行了全面自查，并制定了相应的整改措施。二是开展了判处实刑罪犯未执行刑罚清理纠正专项活动和全面清理超期羁押专项活动，我县没有判处实刑未执行刑罚罪犯，也未发现超期羁押的在押人员。三是开展了政法机关服务经济发展优化营商环境自查工作。县法院立足审判、执行工作实际，围绕营造良好营商环境这一核心，全方位、多角度的做好法院审判、执行工作；县检察院以办案为中心加强对产权的司法保护，切实优化了营商环境；公安机关着力深化"放管服"工作，营造了一批优化营商环境、便民利民惠民的实际举措；县司法局充分发挥法治宣传教育工作职能，以"法律八进"活动为抓手，开展系列主题宣传活动，为全县营造了良好的营商环境。四是开展解决执行难问题监督检查。加强重点案件督办协调。今年，向政法部门下属督办通知事项2件。规范国家司法救助工作。加大国家司法救助资金使用监管力度，进一步规范救助流程，制作了《渭源县国家司法救助工作实务手册》，提高国家司法救助工作规范化水平。共申请到国家司法救助资金60.2万元，救助12案22人。其中，省级司法救助资金25.54万元，救助7案7人；中央司法救助资金34.66万元，救助5案15人。

**【队伍建设】**加强思想政治建设。以"两学一做”学习教育制度化常态化为契机，认真学习了党的十九大和十九届二中、三中全会、十九届中央纪委二次全会、省纪委十三届二次全会、市纪委四届三次全会及县纪委十四届第三次全体会议精神。举办了班子成员学习十九大报告谈体会、代表座谈会、学习贯彻党的十九大精神专题读书会、副科级以上干部参加了县上举办的学习贯彻十九大精神集中培训班。引导教育干部职工切实发挥表率引领作用，以身作则、率先垂范，带头学深学透，带头搞好宣讲，带头调查研究，带头抓好落实，切实用习近平新时代中国特色社会主义思想武装头脑。加大教育培训力度。积极组织开展轮训、网络培训、远程教育、实岗练兵、“一月一法一讲一测”等活动，实行专业化训练，重点加强业务、法律、党建、精准扶贫政策等知识培训，开阔思路视野、弥补知识弱项、能力不足、经验盲区，努力提升全县政法干部专业素养。县法院组织干警分批到国家法官学院、政法院校进行综合素质提升培训，累计培训62人次。县检察院坚持重点培训和全员培训相结合，组织参加各类培训。积极组织干警参加高检院、省院等各类业务、综合培训，开展岗位练兵、业务竞赛等，以此不断提升干警的业务水平和综合素质。县公安局以提高基层民警的业务素质和岗位技能为目标，有计划地组织教育训练工作，开展“轮值轮训、战训合一”培训班4期，累计培训民警271人；开展应急处突演练7次，累计14天。县司法局以法治建设为纲，将《宪法》学习宣传与学习宣传贯彻党的十九大精神相结合，积极推进机关“两学一做”学习教育常态化制度化。持续推进作风建设。严格执行中央和省市县委落实八项规定及实施细则精神，以钉钉子精神打好作风建设持久战，坚持纠正“四风”不止步。

**【规范化建设】**推进综治中心规范化建设。全县16个乡镇综治工作中心全部挂牌运行，80%的村（社区）综治工作中心已基本建成，整合完善了综治办事机构，进一步提高了办事效率。县综治视频会议室、乡镇便民服务信息平台及乡镇综治视频会议室全部正常使用；投入资金18万元为全县300名乡村网络信息员全部配齐了综治E通手持终端，并组织开展轮流培训，进一步提高了“两微一端”的建设水平。充分运用“平安渭源”微信公众平台等网络媒介推送工作动态，为社会治安综合治理工作营造了良好的氛围。启动“雪亮工程”试点建设。“雪亮工程”建设按照“先行试点，全面铺开”的建设思路，先行确定会川镇为“雪亮工程”试点乡镇。锹峪镇结合“智慧锹峪”建设，建成了覆盖乡镇街道全境的监控体系。庆坪镇积极开展“小技防”工程建设。加强群防群治队伍建设。为打造共建共治共享的社会治理新格局，全县组建了以243名以村级治保会主任、交巡警等为主要成员的专职群防群治队伍，落实联防队员补助经费29.16万元。各乡镇也相应组建了兼职群防群治队伍，开展社会治安综合治理工作。

## 机构编制工作

**【党政机构改革和重要领域改革】**一是加强领导，靠实责任。成立了县委书记任组长的机构改革领导小组，领导小组下设办公室，由组织部部长担任办公室主任。根据改革不同阶段任务，成立了综合协调组、干部人事组和机构改革组3个专题工作组，进一步靠实了工作责任。二是积极开展调研，稳步推进前期工作。县编办成立了两个调研组，重点围绕机构职责履行、“三定”规定执行、编制使用效率、执行机构编制纪律等情况开展了全面调研，摸清了底数。重点对2008年以后成立的副科级以上机构和挂牌机构、议事协调机构核定领导职数进行清理清查，对设置不规范的机构和核定的领导职数将统筹考虑，在机构改革中进行清理规范。提前着手涉改部门“三定”规定报送和审核工作，对现有工作人员进行了分组，明确了审核要点，建立分工负责的工作机制。三是加强沟通请示，科学形成改革方案。参照中央、省改革方案及《甘肃省关于市县机构改革的总体意见》，结合我县实际，形成了全县机构改革初步方案，并经县机构改革领导小组会议、县常委会议审议，省、市多次沟通修改，《渭源县机构改革方案》已基本确定，待省市批复后组织实施。四是严格工作纪律。制定了《渭源县机构改革“七不准”保密制度》，和工作人员签订了保密承诺书。强化监督检查，不定期对各单位执行机构编制纪律、组织人事纪律、保密纪律等情况进行监督检查，发现问题，及时整改，确保各项工作有序进行。五是加强重点领域改革。完成了监委和县委巡查机构的设置，为监委划转了7名行政编制，为巡查机构调剂解决了6名编制。加强了保密队伍建设，为保密机构核定了专项编制。撤销了园林绿化局和环卫中心，组建了市政管理服务中心，加大了机构整合力度。配合完成全县车改单位审定工作，按照公务用车核定情况重新核定了全县机关工勤编制。

**【承担行政职能事业单位改革】**一是按照市编办年初调研提出的要求，县编办成立了调研组，对全县事业单位分类情况进行了一次“回头看”，初步确定生产经营类的事业单位5个，即县黄香沟牧场、给排水公司、污水处理厂、房产开发公司、律师事务所。县上召开专门会议，对做好从事生产经营活动事业单位改革工作进行了部署安排，制定了《关于全县从事生产经营活动事业单位改革的实施意见（征求意见稿）》，按照“先易后难、梯次推进”的原则，分别制定转企、撤销、扎口管理等不同改革路径，合理确定改革进度。二是以促进公益事业发展为目的，以深化体制机制改革为核心，以落实事业单位法人自主权和加强事业单位监管为重点，在县实验小学、五竹卫生院积极推进事业单位法人治理结构建设试点，探索建立事业单位法人治理结构，为建立功能明确、治理完善、运行高效、监管有力的事业单位管理体制和运行机制奠定基础。三是结合全县机构编制实名制系统数据的更新维护，进一步核实了中小学教职工编制。四是顺利完成2018年度事业单位法人公示信息抽查工作，共抽查事业单位15个。圆满完成了2017年事业单位法人年度报告公示工作。完成年度报告公示437个，完成率100%，合格率为100%。五是按照中央、省、市编办关于机关、群团统一社会信用代码赋码工作的通知精神，对党政群机关统一社会信用代码赋码资料和档案运用纸质和电子两种方式进行整理归纳，实施统一管理，先后共变更统一社会信用代码证书信息23个单位，其中机关22个（其中初领2个）、群团2个，注销垂直机关1个。六是积极推进承担行政职能事业单位改革工作。组织召开了全县承担行政职能事业单位改革专题培训会议，对全县除中小学校、医院外的210个事业单位进行了全面排查梳理，最终确定全县纳入改革单位110个，拟定《渭源县承担行政职能改革方案》，待省市批复后组织实施。

**【行政审批制度改革】**坚持简政放权，继续深化行政审批制度改革。一是以“放管服”改革突破年活动为契机，在全县深入开展“四办”改革，制定印发了《渭源县推行“一窗办一网办简化办马上办”改革实施方案》，明确了“四办”改革总体要求、实施步骤和重点任务，进一步推动行政审批制度改革。二是全面梳理发布政务服务事项和“最多跑一次”“不见面”办事事项。公布县乡村三级政务服务事项838项。公布县乡村级“最多跑一次”“不见面” 办事事项723项。“最多跑一次”“不见面” 办事事项占政务服务事项的86.28%，进一步规范了事项管理，方便群众办事。三是狠抓以“五减”为重点的政务服务事项标准化工作，要求县直各部门单位坚决按照“五减”和“四个一律取消”的要求，依法科学合理减少申请材料，坚决砍掉各类烦琐无用的证明和手续，推进办事流程简化，提高办事效率。县直各部门、单位事项办理时间减少1760个工作日，减少各类材料181项，减少各类环节66项。四是坚持权责清单动态调整制度。进一步规范县政府部门权责清单，实行动态管理。针对各单位业务人员更换频繁，对网上权责清单调整业务不熟悉问题，5月、11月县审改办业务人员、软件公司工程师对调整事项在甘肃政务服务网渭源子站取消、调整、加载等网上操作进行专门培训。6月、11月，按照省许可事项《通用目录》、《县级政务服务事项指导目录》，组织有行政权力事项的县直部门单位对甘肃政务服务网渭源子站权责清单进行了动态调整，有效保证了网上行权的统一性。五是推进“四办”改革向基层延伸。推进“四办”改革向基层延伸。制定印发《源县乡（镇）村（社区）政务服务体系规范化建设工作方案》，在优化调整县级政务服务大厅的同时，整合16个乡镇217个村和3个社区现有资源，增设办事窗口、优化窗口布局、明晰办理事项、公布办事流程，切实畅通服务群众“最后一公里”。

**【电子政务建设】**一是积极衔接财政部门争取电子编制管理证专项经费10.4万元，加强了硬件设施，确保了电子编制管理证按时运行。二是在电子编制管理证办理过程中，对单位信息和人员信息进行了核对、补充和更改，将兼职人员按政策在机构编制实名制系统中进行统一管理，按照“职务就高不就低”的原则将兼职人员统一管理，争取消化行政超编；将事业人员、参管人员各类项目人员准确分类，争取消化事业超编。全县各单位、各乡镇电子编制管理证办理全面完成，进一步提高了实名制系统信息的时效性和准确性，也为编委成员单位信息共享提供了准确的信息。

**【机构编制管理】**一是健全编委会议决策机制。认真贯彻落实《地方各级人民政府机构设置和编制管理条例》和《甘肃省机构编制管理办法》等法律法规，始终坚持机构编制部门一个部门承办、编委主任一支笔审批、编制部门一家行文的“三个一”审批制度。严格专题请示报告制度。进一步加强机构审核，严格审查机构设立、变更的依据，加大机构履行职责的监督检查，消除无办公场所、无工作人员、无履行职责的“空壳”机构，在机构设置方面始终坚持做到了撤一建一、撤二建一和多撤少建。严格机构审批权限，对副科级以上单位的设立、调整事项，均提交编委会议、政府常务会议、县委常委会议研究后，报请市编委审批。二是深入推进机构编制协调配合机制。印发《渭源县机构编制管理协调配合机制运行办法》，明确了纪检、组织、编制、人社、财政等部门在机构编制管理方面的职责，将协调配合机制制度化。建立了编办、人社、财政三部门工资联审制度，形成了综合约束机制，夯实了全县干部职工底数。建立了编委联席会议制度，不定期召开联席会议，研究讨论机构编制工作的重大问题、重要事项和重点工作。三是加强人员出入编审核制度。坚持“核编在先，进人在后”、“超编单位只出不进，满编单位先出后进，缺编单位按需进人”的原则，在单位新进人员招考、人员调动、领导配备方面，都先由编制部门审核编制和领导职数，最后才由相关部门办理人员调动和核拨经费，规范了新进人员入编程序。规范和加强了干部管理，制定出台了《渭源县乡镇事业单位管理暂行办法》、《渭源县机关事业单位工作人员调动管理暂行办法》，进一步加强了人员管理，下大力解决人员混编混岗问题。通过严把人员进口关、坚持到龄即退、鼓励提前退休等措施，进一步加大了超编人员尤其是超配领导的消化力度。四是继续强化机构编制管理。认真贯彻执行《中共中央办公厅国务院办公厅关于严格控制机构编制的通知》和“两个只减不增”的要求，严格按照“控制总量，盘活存量，优化结构，有减有增”的原则，将全县各类编制始终控制在省市下达的编制总盘子内。进一步规范编制使用，严格做到了行政、事业编制不混用，全额、差额编制不混用，县、乡编制不混用，做到了专项编制专用。在严格控制编制总量不变的情况下，根据单位职能调整和实有人员变动情况对单位编制及时进行调剂，做到了机构编制动态管理。五是加强控编减编工作，加大超编人员消化力度。制定了《渭源县机关事业单位控编减编工作方案（2018—2022）》，突出“五个一批”消化超编人员，加大超编人员消化力度，今年消化超编205人。六是探索开展机构运行和人员编制变动情况定期分析研判工作。贯彻《渭源县机关事业单位机构运行和人员编制变动情况定期研判制度》，定期组织组织部、人社局、财政局分管领导和业务人员召开分析研判会，分析全县机构编制管理和控编减编工作现状、存在问题及今后工作努力的方向，为全县决策提供科学依据。

**【自身建设】**一是加强理论学习，强化思想政治建设。认真学习贯彻党的十九大和十九届二中、三中全会精神，以及《中共中央关于深化党和国家机构改革的决定》《深化党和国家机构改革方案》《甘肃省机构改革方案》等文件精神，进一步提高了干部职工对机构编制工作重要性的认识，切实把思想和行动统一到了党的十九大精神上来。二是切实落实从严治党责任。严格落实“三会一课”、民主生活会、组织生活会、谈心谈话、民主评议党员等基本组织制度。进一步发挥好党小组在党员日常教育管理中的作用，开好党小组会、规范党小组活动。健全支委会、室务会议事决策制度，认真执行民主集中制、完善议事规则和决策程序。三是加强机关工作作风。以“转变作风改善发展环境建设年”活动为契机，按照“四办”改革要求，强化查找问题整改，简化办事环节，优化业务流程，转变工作作风。扎实推进脱贫攻坚行动向纵深发展，认真落实“一户一册”帮扶计划，进一步提高帮扶实效，切实做好帮扶村的脱贫攻坚工作。四是深入开展调查研究。加强对党和国家机构改革、机构编制管理工作“热点”、“难点”问题，行政审批制度改革、生产经营性事业单位转企改制等问题的调查研究。建立“渭源县编办”微信公众号，加强信息宣传报道。五是建立长效机制。对“三会一课”、民主生活会、组织生活会、主题党日等10项党支部制度和公文管理、财务管理、绩效考核、派出驻村帮扶工作队员管理等6项工作制度进行全面修订完善，形成了《县编办制度汇编》，规范了内部管理、运行监督等机制，切实转变了工作作风，提高了党员干部工作效率。

## 县直机关工委工作

**【概况】**县直机关工委下设2个党委，12个总支，85个党支部。共有党员1292名，其中在职党员1195名，离退休党员97名；预备党员30名，占党员总数的2.32%；女党员319名，占党员总数的24.7%；少数民族党员11名，占党员总数的0.85%；35岁及以下的党员385名，占党员总数的22%；大专以上学历党员1205名，占党员总数的93.26%。

**【思想政治建设】**一是着力推动“两个坚决维护”落到实处。严格落实《中共中央政治局关于加强和维护党中央集中统一领导的若干规定》精神，坚决维护习近平总书记在党中央和全党的核心地位、坚决维护以习近平同志为核心的党中央权威和集中统一领导。教育引导党员干部严格遵守政治纪律、政治规矩，树牢“四个意识”，坚定“四个自信”，坚决在政治立场、政治方向、政治原则、政治道路上同以习近平同志为核心的党中央保持高度一致，在贯彻执行中央和省、市、县委重大决策部署上绝不打折扣、绝不做选择、绝不搞变通。二是持续抓好党的十九大精神的学习宣传。机关各党组织采取理论学习、系列报告会、专题宣讲、培训辅导讲座、开辟网站专栏等多种形式，精心组织开展学习宣传十九大精神“三讲活动”，即：邀请县四大班子领导和县委宣讲团第一宣讲组进机关讲，县直机关党组织书记在机关带头讲，驻村帮扶工作队员和帮扶干部深入村社农户家讲，力求把十九大精神学深学透，落实到实际行动。并与县委宣传部、县委组织部、县文明办、共青团渭源县委联合举办渭源县“不忘初心跟党走 青春建功新时代”学习宣传贯彻党的十九大精神演讲暨微拍活动。全年共计开展十九大精神专题宣讲236场次，拍摄微视频64条。三是继续推动“两学一做”学习教育常态化制度化。机关各党组织把推进“两学一做”学习教育常态化制度化作为全面从严治党的战略性、基础性工程来抓，继续深入抓好“学党章党规、学系列讲话、做合格党员”学习教育，把新《党章》、《中国共产党廉洁自律准则》、《中国共产党纪律处分条例》、《习近平治国理政第二卷》，习近平总书记系列讲话精神以及省市县委主要文件及领导讲话列入学习的内容，以《〈关于新形势下党内政治生活的若干准则〉〈中国共产党党内监督条例〉辅导读本》（人民出版社）为必学书目，在学习思考、实践感悟上走在前列，做好表率，引导机关广大党员干部自觉按照党章标准做合格党员，形成“两学一做”学习教育的长效机制，让常态化制度化的学习教育成为强基固本、锤炼党性、抓好党建的有力支撑。各党组织负责人带头开展学习教育，确保学习教育全覆盖，坚决消除个别党组织和党员领导干部学习教育、党内生活“灯下黑”现象。坚持每周半日（1学时）集中学习制度化，机关党组织领导班子成员全年参加集中学习时间不少于48学时；机关党员集中学习每月不少于4次，每年集中学习时间不少于40学时。改进党支部学习方法，建立健全机关党员学习教育培训学分考评制度，推行学习笔记“一本通”和党支部书记审签制度，推动学习计划、学习内容、主讲人员、学习签到、效果评价“五落实”。

**【主题党性实践活动】**一是组织机关党员开展“党性体检”活动。机关各党支部严格按照县委组织部《关于在全县各级党组织开展党员“党性体检”活动的实施意见》（渭组发〔2018〕35号）精神，认真对机关党员进行“党性体检”，及时掌握每一位党员的“党性健康”状况，紧紧围绕“政治思想坚定，始终坚定维护以习近平同志为核心的党中央权威和集中统一领导；遵纪守法，廉洁自律，坚决抵制各类违法违纪行为；按要求参加“三会一课”、“主题党日+”等各项活动；按时足额缴纳党费；带头贯彻执行党组织各项决策部署，不唱反调；作风正派，诚实守信，注重团结；不组织、参与封建迷信、聚众赌博等活动，不参与邪教活动，带头抵制各种不文明行为”等共性指标和“密切联系群众，切实服务群众，态度热情，公道正派，不滥用职权；作风务实，工作实绩好，勤学善思，钻研业务；大局意识强，带头支持全县中心工作，并做好亲朋好友的思想工作”等个性指标严格按照文件规定的5项流程开展体检活动并充分运用体检结果。二是推进“互联网+党建”工作。机关各党组织按照县委组织部《关于全县各级党组织积极推进“互联网+党建”工作的实施意见》（渭组发〔2018〕36号）精神，扎实推进“互联网+党建”工作，通过甘肃党员教育智慧云平台、“网络党支部”、微信公众号等多种载体和方式，建设覆盖全县机关的“互联网+党建”工作体系，打造全县网络党建矩阵集群，以党支部为基本单位，实名建立“网络党支部”，机关全体党员均以实名制注册成为“网络党支部”成员，支部书记担任管理员。利用互联网即时通讯功能，在网上推送学习资料、开展“主题党日+”活动、进行党员日常管理、吸引党员参加活动，确保“网络党支部”发挥作用。三是组织开展党员过“政治生日”活动。机关各党支部按照县委组织部《关于在全县各级党组织开展党员过“政治生日”活动的实施意见》（渭组发〔2018〕37号）精神，通过开展党员过“政治生日”活动，让党员常思“当初入党为什么、如今在党做什么、今后为党留什么”，使每名党员回忆入党初心，牢记党员身份。各党支部将党员“政治生日”活动纳入党员日常教育管理工作，作为“两学一做”学习教育常态化制度化的重要载体，与党员教育管理有机结合。四是组织开展“主题党日+”活动。机关各党支部按照县委组织部《关于在全县各级党组织开展“主题党日+”活动严肃党内组织生活的实施意见》（渭组发〔2018〕40号）精神，开展“主题党日+”活动。各支部统一将每月5日、15日和25日任选一天作为“主题党日”（遇节假日顺延），支部组织全体党员参加“主题党日+”活动。每次主题党日，各党支部在完成规定动作基础上，结合当前县委、县政府安排的重点工作和单位工作实际，选择一个主题，从文件规定的12个方面确定创新延伸活动内容，开展“主题党日+”活动，严肃党内组织生活。

**【党支部建设标准化】**一是注重总体谋划，靠实主体责任。县直机关工委高度重视，落实领导责任，及时成立了机关党支部建设标准化工作领导小组，制定印发了《县直机关开展党支部建设标准化工作推进方案》，对照《甘肃省党和国家机关（国企）党支部建设标准化手册》规定的六大类27项标准，制定了县直机关开展党支部建设标准化工作推进方案，修订了完善了《渭源县机关党支部建设标准化工作“1账5类18簿”台账目录（试行）》，规范了“三会一课”、主题党日、组织生活会及民主评议党员等各项工作，细化工作措施。机关各党组织也分别成立了由党支部书记任组长，分管副书记或组织委员任副组长的党支部建设标准化工作领导小组，每月开展一次协调指导调度工作，进一步压实了工作责任。二是强化培训指导，提升业务水平。县直机关工委认真组织工委干部学习《甘肃省党和国家机关（国企）党支部建设标准化手册》，要求机关工委干部成为推进机关党建工作的行家能手。同时积极主动谋划，于6月15日召开县直机关党支部建设标准化推进会，第一时间对全县机关党支部书记进行培训，增强了党组织书记履行抓党建第一责任人”职责的意识。之后，分别于6月23日、7月18日、8月7日、12月4日高密度集中对机关党务干部进行全员培训，培训严格按照省委组织部统一印制的党支部建设标准化手册，讲理念、明目标、交任务、教方法，力争让每一名机关党组织书记和党员干部都明白标准化是什么，具体抓什么、怎么抓，习惯用标准来衡量、推动工作，为做好对标达标工作打好基础。三是建立台账，有序对标争创。县直机关工委要求机关各党支部对照《县直机关开展党支部建设标准化工作推进方案》广泛开展自查，按时完成摸底自查工作。在此基础上，填报《党支部建设标准化已达标和未达标台账自查表》，建立标准化建设已达标和未达标党支部台账。同时，紧扣时间节点，推进对标整改工作，从7月份开始，机关各党支部全面进入对标整改争创阶段。四是强化检查指导，保障创建质量。县直机关工委加强检查指导力度，组织专门力量先后对所属85个党支部进行检查指导3次。7月份，结合半年考核，县直机关工委利用一个月的时间，采取查阅资料、实际查看、现场反馈等方式，对全县党建重点任务落实情况及党支部建设标准化工作推进情况、“三会一课”、“主题党日+”活动、政治生日、党性体检、发展党员、民主评议等党内生活制度落实情况进行详细的督查指导，指出了在实际工作中存在的问题，要求加强整改落实推动工作任务的落实；11月份，县直机关工委组织力量对县委办、县政府办、县委宣传部、县司法局等20个县直机关党支部开展了党建专项督促检查。督查工作坚持问题导向，采取查阅资料、现场查看、听取汇报、当场反馈等方式进行，重点突出对落实各项工作的会议记录、学习笔记、工作台账等方面的深入检查，并对每个被检查的党支部列出问题清单要求立即进行整改。12月6日开始，县直机关工委抽调人员与县委组织部联合，成立10个督查考核组，对县直85个机关党支部建设标准化工作进行了全面考核验收。针对各党支部建设标准化工作中存在的问题，认真分析研判，查实找准原因根源，列出问题清单、任务清单、责任清单，建立整改台账，强化行之有效的整改措施，全面对标整改提升。

**【基层组织建设】**一是开展示范创建和典型培育。机关各党支部在标准化建设中坚持示范创建、品牌培育齐推并进，采取“典型带动、规范提高、分类指导、整体推进”的方法，围绕破解党建工作和业务工作“两张皮”等普遍问题，创建“可信过得硬、可学能推广、示范带动作用突出”的示范点和“机关领先、全县一流”的机关党建品牌，在推动支部标准化建设与各项业务工作深度融合中彰显机关党建工作活力。2018年创建机关党建示范点12个，培育党建工作品牌3个。二是开展优秀党课讲稿及心得体会文章评选交流活动。为推进“两学一做”学习教育深入开展，县直机关工委在机关各党组织中开展党组织书记优质党课讲稿、党务干部优秀心得体会文章集中评选活动，对征集的机关党组织书记党课讲稿83篇，机关党务干部心得体会文章83篇，聘请了县委办、县纪委监委、县委组织部、县委宣传部、县妇联等单位专业人员组成评审组进行集中评审，评选出了50篇优质党课讲稿，50篇优秀心得体会文章，对优质党课讲稿和优秀心得体会文章的作者给予表彰奖励，并分别汇编成册，印发县直各机关党组织进行学习交流。三是强化软弱涣散党组织整顿提升工作。根据县委组织部《关于扎实做好2018年度软弱涣散基层党组织整顿工作的通知》（渭组明电〔2018〕12号）要求，强化软弱涣散党组织整顿提升工作。扎实排摸，做到“对象精准”，按照问题导向和“五个好”的要求，对县直机关党组织进行全面摸底并结合上年度党建目标责任考核情况，最终确定县交通运输局、县地震局、五竹林场、县新华书店等党支部作为机关软弱涣散党组织，上报县委组织部备案；加强领导，做到“责任精准”，推行领导班子成员联系软弱涣散党组织制度，指导4个软弱涣散党组织分别成立由支部主要负责人任组长的软弱涣散党组织整顿提升工作领导小组；制定方案，做到“问题精准”，在广泛深入调查研究的基础上，4个软弱涣散党组织分别制定了切实可行的整顿提升工作方案，建立了工作台账，明确具体问题的整顿措施和完成时限；严格督导，做到“措施精准”，县直机关工委定期召开分析会议，指导各软弱涣散党组织制定具体的整改措施，实施全程督查指导；考核验收，做到“效果精准”，通过集中整顿提升，各党组织的总体面貌发生了积极变化，服务大局意识明显增强，党组织作用明显发挥，党员队伍素质明显提升，班子建设明显加强，突出问题得到有效整治。10月份，县直机关工委对4个软弱涣散党组织进行了全面考核验收。四是加强党员管理和发展工作。机关各党组织坚持“严”字当头，从严管理党员，结合加强党组织关系定期排摸和党员动态管理，对变换工作岗位和离退休的361名党员，督促其及时接转组织关系，杜绝了机关党员管理中长期失联、口袋游离、关系挂空等非正常的现象。认真贯彻《中国共产党发展党员工作实施细则》，根据县委组织部对发展党员工作的要求，印发了《关于进一步规范发展党员相关工作的通知》，按照“控制总量、优化结构、提高质量、发挥作用”的总要求，坚持标准，严格程序，严肃纪律，严把培养、培训、预审、考察、谈话、转正“六个关口”，落实发展党员“公示制”、“票决制”和“责任追究制”，确保发展党员质量。2018年共讨论接收预备党员12名，预备党员转为正式党员28名，讨论新确定入党积极分子18名。五是加强党费收缴管理。结合支部建设标准化，县直机关工委严格按照《渭源县机关党员党费收缴管理办法》，对党费收缴工作进行规范，建立了机关党费“年初审核、按月缴纳、按季上解、半年核查、随机抽查”制度。以元月份党员干部职工工资表为基础，以工资总额中相对固定的、经常性的工资收入（税后）为计算基数，对各支部党员应交纳党费进行集中审核，党费收缴做到台账、票据、党员手册、党员花名册“四对口”。对县直机关2个党委、12个党总支、85个党支部的1292名党员党费收缴标准进行全面审核收缴，全年向县委组织党费专户上解党费429000元，手续费30元。六是加强党建信息报送工作。为了及时、准确、全面的宣传县直机关党建工作情况和经验，加强党建信息报送工作，县直机关工委印发了《县直机关党建信息考核奖惩办法》，对县直机关信息报送工作进行规范，要求机关各党支部每月1条高质量的党建信息，每两周1条微信信息，县直机关工委每周向县委组织部报送1条党建信息，每天1条微信信息。县直机关工委上报信息32条，微信信息35条。其中，渭源党建网采用16条，定西党建网采用3条，陇原先锋采用1条，省直机关党建网采用5条。

【作风建设年活动】一是提高政治站位，及时安排部署。4月24日，县委召开全县推动全面从严治党向纵深发展暨“转变作风改善发展环境建设年”活动推进（视频）会议，全县作风建设年活动正式启动。5月10日县委第38次常委会上专题研究部署深入开展作风建设年活动，审议通过全县作风建设年活动实施方案，成立了由县委书记吉秀，县委副书记、县长蔺红军任组长，县委、县政府领导，县人大常委会、县政协分管领导为副组长，各部门各单位主要负责人为组员的活动领导小组，并下设领导小组办公室，辖综合协调、督促检查、执纪问责、考核评价、宣传报道五个工作组。明确作风建设年活动分为谋划部署、问题查摆整改、考评总结三个阶段开展，详细分解各阶段工作任务和目标。并根据工作实际需求抽调工作人员3名、拨付工作经费8万元，为工作开展提供了有力的保障。二是坚持问题导向，从准从实查找问题。全县各乡镇各单位采取“班子议”“领导点”“自己找”“主动问”“相互帮”“群众提”等方式，广范围、多角度征求意见建议、认真查找问题，真正做到找准风险点。各乡镇各部门各单位共梳理出班子问题1469条。其中责任落实方面274条，素质提升方面279条，履职尽责方面257条，形式主义方面224条，“放管服”改革方面215条，工作落实方面220条。共梳理出班子成员问题1776条。其中责任落实方面378条，素质提升方面330条，履职尽责方面289条，形式主义方面270条，“放管服”改革方面253条，工作落实方面256条。三是建立整改台账，动真碰硬整改落实。各乡镇各部门各单位以转变工作作风改善发展环境，不断提升群众的获得感、满意度为目标，认真归纳梳理征求到的意见建议和查摆出的问题，列出问题清单，建立整改台账，紧盯突出问题，制定出翔实、符合实际的整改措施，明确责任领导、责任部门、责任人及整改完成时限，即知即改、边查边改、挂牌销号。截至目前，各乡镇各部门各单位查摆的问题中已完成整改1071条，其余问题正在整改。四是强化工作措施，加强督查问责。县转改办于6月12日至6月19日，在全县范围内进行了为期五天的作风建设年活动专项督查工作；于7月中旬至8月中旬利用一个月时间，对全县108个乡镇、部门、单位、企业、学校、卫生院进行实地督查。持续加大对违反中央八项规定精神、扶贫领域腐败和作风问题、脱贫攻坚责任落实不力方面以及其他纪律作风和违纪违法方面问题的通报曝光力度，截至目前，已通报16期61起148人。五是深化“放管服”改革，优化营商环境。为确保“放管服”各项工作举措落到实处，县上成立了深化“放管服”改革推进政府职能转变领导小组，下设七个专项工作组，并按照省市“放管服”改革要求，制定了全县“放管服”改革工作、责任、督查、改革四个方案，对任务细化分解，明确时间节点，层层压实责任，靠实了改革牵头单位和配合单位的工作职责，形成工作合力。县上将“放管服”改革工作作为优化营商环境的切入点和突破口，紧紧围绕“为激发有效投资拓空间、为公平营商创条件、为群众办事增便利”的目标，目前各项改革工作稳步推进，“七项改革”初见成效。加大放权力度方面，审批效能不断提升、商事制度改革便民利企、行政权力不断瘦身、职业资格改革落地见效；健全管理制度方面，切实加强事中事后监管、不断完善信用监管体系、扎实推进综合执法体制改革。提升服务水平方面，政务服务实现规范化、持续推进“三集中三到位”改革、切实加快推进互联网+政务服务。六是开展网上评议，推进作风转变。县转改办严格按照省市转改办要求，认真组织全县各乡镇、各部门各单位积极参加省市转变作风改善发展环境建设年活动网上社会评议工作。同时，在渭源县党政网开设“作风建设年活动网上评议”专栏，11月15日至12月15日期间，对全县16个乡镇，126个县直党群部门、县政府工作部门及直属机构、公共服务行业等单位开展作风建设年活动满意度情况开展网上社会评议，评议采取无记名形式，社会各界人士重点聚焦“六个方面”的问题开展评议。各乡镇、各部门各单位网上社会评议得分，将按一定权重计入全县作风建设年活动考核评议结果。对网上征集到的各方面意见建议，县转改办将认真分析、归纳梳理、研究办理，为进一步加强作风建设优化营商环境提供科学翔实依据。

**【党风廉政建设】**一是深化机关党员党风廉政教育。县直机关工委认真贯彻落实县纪委监委相关会议精神，把党风廉政建设主体责任的落实作为加强和改进机关党建工作的重要抓手，落实党风廉政主体责任。组织党员学习贯彻《中国共产党廉洁自律准则》和《中国共产党纪律处分条例》，开展学习《准则》及《条例》知识答题活动，教育党员自觉用准则和条例规范言行，真正搞清楚该做什么、不该做什么，能做什么、不能做什么，做到守底线、知敬畏。加强机关廉政文化建设，开展多种形式的党性党风党纪教育，定期开展警示教育，筑牢拒腐防变的思想道德防线，不断聚合向善向上的正能量。二是以组织开好“两个会议”推动主体责任的落实。按照县委统一安排部署，县直机关工委领导班子紧紧围绕“不讲政治不守规矩、党性观念缺失、违反中央八项规定的精神、违反原则选人用人、违反廉洁纪律、脱离实际脱离群众、坐而论道落实不力”王三运流毒和影响的七个方面查找领导班子及班子成员自身存在的问题和不足，组织召开以肃清王三运流毒和影响为主题的民主生活会，切实提高机关党员干部拒腐防变的能力和增强机关党员干部的遵守六大纪律的意识。对照学习贯彻习近平新时代中国特色社会主义思想、认真执行党中央决策部署、对党忠诚老实、担当负责、纠正“四风”不止步、严格执行廉洁自律准则等6个方面要求认真查摆问题，查摆的问题要触及思想、触及灵魂，开好县直机关工委2017年度党和国家机关党员领导干部民主生活会，教育引导干部职工立德慎言，防微杜渐，自觉抵制各种不正之风，干干净净做事，清清白白做人。三是以“三重一大”推动主体责任落实。按照“好干部”标准和党风廉政建设主体责任要求，主要负责人严格遵守廉洁自律准则，主动担当第一责任，自觉履行“一岗双责”职责，督促其他班子成员落实分管领域党风廉政建设领导责任，并将党风廉政建设目标管理责任书考核指标细化量化，逐项分解落实到分管领导和机关干部身上。坚持主要工作亲自部署、重大问题亲自过问、重点环节亲自协调、重要信访案件亲自督办，坚持问题导向，及时关注党员干部职工的思想动态、工作表现和作风状况，列出问题清单，及时进行集中约谈，开展批评教育，及时落实重大事项报告制度，县直机关工委邀请县纪委干部参与机关工委“三重一大”事项决策监督4次，在机关开展集中约谈3次、个别约谈2次、随机约谈3次，向县纪委上报工作报告2次，总结上报典型案例简讯88篇。省直机关工委党建网采用5期，定西党建网采用1期，渭源党建网11篇。四是开展扶贫领域腐败和作风专项整治。县直机关工委坚持把脱贫攻坚作为检验机关干部作风、锤炼机关党员党性的主战场，把精准扶贫行动作为整体推进城乡党组织联动创建和改进机关作风的重要平台，紧紧聚焦全县脱贫攻坚大局，发挥机关党组织的独特优势，组织机关党员干部投身脱贫攻坚第一线。同时，开展扶贫领域腐败和作风问题综合整治工作，着力解决脱贫攻坚主体责任落实不到位、脱贫攻坚工作出现形式主义、官僚主义等作风问题，建立了“一台帐两清单”。一年来，县直机关工委开展谈话共计8人次（其中责任传导类3人次、教育提醒类1人次、告诫整改类1人次、鼓励鞭策类1人次）。

**【能力提升】**一是强化工委班子的主体责任。县直机关工委建立了每周定期集中学习的“党建课堂”制度，及时传达中央和省市县委的声音，在学习领会和贯彻落实县委的一系列重大决策部署上做到认识高一筹、安排先一步、落实快一拍，主动承担抓好机关党建工作的主体责任。年内共组织集中学习42次，其中理论学习26次，业务学习17次，党课宣讲4次，学习交流4次。二是凝聚工委委员的集体智慧。制定并严格落实机关工委委员议事决策规则，今年先后召开工委会议13次，对涉及党组织更名、机构调整、人事变动、发展党员等重大事项进行集体研究，积极凝聚工委委员的集体智慧，促进主体责任有效落实。三是传导落实主体责任。县直机关工委结合工作职能，采取定期督查、阶段考核、集中调研、专项整治等方式，多管齐下抓传导抓延伸，向党总支、支部组成人员特别是党组织书记持续强化主责主业意识，督促机关党组织把党建工作与业务工作同部署、同检查、同考核、同落实，凝心聚力地抓好机关党建工作。四是服务全县脱贫攻坚。县直机关工委紧盯全县中心任务，引导工委全体党员践行“四讲四有”，争做合格党员。选派1名党员领导干部担任清源镇王家店村帮扶工作队长，组织工委5名党员干部联系21户贫困户，人均累计进村入户20次以上，做到入户有记录、帮扶见实效。2018年县直机关工委为联系村贫困户订阅报纸《甘肃日报》2份、《甘肃农民报》5份、《定西日报》2份、《品读》1份、《甘肃经济日报》1份；教师节在王家店小学开展慰问活动，购买床单10个，折合人民币624元；对21户帮扶户送去棉被、洗衣液、洗脸盆、毛巾等日用品，折合资金2183元；与相关企业取得衔接，联系运动衣42套，折合价值人民币3360元，棉被10套，折合价值人民币1200元；积极开展机关党建和农村党建结对共建，为王家店村购置电脑一台，价值4650元，办公费中筹资3000元，制作党建活动室版面，价值1960元，制作室外扶贫宣传版面2块，价值11200元，各类物资折合人民币合计30277元。

## 信访工作

**【信访工作责任制】**全县信访工作按照“属地管理”、“谁主管、谁负责”和“一岗双责”的要求，认真落实主体责任，完善监督机制，层层传导压力，逐级靠实责任，实现责任体系全覆盖。按照全市政法分口会议要求，在3月1日召开的县委政法工作会议上，认真传达学习全省政法工作会议和全市政法分口会议关于信访工作的决策和部署，对全县信访工作形势和存在的突出问题进行了分析研判，对2018年全年，特别是全国“两会”期间的信访工作作了重点安排。县信访局对全市第一次信访工作联席（扩大）会议精神及时组织学习。积极筹备召开全县信访工作联席（扩大）会议，认真查找工作中存在的问题和不足并在会上进行通报，对全县信访工作进行再安排、再部署，确保全年信访工作见成效、上台阶。6月份以来，县上多次对已辞退代课人员信访问题、清退征地保引发的信访问题、扶贫领域的信访问题、交通领域的信访问题进行安排部署，要求各职能部门加强源头预防，注重依法行政，有效推动问题化解。

**【接访下访】**加强县级领导接访和联合接访，

发挥领导协调督办和多个部门会商协调解决信访问题的优势，推动农民工讨薪、征地拆迁、劳动保障等疑难复杂信访问题的解决，避免问题积累、矛盾激化、信访上行。不断加大领导接访、下访密度，面对面听取群众诉求意见，集中时间解决一批群众关心的信访问题。结合精准扶贫，落实带案下访，深入基层，帮助解决信访群众在生产生活中的实际困难和问题。特别是今年全国“两会”期间，县四大班子领导进行AB岗接待信访群众。县级领导共接待上访群众20批152人次，参与接待的县级领导累计14人次，12个部门（乡镇）的负责人参与了现场接访活动。

**【化解重点信访积案】**2018年，根据市信访联席办《关于印发〈2018年全市信访矛盾化解攻坚战实施方案〉的通知》（定信联办发〔2018〕6号）和《关于深入开展信访矛盾化解攻坚战有关事宜的补充通知》有关要求。县上对信访矛盾攻坚工作进行了全面安排部署，对省市交办的“四个重点”信访案件逐个向责任单位进行了交办。县信访联席办结合实际，研究制定印发了《关于印发〈2018年全县信访矛盾化解攻坚战实施方案〉的通知》（渭信联办发〔2018〕10号），县上排摸出的6件“四个重点”信访问题向相关单位进行了交办，并要求各乡镇、各单位按照文件要求，对各自辖区或领域内的“四个重点”信访问题进行排摸和化解。县信访联席办结合全县作风建设年活动，对各乡镇、县直各部门上级交办的重点信访案件办理情况和信访矛盾化解攻坚工作进行了实地督查。

**【重大上访隐患防范】**一是严格执行重要节会期间信访信息每日“零报告”制度。在全国“两会”期间，县信访联席办及时印发了《关于认真做好信访信息零报告报送工作的通知》，从2月22日开始，在全县启动全国“两会”期间信访工作“零报告”制度。要求各乡镇、县直各有关单位密切关注和掌握各自辖区或领域内的重点人员、重点群体聚集的动向，每天按时向县信访联席办报送零报告。为进一步靠实工作责任，县信访局制定了单位“零报告”报送人员和分管领导安排表，要求“零报告”报送人员和分管领导必须24小时保持电话畅通，将各乡镇、各部门“零报告”情况及时汇总上报市信访联席办。二是严格执行重点人员教育管控机制。2018年以来，国务院副总理胡春华等领导同志先后来我县调研，首届渭水文化旅游节、首届中国（甘肃）中医药产业博览会等大型节会先后在渭源、陇西举办，为确保各项活动顺利进行，县上启动重点人员教育管控机制和“零报告”制度，确保了各项活动期间不发生违法上访和群体性事件。三是对重点群体进行教育稳控。5月份以来，部分已辞退代课人员信访活动比较活跃，县上成立了部分已辞退代课人员酝酿集体上访调处化解维稳领导小组，明确成员单位工作职责，多次召开会议安排已辞退代课人员的政策解释、“零报告”制度执行以及重点人员管控工作。县教体局牵头落实“零报告”信息的汇总和上报，各乡镇、各学区掌握重点人员活动情况并落实教育管控措施。

**【上访劝返】**在2018年全国“两会”和第三届丝绸之路国际文化博览会期间，按照上级要求，先后两次抽调单位工作人员赴省进京开展集中劝返工作。2018年，全县共发生进京非访2批2人次，发生赴省集体上访3批47人次；发生去市集体上访3批42人次。县上在接到上级接领通知后，及时从有关单位和县公安局抽调人员进行接领劝返，将上访人接回当地进行稳控的同时，积极研究解决信访人反映的问题。

**【规范上访行为】**一是不断规范信访工作行为。以问题为导向，持续传导压力，从接访、办信、督查督办等信访工作关键环节入手，全面规范信访部门和有权处理机关及其信访工作人员的工作行为，促进“事要解决”，在法律、政策的范围内依法按政策解决信访群众的合理诉求。二是不断规范信访人的信访行为。全县加大对《信访条例》的宣传力度，印发《信访条例》3000

册，不断引导信访群众理性合法反映诉求。通过使用视频监控和佩戴执法记录仪接访，规范信访群众的行为。共依法处置违法信访人员3人次。

**【信访队伍建设】**2018年，县信访局按照《甘肃省信访局视频信访信息系统项目建设目标责任书》要求，积极与上级业务部门衔接沟通，认真研究落实视频信访系统建设工作。将县信访接待大厅确定为视频会议室，面积约56平方米。完成背景墙和整个室内墙面的装修，按照要求悬挂双层遮光窗帘，安装LED灯，积极联系电信局接入专用网络，按照省市要求，按期完成了视频信访信息系统安装调试工作，确保了视频信访信息系统正常运行。从6月份到9月份，先后组织全县信访干部参加全市信访干部技能提升“大讲堂”业务知识（视频）培训和全省信访业务视频培训活动8次，并对各乡镇、县直各单位信访工作分管领导、业务人员共计60多人组织开展了“岗位大练兵”过关考试，从中选拔5名优秀信访干部参加了全市信访干部“技能大比武”活动，使信访干部基础业务能力得到进一步提升。

**【脱贫攻坚】**一是帮助制定“一户一策”精准脱贫计划。全体帮扶责任人深入田间地头、贫困户家中，详细了解家庭状况、收入和水、电、房等情况，先后利用10多天时间，完善未脱贫户和巩固提高户的“一户一策”精准脱贫计划。二是入户宣讲政策法规。组织帮扶干部经常进村入户，和贫困户交流谈心，宣传讲解党在农村的路线方针和各项惠民政策。三是力所能及帮办实事。开展了走访慰问困难群众活动。协助举办文化惠民活动，激发群众内生动力。协调有关单位解决实际困难。着力排忧解难，促进社会和谐稳定。四是培育富民产业，推动群众增收。通过“以奖代补”政策，实现种植业收入持续增长。通过引进良种，使养殖业增收效果明显。通过折股量化分红、公益性岗位等多渠道增加收入。五是加强基础设施建设，改善群众生活条件。全面解决自来水入户和安全住房问题。六是完善公共服务保障体系。贫困人口养老保险实现全覆盖，最低生活保障实现应保尽保。

## 党校（行政学校）工作

**【概况】**县委党校始建于1953年，与渭源县行政干部培训学校合署办公，两块牌子，一套人员。县委党校现有教职工18人，其中行政管理人员3人，参照公务员管理7人，专职教师6人（其中1人在管理岗位），事业工勤人员2人。教职工中有中共党员16人，大学本科以上文化程度16人。

**【教学工作】**一是突出主题教育。坚持“党校姓党”原则，充分发挥党校是学习传播党的理论的主阵地作用，从强化党的理论教育和党员党性教育入手，突出理论教育主业地位，将党史国史教育、革命传统教育、国防教育、党规党纪教育、道德品行教育、优良家风教育等作为培训班的主要内容，特别是对习近平新时代中国特色社会主义思想及党性修养、领导科学、民主法制等相关知识进行学科设置，弘扬主旋律、传播正能量，引导学员学而信、学而用、学而行，更好地武装头脑、指导实践、推动工作，全面提高学员的领导水平和决策能力。达到党的理论教育和党员党性教育教学在主体班次达到总课时的70%以上，在其他班次中达到总课时20%以上。二是创新教学方式。充分发挥党校教师的主导作用和培训学员的主体作用，强化问题导向和实践导向，深入进行培训需求调查研究，完善具有县域特色的教学计划生成机制。在讲授式教学基础上，改革教育培训方式方法，综合运用研讨式、案例式、互动式、体验式、情景模拟式、现场教学式等多种教学方法，不断深化培训效果。坚持把严格规范的组织生活作为党性教育的重要内容，规范临时党支部组织“三会一课”、党性分析、组织生活会等党内生活随班体验，深入开展经验交流、流动党校、送课下乡等多种形式教学活动，提高培训的针对性和实效性。三是注重培训实效。建立并实行学员报到注册、学员证、签到考勤、点名通报、培训写实及考试考核鉴定、优秀学员评选表彰、结业证等管理制度，各培训班次应设立专职组织员，实行跟班管理制度，随时掌握党员培训动态。学员结业时均进行理论知识考试、调研报告答辩和党性分析，全部通过的视为培训合格，准予结业。坚持培训考核与干部使用相结合，加强对学员学习情况、组织纪律、党性修养等方面的综合考核评价，及时将鉴定结果反馈给组织人社部门和所在单位，保证参训学员的数量和质量。

【科研工作】先后向上级党校网站和新闻媒体上报信息18条，被省市党校网站反馈8条。撰写的《国家贫困县坚决打赢脱贫攻坚战的实践与思考》一文，收录入中央党校《全国贫困县党校校长研修班文集》并出版发行；撰写的《新时代处置不合格党员的再思考》一文，参加全市党校系统“深入学习贯彻党的十九大精神理论研讨会”并获奖。

【队伍建设】一是加强班子建设。主动落实县委全面从严治党各项目标责任，按照领导班子成员分工，成立了党风廉政建设和反腐败工作、基层党组织建设工作、宣传思想及精神文明建设工作、脱贫攻坚及经济社会发展工作等工作领导小组，健全了组织领导、明确了职责分工、靠实了工作责任。同时，结合领导班子人员变动的实际情况，及时调整了相关领导小组成员，形成了上下一盘棋、一级抓一级、层层抓落实的良好工作局面，为落实全面从严治党主体责任提供了坚强的组织保障。二是拓展教师培训。通过择优选派管理干部和骨干教师，参加上级党校和行政学院举办的各类师资培训班，进一步拓宽教职工视野，为我校教师提升干部教育管理、掌握新型教学方法和开拓培训视野夯实基础，有效提升了教学能力和教学水平。2018来，先后选派出8人（次）参加了中央党校、国家行政学院、省市党校举办的各类培训班。三是聘请兼职讲师。为充分适应新形势下全县干部培训工作需要，我们在深入调研并广泛征求意见的基础上，从全县农林牧业等有关部门、农村基层和脱贫攻坚一线遴选出了36名同志作为县委党校特邀兼职讲师，与县委组织部联合颁布了聘书，并制定了管理制度、明确了工作要求，有效解决了党员干部教育培训工作中师资短缺、能力不强、质量不高的问题。

【基础设施建设】新划校址7.6亩，进行了整体搬迁重建。现有办公综合楼及辅助用房总建筑面积4086平方米，综合楼一栋，主体为五层框架结构，建筑面积3783.06平方米，其中办公用房258.88平方米，教学用房2379.39平方米，学员公寓1144.79平方米。辅助用房302.94平方米，建有餐厅、车库各1个。突出党校特色，打造机关文化品牌，在一楼大厅主墙建设了“实践是检验真理的唯一标准”为内容的党校文化墙，在各办公场所和教学场所及楼道悬挂领袖语录、名人名言、全面从严治党有关规定的书画作品和宣传版面，在综合大楼门口和一楼大厅LED屏上滚动播放宣传标语，提醒参加培训的人员要时刻常担发展之责、常怀律己之心，争做合格党员。

【干部培训】一是积极开展基层宣讲。精心研究制定县委党校宣讲工作方案，抽调6名理论骨干，承担县委宣讲团具体任务。党校宣讲团成员精心准备、主动出击、靠前服务，深入各乡镇、各部门认真宣讲、全面解读了党的十九大精神，推动了党的最新政治理论在全县广大党员干部队伍中入脑入心、落地生根。2018年，县委党校共外派教师21人次，参与宣讲21场次。二是全力开展主体培训。探索改革县级党校教育培训方式方法，与贵州六盘水市水城县委党校联合举办了全县农村“三变”改革暨发展乡村旅游赴贵州学习班，为助推全县坚决打赢打好脱贫攻坚战提供有力支撑。探索建立各级领导和专家教授来党校上党课模式，先后邀请县委各常委到党校主体班次授课，实现县委领导到党校讲课制度化常态化；同时，邀请1名省委党校副校长、8名市委党校副校长和教授、26名县内兼职讲师来县委党校，为主体班次学员授课，有效解决了师资力量匮乏、授课质量不高的问题。2018年，县委党校（县行政学校）共举办各类培训班29期，培训各级各类干部4469人次，其中举办各类主体班次培训17期2663人次，举办全县农村“三变”改革及乡村旅游赴贵州培训班1期21人，承办各类非主体班次培训班11期1785人次，主阵地功能日益凸显，主渠道作用得到明显提升。

**【党建工作】**一是坚持问题导向、着力查摆不足。针对党校涣散、党组织软弱、整体形象不好的特殊情况，校委会不护短、不回避、有的放矢列问题，广泛动员查问题，聚焦重点理问题，集中开展两轮谈心谈话，共查摆问题160多条，及时建立了问题台账、明确了整改措施和时限，逐步进行了整改落实。二是强化组织领导，靠实工作责任。主动落实县委全面从严治党各项目标责任，按照领导班子成员分工，成立了党风廉政建设和反腐败工作、基层党组织建设工作、宣传思想及精神文明建设工作、脱贫攻坚及经济社会发展工作等10个领导小组，健全了组织领导、明确了职责分工、靠实了工作责任。同时，结合领导班子人员变动的实际情况，及时调整了相关领导小组成员，形成了上下一盘棋、一级抓一级、层层抓落实的良好工作局面，为落实全面从严治党主体责任提供了坚强的组织保障。三是主动履职尽责，狠抓任务落实。党校主要负责同志坚持主动认领责任、主动带头履责，做到把从严治党工作和干部教育培训工作同安排、同落实、同检查、同考核，对重大问题亲自研究、亲自部署、亲自检查、亲自督促落实。班子成员各负其责、主动尽责，对分管工作及时安排、主动协调，强化管理，做到履行责任不缩手、主动尽责促廉政。先后召开校委会议研究重要工作7次，召开专题会议听取班子成员、股室负责人汇报5次，班子成员先后开展了谈心谈话42人次，有效促使了工作任务的落实。四是健全工作机制，规范履职行为。党校领导班子坚持以强化监督管理为着眼点，以健全长效机制为突破口，找差距补短板，推动各项工作逐步实现规范化、制度化。特别是针对制度缺失、本领不强的问题，领导班子从突出民主决策入手，制定了《县委党校校委会议事决策规则》；从加强理论学习入手，制定了《校委会理论学习中心组学习细则》、《党员干部理论学习和考核制度》等；从强化党员干部管理入手，制定了《考勤管理制度》和《干部职工请销假制度》等；从规范财务管理入手，制定了《财产管理制度》和《财务管理制度》等；从强化党员干部问责入手，制定了《干部提醒、函询、约谈和诫勉谈话工作操作规程》等一系列制度，形成了用制度管人管事管权的良好工作局面。

**【脱贫攻坚】**一是精准因村派人。根据县委组织部调整选派帮扶村驻村帮扶工作队队长的要求，及时召开校委会议研究，择优遴选政治素质好、基层工作能力强、善于做群众工作的3名同志，分别担任祁家庙乡露巴村、大寨子村帮扶工作队队长和莲峰镇绽坡村帮扶工作队队员，做到因村派人精准。同时，制定了加强脱贫攻坚驻村工作队队长（队员）协同管理办法，落实每月向单位汇报一次工作、每季度进行了一次述职的要求，督促驻村干部有效发挥作用。二是突出结对共建。今年以来，先后组织脱贫攻坚帮扶干部85人（次），深入两个联系村调查研究，围绕脱贫攻坚重点任务开展工作。特别是围绕制定和完善“一户一策”帮扶计划，在县委党校制定了脱贫攻坚联系帮扶工作责任书，全面推行“三下三上三审”的工作方法，督促全体帮扶干部反复深入农家庭院、田间地头，详细了解贫困户基本情况和致贫原因，精心制定和及时完善帮扶措施、增收计划，全面落实“两不愁三保障”要求，积极为联系户帮办事实好事，保证了两村62户联系户“一户一策”脱贫计划与贫困户的实际情况相契合、与贫困户的发展意愿相契合、与省市县的扶贫政策相契合，做到因户因人施策。三是协同帮办实事。先后为露巴村、大寨子村解决村级集体经济帮扶资金各5000元；为联系村参加首届农民文化艺术节解决活动费各2000元，为两村解决办公用纸2箱800元。同时，为联系村捐赠旧课桌175张、课凳109把、日光灯架59套、幕布6条、窗帘60条、黑板4块、方灯40套，帮扶物资折合资金2.2万元。2018年，为脱贫攻坚联系村帮扶钱物，价值共计36000元。

## 老干部工作

**【“三项”建设】**一是强化政治建设。坚持把政治建设摆在首位，紧紧围绕新时代党的建设总要求，教育引导离退休干部铸牢“四个意识”，进一步坚定政治立场、政治信仰和政治纪律，做到思想上高度认同、政治上坚决维护、组织上自觉服从、行动上紧紧跟随、感情上衷心爱戴。二是强化思想建设。在每月16日的老干部学习日，通过运用媒体学、专家解读学、研究讨论学、举办演讲比等举措，组织引导离退休干部认真学习习近平新时代中国特色社会主义思想和党的十九大精神，通过强化思想武装，切实把习近平新时代中国特色社会主义思想作为政治上的灵魂、思想上的旗帜、行动上的指南，真心认同、把握真谛、学思践悟、以知促行。组织24名退休干部参加了全省老干部信息化建设工作培训会，刷新了老干部信息化建设的平台。三是强化组织建设。认真贯彻落实《中国共产党支部工作条例（试行）》，积极推进离退休干部党委的工作。以离退休干部党支部标准化、规范化建设为抓手，建强支部班子、规范组织生活、落实活动阵地、强化经费保障，全面落实离退休干部党组织工作经费，不断提升离退休干部党支部的凝聚力和战斗力，使离退休干部党员自觉做到党的意识不弱化、党员标准不降低、党内生活不脱离。年初，申请组织部拨付离退休党委党建工作经费2万元，按标准兑现2018年离退休支部书记报酬2人4800元，认真落实“三会一课”制度，3月份召开了离休退休支部组织生活会。

**【服务保障】**一是强化政治关心。按照定期通报情况、传阅文件、参观考察、走访慰问、邀请老干部参加重要会议和重大活动等一系列制度规定，抓好老干部的各项政治待遇的落实。春节前夕，县委、县政府组织召开离退休干部迎新春座谈会，向老干部通报了全县经济社会运行情况，征求了老干部们对县委县政府工作的意见和建议。3月份，5名老干部代表分别参加了县委、县政府民主生活会征求意见会。通过落实好政治待遇，使老同志及时听到党的声音，了解党的政策和国际国内形势，做到重要情况及时知晓、重大决策自觉拥护、重点工作积极参与。二是强化生活保障。4月份，按照省市《关于提高离休干部护理费标准的通知》，老干局积极给县委、县政府主要领导汇报，会同县人社、财政等部门为20名离休干部按标准提高护理费。三是改进落实离休干部医疗待遇。离休干部住院费用报销7人次3.2万元。四是强化走访慰问。“元旦”“春节”期间，对全县104名离退休干部进行了普遍性看望慰问，四大班子主要领导进行了集中慰问。帮助老干部家属妥善处理老干部丧后事宜2次，“三必访”制度得到了落实。通过在精准服务上不断做实做深做细，对老同志政治上的关心、生活上的照顾、困难上的帮助更加到位。

**【正能量活动】**在全县老干部中开展“我和我的祖国”征文征集活动，为全县老干部以文言志、以文抒怀、充分表达心声搭建了平台，引导老同志积极为党和人民事业的发展点赞加油、建言献策。有3名老干部撰写征文。充分利用网站和微信等平台，组织引导老干部积极发声，讲好渭源故事，传播渭源好声音。组织和引导老干部在老干部之家网络互动平台上发帖300余条。通过组织引导老同志积极发挥作用，进一步深化拓展了为党和人民事业增添正能量活动。组织近30多名离退休干部开展了“助理脱贫攻坚，我要怎么办”的演讲比赛，选拔了一批在党建、教育、科技、文化、卫生、产业等方面比较专长的老干部，组成“助理脱贫攻击”服务队，服务队分赴莲峰镇孔家坪村、庆坪镇王家川村、清源镇崔家河和年家河村开展助力脱贫攻坚活动8场次，并为4村127户贫困户帮扶物资价值4万多元。充分体现了广大老干部为全县脱贫攻坚奔小康发挥余热，增添正能量的精气神。

**【老干部队伍建设】**一是注重学习创新，提升素质能力。把加强和改进学习摆在更加突出的位置，大力营造重视学习、崇尚学习的良好氛围。通过多种途径加强老干部工作业务学习，熟悉和掌握老干部工作方针政策。二是增强效能意识，激发工作活力。由于机构改革，将老干局人员划入县委组织部，更增强了干部们的使命感和责任感，激发了干部们的工作热情，处处为树立“组工形象”为己任。三是强化宣传，推进信息化建设。依托《定西老干部工作网站》建立的“渭源县老干部工作网页”运行正常，通过微信公众号、微信群、QQ群、美篇等网络信息平台，正面引导舆论，打造学习交流微平台。编制工作信息8条，其中《定西老年》发表信息3条。

## 农村工作部工作

**【扶贫资金监管】**全面实施产业发展、就业脱贫、医疗教育、住房安全等9大类38个项目，谋划脱贫攻坚实施方案总投资23.4026亿元。在项目库管理上实行有进有出、动态管理，严格按照“谁分配、谁公开，谁使用、谁公开，分配到哪里、公开到哪里”的原则，采取分级分类的形式进行公告公示。全面加强财政专项扶贫项目资金监督管理，2018年全县财政扶贫资金共计投入48553.74万元，截至目前，支出45315.76万元，占比93.3%，整体项目建设和资金支出进度同比都有大幅度增长。

**【美丽乡村建设】**充分发挥综合协调职能作用，制定了《关于实施乡村振兴战略做好农业农村工作安排意见》、《2018年全县改善农村人居环境工作总体方案》，推进乡村绿色发展，大力实施美丽乡村和环境整洁村建设，2018年，农村人居环境改善项目第一批扶贫专项资金投入495万元，在秦祁乡和大安乡建设垃圾低温热解站2座，为11个村配备垃圾箱共73个，对20个村418户贫困户进行旱厕改造，每户补助1500元。省市县三级财政投入资金630万元建设峡城乡秋池湾村、麻家集镇袁家河村和会川镇干乍村省级美丽乡村示范村3个。大力开展村级公益性设施共管共享，在217个村建立村级公益性设施共管共享理事会，制定相关制度和章程，设立了公益性设施管护基金，省财政为每村拨付1万元，县财政在保障财政投入1万元的基础上，通过村级光伏收益等集体经济收入，每村投入不少于5万元，实行专账管理，充分发挥作用。

**【扶贫领域腐败和作风问题专项治理】**深入贯彻落实全省扶贫领域腐败和作风问题专项治理行动和市县相关部署要求，县委农村工作部切实履行主体责任，班子成员自觉履行“一岗双责”，部、办党组书记与分管领导、分管领导与各股室股长分别签订了全面从严治党目标管理责任书、党风廉政建设承诺书，与各乡镇扶贫站签订了扶贫系统党风廉政建设承诺书，真正把责任落到实处。班子成员带队开展全面从严治党落实情况随机督查10次，严格落实约谈制度，共开展约谈14次，其中告诫约谈1次，教育提醒2次，责任传导11次，开展廉政集中学习11次。深入开展扶贫领域腐败和作风问题专项治理行动，制定《2018年深入开展扶贫领域腐败和作风问题综合整治工作实施方案》，在部、办深入开展自查自纠，共查摆出两大类问题5条，对照问题清单，建立工作台账，限期整改到位，对在省市监督检查、审计、国家考核等出现问题的5名分管领导给予提醒约谈和单位内部通报批评处理，对5名业务人员分别给予告诫约谈处理；对因文件处理不严格而造成工作失误的1名分管领导在单位内部进行了通报批评，并向党组做出书面检查，对3名业务干部进行约谈。

**【世行六期项目建设】**世行六期扶贫项目涉及会川、五竹、上湾、田家河4个乡镇17个村，项目总投资4649万元（其中申请世界银行贷款2371万元，占总投资的51%；国内配套资金2278万元人民币，占总投资的49%），截止目前，累计落实配套资金1711.62万元，其中2016年200.66万元、2017年386.32万元、2018年1124.64万元。累计完成投资3178.54万元，其中世行贷款985.32万元，国内配套2193.22万元。新建和改组合作社14个，其中2016—2018年各建3、3、8个，培训县项目办和合作社管理人员96人（次）；培训社员737人（次）；为县项目办采购笔记本电脑2台、台式电脑7台、打印机7台。

**【中央定点单位帮扶】**自国务院扶贫办开展定点扶贫工作以来，坚持以产业培育、内源扶贫、社会公益扶贫和政策指导为重点，协调项目，落实资金。特别是协调引进北京德青源公司采用“政府建厂、企业租赁经营”的模式运营，投资约3.65亿元建设德青源金鸡扶贫项目。引进天津红日药业股份有限公司投资1.5亿元建设配方颗粒与中药精制饮片生产线。先后组织171名乡、村干部、致富带头人、贫困户参加了国务院扶贫办举办的各类培训。指导渭源县率先开展了中国社会扶贫网试点工作，筹集资金6.8万元。协调百年职校招录渭源籍建档立卡贫困学生35名，协调捐赠资金120万元，各类物资293万元。欧美同学会累计帮扶物资及资金384.78万元，签订对接帮扶协议26项，有效推动了扶贫产业结构持续优化，医疗服务水平不断提高，教育教学质量稳步提升。

**【结对帮扶】**开展脱贫攻坚“大走访、大排查、大讲习、大帮扶”政策到户落实工作，大力宣传脱贫攻坚政策，提高贫困群众政策知晓率。锹峪镇古树村通过中国社会扶贫网为锹峪镇第一小学捐赠价值4万元电子阅读器50台；春节前慰问贫困户、贫困党员10户，发放慰问品价值2000元，并邀请县文化馆工作人员到村开展迎新春送春联活动，现场为本村村民免费发放春联150幅；协调县体育中心为古树村文化活动广场落实篮球架、乒乓球台等健身器材一套；部、办组织慰问驻村工作队，为驻村工作队送米、油等物资，价值250元；组织包村领导，驻村工作队、村两委干部到路园双轮磨村蔬菜种植基地和扶贫车间考察学习；9月份组织贫困户15户在县电子商务中心进行养牛技术培训，10月份协调落实东西协作帮扶资金10万元，用于发展致富产业。五竹镇黑鹰沟村慰问优秀党员、生活困难党员10名，共计2000元；投资3000元为村委会制作宣传版面；投入3万元，为25户农户协调种植乌龙头二年生苗木3万株，建造经济林60亩；协调五竹马铃薯良种繁育合作社免费向15户群众发放青薯九号原种2800公斤，并按合同直接回收；安排一户贫困户赴安徽参加编织培训；委托国立培训公司培训农户13户；联系协调县人大常委会帮扶办公经费10000元。

**【东西部扶贫协作】**晋渭两地党委政府设立了东西部协作扶贫领导小组办公室，专门负责对接东西部扶贫协作；互派挂职干部4人，开展互访对接19次，晋渭两地7个乡镇签订了结对帮扶协议；双方签订合作协议18份，福州市晋安区累计投入帮扶资金4281.76万元，实施东西协作帮扶项目13个，用于支持渭源县教育、卫生事业和产业发展；向福州市各企业组织输转劳动力518人次，其中建档立卡贫困户261人；选派20名医务人员参加了晋安区医疗学术交流、跟岗培训学习，晋安区先后选派30名专家赴渭源开展开展医疗卫生对口帮扶工作，选派5名医务人员挂职支医，动员组织10所优质中小学校、幼儿园与渭源县中小学、幼儿园建立结对帮扶关系，互派教师组团4批次，选派9名教师挂职支教，开展教学交流、跟班（岗）培训、送培送教等活动，拓展交流领域、交流层次。

## 脱贫攻坚

**【概况】**县扶贫开发办公室成立于1986年，是扶贫开发领导小组的常设办事机构。2015年9月，与县委农村工作部合署办公，两块牌子，一套人马。有干部43人（在册干部34人，福州市挂职干部1人，乡镇挂职干部8人），其中：副科级以上14人〔副科级以上领导干部8人（部长、主任1人，支部书记1人，副部长3人，副部长（副主任）1人，副主任2人），主任科员2人，副主任科员4人〕，科级以下29人（事业人员18人、挂职8人、工人3人）；有中共党员25人（女党员5人），民盟盟员1人；内设办公室、培训帮扶股、计划财务股、农村建设股（挂县改善农村人居环境领导小组办公室牌子）、精准扶贫办公室、调研督查股、帮扶办、互助资金联合会、外资中心9个职能股室，下属新农村建设管理办公室和外资项目管理中心（挂互助资金监管中心牌子）2个事业单位。

**【目标任务完成情况】**一是年度减贫任务超额完成。全县计划退出贫困村28个，减少贫困人口1.81万人以上，实际退出贫困村31个，占建档立卡贫困村的22.96%；减少贫困人口2.25万人，贫困人口由2017年底的5.16万人减少到2.91万人，贫困发生率由15.98%降至8.97%，较2013年下降了22.69个百分点。二是基础设施条件彻底改善。全县自来水入户率达到96.99%，安全饮水率达到100%。全县行政村通畅率达到100%。全县自然村动力电覆盖率、贫困村有线宽带覆盖率均达到100%。累计改造农村危房26894户11.6万人（其中建档立卡贫困户6575户2.84万人）、完成易地搬迁9114户45561人（其中建档立卡贫困户3355户14779人，补助资金5.91亿元），全面消除了农村D级危房和绝大部分C级危房。全县九年义务教育阶段巩固率达到97%（建档立卡贫困户适龄儿童巩固率达到100%），学前三年毛入园率达到92.29%，实现了217个行政村标准化村卫生室全覆盖，符合参保条件的贫困人口养老保险、基本医疗保险、大病保险实现全覆盖，最低生活保障实现应保尽保。三是产业带贫机制全面建立。发展国有农投公司20家、农民专业合作社2138个，实现了每个行政村2家以上合作社全覆盖和建档立卡贫困户加入合作社全覆盖，采用保底价收购、股份合作等方式，与全县5.2万户农户建立了紧密的利益联结机制。为村集体和龙头企业、合作社投入产业发展资金2.74亿元，带动1.36万户未脱贫户每年实现产业收益2000元。投入资金8186万元，对1.27万户有劳动能力和种养产业发展意愿的未脱贫户进行生产奖补。投入资金1480.58万元，对已脱贫的3943户进行产业奖补扶持，巩固脱贫成效。投入资金4090万元，开展各类培训1.45万人，建成扶贫车间15个，开发村级公益性岗位1567个，输转劳动力11.62万人，实现劳务收入9.42亿元。四是动态管理制度严格落实。全面落实建档立卡贫困人口动态管理制度，采取“一标二线三因四缺五不能”的精准识别法和“一核二看三比四评五公示”贫困人口进出识别流程，推行大数据平台建设分析研判联席会议、责任追究管理办法和县级联合审计核查制度，有效保证了建档立卡贫困识别准确率。2018年，新识别贫困人口170户515人，返贫35户157人，剔除12户37人。

**【主体责任落实】**一是提高政治站位，压实工作责任。县级推动层面，成立了以县委书记、县长任组长（总指挥）的脱贫攻坚领导小组（前线指挥部），定期分析问题，研究解决措施，推动工作落实。召开18次县委常委会议、45次县政府常务会议、15次脱贫攻坚领导小组会议以及23次县委书记周调度会议，深入学习贯例习近平总书记扶贫重要论述和中央、省市有关会议精神，研究部署脱贫攻坚重大问题。严格落实县委书记遍访贫困村制度。乡镇落实层面，组建了以包乡县级领导挂帅、乡镇党委书记任副总指挥的前线指挥部，33位县级领导全覆盖联系包抓16个乡镇217个行政村，坚持每周调度指挥，乡镇党委实行一天一调度和党政主要负责人遍访贫困户制度，有效推动了阶段性任务落实。行业部门层面，组建由县委、县政府分管领导任组长的专责推进小组25个，制定了承担“五个一批”及危房改造、安全饮水等重点任务部门责任清单，压实了行业部门责任。二是落实“一户一策”，实施精准帮扶。选派干部880名组建驻村帮扶工作队217个，4646名省市县乡帮扶干部帮扶贫困户1.36万户，实现了省、市、县、乡四级帮扶干部建档立卡贫困户全覆盖。在认真分析致贫原因，科学确定帮扶思路的基础上，2018年以来，对剩余的1.36万户5.16万人未脱贫人口，因户因人制定完善了“一户一策”帮扶计划。一方面，明确“五个一批”脱贫路径：通过发展产业和劳务脱贫7246户2.64万人；通过易地搬迁脱贫2051户8749人；通过生态扶贫脱贫700人；通过发展教育脱贫1487户6400人；社会保障政策兜底脱贫3767户9822人（其中一类低保贫困户1047户1884人，二类低保贫困户2580户7798人，农村特困供养对象140户140人）。另一方面，针对不同致贫原因，精准确定了分类帮扶措施：对完全或部分丧失劳动能力、无增收渠道的3767户9822人贫困人口，在落实社会保障兜底政策的基础上，优先安排村级光伏电站等资产收益带动，户均年增收2000元；对贫困程度较深、有一定劳动能力的2387户9548人贫困人口，在扶持发展产业的基础上，实行产业扶贫和就业扶贫双扶持措施，安排村级公益性岗位1567名，户均年增收6000元，安排生态护林员757名，户均年增收7000元；对贫困程度一般、生产能力较强的7430户3.22万贫困人口，采取折股量化和以奖代补两种形式，重点扶持发展种养产业，户均年增收8000元以上。三是加大投入力度，强化财力保障。投入资金17.81亿元用于脱贫攻坚，其中整合涉农资金3.85亿元（安排到户资金3.63亿元，占比94.31%，到户产业资金2.73亿元，占比75.15%）。目前报账支出3.78亿元，支出率98.2%，其中财政专项扶贫资金2.62亿元，支出率100%。强化精准扶贫专项贷款到期收回工作，全县共发放精准扶贫专项贷款8.6亿元，2018年到期4.65亿元（自用型33261万元，带动型13239万元），已归还45157.34万元（自用型32709.24万元，带动型12448.1万元），到期综合回收率97.1%（自用型98.34%，带动型94%）。四是坚持问题导向，解决突出问题。针对脱贫攻坚各项监督考核检查反馈我县的83条问题（其中2017年国家和省级扶贫成效考核、省脱贫攻坚领导小组督查巡查反馈51条，国务院扶贫开发领导小组巡查反馈15条，十九届中央第一轮巡视反馈17条），县委、县政府研究制定了《渭源县2017年度脱贫攻坚突出问题整改落实方案》和《渭源县脱贫攻坚易地扶贫搬迁问题整改方案》等18个行业部门整改落实方案，各乡镇、村也相应制定了各自整改落实方案，形成了“1+N”的脱贫攻坚突出问题整改系列配套措施。83条问题已全部整改到位。同时，在问题整改过程中，认真分析原因，健全完善了管理制度，既巩固了整改成效，又从制度上防范类似问题的发生。

**【扶贫政策】**一是构建产业体系，夯实增收基础。按照贫困村“村有主导产业、户有增收项目、人有一技之长”的扶贫思路，狠抓主体培育、基地建设、要素集聚、利益联接、素质提升五大核心环节，推动形成主导产业保收入、新兴产业拓渠道、就业扶贫促增收的产业发展格局。狠抓新型经营主体培育，新发展农投公司17家、累计达到20家，新发展和引进涉农企业46家、累计达到302家，新发展农民专业合作社523个、累计达到2138个，实现了每个行政村2家以上合作社全覆盖和所有建档立卡贫困户折股量化入股全覆盖。狠抓基地建设，全县投入产业扶持资金3.7亿元，对建档立卡贫困户实行产业奖补和收益带动，鼓励贫困农户发展到户产业。全县建成马铃薯种薯基地40万亩、中药材生产基地40万亩、蔬菜种植基地6.4万亩，农业观光体验区3处、田园综合体2处，形成了八大规模片带和134个种养业专业村。狠抓要素集聚，新增土地流转面积1.5万亩、累计达到7.8万亩，各类龙头企业、农民专业合作社劳动力就业人数达到5.6万人。以产业集聚推动工业发展，工业集中区吸纳稳定就业4500人。特别是在国务院扶贫办的协调推动下，引进了北京德青源、天津红日、云南禾韵花卉等一批大企业落户我县，进一步推动了生产要素聚集。狠抓利益联结，采取“公司+基地+农户”“公司+合作社+基地+农户”等多种经营模式，实行“统一供种、统一培训、统一技术、统一管理、统一销售”的订单生产、保底价收购、股份合作、产业捆绑等方式，与全县5.2万户（其中贫困户2.5万户）农户建立了紧密的利益联结机制。全面落实农业保险政策，构建保险保本垫底保障体系，户均年稳定增收3000元以上。狠抓素质提升，投入培训资金4090万元，开展各类培训1.37万人、建成扶贫车间15个、开发村级公益性岗位1567个、输转劳动力11.62万人，实现劳务收入9.42亿元，其中，输转建档立卡贫困劳动力3.73万人，实现劳务收入2.36亿元。二是改善基础设施，优化公共服务。坚持把水、电、路、网等基础设施建设作为贫困地区脱贫的先决条件，持续加大投入力度。投资2877.81万元实施自来水入户改造提升工程，全县自来水普及率达到97.6%，安全饮水率达到100%。投资1.13亿元，新建村组道路225.7公里，道路总里程达到1291.1公里，行政村通畅率达到100%。实现了全县1584个自然村动力电和217个村有线光纤和无线网络全覆盖，全县基础设施条件得到了彻底改善。新建维修校舍4.3万平方米，义务教育均衡发展通过国家评估认定。乡镇卫生院和村卫生室村标准化建设实现全覆盖。建成村级综合文化服务中心217个，公共服务保障脱贫攻坚的能力进一步提升。三是坚持到户到人，落实“三保障”措施。紧盯贫困人口脱贫标准，坚持把义务教育、基本医疗、住房安全保障作为重中之重，在补齐短板、落实措施上狠下功夫。教育扶贫方面，新建村幼儿园19所，实施改薄项目28所，新建田径运动场1.31万平方米，受益学生人数达到5700多名；建立了义务教育入学联控联保工作机制，确保建档立卡贫困家庭适龄儿童不因贫失学辍学，全县九年义务教育阶段巩固率达到97%（建档立卡贫困户适龄儿童巩固率达到100%）。全面落实教育扶贫政策，免补2万多名学前教育贫困学生保教费944万元（其中建档立卡户幼儿4819名261.4万元），发放2.4万名贫困家庭寄宿生生活补助1755.3万元，免除6513名高中学生学杂费218.6万元（其中建档立卡户学生5341名181.2万元），发放5298名建档立卡高中学生国家助学金529.8万元，落实982名中职教育免学费121.6万元，发放国家助学金123.2万元，为1110名省内高职（专科）院校建档立卡学生发放免学费和书本费555万元，办理4337名生源地信用助学贷款2720.09万元，发放11名大学生村干部代偿金19.87万元。健康扶贫方面，全额减免农村特困供养对象、一类低保户和计生两户基本医保个人缴费748.29万元，代缴建档立卡贫困人口基本医保个人缴费145.37万元，全县城乡居民医疗保险参保率达到98.7%（建档立卡贫困人口参保率100%）。积极落实贫困人口先诊疗后付费、“一站式”即时结算，全县建档立卡贫困人口住院合规医疗费用实际报销比例达到85%的人次占比达到100%。2018年，全县建档立卡贫困户享受新型农村合作医疗报销1.82万人次5604.4万元、大病保险赔付2124人次648.9万元、“10元85%”政策兜底补偿1.32万人次482.1万元、民政救助2309人

302.27万元。住房保障方面，开工建设农村危房改造3952户1.7万人（其中建档立卡贫困户1682户7232人），实施易地扶贫搬迁1606户6648人（全部为建档立卡贫困户），全部为建档立卡贫困户（其中集中安置123户513人，分散安置1483户6135人），人均补助5.04万元，主体工程已全部完成。四是坚持内联外引，凝聚攻坚合力。自国务院扶贫办开展定点扶贫工作以来，协调投入各类资金1.81亿元。协调引进北京德青源公司采用“政府建厂、企业租赁经营”的模式运营，投资3.48亿元建设德青源金鸡扶贫项目，可带动全县1.36万户建档立卡贫困户户均年收益2000元，135个贫困村集体经济每年增收4.5万元，82个非贫困村集体经济每年增收2万元。引进天津红日药业股份有限公司投资3.2亿元建设配方颗粒与中药精制饮片生产线，将有4000户建档立卡贫困户从中受益。引进云南禾韵园艺花卉产业项目，直接带动100多户建档立卡贫困户在家门口实现就业。自2017年3月开展东西部扶贫协作以来，双方互派挂职干部6人，开展互访对接30次（其中2018年16次），签订合作协议25份（其中2018年13份）。福州市晋安区累计投入帮扶资金4362.57万元，实施东西协作帮扶项目10个。渭源县向福州市各企业组织输转劳动力1162人次（其中建档立卡贫困人口563人）。欧美同学会投入各类帮扶资金物资404.8万元，省市县各级帮扶单位协调落实项目和帮扶物资4029.4万元，构建形成了专项扶贫、行业扶贫、社会扶贫为一体的大扶贫格局。五是创新方式方法，激发内生动力。认真贯彻落实国扶办等13个部委《关于开展扶贫扶志行动的意见》，制定了《渭源县精神扶贫实施方案》和《关于在脱贫攻坚中实施“道德讲习积美超市”试点方案》，认真开展扶志教育，以新时代脱贫攻坚文明实践中心为阵地，开展农民集中讲习2200场次，培训人员15万人次。深入推广以表现换积分、以积分换物品的“道德讲习积美超市”做法，总结推广脱贫典型，用身边人身边事示范带动贫困群众。深入挖掘和总结脱贫攻坚先进典型，用鲜活的人和事讲好渭源脱贫故事，在全县上下营造干群合力攻坚、脱贫光荣的浓厚氛围。

**【脱贫攻坚体制机制】**一是建立了责任明确的监督管理体系。对帮扶单位、驻村帮扶工作队、村“两委”三支力量进行合理分工，明确职责，各司其职，共同推进脱贫攻坚工作。由县乡脱贫攻坚前线指挥部负责脱贫攻坚总体谋划、组织协调、监督检查、考核评估等工作，统筹推进脱贫攻坚帮扶工作。紧盯“一户一策”帮扶计划，由乡镇包村领导负责指导督促村“两委”、驻村帮扶工作队到村到户到人落实脱贫攻坚政策措施，协调帮扶单位、帮扶责任人落实帮扶责任。由县帮扶办、县乡两级总队长负责对驻村帮扶工作队进行业务指导和督查考核。由联乡包村领导、帮扶单位、驻村帮扶工作队、帮扶责任人与贫困户全覆盖签订了帮扶责任书，落实责任清单，构建了横向到边、纵向到底的脱贫攻坚帮扶责任体系。二是建立了务实管用的全员培训体系。安排资金180多万元，先后选派84名干部参加省市调训，选派220名干部人才和乡村能人赴福州市晋安区和浙江等发达地区学习，特别是组织50名干部赴红旗渠干部学院、贵州组织人事干部学院开展培训，深入学习“红旗渠精神”和农村“三变”改革、美丽乡村建设、乡村旅游等先进经验。先后举办驻村帮扶工作队队长（队员）培训班4期704人，县直帮扶单位帮扶责任人全员培训4期6800人。省市各帮扶单位组织对帮扶责任人进行了全覆盖培训，各乡镇对帮扶责任人和驻村帮扶工作队全体成员培训80次，参训人员达12800人次，切实提升了驻村帮扶干部帮扶能力和水平。三是建立了奖惩分明的督查考核体系。制定了《渭源县脱贫攻坚责任制实施细则》《渭源县脱贫攻坚业绩考核评价意见》《渭源县督查巡察工作实施方案》，并从县纪委、县委组织部、县委农工部抽调专人，组成专职督查组，以乡镇党委、扶贫工作站、县直派出单位、驻村帮扶工作队为重点对象，开展经常性、常态化的督查检查。建立了日督查周通报月评比制度，印发《每周快报》23期，为12个单位颁发流动红旗，12个单位受到黄牌警示，对18名责任帮扶人点名表扬，对54名帮扶责任人通报批评，以严格的督查问责倒逼脱贫攻坚重点任务落实。坚持"逢提必下"，县直部门年轻干部、后备干部在提拔使用前，都要到脱贫攻坚一线锻炼提升。大力选拔敢于负责、勇于担当、善于作为、实绩突出的干部，树立了重实干、重实绩的鲜明用人导向。四是建立了到户到人的政策落实体系。始终坚持把干部明白"怎么帮"、群众知道"怎么干"作为检验"一户一策"质量的重要标尺，深入分析重点难点，认真谋划落实措施，全面完成了"一户一策"制定完善工作。同时，建立了"一册一卡一清单"政策落实体系。"一册"即全县2018年脱贫攻坚到村到户到人政策明白册，突出基础设施、公共服务、教育、医疗、住房等脱贫攻坚政策到户宣传，提高群众政策知晓率；"一卡"即全县到户到人产业扶贫及政策落实明白卡，将已落实的产业扶贫到户到人项目、金额、时间等内容逐项写实登记，让贫困户清楚掌握自己享受的扶贫政策，提高帮扶工作满意度；"一清单"即全县到户到人产业扶贫及政策落实清单，汇总扶贫项目和政策，通过清单式管理确保贫困群众应该享受的政策全部落实到户。全县共制定完善未脱贫户"一户一策"和"一册一卡一清单"13645户51724人，制定需巩固提高脱贫户"一户一策"和"一册一卡一清单"196户825人，实现了2018年建档立卡动态调整后未脱贫人口和需巩固提高人口"一户一策"及"一册一卡一清单"全覆盖。五是建立了纪律严明的作风保障体系。扎实开展"脱贫攻坚作风建设年""三纠三促""两查两保"活动，持续加大扶贫领域作风和腐败问题专项整治力度，对扶贫领域问题线索，从线索处置、开展调查到问责处理均突出"从严从快"要求和提级办理不下转。

## 中国共产党渭源县纪律检查委员会<br>渭源县监察委员会

**【管党治党】**一是县委对反腐败工作的领导更加坚强有力。县委切实加强对全面从严治党的领导，分别与各乡镇、各部门党委（党组），并督促各乡镇、各部门与各基层单位，层层签订了全面从严治党目标管理责任书，夯实了压力传导机制，形成了上下联动、一体推进的责任落实体系。县委全委会听取了30名党政主要负责人履行全面从严治党第一责任人报告暨"三述"报告。县委常委会定期分析反腐败形势、听取工作汇报，先后16次研究党风廉政建设和反腐败工作；县委主要负责同志对16个乡镇党委书记进行了约谈。二是县纪委监委把握工作的政治方向更加坚定准确。县纪委监委和全县纪检监察干部始终坚持把讲政治放在首位，综合分析政治生态整体情况，把握"树木"和"森林"关系，有效运用监督执纪"四种形态"，不断增强反腐败工作的政治效果。2018年运用"四种形态"处理党员干部1457人次，其中第一种形态处理1176人次，占80.7%；第二种形态处理253人次，占17.4%；第三种形态处理18人次，占1.2%；第四种形态处理10人次，占0.7%。三是各级党组织落实主体责任的措施更加坚实有效。在县委的统一领导下，全县各级党组织主动作为，树立了敢抓敢管的责任意识。结合转变作风改善发展环境建设年和"三纠三促"专项行动，发现不担当、不作为等问题71个，问责处理362人，对14起党员和公职人员违规经商等典型案例公开曝光。县纪委通过倒逼推动主体责任落实，对54个单位党组织进行了通报，对16个单位党组织主要负责人进行了告诫约谈。

【强化监督】一是紧盯政治生态强化监督。对全县各级各部门“两个维护”落实情况开展专项检查，发现问题7类239个，督促建立问题清单全面整改落实，向市纪委上报了“两个维护”专项检查报告。加强同级监督，向县政府发出监督函2份，向相关部门发出监察建议书2份；为1224名乡科级干部建立了廉政档案。强化对各乡镇、各部门民主生活会、组织生活会的监督，促进党内政治生活严肃开展；彻底肃清王三运等人流毒和影响，坚决维护政治生态。二是紧盯脱贫攻坚强化监督。大力推广运用市纪委监督“十法”，创新开展了定点进驻督查，探索总结出“一核、二谈、三查、四访、五对、六问”等6项工作措施，与惠农资金监管平台相结合形成了“6+1”工作法在全县推广实施。持续开展巡察监督，开展巡察2轮，发现问题249条，移交线索35条，立案2件5人，问责处理26人。常态化开展监督检查，对各级扶贫干部进行集体约谈并签订了《脱贫攻坚责任履行承诺书》；积极开展周督查周通报月评比工作，问责处理20人。召开扶贫领域联席会议4次，解决冬春生活补助、退耕还林等方面问题3个。严查扶贫领域问题，受理问题线索276件、同比增长25%，立案审查85件181人、处分158人，同比增长98%、121%、93%。组织处理扶贫领域党员干部590人次，同比增长496%。三是紧盯“扫黑除恶”强化监督。坚持把监督工作同扫黑除恶结合起来，建立纪检监察机关与政法部门问题线索快速移送反馈机制，积极配合政法部门严厉打击“村霸”和宗族恶势力。坚决查处包庇、纵容黑恶势力或为黑恶势力充当“保护伞”的党员干部，受理党员干部和公职人员涉黑涉恶问题线索12条，对2人给予党纪重处分。四是紧盯作风建设强化监督。坚决贯彻落实中央八项规定精神及实施细则，查处违规公款吃喝、滥发津补贴等问题16起37人，纪律处分31人，诫勉谈话6人，分期进行了通报曝光。在县电视台设立“说清楚”栏目，整治“一把手”不作为慢作为等形式主义官僚主义问题，7个乡镇、4个县直单位“一把手”在电视台公开承诺，整改问题11个。五是紧盯公开公示强化监督。建立指尖上的阳光“微政务”平台，在全县217个行政村开通“精准扶贫微信公众号”加强公开公示。运用“互联网+大数据+监督”手段，建成渭源县惠农资金监管平台，录入农村低保、危房改造等惠农资金发放信息46项218万多条，涉及资金18.56亿元，网站点击量达269万人次，发现疑似问题数据3250条，追缴违纪违规扶贫民生资金73万多元，问责党员干部491名。

【惩治腐败】一是全面规范行使监察权，全要素试用调查措施。强化人员、思想、工作深度融合，深入推进纪法贯通和法法衔接，将1.2万名法定监察对象纳入监督范围。积极实践运用12项调查措施，共使用谈话1141次，讯问18次、询问76次、查询71次、调取5次、扣押2次、搜查2次、留置5人。发挥监察委员会成立后的改革效应，查处职务犯罪7件8人，给予党纪政务处分5人。查处了全市首起留置案件；圆满完成了省纪委监委交办的两起职务违法案件，追缴违纪资金416.58万元。二是持续保持高压态势，毫不手软惩治腐败。改革的最大效应体现在惩治腐败的效果上。坚持减存量、遏增量的反腐败目标，不断加大立案审查调查力度。2018年全县纪检监察组织受理处置问题线索603件，立案审查调查178件314人，给予党纪政务处分273人，线索处置数、立案审查调查人数、党纪政务处分数较上年分别增长了55%、84%、66%。乡镇纪委立案审查84件134人、纪律处分125人，同比增长127%、54%和49%。高度重视审查调查安全工作，坚持预案先行，全方位保障审查调查安全。三是深化反腐倡廉宣传教育，筑牢党员干部思想防线。着力加强今日头条、微信公众号等小微媒体宣传，打造了廉政文化宣传一条街，警示教育基地正在建设之中。在甘肃纪检监察网、定西纪检监察网、定西日报等各类宣传媒体通报典型案例23期、发布工作动态137条，在渭源廉政网、今日头条、“渭源廉政”微信公众号发布各类信息390多条。县纪委利用宣传网络，分11批次通报扶贫领域等各类典型问题48起132人。

**【自身建设】**一是强化思想政治建设，从严拧紧“总开关”。不断深化理想信念教育，系统学习习近平新时代中国特色社会主义思想，深入推进“6+X”模式“主题党日+”活动常态化开展。从严从实落实“三会一课”，通过集中学习、举办培训班、外出培训等措施加强政治理论和业务学习，选派66名干部外出培训，13名乡镇纪检干部到纪委机关“以案代训”，推动纪检监察干部思想政治建设和业务能力素质双提高、双促进。二是强化乡镇纪委建设，推动形成“一盘棋”。加强乡镇纪检组织建设，认真落实“两个提名考察办法”，严把乡镇纪检专干配备关口，与乡镇党委书记签订了落实“三转”承诺书，督促全县16个乡镇全部建立了“谈话室”。开展乡镇纪委执纪监督监察协作区试点工作，将全县16个乡镇划分为5个协作区，先行在2个协作区开展试点工作。三是强化自我监督制约，坚决防止“灯下黑”。严格遵守《甘肃省纪检监察干部“八条禁令”》，层层签订了廉洁自律责任书；建立了以清单管理为重点的八项工作机制，强化日常管理；开展了案件质量评查、案卷交叉检查工作，着力提升执纪审查调查质量；健全内控机制，持续净化队伍，问责处理纪检监察干部3人。

**【县委巡察工作领导小组办公室】**县委巡察办于2018年7月10日成立，属县委机关，设在县纪委。巡察办核定行政编制6名，其中主任1名，副主任1名，巡察专员1名，工作人员3名。县委巡察办成立成来，在十四届县委已开展了三轮常规巡察和一轮扶贫领域专项巡察暨巡察“回头看”的基础上，经前期充分准备，于2018年9月3日启动了县委第四轮常规巡察工作，县委组建2个巡察组分别对会川镇、锹峪镇 、庆坪镇 、祁家庙镇、秦祁乡五个乡镇和县环保局、县地震局、县统计局、县质监局、县供销联社五个县直单位进行了常规巡察。为了推进县委巡察工作规范化，县委巡察工作机构研究下发了《中共渭源县委巡察工作规划（2017—2021年）》，制定了《中共渭源县委巡察工作流程（试行）》《巡察整改落实工作督查暂行办法》《巡察机构保密工作规定（试行）》《巡察人才库管理办法（试行）》《巡察移交工作暂行办法》《巡察组信访工作办法》《巡察组保密工作提醒》《巡察组组务会议事规则》等相关制度。

## 渭源县人大常委会

**【概况】**渭源县人民代表大会常务委员会（简称渭源县人大常委会）是渭源县人民代表大会闭会期间的常设机构，对县人民代表大会负责并报告工作。

**【渭源县人民代表大会】**渭源县人民代表大会作为地方国家权力机关，每年至少召开一次会议。自1981年1月，渭源县第七届人民代表大会第一次会议选举成立渭源县人大常委会以来，至1992年12月渭源县第十届人民代表大会第四次会议，县人民代表大会每届任期3年。根据《选举法》和《地方组织法》规定，从1992年年底举行渭源县第十一届人民代表大会第一次会议开始，县人民代表大会每届任期为5年。每届人民代表大会召开会议的次数根据工作需要和人事的调整不尽相同。县人民代表大会闭会后，县人民代表大会常务委员会作为其常设机构，行使职权。至2018年，县人民代表大会历时十六届。

渭源县第十六届人民代表大会第三次会议于2019年1月3日至6日在县政府接待中心召开，会期4天。大会应到代表183名，实到代表163名。会议听取和审议县人民政府工作报告；审查和批准2018年全县国民经济和社会发展计划执行情况及2019年国民经济和社会发展计划（草案）的报告（书面），批准2019年全县国民经济和社会发展计划；审查和批准2018年全县财政预算执行情况和2019年财政预算（草案）的报告（书面），批准2019年全县财政预算；审议县人民政府关于县十六届人民代表大会第二次会议代表所提意见建议办理情况的报告（书面）；听取和审议县人大常委会工作报告；听取和审议县人民法院工作报告；听取和审议县人民检察院工作报告；审议表决县十六届人民代表大会第三次会议选举办法（草案），通过县十六届人民代表大会第三次会议关于补选县十六届人民代表大会法制委员会委员和财政经济委员会副主任委员、委员人选表决办法（草案）；会议补选乔晓莉（女）、年小兵为渭源县第十六届人民代表大会法制委员会委员；补选张鸿雁为渭源县第十六届人民代表大会财政经济委员会副主任委员，补选王福祥、杨宗卿（女）为渭源县第十六届人民代表大会财政经济委员会委员；补选石贵平、杨宗卿（女）、沈琰（女）、张鸿雁、郑文博（女）、柴原、高芳（女）、曹彦华（女）为渭源县第十六届人民代表大会常务委员会委员。

**【渭源县人大常委会会议】**2018年，渭源县人大常委会共召开8次常委会会议。

渭源县第十六届人民代表大会常务委员会第十三次会议于2018年1月30日在县人大常委会四楼会议室召开，会期半天。听取和审议渭源县第十六届人大常委会主任会议关于提请审议接受王东奎辞去渭源县第十六届人民代表大会法制委员会委员、渭源县第十六届人大常委会委员职务的请求和孙宏军、张福平辞去渭源县第十六届人大常委会委员职务请求的决定的议案；听取和审议渭源县第十六届人大常委会主任会议关于提请审议接受史海成辞去渭源县第十六届人民代表大会代表职务请求的决定的议案；听取和审议渭源县第十六届人民代表大会常务委员会代表资格审查委员会关于个别代表的代表资格的报告及公告；听取和审议渭源县人大常委会主任会议关于提请审议增补渭源县第十六届人民代表大会常务委员会代表资格审查委员会组成人员决定的议案；人事事项。

渭源县第十六届人民代表大会常务委员会第十四次会议于2018年3月28日在县人大常委会四楼会议室召开，会期一天。听取和审议县人民政府关于调整2018年全县财政预算的报告；听取和审议县人民政府关于2017年全县环境状况和环境保护目标完成情况的报告；审议通过《渭源县人大常委会规范性文件备案审查办法》；听取和审议县监察委员会关于全县监察体制改革试点工作情况的报告；听取和审议渭源县第十六届人大常委会主任会议关于提请审议接受刘泓梅辞去县十六届人大代表职务请求的决定的议案；听取和审议渭源县第十六届人大常委会代表资格审查委员会关于个别代表的代表资格的报告；人事事项。

渭源县第十六届人民代表大会常务委员会第十五次会议于2018年5月29日在县人大常委会四楼会议室召开，会期一天。听取和审议县人民政府关于贯彻实施《道路交通安全法》情况的报告；听取和审议县人民政府关于全县全域无垃圾专项治理行动进展情况的报告；听取和审议县人民政府关于全县食品药品安全管理工作情况的报告；听取和审议渭源县人大常委会主任会议关于提请审议接受渭源县第十六届人民代表大会常务委员会部分委员辞职请求的决定的议案；听取和审议渭源县人大常委会主任会议关于提请审议接受吴义军辞去渭源县第十六届人民代表大会常务委员会委员、渭源县第十六届人民代表大会财政经济委员会委员职务请求的决定的议案；听取和审议渭源县第十六届人民代表大会常务委员会代表资格审查委员会关于个别代表的代表资格的报告及公告稿；听取和审议渭源县人民法院关于提请确定人民陪审员名额数的议案；人事事项；听取和审议县人民政府《关于提请审议将渭源县金鸡扶贫项目列入2018年国民经济和社会发展计划的议案》。

渭源县第十六届人民代表大会常务委员会第

十六次会议于2018年7月26日在县人大常委会四楼会议室召开，会期一天。听取和审议县人民政府关于全县物业管理情况的报告；听取和审议县人大常委会调查组关于全县物业管理情况的调查报告。听取和审议县人民政府关于县十六届人大二次会议期间代表所提意见建议办理情况的报告；听取和审议县人大常委会调查组关于县十六届人大二次会议期间代表所提意见建议办理情况的调查报告。听取和审议渭源县第十六届人大常委会主任会议关于提请审议接受鄂瑞月辞去县十六届人大代表职务请求的决定的议案。听取和审议渭源县第十六届人民代表大会常务委员会代表资格审查委员会关于个别代表的代表资格的报告及公告稿。听取和审议县人民政府关于《甘肃省农村扶贫开发条例》贯彻实施情况的报告；听取和审议县人大常委会执法检查组关于《甘肃省农村扶贫开发条例》贯彻实施情况的执法检查报告。审议县人民政府关于全县2018年上半年国民经济和社会发展计划执行情况的报告（书面）。听取和审议县人民政府关于2018年全县财政预算调整情况的报告；听取和审议县人大财政经济委员会关于2018年全县财政预算调整情况的审查意见。

渭源县第十六届人民代表大会常务委员会第十七次会议于2018年9月20日在县人大常委会四楼会议室召开，会期一天。听取和审议县人民政府关于全县2017年财政决算和2018年前8个月财政预算执行情况的报告，批准2017年全县财政决算。听取和审议县人民政府关于2017年财政预算执行情况及其他财政收支情况的审计工作报告。审议县人民政府关于2018年全县地方政府性债务及国有资产管理情况的报告（书面）。审议县人民政府关于2017年及2018年前8个月全县非税收入收支与管理情况的报告（书面）；审议县十六届人大财政经济委员会关于2017年全县财政决算（草案）的审查报告（书面）。听取和审议县人民政府关于提请将渭源县城清源路北侧棚户区改造项目列入2018年国民经济和社会发展计划的议案；审议县十六届人大财政经济委员会关于县人民政府提请将渭源县城清源路北侧棚户区改造项目列入2018年国民经济和社会发展计划的议案的审查报告（书面）。听取和审议县人民政府关于全县中医药产业发展情况的报告；审议县人大常委会调查组关于全县中医药产业发展情况的调查报告（书面）。听取县人民政府对县人大常委会审议意见（渭人常审〔2018〕1号、渭人常审〔2018〕2号、渭人常审〔2018〕3号）办理情况的报告并进行满意度测评。听取和审议渭源县第十六届人大常委会主任会议关于提请审议接受部分代表辞去渭源县第十六届人民代表大会代表职务请求的决定的议案。听取和审议渭源县第十六届人民代表大会常务委员会代表资格审查委员会关于个别代表的代表资格的报告及公告稿。听取和审议渭源县人大常委会主任会议关于提请审议补选渭源县第十六届人民代表大会代表的议案。听取和审议渭源县人大常委会主任会议关于提请审议补选渭源县出席定西市第四届人民代表大会代表的议案。人事事项。

渭源县第十六届人民代表大会常务委员会第十八次会议于2018年11月19日至20日在县人大常委会四楼会议室召开，会期两天。会议组织县人大代表约见部分地方国家机关负责人。听取和审议县人民政府关于全县“十三五”规划实施情况的报告；听取和审议县人大常委会视察组关于全县“十三五”规划实施情况的视察报告。听取和审议县人民政府关于全县学前教育工作情况的报告；听取和审议县人大常委会调查组关于全县学前教育工作情况的调查报告。听取和审议县人民政府关于《宗教事务条例》贯彻执行情况的报告。听取和审议县人民法院关于深化司法体制改革情况的报告；听取和审议县人民检察院关于深化司法体制改革情况的报告；听取和审议县人大常委会调查组关于县人民法院、县人民检察院深化司法体制改革情况的调查报告。听取和审议县人民政府关于全县物业管理专题询问问题整改落实情况的报告；听取和审议县人大常委会检查组关于全县物业管理专题询问问题整改落实情况的检查报告，并进行满意度测评。听取和审议县人民政府关于提请审议调整2018年地方政府性债务限额及转贷渭源县2018年地方政府一般债券并相应调整全县财政预算的报告；审议县人大财政经济委员会关于《县人民政府关于提请审议调整2018年地方政府性债务限额及转贷渭源县2018年地方政府一般债券并相应调整全县财政预算的报告》的审查报告。听取和审议县人大常委会代表资格审查委员会关于代表资格审查情况的报告和公告稿。

渭源县第十六届人民代表大会常务委员会第十九次会议于2018年12月20日在县人大常委会四楼会议室召开，会期一天。会议听取和审议县人民政府关于审计查出问题整改落实情况的报告。听取和审议县人民政府关于全县农民专业合作社发展情况的报告；听取和审议县人大常委会调查组关于全县农民专业合作社发展情况的调查报告。审议县人民政府关于县十六届人大二次会议期间和县人大常委会组成人员联系代表时代表所提意见建议办理情况的报告（书面）。审议县人大常委会主任会议关于提请审议《渭源县人民代表大会常务委员会关于召开渭源县第十六届人民代表大会第三次会议的决定（草案）》的议案。听取渭源县第十六届人民代表大会第三次会议筹备情况的汇报。审议通过渭源县第十六届人民代表大会第三次会议有关材料。审议县人大常委会主任会议关于提请审议《渭源县人民代表大会常务委员会关于接受任作鹏、杨建军辞去渭源县第十六届人民代表大会财政经济委员会副主任委员、委员职务的请求的决定（草案）》的议案。讨论通过县人大常委会2019年工作要点。

渭源县第十六届人民代表大会常务委员会第二十次会议于2018年12月26日在县人大常委会四楼会议室召开，会期半天。会议主要议程：人事事项。

**【监督工作】**2018年，共听取和审议专项工作报告26项，开展执法检查2次、专题询问1次，组织县人大代表约见部分地方国家机关负责人活动1次，下达审议意见书4份。一是重视民生改善，突出监督重点。县人大常委会在依法行使监督权中突出民生实事重点，针对人民群众最关心、最直接、最现实的焦点热点问题，采取调查、视察、听取专项报告和督办审议意见、满意度测评等方式，先后听取和审议了县人民政府关于全县环境状况和环境保护目标完成情况、食品药品安全管理工作、全域无垃圾专项治理和学前教育情况的报告，针对存在的难点问题，及时下发了审议意见书。经过县人大常委会的持续监督跟进和政府及其相关部门的大力整改，大多数审议意见得到了及时整改，一些影响民生民利的问题得到了有效解决。二是关注社会热点，开展专题询问。专题询问作为常委会法定监督方式之一，是近年来各级人大普遍运用且行之有效的监督形式。常委会根据社会反映强烈的物业管理问题，在深入调查研究的基础上，针对物业管理中存在的10个方面的突出问题，组织开展了专题询问，县人民政府分管领导及住建、物价等部门负责人到会应询。常委会第16次会议专题听取和审议了县人民政府关于物业管理情况的报告，针对存在的法律法规宣传滞后、管理质量不高、遗留问题较多、体制机制不全、基础设施落后等问题，提出了进一步健全体制机制、强化监督指导、规范服务行为、加强老旧楼（小区）管理、探索推行“智慧社区”建设等5条审议意见，并转县人民政府限期办理。县人民政府高度重视，认真整改落实，全县物业管理进一步规范，管理和服务水平显著提高。县人大常委会对专题询问问题和审议意见整改落实情况进行了跟踪督办，并专题听取了办理情况的报告，进行了满意度测评，满意率达95%。三是注重群众关切，组织约见活动。人大代表约见国家机关负责人是法律赋予人大代表的职权，也是常委会不断加强对部门负责人任期履职监督的有效方式。为积极回应基层群众关切，提高部门负责人履职水平，增强为民亲民意识，常委会精心组织首次开展了县人大代表约见部分地方国家机关负责人活动。约见会前，县人大常委会组织深入调研，充分了解相关情况，广泛征求各方意见，共征求到反映突出的23个方面的问题，经主任会议研究归集为11个问题，重点涉及全县脱贫攻坚、环境治理、学前教育、城市管理、道路交通、农田水利等民生民利方面的急事要事；约见会上，县人民政府及相关部门负责人分别认真细致地回答了代表的询问。约见活动组织安排得力，问题聚焦热点，回答诚恳务实，措施具体可行，充分体现了县人民政府及相关部门自觉接受人大监督和对民生实事的高度重视。会后对约见提出的11个问题及时转交县人民政府进行了整改落实。四是深入开展执法检查，促进树立法治意识。常委会以执法检查为抓手，着力提高社会管理法治化水平。重点对《中华人民共和国道路交通安全法》贯彻实施情况进行了检查，听取和审议了专题报告，提出要加大宣传教育力度、优化道路交通安全环境、规范道路标志标线和加强执法队伍建设等4条审议意见。常委会十分重视民族宗教工作，专题听取和审议了《宗教事务条例》贯彻实施情况的报告后，指出今后要在加强学习宣传、提升工作水平和加大宗教场所管理等方面持续用力，切实维护全县宗教领域和谐稳定。五是不断加强“两院”监督，持续推进公正司法。常委会重视和支持法检“两院”深化司法体制改革工作，专题听取和审议了县人民法院、县人民检察院关于深化司法体制改革工作进展情况的报告，对“两院”在加强司法能力建设、发挥公正司法职能、维护社会公平正义等方面所做的工作给予了充分肯定，督促和支持“两院”要深化思想认识，把握司法改革的正确政治方向；推进配套改革，落实司法改革的制度责任体系；加强队伍建设，重视司法改革的持续发展。通过不断加强对法检“两院”监督，规范司法行为，强化执法联动，进一步推进了阳光司法，提升了司法公信力，为全县经济发展和社会稳定提供了坚强的司法保障。同时，常委会时刻关注全县监察体制改革工作，专题听取和审议了县监察委员会关于监察体制改革试点工作进展情况的报告，为推动监察体制改革提出了富有针对性的意见建议。此外，常委会有效利用“陇原环保世纪行”工作平台，围绕“城乡垃圾处理”宣传主题开展活动，加强对生态环境保护的监督，着力推进全县生态文明建设；同时，积极配合省、市人大常委会开展了《中华人民共和国义务教育法》执法检查，公路管理工作评议和易地扶贫搬迁、城乡居民医疗保险等调研工作。

**【人事任免】**2018年，县人大常委会依法任免县人民政府副县长6名，县人大常委会工委室负责人4名，政府工作部门主要负责人19名，法院审判员3名、人民陪审员47名；接受县人大常委会委员辞职6名，县人大法制和财政经济委员会组成人员辞职4名，县人大代表辞职14名；补选市四届人大代表1名。先后组织17名国家机关工作人员向宪法宣誓。

**【代表工作】**一是强化理论学习，提高代表履职能力。2018年，县人大常委会举办了4期覆盖全县16个乡镇的人大工作培训会议，举办了2期全国人大深圳、北戴河培训基地人大代表履职能力提升培训班，同时积极组织省、市、县各级代表和基层人大工作者参加省、市人大常委会举办的各类培训班。共有50名人大代表和基层人大工作者参加了培训。为代表订阅新《宪法》《监察法》《中国人大》《人大研究》《定西人大》《人民之声报》和全国、省、市《人大常委会公报》等学习资料，为进一步提高代表理论和法律素养提供了条件。二是强化活动实效，拓展代表履职途径。县人大常委会积极指导和督促代表小组开展闭会期间的各类活动，邀请代表和公民列席旁听常委会会议，参加常委会审议议题的调查、视察、执法检查、专题询问和代表约见等活动。利用人大网站、微信公众平台，及时通报人大重要情况和工作动态，及时向代表印发“一府一委两院”阶段性工作总结，主动接受代表监督，进一步拓展了代表知情知政渠道。同时，不断加强常委会组成人员与代表、代表与人民群众的密切联系，坚持落实“两联系”制度，及时听取代表反映社情民意的意见建议，并转交县人民政府尽快办理。三是强化建议办理，激发代表履职活力。县人大常委会注重年初抓建议交办、年中抓限期办结、后期抓难点督办，对代表建议完成的时间和程序提出了严格要求，切实提高代表建议办理质量。县人民政府及各承办单位高度重视建议办理工作，建立并坚持了代表建议办理的工作培训、现场答复、监督检查等工作制度，提高办理实效。7月和12月份，县人大常委会分别组成2个督查组，对代表意见建议办理工作进行督查督办，要求加快道路交通、农田水利、产业支持、义务教育等一批群众普遍关注的意见建议办理进度，让办理工作落到实处。四是强化业务指导，提升乡镇人大履职水平。常委会把加强和改进乡镇人大工作作为重要抓手，从配强人员力量、规范履职程序、深化代表活动等环节入手，推动乡镇人大工作向更加标准化、规范化方向发展。常委会严格落实副主任分片联系乡镇人大工作制度，经常深入乡镇，从工作程序、制度建设、职责履行等方面进行指导，尤其针对补选县十六届人大代表工作，安排专人实地督导检查和现场培训指导，确保了补选代表工作圆满完成。常委会重视乡镇人大阵地建设，继续改善乡镇人大代表活动场所的办公条件和工作环境，不断创新人大代表之家和人大代表工作室活动方式，充分发挥代表活动阵地平台作用，扎实推进代表向选民述职、代表专题询问、代表履职监督等活动有序开展，有力推动乡镇人大工作迈入制度化、规范化轨道，全面提升新时代乡镇人大工作水平。

【信访工作】2018年，县人大常委会注重来信来访案件的时效性，进一步明确接访、督办、答复等各项措施，规范信访案件办理程序。一年来，共受理群众信访案件24件（次），及时转交并督促相关部门做好办理工作，信访办结率得到进一步提升，一些群众反映强烈的突出问题得到了妥善解决，为促进社会和谐稳定起到了积极的推动作用。

【自身建设】一是加强政治建设，提高理论素养。常委会始终把政治建设摆在首位，坚持党组理论学习与机关党支部理论学习相结合，充分发挥示范带头作用，持续推进“两学一做”学习教育常态化、制度化，坚持集中学习14次。重点深入学习了党的十九大精神和习近平新时代中国特色社会主义思想，习近平关于治国理政、脱贫攻坚的新理念、新思想、新方法，及时传达学习中央和省市县重要文件和会议精神。同时，加强对新《宪法》《监察法》《甘肃省乡镇人大工作条例》等与人大工作密切相关的法律法规和业务知识的学习。二是转变工作作风，提振干事信心。常委会以“转变作风改善发展环境建设年”活动为契机，以严格落实党风廉政建设责任制为抓手，压紧压实两个责任，进一步推动全面从严治党向纵深发展。持续加强纪律作风建设，认真贯彻落实中央八项规定精神和廉洁自律各项规定，严守政治纪律和政治规矩，严格执行党员领导干部个人有关事项报告、外出请示报备等制度，严控“三公”经费支出，机关内部约束力进一步增强。认真执行新形势下党内政治生活若干准则，严格落实党员领导干部组织生活、理论学习、民主生活会、“三会一课”等制度，精心组织机关党支部开展“主题党日+”活动，全面推进党支部标准化建设。三是完善规章制度，提升工作效能。按照新时代人大工作的特点和要求，常委会注重健全和完善各项规章制度，强化刚性约束，坚持精悍高效、务实管用的原则，突出针对性和指导性，修订完善了《渭源县人大常委会“三重一大”事项报告制度实施细则》《渭源县人大常委会组成人员工作纪律守则》《渭源县人大常委会关于县人大代表建议、批评和意见办理工作考核奖惩办法（试行）》等17项规章制度，通过严格执行和有效落实，机关各项工作规范有序、效率明显提升。四是加大舆论宣传，营造良好氛围。常委会牢牢把握正确舆论导向，坚持把人大宣传工作作为总结经验、创新思维、争创一流的重要途径。5月份，组织召开了全县人大宣传信息工作会议，要求县乡人大工作者要借助各种新闻媒体，进一步拓展宣传渠道，加大宣传力度，充分发挥人大宣传阵地的作用，对县乡人大工作进行全方位、多角度、深层次的宣传报道，全面反映人大工作新动态。共编发人大工作通报11期、常委会公报3期，通过人大网站、微信公众号发布工作信息100多条，省、市人大刊物发表工作综述、新闻动态等20多篇。同时，为总结我县人大工作的好经验、好做法，系统反映我县人大事业的大势大貌，发挥好“存史、资政、育人、启后”的作用，填补我县社会主义民主政治方面的专志空白，2018年常委会启动了《渭源人大志（1949—2020）》编纂工作。

**【脱贫攻坚】**县人大常委会机关共有干部职工27人，帮扶干部18人。其中，县人大常委会领导5人，分别帮扶16个乡镇的42户贫困户190人；办公室干部13人，联系会川元寺滩村贫困户41户162，联系北寨阳山村贫困户29户136人；3名优秀干部驻村担任驻村帮扶工作队成员。县人大常委会机关始终坚持把脱贫攻坚作为人大工作的头等大事和第一要务来抓，在2018年《每周快报》（共24期）中23期位于全县123个帮扶单位前3名，在9月份脱贫攻坚重点任务落实月评比中获得流动红旗，在2018年脱贫攻坚工作考核中获得一等奖。年初，机关成立了帮扶工作领导小组，专门负责机关帮扶工作具体事宜，保证了帮扶工作有机构、有人管，不脱钩、不吊链；制定了2018年机关帮扶计划，完善了北寨镇阳山村、会川镇元寺滩村村级脱贫攻坚实施方案及项目库；机关帮扶责任人为联系的贫困户制定了帮扶计划；一年来，各帮扶责任人逐一落实帮扶计划确定的各项目标任务，较好地完成了各项帮扶工作。县人大常委会机关多次召开“一户一策”帮扶计划审定专题会议，集中完善和审定机关各帮扶责任人制定的“一户一策”，做到了对策清、措施实，为贫困户如期脱贫提供了时间表和路线图。县人大常委会机关组织部分常委会组成人员开展了《甘肃省农村扶贫开发条例》贯彻实施、中医药产业发展、扶贫专项资金使用、农民专业合作社发展情况的调研和执法检查，赴贵州六盘水市考察学习了农村“三变”改革工作，深入扎实有效地推进全县脱贫攻坚工作。今年以来，县人大常委会机关积极动员各方力量，全面落实帮扶责任，全力推进脱贫攻坚进程，全年共帮办实事18件，折合资金839760元。先后为元寺滩村、阳山村协调解决绿化苗木3500株，折合资金4万余元；为18名义务教育阶段女童发放“春蕾女童”助学金1.62万元；发放科普、法律方面知识宣传资料400份，折合资金4000元。为阳山村贫困户发放玉米点播机68个、机动式喷雾器5台，折合资金9960元；解决文化广场维修资金1万元；为贫困户杨鹏飞协调救助资金1万元；对照基础设施短板，联系辖区代表提出建设郑家川村至阳山村过水路面的建议，并协调解决项目资金20万元。为元寺滩村140户贫困户投放马铃薯原种300多亩，折合资金12万元；与32户农户签订带动分红合同，建设了500亩大果沙棘林基地；对22户养殖大户进行了养殖技能培训，并提供了3000多元的药品、草籽；为元寺滩小学捐赠2万余元音响设备一套，并发放篮球、文具等慰问品，折合资金5500元。机关党支部还与元寺滩村党支部开展了支部共建活动，期间为元寺滩幼儿园捐赠画板、彩笔等文具，发放枕巾、雨伞等活动奖品，折合资金3700元。同时，机关筹措资金40万元，积极支持联系乡镇脱贫攻坚工作。

## 渭源县人民政府

【脱贫攻坚】以更加精细、精确、精微的措施，集中最优人力，抓住中央定点扶贫和东西部扶贫协作机遇，积极探索建立了分类管理、短板补齐、产业扶贫、推进落实四个层面的“5+3”攻坚体系。按照“五个一批”脱贫路径，把未脱贫人口区分为“三种”类型分类实施，明确帮扶措施，合理确定脱贫时序。在补齐水、电、路、房、网“五大”基础设施建设短板的基础上，健全完善教育、医疗、住房安全“三大”保障体系，全县水、电、网覆盖率比例分别达到99.55%、100%和100%，行政村路通畅率达到100%，住房年底将全面消除农村D级危房。贫困村幼儿园覆盖面达到94.4%，学前三年毛入园率达到94.52%，九年义务教育阶段巩固率达到97.16%。家庭医生“4+1”联包签约服务和“一人一策”健康帮扶完成签约10.2万人，签约率100%。坚持将产业扶贫作为实现脱贫的治本之策，根据“551”产业扶贫模式，狠抓主体培育，基地建设，要素集聚，利益联结，素质提升“五大”核心环节，着力构建了主导产业保收入、新兴产业拓渠道、就业扶贫促增收的“三种”产业发展格局。全县新发展农投公司17家、农民专业合作社523个、引进涉农企业46家、累计达到1847个，实现了每个行政村2家合作社全覆盖和带动所有建档立卡贫困户股份实化入社全覆盖；累计投入资金2.23亿元，实现了1.36万户未脱贫户产业资金折股量化带动全覆盖；累计投入到户产业以奖代补资金7558.42万元，实现了1.27万户有劳动能力和种养产业发展意愿的未脱贫户全覆盖。马铃薯种薯、中药材生产、蔬菜种植基地分别建成40万亩、40万亩、6.4万亩，开发建设农业观光体验区3处、田园综合体2处，形成了8大规模片带和134个种养业专业村。采取“公司+基地+农户”等多种经营模式，与全县5.2万户（其中贫困户2.5万户）农户建立了紧密的利益联结机制，全面落实农业保险政策，构建保险保本垫底保障体系，户均年稳定增收3000元以上。通过村级光伏电站收益、产业扶贫项目带动、“三变”改革入股分红等措施，87个村集体经济收入可达到5万元以上，全面消除集体经济“空壳村”。建设13个扶贫车间，开发乡村公益性岗位1567个，投入培训资金1885.3万元，开展各类培训7532人，有效提高了贫困群众创业致富的能力与水平。紧扣2020年全面建成小康社会的总目标，健全县乡村协同作战指挥机制，全员覆盖结对帮扶机制，责任落实机制，全员培训机制和督查考核机制“五项”推进机制，创新开展“周督查周通报月评比”制度，建立“一册一卡一清单”到户到人政策措施落实管理“三类”管理清单，脱贫攻坚体制机制更加顺畅，选派880名各级干部组建驻村帮扶工作队217个，组织4992名干部对所有未脱贫户实行全覆盖结对帮扶。同时，汇聚各类帮扶力量，构建形成了大扶贫格局。国扶办协调投入社会帮扶资金4824万元，协调引进德青源、天津红日、云南禾韵花卉公司建设产业扶贫项目。晋安区投入帮扶资金4788.36万元，欧美同学会投入各类帮扶资金物资365万元，省市各级帮扶单位协调落实项目和帮扶物资4029.4万元，全部用于全县脱贫攻坚。经市县核查验收，预计年内可实现4499户18472人脱贫，31个村达到退出标准。

【项目建设】抢抓国家政策叠加机遇，坚持以项目建设和招商引资稳增长、强支撑，大力推进项目建设，集中开工项目5批100项，总投资117.03亿元，完成投资51.4亿元。致力服务国家、省市重大项目，配合完成渭武高速、S227、S229渭源过境段项目建设及征地拆迁任务。致力推进项目建设，引进的天津红日集团与甘肃佛慈药业、北京德清源金鸡扶贫项目等一批项目相续建设开工。致力扩大招商推介，依托省市招商平台和重大招商活动，通过“海交会”、“兰洽会”、

"药博会"、"薯博会"等招商推介签约24项，落实到位资金23.21亿元。致力工业和工业集中园区发展集聚优势，新培育规上企业3家，省市龙头企业6家，GMP认证的企业28家，小微企业458家，工业产品中有6种产品获得"甘肃名牌"产品，5个商标被评为甘肃省著名商标。工业集中园区基本实现了"七通一平"，建成区面积达到3.6平方公里，入驻企业60家，总投资达到27.6亿元，园区企业在产业链条延伸、产能扩大以及技术改造提升上明显加快，工业集中区累计实现税收收入4425万元。

**【产业发展】**把产业作为壮大县域经济的关键支撑，在做精做强优特产业基础上，强化"551"模式，积极培育了"十大产业"发展体系。在全国第一个"农民丰收节"之际，召开"政银企社"产业对接会，有效解决涉农资金、产品购销等环节薄弱问题。马铃薯种薯方面，积极组织参加"薯博会"，签订合作协议8项9409.6万元。全县建设高标准马铃薯产业基地11处、种薯基地21800亩，引进48各原原种新品种，在五竹马铃薯种薯园流转土地28亩建成脱毒苗组培车间和繁育温室。中医药方面，成功举办了2018年"药博会"中药材产业扶贫论坛和全省中药材产业扶贫现场推进会。建设中药材标准化种植基地25万亩，建立标准化中药材种子种苗生产基地4万亩，落实中药材产值保险试点任务5万亩。草牧业方面，成立饲草料配送中心8个，建成的牧草良种基地、青贮玉米种植基地、多年生牧草基地、一年生牧草基地分别达到0.45万亩、5.02万亩、5.01万亩、1.8万亩，牛、羊、猪、鸡存栏量分别达到6.35万头、38.1万只、25.14万头、204.28万只，草牧畜产值达到19.18亿元。旅游方面，成功举办首届渭水文化旅游节和渭水文化美食节，打响渭河源旅游品牌。文体旅融合发展程度更深，渭河源、首阳山等核心景区功能更加完善，打造了上湾镇侯家寺村、锹峪镇峡口村等一批以水上、田园、休闲、康养为主题的区域化旅游景点。新发展高标准农家乐13户，新增床位740张，实施核心景区冬季免费开发和部分景区票价优惠政策，年旅游接待人数109.44万人，总收入4.7亿元。新型产业方面，深入推进国家电子商务进农村综合示范县项目建设，累计建成网店683家，网购平台2个，网销企业51家，物流配送网点188个，实现电子商务交易额达到6029万元。着力构建以智能光伏、生态农业、乡村旅游、转移就业为一体的全产业链光伏产业体系，新建光伏电站49个，总装机规模达到14.763兆瓦，新增扩容72个，总装机14.329兆瓦。积极培育食用菌、花卉林木、蔬菜等新兴富民产业，建成食用菌生产示范园区4个，新建花卉林木基地374亩，蔬菜种植达到6.4万亩。

**【城乡融合发展】**坚持规划先行，统筹推进中心城、小城镇和"美丽乡村"建设。按照"以河为魂、完善规划，提升功能、南游北居、闭环发展，会清一体、主动融入南向通道经济"的思路整体布局规划城市建设，完成《渭源县总体规划（2017—2035）》审稿编制，"多规合一"规划编制工作已完成前期资料收集及县城、各乡镇纲要，3个"千村美丽"示范村建设规划编制已完成。实施县城道路、火车站广场以及开发建设重点项目13项，总投资46.57亿元，目前完成投资6.5亿元。实施会川镇等5个乡镇小城镇建设项目9项，总投资12.56亿元。实施交通改造提升，建成S227渭源段、改造景区旅游路、祁家庙至峡城公路田家河至峡城段县乡工程，修建自然村组道路434公里，完成"畅返不畅"整治工程11条66.5公里，全县农村公路养护里程达到1042.12公里。全面加强城市管理，努力提升城市品质，在县电视台开辟了"渭源全域无垃圾综合治理"专栏，筹措资金61.5万元对县城区进行亮化工程提升，建成了一批贴近民生文化特色示范街，通过政府购买服务模式对县城区50万平方米道路外包，对乱设摊点、违建进行整治和拆除，清理各类小广告3万余条，拆除存量违法建筑14589平方米。规范煤供中心和一、二级配送网络体系。完成棚户区改造2222户，其中棚户区拆迁改造1221套，改造县城30处老旧楼1001套。危房改造开工建设2219户，新增停车位150个。建成省市县级美丽乡村示范村分别为34个，环境整洁示范村97个。

**【绿色发展】**结合打好污染防治攻坚战和渭源县生态建设十年规划，完善了《渭源县构建生态产业体系推动绿色发展崛起的实施意见》，对中央、省市环保督察交办和反馈的47项环保问题，全面进行整改。认真落实第二次全国污染源普查工作，投资9800万元完成14台锅炉的淘汰和20台清洁能源改造，对3台20蒸吨及以上燃煤锅炉进行了提标改造和在线监控设施安装。全面落实县乡村三级“河长+警长”制，全面划定水源地、禁养区红线，对县域内水源地内存在养殖、砂场等问题进行全面清查。深入推进全域无垃圾专项治理行动，政府投资2300万元开展全域无垃圾综合治理城乡一体化县财政列支2027万元在12个乡镇建设垃圾低温磁化热解站1座。认真践行“绿色青山就是金山银山”理念，全县完成林业生态绿化6.68万亩，道路绿化204.38公里，义务植树330万株，全县森林覆盖率达到15.66%，空气质量优良率保持在90%以上，地表水、饮用水、出境水达标率均为100%。

**【社会民生】**围绕群众关注关心的民生问题，着力解民忧、惠民生、暖民心，群众的获得感、幸福感、安全感不断增强。通过了国家义务教育均衡化验收，争取中央、省级等项目资金13171万元，实施9类项目，建设校（园）舍43104平方米，硬化运动场地161830平方米。出台渭源县“健康渭源2030”规划，全县城乡居民参保率达到98.7%。落实了3所县级公立医院综合改革自主权，建成8个中医馆和1个县医联诊疗中心。积极开展“春风行动”等各类就业服务活动16场次，全县输转劳动力6万人，实现劳务收入10.81亿元，分别向新疆兵团转移安置65户210人，向福州输转515人。企业职工养老、城镇职工医疗、生育、工伤和失业保险参保人数分别达到2944人、13423人、10828人、9800人和9634人。全县共救助困难群众5116人，发放医疗救助金1310万元，对重点优抚对象1889人，发放各类优抚资金790万元。投资1339万元建设了县救助物资储备库、渭源县儿童福利院、未成年人救助保护中心和救助管理站。县城文化综合场馆及馆前广场、体育馆等地标性建筑工期进入扫尾，35个村级乡村舞台完成了改造升级，开展“中国梦”主题教育实践活动、文化大戏台、文明社会风尚行动，有效满足了群众多层次文化需求。全县受理各类信访事项131件，同比下降40.7%。扎实推进“平安渭源”建设，严格落实“党政同责、一岗双责、齐抓共管、失职追责”安全生产责任体制，严格落实食品药品监管责任制，开展扫黑除恶专项斗争和禁种铲毒工作，围绕12类重点打击对象，排摸出问题线索54条，共打掉涉恶团伙3个，破获刑事案件18起，治安案件7起。

**【重点领域改革】**始终坚持问题导向，以改革破难题、以开放促发展，持续推动关键领域改革。深化供给侧结构性改革，全面落实“三去一降一补”，着力化解行业过剩产能，培育花卉、食用菌等新兴产业，健全租购并举的住房制度，开展增量配电促进电能并网，扩大优质增量供给，满足不同群体消费需求。深化“放管服”改革，深入开展“四办”改革，改造搬迁政务服务大厅1700平方米，公布县级政务服务事项851项（行政权力事项377项，公共服务事项63项，便民服务事项411项），县级“最多跑一次”事项697项。全面落实“营改增”等结构性减税政策，积极推进金融服务创新，延伸农村服务网络，创新金融服务产品，探索通过互助资金增信、扶贫资金支持、保险机构参与等方式撬动聚合金融资本服务“三农”，推行PPP融资模式，发挥国有投融资公司融资平台作用，加强与国开行对接争取专项建设基金，积极推进政府购买服务，引导社会资本、民间资本广泛参与基础设施建设和公用事业发展。深化社会事业领域改革，继续推进教育文化、医疗卫生、社会治理、社会保险等改革，满足人民日益增长的美好生活需要。

**【自身建设】**牢固树立和自觉践行“四个意识”，政府系统政治建设和意识形态工作不断加强，“两学一做”学习常态化制度化深入推进，党员干部理想信念更加坚定、党性更加坚强。自觉接受人大、政协监督，认真办理人大代表议案、政协委员提案，把人大、政协意见建议落到实处。强化督查督办，渭源县广播电视台开辟“新时代、新气象、新作为——抓落实进行时”专栏，对落实不力的人和事在“曝光台”和“说清楚”栏目进行公开曝光和承诺。认真贯彻落实中央八项规定精神及省市委各项规定，严格落实党风廉政建设“一岗双责”，深入开展“转变作风改善发展环境建设年”“脱贫攻坚作风建设年”活动，对照省政府“十不准”规定，强化追责问责力度，全县受理处置线索541件，立案审查154件285人，结案118件215人，留置3起4人，移送检察机关依法审查提起公诉3件4人，纪律处分215人。中央巡视“回头看”、省委巡视反馈意见整改和中央、省市重大决策部署落实取得了实效，行政效能和政府执行力不断提升。

## 县政府常务会议

县政府第24次常务会议　2018年1月2日，县政府县长蔺红军主持召开县政府第24次常务会议。会议研究了县农牧林业局提交的《关于上报渭源县东西部扶贫协作光伏扶贫建设项目“三变”（资金变股金）收益权分配方案的报告》。会议研究了县民政局提交的关于上报《渭源县扶贫领域资金管理办法（试行）》的报告、关于调整渭源县“7·26”暴洪灾害救灾资金使用方案的请示、关于对全县156户分散供养特困家庭进行临时救助的请示、关于分配2017—2018年冬春生活困难救助补助资金的报告、关于对聂正清等36户家庭进行临时救助的请示。会议还就当前重点工作进行了安排。

县政府第25次常务会议　2018年1月3日，县政府县长蔺红军主持召开县政府第25次常务会议。会议组织学习了《中共甘肃省委办公厅甘肃省人民政府办公厅关于认真学习贯彻〈统计违纪违法责任人处分处理建议办法〉的通知》（秘密）。会议研究了县扶贫办提交的关于渭源县深度贫困县脱贫攻坚帮扶资金实施方案的报告、关于渭源县“一事一议”和村级集体经济发展资金分配方案的报告、渭源县脱贫攻坚实施方案（2018—2020年）。会议研究了县林业中心提交的《关于上报渭源县2017年重点公益林森林生态效益补偿基金和天然林资源保护工程财政专项提标资金补偿方案的报告》。

县政府第26次常务会议　2018年1月20日，县政府县长蔺红军主持召开县政府第26次常务会议。会议组织学习了中共中央国务院关于实施乡村振兴战略的意见（2018年中央1号文件）、中共甘肃省委办公厅甘肃省人民政府办公厅关于印发《中共甘肃省委常委会贯彻中央八项规定实施细则的实施办法》的通知。会议研究了县维稳办《渭源县在应对涉政法重大敏感案事件中同步做好依法处理、社会面管控、舆论引导的实施细则（审议稿）》。会议研究了县发改局提交的关于渭源县“一事一策”行动方案的报告、关于解决渭源县易地扶贫搬迁项目前期费的报告。会议研究了县农牧林业局提交的关于上报渭源县农村集体资金资产资源管理办法的报告、关于上报渭源县开展资金资产资源清产核资工作实施方案的报告。会议研究了县商务局关于渭源县粤龙药业有限公司拟在渭源县会川工业园区建设地产中药饮片加工生产线项目的报告。会议研究了县住建局提交的渭源县全域无垃圾长效机制工作方案（讨论稿）、关于返还清源路北侧棚户区改造项目土地出让金有关事宜的报告。会议研究了县卫计局、财政局《关于上报渭源县基层医疗卫生机构财务和预算管理实施细则的报告》。会议研究了《2018年提请县人大常委会讨论决定重大事项清单》。会议研究了编制方面关于全县机关事业单位抽调、借调和挂职人员情况汇报、关于提请审议渭源县机关事业单位控编减编工作方案的请示。会议研究了有关资金事宜。会议研究了县人社局提交的相关人事事宜。

**县政府第27次常务会议**　2018年1月29日，受县政府县长蔺红军委托，县政府常务副县长张拴宝主持召开县政府第27次常务会议。会议组织学习了《关于印发甘肃省实施〈中国共产党党委（党组）理论学习中心组学习规则〉办法的通知》。会议研究了《渭源县人民政府政务督查工作制度》。会议研究了《中共渭源县人民政府党组班子2017年度民主生活会方案》。会议研究了县科技局《关于推荐表彰全省科技特派员管理工作先进集体和优秀特派员的报告》。会议研究了县残联《关于渭源县残疾人联合会第七届主席团一次会议推举理事长、副理事长的请示》。会议研究了相关人事事宜。

**县政府第28次常务会议**　2018年2月7日，县政府县长蔺红军主持召开县政府第28次常务会议。会议组织学习了中国共产党第十九届中央委员会第二次全体会议精神、《中共中央政治局贯彻落实中央八项规定实施细则》、习近平同志在第十九届中央纪律检查委员会第二次全体会议上的讲话、赵乐际同志在第十九届中央纪律检查委员会第二次全体会议上的报告。会议听取了2017年全县安全生产工作汇报及2018年工作打算。会议研究了县民政局《渭源县扶贫领域项目资金落实公开公示办法（试行）》。会议研究了县国土局《关于审批定临高速公路项目（渭源段）施工临时用地的请示》。会议研究了县卫计局提交的关于对2017年全县各乡镇人口和计划生育工作考核情况的通报的报告、关于兑现2017年人口和计划生育工作奖惩的请示。会议研究了有关资金和人事事宜。会议还就梁家坪砖厂整治工作、县中医院周边环境卫生综合整治、县城一号桥和三号桥人行道护栏安装、对县林业中心护林员管理专项督查等有关工作进行了安排部署。

**县政府第29次常务会议**　2018年3月5日，县政府县长蔺红军主持召开县政府第29次常务会议。会议研究了县综合目标办《2017年度综合目标考核结果及奖惩意见》。会议研究了县政府督查室《2018年度政府目标管理责任书》。会议研究了县物价局《关于上报在市场体系建设中建立公平竞争审查制度实施方案的报告》。会议研究了县扶贫办《关于上报渭源县2018年第一批财政专项扶贫资金项目计划的报告》。会议研究了县发改局提交的关于调整上湾镇2016年第二批易地扶贫搬迁资金的报告、关于申请审批渭源县“十三五”第一批光伏扶贫项目实施方案的请示。会议研究了县民政局提交的《关于上报推进防灾减灾体制机制改革的实施意见（审议稿）》的报告、关于申请转发《渭源县关于进一步修订完善医疗救助制度意见》的请示、关于对王存斌等26户家庭进行临时救助的请示。会议研究了县国土局提交相关的关于审批渭武高速公路路面工程第一合同段施工临时用地的请示、关于划拨渭源县火车站站前广场建设用地的请示、关于收回储备并公开出让路园镇三河口村原渭源县农机学校国有建设用地使用权的请示。会议研究了县司法局提交的《关于渭源县“七五”普法考评方案的请示》。会议研究了县教体局提交的关于申请财政收回教育项目建设资金重新使用的方案、关于对清源镇红岘村幼儿园和清源镇红岘小学2016年全面改薄项目整合的请示、关于渭源一中等三所学校资金使用方案的请示、关于义教均衡县级资金使用方案的报告。会议研究了县交运局提交的关于渭源县峡口村至上峡口上峡口至网子厂公路建设工程增加工程量及工程费用的请示、关于渭源县2018年自然村组道路及村组主巷道建设项目计划的请示。会议研究了县财政局提交的渭源县

2018年部门预算编制情况和有关资金事宜。会议研究了县人社局提交相关事宜。会议研究了县政府办公室提交的关于调整县政府部分领导分工建议的报告、关于县政府副县长王敏同志分管工作代管分工建议的报告。会议研究了县扶贫办《渭源县2018年乡镇及重点单位脱贫攻坚目标责任书》。会议研究了县金融办《关于兑现2017年度县政府金融奖的报告》。会议研究了县扶贫办《关于更换渭源县聚源产业开发有限公司法人的请示》。

**县政府第30次常务会议** 2018年3月16日，县政府县长蔺红军主持召开县政府第30次常务会议。会议研究了县住建局提交的关于对渭源县原苗圃北侧及周边部分用地规划变更的请示、关于渭源县2018年棚户区（城中村）改造项目（一期）借款资金管理使用的请示。会议研究了县编办《关于上报〈渭源县推行“一窗办一网办简化办马上办”改革实施方案〉的报告》。会议研究了县水务局《关于渭源县农业综合开发石门中型灌区节水配套改造项目设计变更的报告》。会议研究了县农牧林业局提交的关于上报渭源县马铃薯产业扶贫项目实施方案的报告、关于上报渭源县中药材产业扶贫项目实施方案的报告、关于上报渭源县蔬菜产业扶贫项目实施方案的报告、关于上报渭源县食用菌产业扶贫项目实施方案的报告、关于上报渭源县裕兴农业投资有限责任公司组建方案的报告、关于推荐渭源县正源扶贫开发有限公司董事长人选的报告。会议研究了县扶贫办提交的关于上报《渭源县创新互助资金运行管理实施方案》的报告、关于申请拨付渭源县金鸡扶贫项目用地（路园镇三河口村养殖场）转让费的报告。会议研究了县国土局《关于划拨渭源县特殊教育学校建设用地的请示》。会议研究了县质监局《关于兑现县政府质量奖的请示》。会议研究了有关资金和人事事宜。会议就当前重点工作进行了安排。

**县政府第31次常务会议** 2018年4月17日，县政府县长蔺红军主持召开县政府第31次常务会议。会议组织学习了习近平、汪洋、胡春华同志关于脱贫攻坚工作的讲话精神，学习了省、市脱贫攻坚领导小组会议精神。会议研究了县政府办公室《关于调整县政府部分领导分工及部分领导工作分工代管的意见》。会议听取了全县全域无垃圾工作情况汇报，安排部署下一阶段工作。会议听取了全县2010—2018年道路建设项目工程质量安全隐患拉网排查工作情况汇报，安排部署下一阶段工作。会议听取了全县扫黑除恶专项斗争工作进展情况汇报，安排部署下一阶段工作。会议研究了县教体局《关于印发渭源县进一步加强控辍保学提高义务教育巩固水平的实施方案的报告》。会议研究了县编办提交的关于上报《渭源县深化行政审批制度改革方案》的报告、关于成立渭源县市政管理服务中心的报告。会议研究了县发改局《关于申请收回新寨镇2014年易地扶贫搬迁项目未落实指标的报告》。会议研究了县农牧林业局关于上报渭源县农村“三变”改革试点工作实施方案的报告、关于上报渭源县马铃薯产业精准扶贫三年行动工作方案的报告、关于上报渭源县蔬菜产业精准扶贫三年行动工作方案的报告、关于上报渭源县中药材产业精准扶贫三年行动工作方案的报告、关于上报渭源县粮食生产功能区划定工作方案的报告。会议研究了县畜牧中心提交的关于上报渭源县牛羊草三大产业精准扶贫三年行动工作方案的报告、关于上报渭源县草牧业扶贫项目实施方案的报告、渭源县金鸡专项扶贫项目合作协议书、关于调整渭源县德青源金鸡扶贫项目领导小组成员的报告、关于申请对2018年生猪家禽奶牛标准化规模养殖项目资金整合的报告。会议研究了县扶贫办提交的关于提交《渭源县2018年东西部扶贫协作福州市晋安区帮扶资金分配方案》的报告、关于提交峡城乡扶贫项目调项的报告、关于提交大安乡扶贫项目调项的报告。会议研究了县水务局《关于渭源县2018年度河道采砂权公开出让的请示》。会议研究了县水保局提交的关于变更国家水土保持重点工程渭源县杨家寺小流域综合治理项目的请示、关于变更国家水土保持重点工程渭源县杜家铺小流域综合治理项目的请示。会议研究了县卫计局《关于上报渭源县乡镇卫生院院长竞聘上岗实施方案的报告》。会议研究了县商务局提交的关于上报2018年度招商引资任务分解情况的报告、关于兑现2017年全县电子商务扶持奖励资金的报告、关于对《渭源县电子商务与现代物流产业融合发展扶持奖励政策（修改草案）》进行审查的报告。会议研究了县司法局《关于渭源县国家机关"谁执法谁普法"普法责任制实施方案的报告》。会议研究了县公安局《关于确定渭源富民机动车驾驶人场地考试培训服务有限公司机动车驾驶人科目三渭源考试路段的报告》。会议研究了县住建局提交的关于调整县城市基础设施配套费收费标准的请示、渭源县全域无垃圾综合治理补充实施意见。会议研究了县政府办公室提交的强化督查抓落实工作办法、2018年县政府督查工作方案、关于深化"放管服"改革推进政府职能转变的实施意见、渭源县政府领导班子2017年度民主生活会查摆问题整改落实方案。会议研究了县财政局提交的关于渭源久唯电商物流公共服务有限公司解除县国资局股东资格的报告、关于调整渭源县政务服务中心政务大厅的报告、关于上报县医院申请拆除旧县医院东侧危房的报告、有关资金事宜。会议研究了有关人事事宜。会议还就当前重点工作进行了安排部署。

**县政府第32次常务会议**　2018年5月18日，县政府县长蔺红军主持召开县政府第32次常务会议。会议组织学习了《唐仁健省长在省政府第一次廉政工作会议上的讲话精神》、《市环委办关于进一步做好〈中华人民共和国水污染防治法〉宣传工作的通知》。会议研究了公务用车制度改革相关工作。会议研究了县发改局提交的关于对渭源县"十三五"时期易地扶贫搬迁项目资金管理办法（修订）和2018年易地扶贫搬迁进城安置实施细则进行审查的报告、关于对渭源县2018年易地扶贫搬迁实施方案进行审查的报告、关于将新寨镇2014年易地扶贫搬迁项目中新寨村和姚集村配套村委会项目资金进行整合的请示、关于申请简化和下放政府投资项目变更、资金审批有关事项的请示、关于调整渭源县公安局会川等7个派出所业务用房灾后恢复重建项目结余资金用途的请示。会议研究了县农牧林业局提交的关于上报《关于全县培育特色产业助推精准扶贫的实施意见》的报告、关于上报渭源县贫困村农民合作社全覆盖三年行动工作方案的报告。会议研究了县教体局提交的《关于印发渭源县进一步加强控辍保学提高义务教育巩固水平的实施方案的报告》。会议研究了县住建局提交的关于上报渭源县2018年农村危房改造实施方案的报告、关于对拟建渭源县城东加油站用地规划变更的请示。会议研究了县政务服务中心《关于上报渭源县政务服务大厅搬迁方案的报告》。会议研究了县工信局《关于上报渭源县工业转型升级"一企一策"行动方案（讨论稿）的报告》。会议研究了县国土局提交的关于收回储备并公开出让县城北大路西段部分国有建设用地使用权的请示、关于储备并公开出让会川镇西关村两宗国有建设用地使用权的请示、关于划拨渭源县会川镇城区生活污水处理工程建设用地的请示、关于会川镇青年路西侧棚户区改造变更建设用地使用权的请示。会议研究了县教体局《关于解决义务教育均衡发展缺口资金的报告》。会议研究了县审计局《关于渭源县2018年度审计工作计划的报告》。会议研究了县政府办公室《渭源县人民政府关于深入开展"转变作风改善发展环境建设年"活动工作贯彻落实方案》。会议研究了有关编制事宜。会议研究了有关资金事宜。会议研究了县人社局提交的关于渭源县2018年脱贫攻坚农村劳动力培训工作实施方案的报告和有关人事事宜。

**县政府第33次常务会议**　2018年5月28日，县政府县长蔺红军主持召开县政府第33次常务会议。会议组织学习了《中华人民共和国民法总则》。会议研究了《关于调整县政府部分领导工作分工的意见》。会议研究了县扶贫办提交的关于提交渭源县2018年第二批财政专项扶贫资金项目安排方案的报告、关于提交秦祁乡和大安乡2018年第一批财政专项扶贫资金项目调整的报告、关于提交需要收回的专项扶贫资金项目结余资金清单及安排意见、关于提交2018年第一批财政专项扶贫资金项目实施方案的报告、关于提交渭源县2018年东西部扶贫协作帮扶项目实施方案的报告、关于提交渭源县村级互助资金退出管理办法（试行）的报告、关于拆除金鸡产业扶贫项目场地内地上主要附着物的请示》。会议研究了县农牧林业局提交《关于申请转报〈渭源县正源扶贫开发有限公司关于建设渭源县光伏扶贫建设项目（一期工程）会川园区6.38兆瓦光伏电站35千伏升压站及输出工程的报告〉的报告》。会议研究了县住建局提交的关于审批渭源县城区集中供热改造方案的报告、关于转借棚户区改造配套基础设施建设供热项目资金的请示。会议研究了县国土局提交的关于储备并公开出让县城北大路东段两宗国有建设用地使用权的请示、关于审批渭源县祁家庙至峡城公路田家河至峡城段道路改造工程施工临时用地的请示、关于储备并公开出让县城工业园区一宗国有建设用地使用权的请示。会议研究了县交运局提交的关于申请研究渭源县蒲川河桥至下天井峡公路改建工程新增延伸段1.14公里建设方案的请示、关于整合县级养护经费建设周华寨桥的报告、关于征求S227渭源至五竹旅游公路及五竹至渭河源景区旅游公路规划选址意见的报告。会议研究了有关人事事宜。会议还就当前工作进行了安排部署。

**县政府第34次常务会议** 2018年6月12日，县政府县长蔺红军主持召开县政府第34次常务会议。会议组织学习了《中华人民共和国反不正当竞争法》。会议研究了县扶贫办提交的关于上报实施乡村振兴战略做好农业农村工作安排意见的报告，关于峡城乡秋池湾村、麻家集镇袁家河村和会川镇干乍村省级美丽乡村建设实施方案的报告。会议研究了县农牧林业局提交的关于上报渭源县产业扶贫项目“三变”改革合作经营主体遴选方案、入股合同、量化入股协议的报告，关于上报渭源县农村产权交易中心组建方案的报告，关于上报渭源县产业扶贫种养业到户项目以奖代补实施方案的报告。会议研究了县卫计局《关于渭源县“健康渭源2030”规划的报告》。会议研究了县国土局《关于储备并公开出让县城东区火车桥墩东侧一宗建设用地使用权的请示》。会议研究了县安监局《关于上报渭源县甘肃昊源工贸有限责任公司渭源分公司“1·11”电击一般事故调查情况的报告》。会议研究了县民政局提交的关于出租康怡敬老院的报告、关于对李树荣等17户家庭进行临时救助的请示。会议研究了县残联《关于将县儿童福利院用作残疾儿童康复中心康复服务场所的请示》。会议研究了县政府办公室提交的渭源县电子民生平台工作考核细则（试行）、关于省委第二巡视组反馈意见的整改落实方案。会议研究了县编办《关于明确车改后人员编制管理有关事宜的报告》。会议研究了县财政局提交的关于调拨渭源县正和城市建设投资经营有限责任公司等4家国有企业业务用车的请示、关于上报统筹整合财政涉农资金项目安排及各项实施方案的报告以及关于建议将统筹整合2018年农村综合改革转移支付资金安排到产业到户奖补项目的报告以及有关资金事宜。会议研究了有关人事事宜。会议还就县政府党组各成员落实党风廉政建设相关要求进行了强调。

**县政府第35次常务会议** 2018年7月10日，县政府县长蔺红军主持召开县政府第35次常务会议。会议组织学习了《中共中央国务院关于打赢脱贫攻坚战三年行动的指导意见》（秘密）、习近平总书记、李克强总理等领导同志关于脱贫攻坚指示精神。会议组织学习了《中共甘肃省委办公厅关于对脱贫攻坚工作中省财政厅和省人社厅不担当不作为干部问责处理的通报》、《中共甘肃省委办公厅甘肃省人民政府办公厅关于严格执行会议请假制度严肃会风会纪的通知》、《中共甘肃省委办公厅甘肃省人民政府办公厅印发关于构建亲情新型政商关系的意见的通知》、市环境保护委员会2018年第三次会议暨迎接省级环保督查工作会议精神、《中华人民共和国中医药法》。会议研究了县政府办公室《关于调整县政府部分领导工作分工的意见》。会议听取了全县易地扶贫搬迁工作汇报，并安排下一阶段工作。会议听取了全县财政资金整改落实工作汇报，并安排下一阶段工作。会议研究了县农牧林业局《关于上报渭源县发展壮大村级集体经济的实施意见的报告》。会议研究了县扶贫办《关于对渭源县干乍惠民种养业专业合作社和渭源县杨家寺惠民种养殖专业合作社世行六期扶贫项目个别分项目进行调整的请示》。会议研究了县金融办《关于渭源县精准扶贫小额贷款管理细则（审议稿）的报告》。会议研究了县食药局提交的关于上报《关于进一步加强“地沟油”治理工作实施方案》的报告、关于上报《渭源县餐饮业质量安全提升工程实施方案》的报告、关于上报《渭源县创建食品安全示范城市工作方案》的报告、关于上报《关于进一步加强食品药品安全工作的实施意见》的报告。会议研究了县发改局《关于对渭源县祁家庙镇等乡镇易地扶贫搬迁项目配套工程进行调整的请示》。会议研究了县科技局提交的关于推荐全市优秀科技特派员的报告、关于全市科技大会上拟表彰奖励对象的报告。会议研究了县国土局《关于依法办理五竹等五处供电服务站用地手续及补交出让金的请示》。会议研究了县住建局党组《关于对天水审计局审计有关问题相关责任人进行问责的报告》。会议研究了五竹镇《关于解决S227渭源至五竹至渭河源景区旅游公路建设补充征地资金的报告》。会议研究了清源镇《关于申请解决征地补偿款的报告》。会议研究了有关资金事宜。会议研究了县人社局提交的关于2017年全县公务员、事业人员、工勤人员考核工作情况的报告、有关人事事宜。会议研究了县脱贫攻坚领导小组办公室提交的关于提交2018年县级预算安排财政专项扶贫资金项目安排方案的报告、关于提交2018年第三批财政专项扶贫资金项目安排方案的报告。会议还就当前全县脱贫攻坚、经济指标、防汛安全工作进行了安排。

**县政府第36次常务会议**　2018年7月19日，县政府县长蔺红军主持召开县政府第36次常务会议。会议研究了县畜牧中心《渭源县产业扶贫养殖业到户项目以奖代补补充实施方案》。会议研究了县人社局提交的关于上报《渭源县2018年开发第二批乡村公益性岗位实施方案》的报告、关于上报《渭源县乡村公益性岗位管理办法（试行）》的报告。会议研究了县发改局《关于解决上湾镇等乡镇2016—2017年易地扶贫搬迁项目征地费用的报告》。会议研究了县住建局《关于对渭源县县域乡村建设规划进行批复的请示》。会议研究了县扶贫办提交的关于渭源县脱贫攻坚财政扶贫资金产业扶贫到户达标工作方案的报告、关于2018年市级财政专项扶贫资金项目安排方案的报告、关于上报渭源县东西部扶贫协作2018年第二批帮扶资金项目计划的报告、关于2017年第一学年雨露计划“两后生”结余资金调整的报告以及有关人事事宜。会议听取了全县易地扶贫搬迁、财政资金报账和教育保学控辍工作汇报。

**县政府第37次常务会议**　2018年7月31日，县政府县长蔺红军主持召开县政府第37次常务会议。会议研究了县人武部《关于表彰2017年度征兵工作先进单位和先进个人的报告》。会议研究了县发改局提交的关于申请解决2016年、2017年易地扶贫搬迁住房面积不达标补建资金的报告、关于申请对《渭源县十三五时期易地扶贫搬迁项目资金管理办法（修订）》进行修改的请示、关于解决路园镇“十三五”期间易地扶贫搬迁项目集中安置点农电线路工程资金的请示。会议研究了县住建局《关于渭源县首阳路东段拓宽改造工程增加工程量的报告》。会议研究了县扶贫办提交的关于上报统筹整合资金调整项目实施方案的报告、关于上报统筹整合财政涉农资金项目计划的报告、关于渭源县省级深度贫困县脱贫攻坚帮扶资金计划及实施方案的报告、关于渭源县东西部扶贫协作2018年市级统筹资金金鸡产业扶贫和扶贫车间项目计划的报告、关于上报2018年第三批财政专项扶贫资金和东西部扶贫协作帮扶资金及县级预算财政专项资金项目实施方案的报告、关于上报渭源县精准扶贫小额贷款贴息项目实施方案的报告、关于提交渭源县精准扶贫建档立卡贫困户自来水入户工程实施方案的报告、关于上报渭源县2018年东西部协作对口帮扶肉羊、肉牛、中蜂养殖增收项目实施方案的报告、关于上报渭源县产业扶贫已脱贫户种养业到户补助项目实施方案的报告、关于上报渭源县市级帮扶贫困村产业发展项目实施方案的报告、关于上报渭源县2018年第二批东西部扶贫协作帮扶资金就业扶贫车间项目实施方案的报告、关于上报渭源县2018年第三批财政专项扶贫资金就业扶贫车间项目实施方案的报告、关于渭源县2018年脱贫攻坚农村劳动力实用技术培训工作实施方案的报告、关于渭源县2018年脱贫攻坚农村劳动力技能培训工作实施方案的报告、关于2018年市级专项扶贫资金乡村公益性岗位补贴资金项目实施方案的报告、关于上报渭源县东西部协作2018年第二批帮扶资金“扶贫车间”项目实施方案的报告、渭源县关于打赢脱贫攻坚战三年行动实施方案（讨论稿）。会议研究了县财经局提交有关资金事宜。会议研究了有关人事事宜。会议还就环保督查相关事宜进行了安排部署。

**县政府第38次常务会议** 2018年8月6日，县政府县长蔺红军主持召开县政府第38次常务会议。会议组织学习了《中华人民共和国宪法》《中华人民共和国公共文化服务保障法》《中华人民共和国图书馆法》。会议研究了县教体局提交的关于建议召开全县教育工作暨教师节表彰大会的报告、关于建议表彰全县教育工作先进集体和先进个人的报告、关于上报2018年渭源县公开选调教师实施方案的报告、关于推荐2018年定西市教育工作先进集体和先进个人的报告。会议研究了有关人事事宜。会议还就全县粮食安全工作进行专项安排。

**县政府第39次常务会议** 2018年8月27日，县政府县长蔺红军主持召开县政府第39次常务会议。会议组织学习了《中华人民共和国宪法（第三章至第四章）》。会议听取了县发改局关于全县易地扶贫搬迁工作汇报、县财政局关于全县财政项目资金支出进展情况工作汇报。会议研究了县国土局《关于审批S229榆中至陇西公路蒲滩至何家沟（渭陇界）段公路改造工程项目临时用地的请示》。会议研究了县发改局《关于上湾镇暂借征地费用的报告》。会议研究了渭河源大景区管委会《关于申请调整渭源县渭河源文化旅游投资开发有限公司法人的报告》。会议研究了县扶贫办提交的关于渭源县开展农村村级公益性设施共管共享工作实施方案、关于2018年财政专项及县级预算安排扶贫资金项目调整的报告。会议研究了县民政局《关于上报渭源县2018年自然灾害救助补助资金发放方案的报告》。会议研究了县交运局提交的关于整合有关项目资金实施田家河至麻家集县乡道改造工程的请示、关于解决S229线榆中至陇西公路蒲滩至何家湾段工程建设征地拆迁补偿资金的报告。会议研究了县农牧林业局提交的关于上报《构建生态产业体系推动绿色发展崛起的实施意见》的报告、关于中国驰名商标“渭源白条党参”管理使用办法的报告。会议研究了县金鸡项目指挥部《关于上报〈渭源县金鸡产业扶贫建设项目管理办法〉的报告》。会议研究了县林业中心《关于上报2018年中央财政林业改革发展资金整合使用意见的报告》。会议研究了县总工会《关于调整渭源县财政预算工会经费划拨比例和办法的请示》。会议研究了五竹镇《关于上缴中央财政移民搬迁补助资金五竹镇安置区项目产业收益分红结余资金的报告》。会议研究了会川镇提交的关于申请批复《渭源县2012年第4批次城镇建设用地房屋征收补偿方案》的报告、关于变更增加会川镇城区生活污水处理工程新城挖尕节至东关十字段截污官网工程的报告。会议研究了县财政局提交的关于听取定西至临洮高速公路PPP项目渭源县财政承受能力情况的报告、关于县教育体育局申请拆除会川国泰君安渭源希望小学等学校危旧教学楼的报告、有关资金事宜。会议传达了县委《关于对精准扶贫劳动力培训工作进行督办通知》，研究了整改落实意见。会议研究了有关人事事宜。

县政府第40次常务会议　2018年9月3日，县政府县长蔺红军主持召开县政府第40次常务会议。会议组织学习了省委办公厅《关于对脱贫攻坚工作中镇原县和临夏县不担当不作为干部问责处理的通报》（秘密）、省委办公厅《关于认真对照十九届中央第一轮巡视反馈问题深入开展自查自纠活动的通知》（秘密）、中共定西市委《关于认真对照十九届中央第一轮巡视反馈问题深入开展自查自纠工作方案》（秘密）、《中华人民共和国土壤污染防治法》。会议传达学习了全国禁毒工作会议精神，安排部署了下阶段工作。会议听取全县扫黑除恶工作汇报。会议听取全县道路交通安全工作汇报，安排部署了下一步工作。会议听取全县易地扶贫搬迁工作汇报、全县资金报账工作汇报。会议研究了县卫计局《关于停止执行建档立卡贫困户重大疾病患者全面救助制度和大病救助基金兜底救助制度的报告》。会议研究了县文广局《关于公布渭源县各级不可移动文物安全管理清单的报告》。会议研究了县扶贫办《关于渭源县贫困村村级光伏扶贫电站收益分配管理办法的报告》。会议研究了县农牧林业局《关于渭源县2018—2020年农业保险助推脱贫攻坚实施方案的报告》。会议研究了县水务局《关于解决渭源县北部农村饮水安全扩建工程资金的报告》。会议研究了县商务局《关于渭源县招商引资工作机制的报告》。会议研究了县国土局《关于给清源镇等八个乡镇拨付地质灾害应急救灾资金的报告》。会议研究了县财政局《关于申请调整锹峪镇统筹整合资金项目的报告》。会议研究了有关人事事宜。

县政府第41次常务会议　2018年9月25日，县政府县长蔺红军主持召开县政府第41次常务会议。会议组织学习了《中国共产党纪律处分条例》。会议听取了县财政局关于全县财政项目资金报账工作汇报。会议研究了县金融办《关于渭源县精准扶贫专项贷款到期回收和续贷实施方案的报告》。会议研究了县国土局提交的关于储备并公开出让田家河乡元古堆村一宗国有建设用地使用权的请示、关于审批G310线陇西至临洮公路工程临时用地的请示、关于渭源县2018年城乡建设用地增减挂钩工作实施意见的报告。会议研究了县发改局提交的关于申请使用渭源县光伏扶贫建设项目（一期工程）结余的省预算内基建资金的报告、关于申请审批《渭源县“十三五”第一批光伏扶贫（新增）村级电站扩容建设项目实施方案》的请示。会议研究了县审计局《关于渭源县党政机关主要领导干部离任经济责任事项交接办法（试行）的报告》。会议研究了县农牧林业局《关于上报渭源县打赢产业扶贫攻坚战三年行动方案的报告》。会议研究了县扶贫办提交的关于提交2018年县级预算安排扶贫资金及替换调整项目计划的报告、关于进一步加强国务院扶贫办定点扶贫渭源县工作实施方案的报告。会议研究了县民政局提交的关于对常海明等20户家庭进行临时救助的请示、关于对2017年转业士官江龙等5名同志进行岗位安置的报告、关于申请安置王顺军同志工作岗位的报告。会议研究了县目标办《渭源县2018年度综合目标管理责任书考核奖惩办法》。会议研究了县财政局提交的关于上报渭源县2018年脱贫攻坚资金整合实施方案的报告以及有关资金事宜。会议研究了有关人事事宜。

**县政府第42次常务会议**　2018年10月17日，县政府县长蔺红军主持召开县政府第42次常务会议。会议组织学习了《中共甘肃省委办公厅甘肃省人民政府办公厅关于甘肃祁连山国家级自然保护区神树水电站整改问题及其教训的通报》、省委办公厅《马廷礼在甘宁青宗教工作联席会议上的讲话精神》（秘密）。会议传达学习了定西市工业发展暨经济开发区（工业集中区）建设大会精神，并研究了贯彻落实工作。会议听取了县财政局全县财政项目资金支出进展情况的汇报。会议研究了县扶贫办提交的关于提交2018年产业扶贫到户余量资金及秦祁乡结余资金重新安排用于脱贫攻坚项目的报告、关于调整渭源县东西部扶贫协作2018年第二批帮扶资金项目计划的报告、关于提交对渭源县五竹田园牧歌养殖专业合作社世行六期扶贫项目农产品智能销售终端系统分项目进行调项的请示、关于提交渭源县2018年财政专项及县级预算安排扶贫资金调整资金“金鸡”产业扶贫项目实施方案的报告、关于提交渭源县2018年度脱贫攻坚奖励资金发放工作实施方案的报告、关于提交渭源县2018年新增县预算安排财政专项扶贫资金花卉产业扶贫项目实施方案的报告、关于提交2018年秦祁乡铜钱村光伏电站所有权置换实施方案的报告、关于提交渭源县2018新增整合涉农资金1784万元建设“十三五”第一批光伏扶贫（新增）村级电站扩容项目实施方案的报告、关于提交渭源县北寨镇贫困村产业发展项目实施方案的报告。会议研究了县财政局《关于废止渭源县2017—2018年政府集中采购目录和采购限额标准的请示》。会议研究了有关人事事宜。会议还就2019年项目谋划、扶贫领域项目建设和问题整改、全县冬季供热采暖、2018年扶贫验收和年终目标考核、2019年政府工作报告起草等工作进行了安排。

**县政府第43次常务会议**　2018年11月9日，县政府县长蔺红军主持召开县政府第43次常务会议。会议组织学习了《习近平同志在十九届中央政治局第八次集体学习时的讲话》（秘密）、《中共定西市委办公室定西市人民政府办公室关于安定区新集乡田坪村易地扶贫搬迁项目房屋质量问题调查处理情况及其教训警示的通报》（秘密）。会议传达学习了全省乡村旅游和旅游扶贫大会及定西市乡村旅游示范村建设大会精神，并研究了贯彻落实工作。会议听取了县财政局全县财政项目资金支出进展情况的汇报、县机关工委关于全县转变作风改善发展环境建设年活动进展及省委暗访督查组在我县督查反馈问题整改落实情况汇报。会议研究了县发改局提交的关于提交对2016年第二批、2017年易地扶贫搬迁项目缺口资金从2018年易地扶贫搬迁地方政府债券资金中支付的请示、关于申请调整渭源县2017年易地扶贫搬迁工程庆坪镇李家堡村至窑坡村道路沙化工程项目的报告、关于申请解决五竹镇2016年建档立卡贫困户易地扶贫搬迁住房补建资金的报告、关于提交收回新寨镇2014年易地扶贫搬迁新寨村上街安置区15户建设指标的报告、关于提交渭源县公务用车制度改革进展情况的报告。会议研究了县工信局《关于上报渭源县工业发展实施意见的报告》。会议研究了县交运局《关于渭源县实施城乡公交一体化的请示》。会议研究了县金融办《关于拟推荐全县2018年第一批特色产业发展工程贷款企业名单的请示》。会议研究了县卫计局《关于上报渭源县加快建立现代医院管理制度实施方案的报告》。会议研究了县教体局提交的关于提交调整全县乡村教师生活补助标准的请示、关于提交2018年学前教育中央专项资金使用方案的请示、关于提交将财政收回教育项目建设结余资金整合用于县第三幼儿园建设资金的请示、关于提交对2018年农村边远地区中小学温暖工程项目结余资金用于采购安装专用变压器设备的请示、关于提交将县职专一期校舍结余资金用于该校附属工程建设的请示、关于提交申请审批渭源县职业中等专业学校实训楼项目工程增量的请示、关于提交申请审批渭源县职业中等专业学校校门南围墙项目工程增量的请示、关于提交申请审批渭源县职业中等专业学校教学楼食堂项目工程增量的请示、关于提交申请审批渭源县职业中等专业学校学生宿舍楼项目工程增量的请示、关于提交300万元资金使用方案的报告、关于提交2018年改善办学条件奖补资金使用方案的报告。会议研究了县扶贫办提交的关于提交申请对2016至2018年世行六期扶贫项目各合作社结余资金进行调项的报告、关于提交2018年财政专项扶贫结余资金重新安排到2019年预脱贫村已脱贫户产业扶贫“奖补”项目实施方案的报告、关于提交渭源县2018年东西部扶贫协作新增帮扶资金上湾镇花卉产业项目实施方案的报告、关于提交渭源县东西部扶贫协作2018年第二批帮扶资金大安乡邱家川村级集体经济扶持项目实施方案的报告、关于提交渭源县东西部扶贫协作2018年第二批帮扶资金上湾镇侯家寺村级集体经济扶持项目实施方案的报告、关于提交渭源县东西部扶贫协作2018年第二批帮扶资金会川镇中药材产业合作社扶持项目实施方案的报告。会议研究了县财政局提交的关于提交将农业发展资金纳入统筹整合的报告、有关资金事宜。会议还就2019年项目建设、2018年扶贫考核、省委省政府10件实事办理、招商引资等工作进行了安排。

**县政府第44次常务会议** 2018年12月5日，县政府县长蔺红军主持召开县政府第44次常务会议。会议组织学习了《中共甘肃省委甘肃省人民政府关于防范化解政府隐形债务风险的实施意见》(机密)。会议传达学习了2018年全市文化和旅游（体育）融合发展大会及全市乡村旅游示范村建设启动大会会议精神，研究贯彻落实工作。会议听取了全县财政项目资金支出进展情况的汇报。会议研究了县发改局提交的关于提交渭源县2019年投资项目清单的报告、关于提交上报清源镇2013-2014年易地扶贫搬迁项目集中安置点制表人数和剩余资金上缴的报告、关于提交上缴2015年进城安置未落实人员资金的报告。会议研究了县教体局《关于将县第四高级中学操场建设项目结余资金调整使用的请示》。会议研究了县国土局提交的关于提交甘肃中药材交易中心股份有限公司等用地延期开竣工的请示、关于提交划转县城区北环路东段道路工程和北环路中段棚户区改造配套基础设施道路工程建设用地的请示、关于提交划拨县城棚户区改造配套道路基础设施工程建设用地的请示。会议研究了县社保局《关于申请解决政府代缴2019年度农村计生两户基本医疗保险费的请示》。会议研究了县环保局《关于渭源县贯彻落实〈甘肃省污染防治攻坚方案〉实施方案的报告》。会议研究了景管委提交的关于提交首阳山景区旅游开发基础设施建设一期工程增加工程量的报告、关于提交渭河源景区基础设施建设项目二期环线道路亭台及配套服务工程增加工程量的报告。会议研究了县卫计局提交的关于提交加快中医事业发展的意见的报告、关于提交渭源县中医事业人才培养三年行动计划实施方案的报告。会议研究了县农牧林业局提交的关于上报渭源县农业产业化重点龙头企业认定管理办法的报告、关于提交渭源县农业产业化龙头企业培育实施方案的报告、关于提交渭源县到户产业扶持资金投放管理办法（试行）的报告。会议研究了县扶贫办提交的关于提交渭源县东西部扶贫协作帮扶专项资金使用管理办法、关于提交渭源县中央单位定点帮扶资金使用管理办法（试行）的报告、关于提交渭源县经济社会发展数据管理暂行规定的报告、关于提交渭源县民生和扶贫领域信访问题管理制度的报告、关于提交渭源县脱贫攻坚工作调度制度的报告、关于提交渭源县农村人居环境整治三年行动实施方案的报告。会议研究了渭源县现代农业产业园金鸡产业扶贫项目相关事宜。会议研究了县民政局《关于对贾顺平等20户家庭进行临时救助的请示》。会议研究了县财政局提交的关于提交国开行贷款结余资金重新安排使用的报告、关于提交县教体局申请新寨中学等学校拆除燃煤锅炉的报告、有关资金事宜。会议研究了县人社局提交的关于提交拟同意解除陈圣料等9名同志聘用合同的报告、关于提交拟给予陈建高等22名公务员记三等功的报告、关于提交渭源县就业扶贫奖补办法的报告以及有关人事事宜。会议还就市政府2018年度目标管理考核工作进行了安排。

县政府第45次常务会议　2018年12月27日，受县政府县长蔺红军委托，县政府常务副县长张拴宝主持召开县政府第45次常务会议。会议组织学习了中共甘肃省委转发《中共中央纪委关于贯彻落实习近平总书记重要讲话精神严肃整治领导干部利用名贵特产类特殊资源谋取私利问题的通知》的通知及省委副书记、省长唐仁健批示精神（秘密）。会议组织学习了习近平总书记在庆祝改革开放40周年大会上的讲话。会议组织学习了中央经济工作会议精神、国务院办公厅《关于转发财政部、国务院扶贫办、国家发展改革委扶贫项目资金绩效管理办法的通知》。会议讨论了关于渭源县2019年国民经济和社会发展主要综合指标计划（草案）、关于渭源县2018年国民经济和社会发展计划执行情况及2019年国民经济和社会发展计划（草案）、政府工作报告（送审稿）、关于2018年财政预算执行情况及2019年财政预算（草案）、关于渭源县2018年财政预算执行情况及2019年财政预算（草案）的报告、关于县十六届人大二次会议代表意见建议和县政协九届二次会议委员提案办理情况的报告。会议研究了县扶贫办提交的关于提交2019年整合涉农财政资金项目计划的报告、关于上报渭源县2019年第一批财政专项扶贫资金项目计划的报告、关于提交2018年定点帮扶扶贫资金项目计划的报告、关于提交2018年易地扶贫搬迁贴息结余资金项目计划的报告、关于提交渭源县2018年东西部扶贫协作新增社会帮扶资金项目计划及实施方案的报告、关于提交渭源县田家河乡2018年中国农业银行定点捐赠支持香卜路村新兴产业发展项目实施方案的报告、关于提交2018财政扶贫结余资金项目调整的报告、关于提交渭源县脱贫摘帽时序从2020年调整到2019年的报告、关于提交2018年度拟脱贫人口退出的请示。会议研究了县国土局《关于变更会川镇三角路药材市场国有建设用地使用权用途的请示》。会议研究了县农牧林业局提交的关于上报渭源县加快推进农村集体产权制度改革实施意见的报告、关于上报渭源县农村集体产权制度改革试点方案的报告。会议研究了县畜牧中心《关于渭源县2019年养殖业扶贫贷款暨财政奖补资金产业到户项目实施方案的报告》。会议研究了渭河源大景区管委会《关于成立马嵬驿公司渭源旅游项目合作推进领导小组的报告》。会议研究了县财政局提交的关于提交落实乡村有关经费补助标准的请示以及有关资金事宜。会议研究了县政府办公室《关于提交调整县政府部分领导分工建议的报告》。会议研究了县人社局《关于施福滨同志任职建议的通知》。会议还就当前岁末年初持续关注困难群众安全、温暖过冬问题、加强节日期间应急值守和作风建设等工作进行了安排。

## 县政府办公室工作

**【概况】**渭源县人民政府办公室位于清源镇新街3号，占地面积为578.1平方米，建筑面积为578.1平方米，现有职工人数39人。县政府办公室是县政府的综合性办事机构。主要任务是参与政务、管理事务、搞好服务；做好调查研究，提供信息、反馈信息；传达县政府决策，督查催办、会议服务和后勤保障；协助县政府领导协调各乡镇、各部门的工作；当好县政府的参谋助手。由秘书股、督查室、机要室组成。

**【理论学习】**在固定学习日的基础上不断创新学习方式，采取确定专人领学、观看专题片对照学、谈体会交流学、赴主题广场学、推送短信微信学、口袋读本学、建立读书角等开展灵活多样、务实管用的学习形式来提升学习效果。全年共开展集中学习38次，传达学习各类会议文件精神90件次，展领学20余人次，观看专题影片、纪录片5次，推送短信微信400余条。

【政务服务】紧紧围绕建设服务型、创新型、法治型、廉洁型政府，努力拓展深化公开领域，不断提高公开质量和实效，坚持把公开透明作为政府政务公开工作的基本制度，更好地保障了公民的知情权、参与权、表达权和监督权。共计主动公开政府信息1.5万多条，通过中国·渭源党政网（网址：http：//www.cnwy.gov.cn/）主动发布信息5300条，通过“渭源政务”微信公众号、政务微博发布信息650多条，政府信息公开工作的全面性、时效性得到了有效提升。

【督查工作】在脱贫攻坚、项目建设、新型城镇化建设、富民产业培育、美丽乡村建设、生态环境保护、安全生产、民生实事办理、电子民生平台事项办理、招商引资、省市县实事办理、市县政府目标管理责任指标、人大意见建议和政协委员提案的办理等方面，实行月督查、季通报、半年考评、年终考核。共开展专项督查70多次，发函提醒县级领导现场106次，督查电话督办2200多次，下发督办通知246期。

【信息报送】紧扣县委、县政府各项工作安排部署，紧盯全县精准脱贫、项目建设、民生保障等经济社会发展的重点内容，进一步发挥政务信息在服务决策、促进交流、指导工作等方面的作用，及时提炼总结全县经济社会发展的亮点和特色，发现全县经济社会发展中存在的困难和问题，突出以文辅政的助手参谋作用，为各级领导掌握全县经济社会发展实际，及时作出决策提供准确依据。在做好常规信息上报的同时，对突发事件在第一时间做好信息报送工作，县政府办公室会同各乡镇、各单位及时统计上报全县受灾情况，有效保证了上级领导在第一时间了解掌握渭源县灾情。全年月份累计报送普通信息100余篇，约稿80余篇。

【金融工作】县人民政府金融工作办公室成立于2013年4月，股级事业建制，隶属县政府办公室管理，办公室主任由县政府办公室主任兼任，现有干部2人。按照监管责任，对小额贷款公司、担保公司、各类投资公司等的合规经营情况进行定期检查，加大查处力度，防止非法集资案件发生。全省精准扶贫专项贷款启动会议之后，在县政府金融办成立了县精准扶贫专项贷款办公室，讨论制定了《渭源县精准扶贫专项贷款管理细则》等相关配套文件。负责小额贷款公司监督与管理、承办县政府交办的其他事项。

【电子政务】渭源党政网共发布政府信息4963条，其中工作动态2735条、组织机构信息117条、党政文件277条、人事任免信息35条、应急管理信息43条、国民经济和社会发展规划15条，财政预决算信息356条、环境保护信息116条、扶贫信息125条、项目建设20条，其他信息1229条。在政务服务网渭源子站“阳光政务”栏目公布了全县46个单位的权责清单信息4295条，公共服务信息351条，便民服务事项131条。2018年，全县各级各单位通过微信及客户端公开11450多条，民生平台办共收到网民留言285条并全部办结。“中国·渭源党政网”书记、县长信箱，收到各类信件259件，全部按时予以答复，有效加强了政府与人民群众的联系。

【脱贫攻坚】定期不定期组织党员干部到帮扶村入户走访，调查、协调处理各类问题矛盾，帮助解决各种困难。先后为帮扶村落实各类经费8.56元，其中为王家咀村落实村部维修经费15000元、村集体经济发展资金5000元、帮扶队长慰问金400元，龚家沟村落实村集体经济发展启动资金5000元、村社道路维修经费10000元、驻村工作队经费5000元、捐赠资金3000元、帮扶队长慰问资金400元，武家山村落实村集体经济发展启动资金30000元、村级办公条件改善资金1000元、帮扶队长慰问资金1400元。投入经费8.47万元，购买电子喷雾器、玉米点播机、音响设备、水泥、大米、茶叶、红枣等物资，用于改善帮扶村办公条件和群众生产生活条件。协调落实帮办实事10余件，扶持资金达27.5万元以上，有力地支持了帮扶村脱贫攻坚。6月13日，与庆坪镇人民政府共同在龚家沟村举办“不忘初心感党恩、脱贫攻坚奔小康”艺术节，办公室党支部派23名党员参与文艺会演，演出节目6个，进一步推动了龚家沟村脱贫攻坚工作深入开展。

**【后勤服务】**强化保安队伍建设，实行轮班制，每班执勤24小时，确保每一刻都有人员值守。严格执行出入人员登记制度、车辆通行证及车辆管理制度，确保统办楼安全；严格会议室专人管理制度，明确职责，细化管理办法，确保县上各类会议按时有序召开。严查物流快件的送递，进行详细的检查和登记，确保每一件快件的安全性。为县委、县政府的行政后勤提供保障，为机关办公与职工生活提供后勤服务。负责统办楼院内的卫生保洁，小灶管理、设施管理和维修保养以及水、电、暖及其维修费用的统筹管理。

**【党风廉政建设】**始终坚持以习近平新时代中国特色社会主义思想为指导，全面落实新时代党的建设总要求，持续推进“两学一做”学习教育常态化制度化，牢牢把握“走在前列、作好表率”总体要求和“服务中心、建好队伍”职责定位，扎实开展支部标准化建设，严格执行组织生活制度，狠抓党员干部政治思想建设、廉政建设，充分发挥党支部战斗堡垒作用和党员先锋模范作用，不断强化参谋辅政、综合协调、督促检查、后勤保障等工作，为县政府的高效运转和各项决策部署落实提供了有力保障。

## 政务服务中心工作

**【概况】**政务服务中心核定编制5名，设置领导职数2名，其中主任1名，副主任1名。有工作人员6名（其中主任1名，副主任2名，主任科员1名，副主任科员1名，科员1名）。

**【新大厅建设】**按照“一窗办、一网办、简化办、马上办”四办改革要求，政务大厅由县财政局一楼搬迁至人社局一二楼，新大厅设置服务窗口59个，工作后室40间，进驻具有政务服务事项单位41个，办事人员100余人，事项732项。撤销分设的公安（户政、交警）、地税、国税、人社（人社、社保、劳动服务、劳务）、运管、电力、民政、司法和住房公积金等9个分中心，将金融、不动产登记、住房公积金、税务、民政、社会保障、商事登记、并联审批等服务进驻新大厅。按照“一窗受理、集成服务”要求合理布局功能服务区和办事窗口，一楼设置办税服务区、社会保障服务区、住房公积金服务区、不动产交易登记服务区、金融等5个功能区。二楼设置投资项目审批服务区、商事登记服务区、农业和社会事业、医疗卫生服务区和综合服务项目区等5个功能区，在办事窗口实行“前台统一收件、后台分类审批、窗口统一出件”办事模式。设立了咨询引导台、网上自助申报区、自助查询、排队叫号、休息等候、纯净水饮用等便民设施，为办事群众提供引导帮办、打印复印、信息查询、快递服务、报刊阅读等候等人性化服务。

**【监控平台建设】**全面完成了电子监察视频监控平台建设项目，16个乡镇视和县政务大厅视频监控平台全面建成，县调试正常，正常投入使用。根据《定西市一体化政务服务平台建设项目实施方案》要求，由市政务服务中心统一牵头，各县区配合，建立政务服务数据交换共享平台，统筹推进自有办事系统与甘肃政务服务网同级子站对接，推行政务服务“一网通办”，统一办事入口。完成了政务服务事项与一体化平台对接工作。

**【政务服务事项】**梳理县级政务服务事项732项，乡镇106项，各县直单位、各乡镇完成了政务服务事项与定西市一体化平台对接工作。

**【基层建设】**制定印发了《源县乡（镇）村（社区）政务服务体系规范化建设工作方案》。方案从基础建设、事项梳理、服务管理、管理制度等方面进行了要求，全县16个乡镇建立了乡镇便民服务中心，217个村建立了村级便民服务站，梳理乡镇政务服务事项106项。

**【脱贫攻坚】**抽调两名副科级领导干部到清源镇七圣村担任工作队队长和清源镇漫庄村开展精准扶贫工作。提早安排部署，营造宣传氛围。通过撰写简报、干部大走访入户等多种形式加大宣传力度，截至目前撰写简报8期，召开群众会2场次，组织培训会3次，办实事12件。邀请县上专业人员为当地农民讲解测土施肥、党参种植、马铃薯繁育等相关知识，提高了农民劳动技能和水平。与司法局联系免费发放“六五普法”书籍及扑克到帮扶户手中。为七圣村村部维修建设捐款1000元，捐赠显示屏1台，价值4000元，电脑1台，打印复印机一台，协助建成电商网店教师节期间，为慰问七圣小学教师3人，每人捐赠四件套一套。按照渭源县驻村帮扶工作队补助标准足额报销驻工作人员经费。

## 机关事务管理局工作

**【概况】**县机关事务管理局成立于2017年4月，为县政府直属正科级事业单位，后于2018年4月被批准为参公单位。核定编制6名，现有职工7名，其中，局长1名，副局长2名，副科级干部1人，工作人员3名。内设办公室、财务股、车辆管理股、车辆维修鉴定股、公共节能股、司机班等6个职能股室。成立渭源县恒信汽车租赁有限公司，为渭源县机关事务管理局下设国有独资企业。司勤人员53名。

**【公务用车管理】**一是全面推进公务用车改革和县公务用车服务平台建设。2017年4月，根据渭源县公务用车制度改革实施方案要求，对全县涉改53辆一般公务用车进行收缴、借用、立档建卡、统一备案等公车改革前期保障工作；逐步完成了车库改造、公务用车统一停放、车辆指定加油点谈判、车辆定点保险招标、车辆定点维修招标、公务用车服务平台建设招标等工作，车辆申请、委派、服务工作逐步进入正轨。配合人社等部门完成了53名司勤人员的划转接收、安置工作，改造完成司机休息室，配备了公务车辆车载用品。制定了驾驶员管理、车辆管理等各项制度，2017年5月，委托县政府采购中心通过公开招标的方式，建设县公务用车服务平台，由西安易迅通信息技术有限公司中标建设，于2017年8月全面建成，于2017年8月通过验收。平台分前台申请、后台管理、轨迹查询等6个板块。2018年5月，随着车改工作的推进，完成了平台车辆信息、随车司勤人员信息、参改单位信息录入及车辆北斗定位系统安装等工作，于2018年5月正式运行，7月份完成车辆申请和调派“无纸化”管理。二是以规范公车管理为抓手，不断推进公车制度改革。强化对公务用车使用情况进行全面监督管理，制定了《渭源县公务用车监督检查工作方案》，下发了《关于进一步加强节假日期间公务用车管理的紧急通知》。对全县公务用车实施统一标识化管理，更换平台车辆专用号牌，车身喷漆“公务用车”字样，向社会公开监督电话，增强社会监督力度。制定了政务、党务、后勤管理、平台管理等4类40多项的《渭源县机关事务管理局规章制度汇编》，定期邀请交警、汽车工程师、保险理赔师等专家为驾驶员授课，切实提高驾驶员的安全行车意识和服务水平，全力做好精准脱贫公务用车、重大活动用车保障工作。三是进一步加强车辆维修，保证安全出行。2018年5月份，委托县政府采购中心对维修厂家进行了公开招标，选择4家维修厂家作为平台定点维修厂家。在维修保洁制度中，制定了由司勤人员提出申请，维修鉴定股鉴定，确定性价比最合理的厂家维修，最后验收的程序，即避免了故障确定不清擅自维修，又避免了维修厂家随意加价提高维修成本的情况发生。定期不定期地进行车检，确保车辆不“带病”上路。四是积极开展公共机构节能宣传，增强公共机构节能意识。围绕“节能有我，绿色共享”主题开展为期一周的节能宣传周活动，在全县范围内组织开展停开空调和关闭公共区域照明等体验活动，以绿色低碳的模式和出行方式支持节能减排；开展了“绿色回收进机关”签约仪式，与废弃回收企业签订回收协议，标志着我县“绿色回收进机关”活动正式拉开帷幕。

【党建工作】一是加强组织领导，突出政治功能，全面构筑基层战斗堡垒。牢固树立党的一切工作到支部的鲜明导向，以解决问题、发挥作用为基本目标，以开展“主题党日+”活动为抓手，强化“党要管党、从严治党”，把落实党建责任制作为重要政治职责。二是抓政治理论学习，用最新理论成果武装头脑。局党组坚持把加强理论武装作为全面从严治党的首要任务，主动适应新形势新要求，建立学习制度，创新学习形式，加强交流研讨，突出理想信念和党风廉洁教育，扎实推动“两学一做”学习教育常态化制度化。三是持之以恒抓正风肃纪，单位干部职工作风持续好转。坚持标准不降低、狠抓落实不放松、正风肃纪不手软，深入组织开展“转变作风建设年”活动，大力开展扶贫领域腐败和作风问题专项治理，深入贯彻落实中央八项规定精神，坚决防止“四风”问题反弹，注重抓细抓常，强化监督检查，开展集中整治，不断巩固拓展作风建设成果。

【脱贫攻坚】一是做好、做实、做细“一户一策”工作。帮扶责任人利用农闲时间和贫困户开展经常性的入户走访活动，并和自己所帮扶的贫困户建立了微信，及时掌握其脱贫致富的思想动态，制定了更合理、更科学、更精准的“一户一策”帮扶工作计划。二是积极筹集帮扶资金，努力帮办实事。在两节期间，投资2800多元为56户贫困户送去大米、大枣、对联等节日慰问品；春耕期间，投资5600元为56户贫困户送去农用地膜56卷，邀请县农技中心技术人员为帮扶村建档立卡贫困户举办膜侧当归、党参种植技术培训班1期，发放《农业实用技术手册》200余册；在“五一”劳动节期间，为56户贫困户发放运动裤56条，切实增强了干群关系；筹措5000余元为郭家山村购买了办公设备和办公用品，切实改善了郭家山村办公条件，提高了为群众办事的能力。

## 地方志编纂工作

【概况】县志编修委员会办公室设立于1982年。1987年2月24日，县政府常务会议研究决定将县志编修委员会办公室列为科级常设机构，定编3人（主任1人，编辑2人），列为事业单位编制。1996年，全县党政机构改革后，县志编修委员会办公室职能并入县政府办公室。2002年1月，全县县乡机构改革后，县志编修委员会办公室为事业单位，隶属县政府管理。2008年7月，成立县志编纂委员会办公室党支部，归口县政府机关党总支管理。2018年4月23日，县委常委会议研究决定设立县志编修委员会办公室党组。工作人员6名，其中党组书记、主任1名，副主任1名，主任科员3名，正科级干部1名。

【年鉴编辑】一是认真学习领会了习近平新时代中国特色社会主义思想中关于历史研究、编修史志的新思想新要求，坚定执行党的基本理论、基本路线、基本方略，自觉在政治立场、政治方向、政治原则、政治道路上，为党立言、为国为民存史。二是年鉴编辑中把坚定维护以习近平为核心的党中央权威和集中统一领导作为第一位的政治要求，始终在思想上、政治上、行动上与以习近平同志为核心的党中央保持高度一致。三是坚持学习《国务院地方志工作条例》《甘肃省地方志工作规定》《地方志书质量规定》等国家和省市关于地方志工作的方针政策。不断提高干部职工的业务水平和工作能力；对照单位实际，查找年鉴编纂工作中存在的困难和问题，认清形势，增强信心。四是制定了科学翔实的《渭源年鉴》（2018）编纂方案。五是认真贯彻落实国务院《全国地方志事业发展规划纲要》

（2015—2020年）和省政府《甘肃省地方志事业“十三五”发展规划》，紧盯到2020年全面完成二轮志书修编和地方综合年鉴全覆盖的“两全”目标，采取超常规措施，克服工作力量严重不足的困难，集中力量攻坚，《渭源年鉴》（2018）编辑任务圆满完成，由陕西人民出版社出版。完成了2018年《甘肃年鉴》《定西年鉴》入鉴资料的整理报送和《绚丽甘肃》征集资料的报送工作。积极参与全县文化旅游工作。指导有关部门、行业志书的编纂工作。地方志信息化平台已经建成，为宣传渭源提供了便捷服务。

**【脱贫攻坚】**一是始终坚持以党建引领保障各项帮扶工作有序推进。严格履行全面从严治党责任，协助帮扶村组织开展“主题党日”“三会一课”“谈心谈话”等党性实践活动，有力推动了帮扶村党支部标准化建设。在现有6名科级党员领导干部中及时调整加了强帮扶工作力量。申报争取党建标准化阵地建设项目资金5万元，修建活动室3间46平方；申报争取村部维修资金6万元。二是精心制定村级整村脱贫方案和“一户一策”帮扶计划，制定《马莲村脱贫攻坚三年规划》（2018—2020）和《马莲村脱贫攻坚实施方案》（2018—2020）。全体帮扶责任人坚持走访入户，挤时间熟悉村情社情户情，和贫困户交心谈心，组织帮扶责任人对全村35户未脱贫户逐户调查家庭情况，认真分析致贫原因，与农户面对面制定脱贫增收措施，做到因户施策，依照到户11项指标，了解需求补齐短板。三是精准发力产业扶贫项目确保精准帮扶工作取得实效。紧紧围绕产业到户扶贫项目，因户施策，确定了符合该户发展意愿的产业到户扶持项目，对需兜底脱贫的贫困户，主要以带动类项目为主。对有发展意愿的贫困户，主要以养殖业（养牛、中蜂养殖）为主，从而不断激发贫困户内生动力，增强致富的信心和愿望，拓宽发展路子。落实产业扶贫未脱贫户中药材种植面积36亩，补贴资金1.08万元，补贴贫困户覆盖率54%。未脱贫户马铃薯落实种植面积32亩，补贴资金3.2万元，补助贫困户覆盖率62%。马铃薯带动分红3户，户均1000元。中药材带动分红4户，户均1000元。涉及种植业31户，覆盖率88.6%。参与村光伏电站及光伏农村建设，投工义务220人（次），建成总投资210万元，总容量301千瓦光伏电站1处，总投资20万元1300平方米的光伏大棚1处4座。电力改造投资150万元。四是尽心竭力为帮扶村办实事。在办公经费十分紧张的情况下，挤出2600元办为马莲村购买了乡村振兴战略和文化惠民工程电教影像资料一套；挤出3000元充实到马莲村村级活动经费中；衔接县能源办、农技中心专业技术人员开展了环境保护、新能源和农作物疫病防治方面的培训2次，每次参加培训人员均在300人以上。衔接为63户建档立卡贫困户每户发放了价值200元的生产生活物资（地膜1捆，农药2瓶，洗漱用品、精准扶贫政策宣传纸杯等）。衔接落实总价值2800元的供热管道长两节，解决了庄科社13户群众出行难的问题。衔接总价值5000元的棉衣25件、棉被25床，全部发放到建档立卡贫困户。衔接争取水泥3吨，用100平方米的于村部院落硬化，同时争取彩色喷墨打印机1台，用于村部办公。为8名建档立卡户赠送了总价值3000多元的助听器、寻物器、喷雾器各1台。协调为30户农户埋设了自来水主管线、支管线、入户线。挤办公经费印制精准扶贫宣传纸杯20000个，发放到建档立卡贫困户、党员。

**【党建工作】**一是抓理论武装。深入推进“两学一做”学习教育常态化制度化，教育引导党员干部不断强化宗旨观念，树牢政治意识、大局意识、核心意识、看齐意识，始终在思想上、政治上、行动上同以习近平同志为核心的党中央保持高度一致。二是严格落实主体责任。2018年5月份成立县志办党组之后，党组书记与成员签订目标责任书，细化量化任务，明确工作责任，形成了层层抓落实的工作机制。党组书记带头认真履行第一责任人的责任，亲自调研谋划，亲自部署协调排难，坚持带头示范，亲自推动主体责任的落实。党组成员切实履行“一岗双责”，积极履职，把从严治党主体责任的落实纳入地方志工作总体布局，定期分析从严治党主体责任落实情况，制定工作计划、目标要求和具体措施。三是强化管理监督。把督促检查作为落实全面从严治党主体责任的重要抓手，坚决纠正干部作风方面存在的问题，确保主体责任落实到位。四是严格执行民主集中制，严格落实“三重一大”集体决策制度，做到重大问题决策、大额资金使用都经过会议讨论决定，保证了决策的民主化、科学化。五是认真贯彻落实《关于新形势下党内政治生活的若干准则》和《中国共产党党内监督条例》，严格落实“三会一课”制度、主题党日制度，认真开展批评与自我批评，不断强化宗旨观念，有效推动了全面从严治党主体责任的落实。六是强化作风建设。严格要求选派到马莲村的帮扶队长、帮扶队员及各位帮扶责任人，严格落实中央八项规定和省市县各项规定，严格执行各项规章制度，严格执行群众纪律和精准扶贫精准脱贫的各项政策标准，严格按照政策办事，按规章制度办事，树立勤俭节约、勤俭办事、廉洁办事、干净办事的良好风气。组织单位职工义务植树680棵。

## 政协渭源县委员会

**【思想政治建设】**常委会始终把思想政治建设放在首位，坚决以习近平新时代中国特色社会主义思想武装头脑、指导实践、推动工作。一是提高政治站位，坚定政治方向。坚持以习近平新时代中国特色社会主义思想为统领，切实加强思想政治建设，旗帜鲜明讲政治，严守政治纪律、政治规矩，牢固树立“四个意识”、更加坚定“四个自信”，坚决维护习近平总书记的核心地位，坚决维护中共中央权威和集中统一领导，始终在政治立场、政治方向、政治原则、政治道路上同以习近平同志为核心的中共中央保持高度一致，进一步把牢政协工作的正确政治方向。二是加强理论学习，提高思想认识。认真学习贯彻习近平新时代中国特色社会主义思想，中共十九大和十九届二中、三中全会精神，深入开展学习习近平总书记关于人民政协工作的重要思想专题学习研讨活动，通过参加县委理论中心组学习、县政协党组理论中心组学习、县政协常委会会议集中学习、举办政协委员培训班等形式，提高思想认识，提升能力素质，引导县政协各参加单位、全体委员形成高度的思想自觉、政治自觉、行动自觉，进一步夯实团结奋斗的共同思想政治基础。三是增强责任意识，落实县委部署。自觉在中共渭源县委领导下开展工作，及时传达学习县委重要会议精神，认真贯彻落实县委各项决定，坚持重大事项及时向县委请示、重要工作及时向县委汇报、重大活动及时向县委报告，不折不扣贯彻落实县委各项要求。主动融入县委、县政府工作大局，充分发挥县政协党组在政协工作中把方向、管大局、保落实的领导作用，努力将县委、县政府的决策部署转化为县政协和全体政协委员的思想共识与行动自觉，始终与县委、县政府在思想上同心、目标上同向、行动上同步。

**【脱贫攻坚】**按照县委统一部署和要求，充分发挥政协优势，持续深入开展“脱贫攻坚·政协委员有作为”活动，为打赢脱贫攻坚战贡献政协智慧和力量。（一）凝心聚力，积极投身全县脱贫攻坚工作大局。一是县政协主席会议成员分别担任联系乡镇脱贫攻坚前线指挥部的总指挥或副总指挥，通过统筹协调、进村入户、调研指导、督促检查，较好地完成了联乡、包村、扶户的各项工作任务。二是按照县脱贫攻坚领导小组安排，4名副主席分别担任“脱贫攻坚重点任务周督查、周通报、月评比”专项督查组组长，就脱贫攻坚重点任务落实情况进行全面督查，有力推动了脱贫攻坚工作扎实开展。三是按照县政协常委会2018年工作要点，成立了由主席会议成员为组长的6个监督性调研小组，深入14个乡镇30

个村的156户贫困户，围绕全县2018年预脱贫村脱贫攻坚工作开展情况进行监督性调研，形成的监督性调研报告报县委后，县委主要领导作出重要批示，并在相关会议上给予了充分肯定。四是积极配合省、市政协在我县开展的脱贫攻坚工作监督性调研活动，有2名副主席担任省政协脱贫攻坚帮扶工作专项监督专门监督员，较好地完成了专项监督任务。有3名委员围绕激发贫困群众内生动力、精准推进产业扶贫、“扶贫车间”助力脱贫攻坚工作在市政协常委会上做了交流发言，提出的意见建议得到了市政协的高度重视。（二）主动作为，持续推进“脱贫攻坚·政协委员有作为”活动。委员们积极投身脱贫攻坚，在助力产业扶贫、健康扶贫、精神扶贫、培训就业、劳务输转、帮办实事等方面精准发力。经济界委员通过“企业+基地+农户”模式，建立了上湾镇周家窑村等3个中药材种植基地，清源镇马家窑村等4个马铃薯良种繁育基地，投放化肥15吨，马铃薯原原种1000万粒，原种40吨，对种植户进行技术培训、田间指导、订单收购；结合“三变”改革，在秦祁乡豹子沟村建立了优质牧草种植基地，带动当地142户贫困户增收。工商联界委员依托各自的公司和基地，组织劳动技能培训30多期2000余人次，提供务工岗位300多个。多方联系爱心企业和人士，资助贫困学生74名，发放资助资金36.5万余元；为2018年高考成绩二本线以上的240名贫困学生每人发放价值300多元的拉杆箱一个，价值8万多元；给贫困学生发放爱心包裹260件，校服及书包100套。农业科技界委员多层次开展科技讲座、技能培训，积极推广农业新技术运用，参训群众600多人次。教育文化卫生界委员积极开展“三下乡”活动，开展义诊400多人次，创作赠送书画作品300余幅，义写春联800多幅，义演秦腔20场次。（三）精准发力，全力以赴为帮扶村帮扶户帮办实事。选派2名科级干部担任驻村工作队队长和村党支部第一书记，机关13名干部帮扶96户建档立卡贫困户，认真制定和落实“一户一策”精准脱贫计划，多方筹措资金，为帮扶户送去慰问物资170多件（套），化肥350多袋、地膜170多卷，马铃薯原种18吨，发放农业科技宣传资料200多份，总价值20余万元。在帮扶村推广种植地膜党参、遮阳网党参育苗、马铃薯原种等新技术；捐赠电脑、电视、打印机等办公设备8台（套），价值3.2万元。争取福州晋安区政协联系企业捐赠帮扶资金30万元。

**【协商民主制度化发展】**积极发挥社会主义协商民主重要渠道和专门协商机构作用，紧紧围绕县委、县政府工作大局，广泛开展多种形式的协商议政活动。一是定期开展会议协商。充分运用全体会议、常委会会议、主席会议积极开展协商议政。九届二次全会期间委员们通过参加分组讨论、大会发言等形式，聚焦全县经济社会发展、民生改善和脱贫攻坚工作中的重大问题，深入协商讨论、积极建言献策，提交大会发言10篇，提出意见建议40多条。全年召开4次常委会会议、11次主席会议，围绕全县阶段性工作部署、政协重点工作安排等，广泛发扬民主，深入沟通协商，有序推进协商民主健康发展。二是深入开展专题协商。坚持把开展专题协商作为政协履行职能的重要载体，作为围绕中心、服务大局、促进发展的重要举措。5月份，围绕义务教育均衡发展召开专题协商会议，6名委员做了专题发言，提出意见建议30多条，形成的专题协商报告县委主要领导作出批示，县委、县政府专题召开会议进行研究部署，为义务教育均衡发展工作以优异成绩通过省级督导验收和国家认定贡献了委员智慧。8月份，围绕全县社会治安综合治理工作开展专题协商，委员们从建立以人民为中心的综治组织体系、建设多元共治的综合治理机制、加快推进综合治理的精细化与信息化进程、打造专业化规范化人才队伍、深入开展“扫黑除恶”专项斗争等方面提出意见建议20多条，为助力法治渭源和平安渭源建设集智献计、发声出力。三是认真开展对口协商。充分发挥政协专委会基础性作用，适时与联系部门开展对口协商。6月份，提案法制委员会围绕全县安全生产工作开展对口协商活动，委员们围绕安全生产执法检查等方面做了专题发言，并就如何解决安全生产工作中存在的突出问题与主管部门一同分析讨论、深入交流，提出意见建议30多条。7月份，农业与环境资源委员会在前期调研的基础上，召开对口协商座谈会，委员们与县畜牧中心负责人就加快全县草牧业发展步伐，推进脱贫攻坚工作进行交流，总结经验，分析存在的困难和问题，从完善产业链条、推进产业化经营，加大扶持力度、做大养殖规模，加强技术服务、提高养殖水平，注重品牌商标保护利用等方面提出了一些建设性意见建议。形成的2份对口协商报告县委均进行了批转，相关部门认真研究、及时采纳，促成了一些问题的有效解决。四是探索开展界别协商。发挥界别优势和行业特点，结合实际，加强探索实践，开展界别协商。7月份，社会福利保障与政法界的委员，以全县住宿餐饮业健康规范发展为主题开展界别协商，委员们从高度重视规划建设、营造良好营商环境、规范行业健康发展、提升行业发展水平、有效增强行业自律等方面提出意见建议20多条。2个协商报告县委批转后，相关意见建议得到有关部门的重视和采纳。

**【建言献策】**紧紧围绕县委、县政府中心工作，对全县经济社会发展中的重点问题和民生改善中的热点问题，深入调查研究，积极建言献策。一是聚焦经济社会发展建言献策。召开全县经济社会发展情况专题协商议政会议，与会委员紧扣脱贫攻坚、“放管服”改革、富民产业培育、教育事业发展、民生改善、全域无垃圾整治、工业经济发展等方面建言献策，提出意见建议46条，形成的专题协商议政报告报送县委后，县委主要领导充分肯定并作出重要批示，县政府高度重视，对相关意见建议进行了任务分解，促进了意见建议的转化落实。围绕全县重点项目建设情况开展专题视察，从高起点谋划、高标准推进、高质量发展、高品质服务等方面提出意见建议21条；围绕招商引资工作进行专题调研，提出意见建议13条，为县委、县政府科学决策和相关部门抓好落实提供了参考。协助市政协完成全市中小企业发展、城乡中小学资源布局等6个课题的调研，提出的意见建议市政协在撰写调研报告时进行了采纳。二是聚焦保障和改善民生建言献策。围绕城乡居民医疗保险工作进行调研，从加大宣传力度、夯实工作基础、完善“一站式”即时结算、提高服务质量等方面提出意见建议12条。围绕推进农村“三变”改革进行调研，从提高思想认识、破解发展难题、完善体制机制、培育壮大市场主体等方面提出意见建议14条。形成的2份调研报告县委予以转发，相关部门在城乡居民基本医疗保障工作和加快推进农村“三变”改革工作中进行了采纳。三是聚焦新兴产业发展建言献策。围绕光伏扶贫产业发展进行专题调研，就加快项目建设进度、严把项目质量安全、强化项目建设管理、确保产业发挥效益等方面提出意见建议9条，形成的调研报告得到县委主要领导的高度重视，并亲自主持召开全县光伏扶贫产业发展推进会议，有力地促进了调研成果的转化落实。围绕旅游景区项目建设与管理情况进行调研，从加强项目管理、加快建设进度、夯实旅游基础、打造文化品牌、开发创意产品、延伸产业链条等方面提出意见建议20多条，为景区建设和文化旅游融合发展提供了有益借鉴。

**【民主监督】**充分发挥协商式监督的特色和优势，不断拓宽渠道、创新载体，真正做到在参与中支持、在支持中服务、在服务中监督。一是认真开展专项监督。8月份，围绕全县2018年预脱贫贫困村脱贫攻坚工作开展情况进行专项民主监督，提出意见建议20多条。9月份，围绕“河长制”工作落实情况开展民主监督，从思想认识再提高、在“远中近”上形成共识，责任体系再完善、在“点线面”上齐抓共管，工作思路再创新、在“治建保”上多措并举，工作机制再强化、在“联引督”上同频共振等方面提出意见建议20多条，形成的监督性调研报告县委高度重视，及时进行批转，有力促进了监督成果的转化落实。二是切实加强提案监督。通过县委、县政府主要领导和分管领导批办难点提案，县政协主席、副主席督办重点提案，县政协提案法制委与政府督查室联合督办、专委会对口督办、委员现场督办等形式，努力提高提案办理质量。48件提案办复率达到100%，其中已经解决或基本解决的40件，占83.33%，列入计划解决的8件，占16.67%。三是扎实做好日常监督。积极参与省市政协在渭源县开展的监督性调研活动，认真落实“脱贫攻坚重点任务周督查周通报月评比制度”组长责任，积极支持40余名政协委员担任各行业特约监督员，围绕城市管理综合执法、生态建设、基层派出所和乡镇卫生院等工作扎实开展委员小组、委员约谈活动，编发《政协通讯》12期，提出意见建议40多条，为县委、县政府了解民意、体察民情、集中民智和科学决策发挥了积极作用。

**【团结联谊宣传和文史资料】**注重发挥政协联系广泛的优势，切实加强交流与合作，努力为推进全县改革发展增进共识、凝聚力量。一是认真做好团结联谊工作。先后完成辽宁省政协马铃薯产业课题组、金昌市政协、福州市晋安区等3个省16个市、县政协来渭源县考察学习的配合服务工作。组织委员赴甘州区、肃南县、安定区、陇西县、岷县等县区学习考察，借鉴兄弟县区的先进经验，既增长了委员见识，拓宽了委员视野，也提升了委员履职能力。组织文化界的委员赴福州晋安区开展书画交流活动，展出优秀书画作品160多幅。二是切实加强政协宣传工作。加强对政协重要协商议政活动、政协委员履职成效的宣传报道，在《民主协商报》《定西日报》《定西政协》等报刊上发表理论文章、文史稿件、重大活动信息40余篇，在县电视台播出新闻稿件50多件，传播了政协声音，讲述了政协故事，扩大了履职影响。三是持续推进文史资料工作。不断加强文史研究员队伍建设，新聘任16名县级文史资料研究员。召开文史资料座谈会，研究探索新形势下做好文史资料工作的方法措施。启动《渭源文史资料选辑（第八辑）》征稿及选编工作，征集稿件30多篇10万多字。认真征集整理、及时上报《定西文史资料》稿件12篇6万多字，文史资料工作有序推进。

**【自身建设】**坚持把加强自身建设作为政协履行职责、提高效能的重要工作来抓，不断探索强基固本的有效途径，着力提升政协工作水平。一是着力加强政协党的建设。切实履行政协党组在政协工作中把方向、管大局、保落实的政治责任，坚持把推进党的政治建设贯穿于政协履职的全过程和各方面，全面加强党的政治建设、思想建设、组织建设、作风建设、纪律建设。认真履行全面从严治党主体责任，坚持以上率下，层层传导压力，推动主体责任落地见效。加强政协机关党的建设，成立政协机关党组，推进政协办公室党支部标准化建设。加强和规范党内政治生活，认真落实“三会一课”等组织生活制度，积极开展“党员主题党日”活动。深入推进“两学一做”学习教育常态化制度化，认真开展“转变作风改善发展环境建设年”活动，切实转变工作作风，全面提高履职水平，推动政协各项工作健康发展。坚决贯彻落实中央八项规定及实施细则和省、市、县委相关规定精神，驰而不息加强作风建设，努力营造风清气正、干事创业的政协工作环境。二是着力加强委员队伍建设。注重委员学习培训，组织委员参加全国、省、市政协委员和政协干部培训班4期180人次，举办了为期3天的县政协全体委员培训班。这些培训活动的开展，有效提升了政协委员的整体素质和履职能力。健全联系服务委员制度，制定并落实委员履职工作规则，建立履职档案，加强履职考核，规范了委员履职的严肃性。积极为委员履职创造条件、提供服务，组织委员开展协商、调研、视察等活动，进一步丰富履职方式，拓宽履职渠道，充分发挥了委员在政协工作中的主体作用。三是着力加强专委会建设。重视专委会工作，常委会会议定期听取各专委会工作汇报，专委会负责同志列席常委会议、主席会议；主席会议成员分工联系专委会，指导协调专委会开展工作。探索从各专委会对应的界别委员中选配了3名专委会委员和一名不驻会副主任委员，规范了专委会的人员组成。四是着力加强制度建设。先后制定和修订了《政协渭源县委员会关于加强和改进调查研究工作的实施意见》《政协渭源县委员会提案工作规定》《政协渭源县委员会民主协商工作办法》《政协渭源县委员会提案办理协商实施细则》等制度，不断提高政协履行职能的制度化、规范化、程序化水平。

**【提案工作】**政协第九届渭源县委员会二次会议期间的提案工作，坚持以习近平新时代中国特色社会主义思想和中共十九大精神为指导，紧紧围绕县委、县政府重大决策部署和重点工作，坚持围绕中心、服务大局、提高质量、讲求实效的提案工作方针，以高度的政治责任感和履职使命感，组织县政协委员和各民主党派、工商联、人民团体以及政协各专门委员会，认真履行职能，积极建言献策，提交提案83件，立案48件，交由40个部门单位及有关乡镇办理，现已全部办复，其中所提意见建议已经解决或正在解决的40件，占提案总数的83.33%；列入计划解决的8件，占提案总数的16.67%。经济建设方面：关于立项建设渭源县工业集中区配套设施的提案，县上积极谋划建设渭源县中医药产业园集中供热工程，项目总投资近8000万元，已完成选址、可研编制、评审、勘察、环评、安评、招标等前期工作。关于加大扶持高原夏菜、推广种植大果沙棘等新兴产业的提案，有关部门高度重视，在积极编制规划、申报项目的同时，投入资金发展专业合作社，建立基地，在上湾镇建起了1500亩大果沙棘基地，在秦祁乡杨川村、白土坡村，北寨镇郑家川村、前进村建设高原夏菜标准化生产基地。关于整合培训经费、提高培训实效和加强对乡（镇）村干部项目知识培训的提案，建立了农村贫困劳动力培训资金专户，整合培训资金1583万元，用于精准扶贫各类培训；举办各乡镇分管领导、项目专干和村干部培训班，努力提升农村劳动力技能，提高乡镇及村社干部的项目管理能力。文化建设方面：关于加快发展乡村文化旅游业、培育发展农旅融合产业的提案，县上结合农村“三变”改革，下达东西部协作旅游产业扶持资金165万元、2018年第一批财政专项扶贫资金396万元，加快乡村旅游发展；以打造田园综合体、特色小镇、新型农庄等旅游产品为目标，从示范基地建设、龙头企业引领、政策扶持保障等方面入手，聚力“延长产业链条”“打造特色产品”两个重点，全力推进文化旅游品牌建设。关于进一步加强全县营业性网吧管理的提案，文广局、公安局结合“扫黄打非”“护苗”“扫黑除恶”等专项行动，对全县营业性网吧进行了全面整顿，将网吧审批、证件发放纳入政府“一网办”管理，对营业时间不按规定、网上内容不健康等问题，开展经常性整治，网吧环境持续净化。社会建设方面：关于继续加强县综合执法局及各乡镇综合执法所执法人员业务培训的提案，县上对各乡镇执法所人员进行了法律知识、案件分析培训，并建立长效机制。关于加强县域内义务教育均衡发展的提案，县上制定了《渭源县推进义务教育均衡发展的实施意见》，加大经费投入，调整充实工作队伍，形成合力推动工作。经省政府教育督导团对全县义务教育均衡发展工作督导评估，达到了义务教育均衡发展各项评估指标，并通过了国家评估认定；全县义务教育均衡发展在全省接受评估的12个县区排名第一。关于尽快解决渭水源供热站供暖质量不高的提案，县政府专门研究，重新划分供热区域，通过实施渭水源供热站东城区供热改造项目，加大监管力度，切实提高了供热质量。生态建设方面：关于加强和规范农村生活垃圾管理，保护和改善农村人居环境的提案，县上制定了《渭源县全域无垃圾长效机制工作方案》《渭源县全域无垃圾综合治理补充实施意见》，加大宣传教育力度，开展全域无垃圾综合治理专项行动。在整合原有环保设施设备的基础上，投资293.7万元为各乡镇配置垃圾收运设施；投资2347万元在14个乡镇建设垃圾低温磁化热解处理站，构建了“户分类、社集中、村运转、乡处理”的垃圾收处体系，该模式得到了省市高度肯定，在全省应用推广，并在我县召开了全市全域无垃圾现场推进会。关于对漫坝河流域进行综合治理的提案，县上编制了《漫坝河流域综合治理实施方案》，完成了投资715万元的漫坝河流域杨家寺小流域综合治理项目建设任务。

**【政协第九届渭源县委员会第三次会议】**中国人民政治协商会议第九届渭源县委员会第三次会议于2019年1月2日至5日召开。会议听取并学习了中共渭源县委书记吉秀在开幕大会上的重要讲话。审议批准县政协主席陈栋所作的常委会工作报告、县政协副主席庞元平所作的关于九届二次会议以来提案工作情况的报告。委员们列席了渭源县第十六届人民代表大会第三次会议，听取并讨论了县人民政府县长蔺红军所作的政府工作报告，讨论了法检“两院”报告及计划、财政报告。

**【政协第九届渭源县委员会常务委员会会议】**2018年，政协第九届渭源县委员会常务委员会共召开4次常委会会议。

政协第九届渭源县委员会常务委员会第八次会议于2018年4月2日召开，会议传达学习了全国两会精神。县政协主席陈栋主持会议并讲话。会议表彰了县政协九届一次会议以来的优秀提案、提案办理先进单位和先进个人。

政协第九届渭源县委员会常务委员会第九次会议于2018年7月25日召开。县政协副主席庞元平主持会议。县政协主席陈栋出席会议并讲话。会议组织学习了《习近平总书记关于加强和改进人民政协工作的重要思想摘编》第一、二部分的内容。会议审议并原则通过《政协渭源县委员会关于全县义务教育均衡发展的专题协商报告》《政协渭源县委员会关于城乡居民医疗保险工作的调研报告》《政协渭源县委员会关于安全生产工作的对口协商报告》。会议审议通过了《政协渭源县委员会加强和改进调查研究工作的实施意见》《政协渭源县委员会提案办理协商实施细则》。

政协第九届渭源县委员会常务委员会第十次会议于2018年11月16日召开。县政协副主席金雁东主持会议。县政协主席陈栋出席会议并讲话。会议组织学习了《习近平总书记关于加强和改进人民政协工作的重要思想专题摘编》第三、四部分，传达学习了中办《关于加强新时代人民政协党的建设工作的若干意见》和省政协党组《关于进一步深入学习贯彻习近平总书记关于加强和改进人民政协工作的重要思想开展大学习、大武装、人培训、大提高活动的通知》精神。会议听取了县政府关于县政协九届二次会议以来提案办理情况的通报，听取了《政协渭源县委员会关于全县重点项目建设情况的视察报告》《政协渭源县委员会关于全县光伏扶贫产业项目建设管理情况的调研报告》《政协渭源县委员会关于全县住宿餐饮业健康规范管理运行情况的协商报告》《政协渭源县委员会关于全县草牧业发展情况的协商报告》《政协渭源县委员会关于2018年预脱贫村监督性调研的报告》的情况说明。会议审议讨论了《政协渭源县委员会关于全县农村“三变”改革情况的调研报告》《政协渭源县委员会关于旅游景区项目建设与管理情况的调研报告》《政协渭源县委员会关于河长制工作落实情况的监督性调研报告》《政协渭源县委员会关于全县招商引资工作情况的调研报告》。会议审议通过了《政协渭源县委员会提案工作规定》《政协渭源县委员会民主协商工作办法》。

政协第九届渭源县委员会常务委员会第十一

次会议于2018年12月20日召开，专题审议并通过了召开县政协九届三次会议的相关事项。县政协副主席庞元平主持会议。县政协主席陈栋出席会议并讲话。会议审议并通过了《政协渭源县委员会关于召开政协第九届渭源县委员会第三次会议的决定（草案）》、《政协第九届渭源县委员会第三次会议议程（草案）》、《政协第九届渭源县委员会第三次会议日程（草案）》、《政协渭源县第九届委员会常务委员会工作报告（草案）》的起草说明、《政协渭源县委员会九届二次会议以来提案工作情况的报告（草案）》的起草说明、《政协第九届渭源县委员会第三次会议常委会工作报告、提案工作报告报告人及各次大会执行常委、主持人建议名单》、《政协第九届渭源县委员会第三次会议分组办法、小组召集人建议名单》、《政协第九届渭源县委员会第三次会议预备会议议程（草案）》、《政协渭源县第九届委员会第三次会议提案办法（草案）》。会议审议了有关人事事项。会议决定，中国人民政治协商会议第九届渭源县委员会第三次会议于2019年1月2日至5日召开。

# 民主党派　人民团体

## 民革渭源县支部

**【组织发展】**严格按照民革党员发展要求，发展党员，支部党员总数达到17人。

**【思想建设】**订阅《团结报》3份、《中国统一战线》杂志1份，积极参与各项学习培训活动，十分重视微信等网络联系党员，组织学习，交流学习心得。认真习近平新时代中国特色社会主义思想，深入开展“不忘合作初心，继续携手前进”主题教育活动，不断提高党员政治思想水平。

**【制度建设】**支部不断完善各项制度，包括党员职责，支部主委、副主委和支部委员职责，支部党员发展制度，支部党员民主调研，参政议政职责等等，用制度干事，用制度管人。

**【参政议政】**积极参加县委县政府组织的各类会议。支部有县政协委员3名，积极参与政协各项活动。支部党员12人参加“渭源县民主党派脱贫攻坚民主监督调研活动”和“民主党派脱贫攻坚民主监督座谈会”；支部党员5人深入大安乡大崂子村等村社，重点围绕减贫实效、贫困人口识别、精准帮扶和扶贫资金项目管理使用等情况进行了调研。上报社情民意和信息6篇。

**【服务社会】**组织党员到锹峪镇开展送文化下乡活动，赠送由民革党员捐献的图书600多本，现场为群众赠送书画作品50多幅。在会川罗家磨和五竹渭河源村建立“渭河源美术写生基地”，全年接待1500多人写生创作。

**【“党员之家”建设】**在县气象局原办公楼二楼创办支部“民革党员之家”，配备了包括电脑、打印机、沙发、桌椅等各种全新的办公设施，接通了电信网络，安装了多媒体电视。宣传栏装框上墙。在“民革党员之家”，召开支部会议，开展政治理论学习活动，不断增强了民革党员的凝聚力，进一步推动了自身建设、参政议政和服务社会等方面的工作。

## 民盟渭源县支部

**【概况】**民盟渭源县支部现有卫计、教育、会川3个民盟小组，盟员38名，其中男28人，女10人；其中行政8人，教育22人，卫生4人，文广4人；退休老盟员7人，在职盟员31人。在职盟员中，有市人大代表1人，市政协委员1人；县人大代表1人，县政协委员7人；副科级以上干部8人（其中副县级1人，正科4人，副科级3人）；中高级专业技术人员21人（其中正高级1人，副高级9人，中级10人）。

**【自身建设】**始终把自身建设工作放在支委会工作的首位，以思想建设为核心，精心组织安排盟员理论学习，参加各类培训，不断增强了全体盟员对中国特色社会主义的道路自信、理论自信、制度自信、文化自信，进一步夯实了多党合作的共同思想。新发展成员2名。县教体局、发改局、宣传部等单位支持支部添置电脑2台、打印机1台和桌椅、文件柜等办公设备。

**【参政议政】**组织盟员紧紧围绕全县经济社会发展和人民群众普遍关心的热点难点问题，通过“两会”提案建议、大会发言、专题调研、重点提案督办，以及参加各种意见征求会、情况通报会、协商会等形式积极建言献策。

**【社会服务】**坚持发挥优势做实事、做好事，持续深入开展社会服务活动。组织盟员积极开展社会公益活动，坚持开展“三下乡”“送温暖、献爱心”活动。配合“民族团结进步宣传月”活动，关注弱势群体，在教育支农、医疗助农、文化惠民等方面，开展“捐赠、义诊、培训”等活动，积极拓宽社会服务工作领域，助力全县县精准扶贫、精准脱贫。盟员立足岗位，敬业奉献，积极为渭源经济社会发展建功立业做贡献。

## 工商业联合会

**【概况】**县工商联现有6名党员，其中女党员3人。主席1人，兼职副主席7人，秘书长1人，常委11人，执委35人。职工9人。乡镇商会6个，行业商会6个，异地商会1个，共有会员456人。新增五竹商会、苗木商会2个，新增会员56人。

**【“四好”商会建设】**严格按照省市县工商联换届指导意见和对照“四好”商会建设标准，对基层商会和行业商会新选入的班子成员进行了培训。通过培训使得基层商会和行业商会新选入的人员，对当前国家对非公有制经济发展的政策有了了解，增强了发展的信心。

**【非公经济人士培训】**积极开展开展非公经济人士外出考察和培训工作，组织非公经济人士培训3期，其中外出考察培训2期。

**【服务会员及会员企业】**一是做好融资服务，通过各种融资渠道，为5家企业、10多名会员融资贷款达2000多万元，缓解了企业的资金紧缺局面。二是做好信息服务，及时向非公经济人士宣传政策，同时借助渭水源网站、中药材商会网站公布市场各类投资信息。三是提供法律服务，利用法律援助中心为会员企业负责人进行金融政策培训和相关法律咨询。四是加强技术服务，工商联和县科协、科技局协调为部分会员企业派出科技特派员20人，加强对企业的技术指导，为企业提供技术服务。

**【非公经济人士理想信念教育】**一是宣传非公有制经济人士中的先进典型。工商联与宣传部、广影中心积极协调联系对非公经济人士社会主义理想信念教育方面的典型做法进行宣传。二是推动构建新型的政商关系。引导广大非公经济人士自觉以“亲”“清”为标尺，构建和规范“亲”“清”的政商关系，积极推动落实县级领导干部联系商会制度，畅通政企沟通渠道。三是引导广大非公有制经济人士积极参与“民企陇上行”大招商活动。非公经济人士积极参与招商引资活动，引进外商投资项目6个，资金达2.4亿元。四是促进“光彩事业”，深化“热爱党回报社会感恩行动”等活动。积极引导广大非公经济人士在扶贫济困、助残救学方面捐款捐物。

**【脱贫攻坚】**对驻村帮扶工作队长人选进行了及时调整。元月份对苏家窑小学教师进行了慰问，为苏家窑村文化舞台建设捐资1000元。为苏家窑村贫困户捐赠衣物50件套，价值3500元。参与“千企帮千村”行动工作，确定118家非公企业，参与全县118个村的精准扶贫攻坚工作，积极动员非公经济人士参与精准扶贫和“千企帮千村”行动。累计帮扶物资480多万元，帮扶贫困户1600多户，解决劳动力1200多人，配置产业20多个。衔接晋安区十多名企业家来渭源考察对接，盛辉物流集团、福建喜相逢汽车服务公司、福建华威集团等3家企业为渭源捐款100万元。晋安区企业向渭源捐款400万元。县工商联组织渭源企业家赴晋安区进行了招商考察对接活动，达成协作意向4个。6月，晋安区政协和工商联组织非公企业来渭源考察，在光伏、中药材产业、医疗卫生等方面签订了意向协议，为渭源精准扶贫教育捐款30万元，帮扶了全县180名高中和大中专贫困学生。

## 总工会

【**概况**】县总工会现有干部职工10名，其中领导干部4名（常务副主席1名，副主席1名，经审委主任兼女工委主任1名），主任科员1名，一般干部3名，聘用人员2名；主席由县人大常委会副主任兼任，日常工作由常务副主席主持，兼职副主席3名，挂职副主席1名。有党员4名，其中女党员1名。单位办公楼总建筑面积4055.34平方米，设有办公室、职工服务中心。

【**基层工会组织建设**】基层工会组织273个，独立基层工会232个，联合基层工会41个，职工总数29326人，会员29266人（农民工18614人），女会员8550人，入会率97%。全县兼职工会主席289名，基层工会干部1036名。其中清源镇总工会、会川镇总工会、北寨镇总工会、路园镇总工会、麻家集镇总工会、五竹镇总工会、锹峪镇总工会、上湾镇总工会、祁家庙镇总工会、田家河乡总工会、峡城乡总工会等11个乡镇总工会被命名为“甘肃省规范化乡镇工会”。

【**劳动模范和先进工作者**】全国五一劳动奖章获得者1名，省级劳模11名，市级劳模22名（2018年评选了全市劳模5名），县级劳模4名。共发放劳模生活困难补助金、特殊困难补助金、慰问金、奖金83300元。

【**技能提升行动**】广泛开展了职工素质提升工程，制定下发了《渭源县总工会2018年职工职业技能素质提升活动工作方案》，各乡镇、各单位工会开展了形式多样的庆“五一”职工体育健身和比赛活动；各基层工会积极举办各行各业劳动技能大赛，鼓励企业职工积极开展技术革新，引领职工积极投身大众创业、万众创新的时代洪流。在县上举办以“品尝定西美食.体会舌尖渭源”为主题的渭水文化美食节活动期间，县总工会筹资3万元，联合县人社局、县食药局组织开展了渭水养生菜厨艺大赛，经甘肃省烹饪协会和定西市食品行业协会国家级评委和高级技师现场打分，对参加大赛的10家餐饮单位加工的菜品进行了综合评定，评选出一等奖1名，二等奖2名，三等奖3名。对李斌等15人授予“渭水文化养生菜厨艺大赛岗位能手”荣誉称号，各奖励现金500元，颁发证书1本。投入资金20万元，对110名精准扶贫户农民工和下岗职工举办了为期10天的家政服务技能提升培训，有58人取得了初级技能证书。

【**帮扶救助和送温暖活动**】组织开展了困难职工帮扶救助工作，多方筹措资金78万元，对141户困难下岗职工开展了生活救助、子女助学和大病救助；“六一”儿童节慰问清源一小困难留守儿童、单亲女职工子女10名，共计1000元；在“夏送清凉”活动中，对107名炎炎酷暑中坚守在建筑工地的农民工送去价值9523元的茶叶和冰糖；在“春节”期间共筹措资金3万元，对困难企业黄香沟牧场和县供暖公司一线职工进行了慰问。

【**维护职工合法权益**】一是积极推行职代会和厂务公开制度，按照《2018年全县厂务公开民主管理工作安排意见的通知》要求，督促全县国有及25人以上的建会非公企业全部建立了职代会和厂务公开制度，确保了职工的合法权益不受侵犯。二是大力推行工资集体协商制度，按照《渭源县总工会关于印发工资集体协商工作方案的通知》要求，指导企业签订集体合同、工资专项集体合同、女职工专项合同。签订集体合同18份，覆盖企业24家，覆盖职工1128人；签订工资专项集体合同18份，女职工权益保护专项集体合同18份。三是充分发挥困难职工服务中心作用，积极开展了“春风行动·就业援助月”行动，发放《农民工外出务工维权知识手册问答》《劳动法》400多册，发放维权宣传资料2000多份。

**【“进访办促”活动】** 认真开展“进访办促”活动，先后深入甘肃省兴陇建筑安装有限责任公司、兰州天盛建筑工程有限公司、甘肃省第七建筑集团股份有限公司等20多户企业调查劳动合同签订情况及农民工工资发放情况，将“进访办促”活动不断引向深入。向20多户企业的300多名职工发放“进访办促”活动调查问卷400多份，共宣传政策法规5场次，参与职工群众400多人，发放工会工作相关宣传材料300多份。

**【换届选举】** 渭源县总工会于2018年11月28日至29日召开了渭源县工会第十次代表大会，会上选举产生了渭源县工会第十届委员会委员27名、经费审查委员会委员7名、女职工委员7名，选举产生了工会新一届领导班子。

**【脱贫攻坚】** 突出工会特色，发挥工会职能优势，积极参与“脱贫攻坚”行动，制定了《渭源县总工会2018年脱贫行动帮扶计划》，组织单位5名联系干部多次深入到帮扶村永丰村和各自的联系贫困户，面对面对贫困户就党的十九大、中国工会十七大精神作了讲解，及时了解掌握贫困群众的困难和需求。春节前，为永丰村的56户贫困户送去价值2850元的洗衣粉、毛巾、脸盆等生活用品；为永丰村村部捐赠办公电脑1台，价值3800元；椅子30把，价值3300元；筹资20000元，对永丰村村部院子进行了硬化，为该村提升党建水平提供了便利条件。在“夏送清凉”活动中，为16户贫困户送去价值1600元的慰问品。

## 共青团

**【概况】** 全县有共青团员10945人，团干部860人（专职3人），下设基层团委41个，团工委2个，团总支8个，团支部564个；少先队员18810人，少先队大队辅导员186人，中队辅导员986人，少先队组织186个。

**【理论学习】** 坚持每周半日的集体学习制度，重点学习了党的十九大精神和习近平新时代中国特色社会主义思想，学习了习近平总书记7.2讲话精神和团的十八大精神，学习了新修订的《中国共产党章程》、《中国共产主义青年团章程》和《中国共产党纪律处分条例》及全国“两会”精神，并根据实际不断更新丰富学习内容。建立了考勤、检查和汇报等学习制度。组织基层团队干部集中收看全国“两会”及共青团、少先队工作推进（培训）视频会议，推进基层团队工作制度化、专业化、时代化。依托“青年之家”举办青年读书分享会10余场次。

**【主题宣传教育活动】** 一是持续提升“年轻渭源人”微信公众号管理运营水平，提高了信息发布质量，开设了“团团小课堂”“青年之家”等栏目。全年发布信息310条，关注人数9800余人，阅读总数26.9万次15.3万人次。二是继续运行好“青年之声”平台，全年青少年提问50多次，内容涉及心理、健康、婚恋、创业、公益、法律等各个方面。三是积极向甘肃共青团、定西日报、渭源党政网、渭源电视台等新闻媒体报送工作，提高工作影响力，累计有50条信息被各级媒体采用。四是按期全面完成党报党刊征订任务，并定期组织学习阅览，确保机关干部思想行动始终同党中央和省市县委的决策部署保持一致。五是开展全县“两红两优”“向上向善好青年”和“新时代好队员”“优秀少先队辅导员”“优秀少先队集体”等评选表彰活动，渭源一中团委书记陈雨航被评为“全国优秀共青团干部”；涌现出省级五四红旗团委、团支部各1个，优秀少先队大队1个，优秀少先中队辅导员1个，优秀共青团员1人；市级五四红旗团委、团支部等先进集体10个，优秀少先队中队2个，优秀少先队辅导员1个，优秀共青团干部等先进个人43人。六是开展各类特色活动。采用线上献花留言结合线下祭扫讲述的方式开展“清明祭英烈　共铸中华魂”主题宣传教育活动。在三所高中分别举办以“学思践悟十九大 青春建功新时代”和“迈入青春门　走好人生路”为主题的中学生十八岁成人仪式，为2400名中学生共庆十八岁集体生日。集中举办“起航新时代，同心绘青春”十四岁集体生日暨离队入团仪式。组织各学校少先队在“六一”、10月13日建队纪念日期间开展“争做新时代好队员——你好，新时代”主题队会及“我和队旗合个影”活动。在清源中学举办“争做新时代好队员——集结在星星火炬旗帜下”初中少先队建队仪式。联合县禁毒办和教体局举办全县“学习贯彻十九大，不让毒品进我家”禁毒手抄报暨绘画书法大赛。作为试点县承办了全市大中学生分层分类一体化思想引领工作动员部署会。

**【分类引导活动】**一是生态建设。积极向团省委争取为清源、会川、麻家集、路园、莲峰等5个乡镇的贫困村捐赠电动环卫车14辆，总价值7万元。开展“保护母亲河·美丽中国梦——2018年度渭源青少年植树护绿行动”，在全县广大青少年中进行生态文明和环保低碳的宣传教育。机关团干部高质量完成春季绿化造林和秋季补栽任务，各基层团组织分别组织本地区团员青年志愿者开展了“全域无垃圾”城乡环境卫生综合整治活动，清理辖区周边环境垃圾，先后开展清理活动50余场次，参与团员青年7000多人次。二是精神教育。在“春运”期间开展“暖冬行动——温暖回家路”志愿服务活动，为返乡、外出群众提供便利服务。组织青年志愿者开展“扶贫不是养懒汉、脱贫主要靠勤劳”主题宣传，共发放各类宣传资料900余份。联合妇联发出“新时代　新青年　新风尚——抵制高价彩礼　倡树时代新风”倡议，组织青年志愿者多次在农村庙会、艺术节上开展宣讲动员活动。在麻家集镇花儿歌手大赛上，出资2000元购买奖品用于表彰“有为青年”，鼓励更多农村青年争做脱贫致富带头人。组织青年志愿者20余人积极参与丝绸之路国际露营大会、渭水文化节，全力保障节会各项服务工作，展现了青年志愿者的良好风貌。

**【脱贫攻坚】**严格落实驻村帮扶工作责任，选派2名干部担任驻村帮扶工作队队长、队员。研究制定年度帮扶工作计划，定期召开专题工作会议研究帮扶村脱贫攻坚工作，先后组织召开乔家滩村社干部警示教育会议、红白理事会成立暨种养殖专业合作社社员大会、脱贫验收民主评议会等重要会议。深入开展“大走访、大排查、大讲习、大帮扶”活动，不断加强政策宣传，组织帮扶干部先后进村入户24次。为“两后生”及大学毕业生提供就业考试、电商创业等实用信息，扩大群众了解政策、获取信息的渠道。春节期间结合困难群众生活保障大排查，看望慰问联系户，发放大米16袋。为建档立卡户赠送中药材栽植及培育技术读本，为春耕生产提供指导。紧密结合贫困户家庭基本情况和发展需求，认真制定“一户一策”精准脱贫计划。帮办解决家政培训、自来水、助学金等实事8户10件，发放价值千余元的大米、牛奶、点读笔等爱心慰问品，筹资印制中药材种植技术读本、惠农政策一本通等为群众发放，为乔家滩学生就读学校宗丹小学争取“彩虹盒子”及毛绒玩具238套，为157户生活困难群众捐赠面粉、食用油等过冬物资。社会扶贫方面，一是积极组织动员36名有就业意向的农村青年参加全市“青春起航，就业圆梦”助力脱贫攻坚人力资源现场招聘会。二是联系清华大学、北京理工大学、上海大学等校大学生在我县开展暑期社会实践活动，对脱贫攻坚产业发展、金融支持、乡村振兴等情况进行了实地调研，并开展对当地群众和儿童的慰问帮扶及送文化下乡活动。三是采用集中授课、实地观摩、经验交流相结合等方式，于7—9月分片区开展渭源县脱贫攻坚农村青年就业创业能力提升培训两期，共培训农村建档立卡青年劳动力200名。

**【希望工程建设】**抓教育捐助强化建设。统筹各类资源，汇聚各方力量，着力在“共青团可为”上做文章，聚焦教育扶贫，擦亮“希望工程”品牌，为贫困学生筹集到各类奖助学金共计306.4万元，直接惠及贫困学子928人。其中中国农业银行“金穗圆梦”、东西部扶贫协助“晋渭携手·爱心圆梦”、兰石化“扶贫助困·共享阳光”等大学生奖助学金项目284万元；文雅爱心基金会奖学金、利安人寿留守儿童等中小学生奖助学金项目22.4万元。争取到各类爱心物资33.16万元。强社会捐赠助力建设。一是借助东西部扶贫协作契机，与福建晋安区团委联合开展“情牵渭源，大爱晋安”微心愿认领活动，为我县13所农村偏远小学的207名建档立卡户学生发放价值4.5万元的“微心愿”礼物。二是在麻家集镇宗丹小学举办“杭城牵手定西 共青团助力脱贫攻坚”捐赠仪式，衔接杭州社会组织滴水公益为我县农村儿童发放彩虹盒子284个，总价值1.42万元。三是为大安乡大石岔小学争取到由江苏南通至田国际贸易有限公司捐赠的校服69件，总价值0.69万元。四是联合世华洛婚纱摄影公司开展关爱慰问特教学校志愿服务活动，捐赠爱心文具及生活用品价值0.1万元。五是争取价值9万元的共青团关爱留守儿童志愿服务行动“七彩小屋”第三批示范项目建设（9个），继续申报第四批项目9个。六是举办定西市聚力定制扶贫“联渠道、汇爱心、公益行”渭源爱心活动，为大涝子小学捐赠助学金6.5万和价值3万元的爱心文具，收购大安、麻家集等乡镇建档立卡户土豆作为定制扶贫产品，让农民的好产品卖出好价格，促进增收致富。七是开展“送文具到西部校园”活动，争取到爱心文具、体育用品等各类物品价值2.6万元。八是争取到团市委向渭源县峡城乡秋池湾村捐赠壹基金礼包28个，价值1.022万元。九是衔接争取到兰州大学中国社会福利基金会暖流计划公益基金项目，为4所偏远贫困学校捐赠净饮机各1台，价值1.5万元，有效解决了农村学校水质健康隐患问题。十是联合爱心社会组织——兰州新区中和社会工作服务中心开展助力脱贫攻坚“暖冬行动”，为帮扶村麻家集镇乔家滩村的157户生活困难群众每户发放面粉1袋、食用油1桶，总价值2.83万元。

**【预防青少年违法犯罪工作】**一是充分发挥自身优势，依托健全的共青团和少先队组织，以校园文化艺术周、主题班队会、团队日、黑板报等为载体，统一部署，自上而下开展主题鲜明的缅怀革命英烈、禁毒、反邪教、“模拟法庭进校园”、反对校园欺凌等主题宣传教育活动，增强了青少年对违法犯罪的免疫力，树立正确的世界观、人生观和价值观。二是在中学生18岁成人仪式中，向学生颁授代表神圣责任与义务的《中华人民共和国宪法》作为成人纪念，并由学生手执宪法面向国旗庄严作出成人宣誓，有效增强了中学生的法治意识和责任意识。三是组织并指导各学校法治副校长开展以案释法法治报告会，用通俗易懂的方式，深入开展“禁毒一堂课”、反邪教、校园安全等各类宣讲。四是在宪法宣传周组织青年志愿者参加全县集中宣传活动，悬挂宣传标语，发放宣宪资料，普及宪法知识。各基层团队组织普遍开展“宪法进校园”主题宣传活动，让青少年学生在潜移默化中树立宪法观念，接受法治教育，做知法尊法懂法守法公民。

**【从严治团】**一是规范组织生活。在机关，严格召开机关民主生活会、组织生活会、全面从严治党专题会议等，规范机关党内政治生活，规范开展“主题党日+”活动，加强党员干部政治意识和政治纪律。在基层，以基层团支部为单位，广泛组织召开“践行新思想　拥抱新时代”主题组织生活会，以学习宣传贯彻党的十九大和团的十八大精神为有力抓手，增强团员的身份意识，严格团内组织制度，为全面从严治团、加强支部建设奠定了坚实基础。二是加强作风建设。按照县委县政府关于深入开展“转变作风改善发展环境建设年”活动要求，及时召开专题会议，成立了团县委“转变作风改善发展环境建设年”

活动领导小组，结合工作实际研究制定了活动实施方案，建立整改台账，部署工作任务，明确工作要求，并与党支部标准化建设、扶贫领域腐败和作风问题专项整治等有机结合，确保作风建设年活动扎实有序推进。通过转变作风改善发展环境建设年活动切实转变工作作风，树立服务型机关和服务型团干部的良好形象，营造求真务实、真抓实干、艰苦奋斗、开拓创新的良好环境。三是严格项目监管。堵塞漏洞防范风险，在评优选先、希望小学、“七彩小屋”项目建设、奖助学金发放等方面，通过完善申报程序、资金发放拨付手续，杜绝资金截留、挪用等方面的问题，让有限的资金发挥出最大的社会效益。“三重一大”项目都经集体研究决定并邀请纪检监察组参与监督，积极营造班子成员既各司其职，又协调配合的议事氛围。

**【共青团改革】**一是健全团的领导机构。成功召开县第十七次团代会，选举产生了共青团渭源县第十七届委员会，代表、委员、常委中来自基层一线的代表分别占86.67%、78.26%和55.56%。配齐了“专职书记1名+专职副书记1名+挂职副书记1名+兼职副书记1名”的团县委领导班子。各乡镇和学校在配齐团委班子成员的基础上，不断配强了团的基层组织队伍。二是完善团的基层组织机构。逐步规范教育、卫计、非公、新社会组织等行业团（工）委，推动机关及省市驻渭单位健全团支部或青年工作委员会（小组）；不断完善以“三会两制一课”为主要内容的团员教育管理长效机制，深入推进“六有五型”团组织创建；推进中学共青团和少先队规范化标准化建设，深入实施了学校共青团、少先队改革；建立了常态化的团教沟通协调机制，学校“一心双环”格局和团支部书记兼班长的“班团一体化”模式已全部建立。三是提高团队规范化水平。选派5名辅导员代表认真参加省市组织的少先队辅导员培训班，加强理论学习，提升自身能力，提高工作水平。组织骨干团干部、少先队辅导员开展面向一线团队干部的延伸培训，坚持示范引领、以强带弱的原则，对少先队知识的新要求、新规范进行全面学习，有效提升全县少先队工作规范化水平。四是丰富团的工作方式。坚持信息化、项目化、扁平化的工作方式，大力推进“智慧团建”、“青年之声”、“年轻渭源人”微信公众号、“青春渭源”今日头条号等团属新媒体平台建设，实施“支部微信群QQ群”工程，实现了团员青年与团组织的“无障碍沟通”。围绕青少年实际需求，规范设置青年文明号创建、评优选先、志愿服务、青年创业就业、青少年权益维护、关爱留守儿童、希望工程、新媒体宣传等10多个工作项目，真正把工作精力和力量集中到服务大局、服务青少年上。

## 妇女联合会

**【概况】**2018年末，县妇联核定编制5人，参照公务员法管理，其中行政编制2人，事业编制2人，事业后勤编制1人。实有在职人员5人，其中公务员3人，事业管理人员1人，事业后勤人员1人。

**【巾帼脱贫】**宣传脱贫行动：组织开展“姐妹手拉手　巾帼脱贫快步走”活动，县乡村各级妇联执委与贫困妇女开展结对帮扶，把脱贫攻坚政策措施、乡村振兴战略、惠民政策传播到妇女群众中去，帮助妇女群众明确发展方向，找好致富门路，坚定脱贫信心。县妇联年初评选表彰脱贫攻坚巾帼先进集体4个，脱贫攻坚巾帼带头人13名，通过网上妇女之家和微信广泛宣传典型事迹，引导广大妇女积极投身脱贫攻坚。产业脱贫行动：充分发挥全县妇女和妇联组织在脱贫攻坚中的积极作用，精准聚焦产业扶贫重点，2018年主动作为积极跟进，配合脱贫攻坚工作大局，创建“巾帼扶贫车间”10家，吸纳855名妇女（其中贫困妇女646名）在巾帼扶贫车间就业，妇女人均月务工收入达2144元。巧手脱贫行动：主动发挥陇原巧手联盟和陇原巧手培训基地优势，通过实施陇原巧手技能培训项目，促进妇女居家灵活就业。培训建档立卡陇原巧手妇女300名，巧手骨干15名。健康脱贫行动：认真贯彻落实省委省政府为民办实事农村妇女“两癌”检查工作，全县各级妇联积极行动，当好农村妇女“两癌”检查工作的宣传员、组织员和服务员。完成农村妇女“两癌”检查15300人，妇女“两癌”检查政策及健康知识知晓率达96%以上。2018年通过全国妇联“两癌”救助系统共救助患病贫困妇女65名，发放“两癌”救助金65万元。爱心脱贫行动：积极协调社会资源，凝聚各方力量，努力让贫困妇女和儿童得实惠、普受惠、长受惠。实施“焕新家园”项目，投入社会公益资金46.2万元，为60户6—16岁在读贫困儿童改善了居住条件；组织开展“巾帼暖人心”走访慰问关爱活动，为60名贫困儿童发放棉衣60套；开展“圆梦助学”行动，社会爱心人士为36名贫困儿童捐助生活救助金9.2万元；实施“春蕾计划”助学项目，为渭源一中、五竹镇路麻滩小学、路园三河回民学校的83名贫困女童发放助学金4.32万元。东西部协作帮扶：县妇联与晋安区妇联积极联系，组织实施了贫困妇女手工编织培训、贫困儿童助学金发放和母亲邮包发放等各类帮扶救助项目，为108名贫困妇女儿童发放各类帮扶救助物资10.42万元。

**【妇女维权】**不断加强普法宣传力度。加强对妇女的普法宣传和维权力度，引导妇女尊法学法守法用法，提高妇女的法治意识和依法维权能力。组织开展了以“建设法治渭源 巾帼在行动”为主题的“三八维权周”法律宣传咨询活动，发放“反家庭暴力法”“妇女权益保障法”等各类宣传资料1000余份，提供法律咨询服务13人次。不断加强部门协作合力。建立反家暴协作联动机制，成立了反家暴工作领导小组，建立了联席会议、联络员、安全督办、信息共享、法制宣传等工作制度，为推进反家暴法的实施提供了有力的保障。畅通妇女信访渠道，接听“12338妇女维权热线”来电咨询11件，接待来电来访案件6件，办结率100%，满意率100%。

**【家庭工作】**深入开展“巾帼家美积分超市”示范点创建活动。通过用积分兑换物品，用兑换改变习惯，引导妇女群众共建美丽家园，促进精神脱贫。2018年底在秦祁乡和大安乡创建“巾帼家美积分超市”2家，为每个超市捐赠物资0.5万元，参与积分兑换87人次，“巾帼家美积分超市”在我县落地见效。深入开展寻找“最美家庭”活动。城乡妇女广泛参与，在全县各乡镇和县直单位评选出“最美家庭”240户，通过网上“妇女之家”和微信对评选的最美家庭事迹进行宣传。深入开展“美丽庭院”示范户创建活动。县妇联向广大妇女发放了《全域无垃圾 巾帼在行动》倡议书，在各乡镇分别确定了1个“美丽庭院”创建示范村，利用妇联网络矩阵引导广大妇女积极参与到“美丽庭院”创建中来，营造良好的家庭生活环境，以家庭的“硬化、净化、序化、美化、亮化、文化”，推进美丽乡村建设。深入开展家庭教育宣讲活动。县妇联牵头成立了“渭源县家庭教育指导中心”，定期组织开展家庭教育知识宣讲，利用微信开设了“家庭教育微课堂”，每天通过各种形式分享家庭教育知识，帮助家长解决家庭教育中的困惑。开展“陇原妇女面对面百千万巾帼大宣讲”活动40场次，参与妇女群众6000多人次。以各级家长学校为载体，组织开展了系列亲子阅读、经典诵读活动，创建市级亲子阅读基地2个、亲子阅读之家3个，推荐亲子阅读达人5名，营造了全社会热爱文化、热爱读书的良好氛围。

**【脱贫攻坚】**县妇联6名干部对接帮扶清源镇北关村未脱贫户17户50人。先后25次63天组织帮扶干部深入北关村开展驻村帮扶。以驻村蹲点、问卷调查、座谈访谈等形式，与驻村帮扶队和村“两委”班子商讨帮扶规划和计划，认真填写“一户一策”，将帮扶工作落到实处。组织开展了“庆七一主题党日”活动和帮扶慰问贫困妇女儿童等活动，为全村贫困家庭发放母亲邮包18个，衣服18件；为1名贫困学生争取助学金0.5万元；为1名贫困儿童实施了0.5万元的“焕新乐园”项目。

**【受表彰情况】**

**※2018年全国巾帼脱贫农业示范基地**

渭源县五竹马铃薯种薯产业园

**※2018年省级表彰**

甘肃省百名优秀村（社区）妇联主席：

大安乡井儿山村妇联主席连彩红

**※2018年市级表彰**

1.2018年度定西市“最美家庭”名单：

渭源县人民医院马进连家庭

渭源县人民医院陆雪燕家庭

渭源县中医院张春霞家庭

渭源县人民法院苏彦军家庭

渭源县人民法院侯建清家庭

锹峪镇人民政府杨晓凤家庭

峡城乡杨庄村朱正国家庭

上湾镇杨家寺村侯志忠家庭

五竹镇五竹村谢会珍家庭

五竹镇鹿鸣村王双有家庭

北寨镇张家堡村王艳家庭

大安乡张家川村范继军家庭

会川镇王家咀村宋桂林家庭

2.2018年度定西市“三八红旗手”名单：

渭源县教育体育局教研员杨淑玲

渭源县教育体育局干部刘燕

3.2018年度定西市“三八红旗集体”名单：

渭源县妇幼保健站

4.2018年度定西市“巾帼建功标兵”名单：

渭源县扶贫办党支部书记包兴莲

渭源县税务局分局长魏萍霞

5.2018年度定西市“巾帼文明岗”名单：

渭源县人民政府政务服务中心

6.2018年市级“陇原脱贫攻坚女带头人”名单：

渭源县航新春雨公益服务中心志愿者白桂琴

会川镇西关村巾帼扶贫车间负责人豆淑琴

秦祁乡豹子沟村巾帼特色产业联盟负责人李爱琴

大安乡井儿山村妇联主席连彩红

7.2018年市级“陇原脱贫攻坚巾帼先进集体”名单：

甘肃格派服饰有限公司会川镇西关村巾帼扶贫车间

渭源县上湾镇东西部对口帮扶扶贫车间

## 科学技术协会

**【概况】**2018年末，县科协核定编制4人，使用事业编制，参照公务员法管理。实有在职人员7人，其中公务员2人，参管4人，工人1人。

**【科普宣传】**发挥科普宣传主力军作用，坚持集中性宣传与经常性宣传相结合，坚持以农村、社区和学校科普宣传为重点，注重农村科普贴近生产、社区科普贴近生活、青少年科普贴近素质教育，不断增强了科普工作的针对性、实效性，努力营造良好的社会科普氛围。开展科普六进活动12次，受益人数达41300多人次，发放宣传资料50260多份。

**【基层科普行动计划】**“科普惠农兴村计划”项目采用“以点带面、榜样示范”的运作管理方式和“以奖代补、奖补结合”的资金投入方式，探索科普支农方面的新思路。一是申报成功了渭源田地马铃薯良种繁育科普示范基地项目，下达资金20万元。通过科普示范基地建设可生产马铃薯原种130吨，实现产值33.8万元，可带动650亩马铃薯一级种繁育田建设。二是督导五竹农村专业技术协会联合会实施2017年“基层科普行动计划”项目，建立马铃薯种薯科普示范基地36.25亩，生产马铃薯原种72.5吨，实现产值17.2万元，亩均增收300元，户均增收725多元，可带动362.5亩马铃薯一级种繁育田建设。三是落实由渭源县元古堆农技协联合会成员单位渭源县兴元苗木繁育专业合作社负责实施的中科协全国科技助力精准扶贫科技服务项目，项目资金10万元，10月份顺利通过中国科协在兰州举行的项目答辩验收。该项目在项目区域内辐射带动农户126户587人，其中精准扶贫户48户216人。

**【青少年科技创新】**十八届中国青少年机器人大赛（甘肃赛区）暨甘肃省第33届青少年科技创新大赛比赛中，渭源县青少年科技创新大赛作品荣获省级奖5项，市级奖35项，其中5名学生荣获奖项，1位老师被评为优秀教练员。通过精心组织参与第34届青少年科技创新大赛师生达12600多人，最终征集优秀作品823项，其中学生科学竞赛项目32项，DV作品6项，科技实践活动16项，科幻画729幅，科技辅导员创新项目25项，科技创意竞赛项目15项。通过评审委员会评审，共评选出46项优秀作品参加市上大赛，其中学生科学竞赛项目6项，科幻画18幅，科技辅导员创新项目4项，DV作品2项，实践活动3项，优秀辅导员方案5项，科技创意8项。

**【农民科学素质】**组织开展2018年全国农民科学素质网络知识竞答活动，在有效活动时间内即2018年4月20日至2018年10月31日止，参赛人数达2221人次，位居甘肃省县区参赛排名第一名。

**【反邪教】**县科协、县反邪教协会结合科普六进活动，在全县范围内开展各类反邪教警示教育宣传活动10次。下发《积极参与，防范邪教》宣传单800余份，《农村反邪教警示教育宣讲提纲》1900余册，展出《警示教育挂图》170张/次，宣传教育受益群众6800多人（次）。积极组织征集优秀反邪教论文14篇，经筛选上报市反邪教协会11篇，上报作品荣获市级优秀论文奖8篇，其中一等奖1篇，二等奖2篇，三等奖5篇，渭源县反邪教协会荣获市级优秀组织奖。反邪教宣传教育受益人群达到9000多人次。

**【脱贫攻坚】**先后20次到联系村祁家庙镇红土庄村，制定科学合理的帮扶计划，组织帮扶人员到户了解、调查摸底，认真填写“一户一策”“明白卡”等各类表册，发放《渭源县中药材丰产栽培技术》《居民医疗保健》等科普图书1000余册、科普宣传纸杯200袋2万个。帮扶村文化广场篮球钢化玻璃栏板破损更换1块，计价1300元，捐赠科普语音宣传栏1台，计价10000元。

**【受表彰情况】**

2018年市级先进农村专业技术协会（联合会）、科普示范基地、科学普示范社区、科普带头人：

渭源县新寨镇药材洋芋营销协会

渭源县渭河源农村专业技术协会联合会

渭源县锹峪乡农村专业技术协会联合会

渭源县荣辉中药材科普示范基地

渭源县东山农民养殖科普示范基地

渭源县清源镇新城社区

张 宏（渭源县田家河乡宏峰养殖协会会长）

2018年度省财政厅省科协基层科普行动计划项目获奖单位：

渭源田地马铃薯良种繁育科普示范基地

2018年度第33届青少年科技创新大赛省级获奖名单：

科学幻想绘画项目/一等奖/作品名称 多功能葡萄采摘机/作者 常孙岩/渭源县会川镇西关中心小学/指导老师范海旺

青少年科技创意作品/三等奖/作品名称 遥控“机器人”/作者 梁芷晗/渭源县会川镇西关中学小学/指导老师梁振宇

DV作品/ 二等奖/作品名称　叶之语——绿叶中色素的提取和分离/作者　雍容　王晶　赵汪卓/渭源县第一中学/指导老师　张芳明　贾良才　高雪琴

科技实践活动/三等奖/作品名称　高中化学探究性学习/申报者　渭源一中高中化学探究性学习组/指导老师　贾天平　李世斌　陈玉芳

科技辅导员创新项目/二等奖/作品名称　用针筒注射器制作大升程液压千斤顶教具模型/申报者　魏彩荷/渭源县职业中等专业学校

## 残疾人联合会

**【概况】**县残疾人联合会始建于1989年10月15日，设专职理事长1名，副理事长1名，党组书记、支部书记各1名（兼职），下设就业、康复、维权、办公室等股室。现有干部职工11人。

**【残疾人扶贫】**全县建档立卡贫困残疾人2597户2989人，占全县建档立卡户的10.29%，其中已脱贫790户911人，未脱贫1807户2078人。全县建档立卡贫困户中享受农村一类低保残疾人588人，二类低保残疾人1029人。在危房改造政策落实中，将残疾人列为重点对象，按照均2.2万元的标准，对140户居C级危房贫困残疾人家庭全面落实危房改造补助，共计24.2万元。对11户“家中无劳动能力、经济特别困难”的贫困残疾人家庭，县财政自筹25.3万元对危房改造资金进行兜底保障，由乡镇或村委会委托施工队建设“交钥匙”工程，彻底解决该类残疾人户住房安全问题。140户贫困残疾人危房均已完成改造。通过贫困残疾妇女进行手工编织、电子商务等知识的培训，先后有40多名残疾妇女接受了培训。扶持建档立卡贫困户养羊，对清源镇马家窑村、蛟龙村等四个村的30户建档立卡贫困残疾人家庭，实施了“五个一”工程养羊项目，投放基础母羊90只，投入资金7.5万元；扶持建档立卡户养牛，投入财政专项扶贫残疾人项目资金100万元，引进基础母牛100头投放到残疾人建档立卡户分散养殖，促进残疾人增收。

**【“残疾人法规政策落实年”活动】**全面落实县政府《关于加快推进残疾人小康进程的实施意见》，加强《甘肃省残疾人保障条例》等法规政策的宣传力度，做好《关于在检察工作中切实维护残疾人合法权益的意见》的学习宣传和贯彻落实，做好残疾人案件协调救助和法律援助工作。

**【残疾人教育和社会保障】**残疾人教育：成立了渭源县随班就读资源中心，对不适宜上特教学校或者不能上学的残疾儿童，采取随班就读或者送教上门的方式，确保了所有残疾儿童能够享受最大的教育资源。通过摸底调查，义务教育阶段学前残疾人数144人，其中县幼儿园含民办25人，康复中心29人，特教学校47人。2018年残疾考生21人，已经被录取的9人，救助幼儿学前残疾学生12名，救助金3.6万元，救助高中残疾学生2名，救助金0.6万元。残疾人社会保障：渭源县2018年1—10月份残疾人两项补贴发放情况：1—10月份两项补贴发放5238人，合计金额3820140元；1—10月份困难残疾人生活补贴3576人1525540元（其中：城市及一二类低保851人985400元、三四类低保中的持证残疾人补贴1515人289340元、建档立卡户中的持证困难残疾人1210人250800元）；1—10月份重度残疾人护理补贴1119人1060400元；1—10月份困难残疾人生活补贴和重度残疾人护理补贴543人，1234200元。

**【残疾人就业】**一是狠抓残疾人就业。在全面摸清残疾人底数的基础上，设立了残疾人劳动就业服务大厅，提供便捷的就业信息咨询、登记等服务，并积极组织残疾人参加职业技能培训、职业技能竞赛等项目，搭建残疾人就业平台，引导残疾人到相关用人单位就业。培训残疾人20余人次，引导就业10人以上。二是落实残疾人就业保障金政策。坚持以安排残疾人就业为目的，加大残疾人就业保障金征缴力度，县税务部门与县残联紧密衔接，做到年审工作与征收工作同步推进。从8月1日开始，在全县范围内对行政企事业单位和其他经济组织依法征收残疾人就业保障金进行年审。参加年审并安排残疾人就业的单位14家，安置残疾人22人。县财政将残疾人就业保障金纳入部门预算，2018年县财政预算安排残疾人就业保障金80万元，税务部门征收残疾保就业保障金14.04万元。

【残疾人托养补贴】制定印发《渭源县残疾人托养服务补贴项目实施方案》，确定将2018年1月19日前持有第二代《中华人民共和国残疾人证》有托养需求的7名城镇一级智力、精神残疾人和206名农村一级智力、精神残疾人列为补贴对象，其中7名城镇残疾人每人发放1500元共10500元，206名农村残疾人每人发放800元共164800元，总计发放175300元，于6月28日发放完毕。

【残疾人康复】全县共有精准康复需求愿望3709人，其中需要适配辅具的残疾人2035人。完成精准康复任务3388人，配发适配辅具1837台（件），康复服务率达到91.35%，辅具适配率达到90.27%，高于全省下达指标20个百分点。全县0～6岁残疾儿童有57名，在县康复中心享受免费康复的41人，其他地方康复的3人。对110户残疾人生活环境进行无障碍改造。

【宣传文化体育】县残联组织开展了第二十八次“全国助残日”活动，现场为残疾人发放用品用具590件，发放宣传资料1000余册，在和凤园组织开展了专题文艺会演。听力残疾人候亮创办了候亮书画工作室，受助省上下达文化创意补贴资金3万元。残疾人柴福林、韩梅、强元参加全省第十届残运会，获得了4金、1银、1铜的好成绩。

【残疾人证办理】2018年办理残疾人证634人。

【残疾预防试点工作】认真实施干预项目，严格操作技术规范。2018年全县对3709人有康复需求的残疾人进行精准康复3388人，康复服务率达91.35%；为3035名有辅助器具适配需求的残疾人适配用品用具2140人，适配率达90.27%。

【服务残疾人事业】一是强化法律服务。办理残疾人法律援助案件29件，受援残疾人33人，解答咨询93人次；针对残疾人开展专项法治宣传活动7场次，现场法律咨询共计381人次；为残疾当事人节约诉讼成本2万多元，挽回利益损失11万多元，减免公证费用3000多元。二是强化医疗服务。开展家庭医生签约服务，共签约残疾人648人。签订残疾人初级包1196人。对行动不便、患病较重的人员，由签约团队、乡镇卫生院实施送人就医服务。三是开展爱心捐赠。县妇联向学校的77名残疾儿童捐赠了彩笔、铅笔等价值1200多元的学习用品。对4名残疾妇女送去价值1000多元生产用品；为1名残疾儿童捐赠轮椅1个。四是引导社会力量参与。积极衔接甘肃省妇联、甘肃省妇女儿童发展基金会、杭州微笑行动慈善医院，为我县5名儿童免费实施了唇腭裂矫形手术，并为每名儿童发放救助金2000元；向浙江省妇女儿童基金会争取，慰问锹峪镇残疾妇女陈月玲，并为正在上大学的女儿发放每学年6000元助学金。县民政局衔接有关部门对全县的67名白内障患者免费实施复明手术和17名截肢患者装配了假肢。

## 文学艺术界联合会

【概况】渭源县文学艺术界联合会成立于2016年12月1日。渭源县文学艺术界联合会第三次代表大会于2018年1月31日选举了县文联第三届委员会主席、专职副主席兼秘书长，并选举产生了作家协会、美术家协会、摄影家协会、书法家协会、民间文艺家协会、音乐家协会、舞蹈家协会、戏曲家协会、影视家协会9个协会的主席、副主席、秘书长及理事。县文联核定事业编制2名，正科级建制，设主席1名（由县委宣传部一名副部长兼任）、副主席1名（副科级），归口县委宣传部管理。实有在册人数1人。其中，管理人员1人（八级职员1人）。县文联会员总数达到168人。其中国家级协会会员共计6名，省级会员51名，市级会员75名。

【文学艺术对外交流】邀请省、市著名书画家开展书画研讨交流活动，并组织书画爱好者开展书画临摹写生创作。邀请专家教授分别在兰州城市学院文学院、黄河剧院、人民剧院、县文化馆等地开展了新编秦腔历史剧《渭水医魂》研讨会。

**【文化惠民悦民活动】**充分利用春节、元宵节、拉杂节等民间活动相对集中的时段，依托“科普大篷车”、“千台大戏送农村”、文化“三下乡”等惠民活动，开展形式多样的文化活动，加强对群众文化导向性宣传。每年不同形式地举办社火、文艺晚会、篮球赛、秦腔表演、广场舞等各类文化体育健身活动达900多场次，参与人员达到21000多人次，观众达7.7万余人。渭河源演艺有限责任公司在继新编历史剧《渭水医魂》后，又创编了以精准扶贫为题材的秦腔现代戏《禹河春》，在县城碌碡剧场连续3年为广大群众开展秦腔义演活动，年均观众达20万多人，丰富了城乡群众的精神文化生活。

# 军事　政法

## 县人民武装部

【概况】县人民武装部下辖16个乡武装部，各设部长及干事2人，共编制地方专武干部32人。2018年，县征兵办公室被定西市政府、定西军分区表彰为“征兵工作先进单位”。

【思想政治建设】紧紧围绕习近平新时代中国特色社会主义思想和强军思想，坚决学习贯彻党的十九大精神，全面加强部队和民兵思想政治建设，积极开展形式多样的理论主题实践活动。先后组织开展党委中心组带机关理论学习，团以上干部参加省军区理论培训班，进行“传承红色基因，担当强军重任”主题教育，带干部职工和专武干部清明祭奠莲峰坡儿红军烈士陵园，赴通渭县榜罗会议旧址参观见学英烈光辉业绩等活动，激发了革命意志，坚定了理想信念。

【战备军事训练】扎实开展“和平积弊大起底大扫除”活动，制定完善《机关正规化管理规定》《后勤财务管理规定》《机关文印保密管理制度》《干部职工请销假规定》等制度规定。采取开展“条例法规学习月”“学条令、训队列、整秩序”及“百日安全”等专项整治活动，提升了人员的整体素质，增强了干部职工的使命感、责任感。整合编组县、乡、村三级基干民兵情报信息网，完成民兵整顿基干民兵应急、专业、特殊三类8种队伍组建任务。先后对6名新任专武干部进行全面素质培训；组织130名基层民兵开展以共同基础、专业训练、任务行动训练等三个项目的军事训练和政治教育；开展了“八一军事日”活动。岷县“5·18”发生泥石流雹灾后，按照定西军分区命令指示，县人武部快速集结出动会川、上湾基干民兵30人，火速前往岷县重灾区锁龙乡抢险救灾，用不怕疲劳和连续作战的战斗作风，出色完成了任务。

【兵役征集】按照“一季征兵，四季准备”要求，组织各乡镇武装部和县直征兵成员单位扎实开展兵役登记工作，准确掌握兵员数质量信息，提前3个月完成兵役登记任务。广泛开展“征兵宣传月”活动，发放宣传单12600多份。积极协调落实各类优抚政策，激发了广大适龄青年踊跃参军的报国热情。征兵期间，严格政策标准，加强廉洁见效，实行公开公正，坚持初审、体检、复查、政治考核、定兵阳光透明，确保了年度零退兵。

【双拥共建】深入帮扶点北寨镇麻地湾村进行排摸普查，确定对62户贫困户建档立卡，研究制定具体实施方案，对帮扶项目进行可行性方案论证，周密组织精准实施。投资10.7万元帮助32户贫困户实施产业脱贫计划，效果逐步展现。积极投身建设天蓝地绿的美丽新渭源，组织民兵植树造林100余亩，给扶贫村协调树苗3000多株，为荒山陡坡披上了绿装，在渭水源头处处唱响了军爱民、民拥军的动人赞歌。

## 武警中队

**【军地共建】**驻地政府、企事业单位重视部队建设发展。投入20余万元支持中队正规化建设，改善和提高了中队快速处置和应对突发事件的能力。在春节、八一等时节，驻地政府及企事业单位前来慰问看望中队官兵，给官兵送来关怀，鼓舞了士气信心。

**【双拥工作】**深入学校、社区普及安全知识。与县中小学校、渭源县福利院等地建立了军民共建关系，完成县第三中学军训任务；利用“雷锋日”等活动，积极为县福利院献爱心，帮助清理街道、楼内卫生，为老人、儿童送上温暖。积极参加生态建设，发扬“驻守一地、美化一方”的奉献精神，积极参加当地政府统一组织的植树造林活动。

**【安全维稳】**严密组织联勤武装巡逻，确保了在重大节日及敏感时段渭源县的安全稳定，为一方平安提供了坚强保证；积极投身扫黑除恶工作，致力一道与驻地政府严厉打击黑恶势力，确保驻地人民安全。

**【执勤安全】**中队与看守所定期开展方案演练，召开联席会议。充分利用各种有效载体加强宣传，抓思想建设，确保部队内部安全稳定，也为确保执勤目标高度安全打下坚实基础。

## 公　安

【概况】县公安有政法专项编制163，事业编制141，2018年底有政法专项编制161人，事业编制141人。设渭源县公安局党委、下设9个党支部。

**【社会维稳】**一是强化情报信息收集。为县委政府和上级公安机关正确决策提供了可靠依据；二是加强重大节日、大型活动的安全保卫，强化突发群体性事件的预防和处置。精心策划，周密部署，全警参与，连续作战，确保了全县政治大局持续稳定。

**【遏制违法犯罪】**以“追逃猎捕”和“扫黑除恶”专项斗争为龙头，继续保持对刑事犯罪主动进攻的态势，严厉打击各类刑事犯罪。“扫黑除恶”专项斗争取得阶段性成效。严厉打击涉枪涉爆等严重暴力性犯罪。对隐匿在全县的涉枪等犯罪线索，深入开展调查摸排，适时组织打击处理。扎实开展“两抢一盗”、电信诈骗等多发性侵财案件侦破工作。强力打击经济犯罪。加强缉毒破案，严厉打击毒品违法犯罪活动。

**【治安管控】**人口管理方面，窗口服务管理进一步规范，流动人口管理机制得到创新，监管对象和重点人员管理得到加强。社会治安方面，以深入开展“清患利剑”专项行动为契机，不断创新特种行业、娱乐服务场所治安管理和阵地控制工作。安全监督管理方面，一是加强消防安全监督管理，健全消防安全责任体系，全力排查整治消防安全隐患，提升技防、物防，创新消防安全管理模式，强化了消防宣传。二是加强了对民用爆炸物品、烟花爆竹、易燃易爆物品的非法运输、储存、销售、使用的检查，消除了各类安全隐患。三是集中开展交通专项整治，先后开展了“春运”、“集中整治酒驾醉驾违法犯罪行为百日行动”等交通专项整治行动，紧紧围绕“降事故、保安全、保畅通”的目标，积极落实春运各项工作措施，开展了形式多样的交通违法行为整治工作，确保了春运交通安全形势平稳。开展“反超速、反疲劳、反酒驾、查隐患专项整治行动”，对“三反一查”专项行动工作多次召开会议，对整治工作进行部署，严查辖区道路重点交通违法行为。同时，科学研判辖区交通违法行为发生的规律、特点及重点路段，合理安排勤务，保证充足的警力上路执勤，有效控制重点时段、重点路段，全力查处各类严重交通违法行为。

【执法工作】以严格公正文明执法为目标，落实各项执法工作制度，积极开展案件评查活动，不断加强执法队伍建设，提高全体执法民警的办案质量和执法水平；同时，办理审查各类复议案件及做好行政诉讼的应诉工作。在办案区的管理使用中，各办案部门严格落实“四个一律”制度，法制部门在审核案卷时对所附光盘抽查检查。同时，逐月远程调度检查各办案场所视频，及时发现问题，每月汇总通报并督促落实整改。针对各办案单位所附光盘不统一规范现象，法制大队设计了标准的光盘制作、装订及光盘说明范本，使光盘装订全部规范。积极组织民警参与公安部、省厅专家对扫黑除恶、非法集资放贷等违法犯罪涉及法律知识的讲座，达到及时充电、学有所用的效果。

【党风廉政建设】严格落实党风廉政建设党委主体责任、党委书记第一责任、领导干部“一岗双责”职责。党委班子成员分别对各分管部门全体民警、辅警进行“责任传导类”集体约谈并进行党课教育，做到了全覆盖。党委书记与班子成员、班子成员与分管部门分别签订《2018年推进全面从严治党暨党风廉政建设工作目标管理责任书》《支部党建目标管理责任书》《队伍思想政治工作责任书》，切实履行“一岗双责”职责，和全体民警分别签订了全面从严治党治警和队伍管理责任书。严格落实支部“三会一课”制度，充分运用监督执纪“四种形态”，会上开展严肃的批评与自我批评，使“红红脸、出出汗”成为常态。纪律作风建设。深入开展“转变作风改善发展环境建设年活动”，党委班子、班子成员、各部门、全体民警从六个方面年开展问题查摆，截至年底查摆问题全面得到整改并做到整改结果长期坚持。开展全县公安机关“纪律作风专项整顿活动”，针对“一岗双责”不落实、宗旨意识不牢固、队伍状态不精神、执法办案不规范、内部管理不严格、工作作风不扎实、警容风纪不严整等七个方面进行整改。坚持开门听意见，依托市局巡察、部门行风评议等手段，及时解决群众反映强烈的问题，回应群众、民警关切。

【公安队伍建设】强力推动落实“从优待警”措施，全体民警、工勤人员全部完成体检；各部门自主调休，全部安排民警休假；为一名病故民警落实大病医疗保险10万元；为一名患病民警送去慰问金；一名民警家属做心脏手术，送去慰问金；岁末年初党委班子成员看望慰问离退休老干部和老党员42名。大力实施“五小工程”，城区民警一张床、基层民警一间房的要求全部落实，解决了民警休息、吃饭、洗澡的问题。大力丰富警营文化生活，开展了庆“三八”、庆“七一”系列活动；荣获全市公安机关“十大忠诚卫士”人民警察一名；举办人民警察从警特殊年限职业荣誉仪式和光荣退休仪式；这些活动的开展不断增强了民警的使命感、荣誉感和认同感。

【“六项重点”工作】（一）深入开展矛盾纠纷排查化解。全局民警结合“两节”、“两会”、重大活动安保等工作实际，深入社区和村、社，重点排查因土地征用、房屋拆迁、企业改制、邻里纠纷等引发的矛盾，对排查出的隐患运用多种手段，使矛盾和闹事苗头化解在了基层萌芽状态。（二）积极推进和谐警民关系建设。将信访接待、案件受理、户籍、出入境等窗口单位推行“一站式”办理，简化办事程序，提供人性化服务，受到了群众好评，警民关系进一步和谐。共为群众办理实名认证信息134条；受理临时身份证明信息2410条；无犯罪记录证明171条，身份证丢失补领信息376条。（三）完善落实“一户一策”精准脱贫帮扶计划。全局106名帮扶民警深入锹峪镇3个村264户开展脱贫帮扶工作，摸清户内情况，分析致贫原因，了解农户需求，找准发展瓶颈，帮助贫困户算清了收入支出账，为制订切实可行的帮扶措施提供了依据。（四）完善制度深化信息化建设。深化各类信息系统平台应用，继续抓好信息“增量”和“质量”两个基础，建立健全责任倒查、预警通报制度，实行信息质量终身责任制，兑现奖惩。（五）狠抓规范助推公正廉洁执法。狠抓了执法培训，建立完善并认真落实了案件合议、案件五级审核把关等制度，全面落实省厅执法“五项重点任务”和“两个《规范》”的要求，加大了执法检查和案件审核力度。（六）强化理念创新社会管理。在流动人口管理、场所管理、“两新组织”管理、网络系统建设、综合治理和群众工作等方面狠抓了创新机制建设。

## 消防救援大队

**【概况】**渭源县消防救援大队（2018年10月10日前单位使用名称为渭源县公安消防大队；2018年10月10日起，单位名称为渭源县消防救援大队）位于清源镇北环路，干部4名。下辖县消防中队为县事业编制单位，有人员13名；现有执勤水罐消防车3台，各类器材装备386（件、套）。

**【灭火救援】**大队实际接出警65起，其中火灾类55起，抢险救援类10起，出动消防车67辆次，抢救被困人员10人，疏散人员32人，抢救财产价值近76万元。全年无人员伤亡及较大以上火灾事故发生。

**【组织建设】**始终坚持以创建一流班子和一流队伍为目标，坚持与时俱进，夯实党支部建设基础。发展预备党员1名。

**【岗位练兵】**组织专职队开展熟悉演练活动累计140余次，联合辖区微型消防站开展联合演练活动7次，制作及修改完善重点单位预案40份；大队积极组织开展冬训、夏训练兵工作，建立完善台账。专职队员职业技能鉴定及文员岗位资格考试通过率均达到100%，大队全员通过红十字会应急救护员培训；定期组织开展“直调直报”通信熟悉拉练活动，确保全员熟练掌握设备的操作方法。积极开展“条令条例学习月”“酒驾问题集中整治”“纪律作风整顿”“官兵违规借贷非法投资沉迷赌博专项排查”“网络赌博问题集中排查”等活动，健全并严格落实一日生活、请假销假等各项制度。

**【思想政治建设】**认真组织开展“作风建设年”“听从指挥、维护核心”“队伍改革教育”“集中教育整训”“牢记总书记训词、建设过硬队伍”等专项学习教育实践活动，严格按照各专题学习教育活动计划要求，组织开展各主题讨论交流活动，引导全体人员深刻领会消防改革、建立国家综合性消防救援队伍以及习主席授旗训词的重大意义。把纪律规矩挺在前面，严明政治纪律、政治规矩，明确红线、划定雷区，坚决防止事故案件发生。以评选“优秀党员、先进个人”为着力点，做好创先评优工作。2018年大队获支队表彰优秀共产党员1人、2018中国（甘肃）中医药产业博览会安保先进个人2人，受市公安局表彰个人三等功1人；大队参加支队“迎改革·展风采”八一建军节系列体育赛事活动获团体“道德风尚奖”，大队荣获支队2018年度工作先进基层单位称号。推动消防救援人员优惠政策落地生效，县汽车客运站、县人民医院、县中医医院已率先推行“消防救援人员优先”政策，在窗口等醒目位置张贴消防救援人员优先标识。结合实际对接新寨镇闫家沟村做好脱贫攻坚帮扶工作，开展走访慰问4次，捐赠电脑、打印机等办公用品改善村部办公环境。

**【后勤保障】**加强人员经费保障。做好资金安全专项检查。严格使用预结算系统进行日常经费报销结算，落实资金定期巡查监控制度，确保大队资金安全。加强对固定资产的管理。按照规定对资产进行采购、登记、入账、报废，建立固定资产台账；并开展年度资产清查，确保大队资产账物相符。做好营房基建相关工作，初步确定了新消防队（站）建设土地选址区域。全力做好消防安全隐患排查整治及宣传，确保火灾形势稳定。

**【党风廉政建设】**始终坚持从严治警，把纪律和规矩停在前面。通过畅通举报电话、设立廉洁监督员公示栏、公开述职述廉等形式，接受社会评议，预防执法不公不廉行为，进一步强化对消防服务行为的外部监督，确保依法履职。大队对队伍管理工作进行定期分析，设立家属微信联系群1个，健全大队、社会、家庭三位一体的教育监督机制，牢固树立“事前预防”的理念，对全体人员思想、工作情况动态分析研判，总结典型经验，排查队伍管理风险隐患，增强思想工作的针对性、实效性。全年无安全事故及违法违纪问题发生。

## 检　察

**【概况】** 渭源县人民检察院成立于1950年5月1日，始名为渭源县人民检察署，1958年底随着县制撤销并入陇西县，1968年1月渭源县人民检察院被实行军管，1975年正式被撤销；1978年8月，中共渭源县委决定重新建立渭源县人民检察院，并完善了组织机构；2003年内设机构增加为9个，2008年内设机构增加为11个（均为正科级建制），2013年内设机构增加为15个（均为正科级建制）。监察体制改革转隶后，现有内设机构13个、派驻机构4个，均为正科级建制。现有人员41人，其中公务员26名、工勤人员2名、聘用制书记员13名，有党员24名，设党小组2个；大学文化程度38名，占总数的90.5%；法律专业34名，占总数的80.9%；有14名干警通过了司法考试，其中A证2人。性别及年龄方面，男25人，女16人。职级方面，有县处级1人，正科级14人，副科级3人，主任科员1人，副主任科员1人。人员构成方面，现有班子成员5名；现有检察官11人，检察官助理13人，书记员13人，司法行政人员4人。

**【刑事检察】** 依法履行批捕、起诉职能，严厉打击各类刑事犯罪，全年共受理审查逮捕案件73件104人（同比下降27%和11.9%），审查后批准逮捕46件72人（同比件数下降16%，人数上升10.8%），不批准逮捕26件31人（同比下降39.5%和35.4%），无逮捕后判无罪、撤案及上级院改变原决定的情形；其中受理危险驾驶案件21件21人（均作不批准逮捕决定），占受理总数的28.76%和20.19%。受理移送审查起诉案件241件284人（同比件数上升6.2%，人数持平），提起公诉206件243人（同比上升9.9%和8%），不起诉29件30人（同比上升52.6%和25%），无起诉后判无罪案件；其中受理危险驾驶案件124件124人（含上期积存7件7人），占受理总数的51.4%和43.7%，起诉101件101人，不起诉23件23人。积极配合国家监察体制改革，全年共受理监察委移送职务犯罪案件4件5人，起诉2件3人，不起诉1件1人，正在办理1件1人。强化刑事检察监督工作，监督侦查机关立案5件5人，督促撤案6件6人，依法纠正侦查活动违法3件3人，追加逮捕2人，追加起诉2人，追诉遗漏同案犯3人，提出抗诉1件。积极落实检察长列席审委会制度，对李婷婷、仰国明等11人恶势力团伙敲诈勒索、寻衅滋事一案列席了审委会，发表了意见。

**【民事行政检察】** 积极打造民事行政诉讼监督、行政非诉执行监督及支持起诉协调发展的多元化格局，开展了行政非诉执行监督、加强产权司法保护优化营商环境等专项活动。共办理民事行政监督案件8件，其中针对办案中发现的执行行为和适用法律问题发出检察建议6份，督促办案机关和单位纠正错误、规范执法、依法履职，有力地维护司法权威和当事人的合法权益；审查民事裁判监督案件1件，提请抗诉后市院支持抗诉意见。主动与县劳动监察部门衔接，加大对农民工合法权益保障力度，支持起诉农民工讨薪案件2件，帮助李存林等22名农民工讨回拖欠工资12万余元。

**【公益诉讼检察】** 高度重视全县生态环境保护，开展了“洮河流域生态环境保护检察公益诉讼专项调查”活动，针对会川镇漫坝河桥附近垃圾未按规定收集处理影响周边环境，及莲峰镇下寨村宏宇石料厂采矿区周边生态环境遭到破坏等问题，向会川镇人民政府、县国土资源局、环境保护局、水土保持局、莲峰镇人民政府等有监管职责的单位发出检察建议5份，督促其依法履行职责，彻底整治垃圾乱堆乱放问题，对破坏的生态督促进行修复。依法开展国有财产保护、国有土地使用权出让等领域检察公益诉讼工作，通过诉前检察建议程序追缴国有建设用地使用权出让金2500余万元。围绕服务健康中国战略，积极推进“保障千家万户舌尖上的安全”检察公益诉讼专项监督活动，在全县开展了农村义务教育学校食堂食品安全专项监督工作，覆盖全县农村义务教育中小学校186所、涉及供餐学生2万余名，对发现的问题及时建议有关单位进行整改。

**【控告申诉】**依法受理控告申诉案件11件，通过释法说理，做到息诉罢访4件，通过分流相关部门妥善处理7件。开展刑事被害人司法救助1件，申请落实救助金6万元，从经济上给予被害人救助，缓解其实际生活困难，彰显司法关怀和人权保障。积极构建信访与“网、电、视频”相融合的群众诉求新渠道，深化检察长接访工作，推进派驻乡镇检察室规范化建设，着力解决申诉难问题。全年依法妥善办理群众来信来访35件次，派驻乡镇检察室接待群众来访49人次、提供法律咨询53人次、化解矛盾纠纷7件，不断增强人民群众获得感、幸福感、安全感。全面落实“谁执法谁普法”责任制，落实对所办案件进行以案释法、检察文书说理制度；结合“普法基层行”“检察宣讲乡村行”等活动，集中宣讲扫黑除恶、禁毒、反邪教、公益诉讼和与人民群众息息相关的婚姻法、继承法、土地法等方面的知识，进一步提升广大人民群众的法治意识和法治观念。

**【维护司法公正】**一是扎实推进司法体制改革。持续按照司法体制改革总体要求，抓重点、破难点、建机制，大胆探索、用心实践，集中精力推动司法体制改革和相关配套机制改革落地落实。有序推进检察官员额制改革，建立健全了绩效考核机制，实现了检察官、检察辅助人员、司法行政人员分类管理。稳妥推进内设机构改革，将原13个内设机构改设为政治部、办公室、第一检察部、第二检察部、综合业务部5个部门在内部试运行，合理建立新型办案团队和优化办案组织，大力推进“捕诉合一”。通过明确员额检察官职责权限、改革办案模式、完善司法责任认定和追究，不断突出检察官的主体地位，逐步形成“谁办案谁负责、谁决定谁负责”的办案机制。深入推进以审判为中心的刑事诉讼制度改革，严格执行修改后刑事诉讼法规定的刑事案件速裁程序和认罪认罚从宽制度，实现“繁案精办”“简案快办”。二是不断健全检察管理机制。坚持管理规范化、科学化的工作理念，不断完善党组会、检委会、检察长办公会、院务会“四项决策机制”，进一步健全管人、管事、管案、管物“四项管理机制”，确保检察决策科学和管理规范。全面运行检察统一业务应用系统，实现办案信息网上录入、办案流程网上监控、办案活动网上监督，全力构建网上全程监控、案件质量评查、司法档案管理、办案业绩考评等立体化案件管理新机制。三是主动接受社会各界监督。树立监督者更要接受监督的意识，坚持向县人大及其常委会报告工作，主动向政协通报工作，积极配合开展专题视察、执法检查等活动。先后向县人大常委会专题报告深化司法体制改革和队伍建设等工作，认真落实审议意见，不断改进工作。全力支持代表、委员依法履职，通过召开座谈会、上门走访、邀请视察等方式，真心实意听取意见建议，按时办结代表、委员提出的提案。有力推进12309检察服务中心建设，建成了集国家赔偿、控告申诉、法律咨询、司法救助等功能于一体的“一站式”服务中心，实现“两微一端”和案件信息公开系统的全覆盖，努力让检察工作融入群众“朋友圈”。全年向社会发布重要案件信息101

件、程序性信息269件，公开法律文书158件，让人民群众更加充分地了解检察和监督检察。

**【基础建设与廉政建设】**坚持以党建带队伍、以队建促业务，坚决落实全面从严治党、从严治检责任，着力打造高素质检察队伍。一是加强机关党的建设。扎实推进“两学一做”学习教育常态化制度化，认真开展“不忘初心、牢记使命”主题教育，通过举办“走进新时代、畅想检察梦、开启新征程”党建知识竞赛、“固定党日+”“政治生日”“党性体验”及重温入党誓词、院领导讲党课等活动，教育引导广大检察人员牢固树立“四个意识”，坚定“四个自信”，践行“两个维护”，对党忠诚老实，努力做到五个过硬。二是加强队伍素质能力建设。深入推进检察人才队伍建设，分层分类组织培训，共培训干警112人次，实现轮训全覆盖，干警业务素能进一步提升，思维眼界进一步开阔，队伍职业化、专业化水平进一步提高，先后有4个集体、17名同志受到县级以上表彰。高度重视检察宣传工作，积极讲述检察好故事、传播法治正能量，全年共发表宣传稿件2317篇，其中国家级纸质媒体29篇、省市级纸质媒体34篇、省级以上网络媒体78篇、“两微一端”2176篇。三是加强纪律作风建设。严格执行《中国共产党纪律处分条例》、中央八项规定精神及《检察人员纪律处分条例（试行）》等纪律禁令，模范遵守检察官职业道德，坚持文明、理性、平和的执法理念。始终坚持民主集中制原则，对班子成员进行合理分工，对“三重一大”等重大问题、重大事项由集体研究决定，提高班子成员依法办事的自觉性，使班子更加团结、队伍更加稳定、工作劲头更加十足。严格落实党风廉政建设责任制和“一岗双责”，认真开展“转变作风改善发展环境建设年”活动，并与“三纠三促”专项行动、省检察院“六项重点工作”落实紧密结合起来，以求真务实、真抓实干的作风和钉钉子精神，做实做细做好各项工作。制定了落实全面从严治党主体责任实施办法、监督责任实施办法、党风廉政建设约谈办法、谈心谈话制度，不断健全全面从严治党制度，强化主体责任和监督责任，强化追责问责，持续发力，推进全面从严治党向纵深发展。

**【脱贫攻坚】**紧紧围绕县委工作部署要求，牢牢把握工作重点，为脱贫攻坚大局提供有力的法治保障，制定了《服务和保障全县脱贫攻坚工作方案》，切实找准检察机关服务和保障精准扶贫精准脱贫工作的立足点、切入点和着力点，充分发挥惩治、监督、教育、保护等职能作用，着力为精准扶贫精准脱贫工作营造和谐稳定的社会环境和公平正义的法治环境。严厉打击危害农村稳定、破坏农业生产和侵害农民利益的各类犯罪活动，加大非公有制经济产权的保护力度，切实为脱贫攻坚提供司法保障。办理农村基层组织人员职务侵占案件1件1人，拒不支付劳动报酬案件2件2人，打击虚开增值税专用发票犯罪2件2人，依法惩治合同诈骗案件2件2人，有力保护了当事人合法权益。16名帮扶责任人紧盯“两不愁三保障”要求，积极履行帮扶职责，对97户贫困户从制定脱贫方案、“一户一策”入手，采取切实有效举措，用心用力、扶智扶志、真帮实助，共同为困难群众如期脱贫献计出力。

## 法　院

**【概况】**渭源县人民法院成立于1949年8月，现有内设机构8个，下辖会川、莲峰、北寨、庆坪、田家河5个基层人民法庭。核定中央政法编制为66人，实有干警60人，其中入额法官23人；聘用制书记员26人；临聘人员22人。

**【刑事审判】**依法惩治刑事犯罪，维护社会和谐稳定，确保人民安居乐业。受理各类刑事案件248件，同比上升5.53%；审结237件，同比上升3.04%；判处罪犯255人。一是坚决维护国家安全和社会稳定。严惩严重暴力、涉枪涉爆、危险驾驶等危害公共安全犯罪，坚决维护人民群众的安全感，为经济社会发展创造和谐稳定的环境。审结故意杀人、故意伤害、抢劫、强奸等暴力犯罪案件28案42人；审结非法携带、持有、制造枪支犯罪案件11案11人；审结交通肇事、危险驾驶犯罪案件124案124人。二是深入开展扫黑除恶专项斗争。依法审理恶势力犯罪案件2案10人，有效打击了犯罪分子的嚣张气焰、净化了社会风气；严惩严重危害社会治安犯罪，审结寻衅滋事、赌博、运输、贩卖毒品类案件11案18人，推动社会治安形势持续向好。三是依法严惩腐败犯罪。落实中央反腐决策部署，坚守反腐败前沿阵地，推动反腐败斗争深入开展。积极配合国家监察体制改革，推动司法审判与国家监察有机衔接。审结贪污、贿赂、渎职、职务侵占犯罪案件4案5人，其中监察委员会移送、检察机关公诉的2案3人，均判处实刑。四是依法严惩破坏市场经济秩序犯罪。积极参与整顿和规范市场经济秩序，依法惩治破坏金融管理秩序和金融诈骗犯罪案件，有效维护了市场经济秩序和金融安全。审结虚开增值税专用发票、非法吸收公众存款、集资诈骗、合同诈骗、信用卡诈骗、非法经营等犯罪案件14案14人。五是坚持惩罚犯罪与保障人权相统一。充分发挥刑事审判的惩戒、震慑、预防功能，坚持严格司法、依法裁判，既兼顾法律正义与社会正义，又坚守法律底线和道德底线。对严重危害国家安全、暴恐、严重暴力犯罪，坚持依法严惩方针，共判处实刑72人，其中5年以上有期徒刑11人；对情节较轻、社会危害较小的犯罪，依法从宽处罚，共适用非监禁刑183人，做到宽严相济。六是积极参与社会治安综合治理。落实“谁执法谁普法”责任，延伸审判职能，深入开展社会矛盾和安全隐患大排查大整治、信访积案集中化解工作，切实履行维护社会和谐稳定的政治责任。发挥审判职能，参与社会治安综合治理，在案发地开展巡回审判28场次，旁听群众2000多人；在学校、社区、农村开展法治讲座和禁毒等法律知识讲座55场次，参加学生、群众8000多人。

【民商事审判】充分发挥民商事判职能，依法调节各类社会关系。受理各类民商事和行政案件3050件，审结2947件，同比分别上升18.41%和19.02%，涉案标的额35142.93万元。一是努力创造良好的营商环境。注重保护民营企业和其他市场主体的生产经营自主权和财产权益，及时明确产权归属，强化产权司法保护，促进创业创新，审结权属和侵犯财产权益纠纷案件187件，标的1367万元；加强合同类案件审判工作，坚持平等保护，支持守约，制裁违约，依法保护市场主体的人身自由和财产权利，着力营造干事创业的法治环境，审结买卖、建筑施工、合伙等商事案件515件，标的6741.47万元。二是积极防范和化解金融风险。依法服务和保障金融体制改革，妥善处理涉金融纠纷，在经济下行、违约现象加剧的情势下，尽力防范和化解金融风险，为金融活动的有序开展营造了良好的法制环境，审结金融借款、小额信贷等案件742件，标的11851万元；审结金融贷款追偿权案件及农村互助基金贷款纠纷109件，标的1837.20万元。三是努力维护婚姻家庭和谐稳定。制定《家事案件审理规程》，设立家事审判法庭，引入家事辅助人制度，不断深化家事审判方式改革，家事案件从重视财产处理向情感修复转变，尽力挽救婚姻陷入危机的家庭。审结婚姻家庭类案件772件，调解和好373件，判决不准离婚141件，占家事案件的66.58%，尽最大努力保护当事人及未成年子女的权益。四是全力服务和保障民生权益。保障进城务工农民工合法权益，推动农村剩余劳动力通过非农产业脱贫致富，审结劳务合同等案件192件；保障农村“三变”改革，推动农业产业结构调整，助推产业扶贫工作，审结农村集体产权、承包经营权流转、新型农业经营等涉农案件19件；审结婚约财产纠纷案件35件，支持返还彩礼346.6万元，有效遏制农村高价彩礼和借婚敛财。

【行政审判】积极稳妥化解行政争议。根据

省高院的决定，由我院交叉集中管辖安定、陇西、岷县、漳县四县区乡科级行政机关为被告的第一审行政案件，共受理各类行政案件153件，审结151件，其中判决行政机关败诉13件，维护行政相对人的合法权益；坚持实质性化解行政争议，将协调工作贯穿始终，协调化解行政争议后当事人主动撤诉42件。全面落实立案登记制，当场立案151件，登记后不予立案22件，有效解决行政诉讼立案难、审理难、执行难的“三难”问题，促进政府依法规范行使职权，助推法治政府建设。

**【破解执行难】**把“基本解决执行难”作为全年工作的重中之重，举全院之力破解执行难，确保如期兑现向党和人民作出的庄严承诺。受理执行案件1997件，执结1885件，同比分别上升56.86%和42.69%。执结率94.69%，执结标的额8495.51万元。一是凝聚合力破解执行难。紧紧依靠党委领导，构建执行难综合治理格局。与公安、检察机关联合下发《通告》，敦促规避抗拒被执行人主动履行生效裁判，敦促131人自动履行了还款义务，履行金额284万元；与拘留所建立院所联动解纷机制，解决司法拘留收押难题；与保险公司签订战略合作协议，实现保险业务与法院推进诉讼保全及执行业务有效对接；注重源头治理，立审执联动，审判兼顾执行，实行《财产保全告知制度》，全面推进诉前、诉讼财产保全，有效防止被执行人转移隐匿财产。办理保全案件292件，冻结银行存款1071万元，查封车辆32辆，不动产2433万元，房产2633平方米；与检察机关联合发文规范财产刑执行，共执结财产刑案件61件，结案标的158.7万元，共同维护了司法权威。二是增强威慑破解执行难。推进联合惩戒体系建设，让失信被执行人“一处失信、处处受限”。发布失信被执行人名单245人次，限制其购买动车票、高铁票、机票；限制消费447人次；集中开展打击拒执专项行动，累计向公安机关移送涉嫌拒执案件16件17人，立案10件11人（公诉3件3人，自诉7件8人），判处3件3人。司法拘留360人，拘传41人，罚款1人；完善失信被执行人信息公示制度，在县电视台、城区街道电子显示屏、微信公众号、法院诉讼服务中心大屏幕等平台曝光失信被执行人，促使被执行人主动到法院履行义务。三是创新举措破解执行难。积极开展执行“百日会战”、执行“骨头案”清理等专项执行行动，采取凌晨出击、午间蹲守、节假日集中执行等措施，执结案件1048件。进一步提高执行信息化水平，继续拓展完善网络执行查控系统，与金融机构、车辆管理等部门建立信息网络查询及协作工作机制，累计发出查询申请1293条，查获财产信息1128条；建成并充分运用执行“天眼”定位系统，对长期逃避执行的被执行人实施精准定位，组织执行干警赶赴陕西、四川等地抓获7名“老赖”；全面推行网络司法拍卖，实现需拍卖案件100%网上拍卖，提高了效率、降低了成本、增强了透明度。四是强化管理破解执行难。加强制度建设，有效约束和规范执行权。对照第三方评估指标体系查漏补缺，进一步加强执行规范化建设。建成集远程视频调度、监控、执行信息查询、执行财产网络查控等功能的执行指挥中心，规范执行流程、提升执行效率、增强执行透明度。依托执行案件管理平台、网络查询等信息化手段，向当事人公开执行案件的进展和流程，全面践行阳光执行。强化依法执行、公正执行、善意执行、文明执行理念，加强执行作风和廉政建设，对执行领域违纪违法行为零容忍。五是司法救助破解执行难。不断加强和改进司法救助工作，筹资10万元设立救助基金，积极与市中院及县委政法委沟通汇报争取，及时为执行不能案件的申请人申报司法救助金，对13名特困申请人发放救助金40.2万元，以解决困难申请人燃眉之急。为32件案件当事人依法减缓免诉讼费9.6万元，有效保障困难当事人依法行使诉讼权利。

**【司法改革】**坚持目标导向和问题导向，遵循司法规律，不断将司法体制改革推向纵深。一是全面落实司法责任制。落实“让审理者裁判，由裁判者负责”的要求，取消案件审批制，院庭长不再对未参与审理的案件签发裁判文书，确立合议庭、法官办案主体地位，提交审判委员会讨论的案件数量大幅下降。设立专业法官会议提供咨询意见，统一裁判标准，避免同案不同判。院、庭长带头办理疑难复杂案件，全年院庭长直接办案2321件，占结案数的44.46%。二是全面落实人员分类管理改革。紧紧牵住司法责任制这个“牛鼻子”，全面落实司法人员分类管理改革，同步推进审判辅助人员制度改革。建立以员额法官为中心的新型审判团队，实现85%以上的人员向办案一线集中。积极协调配合，完成省以下法院人财物统管；制定法官业绩考核办法，将办案数量、效率、效果与考核挂钩，改变“吃大锅饭”的弊端，鼓励法官多办案、办好案，进一步激发队伍内生动力，有效破解案多人少难题。三是完善公正高效审判机制。大力推进以审判为中心的刑事诉讼制度改革，实现侦查人员、证人出庭作证制度化，充分发挥庭审在查明事实、认定证据、保护诉权、公正裁判中的决定性作用，完善防范冤假错案机制。深化刑事案件量刑规范化改革，探索认罪认罚从宽制度。实行案件繁简分流，实现简案快审，繁案精审，提高了审判质效，适用简易程序审理2849案、小额速裁110案。积极探索电子送达、门户网站公告送达等多种送达方式，有效缓解送达难问题。四是创新审判管理模式。加强审判监督管理，定期对案件质效指标分析、通报和经验交流，在收案数增长30.27%的情况下，实现结案率同比增长6.91个百分点、案件平均审理天数同比缩短20天的良好态势，全年结案率、平均审理天数等综合质效指标一直位列全市法院第一名，办案效率得到大幅度提升。完善案件评查制度，全年共评查案件1300余件，按月发布《案件评查通报》，通报每个案件的得分和存在的问题，及时纠正审判和执行工作中存在的问题，有效实现了动态监督。五是加快智慧法院建设。建成并运行了案件信息管理系统，实现了全部案件网上办理，电子卷宗随案同步生成，全年随案同步生成电子卷宗10896宗，极大提高了办案效率；已建成运行七个数字法庭，在新浪网开通了庭审直播通道，实现了所有开庭审理案件全程录音录像和庭审活动一键上网直播；建成并运行连接最高法院的远程提讯系统和远程接访系统，实现上级法院询问当事人、信访接待网上办理；建成诉讼服务中心、执行指挥中心和信访接待中心，实现网上立案、网上查控财产、统一指挥协调等各项功能，为审判执行工作提供了强大的技术支撑。

**【脱贫攻坚】**多举措助推脱贫攻坚。按照县委安排，选派5名干警常驻庆坪、梁家沟等5个村担任第一书记或帮扶工作队队员，院机关40多名干警每人帮扶4～6户建档立卡贫困户，定期入户排摸情况、对结制定“一户一策”、落实产业扶贫措施，出资8.1万元为三个帮扶村购进荒山绿化苗木、马铃薯种子，配备电脑、打印机等办公设备，为贫困户解决实际困难等；充分发挥审判职能作用，宣讲法律和政策，开展矛盾纠纷大排查，及时化解矛盾纠纷；全力配合扶贫贷款的回收工作，向13名拒不偿还精准扶贫贷款的被执行人发出拘留协查通知，向精准扶贫贷款到期贫困户发出支付令50件，加强精准扶贫贷款回收政策宣传工作，敦促收回161万元，确保扶贫资金安全。

## 司法行政

**【概况】**渭源县司法局设有办公室、基层股、社区矫正股、法律援助中心、宣教股等5个内设机构，16个乡镇司法所全部为正科级建制，下辖甘肃声达律师事务所，渭源县公证处等2个事业单位。司法系统现有人员46人，其中，局机关工作人员24人，甘肃声达律师事务所律师2人，县公证处公证员3人（兼职）和法律援助中心2人（兼职），司法所工作人员20人。人民陪审员30名。

**【人民调解】**采集了全县216个调委会的照片及全县1316名人民调解员的基本信息和照片。县司法分管领导、基层股、社区矫正办公室负责人和16个司法所长赴临洮参加全市司法所长培训班，对乡镇调解员全县集中培训。

**【社区矫正】**为了加强监督管理社区服刑人员，县司法局给全县20名重点监管社区服刑人员佩戴电子腕带，组织60名社区服刑人员参加进监狱集中教育活动。社区矫正工作人员参加了省司法厅在北京中国政法大学举办的甘肃省社区矫正管理干部培训班。

**【普法依法治理】**制定了《渭源县“七五”普法考评方案》，印发了《关于规范全县“七五”普法档案工作的通知》。举办全县普法专干宪法专题讲座。在“宪法宣传周”期间，县委中心组学习宪法3次，举办“12·4”国家宪法日暨“宪法宣传周”集中宣讲宪法报告会1场次，开展“送宪法进军营”活动1次。通过市级“七五”普法中期评估。为全县干部免费赠阅宪法读本5000多册。全县9000多名公职人员参加了考试。县司法局依托“渭源司法”微信公众号开展“宪法宣传周”有奖竞答活动2期，近3000人参与了答题。宪法巡回宣讲团分4个组对全县16个乡镇进行了宪法知识宣讲，共宣讲120场次，7200人接受了宪法学习教育。开展“12·4”国家宪法日暨“宪法宣传周”集中宣传活动，开展公众开放日活动，县司法局邀请部分人大代表、政协委员30多人参观了县局各股室和部分法律服务机构并召开了座谈会。普法秦腔剧《公民张三》在甘肃省黄河剧院成功演出。在第二届全国青少年学生法治网络大赛中，会川镇西关小学获优秀组织奖，渭源一中获组织奖，《渭源县司法局搭建微信“小平台”推进法治宣传智能化》被中国法律服务网采用。投资34万元的渭源县法治文化公园（一期）工程全面建成。

**【公共法律服务】**设立了渭源县公共法律服务中心，采用“4+X”方式，设立了法治宣传、公证律师、法律援助、人民调解和信访接待等5个服务窗口，配备了书写台、意见箱、座椅、饮水机、电子显示屏和公共法律服务触摸查询一体机等办公设备，配备了接待室和档案室。县公证处完成公证综合业务办公软件安装使用。共办理公证事务365件。16个乡镇调剂业务用房和工作人员，公共法律服务工作站办公面积均在20平方米以上，共有工作人员38人。接通“12348”公共法律服务热线。建立了220个公共法律服务工作室，全部建成投入使用。加大法律扶贫力度，落实“一村一法律顾问”全覆盖和微信服务群全建立，各村居委会与律师、基层法律服务工作者签订法律顾问聘书220份，签约律师21人，全部建立了法律服务微信群。新设立甘肃品泉律师事务所，成为全县第一家个人律师事务所。在县政务大厅设立了公共法律服务中心综合接待岗，在14个基层司法所建立公共法律服务工作站，依托乡镇便民服务中心，设置便民法律服务窗口，2个乡镇在司法所建立了工作站。全县村（居）法律顾问解答咨询868人次，调处矛盾纠纷293件，接待引导法律援助173人次，举办法治讲座16期。开展了刑事案件律师辩护全覆盖、值班律师和律师调解、律师参与信访“四项工作”，开展了民营企业法治体检活动。甘肃声达律师事务所共办理诉讼类案件39件，非诉讼类案件20件，法律咨询360人次。

**【法律援助】**甘肃声达律师事务所为农民工群体免费咨询149人次，免费代书41人次。办理农民工法律援助案件6件，受援人数42人，解答咨询173人次，挽回经济损失85.2万元。法律援助中心共受理各类法律援助案件207件，其中诉讼65件，非诉讼142件。

**【司法鉴定】**9月，顺利通过省上组织的资质能力认证，共办理案件36件。

**【基层法律服务】** 共有16个基层法律服务所，共办理基层法律服务案件142件，配合乡镇工作人员主持调解纠纷231起，各种法律代书99件，解答法律咨询336人次。2018年全年开展法制课堂26次，下乡进行普法宣传43次。

**【脱贫攻坚】** 联系帮扶非贫困村老庄村和深度贫困村莲峰镇天池村。协调争取争取投资30万元老庄村老年人活动中心现已基本建成。积极参与“三变”改革，为老庄花卉基地流转土地75亩提供法律服务。为天池村级场所规范化建设投入6000元，为老庄村提供村委会院落硬化资金7600元，购置电脑、沙发等办公设备价值6000余元。充分发挥东西对口协助行业帮扶作用，联系福建志昂律师事务所资助三名贫困大学生3.5万元。积极落实到户产业奖补政策，为每个贫困户提供地膜5公斤。开展精神扶贫，为每户贫困户发放“普法爱心包”每户1份，指导律师和村委会签约“一村一法律顾问”合同；组织展演秦腔《公民张三》。为6名派驻工作人员购买人身保险，按时足额发放交通补助，为4名困难驻村工作人员发放困难补助金10000元。

# 经 济

## 工业与信息化

【工业经济运行】紧紧依托特色资源优势，不断调整产业结构，全力实现工业经济聚集化发展和资源集约化利用。共有中小微企业463家，其中工业企业176家，规模以上企业10家（2018年新增甘肃参源堂药业有限公司、甘肃盛源益养药业有限公司、广印堂渭源县药业有限公司等3家）。中药材加工企业73家，其中省市级龙头企业6家，通过药品生产许可证、GMP认证的企业30家。全县工业产品中有6种产品获得“甘肃名牌”产品，5个商标被评为甘肃省著名商标。县工业集中区建设已初具规模，“一区三园”工业平台（以中药材精深加工和现代制药为主的渭源工业园区、以中药材饮片加工为主的会川中药材饮片加工园区、以现代物流产业为主的渭源物流园区）已形成格局。工业园区建成区面积达到3.04平方公里，占规划面积的34.5%，现有入驻企业60家，总投资达到26亿元。2018年全县完成工业增加值1.34亿元，增速2.5%，其中完成规模以上工业增加值0.54亿元，增速5.7%，实现税收936万元；规模以上工业主营业务收入利润率达到12.19%。

【马铃薯精深加工业】抢抓国家实施“马铃薯主粮化”战略的历史机遇，推动马铃薯主食化和马铃薯淀粉系列产品科技成果转化，加快马铃薯主食产品的研发和市场推广，拓展销售渠道，提高产品附加值。重点围绕甘肃田地、金蛋蛋等马铃薯加工企业发展马铃薯精淀粉、变性淀粉及主食化产品研发，在提高产量和提升品质上下功夫，加快下游产品研发、成果转化和市场推广，打造亿元级马铃薯主食化系列产品精深加工产业链。2018年生产总值达到9654万元。

【矿产建材业】扎实开展砖瓦行业达标整治工作，对全县实施窑炉废气治理改造的砖瓦企业全面开展废气治理设施改进工作，督促在产的17家砖瓦建材企业建成脱硫塔，并进行了验收。

【装备制造业】贯彻落实《中国制造2025甘肃行动纲要》，以技术引领实施创新发展工程，依托县工业集中区、双创科技孵化示范中心等平台，加快形成技术创新、成果转化、资本对接、孵化培育等全过程、多层次、综合化的科技创新支撑体系。重点围绕甘肃康华制药机械等装备制造企业，发展中药制药机械和小型农业机械加工，加快中医药机械和农业机械产品的研发和推广应用，扩大市场销售渠道，加大产品市场占有率。

【电能及新能源】渭源县大力发展光伏扶贫产业，2018年实施29.112兆瓦（其中“十三五”第一批光伏扶贫建设项目14.763兆瓦，“十三五”第一批光伏扶贫（新增）村级电站扩容建设项目

14.349兆瓦），建设村级光伏扶贫电站109个，其中500千瓦左右光伏电站72个，300千瓦左右村级电站37个，建设303千瓦上湾侯家寺户用电站1处。

**【食品工业】**帮助企业建立了食品企业诚信体系管理档案，经常性深入企业检查督促企业诚信体系建设工作，与生产经营活动正常的5家企业签订了《渭源县食品工业企业诚信承诺书》，重点以甘肃神龙现代农业科技有限公司、渭源县聚源产业开发公司和渭源县渭宝草业开发公司等为基础，重点建设德青源金鸡扶贫项目、牛羊屠宰及精细加工和蜂蜜系列产品加工项目，带动全县蛋鸡、牛羊和中蜂养殖，进一步拓展了草牧产业空间，提升产品加工精深度。

**【企业改革】**制定印发了《渭源县盐业体制改革实施方案》，成立了渭源县盐业监管体制改革领导小组，明确各单位职责任务，强化了工作措施。将原县盐务局（县盐业公司）承担的行业行政管理职能划转县工信局负责，食盐质量安全监管和食盐专营行政管理职能划转县食药监局负责，完成了职能划转。制定了《渭源县盐务局人员安置方案》，将原县盐务局4名执法和检测人员划转至县食品药品监督管理局。县财政局根据编制部门核定情况，将保障盐业市场监管与执法机构工作经费全部纳入了财政预算。盐业体制改革已完成了职能移交、人员划转等工作，实现了政企分开。

**【技术创新】**2018年实施工业技改项目7项，总投资4760万元。探索建立完善的“产学研”合作平台和创新体系，积极引导高科技工艺、技术、人才入驻工业企业。积极引导龙头企业与国内外科研机构、高等院校合作，建设工程实验室、企业技术研发中心、科技企业孵化器等创新平台，全面提升产业科技水平。全县已有高新技术企业2家（渭水源药业、德园堂药业），省市级龙头企业6家，6种工业产品获得“甘肃名牌”称号，5个商标被评为甘肃省著名商标，并有甘肃康华机械设备已取得6项技术专利。高新技术企业年均实现技术贸易和技术服务收入320万元以上，并且逐年递增。

**【信息产业】**认真贯彻落实《〈中国制造2025〉甘肃行动纲要》，积极促进制造业与信息技术融合发展，加快装备制造、新型建材等传统产业提升改造。渭水源药业和德园堂药业被评为高新技术企业和省级技术创新示范企业，成立了甘肃省“党参产业战略研究院”，有6家企业技术中心被认定为市级企业技术中心。协同推进“中国制造2025”和“互联网+”行动，建设工业集中区企业双创平台1个。推动甘肃中亚高原和田地马铃薯有限公司2家企业建设了示范性智能工厂和数字化车间，同时带动多家企业进行智能化改造。

**【重点工业项目建设】**一是聚焦中医药、特色农产品加工、循环经济、装备制造、废物利用、新型建材等对企业转型升级具有推动作用的重点行业，加大推进项目建设力度。2018年主管项目9项，完成投资0.98亿元。二是省、市重点建设项目按进度基本完成建设任务，其中甘肃田地农业科技有限责任公司马铃薯文化博览园项目、甘肃康华中药机械设备生产项目已经全面建成投产，天津红日集团与佛慈药业合作建设中药精制饮片和配方颗粒生产线项目按计划有序推进。三是重点建设的渭源县国家中药精制饮片加工示范基地发展规划已通过省级专家评审，正在积极组织申报。

**【工业节能】**一是与渭源县德园堂药业有限公司、甘肃中亚高原有限责任公司等8家耗能企业签订了工业节能目标管理责任书，集中开展了环境保护大检查活动，督促企业项目建设落实环境保护“三同时”制度。二是督促渭源县鑫磊药业有限公司、渭源县金蛋蛋马铃薯产业有限责任公司等企业进行燃煤锅炉改造升级。三是建设完成两个一级供煤中心和22个二级供煤处，年底投入运营。2018年全县万元工业增加值能耗为

0.425吨标准煤，同比下降2.4%，控制在市县下达指标内。

【工业节水】对照国家鼓励类用水技术、工艺、产品和设备目录，引导支持工业企业提高废水重复利用率。进一步加强马铃薯淀粉废水污染防治，防止河道污染、土壤污染，规范马铃薯淀粉加工企业发展。由于环保设施不到位，海盛公司因企业转型升级已关闭；金蛋蛋公司暂时关停，待污水处理设备安装到位并经环保部门验收达标后再投入生产。2018年万元工业增加值用水量为80立方米，同比下降5.2%。

【中小企业服务】一是健全招商服务协调机制，提升服务能力。全面启动招商服务联席会议、项目建设推进会议机制，县直各业务部门协调统一、形成合力，面对面地进行现场解答企业遇到的问题，共同研究解决办法，承诺工作时限，为项目建设创造优越的服务环境。二是强化责任落实，打造精准化的对接机制。细化分解任务，实现精准对接，对照"一企一策"，制定企业困难和问题台账管理，确保工作责任强化落实。三是创新人才机制，加强人才储备。探索多元化的人才储备机制，成立"互联网+人才库"，对接人社、科技部门和用工企业，为企业发展提供人才保障。四是创新服务体制，营造更加便利的发展环境。认真贯彻落实《定西市构建新型政商关系"双六条""正负面清单"（暂行）》，全面深化"放管服"改革，落实"一窗办、一网办、简化办、马上办"便民服务措施，坚持"一月一计划一部署、一周一例会一调度、一日一行动一汇报"工作制度，切实为企业解决困难和问题，营造公平竞争的发展环境和马上就办的服务环境。

【融资担保】加强与县金融办、县人行衔接协调，组织县内农业银行、工商银行、邮政储蓄银行、农村信用合作社和甘肃银行等金融机构深入全县工业企业进行实地踏勘调研，全年举办4次政银企座谈会，为企业解决融资困难。各银行为全县工业企业共发放贷款10.01亿元，同时，积极鼓励和引导工业企业参与脱贫攻坚工作，参与"三变"改革和产业分红带动，拓宽企业融资渠道，缓解融资压力。

【脱贫攻坚】县工信局脱贫攻坚帮扶村为清源镇里仁村、池坪村、麻家集镇路西村、五竹镇五竹村。选派4名党员领导干部担任驻村工作队队长，选派2名党员领导干部担任驻村工作队队员。机关16名党员干部帮扶贫困户128户544人，其中未脱贫户80户131人，科级以上干部每人联系贫困户6户，一般干部联系贫困户4户。制定了未脱贫建档立卡贫困户"一户一策"脱贫计划，并实行动态管理。全县217个行政村全部具备百兆宽带接入能力，实现3G、4G网络和有线宽带覆盖率均达到100%。动员弘润药业、渭水源药业、德园堂药业、鑫磊药业等17家GMP认证企业在全县10个乡镇建设中药材标准化种植基地2.5万亩，带动农户5640户（其中贫困户1135户），并按高于市场5%的价格优先收购贫困农户中药材。引导亳春堂、德园堂、陇源红等工业企业建成扶贫车间4家，实现125户建档立卡贫困户就近就地就业，户均年增收8600元。为五竹村捐赠价值3000元电脑1台，协调爱心企业家为五竹小学260名学生每人捐赠校服一套、书包一个和学习用品，价值4.4万多元。在路西村动员爱心企业家为路西小学在校学生捐赠价值6万元的校服及学习用品，解决帮扶资金2000元，改善了驻村帮扶工作队工作生活条件。在里仁村动员爱心企业为16名贫困在校学生捐资助学4.14万元，帮扶干部为7户贫困户各购买价值100元生活用品，为住院的1户贫困户送去200元的慰问金，为2户低保贫困户送去毛毯2条、羽绒服1件，为1户贫困户衔接办理了残疾证等等，每个帮扶干部帮办实事1件以上，进一步提高了群众对帮扶干部的满意度。

【渭源工业集中区】渭源县工业集中区于2010年底由省开发区建设发展领导小组批复，规划面积8.8平方公里，按照“一区三园”布局，由渭源工业园、渭源物流园和会川工业园组成。其中：渭源工业园占地5平方公里，主导产业为中医药精深加工及其他特色农产品加工业。渭源物流园占地1.2平方公里，依托兰渝铁路渭源火车站，建设兰渝铁路经济带上的物流仓储、商贸交易及物流中心。会川工业园占地2.6平方公里，重点发展中药饮片及农产品的初级加工业。先后编制完成了《总体规划》和三个园区的《控制性规划》《修建性详细规划》《渭源县工业集中区规划环评》《会川工业园区规划环评》。渭源工业集中区开发面积达3.04平方公里，占规划面积8.8平方公里的34.5%。县上筹措资金3.6亿元以上，实施了河锹西线、河锹东线道路及支路工程、锹峪河两岸堤防工程、35千伏送变电站工程、道路绿化工程和会川工业园一期基础工程，实现了“七通一平”，发展要素已经保障到位。渭源工业集中区招商入驻企业累计达到64家，项目总投资26亿元，其中中医药加工类企业46家，马铃薯加工类企业1家，制药机械加工企业1家，其他经营类企业12家。在46家中医药加工类企业中，通过GMP认证企业28家。工业集中区年均产值突破4亿元，工业增加值达到1.2亿元以上，企业上缴税金1600万元左右，稳定就业达到4500多人，已成为工业经济发展的增长极以及县域经济发展的核心板块。渭源工业集中区已被省市认定为“省级农民工返乡创业示范基地”“市级创业就业孵化示范基地”及“十三五”期间甘肃省重点建设的六大中医药产业园区。

**【部分企业简介】**

甘肃佛慈红日药源产业发展有限公司　甘肃佛慈红日药源产业发展有限公司是兰州佛慈制药股份有限公司与天津红日药业股份有限公司于2018年7月签署合作项目后在渭源成立的全资控股公司，并建设中药配方颗粒与精制饮片生产项目。公司打造立足全市、辐射全省、服务全国的陇药智慧产业园区，建成集研发、贸易、物流、展览、信息、金融、休闲、商住等多种功能于一体的产业体系，助力渭源县建设知名的西部药都。

2018年7月，在国扶办的大力协助下，县政府与天津红日药业正式签订投资合作协议，携手兰州佛慈制药在渭源县共同建设配方颗粒及精制饮片项目。项目总占地面积130亩，按照二期规划建设。项目一期依托渭源县丰富的道地中药材资源，投资1.76亿元建设万吨中药精制饮片生产基地项目，主要建设毒性饮片、鲜活药材加工、全自动饮片、熟地黄等精制饮片生产线，综合性库房以及专业的第三方检测中心，年生产毒性饮片500吨以上，年加工工业饮片4000吨以上，全自动饮片生产线年加工能力2000吨，熟地黄专线年加工能力1000吨。项目二期围绕优势资源拉长产业链条向精深加工精准发力，投资1.5亿元建设年产6000吨的中药配方颗粒项目，主要建设中药配方颗粒生产车间、成品及原料库房等设施。该项目是东西合作扶贫的产业典范，也是全省首家最大的配方颗粒及精制饮片生产基地。

渭源县德园堂药业有限公司　渭源县德园堂药业有限公司位于渭源县会川工业园区，公司成立于2014年11月，注册资金1068万元，占地面积9718.6平方米，现有员工125人，其中管理人员24人，解决未就业大专及本科毕业生15人。公司主要以中药饮片（含毒性饮片）生产、加工、销售；道地中药材种植、储藏、购销、中药材研发及信息咨询服务为主营业务，是一家以中药精制饮片为主产业的现代化中药企业。

公司于2014年11月取得《药品生产许可证》，2015年2月取得国家GMP认证证书。2016年3月取得进出口许可证，公司中药产品已经远销韩国、日本以及东南亚各国。2017年“牛加宝”商标注册成功。公司产品原料采用道地中药材，营养丰富、疗效显著，得到国内外消费者青睐，市场前景非常广阔。公司与云南白药、河北乐仁堂、武汉健民、随州叶开泰、广州采芝林、陕西派昂、青海力泰、上海宝龙、甘肃佛慈、甘肃雷氏、兰州华城、南昌济生等30多家药业公司长期合作。2018年实现产值4800万元，销售收入4000万元，上缴税金98万元。

渭源县马铃薯文化博览苑　渭源县马铃薯文化博览苑项目于2016年入驻渭源工业园，规划总投资4.85亿元，占地103.4亩，总建筑面积77729.6平方米，由甘肃田地农业科技有限责任公司投资建设。项目主要建设内容分三大块：一是马铃薯信息大厦，建筑面积14034.68平方米，主要包括国际马铃薯中心渭源工作站、马铃薯信息平台建设、马铃薯产品电子商务平台建设、办公及接待中心、会议培训中心等；二是马铃薯文化主题生态园，建筑面积5838.12平方米，以渭河文化为主题，全面展示马铃薯良种繁育、成品薯种植、产业加工、饮食等马铃薯全产业链文化；三是富硒马铃薯产品生产线，建筑面积9776.4平方米，包括富硒马铃薯方便粉丝生产线、生产车间、原料库、半成品及成品库、料包车间以及各包装车间、生产管理及检验办公区、职工宿舍等。同步建设富硒马铃薯繁育基地5000亩。

项目已累计完成投资2.98亿元完成了一期工程，建成了马铃薯信息大厦主体工程、3000亩富硒马铃薯繁育基地、马铃薯文化主题生态园已投入运营，富硒马铃薯食品生产线已建成投产，职工宿舍及其他生活服务设施已投入使用。

广印堂渭源中药有限公司　广印堂渭源中药有限公司是2012年招商引进渭源工业园的中药精深加工企业，是安徽广印堂中药股份有限公司依托陇中高原中草药产业资源优势，为扩展西北地区市场投资建设的全资子公司。公司注册资本金1000万元，占地94.68亩地。

公司建设的中药精深加工项目总投资2亿元，主要包括6000吨/年中药饮片生产线一条，5000吨/年中药免煎颗粒生产线1条，1800吨/年黄芪提取物、板蓝根提取物等中药提取生产线1条以及中药保健品、饮品生产线一条。项目已建成中药精制饮片生产线一条，建成生产车间4栋19200平方米，办公楼、化验室、职工食堂等工程8000平方米，配套建成消防、污水处理、绿化亮化等项目附属工程，中药饮片生产线已通过生产许可认证及GMP认证投产运行。公司投资建设了三个中药材标准化示范基地，分别是新寨镇张家湾村5900亩党参、淫羊藿、当归示范种植基地，莲峰镇绽坡村1000亩黄芪示范种植基地和祁家庙乡瓦楼村2000亩当归示范种植基地。

2018年公司中药饮片生产线完成总产值2600万元，销售收入2228.63万元，上缴税金86.7万元，累计提供就业岗位110人。2018年公司饮片生产线计划完成总产值3700万元，上缴税金150万元，并可提供就业岗位160多人。

甘肃渭水源药业科技有限公司　甘肃渭水源药业科技有限公司占地面积86.9亩，总建筑面积32960平方米。公司主要从事地产中药材种植、收购、销售；中药饮片生产、加工、销售；党参全产业链技术标准制定和电子商务信息服务等。2015年1月取得药品GMP证书，2015年9月被甘肃省农牧厅评为“省级农业产业化重点龙头企业”，2015年12月被定西市科技局认定为“中药精制饮片工程技术研究中心”，2016年12月成功申请认定为“国家高新技术企业”。

公司拥有中药饮片及精制饮片生产线一条，主要生产经营的产品有党参、当归、黄芪原药材及“渭水源”中药精制饮片等。同时，公司不断加强与甘肃农业大学、兰州大学、甘肃中医药大学等高等院校的合作。组建了甘肃党参产业研究院，牵头成立了甘肃省党参技术创新产业联盟，聘请专家担任技术指导，开发以党参为主的小包装饮片、精制饮片、超微饮片和保健品等高品质党参饮片产品；建立党参种子种苗、种植技术、产地加工、质量检验等关键环节的质量技术标准体系，努力打造全国中药精制饮片规范化生产示范基地。

2018年，公司将不断强化基地建设促精准扶贫工作，规划投资600万元，在帮扶村建设中药材种植基地，带动建档立卡贫困户脱贫致富。不断扩大中药精制饮片生产规模，规划年内实现产值8600万元，上缴税金120万元，全力推进特色产业经济快速发展。

康华制药机械公司　康华公司成立于2001年11月，是集产学研一体化的中药材前处理及饮片加工机械设备制造企业，由杭州富阳康华公司、安徽亳州康华公司、甘肃渭源康华公司3家独立有限公司组成。甘肃康华制药机械设备有限公司位于渭源县工业集中区，成立于2015年1月，占地18676.90平方米，2016年完成基建，设计年产量3000台，于2017年5月试生产运营，2018年上半年销售额800余万元。现研制生产中药材净选、清洗、润药、切制、蒸煮、干燥、煅制、炒药、筛选、破碎共40多个品种、160多个规格型号的中药材数控制药机械设备；已成功研发块状类、根茎类、花草叶类饮片自动化生产线，可加工生产我国12800余种植物类中药材。甘肃康华制药机械设备有限公司现拥有9项技术专利，一项发明专利正在研发申请中。甘肃康华制药机械设备有限公司主要生产设备有LDA型电机单梁起重机、加工中心、镗铣床、平面磨床、大连普车、煌锯床、钻床、剪板机、折弯机、电焊机、自动气割机等先进生产设备及生产原料，已在渭源县招收20余名下岗再就业职工及建档立卡贫困户职工，正大力培养CNC编程技术员、焊工等一批技术骨干。

自2017年投入试生产运营以来，为甘肃鑫晟源生物科技有限公司研发设计的数字化大黄联动生产线正在生产中，为甘肃景泰菁茂农业有限公司设计的日产10吨甘草生产线正在研发设计中。甘肃康华制药机械设备有限公司自2015年成立以来，一直致力于教育精准扶贫。2018年资助渭源县秦祁乡8名贫困学生。四年累计资助36名贫困学生从小学至大学毕业期间费用，小学每人每年2400元，初、高中每人每年3600元，大学每人每年6000元；2015年至今，已累计捐赠27.06万元。

渭源三圣堂药业有限公司　渭源三圣堂药业有限公司成立于2012年5月，是一家以中药材规范化种植、中药饮片加工、生产销售、贮藏为一体的现代化中药生产企业，注册资金1000万元。公司占地面积20063平方米，建筑面积8728平方米，办公楼职工生活区1265平方米，仓库6669平方米，检验室468平方米，太阳棚凉晒场880平方米，配套辅助设施750平方米，并配套中药饮片生产设备、质量检测仪器等设备。公司现有员工52人，管理人员8人，专业技术人员6人。公司位于甘肃省定西市渭源县清源镇工业园区，2014年取得《药品生产许可》证书和《药品GMP》证书。公司制定了完善的质量管理体系，保证药品的质量，从源头上预防不合格品的产生。2016年12月被甘肃省环境保护厅评为《甘肃省工业企业环境保护标准化B级企业》；2017年12月被定西市工业和信息化委员会认定为《市级企业技术中心》。

公司引进国内最领先的洗药机、蒸煮锅、直切式切药机等生产设备，采用净制、切制、炒制、炙制、煮制、蒸制、煅制等生产工艺，主要生产黄芪、党参、当归、柴胡、甘草等151种中药饮片。2018年实现产值1640万元，销售1343万元，实现利润29万元。

公司在渭源县路园镇陆家湾村和清源镇崔家河村和上湾镇樊家屲村建设中药材标准化种植基地2000多亩，与农户签订的订单基地达1100亩，带动农户424户，引导农户进行党参、当归和黄芪等中药材规范化种植，签约的中药材种植合作社、省内外制药厂家和中药材专业交易市场等购销单位达13家。公司加工销售46%的中药材原料都来自签约基地以及精准扶贫建档立卡贫困户，帮助种植户正常年收入增加10%左右，户均增收1100多元，总增收额度达46.6多万元。公司解决了当地85人就业问题。

渭源县亳春堂药业有限公司　渭源县亳春堂药业有限公司成立于2013年6月，占地面积12202平方米，建筑面积5528.69平方米，公司现有员工36人，管理人员8人，专业技术人员6人。取得了《药品生产许可证》和《药品GMP》认证证书。2015年12月30日荣获甘肃省环境保护厅颁发的《环境保护标准化B级企业》证书、2016年8月8日荣获中国工商银行股份有限公司渭源支行颁发的《全国信贷资信等级A+（A1）企业》证书。2017年12月，公司生产的“亳春堂”牌中药饮片获得甘肃省名牌产品荣誉称号，公司被评为甘肃省信用等级A级企业，2018年年底获评甘肃省农业产业化龙头企业。公司主要生产黄芪、党参、当归、柴胡、甘草等134种中药饮片，主要工艺有净制、切制、炒制、炙制、煮制、蒸制、煅制。2018年销售中药材1500吨，实现销售收入6000万元，上缴税款71万元。公司产品远销上海、湖北、江苏、湖南、山东、浙江、内蒙古等地，深受广大客户的青睐。

帮扶田家河乡高石崖村扶贫款1万元，帮扶五竹镇苏家口村扶贫款5000元，并组织会川镇棉柳坪村农民工100多人进行了中药材及中药饮片加工方面的专业知识培训。通过基地建设，间接辐射带动800多户农户进行中药材标准化及规范化种植。2018年捐款2000元用于会川镇沈家滩村石头庄社道路及桥梁修建，现有农民工24人，其中直接带动建档立卡贫困户3人正常上班，年人均收入达到15000元以上。

## 商贸流通

**【招商引资】**持续推进“大招商、招大商”活动，积极参加“兰洽会”、“中医药博览会”、“海交会”、广州招商推介活动和福州招商推介会，优化招商引资环境，不断强化项目协调服务，加快“请进来、走出去”招商步伐，狠抓项目落地实施，招商引资取得明显成效。实施招商引资项目30项，落实到位资金31.15亿元，同比下降48.38%。其中新签约项目16项，签约资金32.47亿元，落实到位资金13.11亿元。其中第二十四届“兰洽会”共签约项目6项，签约资金达17.57亿元。第二届中国（甘肃）中医药博览会共签约项目2项，签约资金1.1亿元。

**【外贸进出口】**实现外贸进出口贸易总值326万元，其中甘肃华庆堂药业饮片有限公司精深加工的黄芪、党参、柴胡饮片出口韩国27万元，渭源县德园堂药业有限公司精深加工的黄芪、党参、柴胡饮片287万元，完成外贸进出口全年任务193万元的169%。

**【社会消费品零售总额】**全县限额以上批、零、住、餐企业累计达到3家，限下抽样统计企业39家。2018年底完成社会消费品零售总额8.02亿元，同比增长7.6%，其中批发业销售额123662万元，同比增长9.96%；零售业销售额165365.4万元，同比增长10.6%；住宿业营业额4461.4万元，同比增长12.2%；餐饮业营业额14795万元，同比增长11.7%。

**【电子商务】**借助我县被列为国家电子商务进农村综合示范县的建设机遇，建成县级公共服务中心1个，建成16个乡镇电子商务公共服务站，197个村级电子商务公共服务点，具备购物代办、网络技术、物流配送、金融支付、包装技术“五大服务”功能，基本实现了“三有一能”；建成1个县级物流中心，农村物流分拨中心1个，16个乡镇建成乡级物流服务站，183个村建成村级物流网点，并与乡村电商服务点实现对接。组织对涉农部门、行政村两委成员、社会青年电商创业者、农户、农村电子商务服务站工作人员、企业负责人、电商工作人员等进行分类培训10694人次（贫困村培训5512人次），其中，普及型培训128期9855人，业务能力提升培训6期580人，增值性培训4期259人；在渭源县电子商务公共服务平台（网址www.ds8.com.cn）开展电商基础普及性免费培训，共6个课程，培训人数为520人。

【市场体系建设】总投资189.1万元的大安乡农贸市场畜禽交易区建设项目开工建设。县级煤供市场及二级煤炭配送网点全面启动建设，两个煤供中心于2017年11月16日在定西市公共资源交易中心第三开标厅开标，分别由渭源县鑫昇洁净煤能源有限公司、渭源县鸿力商贸有限公司中标。两个煤炭供应中心预算总投资1600万元（各800万元），建设用地100亩（各50亩）。2018年底，两个县级煤供中心已完成办公用房、钢结构储煤大棚、围墙等建设任务，场地已硬化，抑尘、防燃、污水处理等附属设施正在建设中。22个二级煤炭配送点的环评及环评批复完成。

【脱贫攻坚】县商务局帮扶清源镇漫庄村，帮扶的44户贫困户。对照贫困人口退出6项指标和贫困村退出4项指标，制定漫庄村2018年帮扶计划，协调水务部门通过自来水入网主管线巩固提升项目实施，并召开群众大会三场次动员群众按时投工投劳积极给予配合，对入社管网线重新进行规划埋设解决，增加50方蓄水池一座，埋设主管线（后沟、王家庄）3公里，上川0.7公里，彻底解决了三个社供水不正常的问题。为生活困难的60户群众各发放大米一袋。协调衔接县电商中心、清源镇电商服务站与部分建档立卡户签订了农产品收购服务协议和扶贫帮扶协议。通过线上销售农产品所得利润为本村14户参与供应农产品的贫困户每户分红500元，带动贫困户增收致富。

## 供销合作联社

【概况】县供销合作联社2008年下属企业改制以后，核定事业编制6人，设领导职数3人，其中主任1人，副主任2人。内设综合办公室、合作指导股、产业开发股；下设社有资产管理中心。基层供销合作社16个、农民专业合作社34个，专业经济协会4个，农民综合服务社25个，社属企业4个。

【生产资料供应】积极配合工商、质监等部门，做好农资市场清理整顿工作，印发有关识别真假化肥宣传资料1万余份，以便提高农民的防范水平，防止销售假冒伪劣农资商品，杜绝坑农害农事件发生；高度重视价格变动情况，严格执行国家价格政策，坚决杜绝擅自提高购销价格行为，做到不哄抬价格，确保价格合理平稳。2018年全系统共销售各种化肥26020吨，农药59吨，农膜183吨。

【生活消费品销售】新建日用消费品销售经营网点（村级综合服务社）14个，形成了以县城超市为骨干，村级综合服务店为依托的营销网络。积极开展以日用百货、家用电器、文化用品、烟酒副食等多种商品为主的销售网点，给周边群众带来了便利和实惠。莲峰万佳购物广场等企业在农村广泛发展加盟连锁店，大力实施便民、利民营销措施，在方便农民群众购物消费方面起到了积极作用。

【农产品收购】供销系统收购农副产品1.02亿元。主要以农产品购销、加工、配送和批发市场为依托建立农户的农产品订单经营网络，以中药材、马铃薯、小杂粮收购为主。各基层社以传统的购销方式，开展上门收购，深购远销，实行当场结算、不打白条，吸引农民积极交售农副产品，使农副产品收购量大幅增长；各专业合作社大力推进农业综合开发项目建设，农副产品购销网点数量逐年增加，购销业务随之进一步扩大。

【基层组织建设】按照“双线”运营机制，16个乡镇成立了乡镇基层供销合作社，确定了一名副科级领导干部兼任供销合作社主任，选派了2～3名的供销专干，按照乡镇+企业（裕兴产业开发公司）的模式，在乡镇一级构建了政府+产业公司的“双线”运营机制。在村一级组织恢复重建上，一是以加盟的方式由县供销联社社有资产管理中心投资10800元，组建了村级综合服务社14个；二是积极探索“供销e家与电商物流融合发展”的思路，在麻家集镇楞坎村建立供销e

家与电商物流融合发展平台试点1个，开展农副产品代销、网络代购、资费代缴等服务。

**【脱贫攻坚】**单位4名帮扶干部每人联系6户贫困户，帮扶人员定期走访，密切与帮扶户的联系。开展慰问送温暖和帮办实事活动，春节前后给24户贫困户送去了一份慰问品，在春耕时季为24户贫困户帮扶玉米点播机各一台，在农作物出苗时季为24户贫困户帮扶尿素钾24袋。搭建了蔬菜大棚两座，全年帮扶物资折合现金10000余元。

## 粮食流通

**【概况】**全县国有粮食部门共有各类单位10个，其中行政单位1个，国有独资企业1个，基层粮油供应应急网点8个。县粮食局内设3个职能股，即人秘股、业务股、财务股，核定编制4名。全县国有粮食部门共有职工31人，其中行政人员8人，企业职工23人。

**【流通管理】**突出抓好落实粮食安全省长责任制六大重点任务，组织人员对全县粮食、食用植物油及油料供需平衡进行了调查，分南、北、中三个乡镇对我县16户68人的粮食生产、出售、储存情况进行了摸底，其中粮食产量47945公斤，出售粮食27718公斤，储存粮食1424公斤；对纳入统计范围的国有粮食购销企业以及其他粮食经营企业的粮油购销调存进行了登记调查，逐步建立健全了社会粮食统计制度。

**【仓储管理和粮油普查】**粮食企业认真贯彻落实“以防为主，综合防治”的保粮方针，在开展科学保粮，规范化管理的同时，在内部管理中实行“五定两包”责任制，储存粮食均账实相符、质量良好，规范化管理达到了“一符四无”粮仓建设二类单位标准。

**【脱贫攻坚】**精准扶贫对口帮扶村为路园镇王家山村。协调县药材办、圣源公司给签订黄芪种植协议，为150户贫困户发放了500袋价值5万元的中药材专用肥。协调县农技中心为当地群众赠送玉米点播机50台。为王家山村协调解决云杉苗木1000株，新建生态林100亩。筹措资金从临夏购进啤特果树苗1750棵，花椒树苗10000株，新建经济林150亩。与红十字会协调，为帮扶户送价值约4000元的爱心衣物50件。

## 烟草专卖

**【概况】**渭源县烟草专卖局（营销部）隶属定西市烟草专卖局（公司），有正式工18人、聘用工1人、劳务派遣2人、非全日制人员1人。设局长（主任）1名、副局长1名、副主任1名。内设综合办公室、专卖监督管理科（内部管理监督科、稽查大队）、客户服务中心。

**【营销网建】**销售卷烟9192箱，完成全年计划9850箱的93%，较去年9504箱减少312箱，降幅3.28%；三类以上卷烟销售5173箱，销售结构56.28%，同比54.31%增加1.97个百分点；完成销售额18251万元，同比18233万元增加18万元，增幅0.1%；实现单箱销售额1.99万元，较去年同期的1.92万元，增长了3.5%。

**【专卖管理】**共查获各类卷烟违法经营案件94起，同比提升3.3%；涉案卷烟数量118.85万支，同比提升5.84%；涉案金额41.19万元，同比下降0.74%。强化物流寄递环节监管，制定了《渭源县局物流寄递环节监管工作办法》。严格规范开展许可证办理工作，共受理新办申请136户，准予许可48户。行政许可网上办结率为63.8%。全面落实专卖CMMI可视化看板管理，强化“看板”工具应用。

## 中盐甘肃省盐业（集团）有限责任公司渭源县配送中心

**【概况】**中盐甘肃省盐业（集团）有限责任公司渭源县配送中心（以下简称中盐渭源县配送

中心）是在2018年盐业体制改革政企分设，由原中盐甘肃省盐业集团渭源县盐业有限责任公司更名成立，将原有的行政执法职能移交给渭源县食品药品监督管理局，并且将3名持有行政执法证的执法人员与1名碘盐检测人员共计4名职工一并划转给渭源县食品药品监督局。中盐渭源县配送中心是国有企业，隶属于中盐甘肃公司领导和管理。该企业主要从事渭源县辖区内食用盐、畜牧用盐、食品加工用盐以及工业用盐的批发经营业务。属于中盐甘肃公司的分支机构。现有职工5人。

**【经营指标】**2018年度中盐渭源县配送中心盐产品销售为840.47吨，实现销售收入158.8万元，上缴税费6.8万元，企业总资产为67.5万元。

**【碘盐供应】**一是全力维护“中盐”品牌形象，进一步扩大“中盐”产品的市场占有率，加大“中盐”品牌、品质宣传力度，提升品牌价值，把“中盐”品牌渗透到千家万户，让“中盐”品牌成为消费者信得过的首选品牌。二是对渭源县区域内的所有终端网点进行了合作意向征询，将信誉好、对中盐品牌忠诚度高的网点转变成配送点，开展配送服务。三是提高行业服务意识，建立客户微信群，及时将盐价、盐种以及盐行业宣传政策发布到群内，为客户带来实用的资讯，搭建一个渭源食盐市场的网络平台。

## 国网渭源县供电公司

**【指标完成】**截至2018年11月底，完成供电量1.76亿千瓦时，同比（1.60亿千瓦时）增长10%；完成售电量1.59亿千瓦时，同比（1.44亿千瓦时）增长10.42%；完成销售收入9801.29万元，同比（8916.03万元）增加9.91%；完成线损率9.19%，同比（10.27%）降低1.08个百分点；完成售电均价（含税）614.94元/千千瓦时，同比（618.91）下降3.97元/千千瓦时；完成电费回收率98.65%；“互联网+”线上缴费率70.63%（目标值60%）、“互联网+”线上办电应用率100%；新装用户2550户，新增容量52391千伏安；完成供电可靠率99.7263%，电压合格率99.564%；安全生产实现“七不发生一降低”目标。

**【安全生产】**落实各级安全生产责任，推进“安全生产月”活动，开展事故案例专题教育。组织开展“大面积停电”应急演练活动，组织参加了“2018年渭源县反恐应急演练”活动。扎实细致开展排隐消缺工作，共计消除各类缺陷隐患178处，砍剪影响线路运行的树障6597棵，因树障导致的线路故障同比下降75%，整治大跨越挡距15处，调整导线弧垂7处，绝缘化改造4.73公里；开展电网迎峰度夏防汛工作，消除8座变电站、7条输电线路、32条配电线路隐患74项。细致开展输变配设备标识牌缺陷排查治理，完成7座35千伏变电站接线图“三核查”工作；完成6条35千伏输电线路标准化线路建设，悬挂各类标识牌1254块；持续开展2018年县域配网人身伤害安全隐患排查治理工作，制作悬挂10千伏线路缺失杆号牌8818块、整治房线矛盾6处、0.4千伏线路杆号喷涂55568基，治理配电线路设备各类隐患63处，整治绝缘拉线600套。

**【电网建设】**加强规划与前期管理。结合渭源县总体规划和甘肃电网规划，完成渭源县“十三五”配电网规划报告编制工作。总投资336.46万元的渭源县2018年第二批业扩配套电网工程、998.46万元的甘肃定西市渭源县2018年第一批光伏扶贫配套电网建设工程已获批复。2019年城配网项目，估算资金652.63万元，目前现场App已完成采集并完成可研编制工作。估算资金2.86亿的2019—2020农网储备项目已完成可研收口并上报。渭源县2018年新增农网改造升级10千伏及以下工程得以批复。严格落实配农网工程管理三个项目部建设要求。公司各项电网建设任务有序推进，完成2017年配农网工程、2015年新增城镇配电网工程、定西渭源2016年户表改造工程、2017年渭源县第一批业扩配套电网建设工程、定西渭源县2017年过载10千伏配电台区增容改造工程、2017年农网改造升级10千伏及以下工程审计结算工作。渭源县2018年第二批业扩配套电网工程总体进度70%，甘肃定西市渭源县2018年第一批光伏扶贫配套电网建设工程总体进度82%。

**【经营管理】** 密切跟踪重点项目、拓展用电市场。强化营销基础管理，加强投诉管控治理，共计发生投诉99件，其中营销类36件，运维类63件，属实投诉共82件，营销类投诉同比下降61.11%，运维类投诉同比增加61.9%。强化供电所人员责任落地，“台区经理制”在供电所实现全覆盖。大力开展营配贯通数据整治，营配贯通各项指标（变电站、公线、专线、公变、专变、配变到户）均达到100%。严格计量物资出入库管理，落实计量设备主人制，开展基础数据校对处理，采集成功率由98.36%提升至99.68%。

**【农网工程标准化建设】** 采用试点先行，有序推进的方式，组织施工队伍以国家能源局印发的《新一轮农网改造升级技术导则》、《国家电网公司配电网工程典型设计》（配变、架空线路部分）为标准，并严格采用标准物料建设施工，建成两个农网标准化样板工程，并组织全公司管理、运维、施工负责人等共40余人进行了现场观摩、学习和推广。标准化建议以配变、线路、标示、户表四个方面组成，结合农配网建设、运维实际，在“国网典设”基础上进行了完善，实现了一次达优、同步标化、安措全面落实等建设目标。

**【流程管理】** 加强线损管理，开展同期线损系统基础数据、计量差错、未达标线路和台区治理。优化管理流程，强调闭环控制，按照线损管理职责范围分级、分压、分线、分台区进行指标分解、控制和考核，实现了线损管理的全过程可控和在控，达到了降损增效的目标。经过结果1年的集中统筹治理，同期线损系统各项指标较2018年初大幅提升，10千伏母平达标率由14.29%提升至100%；10千伏分压达标率由21.86%提升至100%；10千伏分线线损由18.38%提升至79.95%；台区线损合格率由84.36%提升至92.88%。

**【党的建设】** 持续推进“两学一做”学习教育常态化制度化，落实全面从严治党要求。签订“双带”责任书50份，总支委员联系4个支部和6个供电所、支部委员联系帮带12个班组。共产党员服务队“五对口”活动常态开展，持续开展对口服务1703件次，发放“党员连心卡”1.35万余张。结合“4+2”全员党建工作责任体系落实，将全部台区经理植入属地乡镇、村委、村社或者社区组建的工作微信群、朋友圈，充分利用微信传播速度快、范围广等特点，全面推送停电检修、电价政策变化、接收客户用电故障咨询等，共计发布142余条信息，精准服务，降低投诉。全面提升基层党组织标准化建设。按照党支部标准化创建要求，公司4个支部同步开展标准化创建工作，并确定清源供电所党支部为标准化示范点，四个党支部建立标准化党员活动室，建立党员责任区、党员示范岗，完成“三本六盒一证”信息台账标准化建设工作，11月份公司自查验收全部达标。

# 农林水牧

## 农业经济

【概况】县农牧系统现有职工330名，其中公务员17名，参管人员37名，管理人员34名，专业技术197名，工勤人员45名。

【农业结构调整】全县农作物播种面积112.51万亩，其中：粮食作物57.5万亩、经济作物42万亩、蔬菜6.4万亩、饲草6.81万亩。粮食作物中，种植马铃薯40万亩、玉米10万亩、冬小麦2.5万亩、春小麦3万亩、蚕豆2万亩；经济作物中，种植中药材40万亩、油料2万亩。完成马铃薯种植40万亩，其中：原种田5万亩、一级种田35万亩。生产脱毒苗4.36亿株、原原种4.8亿粒，各级种80万吨。完成中药材种植约40万亩，其中：党参15万亩、当归10万亩、黄芪11万亩、其他4万亩。干药产量达到7.5万吨，中药材总产值达到9.51亿元。建成种子种苗繁育基地3万亩，其中：集约化育苗785.2亩。完成蔬菜种植面积6.4万亩，其中：日光温室蔬菜0.1035万亩、塑料大棚蔬菜1.428万亩、地膜蔬菜2.87万亩、露地蔬菜1.9985万亩；蔬菜总产量26万吨，总产值达到2.5亿元。完成设施蔬菜15315亩，其中：塑料大棚蔬菜14280亩、日光温室蔬菜1035亩。建成蔬菜标准化生产基地4.5万亩；食用菌生产基地60亩，其中：香菇41亩、羊肚菌19亩；百合种植基地2500亩。共引进娃娃菜红笋、甘蓝、芹菜、松花菜、西兰花等蔬菜新品种6个。建设果蔬保鲜库10座7座。计划建成产地初加工蔬菜组装式冷藏库7座。采购移动保鲜车14辆。全县果蔬储藏库累计达到9座，储藏能力14554吨。在蔬菜主产区的路园镇建立产地收购、批发交易市场3个。

【农村能源建设】积极推进循环农业发展，建成神农、田源、绿茵、青山、瑞丰、红火6家养殖企业有机肥生产线，建成大型沼气5处、养殖小区联户沼气8处，有效降低养殖场废弃物污染。切实强化农村沼气用户安全技术培训、服务网点管理、安全使用宣传工作，从源头上杜绝沼气安全事故的发生。

【强农惠农政策项目补贴】全面落实农业支持保护补贴、农业保险保费补贴、农机购置补贴等强农惠农富农政策，认真贯彻落实农民负担监督管理“五项制度”，积极开展村级组织负担和“一事一议”专项检查，严防农民负担反弹。

【农民专业合作经济组织建设】组建成立了县级农投公司渭源县裕兴农业投资有限责任公司，全县15个乡镇（上湾镇已组建）组建了裕兴农业投资开发公司乡镇分公司，成立县种植、养殖、农机3个县联合社、48个乡镇联合社、489个村级合作社，全县25179户建档立卡贫困户全部加入到合作社，每个行政村都建立了2个以上合作社。全县累计注册登记农民专业合作社2138家、家庭农场11家。

**【农业环保建设】**积极推进农作物秸秆综合利用，全县秸秆产量可收集量20.4万吨，利用量为17.68万吨，其中：废料化0.31万吨、饲料化12.45万吨、食用菌基料化2.64万吨、燃料化2.28万吨，秸秆综合利用率达到86.7%。加强尾菜处理利用，全县蔬菜总产量26万吨，尾菜产生量为4.43万吨。通过尾菜饲喂牲畜、翻压还田、高温堆沤肥、沼气发酵等方法，处理尾菜1.93万吨，处理利用率达到43.5%。投资5万元，由鑫大地春农业发展科技有限公司示范处理尾菜5000亩，带动全县蔬菜种植区处理面积达到2万亩。开展废旧农膜综合利用，全县地膜覆膜面积14万亩以上，地膜用量约为900吨，完成回收废旧农膜738吨，回收利用率达到82%。投资20万元，实施废旧农膜回收利用项目，建成废旧农膜回收示范点2处、建立乡镇废旧地膜回收网点10个、区域回收网点6个，规范提升废旧地膜专业化回收网点6个。认真开展“第二次全国农业污染源普查”工作。

**【全膜双垄沟播技术推广】**投资380万元实施旱作农业推广项目，其中：中央财政农业生产发展资金224万元、到县统筹整合涉农资金156万元，在大安、秦祁、北寨、新寨、庆坪、清源、路园、莲峰、上湾、麻家集、五竹、祁家庙等12乡镇的147个村（贫困村97个，非贫困村50个），推广旱作农业146770.5亩，其中：全膜双垄沟播玉米104270.5亩、黑膜马铃薯全覆盖种植42500亩，建成示范点10个。

**【农产品质量认证】**认真开展农产品例行监测工作，完成县级抽检样品数量2224个，自检2164个，完成农残检测13次，例行监测合格率达到99.99%，全县未发生重大农产品质量安全事故。投资5万元，建成会川镇农产品质量安全监管站，配备了检验检测和办公设备。加强“三品一标”认证管理，新认证绿色食品3个、复查换证无公害农产品10个，全县党参、黄芪GAP认证面积达到6900亩，无公害农产品产地认证54.1万亩，无公害农产品累计达到10个、绿色食品累计达到6个、农产品地理标志1个。组织“三品一标”四家企业的6个产品，参加了第十九届中国绿色食品博览会暨第十二届中国国际有机食品博览会。积极开展农资市场监管，累计检查种子市场16处、种薯生产经营企业7个、种子经营户32户、农资经营门店180个、农机及零配件企业13个，接待上访案件8件，其中：妥善协调解决5件、移交县农业综合执法局立案调查2件、移送司法机关立案调查1件。

**【农业技术和农民培训】**完成一户一个“科技明白人”培训任务7477人，其中：项目培训1277人（其中：贫困村村干部培训284人、贫困户特色优势产业培训253人、培育新型职业农民培训740人），集中培训结合我县贫困劳动力培训完成5300人，入户培训完成900人。结合产业扶贫、农业示范基地、项目实施、驻村帮扶等，完成农民农业实用技术培训4.3万多人。

**【脱贫攻坚】**一是制定产业扶贫计划，发展特色产业。完成了六大特色产业与“一户一策”精准对接工作，全县贫困人口中需要产业扶持的有11002户46259人，其中：牛产业1517户、羊产业1147户、蔬菜产业136户、果品产业41户、马铃薯产业1232户、中药材产业6353户、猪产业70户、鸡产业16户、其他养殖业73户、其他种植业417户。二是实施产业扶贫项目，促进贫困户增收。按照省上“两个70%”和“到户产业扶持资金人均按0.5万元标准，户均安排2万元，每户最多不超过3万元”的资金使用要求，共投入产业扶贫资金36240.68万元，其中：到户资金投入10909.57万元、入股资金投入25331.11万元。重点实施了投资7845.6665万元的产业扶贫种养业到户奖补项目，投资2370万元人马铃薯、中药材、蔬菜、食用菌产业扶贫项目，投资7346万元的渭源县德青源“金鸡”产业扶贫项目。三是扶持农业经营主体，密切利益联结。制定了《渭源县农业产业化龙头企业认定管理办法》，全县认定省级7家、市级12家，正在开展县级农业产业化龙头企业认定工作。加大“家庭社”“挂牌社”“空壳社”清理力度组建了县、乡两级国有农投公司和县乡村三级专业合作社，使全县依法登记农民专业合作社2138家，达到了每个村至少有2家农民专业合作社，实现农民专业合作社村级全覆盖，所有未脱贫户都加入合作社，达到贫困户入社全覆盖。四是推进农村“三变”改革，壮大村集体经济。通过实施产业扶贫入股分红项目，扶持龙头企业和合作社发展壮大，带动贫困户和村级集体经济分红增收，全面消除了村级集体经济“空壳村”。五是落实农业保险政策，保障稳定增收。第一批农业保险完成承保中药材78589.07亩、马铃薯185385.18亩、冬小麦50599.43亩、玉米85244.4亩、公益林480759亩、能繁母猪1515头、奶牛47头；第二批农业保险完成投保牛5368头、羊8110只、猪522头、花椒29亩、中蜂64箱、柴胡1044.5亩。六是推广农业实用技术，提升增收技能。完成一户一个“科技明白人”培训任务6200人。七是积极开展帮扶工作。选派驻村帮扶工作队人员8名，并及时落实工作经费，购买了意外保险。为帮扶村筹措资金物资共计45890元。

**【农业农村改革】**一是完成农村土地承包经营权确定登记颁证工作，稳步推进“三权”分置。实测承包地面积1065155.68亩，完善签订土地承包合同77281份，颁发土地承包经营权证77281本，占应确权户数的99.45%，为农村土地所有权、承包权、经营权“三权”分置奠定基础。二是做好清产核资，明确家底。全县共清理核实资金为1712.44万元、资产60657.05万元、资源166.06万亩，已完成省市县级验收。三是开展试点，积累经验。确定了会川、北寨、路园3个乡镇为县级试点乡镇，选择15个作为试点村。探索开展了“国有农投公司+龙头企业（合作社）+基地+农户”整合资金变股金、“土地入股+龙头企业管理+贫困户就地务工”土地资源入股、“产业发展平台公司+农户”农光互补、“公司+合作社+基地+扶贫车间+贫困户”五位一体田园建设等农村“三变”改革模式。四是完善产权交易，促进资源流转。建成了县级农村产权交易中心、16个乡镇农村产权交易服务所，促进农户承包土地经营权、林权、农村集体资产、资源的交易，全县农村土地流转总面积达到7.8亩。五是壮大村集体经济，全面消除“空壳村”。印发了《渭源县贫困村发展集体经济指导意见》，通过实施金鸡、光伏、党费等村集体经济带动项目，全面消除了村级集体经济“空壳村”，全县135个贫困村中，村集体经济收入2万～5万元的村为71个、5万元以上的村为64个。

## 中医药产业

**【概况】**县中药材产业办公室2018年末实有人数8人，参照公务员管理事业人员8人，其中正科级干部1人，副科级干部2人，主任科员2人，科员3人。

**【种植体系建设】**一是提升中药材种子种苗繁育水平。完成中药材集约化育苗723.2亩（新寨镇大坪村党参集约化育苗39亩，莲峰镇绽坡村黄芪集约化育苗84.2亩，秦祁乡豹子沟村党参原种100亩，黄芪良种500亩），完成种子种苗繁育3万亩。二是加快标准化种植基地和药源基地建设。在会川、田家河、麻家集等南部高寒阴湿区乡镇贫困村，建设了以当归种植为主的专业村和种植基地；在莲峰、路园中部川区乡镇，建设了以黄芪种植为主的专业村和种植基地；在新寨、北寨等北部半干旱山区，建设了以党参种植为主的专业村和种植基地，“南归北参川芪”的种植格局不断稳固。支持和引导德元堂、广印堂、渭水源、永安、亳春堂等县内15家中医药企业（合作社）建设中药材标准化生产基地9万亩，辐射带动全县中药材标准化生产基地达到30万亩。狠抓标准化药源基地建设，依托产业扶贫项目，投入资金2176万元，在各乡镇建成14个中药材药源基地。三是扩大中药材产值保险试点。完成投保7.738612万亩，超额完成1.238612亩。其中县财政投入资金176.74万元，为建档立卡贫困户1.1389万户投保的4.709574万亩中药材自缴部分进行了全额奖补，预计理赔720万元左右。

**【加工体系建设】**一是提升中药材精深加工能力。与兰州大学签订协议，委托编制《渭源县国家中药精致饮片加工示范基地发展规划》，成立了甘肃党参产业技术创新战略联盟，积极引进兰州佛慈、天津红日、甘肃弘润、亳春堂等16家中医药加工企业，在渭源建设中药材精深加工项目。二是全力突破中药配方颗粒生产。引进天津红日药业股份有限公司，投资1.5亿元，建设配方颗粒生产线，不断丰富中医药产品品种，延伸产业链条，提高产品附加值。三是加快企业认证进度。取得《药品GMP证书》企业28家，取得GSP认证的企业6家。通过中药GMP、GSP认证企业，成为北京同仁堂、康美药业、成都新荷花、湖南九芝堂、宛西制药、步长制药、云南白药等国内知名企业的原料供应合作企业。特别是华庆堂、德园堂两家企业取得了进出口许可资格，向韩国出口党参、黄芪、柴胡等饮片400多万元。四是提升中医药产业园区建设水平。入驻园区的中药加工企业达46家，占入园企业的80%以上。为了配套中药加工业发展，引进浙江康华制药机械设备加工企业落地园区，已全面建成投产，在生产设备、工艺优化方面协同发展。这些项目将形成中药饮片5万吨、中药提取物2万吨的生产能力，实现了以中医药为主导产业的加工类企业高度聚集。五是推动中医药产业品牌化发展。指导企业相继注册了“颜裕”“官堡”“陇原四宝”“玄菊八珍”“渭水得林”“宏育天天养生坊”“伟菊”“伟盛源”等中医药商标。其中，“颜裕”和“伟盛源”商标被认定为甘肃省著名商标。兴华生物科技有限公司生产的“渭水得林”牌“归芪扶正胶囊”被国家列为保健食品保护品种。伟盛药业的中药饮片被评为甘肃省名牌产品。“渭源白条党参”“渭源白条党参”被国家工商总局评为中国驰名商标。六是加大招商引资和承接产业转移工作力度。认真落实《定西市招商引资优惠政策》，实施“引强入渭”战略，依托丰富的中药材资源优势，签约中医药产业项目1个，签约资金15000万元；承接中医药产业转移项目6个，总投资2.74亿元，当年引进资金2.74亿元。七是加大中医药项目建设力度。2017年中药材种子种苗繁育项目总投资80万元，在秦祁乡豹子沟村建成党参原种田100亩，黄芪良种500亩。中药材产业扶贫项目总投资1000万元，由渭源县裕兴农业投资有限责任公司代表1000户建档立卡贫困户以折股量化形式注入渭源县鑫磊药业有限责任公司，在新寨镇大坪村，莲峰镇团结村、绽坡村，会川镇本庙村、罗家磨村分别建设党参、黄芪、当归标准化种植基地各1000亩，带动贫困户1000户，每户每年分红1000元，连续分红15年。中药材产业以奖代补项目总投资1051万元，建立以奖代补机制，对在中药材种植中扩大面积、引进新品种、新技术的农户通过以奖代补方式鼓励贫困户扩大种植规模。2018年，全县贫困户中药材种植面积达到28061.72亩（户均种植4.1亩），发放中药材奖补资金1051万元（户均奖补1550元），受益户数6777户。农产品产地初加工中药材烘干房项目总投资120万元，在各乡镇建设1吨/批热泵控温控湿式热风烘干房24座。

**【运销体系建设】**一是加快中药材交易市场建设。新建设的会川江能中药材交易市场已投入运营。该项目总投资2.9亿元，占地面积190亩，市场总建筑面积110324平方米。形成了以渭水源中药材市场为中心，会川三角路和江能、莲峰、新寨四个中药材市场为产地市场，其他农贸市场为网点的中药材营销网络体系。同时，发展中药材产业合作社836家，网络会员3900多人，每年有10多个省市的客商在我县进行中药材交易，年交易量10万吨以上，交易额16亿元。二是改造提升仓储设施。努力构建仓储量与产业总量相匹配的物流体系，带动全县中药材仓储设施向标准化推进。引导仓储企业推广使用真空储存和充氮储存等先进贮藏技术，鼓励开展GSP认证，改造升级现有仓储设施，增强规范化、标准化贮藏能力。全县中药材仓储能力达到5万吨。三是大力发展电子商务。全县累计建成网店683家，本地网购平台2个，发展网销企业51家，引进、组建实力较强电商公司4家（其中省级电子商务示范企业1家）；建成县级行业协会1个，乡（镇）级电商协会3个；大型物流配送中心1个，物流快递企业与个体站点80家。2018年1—10月份电子商务交易额达6029万元。

**【监管体系建设】**一是构建中药材质量检验检测平台。加强中药材产品质量监管，成立了县级农产品质量安全监督管理站，确定编制，配备专职人员，落实了工作经费，完成质量和计量认证，规范开展中药材质量安全产地检测，对经销的各类产品实行常态化检验。在渭水源中药材交易市场设立中药材质量检测点，强化检验检测手段，加强对入市中药材的质量检测管理，逐步建立市场准入制度。支持中医药加工企业配备中药材质量检验仪器设备，依托药品检验机构，帮助培养检验人才，提升检测人员能力水平。二是建立完善产品质量安全追溯制度。积极探索建立中医药全产业链质量安全追溯机制，为全县各乡镇和重点中药材加工企业采购电脑、条码打印机、中药材硫黄速测仪、路由器、扫描枪、农残速测仪等设备，努力形成中药材来源可追溯、去向可查证、责任可追究的质量安全追溯链条，全面推进中药材质量管理的规范化、信息化、现代化建设，从源头上提升中药材质量安全管理水平，切实保障道地中药材的安全。2018年5月24日，兰州海关考核组对我县出口食品农产品（中药材）质量安全示范区建设工作开展年度审核，顺利完成年审工作，促进和扩大中药材产品出口，增强了我县中药材产品的市场竞争力。

**【产业融合发展】**推进中医药与餐饮业融合，建成了莲峰、五竹等8个中医药养生堂；锹峪乡峡口村建成了中医药养生文化村；莲峰莲雅聚农家山庄、会川微笑生态庄园、锹峪乡野香山庄建成了中医药养生休闲食疗农家庄园。与服务业融合，积极发展中医推拿、按摩、家庭老年护理、家政保健等服务，不断扩大中医药使用范围；与种植养殖业融合，积极扶持发展药菜两用蔬菜、林下药材产业，扩大中药材品质资源；与文化旅游业融合，开发多样化中医药文化及旅游产品，打造中医药文化体验旅游、生态养生旅游、道地中药材科学考察旅游，积极开展中医药文化传承，编排了大型历史秦腔剧《渭水医魂》，在省内外巡演500场次，全方位体现中医药文化元素，不断提高群众对中医药的认同。

## 农业机械

**【概况】**县级农机化服务中心内设农机推广站、农机管理站、农机监理站、农业机械化学校四个站校。在职职工18名。乡镇农业综合服务中心有16个；农机社会组织有农机专业合作社26个，从业人员295人；农机修理网点33个，从业人员33人；农机零配件销售点25个，从业人员35人。

**【机械化综合水平】**全县机播面积30.5万亩（其中：机播马铃薯17.15万亩），机耕97万亩（其中深松3万亩），机械起垄覆膜31.2万亩；机械收获39.06万亩。机械深施化肥27.8万亩。农业机械化作业综合水平达53.05%。

**【农机化科技推广】**建成全程机械化产业基地6个（中药材挖掘示范基地2个、马铃薯全程机械化生产示范基地3个、机械化深松整地基地1个）。一是在莲峰镇何家湾村完成中药材机械化挖掘示范面积500亩，在会川镇本庙村完成示范点面积1000亩；二是在会川镇杨庄村、五竹镇鹿鸣村、大安乡大涝子村建成马铃薯全程机械化生产示范基地面积各500亩；三是在大安乡红堡子村机械化深松整地示范基地完成面积500亩。

**【农机购置补贴】** 中央财政农机购置补贴资金共677.856万元。完成农机具购置补贴资金224.912万元。全县范围内受益农户126户，补贴机具数量174台（套），共补贴大中型拖拉机31台，深松机4台，秸秆打捆机67台，果蔬烘干机2台，旋耕机24台，铧式犁8台，马铃薯收获机9台，药材挖掘机1台，小麦收割机2台，玉米收割机2台，磨粉机3台，铡草机4台，饲料混合机6台，粉碎机3台，揉丝机2台，起垄铺膜播种机2台，地膜覆盖机3台，自走式喷雾机1台。拉动农民投资700多万元。

**【农机安全监督管理】** 全县在册驾驶员11324人，报户建档拖拉机11038台。2018年新增大中型拖拉机驾驶员128人。应检拖拉机11274台，检验10484台，率达到93%。拖拉机到期换证100人，占任务100人的100%。县、乡、村、农机户“农机安全生产责任书”“承诺书”签订率达100%；全县已创建省级平安农机乡镇16个，示范合作社、省级“平安农机合作社”2个，农机安全示范村达到198个。

**【农机教育培训】** 共完成各类农机培训4834人（次）。（其中各类农机实用技术人员培训4794人，完成拖拉机驾驶员培训26人，继续教育培训14人）。精准扶贫劳动力建档立卡户培训任务1000人，完成1017人，占任务的101.7%。

**【脱贫攻坚】** 5名干部联系庆坪镇线家沟村20户，5名干部帮扶祁家庙镇官路村28户。组织帮扶干部深入联系户面对面为群众宣讲强农惠农政策，传授农机实用技术。发放马铃薯晚疫病防治药物氟啶胺10箱500瓶。建设1123亩的中药材机械收获示范基地1个。在线家沟村投放陇薯3号原原种3500斤、地膜8捆，折合资金4920元，帮助村集体种植马铃薯原原种示范田10亩，增加村集体经济收入。村级卫生室建设补助资金3000元。筹措资金2.6万元在官路村培训新型职业农民26人。筹措资金1700元为线家沟村、官路村各购买办公用纸5箱40包。对4名贫困党员、贫困群众进行了走访慰问，开展了写送春联活动。

## 农业科技推广应用

**【概况】** 渭源县农业技术推广中心内设三站一室，即农技站、植保植检站、土肥站和办公室。单位现有工作人员32人，专业技术人员24人，研究生学历5人，本科12人。专业技术人员中推广研究员2人，高级农艺师10人，农艺师12人。

**【旱作农业技术示范推广】** 旱作农业推广任务14万亩，按时期分：全部为顶凌覆膜；按作物分：玉米全膜双垄沟播10万亩，马铃薯黑膜双垄侧播4万亩。实施区域安排在年降雨量300～500 mm，海拔在2300米以下的半干旱、半湿润偏旱区、河谷川台区、浅山梯田区、半山梯田区。旱作区重点在大安、秦祁、北寨、新寨、庆坪、清源、路园、莲峰、上湾、麻家集、祁家庙、五竹等12乡镇实施。主推全膜双垄沟播栽培技术、适宜优良品种、测土配方施肥及培肥地力技术、保护性耕作技术、一膜两用技术、病虫害综合防治技术、秸秆综合利用技术。

**【脱贫攻坚农村劳动力培训项目建设】** 承担脱贫攻坚农村劳动力培训任务402人，重点开展中药材、林果业、果木蔬菜种植技术、全膜双垄沟播玉米、田间杂草防控技术等的培训工作。累计培训建档立卡贫困户劳动力405人，完成目标任务人数的100.75%。项目建设资金45.56万元，主要用于培训书本等资料印制、培训餐饮费、培训住宿费等，并为培训合格的建档立卡贫困户人员发放了培训合格证书，全面完成项目建设任务。

【测土配方施肥技术示范推广】推广测土配方施肥技术面积81万亩，配方肥施用面积达到30万亩，全县肥料利用率达到38%以上，农用化肥使用量增幅小于0.6%。继续抓好测土配方施肥基础工作：一是取土化验。在统筹考虑测土配方施肥和耕地质量调查评价的基础上，兼顾粮食作物的同时，突出药材、蔬菜等经济作物，按国土部门调查面积1万亩1个采样单元，开展取土化验工作，完成耕地质量评价样122个、省级耕地质量长期定位监测点8个剖面样共计130个土样取土工作；并选择省站推荐有资质的矿产勘查院中心实验室进行检测。二是优化方案。充分利用取土化验、田间试验等阶段性成果，修订施肥参数，完善主要粮食作物施肥指标体系，逐步建立主要经济作物优化施肥方案。

【植保植检】常规防治技术措施，土壤处理19.6万亩，药剂拌种11.3万亩。狠抓农田鼠害防治。及时防除田间杂草。对小麦条锈病调查，抓了蚜虫、蚕豆根瘤象、油菜跳甲等病虫害的防治工作。严格执行“五天一查、七天一报”制度，及时向市植保站汇报病虫发生动态，启动马铃薯晚疫病远程监测预警系统，指导全县开展马铃薯晚疫病等病虫害防治工作。深入开展苹果蠹蛾等有害生物入侵情况调查。实施小麦重大病虫害统防统治、马铃薯病虫害综合防控示范推广、小麦条锈病菌源调查与防治。

【创新推广模式】加快了我县“农技一点通”建设，建立“互联网+农技推广”工作新模式，有力破解了农技推广“最后一公里”难题。加强微信公共平台建设。通过农技中心微信公众平台发布农技推广信息，在宣传农业技术和政策的同时，加大对成功经验的总结推广，不断提高服务群众的水平和能力。

## 种子管理

【概况】渭源县种子管理站成立于1991年6月，隶属于渭源县农牧林业局。现有职工12人，其中高级农艺师1人，农艺师5人，助理农艺师1人；硕士研究生4人；现有种子执法人员9人。

【种子法律法规宣传】向广大群众、种薯企业、种子经营门店发放种子法律、法规等宣传资料发放新修订的《种子法》《甘肃省脱毒种薯质量管理办法》《甘肃省农作物种子条例》《甘肃省农作物种子委托经营备案细则》《农作物良种选用100问》等资料2600多份（册），悬挂横幅5条，接受群众咨询2100多人（次），组织举办法律、法规、技术等培训班5场次，培训种子经销人员46人次。

【种子质量监管】共检查种薯生产经营企业7个、检查种子经营户32户，没收假劣油菜种子20公斤，查处未审先推品种2个，查处未审先推种子200公斤，查处流动摊贩5处，取缔不符合经营条件经营门店5家，受理农民投诉举报种子案件1件，调处种子质量纠纷案件2起；配合省、市种子管理部门和农产品质量安全检测机构，对县内7家种薯生产经营企业（合作社）生产的原原种、原种、一级种进行了检查和质量抽检，检查马铃薯品种15个，抽取样品61份，经检测，种薯质量合格率达到95%以上。

【种薯质量监管】凡在县内从事马铃薯种薯生产经营的企业，必须取得种薯生产经营许可证，未取得生产经营许可证的单位和个人，不得从事马铃薯种薯的生产和经营活动；重点加强了种薯生产企业与繁种户签订规范的种薯生产合同，规范脱毒种薯生产基地，规范生产经营档案，严格种薯合格证签发。严厉打击以商品薯代替脱毒种薯、以低级别冒充高级别种薯等坑农害农行为。监制种薯标签10万张。督促县内3家种薯生产经营企业（合作社）申请市级换证工作。

【新品种引进、试验、示范】共引进冬小麦、春小麦、玉米、油菜、马铃薯、藜麦等作物新品种（系）117个，落实种植省、市列冬小麦、春小麦、玉米、油菜、马铃薯、蚕豆等作物区域试验、预备试验、生产试验11项，占地面积17亩。

【品种结构调整】春小麦以临麦30号、临麦32号为主体品种，示范种植陇春22号、陇春27号、临麦34号；冬小麦示范种植静麦4号、庄浪12号、天选55号；蚕豆以临蚕8号、9号、10号为主体品种，推广种植临蚕11号、12号新品种；油菜以甘蓝型双低油菜杂交种益油杂1号、圣光401、冠油杂812、青杂3号、5号、陇油14号为主体品种，示范种植圣光402、冠油杂303、702等新品种；马铃薯以繁殖脱毒原种、一二级种薯为主，主栽品种为陇薯3号、陇薯6号、陇薯7号、9号、10号、12号、14号，LK99、费乌瑞它、克新1号、冀张薯8号、冀张薯12号、青薯168、庄薯3号、青薯9号、早大白等；胡麻以陇亚9、10号，定亚21、22号为主推品种，示范种植陇亚14号、天亚10号、陇亚杂1号、陇亚杂2号新品系。玉米品种根据不同海拔，海拔1900～2100米以下地区适宜种植品种为：酒试20、龙生1号、先玉335、方玉36、丰玉1号、敦玉15、五谷705、丰田5号、富农116、金穗10号、金穗4号、酒单4号、玉源7879等中熟品种；海拔在2100～2300米地区适宜种植品种为：陇单339、甘农118、临旱玉1号、金源早247、金穗3号、金穗7号、鲁星619、金穗10号等中早熟品种。采取全生育期地膜覆盖种植。

【临蚕6号示范基地】在会川、上湾、田家河等乡镇的部分贫困村社，依托临夏州农科院蚕豆研究中心建成临蚕6号高产优质标准化种植示范基地100亩，投放临蚕6号种子2500公斤。举办蚕豆新品种选育、病虫害防治、高产栽培技术、药剂除草等技术培训班2期，发放各类资料1400余份。

【脱贫攻坚】春节前后，为锹甲铺学校46名贫困、留守、残疾、单亲学生，37户贫困户发放了冬棉衣83件，价值1.7万余元；举办了农作物良种选用、田间管理技术培训班一期，发放技术资料260多份。在2户贫困户开展农作物冬春小麦、玉米等试验示范推广工作，每户贫困户受益1000元以上；为26户贫困户发放马铃薯原原种10800粒，预计每户增收600元以上；发放玉米杂交种玉源7879 15袋，预计增收4500斤，每户增收在150元以上。共计投入帮扶物资资金合计2.2万多元。

## 畜牧兽医

【概况】渭源县畜牧兽医服务中心下设畜牧技术推广站、种草饲料站、动物疫病预防控制中心、动物卫生监督所、渔业技术推广站等5个站所。在全县设立16个乡镇畜牧兽医站。参照公务员管理人员：6人；事业管理岗位人员：4人；事业专业技术人员136人（其中高级20人，中级45人，助理45人，技术员26人）；工勤技能岗位人员9人。全县牛、羊、猪、鸡饲养量分别为6.35万头、38.1万只、25.14万头、204.28万只；肉蛋奶总产量为4.57万吨。草原综合植被盖度达到76.5%。

【规模养殖】建成省（部）级示范场2家，市级龙头企业8家，省级种畜禽繁育场8家，省级示范专业合作社10家。养殖企业（小区、合作社）累计达到585家。建设规模养殖场17个，新建家庭养殖场152个，新发展家庭适度规模养殖示范户1536户，新建养殖专业村11个，新建专业合作社12个，畜禽养殖废弃物综合利用率达到71%。

【畜禽改良】巩固提升肉羊良种示范场1个，完成黄牛冻配改良0.81万头，肉羊杂交改良10.25万只；引进良种母牛0.4128万头、母羊1.32万只，杂交授配母猪0.51万头，繁活仔猪7.15万头，推广良种鸡80.68万只。

【草业发展】建成牧草良种（燕麦）基地0.4509万亩，全县建成青贮玉米种植基地5.02万亩，建成多年生牧草基地5.01万亩，建成一年生牧草基地1.8万亩，发展家庭适度规模牧草种植户352户，完成青贮微贮30.2万吨，草原植被覆盖率达到76.5%，成立饲草料配送中心8个。

**【草原保护建设】**划定基本草原111.83万亩，核定禁牧草原46万亩，草畜平衡草原35.28万亩，落实草原承包，实现草畜平衡，草原植被覆盖度达到78.5%，草原火灾、生物灾害和生态破坏事故得到有效管控，草原保护建设实现“重点突破、整体推进”，草原生态恶化的趋势得到有效遏制。

**【动物疫病防控】**一是加大舆情引导和宣传，及时学习传达非洲猪瘟紧急排查工作方案、应急处置指南，对全县16个乡镇基层人员开展技术培训，督促业主完善动物卫生消毒制度，进一步提高基层兽医人员对突发疫情的鉴别诊断、早期报告和规范应对能力。二是对辖区内生猪养殖场、养殖大户、散养户、生猪交易市场、生猪无害化处理场点开展非洲猪瘟疫情“地毯式排查”，加强动物贩运人员监督管理，严禁从高风险区向低风险区调入生猪。三是开展消毒灭源工作，采取排查、消毒、宣传相结合的方式开展工作，规范动物检疫申报、电子出证行为，严把关口，降低疫情传播风险。四是做好消毒药品、喷雾器、防护服等应急物资贮备，完善应急机制队伍建设。

**【畜产品安全及监督】**畜产品抽检合格率达96%以上，饲料产品质量抽检合格率达到96%，瘦肉精监测合格率达100%。畜产品质量安全水平的不断提高，为保障人民群众身体健康，维护社会和谐稳定做出了贡献。2018年签订了《动物卫生监督目标管理责任书》56份，为16个乡镇监督分所配备了档案柜16套，打印A4纸16箱，实行了乡镇电子出证设备全覆盖，共检疫大家畜3608头（匹），猪1.9万头，羊1.3万只，鸡6.7万只，规模养殖场（大户）产地检疫率达到了90%以上。

**【渔业】**峡城乡7户网箱养殖场落实恢复生产鱼苗繁育补贴100万元（中央农业生产救灾资金），共引进各类鱼苗60.4万尾，投入资金140.3万元。

**【脱贫攻坚】**组建“1333”畜牧科技创新人才团队和畜牧科技小分队，累计培训指导养殖农户3.1万多户，畜牧养殖技术培训3.3万余人(次)，印发各类培训资料2万余份。开展“136”畜牧科技人才助推精准扶贫帮扶培训，培训骨干小组20位专业技术人员对接指导60家养殖企业（合作社、小区），60家养殖企业（合作社、小区）对接指导带动360户精准扶贫户。引进投放良种牛3895头、良种羊6060只、猪287头、中蜂3008箱，新建、改建圈舍4760间。德青源金鸡扶贫到位项目资金1.8511亿元，其中互助资金7629万元，金融试点资金1000万元，畜牧产业扶贫资金2000万元，东西部帮扶资金1000万元，县财政扶贫资金5346万元，县级整合扶贫资金1536万元。东西部扶贫协作项目完成巨菌草种植301.7亩，通过开展巨菌草配套养畜，为15户养牛示范户每户投放牛1头，为15户养羊示范户每户投放羊9只，辐射带动102户贫困户种植巨菌草增收。完成东西部对口帮扶中蜂养殖项目购置蜂群2000群，资金总计260万元。为上湾乡杨家寺村累计帮扶资金148.6万元，通过开展优质牧草种植、良种改良、科学防疫等科学养殖措施，为全村带来经济纯收入250多万元，全村户均增收4000元以上。

## 林　业

**【概况】**渭源县林业局成立于1982年。2015年2月机构改革渭源县林业局改为渭源县林业发展中心，隶属渭源县农牧林业局管理。内设设人秘股、财务股、林政股、退耕办；下设林业技术工作站、森林病虫害防治检疫站、林木种子站、县苗圃和会川、莲峰、五竹3个国有林场。定西市森林公安局渭源县分局下辖及会川森林派出所、莲峰森林派出所。全系统共有职工133名。

**【造林绿化】**完成各类绿化工程总面积为

8.43万亩，道路绿化421.66公里，义务植树334.5万株。其中，全县面山绿化在黄香沟、莲峰水泉、阳坡磨红山、白塔、老君山阴山等几处完成提升改造6800亩；秋季在黄香沟完成面山绿化650亩，在阳坡磨红山提升改造150亩。

**【林业技术推广】**甘肃中亚高原饮料有限公司引进“高原红”大果沙棘品种育苗20亩。按照亩均有效株数合理密植，标准化建设，在会川镇建设大果沙棘基地2000亩。

**【森林公安】**1980年，定西地区公安局批复成立渭源县公安局会川林区派出所；1981年，甘肃省人民政府批复成立莲峰林业公安派出所；1999年，渭源县编办批复成立渭源县林业公安股。2010年10月，成立了定西市森林公安局渭源县分局（渭源县公安局森林警察大队），正科级建制，实行林业和公安部门双重领导的管理体制，分局下设会川、莲峰两个森林派出所，副科级建制，分局及两所共设政法专项编制16名。

**【林业“三防”】**组成护林防火宣传组，深入全县16个乡镇的所有学区、中小学校、乡镇人民政府、各集市、三个国有林场、各护林站及广大林区群众当中采用多种形式进行了深入广泛的宣传培训，靠实护林防火责任，强化值班检查和24小时值班制度，适时对各护林防火检查点及重点部位的护林防火值班、措施、制度的落实工作及林区内的森林防火工作的具体开展情况进行了全面检查。落叶松鞘蛾发生面积10000亩，主要发生在会川林场黄香沟至索爷林、麻家集南屏山、会川镇醋那村、祁家庙镇金家坪等地；大栗鳃金龟子约8000亩，主要发生在峡城乡脱甲山、麻家集镇南屏山、田家河乡香卜路、元古堆，会川林场关山、索爷林等林区。落叶松鞘蛾的防治主要在5月下旬至6月下旬落叶松鞘蛾成虫羽化后的成虫期，在密林中用敌马烟剂熏杀；林地边缘区和零星树木及疏林地，采用浓度为杀灭菊酯0.2：敌敌畏0.2：柴油10进行喷烟机熏杀防治。大栗鳃金龟子的防治主要采用人工防治是指组织人力挖开草皮捡拾幼虫和捕捉成虫集中杀死的防治方法。人工方法可以有效地降低虫口密度，县林业发展中心通过衔接田家河乡政府，发动当地农户进行防治，取得了良好的效果。林业有害生物产地检疫率达到100%，成灾率控制在4‰以内，无公害防治率达到92%以上，测报准确率在95%以上。

**【林业产业】**2018年省级财政林果产业新建大果沙棘、树莓标准化示范基地项目共下达资金200万元，在会川镇干乍村、和平村、元寺滩村、罗家磨村建成1500亩大果沙棘标准化示范基地，在锹峪镇乔阳村建成500亩树莓标准化示范基地，共投入大果沙棘苗16.5万株、树莓苗16.5万株。

**【森林资源保护】**全年共核发办理《林木采伐许可证》32份，采伐林木11469株、采伐总面积151.1374公顷、采伐蓄积2415.4立方米、出材量1268.9立方米；共换发和办理《林木种子生产经营许可证》19份。年内共年审《木材加工经营许可证》3套。加强了对野生动植物的保护管理工作。完成了定渭公路改建、S227渭源至五竹旅游公路、五竹至渭河源景区旅游公路、北部农村饮水安全巩固提升工程临时使用林地等项目的现场调查、协调和相关资料上报工作；完成了S229线榆中至陇西公路蒲滩至何家沟（渭陇界）段工程项目拟使用林地的上报审批工作，已上报省林业厅审批；印发《使用林地预审意见报告》5份、出具林权证明5份、填写项目建设使用林地查验表25份、在8个乡镇的35个行政村对各类项目建设拟使用林地现状进行了现场公示。

**【集体林权制度改革】**2018年，全县开发利用森林景观发展旅游8处，面积0.15万亩，接待游客8650人次，实现经济效益738万元；大力发展林下优质牧草种植，发展舍饲养牛、养羊，推进草畜一体化；林下种药100亩；完成林权抵押贷款114万元。国有林场改革，成立渭源县国有林场改革工作领导小组，完成会川、五竹、莲峰三个国有林场改革县级方案的编制和报批；省林业厅下达我县的林业公共租赁住房82套，完成莲峰林场、北寨林业站、秦祁乡林业站三处42套建设任务，五竹林场40套已完成主体框架建设。

**【林业项目建设】**一是渭源县鲜切花试验示范产业园项目（一期）共投入资金574.38万元，建成优质鲜切花试验示范产业园74亩，建成保温型大棚3.2亩、防雨型大棚12亩、露天试验种植区9.5亩、露地满天星种植区39亩、其他仓库、水肥中心、园区道路8.1亩；二是2018年度三北防护林工程人工造林项目共下达资金100万元，完成造林2000亩，其中在秦祁乡武家山村造林677亩、大安乡大石岔村造林426亩，北寨镇小寨村造林897亩，共投入苗木11.8万株；三是2018年度天然林资源保护工程人工造林项目共下达资金100万元，完成造林2000亩，其中在北寨镇前进村、丁家湾村造林794亩，在北寨镇张家堡村造林1206亩，共投入苗木15.9万株。

**【退耕还林工程】**全县退耕还林工程自2000年实施以来，共完成前一轮退耕还林工程38.15万亩，其中退耕还林（草）11.3万亩，配套荒山造林25.65万亩，封山育林1.2万亩。退耕还林按林种划分，生态林102771亩，退耕还草10229亩。栽植树种主要有落叶松、沙棘、山杏、柠条、山毛桃。前一轮退耕还林工程建设共涉及全县16个乡镇和3个国有林场，共计涉及退耕农户17157户，补助退耕农民60054人，累计补助资金10041.63万元。2014年新一轮退耕还林还草工程启动以来，累计完成新一轮退耕还林工程2.8574万亩，其中，2014年1万亩、2015年0.8574万亩、2018年1万亩。

**【天然林保护工程】**天保工程二期管护面积44.52万亩（国有林面积25.17万亩，集体林管护面积19.35万亩），在册职工71人，在职37人，兼职公益林管护人员416人。2018年新增57名建档立卡生态护林员，全县生态护林员达到757人，管护资金增加到530.4万元。三个国有林场所有职工实现“五险一金”全覆盖。天然林资源保护工程财政专项补偿资金共658万元。天保工程区造林100万元。

**【林木检疫】**苗木检疫工作实现了产地检疫的全覆盖，共检疫各类苗木1000亩，使产地检疫率达到100%。调运检疫各类苗木640.84万余株。其中：云杉45.7万株，落叶松18.7万株，油松18.86万株，杏树31.83万株，沙棘471.88万株，榆树1.82万株，白桦38万株，柳树5.44万株。开具省内林业植物检疫证136份、出省检疫证43份。

**【脱贫攻坚】**一是按照“生态补偿脱贫一批”的要求，制定了《渭源县护林员考核管理办法（试行）》，聘任757名生态护林员，于8月份经培训上岗，工资按绩效考核制发放到位，实现了这些贫困户“一人护林，全家脱贫”的目标。二是完成3800亩针对贫困户的经济林果任务，争取资金30万元对全县2家林下种植养殖专业合作社进行扶持。三是林业系统2个驻村工作队6名同志全力为贫困户解决实际困难，为贫困村提供云杉、油松、速生柳、花椒等各类苗木6.22万株，鸡苗2830只，共计折合资金25.09万元。四是林业素质能力培训扎实开展。抽调专业技术人员12人组成三个培训工作队，深入各乡镇，全面扎实开展育苗、林果种植、病虫害防治等林业相关适用技术培训，全年共计培训5000人次。五是强化公益林补偿金管理。加强了129.46万亩公益林的管护，落实天保公益林补偿资金84.34万元，到贫困户19064户，覆盖率达58%。

**【林场建设】**

*五竹林场* （一）自然情况。五竹林场经营区南与漳县相连，西与会川林场相接，北与五竹镇相连，东与莲峰林场相连，经营总面积10.6万亩，属西秦岭延伸地段，海拔在2100～3900 m之间。年平均气温6～7 ℃，无霜期127—141天，年降雨量500～600 mm。土壤为黑垆土和灰褐土，PH值7.1左右，土层小于70 cm。境内植被较好，气候湿润，水土流失较轻。（二）森林资源状况。

五竹林场经营总面积10.9万亩，辖区主要为天然次生林，有半阴坡、大线沟、红沟等良好的湿地资源，是渭源县主要的水源涵养林区。林区内林木种类繁多，天然的主要有云杉、细叶云杉、冷杉、油松、华山松、红桦、紫桦、山杨、柳、高山杜鹃、沙棘等，人工林主要是落叶松、云杉、油松等；还有丰富的沙棘、刺五加等野生资源，开发利用前景广阔。野生植物种类100余种，有蕨菜、刺嫩牙等天然绿色保健食品，营养保健的野生黄芪、党参、天麻等高质量的中药材，还有种类繁多的菌类资源；野生珍稀动物15种，如苏门羚、麝、野鹿等。（三）森林资源管护。在五竹林场的辖区有太白山、天井峡、五竹寺、4A级渭河源景区等旅游资源。在森林防火工作方面，林区没有发生一起森林火灾。在生产育苗方面，完成了2万余株的云杉苗木再定植工作。在禁种铲毒踏查方面，共踏查历史地块132块，没有发现新种植地块，达到了毒品原植物“零种植”的目标。在林区有害生物防治方面，辖区内红沟、鹿鸣和半阴坡等林区的落叶松鞘蛾进行了积极有效防治，燃放敌敌畏、苦参碱生物烟剂500余箱，防治效果显著。雪压木清理方面，年初的雨雪冰冻灾害使处于半阴坡林区、鹿鸣林区落叶松遭受重创共计清理雪压木7773株。

会川林场（一）会川国有林场地处渭源县西南部，经营总面积16854公顷，东经103°07′～104°06′，北纬34°53′～35°07′之间，东与五竹林场太白山毗邻，南与漳县、卓尼接壤，西与洮河相望，北与会川、田家河、麻家集三乡镇的村社为伴，境内属西秦岭西延山地，山峦起伏，沟壑纵横，露骨山、南屏山居正南，地形东南高，西北低，海拔在2200～3941 m之间，为洮河水系，属渭源县高寒阴湿山区。气候南冷北暖，南湿北干，春旱秋涝，冬寒夏凉，年降雨在631.6～806.9 mm之间，且多集中在7、8、9三个月，年均气温3 ℃，无霜期110天，≥0 ℃积温2429.1 ℃，≥10 ℃的积温1581.4 ℃。土壤主要是黑垆土，PH为7，有机质含量在1.14～2.85%之间。植被属森林草原地带的天然次生林区，主要乔木有山杨、桦、云杉、华山松、油松等；灌木有沙棘、高山柳、甘肃山楂、榛子等；草本有沙草、蒿类、冰草等，形成杂灌丛、纯林、混交林，绝大部分为幼、中龄林。森林覆盖率为59%，有林木树种、草种共99科573种，享有盛名有党参、当归等药材10余种。野生珍贵动物有金雕、麝、羚、褐马鸡、娃娃鱼等100余种。暂未发现有价值的矿产资源。（二）会川林场现有672平方米办公楼一幢（三层），车辆1辆，下设黄香沟（砖木结构建筑面积75平方米）、索爷林（砖混结构建筑面积150平方米）、关山（砖木结构建筑面积75平方米）、杨庄（砖木结构建筑面积75平方米）、磨沟（砖木结构建筑面积75平方米）、高石崖（砖木结构建筑面积60平方米）、八戒沟（砖木结构建筑面积75平方米）、南屏山（砖木结构建筑面积40平方米）、烧人沟（砖木结构建筑面积75平方米），口子门护林站（砖混结构建筑面积150平方米），上河坝苗圃（砖木结构建筑面积85平方米）。南屏山护林站未改造。南屏山水、电、路都未接通，磨沟护林站未接通饮用水。（三）会川林场经营林地总面积16854公顷，其中，有林地6616公顷，占39.3%，疏林地887公顷，占5.3%，未成林地200公顷，占0.12%，灌木林地4633公顷，占27.49%，苗圃地8公顷，占0.04%，无林地4510公顷，占26.85%；活立木总蓄积量为143398立方米，其中有林地蓄积120798立方米，占总蓄积量的84.2%，疏林地蓄积量22600立方米，占15.8%。全场界定为生态公益林区，森林覆盖率39.3%，林木绿化率66.7%。（四）森林资源管护和护林防火工作方面，制定防火警示牌4副，宣传标语200多条，散发防火传单2000余份，防火年画1500余张，防火宣传脸盆2000个、纸杯10000个，并与各管护站周边村社牧点签订护林防火协议，组建联合防火队，辖区没有发生森林火灾。工程造林方面，对2016年渭源红山造林未成活的部分苗木进行补植补造500亩，共计用1米以上苗木2000株；在八戒沟完成了1000亩的工程造林。封山育林方面，对黄香沟造林区域采用铁丝网围栏实行全封，封育面积约5000亩。森林病虫害防治方面，对索爷林林区黄香沟林区的落叶松鞘蛾进行大面积敌马烟剂防治，累计用敌马烟剂200箱，防治面积10000多亩。禁种铲毒工作方面，累计踏查地块2800块，面积5000平方米，出动人员4200余人次，车辆200多台次。雪压木清理方面，对黄香沟管护区域内共标注清理702株落叶松雪压木。

莲峰林场 （一）莲峰林场始建于1958年，核定事业单位编制19人，现有在职职工17人，离退休8人、护林员29人。莲峰林场位于东经104°09′～104°20′，北纬34°55′～35°01′之间。（二）林场总面积11.88万亩，活立木蓄积12.79万立方米，其中有林地5.73万亩，疏林地0.88万亩，灌木林地3.94万亩，未成林地0.85万亩，苗圃地0.04万亩，宜林地0.44万亩，森林覆盖率48.2%。按林种类型分：有天然林9.003万亩，人工林1.571万亩。主要树种有：云杉、油松、华山松、杨树、落叶松、桦及沙棘、忍冬、高山柳等灌木。（三）甘肃省公益林生态项目在莲峰林场山庄管护站设立了监测点，监测点建有小气象观测场一座，小流域量水堰一座，固定样地两个，观测样地两个，坡面径流场两个。完成渭源县2018年林业生态绿化项目施工二标段工程，工程中标价14.625万元，栽植1.5米以上营养杯油松6500株。苗木成活较好，成活率为88.5%。公益林、天然林保护工程采取管理、补植补造等相结合的措施，重点公益林管护达到“六无”，即无乱砍滥伐、无森林火灾、无毁林开荒、无乱占林地、无森林病虫害、无乱捕滥猎。成立了天然林保护工程领导小组，在天保管护区域设立专业天保护林员保护。苗圃地建设方面，完成育苗20亩，育有各种规格云杉100万株、油松40万株、侧柏20万株、樟子松30万株。育有营养钵苗20亩，其中育有云杉6万株、樟子松2万株、油松2万株。森林防火工作坚持以“预防为主，积极消灭”工作方针，靠实责任，散发护林防火宣传画、宣传单2000余张、制作森林防火宣传音频U盘10个，张贴防火标语300条，悬挂防火及安全生产横幅10条，制作安装护林防火检查站宣传碑6个，制作固定林业森林防火、天然林保护、公益林建设、野生动物保护、生态文明建设、禁种铲毒宣传碑62个，定制森林防火宣传中性笔1000支，防火宣传笔记本1000本，学生用硅胶水杯600个，普通防火宣传水杯3000个，共折合人民币97100元。成立森林防火领导小组，并组织成立40人的非专业防火队伍，场部加强各护林站防火期间的监管，要求各林站安排好防火期间的值班安排，确保场部及各护林站24小时有人值班，坚决杜绝脱岗漏岗现象发生，确保我场森林资源不受森林火灾侵害。森林病虫害防治方面，6月中旬，对山庄、马鹿山、南岔林站管护辖区进行了落叶松病虫害防治，共计出动人员60人次，敌马烟剂100箱，作业面积达1000亩。林区禁种铲毒方面，组建了一支30人的禁种铲毒工作专业队伍，于5月中旬进行了第一次地毯式踏查，对所辖林区逐山、逐沟、逐地块进行细致踏查未发现毒品下种，这有效确保了我场辖区安全。

## 水　务

**【概况】**渭源县水务局是县政府主管水行政工作的综合职能部门，内设股室5个，直属事业单位26个，直属企业1个。全系统共有职工163人，离退休人员57人。

**【农村饮水安全】**一是农村饮水安全项目有序推进。实施饮水安全项目共计3项，即2018年引洮一期西南部农村供水巩固提升工程、精准扶贫建档立卡贫困户自来水入户工程、2018年易地扶贫搬迁项目自来水入户工程，累计投资2877.81万元，完成投资2712.31万元，进一步提高了项目受益区10.6万人（9.36万农村人口、1.24万乡镇人口）的供水保证率和自来水入户率。二是进一步加强饮水安全工程入户。累计完成自来水入户2224户，其中通过送管网到社、对未脱贫的建档立卡贫困户采取免费提供入户材料、加大农村饮水安全入户宣传等措施，共完成自来水新入户174户（其中贫困户91户），新建集中供水点3处。筹措392.6万元实施精准扶贫建档立卡贫困户自来水入户工程，对有意愿接通自来水的1439户建档立卡户全部接通自来水，主体工程已全部完成建设，完成入户1400户。通过实施2018年易地扶贫搬迁项目自来水入户工程完成插花安置点贫困户自来水入户1119户，已完成入户650户。三是强化措施提升水质，筹措15万元用于农村饮水安全工程水质监测中心运行经费，严格按照《农村饮水安全评价准则》规定的水质评价标准和方法，开展水质检测，保证群众饮水安全。筹措资金1.29万元，采购消毒粉30箱（600包），免费发放给分散式用水的建档立卡贫困户，保证分散式供水水质达标。四是针对供水不稳定或不通水等突出问题，制定了《渭源县脱贫攻坚农村饮水安全问题整改方案》，整改方案涉及的7大类130个问题已全部整改到位，累计完成管线埋设43.26公里，新建蓄水池3座，减压井2座，使58个行政村（其中建档立卡贫困村33个）、152个自然村、8122户用水户通水率得到全面提升。

**【水利投资】**2018年实施水利工程项目12项，总投资2.07亿元，正在建设4项，已竣工8项，完成投资7543万元。争取2019年水利发展资金2983万元，库区移民后扶资金249.78万元。完成会川镇罗家磨至新城段、哈地窝至西关段、东峪沟段堤防工程及上湾灌区改造工程、渭源县智慧水务农村用水户智能水表更换工程5项项目前期工作。加快渭源县农田水利设施建设项目（2016年度）、北寨镇前进村经济林高效节水灌溉项目建设进度，两项工程主体工程已全面完工，新增高效节水灌溉面积0.5万亩。

**【防汛抗旱】**强化以行政首长负责制为核心的防汛抗旱责任制，及时公示各级防汛责任人，把防汛抗旱责任逐级落实到位；加强雨情监测和预警工作，发布预警130次，发布预警短信67582条，山洪灾害预警平台共计发布预警23次，发布短信706条，启动无线预警广播5次。通过实施2018年度山洪灾害防治项目，进一步完善了山洪灾害监测预警体系。实施了莲峰河三河口段堤防工程。全面落实24小时值班和领导带班制度；加强预案的修订完善、防汛物资储备和抢险队伍建设，增强全县防汛抢险应急能力；加强宣传演练工作，有效增强民众防灾减灾意识；强化督查检查，督查整改问题34个。做好水库的安全运行，确保水库安全度汛。充分运用2018年下达的100万元防汛补助费，按照“先急后缓”的原则，维修人饮供水管线5183米，建筑物19座，维修各类灌溉渠道2.4公里，建筑物3座，清淤河道1.7公里，维修河堤70米，维修山洪灾害监测预警设施90处。

**【水生态文明建设】**编制完成《渭源县水资源综合规划报告》、《渭源县水资源管理“三条红线”控制指标报告》；开展水资源消耗总量和强度双控行动，对全县用水总量分乡镇、分部门和主要用水单位进行了指标分解；严格落实水资源论证制度，落实取水许可动态管理，新办理取水许可证5个，延续和变更5个，共收取水资源费7.18万元；深入开展节水型社会建设，落实计划用水管理制度，对全县重点取用水户全部安装了计量设施，建立了取用水台账并按季征收水资源费，水资源利用效率和效益进一步提升；完成了农村水电站水资源论证复评工作，对辖区内3个水电站安装了引泄水流量监测设施，引泄水流量监测数据上传到省水利厅监测平台，保障了水生态环境健康发展。全面推行水资源“双控”行动方案和河长制，持续深化水生态文明建设，全县水环境得到了有效保护和修复。印发了《渭源县河道环境卫生专项整治实施方案》和《关于加强河沟道全面整治的紧急通知》，并组织人员对全县16个乡镇的专项整治完成情况进行了全面检查验收。共清理河道垃圾（渣土）20.1万吨，疏浚河道70.3公里。严格按照《定西市采砂管理办法》和《渭源县采砂（石）管理长效机制工作实施意见》要求，建立了日常巡查制度和河道砂厂管理台账，全面开展河道管理和专项整治工作，全县共公开出让河道采砂点10处。

**【河长制工作】**县、乡（镇）、村三级河长体系全面建立。县级河长巡河13人次，乡镇级河长巡河656人次。下发河长制工作通知书17份、督办函8份、巡河提醒函（通知）28份。开展了“世界水日”“中国水周”专题宣传活动，发表县级信息简报14期。在渭源县党政网对变更后的县级河长、乡（镇）级总河长、警长及河湖名录进行了公示。加大河道巡查监管力度，加强部门协调联动，聘请协管员协助管理，及时对河道乱倒垃圾渣土、违法采砂行为进行制止和举报。

**【安全生产】**年初分别与相关站所及施工企业签订了安全生产责任书，完善了《渭源县水务局领导班子“一岗双责”制度》，做到了分工明确，责任到人。积极组织开展“安全生产月”宣传活动，加强对施工人员及本单位职工的安全教育与培训。强化隐患排查整改，结合防汛检查，对辖区内所有水利企业、施工单位、在建水利工程、两座水库、三座水厂、河道的安全进行了全面检查和隐患点的排摸，对存在的安全生产隐患进行了及时整改，切实消除了安全隐患。深入推进我县农村水电安全监管全覆盖工作，成立联合检查小组，对我县已建成的4座水电站进行了检查，对存在的问题限期整改。

**【脱贫攻坚】**先后召开帮扶工作专题会议10余次，进一步靠实工作责任，形成工作合力。选派6名优秀干部驻村帮扶，多次组织干部深入农户对接，完善和落实到户精准脱贫计划，完善“一户一策”“明白卡”。严格按照每人每天15元的标准及时拨付补助，保证他们的正常生活和工作需求，确保了下得去、待得住、干得好。通过与帮扶村支部共建、帮助2户建档立卡贫困户危房改造、改善办公环境、帮助发展产业等措施，帮扶3个村折合资金3.5万元。

**【党建工作】**持续推进“两学一做”学习教育常态化制度化，开展中心组学习13次，每周一集中学习42次，专题研讨4次。认真履行“第一责任人”职责和班子成员“一岗双责”责任，局党组专题研究部署全面从严治党工作8次，集中约谈会4次。累计深入基层调研检查32次。深入开展“转变作风改善发展环境建设年”活动，深入查摆领导班子问题11条，班子成员问题31条，已全部完成整改。以党支部标准化建设为抓手，严格落实“三会一课”等党内基本组织生活制度，全面提升水务系统党建工作质量。进一步强化基层站所监督管理。运用监督执纪“四种形态”，开展集体约谈18次，个别约谈6人次，警告处分1人，诫勉谈话1人，通报批评4人次。

## 水土保持

**【概况】**县水土保持局下属6个基层站：技术推广站、工程管理站、预防监督站、北寨水保站、新寨水保站、庆坪水保站。

**【水土保持现状】**全县土地总面积2065平方公里，其中水土流失面积1718.3平方公里，占土地总面积的83.2%，年平均土壤侵蚀模数3140吨/平方公里·年，年土壤侵蚀量为539.55万吨。尤其以北部秦祁河流域侵蚀程度最大，年侵蚀模数高达8280吨/平方公里·年，年侵蚀量412万t，占全县侵蚀总量的53%。截至2018年12月底，累计治理水土流失面积950.1平方公里，治理程度55.3%。

**【水土保持宣传】**印制《水土保持法》《甘肃省水土保持条例》宣传小册子及各类宣传资料，送发给各乡镇及生产建设单位。制作宣传版面，悬挂宣传横幅，在北寨、新寨镇及定渭公路等重点地域更新固定宣传碑。

**【水土保持预防监督管理】**一是制定和完善水土保持方案审批管理规定、生产建设项目水土保持方案审批流程图等水土保持方案审批管理制度，使生产建设项目水土保持方案的审批更加规范。二是加强水土保持设施验收事中事后的监督和管理。开展了县境内临渭高速公路渭源段、兰渝铁路渭源段等项目水土保持监督执法检查，对取土场、弃渣场发现的问题提出整改措施。对辖区内的建材、砖瓦等生产建设企业进行监督执法检查和水土保持补偿费的收缴。通过开展水土保持预防监督执法检查，督促各生产建设单位落实水土保持“三同时”制度和各项水保措施。按照《甘肃省水土保持补偿费征收使用和管理办法》规定和水土保持补偿费征收标准，征收生产建设项目水土保持补偿费，严格遵守收支两条线规定，坚决杜绝乱收费现象。

# 财税　金融　保险

## 财　政

【概况】渭源县财政局有国有资产管理局、非税收入管理局、农业综合开发办公室、会计核算中心、财经监督检查办公室5个二级局（室）；内设人秘股、预算股、行政文教财务股、农业财务股、综合计划财务股、社会保障股、基本建设财务股（企业财务股）、会计管理股、国库股、政府采购办公室、税政股、国资股、监督股、渭源县政府采购中心14个内设机构，下设16个乡镇财政所。现有职工111人，其中：县局机关50人，乡镇财政所61人。

【财政收入】全县大口径财政收入完成25360万元，占调整预算26665万元的95.11%，同比增收204万元，增长0.81%。地方一般公共预算收入完成14777万元，占调整预算14489万元的101.99%，同比增收845万元，增长6.07%。2018年政府性基金收入完成17499万元。同比减收340万元，下降1.91%，占调整预算23071万元的75.85%。2018年社会保险基金收入完成60777万元，占调整预算55393万元的109.72%，同比增收24150万元，增长65.93%。

【财政支出】一般公共预算支出完成296294万元，同比增支57849万元，增长24.26%，其中：八项支出完成173191万元，同比增支9611万元，增长5.88%。2018年政府性基金支出达到57379万元，同比增支32129万元，增长127.24%。2018年社会保险基金支出46877万元，占调整预算50210万元的93.36%，同比增支1572万元，增长3.47%

【资金争取】共争取到各类上级补助收入259933万元，同比增长17.28%，增加38302万元。其中：一般性转移支付160072万元，同比增长14.53%，增加20308万元。

【财政监督管理】开展了“小金库”专项治理自查自纠工作，自查单位181个（其中：乡镇政府16个，教育系统52个，水务系统2个，卫生系统30个，县直单位81个），覆盖面达到100%。开展了2018年度会计监督检查工作，选派业务人员参加了省2018年会计监督检查工作培训班。开展财政扶贫资金监督检查，组织人员对列入检查计划的62个单位进行财务检查。开展非税收入专项检查。

【预算执行】（一）财政收入预算执行情况。2018年全县大口径财政收入完成25360万元，占调整预算26665万元的95.11%，同比增收204万元，增长0.81%。一般公共预算收入[3]完成14777万元，占调整预算14489万元的101.99%，同比增收845万元，增长6.07%。（二）财政支出预算执行情况。2018年全县一般公共预算支出完成296294万元，同比增支57849万元，增长

24.26%，占变动预算297230万元的99.69%。分科目支出为：一般公共服务支出21831万元，国防支出7万元，公共安全支出6676万元，教育支出58538万元，科学技术支出604万元，文化体育与传媒支出3695万元，社会保障和就业支出40284万元，医疗卫生与计划生育支出35798万元，节能环保支出5952万元，城乡社区支出3508万元，农林水支出91220万元，交通运输支出4374万元，资源勘探信息等支出650万元，商业服务业等支出2391万元，国土海洋气象等支出5455万元，住房保障支出13638万元，粮油物资储备支出235万元，债务付息支出995万元，其他支出419万元，债务发行费用24万元。（三）政府性基金收支完成情况。2018年全县政府性基金收入完成17499万元，占调整预算23071万元的75.85%，同比减收340万元，下降1.91%，其中：农业土地开发资金收入34万元，国有土地使用权出让收入17163万元，城市基础设施配套费收入302万元。政府性基金支出57379万元，同比增支32129万元，增长127.24%，占变动预算58989万元的97.27%。分科目支出为：社会保障和就业支出155万元，城乡社区支出54813万元，农林水支出558万元，商用服务业等支出31万元，其他支出1330万元，债务付息支出457万元，债务发行费用支出35万元。社会保险基金收支完成情况。2018年社会保险基金收入完成60777万元，占调整预算55393万元的109.72%，同比增收24150万元，增长65.93%，其中：企业职工基本养老保险基金收入4613万元，机关事业单位基本养老保险基金收入20380万元，城乡居民基本养老保险基金收入10195万元，城镇职工基本医疗保险基金收入5240万元，居民基本医疗保险基金收入19550万元，工伤保险基金收入268万元，生育保险基金收入531万元。社会保险基金支出46877万元，占调整预算50210万元的93.36%，同比增支1572万元，增长3.47%，其中：企业职工基本养老保险基金支出4510万元，机关事业单位基本养老保险基金支出6798万元，城乡居民基本养老保险基金支出9838万元，城镇职工基本医疗保险基金支出4171万元，城乡居民基本医疗保险基金支出20899万元，工伤保险基金支出292万元，生育保险基金支出369万元。

**【非税收入】**2018全县全口径非税收入累计完成24483万元，其中：一般公共预算非税收入完成6667万元，比去年同期减收1656万元，下降19.9%，占全口径非税收入的27.23%。政府性基金预算收入完成17499万元，同比减收340万元，下降1.91%，占全口径非税收入的71.47%。

**【民生投入】**调整优化支出结构，财力向脱贫攻坚、社会民生、重点项目等方面倾斜，民生支出257242万元，占一般公共预算支出的86.82%。一是支持教育事业优先发展。教育支出58538万元，同比增长5.78%，占一般公共预算支出的19.76%。二是惠农补贴政策有效落实。全面落实强农惠农政策，拨付资金39508万元，同比增长5082万元，占一般公共预算支出的13.33%。三是社会保障体系不断完善。养老金支出21146万元，其中：城乡居民基本养老保险支出9838万元，机关事业单位基本养老保险金支出6798万元，企业职工基本养老保险金支出4510万元；社会保障与就业支出40284万元，同比增长7.55%，占一般公共预算支出的13.6%。四是医疗卫生条件持续改善。医疗卫生与计划生育支出35798万元，同比增长27.8%，占一般公共预算支出的12.08%。五是文化体育事业繁荣发展。文化体育与传媒支出3695万元，同比增长11.09%，占一般公共预算支出的1.25%。

**【政府采购】**共组织政府集中采购263批次，较2017年177批次增长4.8%。采购预算32664.56万元，采购金额31601.4万元，节约资金1063.15万元，节约率达3.25%；（其中县采购中心代理采购30批次，采购预算1026.07万元，采购金额994.64万元，节约资金31.43万元，节约率达3.06%；委托代理机构采购233次，采购预算

31638.49万元，采购金额30606.77万元，节约资金1031.72万元，节约率达3.26%。)。

【国有资产管理】共审批处置资产事项107件，在处置资产中报废处理34件，无偿调拨71件，暂借1件。一是按照“处置管理、处置范围和方式、处置权限、处置程序、监督检查和法律责任”等工作程序，同意拆除了教育局申请的相关学校的房屋，同意报废了县工商局、县教体局、博物馆等单位申请的办公设备、燃煤锅炉等国有资产，同意调拨了县委办、政府办等单位的工作用车，同意暂借了原县医院房屋给景管委管理使用。完成了原县医院东侧房屋的鉴定事宜，并参与了县旅游局与县景管委资产的划拨工作。二是为加快脱贫攻坚的步伐，成立了17家国有企业，并完成了董事长的任命工作。三是按照最新的《党政机关办公用房建设标准》，对县政务大厅、景管委、社保局、劳务中心、劳务办、人社局等单位的办公用房进行了调整。四是完善行政事业单位资产基础工作，完成了全县行政事业单位资产报告的编制工作，全县独立核算单位共158个，资产总额183670.80万元，其中流动资产27762.01万元，固定资产147280.78万元；完成了全县各单位经管资产报告和自然资源资产报告的编制工作。五是印发了《渭源县财政局关于清理全县国有资产出租出借及闲置情况的通知》(渭财发〔2018〕292号)，完成了全县国有资产的出租、出借及闲置情况的统计工作，出租房屋及铺面526间，建筑面积26206.24平方米，出租场地34块，面积115621.21平方米。出借房屋及铺面39间，建筑面积3078平方米；出借场地32块，面积92813.05平方米。闲置房屋及铺面440间，建筑面积22978.6平方米，闲置场地15块，面积24099平方米。六是根据《渭源县国有资产出租管理制度》，实行“收支两条线”管理。对全县46个单位的铺面、场地租赁费进行了督促上缴，2018年全县行政事业单位国有资产出租出借房屋跟场地收入共计187.08万元，上缴非税收入非税局170.60万元。

【强农惠农】共发放强农惠农补贴资金32项39507.6532万元，其中：2018年助残扶贫康复项目-万户托养残疾人补贴34.03万元，农村危房改造4391.85万元，大中型水库移民后期扶持补助569.04万元，农村部门计划生育家庭奖励扶助267.58万元，计划生育家庭特别扶助68.08万元，失独家庭一次性补助13.3万元，农村独生子女父母奖励6.4万元，计划生育特困家庭补助16.96万元，天然林资源保护工程二期集体和个人所有公益林管护补助1021万元，完善退耕还林政策补助资金940万元，森林生态效益补偿资金（集体和个人所有公益林部分）192万元，建档立卡贫困户选聘生态护林员资金298万元，自然灾害生活救助资金129万元，优抚对象抚恤补助资金914.5232万元，农村居民最低生活保障13596万元，特困人员救助供养1135万元，临时救助600万元，孤儿基本生活保障补助57万元，医疗救助3150万元，残疾人两项补贴600万元，乡村公益性岗位补贴1244万元，新一轮草原生态补助奖励政策资金309万元，耕地地力保护补贴2600万元，农机具购置补贴368万元，农机深松整地作业补贴60万元，城乡义务教育阶段家庭经济困难寄宿生生活补助1080万元，甘肃省高职（专科）建档立卡贫困家庭学生免除（补助）学费和书本费479.5万元，甘肃省普通高中国家助学金529.8万元，甘肃省中等职业教育学校国家助学金120.99万元，草原管护员补助资金43.6万元，精准扶贫专项贷款4373万元，两后生职业技能培训300万元。农业支持保护补贴2640万元，草原生态保护补助奖励309万元，农机具购置补贴760万元，完善退耕还林政策补助810万元，新一轮退耕还林257.22万元，学校贫困寄宿生生活补助846万元，新型农村合作医疗补贴14023.8万元，乡村医生基本公共卫生服务补助、乡村医生基本药物零差率后定额补助548.41万元，农村特困家庭医疗救助697.47万元，农村居民最低生活保障

13919.18万元，农村五保户供养1015.84万元，高龄老人生活补贴133.59万元，城乡居民社会养老保险10330.62万元，伤残抚恤金126.24万元，其他重点优抚对象抚恤金437.83万元，在乡老复员退伍军人生活补助118.36万元，自主就业退役士兵兵役优待金370.76万元，村干部养老保险8.5万元，村及村以下干部报酬1881.45万元，全省残疾人专职委员工作补贴26.04万元，二女户节育奖励14.77万元，计划生育家庭特别扶助制度60.51万元，农村部分计划生育家庭奖励扶助制度204.63万元，农村独生子女父母奖励3.83万元，计划生育特殊困难家庭救助14.2万元，农村危房改造5881.14万元，农业保险保费补贴892.82万元，大中型水库移民后期扶持资金11.04万元。

**【会计核算】**根据《会计法》《预算法》的有关规章制度，认真做好单位会计核算工作。及时记录、计算和报告单位各种资金、资产的增减变动及其结果，保证会计资料的真实、完整、准确。月、季、年末按时向代理单位和有关部门提供会计报告及决算报表。负责全县财政“工资统发”业务的管理。负责全县项目建设报账工作。做好会计资料和电算化会计档案的整理、立卷、归集、保管、调阅和销毁工作。

**【农业综合开发】**2018年共实施农发项目3个（其中续建2016年项目3个），总投资2453.3万元。（1）2016年新寨镇高标准农田建设项目总投资1010万元（其中：中央财政资金700万元，地方财政配套资金280万元，自筹及投工投劳折资30万元）。项目建设内容：坡地改梯田面积3000亩；整修干道49.81公里，支道3公里；在田间道路干道两侧配置排洪渠29.30公里，修建涵洞106座（处），过水路面5处；在排洪渠上设置农桥332座；营造农田防护林500亩，种植柳树21124株；开展农业适用科学技术综合培训800人次，重点示范推广3项技术950亩。项目完成情况：2016年完成田间道路38公里、排洪渠18公里、过水路面5座、梯田3000亩、造林500亩，完成投资720万元。项目已全面完成建设任务。（2）2016年渭源县清源镇高标准农田建设项目：总投资301万元（其中：中央财政资金215万元，省级财政配套资金86万元）。项目建设内容：坡地改梯田2000亩，整修干道6.74公里，支道3.09公里，修建涵洞6座，排水渠2.92公里，在排水渠上设置农桥97座，营造农田防护林180亩，种植柳树和新疆杨的混交林7384株，开展农业适用科学技术综合培训400人次，重点示范推广1项技术200亩，新品种引进试验示范200亩。已全部完成建设任务。（3）2016年渭源县5600亩脱毒马铃薯良种繁育基地新建项目：项目总投资1142.3万元（其中：中央财政资金400万元，地方财政配套资金160万元，自筹资金582.3万元）。项目建设内容：新建马铃薯脱毒原种繁育基地1000亩（网棚660亩、高山隔离原种基地340亩），一级种薯生产基地4600亩（其中土壤培肥3500亩），年扶持带动发展种薯繁育农户1100户；新建种薯贮藏窖1000平方米、农机具库200平方米、田间道路4.38公里，购置仪器设备16台（套）。2017年和2018年农业综合开发项目，根据《渭源县脱贫攻坚领导小组办公室关于印发渭源县2017年脱贫攻坚资金整合实施方案的通知》（渭脱贫领办发〔2017〕18号）文件，全部整合使用。

**【脱贫攻坚】**县财政局共帮扶会川镇沈家滩村、麻家集镇麻家集村、秦祁乡豹子沟村3个乡镇的3个行政村，都是非建档立卡贫困村。完善帮扶工作领导机制，调整局脱贫攻坚帮扶工作领导小组，明确帮扶工作职责。确定44名干部帮扶3个村建档立卡贫困户212户841人。选派7名干部为工作队队长、队员开展驻村帮扶工作。帮扶干部及时进村入户，与帮扶户“同吃、同住、同劳动”，及时了解民情民意，解决矛盾纠纷。加强驻村帮扶工作队工作管理，修改完善《财政局驻村帮扶工作管理细则》，明确了驻村帮扶工作队成员的职责任务、纪律约束、考核奖惩和保障措施。县财政局对派出的3驻村帮扶工作队长和4名驻村工作队员集中约谈2次，通报批评派出驻村工作队长1人，派出的3驻村帮扶工作队长和4名工作成员向县财政局述职2次，按时落实了驻村工作队队长、队员的生活补助，交通补助，为队长队员办理了意外伤害保险并组织参加了体检；为改善帮扶村队长、队员的生活条件，积极筹措资金7020元购买了米、面、油等生活用品。组织邀请全县书画艺术家，为153户帮扶户撰写、绘画了以“脱贫致富光荣、哭穷懒散可耻”为主要内容的送中堂活动。认真履行组长单位职责，先后同会川镇组织召开2次脱贫攻坚前线指挥部会议，对会川镇22个村的帮扶工作进行了现场督查，全面推动帮扶工作落实。截至2018年底，县财政局为3个帮扶村衔接帮扶资51.225万元。（1）为麻家集镇衔接帮扶资金23.126万元，为94户联系贫困户发放春节慰问品94份，折合资金0.6万元。联系县体育局赠送文化体育路径器材一套，折合资金3.5万元。联系文化旅游广播局赠送音箱一套，折合资金0.04万元。结合村级美丽乡村建设，财政局积极衔接资金10万元，修建村级文化广场560平方米，硬化巷道3.8公里，修建群众文化广场围墙40米，群众休息厅16平方米，人行便道护栏300米。为94户贫困户每户发放点播机一台，折合资金0.8万元。筹措资金3万元，维修饮水泉三处，取水井一处，拉自来水一处，维修村组道路5公里。为62户未脱贫户每户发放农药三袋，折合资金0.186万元。筹措资金2万元，用于村级短板建设。（2）为秦祁乡衔接帮扶资金14.883万元。捐赠电脑及打印机两套，价值0.9万元。投入帮扶资金3万元用于解决危房改造。投入帮扶资金2万元用于解决村级扶贫短板。慰问贫困户发放生产生活资料支出1.3630元。（3）为会川镇沈家滩衔接帮扶资金13.216万元。为92户联系贫困户发放春节慰问品92份，折合资金0.6万元。联系县体育局赠送文化体育路径器材一套，折合资金3.5万元。联系文化旅游广播局赠送音箱一套，折合资金0.04万元。为92户贫困户每户发放点播机一台，折合资金0.8万元。筹措资金3万元用于解决村级脱贫指标短板，主要用于补助困难户解决危房改造资金。为92户未脱贫户每户发放农药三袋，折合资金0.276万元。10月，结合村脱贫短板需求，财政局筹措资金2万元用于解决村级脱贫指标短板。

## 税　务

【**概况**】国家税务总局渭源县税务局于2018年7月20日正式挂牌运行，内设机构13个，即办公室、纪检组、人事教育股、法制股、纳税服务股、收入核算股、征收管理股、税政一股、税政二股、社保费和非税收入股、财务管理股、风险管理股、机关党委；事业单位1个，即信息中心；派出机构5个，即第一税务分局（办税服务厅）、第二税务分局、清源税务分局、会川税务分局和莲峰税务分局。现有在职干部95人，乡镇挂职干部17人，非正式人员12人。共管辖纳税人5302户，其中：单位纳税人985户，个体工商户4317户。

【**组织收入**】严格落实“依法征收，应收尽收，质优量增”的组织收入原则，2018年组织税收收入18785万元，其中：县局入库税收收入17711万元，占市局预期目标17711万元的100%，同比增长21.98%，增收3061万元；入库非税收入791万元，占市局全年非税收入预期目标420万元的188.33%，同比增长88.78%，增收372万元。2018年累计征收各项社保费收入14483万元，除机关事业单位养老保险费和职业年金收入9004万元外，同比增长6.3%，增收294万元，“五费”中只有失业保险费收入同比减收，其他四费收入均有不同程度增收。

【**依法治税**】2018年7月机构改革国地税合并后，及时成立了国家税务总局渭源县税务局依法行政工作领导小组、税务行政复议委员会、税务行政应诉工作领导小组及办公室，制定了《国家税务总局渭源县税务局依法行政工作领导小组会议制度》及议事规则。坚持会前学法制度，及时调整充实各类领导小组和办公室，召开依法行政领导小组会议2次，解决执法过程中的难点问题15项，清理规范性文件2份。开展影视行业税收专项检查和税收辅导，查补税款4.1万元。依法落实重大税务案件审理工作，审理案件4起，举办听证会1起。狠抓个人所得税扣缴客户端推广、新政策宣传等重点工作，落实增值税税率调整等三项改革措施，全年累计减免税收5411万元，占入库税收总量的30.55%。

**【税收征管】**严格落实机构改革工作部署，县局于2018年7月20日顺利挂牌。坚持一手抓“三定”，一手抓“划转”，先后成立了社保和非税相关领导小组5个，协调财政、社保等部门召开联席会议5次，组织参加各级动员部署和业务培训累计16次，并于10月19日率先在全市开展了机关保险费的征缴工作，社会保险费和非税收入征管职责划转工作推进有序。

**【纳税服务】**坚持“机构改革、服务先行”，切实解决办税“难点”和“堵点”。持续开展便民办税春风行动，落实首问责任制和“最多跑一次”“全程网上办”等，全面推广网上办税，推行新办纳税人“套餐式”服务，落实注销登记“容缺受理”机制，解决了纳税人因资料不全导致的反复办的问题。全面推行“一厅通办”“一窗通办”“一窗一人一机双系统”等办税模式，办税服务厅成功进驻县政府政务大厅，实现了多个部门、多个事项的一站式办结。持续优化和拓宽“银税互动”受惠面，通过银税互动，协助26户民营企业贷款1.2亿元。积极落实税收支持十大生态产业发展政策，印制《渭源县支持扶贫产业发展税收优惠政策汇编》500本。

**【脱贫攻坚】**以党建为统领，与帮扶村建立了“1234”工作帮扶机制，为帮扶村先后置办了办公桌椅、计算机等硬件设施。紧盯“两不愁、三保障”，先后9次组织帮扶干部深入贫困户进行摸底调研，逐户建立了“一户一策”帮扶计划。把培育产业作为推动脱贫攻坚的根本出路，牵头协调，建立了“公司+合作社+农户+基地”的产业帮扶模式。真心关爱贫困户，组织开展节前慰问和文化下乡等活动，干部自发购买蔬菜、茶叶、衣物等，全年累计投入帮扶资金15.72万元。被县委、县政府联合表彰为“2017年度扶贫攻坚帮扶先进单位”。

**【党的建设】**坚持和加强党对税收工作的全面领导，及时提请成立了县局党委、机关党委和三个党支部，健全了党委领导下的工会、妇联和共青团组织。严格落实“三会一课”制度，先后组织党员集中学习52次，开展专题党课4次，举办应知应会知识考试4次，组织开展了“不忘初心，牢记使命”“承诺亮诺践诺”等主题活动，党对税收工作的领导全面加强。

# 金　融

## 中国人民银行渭源县支行

**【概况】**中国人民银行县级支行是中央银行的派出机构。中国人民银行职能调整后，人民银行县支行在履行货币信贷政策的执行、支付清算、国库经理、货币发行、人民币反假以及外汇管理等方面职责的同时，在防范和化解县域金融风险、县域经济金融发展调研、传导货币政策、提供金融服务和支持地方经济发展等方面发挥着重要作用。主要有传导货币政策、维护金融稳定、提供金融服务等三大职能和任务。现有职能股室4个，在册职工17人（含1名招聘制员工）。班子成员4人、行级干部2人，股级干部6人，平均年龄47岁。男10人，女7人；中共党员13人，中级职称8人，初级职称7人。

【内控管理】建立了《中国人民银行渭源县支行综合业绩考核管理办法》、《中国人民银行渭源县支行假期管理暂行办法》等较为完善的内控体系，建立健全了正向激励和纪律约束制度。严格执行岗位职责分工和不相容职责分离制度，并针对人员情况，必要时实行跨部门兼岗制度。制定了突发事件应急处置预案简本，并积极组织开展消防灭火及灾难撤离等应急演练。坚持“三分管”制度，严格实行印证分管，将重要印、证指定专人分别妥善保管、严格领用，使用按规定进行审批和登记，确保资金安全运行。

【脱贫攻坚】积极参与香卜路脱贫攻坚，建成360千瓦村级光伏电站1座，于2017年6月底并网发电，带动贫困户61户，每户每年分红3000元，连续分红三年。引进鹌鹑养殖场1座，投资120万元，通过分红、务工等方式带动贫困户92户，户均年均增收约200元；建设世行六期养羊项目1个，价值170余万元，已完成项目施工，养殖规模在300头以上，带动91户贫困户年均增收1000元以上；新建药材烘干房一座，村集体投资3.4万元，争取财政补助5万元，每年村集体计划新增收益2万元。帮助香卜路村和元古堆村建立了“渭源县党团主题教育实践基地”。基地先后接待省内外2000余人到村参观学习休闲，综合营收超过10万元。通过设置民宿管家、讲解员、引导员、服务员、保洁员等多个配套岗位带动贫困户和农户20余人增收，村集体分红1万余元。香卜路村累计投资各类项目建设资金2029.381万元，其中财政资金1988.781万元，社会帮扶40.6万元，实施基础设施建设项目5个，总投资980.03万元、产业发展项目6个总投资708.501万元、公共事业项目4个，总投资300.25万元。

## 中国农业银行股份有限公司渭源县支行

【概况】中国农业银行股份有限公司渭源县支行（简称渭源农行）位于渭源县清源镇首阳路22号。全行所辖营业机构5个，其中城区网点3个（支行营业室、新街支行、首阳路支行），农村网点2个（会川支行、莲峰分理处）；内设机构5个（财会运营部、风险管理部、客户部、综合管理部、流动服务组）；在职员工共计97人，其中正式员工73人，外包人员24人。

【业务经营】坚持“存款立行”，持续抓好抓实“春天行动”、“激情仲夏”、“赢在中秋”等综合营销活动，突出公私联动和批量营销，提升产品综合营销效率。做好网点改造，加大自助设备投入，搞好渠道建设，不断弥补乡镇物理网点的服务空白。加强营业网点规范化服务，围绕零售业务和营业网点转型，树立“服务增值、服务创效”的理念，提高服务水平，提升整体营销能力。大力推进金融精准扶贫工作，创新推出“养殖贷”产业扶贫专项贷款，截至目前，累计投放1000万元。实现净利润2933万元。

【风险化解】持续开展风险化解专项治理，以稳定资产质量为核心，“防新增、降存量”，实现了不良余额、不良率的“双下降”。加大对重点领域和关键客户的风险排查频次和力度，建立“潜在风险客户清单”，逐户制定风险防控和应对预案，加强风险监测排查，强化逾期管理。加大大额不良、有偿还能力及抵押担保等不良贷款清收。加大贷款核销力度，将涉农、卡透支、个人生产经营等不良贷款作为全年核销重点，逐级细化和落实核销环节责任。加大追偿力度，做好贷后监管工作，把风险消除在萌芽状态。集中开展基础管理提升年活动，严格执行各项规章制度，确保业务安全运营。

【服务三农】在信贷投放上，大力扶持县域特色产业、乡村旅游产业。累计投放惠农e贷222笔，5414万元，惠农e贷-中药材贷60笔1065万元，网捷贷286笔2007万元，带动近500余户建档立卡户实现脱贫致富。累计向个体工商户投放陇原农担贷23笔2755万元，小微企业贷款5笔2020万元。在产品和渠道建设上，致力于打造一套简约实用、便民利民的新型服务体系。在产品方面，专为农户量身定制了惠农借记卡、惠农贷记卡等产品。在渠道建设上，改善农村支付服务环境。以惠农通工程为载体，在乡镇卫生院、村级卫生所、农资站、农村商户、百货便民超市等安装了农行转账电话，在乡镇营业网点大力发展自助银行，弥补了乡镇物理网点服务空白。

**【内控及案件防范】**一是持续开展反腐倡廉、案防和合规文化教育，以及业务技能、职业道德、规章制度、法制和案例警示教育。二是积极构建依法合规经营和防范化解金融风险的案防机制，大力提升全员风险防范意识。三是始终把内控管理和案件防范当作支行的中心工作来抓，按照“谁主管，谁负责”的原则，形成了员工互相配合、齐抓共管的内控案防工作格局，使内控案防工作相互制约，职责分明，促使员工时刻自我约束，保持警钟长鸣。

**【队伍建设】**一是积极探索建立健全有效的干部管理机制，通过公开竞聘、自主推荐、内部交流等方式，将合适的人配备到相应的岗位上组织开展了“四风”问题整治情况“回头看”，狠抓“四风”不放松。二是加强了自身理论修养，改进了全行的工作作风，增强了党性锻炼，进一步增强了社会责任感和爱岗敬业的精神。三是加强了对员工的思想政治建设，大力开展形势教育，提高思想改造的自觉性。

**【脱贫攻坚】**职工集资捐款为盛家坪村添置了健身器材，为村部安装了窗帘、配备了电脑，并对电路进行了改造；筹办了村民运动会，丰富了村民的文化生活。为村部安装了视频会议系统。2018年总行领导多次到渭源调研后给渭源县拨付了80万元扶贫资金，用于渭源县香卜路村旅游产业。

## 中国工商银行渭源支行

**【概况】**工行渭源支行新设立于2011年1月25日，属定西市分行直属管理的二级支行，有一个营业网点（一个附行式自助银行网点，一个离行式自助银行网点），营业面积396平方米，现有员工10人（其中男员工8人、女员工2人）。

**【金融业务】**2018年末，支行各项存款余额为21434.26万元，较年初增加-2650.60万元。其中：公司存款余额为3432.26万元，时点较年初增加2083.86万元；机构存款余额为4889.78万元，较年初增加-8126.16万元；储蓄存款余额为13106.22万元，较年初时点增加3385.71万元。实现中间业务收入103.34万元，利息收入1460.34万元，人均达146.03万元，实现税后利润534.38万元。各项贷款余额为31411.48万元，较年初增加1763.60元。其中公司贷款20595万元，较年初增加2017万元（其中项目贷款15000万元）；个人贷款10816.48万元，较年初增加-253.40万元。

**【安全生产】**全年安全生产运营无案件事故，实现了业务经营的持续稳健发展。信贷资产质量保持零不良。

**【涉农服务】**2018年度，给涉农企业发放农业担保贷款900万元，间接带动企业精准扶贫员工31人；支行筹措资金4万元，具体：资助大学生3000元、贫困户劳务输出3人、村办企业资助10000元、村办小学书籍2000元、被套及茶叶等3000元、向村民送去对联，并向贫困户发放大米12袋、价值1800元；走访贫困户床单20个，书包10个，金额2000元；投放花椒树苗4000株（价值9200元），帮扶农户12户；帮扶星光村改善办公条件，购买会议室桌椅一套，价值5000元。

## 中国邮政储蓄银行股份有限公司渭源县支行

**【概况】**中国邮政储蓄银行股份有限公司渭源县支行，成立于2012年7月26日，隶属于中国邮政储蓄银行定西市分行下设的一级支行，一级支行下辖支行二级支行营业网点，现有职工16人，服务个人客户已达8000人。支行主要以阳光信贷为宗旨服务社区、服务中小企业、服务“三农”，以客户为中心、服务客户为第一位。

**【业务发展】**储蓄余额从2017年的8200万元上升至9600万元；信用卡业务基本覆盖全县行政事业单位，2016年获得中国邮政储蓄银行信用卡业务发展“百家网点”荣誉称号。已开办银行业务：各类贷款（小额贷款、消费贷款、商务贷款、小企业贷款、房屋按揭贷款等20多个贷款产品）、存款、理财、银行卡、信用卡、电子银行、第三方存管（CTS）、POS收单、ETC、基金、保险、贵金属等各类银行业务。

**【表彰奖励】**2018年荣获中国邮政储蓄银行甘肃省分行“先进一级支行”荣誉称号。

### 甘肃银行股份有限公司渭源支行

**【概况】**甘肃银行股份有限公司是经中国银行业监督管理委员会批准，由甘肃省政府直接管理的唯一一家省级法人股份制商业银行。2011年11月19日正式挂牌营业，总部设在兰州市。2014年7月17日，甘肃银行渭源支行正式成立，支行营业网点位于清源镇君山广场对面，现有营业网点一家，离行式自主服务机一台，会川设便民服务点一处。

**【金融业务】**支行各项存款余额109053万元，较年初净增16518万元。其中对公存款余额44105万元，较年初净增3474万元；储蓄存款余额64948万元，较年初净增13043万元。各项贷款余额83118万元，较年初下降29539万元。其中公司贷款余额64851万元，较年初下降38044万元（主要为到期回收的精准扶贫专项贷款）；个人贷款余额18268万元，较年初净增8506万元。向17216户农户发放精准扶贫专项贷款86000万元。

**【中间业务】**2018年度新增个人账户5746户，新增有效个人电子银行客户1978户，企业网银48户。全年实现中间业务收入5.61万元。

**【安全生产】**积极落实安全保卫工作制度条例，全年安全生产运营无案件事故，实现了业务经营的持续稳健发展。信贷资产不良率控制在红线以内低位运行。

**【表彰奖励】**荣获县委、县政府颁发的“2018年度支持地方经济建设贡献奖”；荣获由定西分行颁发的“2018年度先进集体”；清源镇人民政府颁发“2018年度脱贫攻坚帮扶工作先进集体”；总行颁发“2018年度甘肃银行优胜机构（县域支行组）二等奖”。

**【脱贫攻坚】**支行积极参与驻村帮扶工作，为帮扶的刘家河村20户贫困户每家提供复合肥一袋，以及茶叶、手提袋等便民物资。为刘家河村部帮扶会议桌一张，价值3100元，办公桌四张，价值2280元，档案柜四组，价值1480元，椅子30把，价值3300元，总计10160元。累计为2668户建档立卡户发放精准扶贫专项贷款10376.65万元。发放特色产业发展工程贷款11849万元。

## 保　险

### 中国人寿渭源县支公司

**【概况】**中国人寿渭源县支公司下辖银保部、城市营销分部、收展服务部、田家河、会川、北寨、莲峰、路园、新寨、庆坪7个农村营销服务部，一个柜面服务窗口。营销员总数达426人，100%持证上岗。

**【业务经营】**公司共实现总保费收入6057.05万元，同比增长5.06%，其中首年期交保费1552.96万元，与上年持平；十年期以上保费达719.6万元，与上年持平；保障型产品保费达到539.51万元，同比增长39.41%；短期险业务达到

457.22万元，与上年度持平；在全市系统2018年度综合绩效考核中，排名全市第一位。

**【理赔情况】**2018年共理赔支出226.17万元，其中短期意外险给付57.39万元；短期健康险给付168.73万元；信贷保险支出16.5万元；学平险支出47.72万元；员福险支出13.17万元；计生险支出6.3万元，建工险支出30.42万元，满期给付818.31万元，其他给付557.64万元。“两保一孤”业务赔付87件，73万元；城镇职工团体意外伤害保险赔付46件，37.09万元。

**【社会业务】**持续加大保险服务“三农”创新力度，大力推广外出务工人员意外伤害保险及农村养老、小额信贷、学生平安险、计划书生育保险等特色业务。共为全县22所学校，22001名学生提供了人身意外保障；为会川、路园、五竹等乡镇1622户提供了计划生育保险。大力开展“两保一孤”保险业务，全县“两保一孤”保费收入111万元，累计赔付87人，赔付金额达到73万元，赔付率达到90%。结对帮扶对象为莲峰镇蒲河村史秀英等9户贫困家庭。深入莲峰镇蒲河村了解贫困户的家庭实际情况，制定一对一帮扶工作计划。

**【运营管理】**公司以满足客户最迫切的保障需要为目标，以快速理赔服务为切入点，全面营造客户服务体验。在落实科技国寿的战略部署之下，为客户提供了便民服务窗口，大范围的为客户安装了“国寿E宝”等便携APP，实现了客户足不出户就可享受相关保险服务的便利。在理赔工作中积极落实“快速理赔”工作原作，在符合理赔手续的条件下，以最快的时间为客户赔付到位。

## 中国人民财产保险股份有限公司<br>渭源支公司

**【概况】**中国人民财产保险股份有限公司渭源支公司（简称：人保财险渭源支公司或PICC）内设综合部、车商部、农险部、商业非车险部、社保部、理赔分部等6个部门，下辖1家农业保险服务部——会川三农服务部。

**【业务经营】**全年完成保费收入4425.74万元，同比增长20.94%，上缴税收497.21万元（含代收车船税），各项发展指标居全县财产保险行业第一。其中，完成农业保险保费1657.27万元，车险保费2090.55万元，同比11.29%，商业非车险619.39万元。农业保险、大病保险实现承保范围内建档立卡贫困户的基本全覆盖。全年支付赔款2226.92万元，其中农业保险赔款1561.3万元，受益贫困户2.49万户；大病保险赔款2132.23万元，受益贫困户14611人次，两保一孤赔款108.9万元（赔付还为截止），受益102人次；商业保险赔款1313.61万元。

**【经营风险防范】**公司实行统一法人授权制度，逐级签订转授权书和再转授权书，依据《权责规范手册》严格核定各级权限责任。实行机构、渠道和条线协同，财务集中，理赔垂直，大病保险单独核算的运营管理机制。建立健全经营风险责任问责机制，开展“诚信我为先”教育活动与治理销售误导、非法集资和反洗钱核查工作，治乱打非活动，开展3·15客户维权及“银保监会”风险排查专项活动。

**【承保情况】**全年承保各类业务2.38万单。承保莲峰镇、麻家集镇、路园镇、会川镇、祁家庙乡、田家河乡、峡城乡、金融办（全县五保户）七个乡镇一、二类低保户、五保户及孤儿团体意外伤害附加重大疾病保险。农险承保玉米、马铃薯、冬小麦、森林、当归、黄芪、党参。与中国农业银行、渭源县农村信用联社合作联社等银行机构合作开展小额意外伤害保险代理业务。

**【理赔情况】**支付赔款2226.92万元。严格落实“10+4”理赔服务承诺，积极推动理赔服务升级，推出电子查勘员、道路救援、一小时赔付、理赔无忧、异地出险就地理赔等个性化服务项目，推广应用互碰速赔、微信理赔、极速理赔。

持续推进柜面服务标准化建设，将万元保费投诉量和客户满意度等关键指标纳入绩效考核管理，客户服务满意度测评始终名列全县保险行业前列。

**【社会服务】**公司积极履行社会公民责任，结合业务发展开展社会服务。在理赔服务方面，提前介入人伤案件调解，重视伤者权益保护。在承保服务方面，积极化解社会矛盾，参与医疗责任纠纷调解，推动环境污染责任保险、食品安全责任保险、电梯安全责任保险等事关公众利益的保险服务，保障社会和谐稳定。在社会公益方面，积极参与公益捐赠、山川绿化、困难群众帮扶等社会公益活动。

**【脱贫攻坚】**公司派出驻村帮扶队员1名。农业保险、大病保险实现承保范围内建档立卡贫困户的全覆盖。农业保险赔款1561.3万元，受益贫困户2.49万户；大病保险赔款2132.23万元，受益贫困户14611人次，两保一孤赔款108.9万元（赔付还为截止），受益102人次。

## 中国大地财产保险股份有限公司<br>渭源支公司

**【概况】**中国大地财产保险股份有限公司渭源支公司现有在职员工7人，保险营销人员12人，员工及保险营销人员基本为下岗再就业人员。

**【业务经营】**完成保费773.65万元，同比增长0.78%，居当地财险行业第四，全年受理出险报案655笔，立案652笔，结案627笔，全险种案件立案制结案率96.16%，赔付金额419.99万元，满期赔付率54.29%，承担社会风险责任372077.12万元。

**【经营风险防范】**坚持依法合规经营，持续关注市场乱象、中介管理、消费投诉、反洗钱工作等重点领域的风险防范工作；积极主动地将扫黑除恶专项斗争与保险业治乱打非、反洗钱等领域的风险防范工作相结合开展，重点排查了机构/人员涉黑涉恶问题线索，加强对可疑交易、涉嫌保险诈骗等违法犯罪客户的身份甄别及非法开展金融业务、非法集资、暴力讨债等金融违法犯罪活动的排查。

**【社会服务】**继续推进大地车险理赔4个“新时代”的“2.0”版本，微信理赔“好友时代”更友好、电话直赔“小时代”更快捷、简易快赔“智能时代”更智慧、人伤理赔“帮办时代”更温情。通过线上推出违章查询、代办年检、胎压检测等增值服务，线下推出门店体验式服务，为客户提供非事故道路救援、风险提示与排查、事故定责指导及人伤温情关怀等服务。继续开办诉讼财产保全责任保险、食品安全责任保险、“淘气保”系列监护人责任保险、“百万医疗”大病保险等险种的同时，还推出“驾乘无忧”“货运无忧”“客运无忧”“非机动车第三者责任保险”等创新产品。

**【脱贫攻坚】**渭源支公司与定西中心支公司一起共同帮扶路园镇陆家湾村，自筹资金5000元为联系的15户的建档立卡贫困户送去大米、面粉、清油、衣物等慰问品；申请帮扶资金5600元，购置电脑1台，打印机1台，硒鼓7个，打印纸1箱。帮扶人员多次入户深入了解联系帮扶户基本情况，宣讲帮扶政策，自筹资金为未脱贫的3户贫困户各送去20斤大米、一箱方便面进行了慰问。市、县两级公司自筹资金2500元支持帮扶村村级集体经济。

**【表彰奖励】**2018年度，中国大地财产保险股份有限公司渭源支公司经理兰卫东被渭源县委、渭源县人民政府评为“2018年度全县脱贫攻坚帮扶工作先进个人”。

# 交通　邮政　通信

## 交通运输

【概况】渭源县交通运输局下设7个内设机构，分别为办公室、综合股（地方海事处）、建设管理股、项目办、县交通工程质量监督站、试验室、县国防动员委员会交通战备办公室和农路局、运管局。县道路运输管理局内设办公室、业务股、车辆安全股、运政股、财务股、会川运管所，共5个股室1所。现有客运企业5家，货运企业13家，出租汽车公司3家，公交公司2家，从业人员0.83万人；拥有营运车辆6569辆，其中客车238辆、货车6120辆、出租汽车211辆；开通客运班线55条，日发班次140个；拥有汽车客运站17个；物流企业2家，二类以上汽车维修企业8家，机动车驾驶培训学校5所。

【公路建设】2018年，县境内公路总里程达到1291.1公里，公路密度为62.79公里/百平方公里，其中，高速公路2条68公里，国道2条95.1公里，县道3条130.9公里，乡道14条190.7公里，专用道3条21.8公里，村道152条784.6公里，行政村通畅率达到100%。

2018年共实施交通项目5项。一是省道建设情况。共建设省道2条，分别为S227和S229。S227全长90.576公里（县境内长63公里），总投资3.39亿元，其中省上计划补助资金2亿元，于6月底全面完成建设任务。S229全长77.7公里（县境内55公里），总投资2.34亿元，其中省上计划补助资金1.71亿元，到位资金4965万元，目前已完成路基土方工程，铺设路面基层25公里，铺油罩面14公里，完成投资1.3亿元，各级建设资金落实后计划2019年8月底完成建设任务。二是旅游公路建设情况。S227渭源至五竹至渭河源景区旅游公路由S227渭源至五竹、五竹至渭河源景区两段组成，全长27.6公里，初设批复总投资3.63亿元，其中上级补助资金8250万元，县上通过贷款融资配套6160万元。目前该工程已招标建设15.21公里，已到位资金10696万元（其中上级补助4536万元、县鼎凯公司贷款6160万元），完成路基8公里，完成板涵13道，建成桥梁2座，正在路基施工中，完成投资1.1亿元，计划2019年8月底前完成建设任务。三是县乡道改造工程建设情况。投资5094.27万元实施祁家庙至峡城公路田家河至峡城段（原沈家滩至峡城）改造工程25.12公里。目前，已完成路基、路肩、水稳基层和桥梁工程，铺设沥青混凝土面层16公里，完成投资3572万元，其中到位中央车购税资金2100万元，计划2019年4月底前全面完成建设任务。四是撤并建制村通硬化路建设情况。实施撤并建制村通硬化路17条65.789公里，上级补助资金2730.04万元，县上自筹资金658万元。五是“畅返不畅”整治工程建设情况。投资2693万元实施农村公路“畅返不畅”整治工程11条66.537公里，目前已完成建设任务。

**【水路运输】**有渡口1个（侯家码头），有渡船1艘（峡城一号），全年完成水上运输客渡运量0.5万人。水运方面，与峡城乡人民政府签订了《水运安全生产目标管理责任书》，对船员进行水上交通安全管理知识宣传，不断提高船员及附近村民的水上安全意识。强化渡口安全管理，加大了安全检查力度，确保水上交通安全。

**【运输管理】**一是强化安全管理，与渭源县各运输企业、驾校签订了安全管理目标责任书，落实了企业安全管理主体责任；加强路查路检查处力度，对所涉及的辖区客运站周边客运秩序混乱和个别乡镇非法营运车辆较多的问题，开展集中整治工作。二是依靠GPS监控平台实时对营运车辆进行动态监控，及时警示违章超速车辆并进行记录，加强对违章车辆的管理，有效填补对营运车辆动态监管失控的安全漏洞。加强了对农村客运班车监控力度，对重点农村班线客车采取工勤人员和企业管理人员包车、包路段等措施，利用GPS对车辆进行实时监控，落实安全预防措施。

**【路政管理】**按照“八统一四规范”形象标识工程，在5月份路政管理“宣传月”活动中路政人员出动宣传车散发宣传材料3000份，设置路政宣传牌17个。全年拉网式排查安全隐患8起，整治8起。落实路政管理“五四”巡查制度，共查处污染路面106平方米，道路清障50次，清理公路三堆及垃圾45立方米，损坏警示墩、柱、桶32个，查处超限车辆21辆。处理路政案件1起，做到路政立件率达到100%，结案率达到100%。

**【农村公路养护管理】**制定印发《渭源县农村公路养护管理办法》，将农村公路纳入2018年度目标绩效管理。全年共养护农村公路1229.99公里。县财政下拨农村公路养护资金200万元，实施罗家堡至尔家崖公路5.33公里重铺油面维修工程1处，总投资196.68万元；实施农村公路安全生命防护工程95公里，总投资704.28万元；实施危桥改造新建路麻滩至河里庄公路周华寨桥1座，总投资金55万元，目前已全部完成建设任务。

## 邮　政

**【概况】**中国邮政集团公司甘肃省渭源县分公司是国有企业，更名前为渭源县邮政局。1998年9月挂牌运营，2015年4月更名为中国邮政集团公司甘肃省渭源县分公司。现有市场经营部、综合办公室，市场经营部下设代理金融部、邮件寄递部，下辖12个分支机构，建成空白乡镇邮政所5个，现有员工112人。

**【邮路建设】**现有邮路14条，单程总长465公里，投递点702处。

**【邮政代理金融类业务】**储蓄余额累计净增3006万元，其中定期净增3092万元，活期净增-86万元，本年总余额规模33951万元，活比39.24%。累计新增保费1154万元，其中趸交销售753万元，期缴销售401万元。新增手机银行客户3090户，手机银行结存激活率为73.05%；网银客户新增1504户，结存客户激活率为77.16%。理财期末保有量1016万元。累计安装商户POS机56部，扫码付189户。

**【关联行业联动发展】**代收电费平台、移动展业发卡作为有效推进农村金融业务发展，绑定客户的有效手段，将两项业务有效结合，能充分发挥其优势，挖掘农村潜在客户，有效开拓农村金融市场。公司在移动展业设备配发到位后，不断开拓思路，利用农村电子商务平台代收电费平台优势，通过与电力部门的多次衔接沟通，并达成合作意向，成功在五竹镇、路园镇启动了邮政银行卡批量代扣电费项目；同时，城区网点也积极与辖区内电工取得联系，启动批量代扣电费发卡工作。

**【内部管理】**一是严格经营列收与财务管理，

严格控制各项费用支出，压缩成本；加强收入质量管理，严格按规定计列收入，挤压业务收入中的水分；积极开展清欠压库工作，重点对集邮库存、分销库存进行了清欠和促销。二是强化执行力提升。强化各级人员岗位履职和业务学习培训，推行岗位精细化管理模式，重点抓好机关作风建设集中学习教育活动，落实各阶段工作任务，促进全县邮政机关作风明显好转。三是规范经营秩序。认真梳理工作流程，强化过程管控，确保违规事件不发生。四是盘活人力资源。对全部邮政营业和储蓄岗位进行了重新优化、轮岗，对投递岗位进行了两网整合，切实提升了网点服务质量和速度时限，实现了岗位、人员的匹配最大化。

**【行业文化管理】**一是为活跃职工业余文化生活，工会组织开展了职工运动会，增强了企业向心力、凝聚力。二是通过网络培训、视频培训和单位内业务培训相结合的方式，加强员工培训，不断提升业务技能和营销技巧。三是适时开展了短程竞赛、专项竞赛、季度竞赛等劳动竞赛活动，有力促进了各项重点业务的发展。四是开展了帮扶济困活动，对所帮扶的贫困村、贫困户和帮扶学校进行了捐助帮扶。五是积极创造条件，着力塑造服务形象、员工形象、企业环境形象。

**【脱贫攻坚】**公司帮扶五竹镇五竹村，具体结对帮扶10户，其中五竹村五社4户，九社6户。加大扶贫宣传力度，宣传扶贫政策，动员建档立卡户积极参与镇村两级组织的相关农业实用技术培训，取得一技之长，增加收入。“六一”儿童节和教师节期间，对贫困学生就行了慰问，发放了学习用品；积极参与村委会组织的“爱我中华、美丽五竹”文艺活动中，给参加活动的36名儿童发放了学习用具，其他71位参与人员每人发放120元的电话卡1张。

# 通　信

## 电　信

**【概况】**渭源电信分公司全称中国电信股份有限公司渭源分公司，是中国电信集团有限公司下设的一个县级有限公司，隶属中国电信定西市分公司直接管理。现有综合办公室、综合维护中心，政企分部，渠道分部，以及新城、清源，会川、莲峰、北寨、田家河、六个支局所，共34个经营网点的37个专营厅店，合同制员工32人，其中男职工30人、女职工2人，业务合作代理商66家。

**【业务发展】**完成经营收入共计3100万元；固定电话用户8600多户；移动用户92000多户，光网宽带46000多户，ITV电视用户40000多户。

**【通信网络能力建设】**（一）光网渭源建设：共计建设完成光端口76412个，光网完成行政村覆盖195个，光网覆盖率89.86%；光网完成自然村覆盖1355个，自然村光网覆盖率85.54%。（二）4G网络建设：共计建设完成148个3G基站，189个4G+基站，214个行政村4G+信号全覆盖，行政村覆盖率达到99%，自然村无线信号覆盖1486个，覆盖率达到93.8%。VOLTE于2018年11月29日投入商用。（三）础传输网络方面，能够满足用户10G专线电路需求；在数据网络方面，互联网上行出口带宽达到60G，每个乡镇互联网节点设备上行出口带宽达到20G，公众用户平均带宽达到100M以上，互联网专线平均带宽达到10M以上。基本满足互联网用户的带宽需求。

**【服务管理】**（一）完善服务管理制度，设立分公司服务管理中心，成立服务、投诉管控责任团队，建立三级服务管控制度。（二）设立全市服务总经理热线8310000和当地障碍服务申告电话4137000，抽调专人负责处理投诉受理、派单、管控、回单，形成闭环管控。（三）通过服务质量分析、典型案例通报、前后端联动等，制定服务预案及整改措施，确保服务质量和用户感知。（四）按照“当当慢”服务要求，责任到人，对用户实行点对点、端到端的立即装维，现场测速，家庭智能组网等服务内容，实行了片区网格化管理，实现宽带服务当日装、当日修，提升用户感知。（五）各级管理人员以客户身份在各级营业厅、10000号及118114通过服务体验、聆听进行问题查找，优化服务流程，提升客户服务感知。（六）通过在全市各级营业窗口开展问卷调查，围绕电信服务综合满意度、服务能力、网络质量等，发现问题及时解决，稳固提升客户满意度。（七）2018年在国家工信系统组织的第三方服务质量测评中渭源分公司在市公司全市服务质量排名中名列第二，获得市公司颁发的服务质量优胜奖。首阳路营业厅获2018年度优秀厅店奖。

**【内部管理】**（一）业务管理进一步规范化、流程化，减少风险点；持续推进业务集中受理，缩短业务办理流程，简化业务办理方法。（二）做好质量管控，提高新入网用户发展质量，确保高质量发展；加强工程管理，确保工程质量；关注新装移用户，确保用户安装即达标；以NPS和客户感知为导向持续开展无线网络和光宽网络质量。（三）资源管理。优化资源配置：收入预算完成与人工成本、营销资源挂钩；优化预算管控：经营单元与承包单元施行高认领高配置；人力资源管理：做好管理干部年度评定，人员实行动态管理，打通员工晋升、退出通道，加强人才培养。（四）安全生产抓好实名制红线、用户信息保护、IP地址和网站备案。（五）严格执行用户实名制要求，确保新老用户100%实名制。

**【脱贫攻坚】**筹措资金在王家川村施工建设了光网，基本覆盖张家山、大庄、西山3个社，安装光纤宽带和有线电视用户108户，满足了村民的通信网络需求和观有线电视节目需求；筹措资金2000，元用于王家川村在面山绿化中购买树苗；筹措资金1000元，协助王家川村参加庆坪镇“六月六”文艺会演和文体竞赛活动；筹措资金5000，元帮助王家川村委会进行危房改造；春节前筹措资金5000，元慰问了精准扶贫户。

## 移　动

**【概况】**中国移动通信集团甘肃有限公司渭源县分公司于1999年9月成立，公司设有4个部门，下设4个片区公司、1个社区、1个自办营业厅和227个服务网点，现有员工51人，其中35岁以下员工40人，占全体员工的78%。乡镇行政村覆盖率达99.38%，自然村覆盖率达99%。

**【业务工作】**出账收入9475.67万元，同比增幅-17.35%，其中：手机上网收入5297.06万元，完成全年指标的82.77%；数字化产品收入1200万元，完成全年指标的90.3%；政企数字化服务收入486万元，完成年计划任务时间进度的117.6%；行业应用信息化收入完成186万元，完成年计划任务时间进度的122.4%；累计新增用户71368户，净增4G客户数5689户，4G渗透率达到80%，新增市场份额占比58.3%，通信客户普及率65%，较年初提升5.66%；净增专线条数完成696条，完成年计划任务时间进度的156.81%；拍照集团成员保有率完成93.4%；拍照集团成员收入保有率完成89.7%。

## 联　通

**【概况】**中国联合网络通信有限公司渭源县分公司（以下简称：联通渭源县分公司），是中国联合网络通信有限公司定西市分公司在渭源县的分支机构，成立于2001年，员工20人，平均年龄35岁，90%以上为大专以上文化程度。

**【业务经营】**公司发力流量经营，创新推出并规模化推进2I2业务，推出大量深受用户欢迎的互联网新产品——腾讯大王卡、阿里小宝卡、蚂蚁宝卡、滴滴王卡、百度大圣卡和冰激凌卡等。

**【网络建设及投资情况】**建成移动基站218个，光缆线路皮长达900多公里，宽带覆盖小区端口数达500个。全力推进“沃4G+”品牌战略，打造网络覆盖更加完善、上网速度加倍提升、通话体验更加出色的4G精品网络。大力推进网络建设及优化力度，新增4G基站56个，4G基站达112个。

**【客户服务】**按照“高标准、严要求”的原则，落实基于客户感知的甘肃联通触点服务标准，秉承优质客户服务，积极推进服务建设，优化窗口服务质量，确保营业厅用户等待时长和受理时长的达标。坚持首问负责制和流程闭环管理，逐级做好各类投申诉的处理，保障投诉处理通道的畅通和投诉问题得到快速解决，做到投诉工单日清日结，提升用户满意度，把客户的不满意变为满意，让客户满意变为常态化。

**【内部管理】**推进实施甘肃联通“一个支部，一个堡垒，一名党员，一面旗帜”的“四个一”党建工作新格局，进一步发挥基层党支部战斗堡垒作用和党员先锋模范作用。规范党员政治理论学习和业务创新发展。不断丰富员工业余文化生活，利用电子屏、钉钉群、微信群等各种有效媒体营造学习氛围，持续推进企业文化宣贯和舆论宣传引导，大力培育和宣传企业文化建设先进典型，坚持把企业文化和党建融入生产经营的全过程，弘扬主旋律、传递正能量，促进公司精神文明建设等工作持续发展。

**【服务社会】**致力推进地方信息化建设，始终践行责任与担当，以用户为中心，不断提升服务水平，持续深化“提速降费”各项举措，惠及广大用户，已经开始在创新业务领域发力，以“智慧沃家”“智慧旅游”“智慧工地”等业务助推智能社会，以“客户为本、团队进取、开放创新、追求卓越”的核心价值观，奋力打造“五新”联通，以创新业务为转型重点，共同谱写渭源信息化发展新篇章。

**【精准扶贫工作】**为新寨镇大坪村优化调整基站总投资设备30万元，全村网络信号全面覆盖，解决的群众实际困难；在活动场所组建餐厅，配置餐具、煤气灶、餐厅用品，购买大米、面粉、食用油等合计6千余元；为52名贫困家庭学生捐赠羽绒服价值1.2万元；引进电商公司，搭建线上交易平台，让当地农特产品搭上电商顺风车；春节前为帮扶群众送去米面，价值4000余元。

# 经济管理

## 发展和改革

**【概况】** 渭源县发改局有5个内设机构（办公室、综合股、投资股、农经股、经济动员办公室），下设4个事业单位（县项目建设办公室、县项目稽查办公室与西部开发办公室、县以工代赈办公室、县价格认证中心）。现有职工28人。

**【全面从严治党】** 一是加强理论学习，增强廉洁从政意识。组织党员集中学习25次，党员人均撰写学习笔记2万字以上。邀请县纪委负责同志进行了廉政建设专题辅导，以案为鉴、警钟长鸣，对与会全体人员进行了警示教育。二是狠抓主体责任，全面落实从严治党。年初党组书记与班子成员签订目标责任书，细化量化任务，明确工作责任，形成了一级抓一级、层层抓落实的工作机制。三是强化权力监督，注重源头预防治理。充分运用监督执纪“四种形态”，抓早抓小，防微杜渐。组织开展告诫约谈3人次，批评教育18人次。四是扎紧制度笼子，从严落实管党治党。严格落实“三重一大”集体决策制度和“三会一课”制度，共召开支委会12次、党员大会7次，领导干部带头讲党课4次，“三会一课”制度得到较好执行。

**【项目建设】** 一是2018年建设项目进展情况。实施各类项目113项（新建74项、续建39项），总投资117.03亿元，其中中央预算内项目26项，投资6.6亿元，列入全市集中开工项目58项，投资27.2亿元，项目累计完成投资29.6亿元。紧盯国家投资导向，加大基础设施、社会资本投资等项目谋划储备力度，完成500万元以上项目前期编制89项，共审批500万元以上项目69项。二是市列重点项目进展情况。市上确定我县市列重点项目9项，总投资9.05亿元，年度计划完成投资6.24亿元。9个项目完成投资5.8亿元，占年度计划投资6.24亿元的93%，其中有5个项目完成建设任务，分项目为贫困村幼儿园建设项目完成投资1665万元，西南部农村供水安全巩固提升工程完成投资2110万元，农村危房改造项目完成投资3332万元，村级光伏电站建设项目完成投资1.06亿元，五竹马铃薯种薯产业园建设项目完成投资2200万元；3个项目完成年度建设任务，分项目为易地扶贫搬迁项目完成投资2.93亿元，中药材种子种苗繁育基地建设项目完成投资1000万元；剩余2个项目没有完成年度建设任务，分项目为自然村通硬化路工程完成投资6522万元，甘肃公航旅首阳山景区旅游开发项目（一期）完成投资1200万元。三是“奋进之笔、得意之作项目”进展情况。市上确定我县“奋进之笔、得意之作”项目6项总投资40.4亿元。其中“奋进之笔”4项，投资37.65亿元，分项目进展为：渭河源大景区开发项目秀峰山景区土地指标未落实；太白山景区开发商放弃投资；首阳山景区正在进行可研设计招标；读者小镇已完成规划编制，水苑区已完成280亩土地预审，省国土厅正在批复，现代农业示范园已完成2万平方米钢结构安装，1万平方米已投产，完成投资7000万元。物流集散中心建设项目框架协议已签订，正在进行规划编制。马铃薯种薯追溯体系建设项目正在编制实施方案。G310线渭源县城过境段道路改造工程前期手续已全部办理，资金未到位。“得意之作”2项，投资2.74亿元，分项目进展为：县城区供水主体工程隧道掘进510米，输水管线已埋设8740米，完成减压水池1座，输水调蓄池1座，加压泵站主体工程已完成，完成投资4284万元。光伏扶贫村级电站建设项目已全面完成建设任务。四是集中开工项目入库情况。列入全市集中开工项目58项，总投资27.2亿元，当年完成投资17.38亿元。已全部开工建设。还有3个项目还未入库，分项目为：县城东加油站建设项目、金鸡扶贫项目配套路园镇渭河大桥工程、昕陇家园住宅小区三期工程正在督促收集入库资料入库。

**【易地扶贫搬迁】**“十三五”期间，全县共搬迁建档立卡贫困群众2267户9755人，其中2016年搬迁建档立卡户516户2467人，2017年搬迁建档立卡贫困户145户640人，2018年全县搬迁建档立卡贫困户1606户6648人。新建集中安置点12个。共涉及16个乡镇，项目总投资5.98亿元。2016年项目已完成建设任务，搬迁入住497户，入住率为93%；2017年项目已完成建设任务，搬迁入住132户，入住率为91%；2018年项目已全部开工建设，其中竣工649套，搬迁入住199户，入住率为12.4%。稳定脱贫561户，旧房拆除227户，完成投资4.804亿元。一是加大问题的整改工作。对“十二五”期间66个未完成的易地扶贫搬迁项目集中安置点组织进行了验收，完成60个安置点的县级初验，对“十二五”期间易地扶贫搬迁项目中，因群众搬迁意愿发生改变，乡镇无法落实的79户任务指标，汇报县政府常务会议同意进行了收回。对“十三五”期间易地扶贫搬迁项目中面积超标的22户搬迁对象，指导上湾镇、田家河乡、秦祁乡通过签订政府回购协议进行了整改。对住房面积不达标的15户，县政府研究解决资金25万元，用于搬迁农户补建住房，全部完成建设任务。对搬迁农户自筹资金超标的问题，县政府研究解决集中安置点征地费用1085.5万元，原收取的集中安置点征地费用已全部退回搬迁农户，搬迁农户的人均自筹资金均控制在2500元以内。二是加快项目建设进度。2018年，市上下达我县易地扶贫搬迁项目共涉及16个乡镇1606户6648人（其中：集中安置123户513人，插花安置996户3900人，进城安置487户2235人），项目总投资4.03亿元。已全部开工建设，累计完成投资2.6亿元。

**【光伏项目】**全县共实施三批光伏扶贫项目47.249兆瓦，共建设村级光伏扶贫电站109个（装机500千瓦左右村级电站72个，装机300千瓦村级电站37个），带动贫困户9055户。经测算，项目实现全容量并网发电后，每年可实现发电收益4913万元。一是光伏扶贫建设项目（一期工程）装机规模18.137兆瓦，由县正源扶贫开发有限公司负责实施17.834兆瓦，建设村级电站60个，带动贫困户3641户，由上湾镇负责实施0.303兆瓦，建设户用电站1处，带动贫困户101户。项目已于2017年6月30日并网发电。二是“十三五”第一批光伏扶贫项目装机规模14.763兆瓦，由县城投公司负责实施，建设村级电站49个，带动贫困户3288户，项目于2018年12月30日实现全容量并网发电。三是“十三五”第一批光伏扶贫（新增）村级电站扩容建设项目装机规模14.349兆瓦，由县城投公司负责实施，扩容建设村级电站72个，带动贫困户2085户，项目将于2019年3月底实现全容量并网发电。四是“十三五”第二批光伏扶贫项目完成选址，正在进行测绘、电站规划和可研编制。

**【公务用车制度改革】**积极推进公务用车制

度改革工作，已完成车辆登记、处置划转、封存管理和交接等相关工作，2018年6月1日公务用车服务平台将全面运营，保障公务出行。

**【项目审批改革】**成立了投资项目关联审批工作领导小组，印发了工作实施方案，制定了开展投资项目并联审批工作实施方案，制定了投资项目审批服务流程、规则，网上审批等运行管理制度，与全省一道同步启动投资项目并联审批工作。

**【脱贫攻坚】**组织18名帮扶干部前往清源镇蛟龙村、秦祁乡茇茇沟村和大安乡中庄村，排摸贫困户基本情况，积极与贫困户对接交流，制定精准扶贫“一户一策”帮扶计划。筹措资金购置化肥351袋。派出2名领导干部担任深度贫困村脱贫攻坚帮扶总队长，下派4名干部任贫困村帮扶队长（员）。督促派出帮扶队长和队员认真履行职责，制定切实可行的年度脱贫工作计划措施。组织全体干部及时开展“两不愁、三保障”短板排查，对排查出的问题，第一时间反馈各相关乡镇，确保贫困群众“两不愁、三保障”都能够得到有效解决，确保都能实现稳定脱贫。

## 审计监督

**【概况】**渭源县审计局内设办公室、法规股、综合审计股、固定资产投资审计股4个股室。下设经济责任审计办公室、三农资金审计中心两个事业单位。核定行政编制9名、后勤编制1名、事业编制16名，实有人员25人。

**【财政资金审计】**对县财政局、地税局等2个预算执行单位组织预算收支情况进行审计，结合财务收支、各类专项资金审计及审计调查，对县住建局、教体局、民政局、农牧林业局的部门预算执行及路园镇的财政决算情况进行了审计。

**【民生资金和项目审计】**一是积极与县财政、住建、不动产管理局、国税、工商、交警等部门衔接，对全县精准扶贫大数据平台进行了比对审计，对审计发现的对象不准、数据不实等问题反馈各乡镇进行了进一步核实。二是对财政扶贫资金、财政发展资金、国债资金、以工代赈资金、一事一议等28个项目资金管理使用情况进行了审计，对审计发现的问题已移交项目主管部门处理。

**【领导干部经济责任审计】**按照“积极稳妥、量力而行、提高质量、防范风险”的原则，在全面审查领导干部经济责任履行情况的基础上，把领导干部贯彻执行经济法律法规、党和国家方针政策和决策部署情况，落实中央八项规定、厉行节约和“三公”经费等作为重要内容纳入审计内容。

**【投资项目审计】**以完善投资项目管理，提高财政资金使用效益，督促被审计单位依法履职为目标，以揭示存在的问题为抓手，以加强自身建设为重点，着力防范审计风险，拓展投资审计思路，创新投资审计方法，不断加大审计力度，在加强建设项目管理、节约政府投资、促进廉政建设等方面较好地发挥了审计监督作用，有力促进了政府投资项目有序、规范建设，为政府节约了大量财政资金。通过审计，对审计中发现的部分项目建设程序不规范、项目资料不完整、会计核算不健全、虚报结算和超概算等问题进行了规范。

**【脱贫攻坚】**组织党员干部职工及时深入帮扶村进行了摸清底数、建档立卡工作，帮助贫困户制定了年度增收计划，明确了增收措施。对77户帮扶户进行了多次走访。深入分析致贫原因，认真商议脱贫路径和方式，仔细算清收入支出账，与农户共同商讨“一户一策”精准脱贫计划。对杨家咀村部基础设施改善捐资5000元，出资18000元为村部购买路灯6盏，实现了村部的美化和亮化。

**【党建工作】**持续推进“两学一做”学习教育活动常态化制度化。开展专题理论学习44次，专题讨论4次，专题党课4次，“两学一做”微信平台交流6篇次，创新管理模式。设立“优秀党员示范岗”2个，“先进工作者示范岗”2个，“文明审计员示范岗”1个。按照新时代加强党支部建设要求，按照有场所、有设施、有标志、有党旗、有资料、有制度的“六有”标准，全面加强了机关党建阵地规范化建设。三是扎实开展“主题党日+”活动。6月底，为庆祝中国共产党成立97周年，在陇南市宕昌县哈达铺红军长征纪念馆红色教育基地开展“踏寻先辈足迹，弘扬民族精神”主题教育活动。

## 统　计

**【第四次全国经济普查开展情况】**印发了渭源县人民政府《关于开展第四次全国经济普查的通知》（渭政发〔2018〕43号），成立了渭源县第四次全国经济普查领导小组，确保四经普工作顺利开展。各乡镇组建了普查领导小组，确定了专职人员负责各项业务工作。积极衔接工商、编制、税务、民政、质监等部门，收集单位登记注册和管理的单位信息，认真整理后导入四经普单位清查比对系统，进行排重改错。核对边界，完成了普查小区划分和地图绘制。

**【局队业务交接】**按照《甘肃省统计局国家统计局甘肃调查总队关于认真做好全省局队部分业务分工调整优化改革工作的通知》（甘统字〔2018〕5号）文件精神，县统计局及时与国家统计局渭源调查队衔接，按照“资料跟着职能走”的原则，做好规下服务业、工业、固定资产投资、建筑等调查业务的接交工作。双方按交接清单，逐项对照做好交接清单，经双方签字确认后存档，并做好全程交接工作记录。加强了对行业统计调查名录库的统筹管理，及时理顺调查单位名录，强化人力物力保障力度，保证“四上”与“四下”企业调查单位名录衔接，确保调查单位名录库信息统一完整、不重不漏。

**【基层统计】**为了规范基层基础工作，县统计局统一印制统计台账，督促各调查单位设立统计台账。对全县16个乡镇和部分企业的统计台账检查3次，对发现统计台账不全的乡镇和企业，进行了通报并限期整改，确保了统计源头数据真实可靠。积极组织召开统计人员培训会议4次，对农业、固定资产投资等报表进行了业务培训，提高业务能力。与各乡镇、各部门加强联系，配齐配全乡镇统计员，稳定农村统计队伍。同时，加强了各乡镇、各企业农村统计信息网络的建设，每个乡镇、企业都能上网进行报表的上报工作。

**【常规专业统计和调查】**一是严格执行统计调查制度，认真组织实施了工业、建筑业、批发零售住宿餐饮业、房地产开发经营业、服务业等行业，能源、投资、劳动等领域各项常规统计调查。二是对16个乡镇2018年农业生产情况以及工业、建筑业、房地产业、商贸流通企业、固定资产投资等进行调查，掌握了第一手资料。组织发改、工信、住建等部门每季度定期召开经济形势分析预判联席会议。三是认真完成了规模以下工业抽样调查省总体样本库小微工业企业库存情况一次性调查，准确了解了小微工业企业库存压力情况。

**【脱贫攻坚】**13名干部职工帮扶莲峰镇幸福村建档立卡户33户135人（未脱贫20户77人，已脱贫13户58人），帮扶何家湾村建档立卡户32户126人（未脱贫21户80人，已脱贫11户46人）。与帮扶干部签订了《县直单位及乡镇帮扶干部（单位）脱贫攻坚帮扶责任状》《渭源县脱贫攻坚责任履行承诺书》。衔接省民政部门解决2个村老年活动中心建设项目资金80万元。衔接组织部维修何家湾村村部，衔接电力公司为何家湾村投资6万元对14户药材加工个体户接通了动力电。为两个村未脱贫户发放花费108袋，价值10500元。为何家湾小学提供篮球40个，价值2000元；为幸福村村民活动室提供篮球15个，价值750元；为何家湾村村民活动室提供篮球10

个，价值500元。

【党建工作】结合“两学一做”常态化制度化抓学习教育，组织集中学习34次，每个党员撰写学习笔记1.5万字以上，撰写心得体会2次，组织专题讨论2次，到帮扶村宣讲党的十九大精神1次。积极推进党支部标准化建设，健全和完善了党支部工作制度和机关党建工作管理制度。进一步完善“三会一课”、组织生活会、民主生活会、民主评议党员、党员干部廉洁自律、缴纳党费等制度，做到了对党员的教育、管理和服务的有机结合，使党内生活制度化、规范化。

## 统计调查

【概况】国家统计局渭源调查队于2007年8月挂牌成立。国家统计局渭源调查队既是政府统计调查机构，也是统计执法机构，依法独立行使统计调查、统计监督的职权，独立向国家统计局甘肃调查总队上报调查结果，并对上报调查资料的真实性负责，同时，还承担地方政府委托的统计调查任务。

【数据质量管理】建立健全业务制度14项，积极推行一体化住户调查电子记账试点，推进农作物播种面积和粮食产量调查无人机遥感测量新技术应用，进一步强化对农民工监测调查、月度劳动力调查、畜禽监测调查、小微企业调查、中间消耗调查、生产价格调查等专业的规范化管理。印制了《一体化调查账页审核、访户检查、台账维护记录》《辅助调查员入户检查记录》《月度劳动力调查工作记录》《农民工监测调查记录》《畜禽调查工作日志》等多项记录，切实按照统计执法“双随机”抽查的工作要求，做到工作中有记录。

【调研分析】针对各专业调查内容和范围，量定调查信息、分析工作任务，针对节日、农耕备耕等时点开展专题调研，力争统计产品优质化、精品化。撰写信息分析175篇，被总队内网采用163篇。

【依法行政】渭源调查队积极开展“4·15”国家安全日法制学习和九月份统计宣传月活动，通过召开专题普法学习、组织观看专题栏目、悬挂横幅、发放宣传单、政务宣传栏张贴法治资料等多形式学习宣传，为统计法制宣传营造了良好氛围。同时，积极组织职工考取统计执法证，在下点调查过程中持证上岗。

【队伍建设】1名副科级领导按期转正，推荐主任科员1人。将地方编人员与国编人员同等管理同等培养。通过完善签到、请销假制度、外出事项报告制度，落实好调查队系统工作人员行为规范，使全体干部形成了遵规守纪的良好风气。继续完善“AB”岗制度，压实“AB”岗工作责任。单位职工外出交流学习32人次，其中，省外学习培训4人次。

【脱贫攻坚】国家统计局渭源调查队脱贫攻坚联系村为新寨联盟村，选派了驻村工作队队长，5名干部联系帮扶新寨镇联盟村20户贫困农户。通过座谈、走访、入户等形式，摸清了该村的基本情况和存在问题，并深入开展入户走访和结对帮扶工作，鼓励贫困户增强脱贫致富的信心和决心，并对群众的需求认真进行记录，制定了帮扶工作计划。积极帮办实事，改善办公设备。临近年关，渭源调查队为贫困户发放物品，以表慰问。积极组织开展体育趣味活动，丰富贫困户的业余生活。

## 工商行政管理

【概况】渭源县工商行政管理局成立于1980年11月13日，是负责市场监督管理和部分行政执法的职能部门，内设9个股室，下设1个分局、4个工商所。有干部35人，2018年退休干部2人。

【个体私营经济登记管理】加强服务平台建设，落实“放管服”改革各项措施，持续深化商事制度改革，大力推进“多证合一”“一照一码”

改革，促进市场主体稳步健康发展。发展内资企业21户，私营企业206户，农民专业合作社916户，个体工商户发展666户。全县共有内资企业172户，注册资金127682万元；共有私营企业1175户，投资者1786人，雇工7583人，注册资金623429万元；共有个体工商户12348户，从业人员16717人，注册资金111641.82万元；共有农民专业合作社1980户，出资总额197903万元，成员总数28734人。内资企业比年初增长13.9%，私营企业比年初增长21.25%，农民专业合作社比年初增长50.68%，个体工商户比年初增长8.01%。体工商户转型升级72户。

**【市场监管和行政执法】**一是加强事中事后监管，深入开展“农资市场整治”、“旅游市场整治”、“建材市场整治”、“煤炭市场整治”、“成品油市场整治”消防、安全生产大检查、文化市场及校园周边环境治理整顿等工作。二是创新监管机制，精心组织实施“双随机，一公开”市场主体经营行为抽查活动，服务经济发展。三是以打击合同欺诈为重点，深入开展格式条款监管工作及“守合同、重信用”活动，营造诚实守信、公平竞争的市场环境。查办各类经济违法案件5件，案值2110元，收缴罚没款3191元，没收冠油杂701油菜籽70包、冠油杂812油菜籽65包，罚款1500元。对全县辖区内的10户投资类公司按照“分级管理、属地监管”的原则，从公司的登记准入事项、广告经营行为、公司日常运营行为等方面全面进行了检查，确保民间投资类公司规范运营。

**【消费者权益保护】**围绕“品质消费、美好生活年”主题活动开展了丰富多彩的“3·15”国际消费者权益日宣传活动，表彰了“2017年度诚信单位”和“2017年度先进个体工商户”，接受消费者咨询76人次，发放消费维权资料15000余份。倡导先行和解、经营者先行赔付、诉调衔接等多元化、低成本的纠纷解决机制，在渭河源景区建立了先行赔付示范点。共处理各类消费者投诉案件33件，其中12315平台投诉25件，自行受理8件，调解处理25件，解诉率100%；为消费者挽回经济损失6769元，受理咨询12件。办理民生平台案件7件，为消费者挽回经济损失1.2万元，办结率100%。积极开展农村消费教育和消费教育进校园活动。在清源二小建立了消费维权进校园培训基地，积极开展了消费维权进校园进课堂活动，受教育师生2400人次。

**【商标广告监管】**商标品牌培育工作机制初步完善，商标品牌创建的领域不断拓展，商标创建逐步向劳务品牌、旅游服务、文化创意等方向拓展。为了加大品牌服务意识，在全县马铃薯和中药材产业链建立了商标品牌服务指导站2个，在会川分局建立商标品牌服务指导站1个，利用工商职能，充分发挥商标行政指导作用，帮助企业注册商标，管理商标、保护商标，引导企业走科技创新、商标运用与品牌提升的融合发展之路。

**【非公企业党建】**渭源县非公有制企业工作委员会成立于2010年5月11日，下辖4个党建工作站，分别设立在清源、会川、莲峰、北寨4个基层工商所。一是注重政策宣传，抓好非公经济领域党员思想教育。立足非公经济党组织和党员实际，创新实践载体和教育方式，通过发放学习资料、利用微信、QQ群等互联网信息平台传送等方式，引导非公经济组织党组织和党员深入学习领会习近平新时代中国特色社会主义思想和党的十九大精神等。二是创新组建方式，有效扩大“两个覆盖”。按照“五个清”的要求，抓好非公经济组织党建信息调查摸底和复查复核工作。结合工商大数据平台建设加强非公党建数据库建设，不断夯实基础，摸清党员底数，对党员实行动态管理。三是围绕组织建设保障化、教育培训系统化、组织资源整合化、创先争优常态化、作用发挥有效化、企业发展和谐化等方面制定规范标准，通过立标、对标、达标、评标，积极推进非公党建标准化建设，提升非公党建科学化水平。四是加强队伍建设，提升开展非公党建工作能力。

**【内部管理】**进一步完善了《公务接待制度》《公务用车管理制度》《财务使用公开制度》《单位请销假制度》《考勤制度》。创新机制，强化机关内部管理。严格落实党组中心组理论学习制度，积极深入开展学党章党规、学系列讲话，做合格党员活动。坚持周二学习例会制度，开展党组中心组学习10次，党员干部学习15次。为了确保单位网络畅通，指定专人定期对全系统网络设备、视频会议系统及终端进行巡查和维护，在业务办理窗口全部使用“云桌面”终端。在省市局政务网、非公党建网等媒体发表政务信息60余条，在县有线电视台宣传8次。

**【脱贫攻坚】**县工商管理局局有联系村2个，其中田家河乡田家河村派驻帮扶工作队长1名，联系帮扶干部11名，联系精准脱贫户125户；会川镇罗家磨村派驻帮扶工作副队长1名，联系帮扶干部15名，联系精准脱贫户119户。春节期间，分别为田家河村和罗家磨村12户困难老党员和贫困户每户送去清油一壶，茶叶一袋，折合资金4200元；为罗家磨村购置篮球、羽毛球拍、乒乓球拍等体育用具，价值500余元；为会川镇王家咀村贫困户侯艳菊购置了沙发、电视柜等家具，折合人民币4650元。联系大润发超市为会川镇罗家磨福和小学62名学生捐赠了学习文具、衣服用品等，价值1800余元；慰问65岁以上老党员10名，每人赠送蚕丝被一条，价值4000元。

## 食品药品监督管理

**【概况】**渭源县食品药品监督管理局组建于2013年10月，内设办公室、法规监督股、综合协调与应急管理股、食品监管股、药品监管股五个股室，下属县食品药品稽查局、县食品药品检验检测中心2个正科级事业单位；向全县16个乡镇派驻共计16个乡镇食品药品监督管理所（正科级建制），全系统核定编制98名，截至2018年12月31日现有职工96人。

**【药物质量监管】**县食药局对现有的28家药品生产企业完善基础信息档案。对全县中药饮片生产企业生产状况进行依法依规监管，对违反《药品生产质量管理规范（2010年修订）》相关规定的违法违规行为及时进行查处。大力推进“企业是药品质量安全第一责任人”监管机制，与辖区所有药品经营企业和医疗机构签订了诚信经营承诺书，并全部建立了诚信档案。通过招商对我县部分长期停产的“僵尸企业”注资3000余万元，盘活食品企业1家，药品企业6家（其中GMP企业3家、GSP企业3家）。

**【食品安全监管】**建立健全了“地方政府负总责、监管部门各负其责、企业（单位）作为第一责任人”的食品安全责任体系和监管长效机制，落实了第一责任人责任和执法人员的监管责任。现有食品生产企业18家。5月26—27日，分别在会川镇和清源镇，分两个片区组织开展了食品药品安全管理暨食品药品从业人员精准扶贫劳动力培训工作现场观摩会。全县现有食品销售经营单位2263家，餐饮单位527家。在责任靠实上，坚持问题导向，开展全覆盖约谈，共约谈148场次，约谈1.2万余人次。在源头监管上，强化源头风险管控，积极开展了农业投入品、农资打假、“三品一标”、肉及肉制品等一系列专项整治和深化食用农产品例行抽检工作。在小餐饮监管上，在全省范围内首次对牛肉面馆等小餐饮经营单位制售凉菜（小菜）行为实行许可制度，要求制售凉菜（小菜）必须建立凉菜专间并取得许可。针对县城区小餐饮摊点“小、散、乱”，经营条件达不到食品经营许可标准，且又无法实施改造的现状，统一规划建成了源达美食城等小餐饮集中经营场所，实行“六统一”管理。在强化集体聚餐风险管控上，率先推行集体聚餐承办单位必须设立备餐专间风险控制制度。

**【中药材中药饮片专项整治】**制定印发《渭

源县2018年药品生产监管工作要点》《关于进一步加强中药饮片生产企业实验室规范化管理的通知》和《关于加强药品实验室易制毒化学品等试剂管理的通知》等专项整治保障文件，对我县中药饮片生产企业开展集中约谈告诫活动3次，其中邀请省市食药监局开展2次。切实加强实验室数据可靠性核查和易制毒化学品、毒性试剂的管理专项整治工作，已对辖区内6家企业下发责令改正通知书并定期复查整改结果。推荐辖区内中药饮片生产企业6名化验员分别在甘肃省药品检验研究院、定西市药品检验检测中心、天水市药品检验检测中心开展了为期1个月的培训学习；组织全县中药饮片生产企业50余人参加了省药学会举办的检验培训班和质量授权人培训班。

**【药品医疗器械流通监管】**现有药品批发企业7家，药品零售企业58家，各类医疗机构307家。深入开展“双随机”飞行检查和药械流通领域专项整治，邀请市药品检验检测中心中药鉴定专家现场指导，对12家城乡接合部的个体诊所、零售药店、乡镇卫生院等开展监督抽验工作，共抽样19批次。年内共开展飞行检查72次216人次，下发责令整改通知书41份，查处药械违法案件74起，处罚没款13.8万余元，移送司法机关案件2起。

**【保健食品和化妆品监管】**全县现有保健食品经营单位87家，化妆品经营使用单位338家。在保健食品和化妆品监管上，建立健全辖区保健食品化妆品经营企业的基本信息、产品信息、监管信息等基础档案；贯彻落实保健食品化妆品相关法律法规和省市局相关制度规定，向重点化妆品经营使用单位发放监管告知书40余份，并签订质量安全承诺书、化妆品安全责任书，印制保化经营企业“八不准”宣传资料200余份，已张贴监管责任公示栏20余家；督促保健食品化妆品经营使用企业建立健全进货查验、索证索票、进销台账等制度，确保产品质量安全；开展保健食品化妆品经营企业监管230家次，出动执法人员530人次，立案查处4起违法经营化妆品案件，处罚款2634元。

**【宣传培训】**紧紧抓住“3·15”、“12331”和“食品安全宣传周”等主题宣传活动时机，采取多渠道、多形式的宣传方式，广泛动员社会各界积极参与食品安全监督，同时在各乡镇举行的运动会和山会庙会期间进行了宣传，发放12331宣传纸杯20万个、农村自办宴席食品安全宣传折页50000张、《食品安全法》读本10000册、《食品安全法》十大亮点宣传册30000份，《甘肃省食品小作坊小经营店小摊点监督管理条例》宣传读本3000册，制作食品安全文化墙10面，食品药品安全宣传标语条幅250张，在交通汇集、人流量较大处设立食品安全宣传牌6块。

**【依法行政】**2018年1—5月共立案查处各类违法案件158起，结案117起，其中一般程序75起（食品46起，药品25起，化妆品4起），简易程序42起（食品36起，药品6起），收缴罚没款约18万余元。

**【应急能力建设】**成功举办了全省首例食品安全突发事故（Ⅳ级）实战应急演练。各参演单位共计263人从“实战”出发，从事件接报、启动应急响应程序、现场指挥调度、事件原因调查、执法过程及执法文书制作、法律适用、现场快速检测及抽样、正确应对媒体等方面全方位展示了一般性食品安全事故的应急处置全过程，提高了我县应对食品安全突发事件过程中指挥调度、协调配合、快速反应、高效处置的能力。

**【脱贫攻坚】**县食药局帮扶村为上湾镇凡家岻村和秦祁乡岗家岔村，确定27名帮扶干部对84户贫困户进行帮扶。派出6名科级干部担任驻村工作队队长和3名一般干部担任驻村帮扶工作队队员。春节慰问老党员、贫困党员6名，发放慰问金1200元。衔接为岗家岔村部帮扶配备篮球架一副、乒乓球台2张以及健身器材一套12件，价值5万多元。帮扶干部为贫困户进行物资帮扶，共捐赠现金450元，捐赠字画、衣物、务工应急包、茶叶、大米、纯牛奶等物品三十多件，折合人民币四千多元。为单位派出驻村帮扶工作队成员每人购买了400元的人身意外伤害保险，共计3600元。开展慰问派出驻村工作队队长、队员活动，发放价值100元的茶叶9斤，一次性纸杯900个，现金1800元，共计2826元。为凡家山村帮扶脱贫攻坚办公经费2000元。筹资3.8万元对通往下湾社的2.5公里通社道路进行了拓宽取直铺砂改造；筹资3.25万元发展岗家岔村建设麦麸醋扶贫车间。

## 物价管理

**【概况】**渭源县物价局与物价检查所合署办公，其内设机构有办公室、综合业务股、价格认证中心。截至2018年12月31日有工作人员13人，其中正科级干部1人，副科级干部2人，主任科员1人，副主任科员2人，事业人员4人，工人3人。

**【价格监管】**一是对农副产品购销价格、城市居民副食品价格、城市居民日用工业品价格、工业生产资料价格及农产品价格和涉农收费、城市居民服务价格6大类165种商品进行市场价格监测，每周给市发改委和县政府报送监测结果，并在渭源党政网上定期进行公布。二是元旦、春节、五一、中秋、国庆等节假日期间，对超市、大型药店以及农资市场进行了检查。三是联合县住建局进一步规范了渭源县商品房销售价格行为及物业服务收费，召开了由各物业公司、开发企业参加的商品房后期配套费用及物业服务收费标准政策提醒告诫会，下发了关于严禁收取供热供水领域配套费用和责令整改违规收费的通知。四是继续完善了《渭源县价格异常波动应急预案》，提高了价格应急工作管理水平。五是制定印发了《关于在市场体系建设中建立公平竞争审查制度的实施方案》《关于清理现行排除限制竞争政策措施的工作方案》，为有序清理及废除妨碍统一市场和公平竞争的各类存量政策提供了依据。

**【价格调整】**落实成品油价格调整。清理规范转供电环节加价工作。共检查了28家转供电主体、涉及868户终端用户，退款87800.52元。转供体电价全部降价到位。

**【收费管理】**开展了水价摸底调查、污水处理费摸底调查、殡葬服务费调查、养老院收费调查、城区停车收费情况摸底调查、住宅小区物业管理情况的调查，并上报了调查报告。对全县行政事业收费情况进行了及时清理，对收费项目进行了及时调整。调整了渭源县第二幼儿园、麻家集毗达村幼儿园、上湾镇上湾村幼儿园等晋升等级幼儿园的收费标准。批复了渭源县中医医院养老院服务收费标准（试行）。

**【价格监督检查】**一是开展了元旦、春节、五一、国庆等节日期间市场物价检查，成立12个检查小组，参加检查人员56人（次），共计检查单位40户，个体运营户15户。通过检查，有效整顿了哄抬物价，串通涨价等扰乱市场价格秩序的价格违法行为，保持了节日期间市场价格的稳定。二是开展了“三供一电”价格重点检查工作，共检查单位6家，分别为西安华通新能源股份有限公司渭源县分公司、甘肃省广播电视网络股份有限公司渭源县分公司、渭源县供热中心、渭源县万宝供热有限公司、渭源县渭水源供热站、渭源县给排水公司。三是开展了烟酒市场价格专项巡查，重点关注烟酒市场价格变化、库存数量、库存周期变化等情况。四是开展了旅游行业价格行为集中整治活动。对渭源县境内的5个景点分别检查各5次，对门票、停车场等开展了重点检查。五是开展了涉企收费专项检查。重点对各类乱收费行为进行了检查，要求相关责任单位不得出现在收费后不按规定用途使用的行为，不得出现强制服务、强制收费或搭车收费等乱收费行为。六是开展了医疗卫生服务专项检查，成立医疗卫生服务价格监督检查组，利用1月时间，对县医院、中医院、中西医结合医院、各乡镇卫生院的各项收费进行了细致的监督检查。七是开展了商品房销售明码标价专项检查。与住建局配合，集中开展了商品房明码标价专项检查。八是开展了旅游行业价格行为专项检查，从检查的情况看，大部分旅游行业经营者都能够认真执行国家价格政策，各景区都能严格执行国家明码标价的有关规定，在售票处醒目位置公示了门票价格、售票办法及门票减免范围和标准。

**【成本调查】**围绕重点领域，坚持市县两级联动，积极开展各项价格成本监管工作，为价格决策提供有效保障。组成工作组对渭源县首阳山景区门票成本进行了调研；联合市成本调查队对渭源县渭河源景区门票成本进行了调研。对渭源县北部和东南部农村供水成本、城区自来水成本进行了监审。

**【价格公共服务】**一是实行物价监督员进驻市场制度。选派2名干部经常进驻城区市场，不定期深入会川、莲峰、北寨集贸市场，与工商部门配合，采取公布市场行情、设立公平秤、明码标价等措施，监督和指导农贸市场交易价格，规范市场价格行为，维护了公平竞争，强化了价格诚信建设，有效遏制了价格欺诈、欺行霸市等价格违法行为的发生。二是加强了农副产品和食品的市场监测和监管，进行定期监测，将检测结果在网站和微信上公开公布。三是向社会公布了“12358”价格举报电话，开通了“12358”网络举报平台，共计受理价格政策咨询40人（次），受理价格举报案件11起，都及时予以办结。对群众的投诉举报切实做到件件有落实，事事有回音，回复率、办结率均为100%。

**【价格基础】**一是加大价格法律法规的宣传力度。开展了“3·15”消费者权益保护日宣传咨询活动。二是加强依法行政工作。单位取得了甘肃省行政处罚实施机构资格证，9名同志取得了行政执法证，9名同志取得了中华人民共和国价格监督检查证，做到了单位具备行政执法主体资格，行政执法人员持证上岗，执法主体和执法人员资格合法有效，执法责任明确，执法案卷完整规范，建立健全依法行政工作报告制度和行政执法责任制，规范执法行为。三是积极开展价格认定工作。价格认证中心严格按照《价格认定行为规范》和《价格认定文书格式规范》开展工作，遵循合法、客观、公平、公正、科学、及时原则，价格认定人员持证上岗，开展了涉案物品的价格认证工作。共计受理价格认证案件5起，办结5起。

**【脱贫攻坚】**开展精准扶贫“一户一策”帮扶工作，单位9名帮扶干部帮扶46户精准扶贫户。多次入户调查了解贫困户生产生活情况、收入情况、家庭人口结构、住房情况、子女教育情况以及各类优惠政策到户落实情况，逐户列出了需求清单，根据每户的实际情况，制定了具体增收计划，规范完善了“一户一策”。多方筹措资金为张家湾村配置电脑一台，改善了办公条件，为精准扶贫户发放玉米点播机80台，衣物360多件。组织干部深入到清源镇张家湾村开展“大走访大排查大讲习大帮扶”活动。

## 质量技术监督

**【概况】**渭源县质量技术监督局现有6个内设机构，办公室、质量监督管理室、计量室、标准化室、特种设备安全监察室、稽查队；1个下属事业单位质量技术监督检测所（副科级）。局机关有领导班子3人，工作人员2人。检测所有所长1人，工作人员2人。

**【产品质量监督管理】**抽建筑用砖4批次、燃煤3批次、眼镜10批次，PET汽水瓶1批次，检查合格率100%。对富民机动车检测有限公司和渭源县振达建筑工程检测有限公司2家资质认定检验检测机构实地检查。

**【名牌产品培育和地理标志保护】**制定了《渭源县2018年名牌产品培育和信用等级评价企业培育计划》。鼓励引导甘肃渭水源药业科技有限公司申报2018年度甘肃名牌产品，协调指导企业名牌培育工作，指导企业名牌申报和信用等级评定工作。该申报企业已全部通过质量信用等级评定和质量ISO9001认证，全部通过了甘肃2018年名牌产品评审专家组现场评审。

**【标准化监督管理】**开展辖区内相关生产企业生产标准执行情况检查，共开展检查24人次；协调申请办理条码2家企业，指导企业完成企业产品条码申请。联合举办全县政务服务指南培训班。帮助指导全县38个县直单位1937项行政服务事项制定标准化服务指南。

**【计量监督管理】**免费对全县12个集贸市场、商业门店等贸易结算以及500公斤以下计量衡器、企业用于安全防护用的压力表的强制检定。检定各类衡器及电子秤1204台件。开展辖区内企业实验室计量器具集中统一检测，对县计量所能够检测的计量器具实行上门计量检定服务。制定2018年培育“计量确认”企业名单，将甘肃渭水源药业科技有限公司等2家企业纳入18年培育计划。结合“5·20世界计量日”宣传活动，并向企业及时宣传计量器具检定免费等政策，开展计量知识宣传

**【特种设备安全监察】**落实“党政同责、一岗双责”制度，签订了电梯使用安全承诺书9份，电梯维保安全承诺书8份。协助县环保局完成全县10蒸吨以下燃煤锅炉拆除工作。电梯安全集体约谈4次，安排了电梯安全隐患排查治理专项工作。开展特种设备安全互查工作，与通渭、陇西县质监局开展交流检查，交换检查相关企业3家。服务“药博会”等重要会议，安排人员对承担接待任务电梯重点值守，监督维保专业技术人员24小时轮流值班，保障电梯安全运行。

**【食品生产质量安全监管】**成立2018年局食品安全领导小组，结合2018年全县食品安全主要工作任务，制定了全年食品安全工作安排，确保各项具体工作落实到位。对全县食品包装材料、工器具等相关产品做好质量安全抽检。对全县生产食品相关产品的企业进行摸底排查，做好企业建档工作，规范监管水平。

**【认证监管】**根据市质监局统一部署，严肃查处认证违法行为。围绕强制性产品认证，开展质量安全专项整治行动，要求认证机构督促获证企业严把认证质量关键控制点。严厉查处无证生产、销售和假冒伪造认证标志、证书行为，进一步落实自愿性认证领域监管机制，确保认证质量。

**【稽查打假】**一是有效开展“质监利剑”执法活动，对经营销售的化肥、农药、地膜等农资产品进行质量检查，共出动执法人员14人/次，共检查县城及周边16个乡镇农资经销商30家。二是深入开展加油机专项整治行动。积极对4家加油站进行检查。重点检查以不合格品冒充合格品、以次充好等违法行为，严厉查处加油站缺斤短两，利用加油机作弊行为，通过检查未发现质量计量问题。

**【技术机构建设】**一是加强单位下属质量技术监督检测所计量检测设备，新购置2吨砝码用于电子汽车衡器检测，提升检测水平。二是加强检测人员培训，选派计量检测人员去定西市安定区计量检测所学习3天，规范检验检测实际操作记录以及检测证书打印。

**【法制宣传】**一是深化“法律进机关”活动，不断提高依法管理和服务社会的水平。二是充分利用各种新闻媒体和“3·15”消费者权益保护日、“5·20”世界计量日、发放宣传资料等形式，面对面为消费者进行产品质量、计量、标准化、特种设备安全等法律知识的宣传咨询服务。三是以强化服务为抓手，深入企业开展质量法律法规宣传教育，帮助企业加强质量管理，不断提高企业质量法制意识和管理水平。四是严格落实依法行政，整顿和规范市场经济秩序，建立了打假责任区，落实了打假责任，开展了专项打假。

**【质监队伍建设】**加强单位执法人员培训，选派1名执法人员参加省局举办执法培训班1次。

加强单位质量管理人员培训，选派6名质量管理人员参加省局举办质量管理提升培训班2次。积极贯彻落实县委县政府关于脱贫攻坚各项政策。单位选派2名优秀年轻干部为精准扶贫工作队队长，4名脱贫攻坚帮扶责任人，参加县扶贫办举办帮扶责任人员培训4次。

**【脱贫攻坚】**县质量技术监督局帮扶庆坪松树村。研究帮扶计划措施，了解种植养殖、发展产业基本情况。春耕期间及时深入双联户脱贫户家中，发放农资打假宣传资料，向群众讲解农资化肥辨假识假信息。给加工中药材的农户讲解质量品牌知识，提升质量品质，增加产品附加值。向联系村提供办公电脑1台。向联系脱贫村帮助绿化树苗10000株。为两名工作队长解决驻村生活用品（米面油、被褥等）价值2000元；为帮扶村村房屋建设和修建围墙帮扶资金1万元。

## 安全生产监督管理

**【概况】**渭源县安全生产监督管理局（以下简称县安监局），综合管理全县安全生产监督管理工作。现有干部18人，其中中共党员14人；大学学历9人，大专学历8人，中专学历1人。

**【控制指标】**2018年1—12月份共发生安全事故2起，死亡2人，直接经济损失64.05万元，无受伤人员。其中，道路运输业事故1起，死亡1人，直接经济损失0.05万元；电力供应业事故1起，死亡1人，直接经济损失64万元。各项指标均在市政府下达的控制指标范围之内。

**【安全责任落实】**一是县委常委会、县政府常务会议专题学习安全生产规定、研究安全生产工作16次，县委中心组专题学习中共中央国务院《地方党政领导干部安全生产责任制规定》、省委省政府《地方党政领导干部安全生产责任制规定实施细则》《甘肃省政府安全生产监督管理责任规定》3次。县委、县政府主要领导经常听取安全生产工作汇报，主动落实“党政同责，一岗双责”制度，率先垂范，亲力亲为，先后4次带队深入乡镇、部门和企业开展督查检查，现场解决突出问题。二是县安委会各成员单位严格贯彻落实《甘肃省政府安全生产监督管理责任规定》，按照“管行业必须管安全、管业务必须管安全、管生产经营必须管安全”和“管安全生产必须管职业健康”的工作要求，扎实安排部署本行业领域安全生产工作，与各企业层层签订安全生产责任书，组织人员深入企业开展安全生产督查检查，实现了安全生产监管的全覆盖。三是全县各生产经营单位严格落实《甘肃省生产经营单位安全生产责任规定》，扎实推进标准化建设、“双体系”建设。全县有13户企业“双体系”建设成效明显，其他企业也积极行动，建立了全员安全生产责任制度，从法定代表人、实际控制人到一线员工，层层建立安全生产责任制，层层明晰岗位清单，落实一岗双责。四是县人大、县政协充分发挥依法监督和民主监督职责，加大对安全生产工作的监督。5月份，县人大常委会组织开展了《道路交通安全法》执法检查，对全县道路交通领域安全进行了全方位检查，人大代表对有关部门履行职责情况进行了质询。6月份，县政协组织部分政协委员对全县安全生产工作进行对口协商监督，形成了《全县安全生产工作对口协商报告》，并呈报县委转发。五是工青妇等群团组织充分发挥联系群众紧密的桥梁作用，积极开展“安全生产月”、“安康杯”知识竞赛、青年岗位比武等活动，倡导广大群众参与安全生产宣传教育，为全县安全生产工作注入了新的活力。

**【事故隐患排查治理】**隐患排查作为预防安全事故的有效抓手，通过在各行业开展专项整治行动，从源头上强化安全事故的预防和控制。1.道路交通安全方面：开展“道路运输行业安全生产月大检查活动”“道路运输行业安全生产打非治违专项活动”“道路运输平安年”“扫黑除恶”“平安交通百日行动”和“生产经营单位安全生产主体责任落实年”等一系列安全生产活动，督促道路运输企业不断完善和建立健全安全生产规章制度，强化安全生产现场管理，加强对从业人员的安全教育培训，进一步提高了企业的主体意识和安全防范意识。期间共检查运输企业、客运站（场）安全生产工作80余次，召开安全生产部署会、研究会12次，抽查检查客运车辆驾驶员、从业资格证、安全员证3000多人次，深入企业与驾驶员交流分析安全现状，发放安全隐患及意见督导书300多份，督促企业加强整改。排查市级督办道路安全隐患点段5处，建立道路安全隐患台账，对已排查治理的危险路段全部录入全省《道路安全隐患排查信息系统》。5处隐患路段已全部整改并验收。严查各类交通违法行为68291起，其中现场查处16392起，非现场查处51441起，饮酒驾驶347起，醉酒驾驶111起。2.住建领域安全方面：开展防坍塌、高处坠落、物体打击、机械伤害、触电等为重点的专项治理活动5场次，排除安全生产隐患89处，有效防止了较大以上事故发生。开展安全、质量专项检查6次，排查出共性质量、安全隐患282条，累计发放停工通知书33份，发放整改通知书51份，并严格督促各施工单位进行整改，确保了建筑工程安全质量。开展了市政工程安全专项治理，重点对城区内公园、广场、街道绿化安全工作进行检查，对15棵遇到大风暴雨易倒伏的树木进行伐除，并修整扎护围栏2000余米，维修与更换护栏50余处、长度约1200米，修补城区道路2600平方米，铺设人行道路彩砖1600平方米。维修、更新损坏、丢失的井盖153个，清通下水122处，清理雨水篦子810个，更换损坏道沿石500块，修复损坏景观灯145盏，更换路灯156盏，及时排除了道路安全隐患。加强对2家燃气供应企业、1家燃气施工企业的安全管理，发出责令整改通知书6份，责令停产整改1家。3.危险化学品和烟花爆竹安全方面：组织县公安、安监、工商、质监等部门，采取联合执法的形式，严厉打击查处非法生产、经营、运输、储存、燃放烟花爆竹的行为，共检查各类烟花爆竹经营摊点43处，下发各类文书66份，对发现的各类隐患全部限期整改，取缔非法经营摊点27个，全县基本实现专店经营，消除了前店后宅、下店上宅和露天连片集中销售烟花爆竹的行为。继续开展危险化学品安全综合治理。检查加油站10个，液化气站2个，发现各类隐患46条，全部限期整改，下发各类执法文书12份。开展易制毒化学品专项治理1次，检查企业6家，发现隐患62条，下发执法文书6份，责令限期整改。4.非煤矿山（含砖瓦制造业）安全方面：在非煤矿山专项治理中，开展了“五化”建设、“双体系”建设以及标准化创建，高陡边坡、机械伤害、火灾防范、车辆伤害专项治理等一系列活动。检查企业21家，下发执法文书43份，发现隐患144条，全部责令限期整改。开展非煤矿山企业安全风险辨识，分级评估，划分等级，绘制了四色图，制作了告知牌、隐患排查清单，各企业安全预控能力得到切实提高。机械化、自动化、信息化、智能化、标准化的“五化”建设已全面开展。非煤矿山地面生产生活设施改造提升工作开展以来，我县严格落实《甘肃省金属非金属矿山地面生产生活设施安全建设指南（试行）》要求，组织安监、国土、水务以及有关乡镇联合行动，对不符合要求的易燃夹芯彩钢房进行排摸，督促企业对住人的易燃夹芯彩钢房坚决拆除，拆除住人易燃夹芯彩钢房300平方米。5.消防安全方面：一是人员密集场所整治。全县39家重点单位已全部录入基础信息，建成重点单位微型消防站15个。约谈培训重点单位负责人2人次，开展联合检查3次，督促19家消防控制室单位签订维修合同，17家接入物联网远程监控系统，督促人员密集场所等各类社会单位安装独立式感烟火灾报警探测器80个，15个消控室在甘肃省消防控制室管理平台注册，94名值班人员平台注册，开展六熟悉演练活动70余次，与重点单位微型消防站开展联勤联训活动2次。二是开展电动车火灾隐患整治。县政府印发了《渭源县电动车消防安全综合治理工作实施方案》，对工作目标、治理内容、工作安排、职责分工及要求做了全面安排部署。排查住宅小区32处，开展物业住宅小区培训演练3批次20余场次，发放张贴电动车消防安全综合治理通告700多份，累计督促整改私拉乱接电线充电、楼道内停放电动车等隐患问题70余处，通报并督促相关负责人整改电气线路老化、敷设不符合要求、相关工种人员配置未持证上岗等方面隐患40余处；协调各开发商、物业企业建设电动车固定充电场地5处，对无地下车库等相关设施的及时指定统一停车位，开展常态化安全检查和经常性宣传教育，联合住建、物业企业建立了定期宣传教育和培训演练机制。三是开展高层建筑火灾隐患专项整治。我县共有高层建筑118栋，其中公共建筑9栋（宾馆酒店3栋，商厦2栋，医疗3栋，养老院1栋，公安局业务用房1栋），纯住宅23栋（3栋在建），商住楼86栋（25栋在建），在建工地7处。在高层建筑整治期间，县政府组织了召开全县高层建筑消防安全综合治理工作会议，印发了《渭源县高层建筑消防安全专项整治方案》。消防、住建等部门开展了联合检查，对118栋高层建筑建立了排查整治情况台账，与物业服务企业签订责任书21份，推动配备专兼职消防安全经理人23名，配备专兼职楼长40名，与有消控室物业小区微型消防站开展联勤联训4次，督促有消控室物业小区人员参加消防控制值班职业资格证书考试，4人取得证书，开展物业服务企业从业人员约谈培训2次，开展消防安全培训演练活动23场次，督促整改高层建筑消防设施故障、损坏、瘫痪等各类消防安全隐患问题80余处，依法处罚4家物业服务企业。6.其他领域安全方面：工贸企业专项治理共检查企业33家次，发现隐患231条，责令限期整改231条；下发各类执法文书37份；开展工贸企业有限空间作业和粉尘防爆专项整治活动，检查企业21家，确认有限空间35处，发现隐患91条；下发执法文书42份，对存在的安全隐患责令限期整改。特种设备方面，重点开展了特种设备专项检查；巡查特种设备使用单位75家次，检查特种设备300台（套），发现一般隐患5处，现场下达《特种设备安全监察指令书》3份，已完成整改3处。开展了校园周边环境整治，汛期安全生产专项检查等活动，集中消除了一批安全隐患。

**【安全宣传】**认真组织开展了“安全生产月、安全生产万里行”活动。以安全生产大检查、大排查、大整治活动为抓手，以举办宣传咨询日、安全与应急知识网络竞答、安康杯知识竞赛、119、122、安全生产法宣传周为平台，以发放宣传小册子、播放安全生产知识专题片、手机发送安全知识短信、张贴安全生产标语口号为宣传方式，深化开展安全生产宣传教育，利用“三字经”、“五字经”、书画展、安全知识讲座、宣传彩页、横幅、标语等丰富多彩的活动把安全生产知识送进企业、学校、农村、家庭和单位，营造了浓厚的安全生产宣传氛围。期间，发放宣传资料3000多份，宣传画册200多份，企业职工安全教育培训手册1000册。深入粮食局、能源办、公路段等单位开展安全“七进”宣讲5场次，受训人员近1000人。建成县级安监微信公众平台1个，安监群60个，乡级安监群19个，村级安监群217个，企业微信宣传群96个。各行业主管部门分别建立了各自的安全宣传微信群，渭源安监、渭源交通宣传群、渭源公安交警私家车宣传群等微信成员超过300人。

**【安全生产应急救援】**县安监局修订完善《渭源县安全生产应急救援预案》及各专项安全生产应急救援预案，明确应急救援体系建设目标、内容、要求和步骤，做好物资保障工作，增强对突发事件的应急救援能力。依托临渭高速等重大建设项目开展了预防高处坠落、防汛、防火应急演练，组织行业部门开展了以家庭火灾救援为主的消防演练，组织全县8家危险化学品经营企业、8家电梯使用单位开展了应急救援演练，通过开展多种应急演练活动，有效提升了各类安全事。

【安全监管队伍建设】一是强化经费保障。将安全生产专项经费纳入财政预算，先后拨付安全生产专项经费45万元，保障了安全生产的正常运转。二是提高能力素质。将安全生产培训纳入县委党校、行政学院教学计划，对各级各类人员进行安全生产教育培训。县安委办牵头，举办了全县安监人员培训班1期，120人参加了培训。积极选派参加各类安全生产培训，先后有26人次参加了省市培训，安全监管能力得到大幅提升。三是壮大安监队伍。为县安监局充实年轻干部2名，调整乡镇安监人员17名。四是保留执法车辆。车辆改革中将原有执法车辆予以保留，极大方便了执法用车，特别是提高了事故出现场的速度。

## 国土资源管理

【概况】渭源县国土资源局是县政府负责土地管理和矿产资源管理的行政执法部门。现设局长1名，副局长3名，纪检员一名，局机关内设6个业务股（室）：办公室、矿管站、地籍股、测绘办、项目办、法制信访股；下属4个事业单位：土地执法监察大队、土地储备中心、土地交易中心、不动产登记事务中心，下属5个国土资源中心所：清源国土资源中心所、会川国土资源中心所、莲峰国土资源中心所、北寨国土资源中心所、田家河国土资源中心所。

【脱贫攻坚】选派出3名副科级干部分别担任路园镇双轮磨村、大路村，新寨镇宽川村任驻村帮扶工作队队长，派出3名一般干部任帮扶队员，确定42名干部职工对帮扶村231户贫困户进行结对帮扶。组织帮扶干部进村入户，了解群众意愿，讲解扶贫政策，确定扶贫项目，认真填写产业扶贫项目摸底表，做好产业帮扶计划。发挥部门优势，在路园镇双轮磨村、大路村共实施土地整治项目4个，项目辐射周边三河口、胜利、锹甲铺以及莲峰团结、绽坡等村，总投资7505万元，新增耕地2100.15亩，修建农渠38837.15米，田间道路91908米，生产路22363米，植树25177株，有效改善了帮扶村生产生活和人居环境。在金鸡扶贫项目确定后，确定专人配合项目建设落地工作，积极开展项目用地选址、流转、供地等工作，保证了项目的顺利建设。给路园镇大路村帮扶电脑一台，打印机一台，复印纸一箱，块碳一吨；给新寨镇宽川村液晶电视1台，复印纸及办公用品若干，折合现金3000元，衔接争取给村部硬化场地200多平方米，折计36000多元。春节前后及节假日期间，组织帮扶干部对所有帮扶贫困户进行了慰问，为贫困户送去大米、化肥、衬衫等慰问品，总计折合现金19000多元

【规划落实】一是严格执行土地利用总体规划，修改路园镇土地利用总体规划1次，修改面积24.56亩，已经市政府批复；修改县级土地利用总体规划1次，修改面积42.402亩，已通过专家评审。二是认真开展建设用地初审工作，严格按照《建设用地预审管理办法》和土地利用总体规划，对项目用地进行了规划初审，共完成用地初审29宗。三是严格按照下达的年度计划指标报批用地，完成了土地利用计划指标执行情况的报备工作。四是全力推动城乡建设用地增减挂钩工作。通过排查各乡镇上报易地搬迁已拆迁恢复（计划恢复）宅基地154户面积80.85亩。委托省国土资源规划院编制了渭源县城乡建设用地增减挂钩实施方案，并通过审查和批复。严格设计开展复垦工作，旧宅基地已拆除84户，面积为41.03亩，其中已复垦祁家庙镇、庆坪镇23户，面积为11.83亩，其余已拆除户正在抓紧土地复垦工作。严格执行矿产资源总体规划。

【耕地保护】一是认真落实最严格的耕地保护制度。严格落实基本农田保护“七有”和“五不准”制度。全县耕地保有量8.617万公顷（下达耕地保有量指标8.4882万公顷），基本农田保有量6.746万公顷。二是与各乡镇签订了2018年国土资源管理目标责任书，分解了工作任务，明

确了奖惩办法，将耕地保护目标全部纳入各级人民政府年度考核评价体系，靠实工作责任。三是完成高标准农田建设任务，开展了统一上图入库工作，并完成了土地整治规划数据库汇交工作。四是2018年实施土地整治项目6个，项目总投资2863万元，建设总规模1688.56公顷，新增耕地6.37公顷。甘肃东部百万亩土地整治重大工程子项目已通过省市级验收和完成评估总结工作。

**【建设用地管理】**一是建立了建设用地远程报批系统，严格建设用地审查报批工作。2018年共审批2个批次3.7885公顷，均为城镇批次用地。上报市国土局待批5个批次19.6798公顷。二是对全县重大项目临时用地进行实地踏勘和上报。三是按照时间节点，积极配合省厅做好批准建设用地的备案工作。四是完成县域内征地拆迁工作。定临高速征地方面，登记造册征收土地468.7亩，其中永久性征地358.8亩，临时征收土地109.9亩，拨付补偿资金999.38万元，对乡镇上报的征地补偿花名册进行了核对、公示，征地补偿款已全部拨付到位。渭武高速征地方面，签订征地补偿协议811.7027万元。已拨付500万元，待剩余补偿款拨付后，将及时拨付相关乡镇，督促按时兑付到农户手中。G310线渭源段方面，对相关乡镇上报的G310三期征地补偿花名册进行了审核，共征收土地93亩，核拨征地补偿款819.64万元。五是完成县城区其他项目的征地，征地严格按照《征用土地公告办法》规定执行，按照“一折通”发放土地补偿费，无挪用和拖延兑付补偿费现象。六是对兰渝铁路、兰海高速征地遗留问题进一步解决，对于弃渣场、取土场、弃土场、拌和站和生活区等临时用地的恢复情况会同相关部门进行验收，及时交付群众耕种。

**【地籍管理】**一是第三次全国国土调查工作。成立了渭源县第三次全国土地调查领导小组，制定了工作方案，印发了《关于开展第三次全国土地调查的通知》（渭政办发〔2018〕8号），通过公开招标方式确定了作业单位，签订了合同，完成了资料收集、人员培训等工作，正在开展内业资料分析，保证了调查进度。二是农村房地一体权籍调查工作，县辖16个乡（镇）、217个行政村，应调查宗地约78255宗，按照2018年应完成总量的70%的任务量计算，应完成54781宗，截至2018年11月16日，完成13个乡镇156个行政村55679宗外业调查（其中已零星发证540宗），占应调查宗地的71.15%，落实工作经费50万元。三是2017年共下发监测图斑370个，监测面积3234.2亩，图斑下发后抽调专人，据实逐一核查、变更，数据库变更已通过国家验收。

**【不动产登记】**一是登记发证工作。累计颁发不动产产权证书2454件，颁发不动产证明1761件，共4215件。二是窗口建设情况。不动产登记事务中心于11月2日整体搬迁入驻县人民政府政务服务大厅，在大厅设置了三个受理窗口，后台工作人员6人，实现了“最多跑一次”，及“一窗受理、集成服务”的目标。三是信息管理基础平台建设情况。县不动产登记信息管理基础平台建设于9月份完成了自验工作，10月初通过市级验收工作。四是存量数据整合及汇交情况。第二次城镇地籍调查2400宗，完成数据转换2102宗，其中住宅小区92宗，整合率达87.6%；房产登记存量数据已接入不动产登记信息平台18007条；“三权”调查宅基地使用权74001宗，已完成数据转换71347宗。五是窗口作风整治工作开展情况。制定了《不动产登记窗口作风问题专项整治整改工作方案》，建立了整改台账，明确了责任领导和整改时限，成立了窗口作风专项整治整改工作领导小组，围绕省市列出的作风、业务和廉政三个方面可能出现的11项具体问题逐项进行自查整改，目前均已整改到位。

**【土地利用】**一是严格落实土地利用动态巡查制度，及时更新监测系统中公开出让土地供应信息和储备地块信息等，并及时填报了宗地坐标数据，确保土地供应信息完整准确。加强国有土地使用权的供后监管，督促用地单位按合同约定时间开、竣工，有效遏制了私自改变土地用途、造成新的闲置土地现象的发生。二是加大批而未供土地处置力度。2010—2012年审批建设用地57个批次，审批面积404.956公顷，已供地349.4259公顷，未供面积55.5301公顷，供地率86.29%；2013—2017年共审批建设用地60批次，审批面积594.6791公顷，已供应面积391.4631公顷，未供面积203.216公顷，供地率65.83%。三是加大了闲置土地查处力度，监测系统中认定我县疑似闲置土地三宗，面积4.9438公顷，经核实，有两宗地已开工建设，一宗由于征地拆迁遗留问题还未处理到位，暂未开工建设。四是储备土地9宗，储备面积19.3041万平方米，公开出让8宗，面积17.4413万平方米，出让金额1.14亿元。五是制定了公共服务项目用地基准地价，并进行了公布；按照时间节点，提交了耕地质量等级调查评价与监测数据成果，通过了相关验收。六是完成了土地储备专项债券的申报工作，申报土地储备专项债券项目7个，总计2亿元。

**【矿产资源管理】**一是全面落实矿业权设置方案制度，凡符合条件的新设矿业权全部采取招标拍卖挂牌方式出让，发挥市场配置资源的决定性作用，加强矿业权二级市场监管，规范矿业权转让，到期采矿权全部实行有偿延续，矿业权市场化配置率达100%。二是督促矿业权人完成了规范填报2017年度矿产资源勘查开采信息工作和2017年度非煤矿山矿产资源开发利用、储量统计工作，共有企业33家，完成了33家，完成率100%。三是全面强化动态巡查工作，对矿山企业开采生产、安全生产、恢复治理、储量动态管理等方面进行全面督查，共督查48次，逐矿建立了矿山储量动态监测台账，对企业各方面存在的问题，下发《整改通知书》10份。四是加强矿产资源管理，规范我县矿产资源开采秩序，在全县砂厂整治的基础上，继续巩固整治成果，加大了对非煤矿山企业的巡查力度。五是开展了渭源县第三轮矿产资源规划编制工作，规划文本已通过市局评审。六是在征求环保、安监、水保、农牧、水务、林业、旅游等相关部门意见基础上延续采矿许可证到期企业1家，另10家企业延续手续正在办理中。

**【地质环境】**一是高度重视地质灾害防治工作，年内共排摸确定地质灾害隐患点数56个，涉及农户1017户5562人，确定监测员55名。二是制定了《渭源县突发性地质灾害应急预案》和《渭源县2018年地质灾害防治方案》，并汇报县政府批准执行。同时，完成了《2018年地质灾害综合防治体系实施方案》的编制，并严格落实到位。三是严格落实地质灾害速报、月报、24小时值班等工作制度，汛前及时召开地质灾害监测员培训会议，在每个隐患点都确定了监测员并每人每年发放300元的电话费补助，补充应急装备，形成县、乡、村、社四级网络监测体系。四是强化地质灾害隐患点汛前、汛中、讯后巡查，截至目前共巡查70次，建立了巡查台账。五是综合考虑各乡镇遭受的灾情、险情，及时向田家河等今年汛期地质灾害较严重的八乡镇共拨付了60万元的地质灾害应急救灾资金，及时有效的帮助了乡镇地质灾害应急救援工作。六是总投资1100万元北寨镇前进村泥石流崩塌综合治理项目已通过了市局初验，待省级竣工验收；寺沟门泥石流治理项目，总投资900万元，已开工建设，目前已完成总进度的20%；积极争取大安街道北侧不稳定斜坡治理项目，总投资1000万元，目前已完成可研批复。

**【依法行政及执法监察】**一是制定执法监察工作安排意见、执法监察动态巡查方案，配合县综合执法局、各乡镇执法所对全县未批先建、抢建行为进行了全面“拉网式”排查，加强了对砂厂、砖厂、公路沿线及县城规划区周边的重点区域巡查。对发现的违法线索按照要求进行了移交。组织开展动态巡查160余次，其中重点巡查60余次，对发现的67宗违法用地经地类认定后均按照查处权限移交县综合执法局调查处理。二是2017

年度土地卫片执法监督检查工作中系统中共下发370个图斑，总监测面积3234.2亩（耕地2253.72亩）。经核查，判定违法用地4宗，相关线索及核查资料向行使行政处罚权县综合执法局进行了移交，全部查处到位并结案，违法占用耕地面积占新增建设用地占用耕地总面积比例为0.23%。

**【安全生产】** 制定了《渭源县国土系统深化企业安全生产标准化建设实施方案》（渭国土资发〔2018〕48号），对各企业进行了摸底调查。加强研究和部署安全生产工作，对矿政管理、安全生产等工作进行了安排，对企业负责人就安全生产相关法律法规做了简要培训，并与企业签订了《2018年非煤矿山企业安全生产目标管理责任书》和《渭源县非煤矿山企业安全生产承诺书》。全面强化督查检查工作，对企业安全生产方面存在的问题，下发了《整改通知书》。严格落实“党政同责、一岗双责”制度，切实强化“安全生产大于天”的责任意识。全面落实矿山企业安全生产主体责任，确保责任到人。

**【测绘地理信息】** 制定年度测绘工作计划，完成了年度测绘资质年度注册和目录汇交工作，并对测绘标志保护情况进行定期巡查。建立健全测绘服务于民的保障制度。做好地理信息市场专项整治。开展涉密基础测绘成果检查工作，对领取涉密基础测绘成果单位的保密工作进行检查，检查率达100%。加大对测绘市场和地图市场的日常监管，查处非法使用地图和互联网上传行为，加大地图市场的销售、展示、登载情况的监督检查力度，不断规范测绘市场。认真开展以“深入学习宣传贯彻新《测绘法》”为主题的宣传活动。

**【党建工作】** 健全制度，落实主体责任，强化执纪监督。完善《落实党风廉政建设主体责任实施细则》，配备了专职党务、纪检专干。局主要负责人对党务、纪检工作集中约谈1次4人次，对全体干部职工集中约谈1次70余人次，对局领导班子成员、各国土资源中心所所长及各股室负责人进行廉政谈话2次16人次，各分管领导对分管股室负责人谈话7次9人次，局纪检组对有关人员警示谈话3次3人次。开展“转变作风改善发展环境建设年活动”，共排摸梳理了26个问题，并逐项分解到各班子成员、各股室、各责任人，针对问题及时督促整改，已对即知即改的16个方面的问题完成了整改，对当时难以解决的10个方面问题，各负责人制定了具体的整改措施并提交了自查整改报告。

## 综合执法管理

**【概况】** 渭源县综合执法局前身为县城市管理行政执法局，组建于2007年12月，2008年7月经市政府批复正式成立。核定编制33人，其中行政编制5人，事业编制28人。局内设办公室、法制股、监督股、宣教股4个股室，下属市容市貌执法大队、城市建设执法大队、户外广告综合执法大队3个执法大队。主要履行市容环境卫生管理、城市规划管理等方面的52项行政处罚权和户外广告设置、临时占用城市道路等4项行政审批权。2015年11月，经市政府批复同意将城市管理行政执法局更名为县综合执法局。核定编制58名，其中行政编制6名，事业编制50名，事业工勤编制2名；设局长1名，副局长3名；内设办公室、法制宣教股、监督监察股和户外广告管理股4个股室；下设渭源县城乡建设执法大队、渭源县市容市貌管理执法大队、渭源县农林牧执法大队、渭源县农村公路路政执法大队、渭源县环境卫生执法大队、渭源县水利水保执法大队6个执法大队（6个大队均为副科级建制）。2019年3月全县执法机构改革，该局下设的渭源县农林牧执法大队、渭源县农村公路路政执法大队不再保留，现有下设执法大队4个。共有在职人员52名，其中行政人员8名、事业人员33名（不占编制7名）、工勤人员11名，配备执法大队队长4名。在职人员中党员39人，职工平均年龄35岁。

# 城乡建设与环境保护

## 城乡建设

**【城市重点项目建设】** 以建设“宜人、宜居、宜商、宜游”的山水园林为目标，强力推进县城建设。实施县城重点建设13项，总投资12.8亿元，完成投资8.8亿元。1.道路建设项目方面，投资2235万元的北环路东段道路工程完成操场路至鸡咀段道路工程900米，完成投资700万元；投资743万元的关中路道路工程建设项目完成道路主体建设任务，完成投资543万元；投资2282万元的城区道路建设项目，其中君山路地下通道建设工程、苗圃路与灞陵路中段改造工程完成施工图审查和部分土地征收，完成招投标；亭西路完成施工图审查和部分土地征收；君山路与清源路地下通道完成施工图审查；文化场馆道路工程完成315米地下管网埋设、道路路基、铺油罩面及人行道铺设工程，排洪渠已完成主管道埋设，完成投资480万元。投资1.75亿元的城区G310道路工程完成施工图审查，因资金未争取到，暂未开工建设。2.广场建设项目方面，投资7169万元的火车站站前广场建设工程，道路及广场已完工，商业开发已完成主体工程，正在进行装饰装修工程，完成投资1600万元。3.棚户区改造项目方面，县一中东侧棚户区改造工程，总投资5.4亿元，2018年计划投资1.26亿元，完成4栋17层商住楼，建筑面积5.31万平方米，已全部完成建设任务及投资，正在进行部分附属工程及部分装饰装修；县一中南侧棚户区改造工程，总投资12亿元，建设商住楼66栋。2018年计划投资1.8亿元，主体已完工，正在进行装饰装修工程，已完成投资1.03亿元。北环路东段棚户区改造工程，总投资15.35亿元，新建商住楼46栋，分三期进行建设；2018年计划一期投资3.4亿元，已完成全部主体建设，正在进行装饰装修，完成投资1.8亿元。县城南门西侧棚户区改造工程，总投资3.6亿元，新建商住楼总建筑面积7.1万平方米，2018年计划投资0.98亿元，已完成1#楼主体建设，正在砌筑内部墙体，完成投资0.4亿元。清源路北侧渭水润园棚户区三期改造工程，2018年计划投资1.71亿元，共建设8栋商住楼，已完成7栋楼主体施工，正在进行装饰装修工程，完成投资1.1亿元。4.开发建设项目方面，渭河印象养老服务中心总投资1.01亿元，新建13层养老服务中心一处，配套养老职业培训基地、老年保健康复理疗中心、老年活动中心、老年餐厅、老年日间照料中心，总建筑面积16025平方米，老年健身广场3375平方米；2018年计划投资2300万元完成室外及装饰工程，现已完成12层主体工程，正在填充墙体及附属工程建设，完成投资1600万元。渭水源旅游接待中心建设工程，总投资2.02亿元，建设旅游接待大楼一栋，建筑面积

5.06万平方米，2018年计划投资4400万元完成旅游接待大楼主体工程，建筑面积3.8万平方米，正在进行主体建设（完成地上8层），完成投资2000万元。

**【城市管理】**按照“建管并重”的原则，不断探索和借鉴城市管理方面的新思路、好方法，切实加大城市管理力度。（一）环卫保洁方面。一是道路清扫保洁。市政管理服务中心成立以来，继续加强了清扫保洁制度改革建设，道路清扫保洁实行班组制管理，责任到人，清扫保洁组共计156人，清扫保洁总面积52.95万平方米（在原有基础上新增加渭河南路3.1万平方米），人均清扫保洁面积3394平方米。保洁工作实行各路段班组成员轮流保洁作业。按照《环卫工人管理细则》规定每天两清扫、全天保洁的环卫作业制度，确保清扫时不留死角，无花扫、漏扫，清扫率达到100%，保洁率达到100%。各清扫保洁组每月开展一次环境卫生大扫除，彻底清除区域内垃圾死角，保持城区大小街道路面干净整洁。二是垃圾收集清运。城区垃圾清运工作实施三级管理和驾驶员负责制，做到人员到位、时间到位、督查到位、质量到位、管理到位、安全作业。生活垃圾收集清运岗位安排环卫职工38人（驾驶员12人、跟车人员16人、垃圾清理人员10人），主要负责每天定时清运和循环收集城区13条主次干道、155处机关企事业单位、物业小区、家属楼、酒店宾馆以及城区所有商铺、餐馆、居民产生的生活垃圾，每天清运量约45吨。2018年，中心修订完善了《垃圾清运制度》《车辆管理制度》，加强对环卫、绿化、市政车辆的保养、维修、燃油和车辆保险管理工作。为确保车辆安全出行，及时办理车辆各类保险，利用周例会时间，定期对驾驶员进行行车安全和作业安全教育，始终将安全教育放在首位。进一步规范了垃圾清运车辆的作业时间和路线，做到城区生活垃圾日产日清。三是城乡接合部垃圾清理。6月份以来，市政管理服务中心多次组织人员车辆对城区城乡结合部寺沟渠、渭河北岸、北关村、新农村等区域的陈年生活垃圾进行了集中清理，并临时招聘城乡接合部保洁员10人，安排小型垃圾收集车1辆，三轮车1辆、装载机1辆、驾驶员3人，每天对城乡结合部区域开展环境卫生保洁作业，定时清理城乡结合部群众产生的生活垃圾，清运量约10吨/天，进一步改善了群众生活环境。四是餐厨垃圾分类收集。7月份，市政管理服务中心协同县食药局、执法局对县城区餐厨垃圾分类收集进行宣传，正式启动了城区餐厨垃圾分类收集清理工作，与城区160余家饭馆、酒店等餐饮业业主签订了餐厨垃圾收运协议。市政管理服务中心配备垃圾餐厨车1辆，驾驶员1人，跟车人员1人，收集时间为每天早上8：00—12：00；下午14：00—18：00 。城区集中收集的餐厨垃圾必须当日清运到渭源县城区生活垃圾处理场进行无害化处理，解决了以往我县城区餐厨垃圾与其他生活垃圾混合收集的问题。五是垃圾场运行管理，加强了对城区垃圾处理场运行管理工作，对渗滤液调节池污泥及场区周边防洪渠进行了清理，维修了污水回喷设施，确保渗滤液能及时回喷场区，大大减小了渗滤液对场区周边环境的污染，安排了专门的工作人员对垃圾场进行日常维护，确保垃圾处理场规范运行。2018年，县城区生活垃圾清运量16456吨，生活垃圾无害化处理率87.30%。（二）公园管理方面。严格按照公园精细化管理的具体要求，在净化、美化、亮化上下功夫，深入落实精细化管养的各项养护标准。一是狠抓环境卫生，分片、分区域、清理排查卫生死角，责任到人，加大保洁力度，保证垃圾随产随清、不留死角，始终保持干净卫生整洁的游园环境。二是加大绿地、乔灌木的养护力度，适时修剪、合理浇灌施肥，及时防治病虫害，保证绿化植物造型优美、状态良好。三是对所有的亮化、水系系统进行全面排查、维修，确保无安全隐患。四是加强了君山广场内摆摊设的治理和停车场的规范使用。五是合理补植补造，有效解决缺株断笼，改造草坪200多米，全园共新植乔木20余株，花灌木300余株，绿篱植物200余株。组织职工对园内草坪、绿篱、花坛进行修剪，共修剪草坪两次，修剪园内花乔灌木3次，绿篱3次。加强渭河公园的值班管理、森林防火、环卫保洁、公厕维护，尽力打造文明和谐美丽的公园广场环境。（三）城市园林绿化管理方面。按照《甘肃省城市园林绿地养护管理二级标准》，及时开展城区绿化养护工作，完成绿化带保暖棚拆除6000多平方米，组织人员对近14万平方米的绿化面积进行春灌3次，对城区各条道路、渭河公园行道树进行病虫害防治3次。按照苗木生长情况进行施肥3次、喷施叶面肥3次，对部分区域内的绿化带和草坪进行杀菌3次、杀地下害虫3次。根据苗木生长量对大乔木梳枝修剪3次，花灌木整形修剪3次，草坪修剪3次，清除杂草4次，对公园内的景观树种修剪整形3次。2018年10月，县市政管理服务中心组织人员对城区行道树进行涂白保护，并安排实施了城区绿化苗木冬灌和绿化带保暖棚搭建工作。绿化养护股组织工作人员对绿化苗木进行定期巡查，发现问题及时处理，每年春季和秋季对所有绿化区域死亡苗木进行统计，为下一年补植补造做好基础，进一步提升县城区绿化效果。（四）市政设施管理方面。加大城区内各类市政设施进行管理和维护，加强城区道路维护。维修城区道路用电路灯538盏，线路2公里；维修老君山亮化灯60盏、东西山体线路1300米；更换城区首阳路中段、平桥路、新街路、君山路、中街路道路的82盏路灯灯头为100WLED路灯灯头；更换清源路梁家坪路段不能正常使用的74盏太阳能路灯为100WLED路灯；对老君山长廊及君山阁景观灯进行了维修；对灞陵公园中国结、草坪灯进行维修更换；对文化广场内的四盏高杆灯和景观灯灯泡进行维修更换；对文化广场内喷泉水泵进行维修，更换损坏的喷泉喷头36个。对城区首阳路、清源路、滨河路、平桥路、新街路、君山路、西一路等13条主次干道翻浆路段进行道路维修，深挖重新回填水稳层，铺设厚6～8厘米沥青混合料2966平方米。4月份，组织安排人员集中清理了城区主次干道及文化广场雨水篦子810个，修整疏通了景观桥两侧排洪水渠。6月份以来，对城区道路未疏通的雨水管道在进行了开挖疏通修复，完成南滨河路一校路口45米雨水管道的维修改造，廊桥路口堵塞的排水管道进行开挖修复；清源镇门口两侧道路雨水渠维修，安装更换排水管道25米；对一号桥北侧护坡进行了维修，并在桥两侧安装了水泥护栏；对三号桥两侧道路雨水管网进行了维修改建。更换君山长廊“空中玫瑰”射灯10盏，对老君山山体亮化灯进行了维修。对旧中医院的东侧的废弃建筑物进行了拆除，改造修建为停车场，建设面积1920平方米。9月份维修更换首阳路中段、平桥路、新街路、君山路、中街路道缘石500块。铺设首阳路西段（昌林小区至加油站什字）两侧人行道1500平方米。

**【村镇建设】**（一）小城镇建设方面：坚持公共设施建设与商业开发同步推进的原则，配合各乡镇加快城镇基础设施建设。会川镇投资8.6亿元的青年路棚户区改造一期工程，正在进行房屋征收和安置房建设，投资1.3亿元的秀水丽景园二期工程已完成施工图设计及审查，正在进行地下室施工；投资3600万元的宏园商业街建设项目正在进行方案设计和土地报批；上湾镇投资5000万元的物流园区二期工程建设项目完成场地铺设、绿化、亮化和厂房建设，投资540万元的敬老院建设项目已完成主体工程；五竹镇投资1.4亿元的现代农业示范园建设项目完成全智能日光温室、厂区道路硬化、护坡和绿化工程；投资760万元的五竹镇镇区道路拓宽改造工程已全部完成建设任务；路园镇投资1078万元的镇区道路拓宽改造工程完成水稳铺设、地下管网埋设工程；莲峰镇投资1756万元的镇区一号路东段建设项目完成600米地下管网埋设工程，其他各乡镇小城镇建设工作正在有序开展中。（二）危房改造方面：将危房改造作为精准扶贫精准脱贫“两不愁、三保障”中住房保障的重要任务，牢固树立“头等大事”和第一民生工程意识，切实增强工作责任感和紧迫感，严格按照省、市的要求对全县各乡镇农村C级危房进行了全面核查。2018年4月，省上下达渭源县农村危房改造任务4038户，其中建档立卡户1328户、非建档立卡户1859户（低保户1599户、分散供养特困人员241户、贫困残疾人15户、优抚对象及原国民党抗战老兵4户）、其他农户851户。2018年5月18日—7月16日，根据甘肃省住房和城乡建设厅、甘肃省扶贫开发办公室、甘肃省民政厅、甘肃省残疾人联合会《关于开展甘肃省精准脱贫“农村危房改造回头看”专项行动的通知》（甘建村〔2018〕198号）、省建设厅《关于做好农村危房改造全面排查鉴定工作的通知》（甘建函〔2018〕369号）要求，采取聘请第三方鉴定机构和县乡村三级干部核查相结合的形式，对全县现有四类重点对象住房情况和其他农户住房情况再次进行了全面排查鉴定。全县调整上报农村存量危房4201户。2018年7月25日，省建设厅《关于调整下达2018年农村危房改造计划的通知》（甘建村〔2018〕347号）中将渭源县2018年的农村危房改造任务由4038户调整为2194户。截至2018年10月底，全县2194户危房改造户已开工建设2194户，开工率100%；已竣工2194户，竣工率100%。按照“边竣工、边验收、边报账”的要求，及时组织验收和报账，已全部完成报账。同时，按照省、市的要求，在全县农村危房改造领域开展了作风和腐败问题专项整治行动，从2018年4月8日开始，对各乡镇历年农村危房改造工作进行专项督查3次，重点从省、市、县相关精神贯彻落实情况、改造对象认定情况、补助资金落实管理情况、农户“一户一档”档案管理情况、审计反馈问题整改情况、全国扩大农村危房改造试点农户档案管理信息系统准确录入情况等方面进行检查，建立了问题清单，并下发整改通知，提出整改要求，明确了整改时限。

**【建设市场管理】**2018年，全县监督管理的各类房屋建筑工程和市政工程共计179项，其中：建筑工程174项，建筑面积65.24万平方米，总投资12.18亿元；市政工程5项，总投资5800.5万元。监管工程监督覆盖面达100%，监理覆盖面达100%。与12家施工企业签订了安全生产目标管理责任书。结合安全生产专项整治行动和“安全生产月”活动的开展，先后进行安全、质量专项检查6次，排查出共性安全隐患282条，累计发放停工通知书33份，发放整改通知书51份，严格督促各施工单位进行整改，确保建筑工程质量安全。

**【房地产市场管理】**2018年，进驻我县房地产开发企业共有24家，在建的房地产开发项目共有7个。作为房地产行业主管部门，县住建局继续落实各项调控政策，抓好房地产市场调控工作，开展了房地产市场经营行为的整顿和规范工作，对囤积土地、捂盘惜售、哄抬房价、无资质开发等不良行为进行了查处。严格按照省市关于去房地产库存的政策规定，通过加强土地管控，加大棚户区改造货币化安置、易地扶贫搬迁力度，多措并举，逐步消化商品房库存，有效提振房地产信心和消费预期，促进了房地产市场持续稳定健康发展。截至2018年底，我县商品房库存总量为16.68万平方米；房地产开发施工面积22.96万平方米，同比增长26%；商品房销售面积13.30万平方米，增速-33.65%；房地产从业人员增速19%；房地产从业人员报酬增速43.40%；居民自有住房服务增速5%。

**【城乡规划管理】**县城规划编制方面，切实加快县城总体规划修编暨“多规合一”编制进度，《渭源县总体规划（2017—2035）》完成送审稿编制，已报送市政府进行审查。“多规合一”规划编制完成前期资料收集及调研工作，已完成地形图测绘和规划初稿编制；乡镇规划编制方面，启动了北寨镇、莲峰镇镇区控制性详细规划的编制，五竹镇、田家河乡元古堆村两个特色小镇规划初稿已完成编制。规划执行方面，严格落实县城总规、控规以及《渭源县城市规划建设管理办法》和《渭源县乡镇规划建设管理办法》，将规划贯穿于城乡建设全过程，在项目审批、建设、验收各个环节加强规划管理，重点解决擅自改变土地用途、调整容积率、违规变更规划等问题。2018年以来，结合“两违”整治行动开展，进行规划监督检查9次，检查项目22个，发现违规建设项目4处，调查处理3起，转交综合执法局查处项目1个。一是规划体系不断优化。城市总体规划适时修编。2017年4月，启动了县城总体规划修编工作，委托兰州大学城市规划设计研究院进行渭源县县城总体规划修编暨“多规合一”编制工作。“多规合一”规划编制工作已完成前期资料收集及县城、各乡镇纲要，待规委会审查。城市详规覆盖率逐步扩大，2018年根据市规划部门要求，已启动了北寨镇、莲峰镇镇区控制性详细规划的编制，其他乡镇在总规修编完成后将启动控规编制工作。专项规划编制相继启动，2018年委托兰大城市规划设计研究院4月份完成了《渭源县县域乡村建设规划》，完成袁家河、干乍、秋池湾等三个“千村美丽”示范村建设规划编制。二是许可程序不断完善。按照“精简、高效、统一”的原则，依法修改了审批流程，精简了办事程序，建立了重点招商项目、工业园区项目审批“绿色通道”，实施了城乡统一审批、统一管理。强化规划服务窗口建设，梳理项目报建、规划审批、规划验收、规划执法等各项程序，对规划手续办理程序实行内部流转，对不符合受理条件的，一次性告知所需条件，对不能办理的，依法出具不予受理回复单。2018年以来，全县共审批建设项目124项，核发选址意见书39份，办理建设用地划许可证35份，建设工程规划许可证35份，乡村建设规划许可证77份。

【城市投资管理】将棚户区改造和公益性项目列为债券基金的重点，以县城市建设投资经营管理办公室为融资平台，加大债券基金的申报和衔接争取，积极与农发行进行沟通对接，申请2018年棚户区（城中村）改造项目贷款1.5亿元，全部用于县城棚户区改造，通过贷款融资，有效地解决了棚户区改造项目资金短缺的问题，为城市建设工作注入了活力。

【全域无垃圾综合治理】全域无垃圾综合整治工作范围涉及16个乡镇、120个县直单位、3个社区、217个行政村、1572个自然社。在县电视台开辟了“渭源全域无垃圾综合治理”专栏，在专栏中开设“说清楚”“光荣榜”“曝光台”等宣传栏，采写播出全域无垃圾综合治理新闻稿件95件，公益广告播放800多次，完成并播放全域无垃圾综合治理行动宣传片《源头风光无限好》和陇原环保世纪行环保专题一部，在渭源广播电视微信公众平台推送新闻信息65件；组织开展“逢5”城乡环境卫生集中整治活动，动员全县上下干部群众对城区、老君山公园等区域的卫生进行集中整治，彻底清扫死角垃圾。并通过政府购买服务模式对县城区50万平方米道路外包给专业环保公司。各乡镇以各村为主体、党员为关键、群众为基础，充分发挥村党组织、党员示范引领和先锋模范作用，通过党员带着干，群众跟着干的方式，引导群众自觉主动地参与综合整治。把完善基础设施作为推进整治工作的重要支撑，加大投入力度，健全管理机制，推动整治工作向规范化、长效化转变。政府投资2300多万元开展全域无垃圾综合治理城乡一体化设施建设项目。一是垃圾低温磁化热解站建设。县财政列支2027万元在没有正规垃圾填埋场的12个乡镇（不包含大安乡和秦祁乡）各规划建设垃圾低温磁化热解站1座。上湾镇设备已正式运行；会川镇、祁家庙镇、锹峪镇、路园镇、北寨镇低温磁化热解站已安装完成，准备设备调试；五竹镇正在平整场地，麻家集镇正在进行土建工程场地硬化工作，其他乡镇均已完成热解站土建工程，等待浩森公司逐一安装和调试设备。二是农村生活垃圾收运设备配置工程建设。在整合原有环保设施设备的基础上，计划出资293.7万元购置小型勾臂车10辆、配备容积3立方米的垃圾箱60个、铁质垃圾桶3793个，该项目设施已全部到位，正在办理验收工作。三是垃圾外包工作。按照人均10元的标准，县财政为各乡镇解决环卫保洁经费共计350万元。

**【城市供水】**（一）供水企业基本情况。县给排水公司始建于1989年，隶属县住房和城乡建设局管理，单位性质为事业编制企业管理，现有职工45人。公司下设污水处理厂、五竹净水厂、办公室、水费收缴稽查股、财务室、工程安装维修队等6个股室。供水范围包括县城区及周围清源镇河口村、柯寨村、张家湾村部分住户、路园镇锹家铺村部分住户、东湾村部分住户，供水总户数1.1万户（其中到户收费户5600户，智能表用户6000户），城区供水覆盖面为97%。水厂及供水系统是2006年建成并投入使用的，设计供水能力0.75万立方米/天，目前水厂供水量为0.58万立方米/天。县城区供水水源为峡口水库库水，距离五竹镇西侧约2公里，总库容745万立方米，水质好，符合城区饮用水取水标准。水处理设施及输配水设施包括：位于五竹镇的净水厂1座，位于县城区西侧的高位水池1座，输配水管网48公里，县城区供水普及率为97.5%，服务用户约11600户。（二）供水规范化管理情况。一是全力加强水质管理。县给排水公司制定完善了水质管理制度和水质信息报送制度，并由县疾控中心每季度对城区水源水、出厂水及用户末梢水进行分析监测，确保供水水质卫生安全。县城区水源地的地下水所有指标均符合国家生活饮用水水质检测指标，水源水、出厂水和用户末梢水等水质均符合生活饮用水卫生标准，没有出现超标现象。二是全力保障水厂运行。结合水厂各个岗位工作实际，建立了水厂质量控制体系，明确了各岗位工作人员的行为规范和工作权限，做到了不重不漏和职责分明。针对供水的各个环节都建立了生产质量控制操作规程，制定了供水设施和设备的日常保养、定期维护和大修理三级维护检修制度，对发现的设备故障及时抢修，使设备完好率达到95%以上。同时，为确保水厂安全运行，建立健全了巡回检查制、安全防护制和事故报告制等相关制度，设立了安全生产专职监管人员，安装了安防监控系统，做到24小时值班值守。三是全力加强管网运行管理。针对我县部分城区供水管网为90年代建设的铸铁管，使用年限长，腐蚀严重的现状，2018年，县给排水公司投入资金改造城区供水管网，对原有的铸铁管、镀锌管、塑料管进行了更换改造，安装了新型聚乙烯PE管材，降低了漏损。同时，县给排水公司加强了管网巡查维护力度，根据需要，对县城区供水管网进行长期测压和不定期排泥冲洗，确保供水水质。四是全力做好用户服务。县给排水公司建立健全供水服务与投诉监管制度，及时面向社会公布监督举报电话（0932-4135972），在门口设立了供水服务窗口，设立供水热线，实行24小时值班制度，全力解决用户投诉问题，做到了迅速响应，在规定的时限内抵达现场，发生漏情及时处理，尽快恢复供水。五是全面强化应急管理能力。县给排水公司为加强应急管理能力，每年根据实际情况举行一次相应的应急演练。2018年5月，在五竹水厂举行了防恐防暴应急演练，演习中，县给排水公司充分发挥主观能动性，在第一时间内启动了防恐应急预案，达到了预期效果。

## 住房公积金管理

**【概况】**渭源县管理部成立于2003年1月，科级建制，隶属定西市住房公积金管理中心。现有在岗职工7人，学历都在大专以上，其中党员1名。管理部内部岗位主要按归集、信贷、提取的业务要求设立。

**【住房公积金归集】**正常汇缴单位192个、正常汇缴职工10504人。其中：财政代扣行政、事业单位176个，9806人；省、市驻渭单位及企业有16家，698名缴存人。2018年共归集住房公积金15211.93万元（含6月30日为广大住房公积金缴存人结息721.29万元），渭源县管理部已累计归集住房公积金86848.07万元，当前公积金余额55239.13万元。

**【住房公积金提取】**全年办理各类公积金提取业务1482人次9335.39万元，占全年归集额的61.37%。同时，全年转入本县10人，转入公积金59.69万元；全年本县转出37人，转出公积金184.22万元。至2018年底，渭源县管理部已累计为11416人办理住房公积金提取业务，累计提取32250.88万元。

**【住房公积金贷款】**渭源县管理部全年发放贷款256人，发放金额6845万元。当年收回贷款6425.98万元。累计发放贷款4883人次69739.61万元，累计收回贷款39925.59万元，住房公积金累计贷款余额29814.03万元。公积金个贷率达到53.97%，全年贷款无逾期。

**【公积金改革管理】**按照《定西市住房公积金管理中心关于简化办事资料和调整有关政策的通知》要求，在缴存方面探索并鼓励用工单位为农民工缴存住房公积金，在提取方面新增担保人购房提取业务。管理部始终坚持“着眼实际，急人所急，供人所需”的服务理念，助力广大干部群众住房需求导向。

## 环境保护

**【概况】**渭源县环境保护局成立于2004年10月10日，属于科级事业建制，核定事业编制6名，设局长1名，副局长2名。渭源县环境监察大队成立于2000年8月24日，后划归县环境保护局管理，属于副科级建制，核定事业编18名；渭源县环境监测站于2014年5月26日设立，属股级建制，核定事业编制3名，隶属县环境保护局管理。渭源县环境保护局下设机构有环境监察大队、环境监测站，内设办事机构有办公室、污防污控股、环评股、农村股。现有工作人员33名，其中，环保局9人；环境监察大队（环境应急中心）19人；环境监测站（核与辐射站）5人。

**【环境质量监测】**2018年度，县环保局委托第三方监测机构对全县空气质量、地表水水质状况、县乡饮用水水质状况、土壤状况进行监测，监测结果显示：峡口水库、漫坝河、石门水库3个饮用水水源地水质均达到了《地表水环境质量标准》（GB3838-2002）Ⅲ类水质标准，渭河进出口监测断面水质稳定达到《地表水环境质量标准》（GB3838-2002）Ⅲ类标准，县城区生活污水处理厂自动监控数据传输有效率、监测结果公布率和监督性监测达标率均为100%。县城区空气环境质量达到《环境空气质量标准》（GB 3095-2012）标准。

**【大气环境质量】**根据空气自动监测站监测数据显示，2018全年优良天数比率达到84%以上，可吸入颗粒物（PM10）、细颗粒物（PM2.5）浓度、二氧化硫、氮氧化物浓度均值均控制在70微克/立方米、51微克/立方米、27微克/立方米、19微克/立方米，在市政府下达的年度目标之内。县城区声功能区划工作已经完成编制工作，区划方案完成评审并已经组织实施。

**【减排监测体系】**通过实施必亮、新民、众农、鑫源、盛腾、宏顺等6个规模化畜禽养殖污染治理项目、渭源县污水处理厂管理减排项目、渭源县神农、绿茵2个有机肥管理减排项目、机动车减排项目、3台21蒸吨燃煤锅炉结构性减排项目，确保年底前化学需氧量、氨氮、二氧化硫、氮氧化物四项主要污染物排放量控制在市上下达的总控指标范围内。

**【服务性监测】**主要开展以县乡饮用水水质监测、空气自动监测、渭河及洮河生态流域地表水水质监测、农村生态环境质量试点监测工作、污染源水质监测为内容的监测工作，并对饮用水水质监测情况定期在渭源党政网信息公开栏目中进行公开。

**【环境综合整治】**取下达农村环境综合整治项目，认真开展以饮用水保护和垃圾处理为主要内容的贫困村环境综合整治，其中峡城乡秋池湾村及清源镇红岘村、峡城乡脱甲山村、锹峪镇峡口村、秦祁乡中坪村、锹峪镇裕丰村5个村的农村环境综合整治项目完成了建设任务并通过了县级初验。

**【污染治理】**一是大气污染防治方面。完成了3台20蒸吨及以上燃煤锅炉提标改造和在线监控设施安装工作。完成了32台10蒸吨及以下燃煤锅炉的淘汰和清洁能源改造。督促县城区及会川34处建筑工地基本达到了扬尘防治的目标。督促砖瓦建材企业按照环保要求安装脱硫除尘设施。督促全县两个煤供中心及22个二级配送网点基本完成办公用房及附属设施的建设任务。结合棚户区改造完成3000户清洁能源改造工作。二是水污染防治方面。实施渭河流域综合整治及城区集中式饮用水水源地环境保护项目，督促金蛋蛋马铃薯淀粉有限责任公司开展淀粉废水还田试点工作并对存在的环境问题进行整改。督促完成县城区生活污水处理厂总氮、总磷在线监测设施安装工作。督促完成了县城区污水处理厂排污许可证年度审验预审工作。三是土壤污染防治方面。北寨镇郑家川村、莲峰镇元明村、路园镇锹甲铺村3个试点村的农村环境质量保持稳定，监测结果符合《土壤环境质量》（GB15618-1995）二级标准。

**【生态环境保护】**一是持续推进中央环保督察反馈意见整改落实工作。涉及的16个环境问题已全部销号，其中：认识层面、河道采砂、水污染防治、20蒸吨以上燃煤锅炉提标改造、煤质管控等14个问题已经全面完成整改任务，矿产资源开发造成生态破坏问题和燃煤小锅炉淘汰改造整治2个问题已完成了年度整改计划，正在按计划有序推进整改。二是扎实做好省市环保督察交办环境问题整改工作。上级部门分4批次交办的48项具体环境问题。其中，已完成环境问题整治9项，正在整改环境问题39项，明确了乡镇及部门整改任务和整改时限要求，并按时调度进展情况及时上报市环委办。

**【环境执法管理】**严厉查处环境违法行为，消除环境污染隐患，以环保执法大练兵为契机，针对检查发现和省市反馈的问题，要求企业根据整改要求，制定切实可行的整改方案，明确整改措施和时限要求，按环评要求严格落实环保“三同时”制度，确保各项治污设施建设到位并正常运行。县环保局共立案查处违法行为4件，对未按规定安装在线设施并超标排污的对渭源萬宝供热有限公司和渭水源供热站2台燃煤锅炉废气均超标准排放均进行了处罚，分别处以罚款14.3万元和16万元。对长期以试代产、久拖不验并排污的渭源县金蛋蛋马铃薯产业有限公司罚款15.6万元，对未批先建的渭源县疾控中心处以罚款3.65万元。

**【项目建设管理】**2018年度实施6个规模化畜禽养殖减排项目、2个贫困县农村环境综合整治项目，项目总投资150万元。其中省级环保专项资金120万元，企业自筹30万元。（一）6个规模化畜禽养殖减排项目。总投资150万元，其中渭源县必亮养殖专业合作社规模化畜禽养殖污染治理项目位于秦祁乡杨川村，项目总投资15万元，其中申请省环保专项资金10万元，企业自筹资金5万元。环保专项资金主要建设内容为：建成雨污分流设施一套，场地及圈舍硬化500平方米，集污池1个，1个堆肥场70平方米，2座沼气池50立方米。麻家集鑫源养殖专业合作社规模化畜禽养殖污染治理项目位于麻家集镇路西村，项目总投资15万元，其中申请省环保专项资金10万元，企业自筹资金5万元。环保专项资金主要建设内容为：建成雨污分流设施一套，场地及圈舍硬化500平方米，1个堆肥场60平方米，2座沼气池60立方米。胖胖良种猪育养专业合作社规模化畜禽养殖污染治理项目位于清源镇葛家湾村田家庄社，项目总投资15万元，其中申请省环保专项资金10万元，企业自筹资金5万元。环保专项资金主要建设内容为：建成雨污分流设施一套200米，场地及圈舍硬化500平方米，1个堆肥场30平方米，1座沼气池50立方米，集污池1座20立方米。盛腾养殖农民专业合作社规模化畜禽养殖污染治理项目位于路园镇盛家坪村中坪社，项目总投资15万元，其中申请省环保专项资金10万元，企业自筹资金5万元。环保专项资金主要建设内容为：建成雨污分流设施一套，场地及圈舍硬化500平方米，1个堆肥场70平方米，2座沼气池50立方米。众农养殖专业合作社规模化畜禽养殖污染治理项目位于清源镇漫庄村王家庄社，项目总投资15万元，其中申请省环保专项资金10万元，企业自筹资金5万元。环保专项资金主要建设内容为：建成雨污分流设施一套400米，场地及圈舍硬化500平方米，1个堆肥场60平方米，2个集污池50立方米。新民养殖专业合作社规模化畜禽养殖污染治理项目位于莲峰镇下寨村，项目总投资15万元，其中申请省环保专项资金10万元，企业自筹资金5万元。环保专项资金主要建设内容为：建成雨污分流设施一套，场地及圈舍硬化600平方米，堆肥场1处，2个集污池60立方米。上述6个规模化畜禽养殖减排项目均按实施方案全部完成建设内容。2018年8月23日至28日，完成工程竣工验收工作并已投入使用，完成每个项目财政报账资金10万元整，无资金结余。（二）2个贫困县农村环境综合整治项目。具体包括四方面内容：秦祁乡中坪村农村环境综合整治项目采购1吨钩臂式垃圾清运车1辆，1吨钩臂式垃圾清运车配套转运箱10个，分类式垃圾箱23个，手推式垃圾车16辆，清扫工具20套，洒水车1辆，宣传牌1块，宣传壁1座。锹峪镇峪丰村农村环境综合整治项目购置洒水车1辆，配套240升方形铁桶35个，分类式垃圾箱35个，清扫工具及保洁员服装24套，小型电动垃圾车25辆，宣传壁1座，宣传牌1块。上述两个村的农村环境综合整治项目均按照实施方案全部完成建设内容，并完成县级竣工验收。完成每个项目报账资金各30万元，无资金结余。

**【宣传教育】**在君山公园积极开展“6·5”世界环境日宣传活动，散发宣传资料并进行志愿签名。在县电视台用字幕形式滚动播放了以“人人参与 创建绿色家园”、“绿水青山就是金山银山”和“加强生态保护 建设幸福美好新甘肃”为主题的环保宣传标语。向社会各界连续3天发布一系列环保手机短信1万余条，最大化的发挥了宣传效应。全县各学校逐步融环保宣传于正常教育教学中，广泛开展“小手拉大手”活动，各乡镇通过悬挂环境保护宣传标语以及利用节会和集日开展各种形式的宣传活动。

**【脱贫攻坚】**切实推动帮扶工作队管理由“宽松软”向“严紧硬”转变，对5名驻村帮扶工作队队长、队员工作开展情况进行明察暗访9次，电话抽查10余次，与派出所在地乡镇人民政府主要领导及时衔接沟通8次，各驻村帮扶工作队长书面汇报驻村帮扶工作开展情况3次。单位11名干部分别帮扶门楼寺村和杨庄村精准扶贫户共计62户，先后组织单位帮扶干部开展入户帮扶工作10次，帮扶责任人和农户积极对接，制定了具体详实的帮扶措施，单位党组和驻村工作队和村两委先后6次召开会议，共同研究“一户一策”脱贫计划的制定工作。慰问两村贫困党员各10户，每人送去慰问金100元，共2000元。为两村54户帮扶户各送大米1袋，村部大米2袋，共56袋，计1960元；为门楼寺村和杨庄村购置冬季取暖块炭1.5吨，共计3180元；为门楼寺村和杨庄村各筹措资金10000元、购置冬季取暖煤炭各1吨，为田家河乡高石崖村、北寨镇郑家川村、清源镇苏家窑村各筹措资金1000元，用于改善村部办公条件。

# 社会事业

## 文体广电

### 文 化

**【文化市场概况】**全县共有各类文化市场经营单位60家。其中，歌舞娱乐场所16家、网吧6家、音像制品零售出租单位1家、艺术品经营单位3家、其他经营单位7家、专业演出企业3个、出版物零售单位5家、印刷企业4家，打字复印个体户10家，艺术培训民办非企业5家。

**【文化综合场馆建设】**渭源县文化综合场馆及馆前广场建设项目由甘肃兴泰建筑工程有限责任公司承建，该项目位于渭河公园西侧，总投资为1.3178亿元；综合场馆建设项目累计投资1.28211亿元，全面完成内饰装潢。

**【文化资源开发利用】**充分挖掘渭河源特色文化、大禹导渭始祖文化、伯夷叔齐德源文化、长城古堡边塞文化以及历史传说、民间故事等地方特色文化，加强旅游、文化、生态、农牧的融合，通过创作文艺作品、开发特色旅游商品、发展乡村旅游、规范景区导游词，赋予景区景点文化内涵，进一步提升了渭源旅游整体形象。邀请国内著名音乐制作团队，精心编创了《美丽的渭源》、童谣《源头是我家》，挖掘整理出了《采薇歌》《我是一个渭源人》等18首乡土原创歌曲。编印《渭源文史资料汇编》《话说渭河》《大渭河》等系列丛书，策划举办民间祭祀大禹典礼及《渭水医魂》《禹河春》《公民张三》等大型秦腔剧等一系列节庆赛事活动和文化演艺剧目。

**【群众文化活动】**整合公益性县乡两级文化队伍、“三区”文化人才队伍、农村文化实用人才队伍、文化志愿者队伍成立了28个文艺小分队，覆盖全县16个乡镇217个行政村开展文化惠民演出场次135场次，演出各类文艺节目1920个，受益群众40多万人次，推动了文化在脱贫攻坚中“扶志”和“扶智”的作用。通过政府公开招标采购的方式，渭河源演艺公司“送戏下乡”，到全县16个乡镇开展专场演出96场次，满足了人民群众日益增长的文化需求。农家书屋建设工程实现全县16个乡镇217个行政村全覆盖。

**【非物质文化遗产保护】**（一）遗产申报。列入省级非物质文化遗产名录5项：麻家集高石崖花儿会、羌蕃鼓舞、渭源皮影戏、首阳山伯夷叔齐祭祀、渭源民间彩画；列入市级非物质文化遗产名录31项：渭源民间故事、羊娃、大禹导渭、鸟鼠同穴、会川木版灶王年画、渭源刺绣、渭源泥塑、渭源剪纸、峡城花儿会、渭河花儿、渭河八面鼓、渭河傩舞、烧狮子、渭源小曲、打木梆、踢毽子、锹峪高架烟花、咧子烧制技艺、灞陵桥雕刻技艺、大坪社火、姚集社火、金家坪社火、渭源秧歌、渭河龙王祭典、烧高高山、九天圣母庙会、五月骡马会、渭源拉扎节、首阳山山会、庆坪二郎庙九曲黄河灯会。列入县级非物质文化遗产名录98项。(二)非遗保护和评定。组织人员拍摄各乡镇社火表演、庆坪二郎庙九曲黄河灯会、渭源小曲、渭源皮影戏等非遗项目和相关传承人的传承情况,完善相关非遗项目视频、纸质档案。

**【文艺演出】**渭河源演艺有限责任公司创排的秦腔历史剧《渭水医魂》被列入全省精品剧目和“健康甘肃”卫生计生题材百场巡演剧目,在省内外巡回演出400多场次,于7月份代表甘肃省参加全国基层院团戏曲会演。以精准扶贫精准脱贫为题材的秦剧《禹河春》正式搬上舞台。新创作完成《公民张三》《灞陵桥》《鲧禹导渭》《首阳山》《横渠之光》《渭水盟》等秦腔剧本8部。从2015年开始,连续3年开展为期一个月的秦腔义演活动,2018年7月份开始,开展“百场秦腔大戏免费送基层”活动。

**【书画展览】**先后成功举办了渭源县第二届书画临摹写生创作展、“钟爱艺术·喜迎新春”少儿钢琴才艺展示活动、元宵节猜灯谜活动、首届丝绸之路渭河文化杯青少年朗诵大赛、庆“五一”墨华水韵渭源县首届个人联展、“学习贯彻十九大·不让毒品进我家”禁毒手抄报暨绘画书法作品展、“迎国庆·会川书画联展”、“舞动心璇”少儿舞蹈大赛、“晋渭两地书画笔会”、“好学乐业·出彩人生”2018年全民终身学习活动周书画展。

**【文艺创作】**《渭水源》杂志复刊。渭河源演艺有限责任公司创排了渭源县普法宣传现代戏《公民张三》和新编秦腔现代戏《禹河春》,分别在定西市大剧院和碌碡剧场进行首次上演,受到省市领导好评。这两部剧目双双入选2018年文化和旅游部“全国优秀现实题材舞台艺术作品展演”,成为全省十部入选作品之一。

**【文物工作】**(一)文物保护。建立健全各类文物资源数据库,实施以首阳山石窟群、五竹寺石窟、云盘寺石窟等为重点的石窟寺保护项目,并延展到全县其他石窟寺。加强对《首阳山辩》碑、伯夷叔齐墓、清圣祠等重要历史文化遗址的保护。重点保护灞陵桥、禹王庙、八卦楼、二郎庙等古建筑。加强对新发现的典型性风格建筑水磨等新品类文化遗产的保护工作。加强对红色遗址地坡儿红军烈士陵园、陇右工委地下印刷所的维修保护工作。强化文物安全防范设施,推进文物风险单位安防设施达标建设,提高文物安全防范能力。(二)文物普查。渭源县第三次全国文物普查中,共调查不可移动文物点112处,其中复查文物点81处,占总数的72.3%。新发现野外不可移动文物29处,占总数的25.8%。其中古遗址4处、古墓葬1处、近现代史迹及重要建筑12处、其他类12处。登录第三次全国文物普查不可移动文物登记表110份。登记第三次全国文物普查消失文物登记汇总表1份,登记消失文物点2个。普查队共进行野外文物普查286天。绘制不可移动文物地理位置图110张,平面示意图116张,采集不可移动文物点全景照、地理环境照,正面、背面、侧面及重要构件、文化层,各类标本照片计676张,采集GPS点428个,采集标本332件。填写不可移动文物登记表220份。(三)基础设施建设。水磨群保护修缮工程已通过甘肃省文物局专家组评审,完成了会川乔建贞水磨坊和锹峪祁兰英水磨坊维修。完成省文物局投资35万元的库房购置和50万元的馆藏文物保存设施提升项目。启动建设总投资450多万元的渭河源头——历史文物展项目。(四)馆藏文物。县博物馆现藏有1431件各类文物,时代上起原始社会,下迄1949年。以史前马家窑文化、齐家文化、寺洼文化及秦汉时期的艺术品为主要特色。藏品门类广泛,涵括石器、铜器、玉器、陶器、瓷器、铁器、书画、织绣等十几大类。其中三级以上珍贵文物150件(其中二级文物15件,三级文物135件)。根据馆藏文物的特点,精心设计了“渭水源头——历史文物展”,展览分为史前印迹、渭城遗珍两个单元，共展出各类历史文物240件。

**【书画艺术】**（一）艺术创作机构情况。“文化集市”建设充分发挥聚集优势，结合仿古式建筑——君山路步行街、渭河文化广场、国家级文物保护单位灞凌桥，以渭源泥人馆、清源镇乡村舞台、渭河源美术馆、数字影院、4家工艺品销售店、2家书画交流中心、3家书画装裱店、1家培训学校为主体，打造以书画交流展览、艺术产品开发销售、爱国主义教育等活动为主的特色文化创作机构。（二）艺术创作基地建设。成立了县文化馆会川、首阳山书画创作基地、峡口写生基地。（三）交流活动。聘请文化志愿者先后组织举办了舞蹈、音乐、美术、书法等各类辅导培训班，开展了美术、书法、声乐、器乐、舞蹈等个门类大奖赛活动。邀请渭源皮影戏传承人张国斌等人深入五竹、清源等乡镇开展培训活动。组织召开了羌蕃鼓舞音乐创作研讨会。（四）服务社会。组织县老年体协小曲演出人员参加了定西市文广局举办的全市小曲调演活动。组织非遗传承人参加了“丝路记忆”甘肃省2018年“文化和自然遗产日”非物质文化遗产宣传展示展演活动、全市首批非遗文创产品成果专题展示活动、“定西市2018年全民终身学习活动周书画非遗展”。组织渭河源演艺公司参加“多彩非遗·健康定西”——定西市首届中医药题材“非遗节目”专场演出。

## 体育运动中心

**【概况】**渭源县体育运动中心占地面积600平方米，建筑面积2085.52平方米。下设少儿体校、业余体校，干部职工12人。

**【脱贫攻坚】**完成峡城乡、上湾镇、会川镇、清源镇农民体育健身惠民工程各一个，总价值120万元；完成农民体育健身工程行政村（一村一场）项目20个，价值60万元，全部配发安装到精准扶贫村、贫困村及学校。完成一村一场项目204个，占全县行政村的94%。单位帮扶联系新寨镇田家岔村和廖家寨村，积极筹措资金1万元用于两个村群众体育活动的开展；在春节期间，购买价值5000元的慰问品；9月，筹集资金24000多元，对老化、损坏的体育场地和设施进行了维修和维护。

**【项目工作】**全民健身体育馆主体工程完工，正在进行装饰装修工程，已完成投资3900万元；全民健身体育馆附属工程正在进行招标；投资555.23万元的足球场项目正在进行前期手续的办理工作；投资200万元的渭河源景区山地自行车赛道项目正在进行最后的赛道障碍设置；投资100万元的体育公园项目完成塑胶健身步道的铺设和体育器材的招标采购工作。

**【体育赛事】**承办国家级体育活动1次（中国国际露营大会），承办市级体育比赛1次（定西市象棋对抗赛）。成功举办第二届中国国际露营大会。成功举办定西市中国象棋对抗赛。联合开展了以“中国梦·劳动美·我健身”、“我们的节日”为主题的武术比赛、广场舞大赛、篮球，乒乓球比赛等活动10次。

**【竞技体育】**发现体育苗子20余人，经过暑假试训后留了12人进行长期培养，在训队员有15人，为省市体校和省体工队输送优秀运动员8人。2018年8月，甘肃省第十四届运动会在临夏举行，输送到市体校的运动员代表定西市参赛，取得了五金、二银、三铜的好成绩。

**【体育产业】**2018年完成体彩销售额900万元，其中电脑型彩销售约810万元，即开型彩票销售约90万元，体彩发行安全运行。完成8个体育彩票终端机布点任务。

## 广播影视中心

**【概况】**渭源县广播影视中心前身为渭源县广播电影电视局，成立于1990年9月，属兼有行政职能的事业单位。2010年10月更名为渭源县广播影视中心，为正科级建制公益性事业单位，隶属渭源县文化广播影视局。事业编制30名，实有人员31人。

**【新闻宣传】**（一）内宣外宣。共播出各类新闻1546条；各类外宣稿件402条，专题13部，其中中央媒体3条，省台播出113条，专题4部，市台播出286条，专题9部，超额完成全年任务302条。（二）主题宣传。通过渭源电视台、渭源广播电视微信公众号全媒体推出，凝聚正能量，唱响最强音。7月，定西市首届渭水文化旅游节、美食节，创新运用新华社现场云等融媒体多平台分发手段进行网络现场直播，吸引100多万人次通过微信公众号平台现场观看，宣传推介了渭源。先后策划新增《脱贫故事》《源来渭源》《砥砺奋进的五年》《十九大时光》《新时代新作为新篇章》《国防之声》《坚决打赢脱贫攻坚战》《马上就办真抓实干》《美丽乡村渭源行》《全域无垃圾》《陇原环保世纪行》《抓落实进行时》《说清楚》《曝光台》等栏目。《脱贫故事》栏目被评为全市优秀栏目，采访报道内容被作为全县干部培训教材。8月，中央电视台在黄金栏目《新闻直播间》中，对渭源县生态文明建设进行了2场现场直播。《元古堆村：我们的生活比之前好多了》《牢记嘱托 打赢脱贫攻坚战》《胡春华在甘肃调研脱贫攻坚时强调：坚决打赢打好脱贫攻坚战》《总书记的牵挂：一枝一叶总关情》《总书记，马岗家的水通了》《玩活了泥巴的“老顽童”》、大型电视扶贫行动《决不掉队》之《渭源故事·药乡的新药财》、身残志坚致富能人侯双平等分别在中央电视台《新闻联播》头条等位置、新华视频、中央人民广播电台、CCTV12频道等中央媒体播出。

**【媒体融合】**积极主动适应时代发展，狠抓传统媒体与新媒体融合，打造基于互联网、移动客户端、高清4G\5G新传播业态。“渭源广播电视”微信公众平台粉丝12000多人。上传腾讯视频播放量2137359次，累计推送消息716组3766条，累计阅读量达2474318人次。采写的特种兵赵鹏飞、扶贫队长赵怀越等先进事迹，“赏今夜渭源最靓夜景”等短视频创造了贫困地区小县6万+、30万+点击量的好成绩。上线《渭源新闻》视频版，打造公众号品牌栏目《微电台》《源来渭源》《航拍渭源》《暖文》《我与宪法》等栏目。

**【采编播储】**争取完成了总投资200万元的渭源县广播电视台制播能力建设工程项目，实现了全台高清化、数字化，节目制播技术指标有了很大提升。严格阵地管理，刚性执行意识形态工作责任制。除新闻节目外，精心安排其他播出时段，加大社会主义核心价值观、中国梦等一系列公益宣传和主旋律影视作品展播宣传，成功加盟全省纪录片制播联盟，与12家市州电视台在晚间黄金时段共同推出《中国梦·亲历》栏目。

**【项目建设】**完成并验收通过了中央无线覆盖一期工程的验收工作。完成了投资630万元中央无线覆盖二期工程各台站的建设任务。集中开展渭源县地面数字广播电视农村覆盖网工程的维修维护工作，确保了“户户通”用户及其他终端用户正常收听收看市县台广播电视节目。全面完成了1—8月份217个行政村农村数字电影放映任务。完成了渭源县广播电视台制播能力建设工程项目建设任务。下达拨付中央无线覆盖运行维护费116.72万元。

**【脱贫攻坚】**加大主题宣传报道力度，共播发稿件180多件，专题5部。以“牢记总书记的嘱托，把日子越过越红火”为脱贫攻坚宣传主题，创新开办渭源新闻《脱贫故事》专栏，让老百姓自己讲述脱贫致富的故事。单位帮扶干部共进村入户22次，认真履行职责，制定“一户一策”为帮扶户发展“精准把脉”。筹措资金为帮扶村文化活动开展投资2000余元，为每户帮扶户提供衣服2套，提供农业物资玉米点播机1台，春节前对部分老党员、困难群众进行了集中慰问。联系市文广局在路园镇小园子村开展“双百千万”文化惠民工程。

## 甘肃省广播电视网络股份有限公司渭源县分公司

【概况】甘肃省广播电视网络股份有限公司渭源县分公司于2012年5月24日挂牌成立，设有运维部、用户部、办公室、财务室。公司现有员工19名；分公司负责渭源县辖区有线电视网络的经营、维护、发展和依托广电网络开展的宽带数据业务。

【脱贫攻坚】向莲峰镇团结村送春联300幅，开展运动会资助2000元，对团结村5户未脱贫户免费安装有线电视、宽带业务，对帮扶69户建档立卡户优惠安装有线电视、宽带业务，合计帮扶资金9100元。组织干部深入帮扶村进行实地走访调查，详细了解村情，理清帮扶思路，进一步密切了党群、干群关系，确保了结对帮扶工作有序推进，加强了结对帮扶活动的有效落实。

【创营工作】围绕市场做营销，把营销理念渗透到服务工作中变被动营销为主动营销，主动出击。找准客户需求，精准营销精准服务，实行分类分级管理，挖掘发现客户的内在需求，满足客户多样性需求和个性化需求，进一步吸引并留住客户，提高客户满意度。大力促进城乡广电网络健康快速发展，充分发挥已选好的当地代办员的作用，迎难而上，奋力开拓，拓展市场空间。

【安全工作】始终把安全生产和安全传输摆在工作首要位置上，安全工作警钟长鸣，在重大会议和节假日期间，坚持零报告制度。分公司经理为安全播出第一责任人，对播出机房、网络传输线路等重要环节进行定期和不定期安全工作排查。机房值机人员坚守岗位，严密监视节目信号，完善《渭源县分公司网络安全应急预案》，细化工作措施，通过扎实有效工作，全年实现广播电视网络安全传输零事故的工作目标。

## 苏维埃政府纪念馆

【概况】2012年4月，按照全省红色纪念馆建设的统一部署，渭源县成立了渭源县苏维埃政府纪念馆，在清源一小租用教室4间480平方米，7月底全面完成布展并向社会免费开放，前后共接待参观人员近160批次9000多人（次）。2013年8月，纪念馆展厅按照县城整体规划已拆迁，县上根据文化旅游产业发展整体规划，在县城渭河公园西侧规划建设永久展馆，主体工程已完工。现有干部6名，馆长1名（副县级），副馆长1名（正科），工作人员4名，借用原种子公司两间办公室开展工作。

【展馆规模】纪念馆在原清源一小布展时，只有四间教室480平方米，新建场馆建筑面积达1680平方米，布展面积700多平方米，主体建筑已竣工，展厅布展设计已评审。认真学习渭源党史、中国革命史等党内刊物，积极修改充实陈展大纲；组织人员深入革命遗址，挖掘完善革命文物，年内征集文物10件，文史资料10件。

【开展纪念活动】为了纪念中国共产党成立97周年，6月29日，苏维埃政府纪念馆与锹峪镇峡口村村委会联合举办“庆七一颂党恩敬父母”主题讲座，纪念馆工作人员为群众讲脱贫攻坚各项惠农政策，在鲜活的事例中让百姓感悟党的恩情和政府的关怀，进行了家和万事兴之百善孝为先的家风讲座，并对峡口村首届最美孝子、最美孝媳、最美孝婿颁发全家福，通过树孝风变民风而开化善风。

【内部管理】加强组织领导，层层落实责任。全面落实从严治党主体责任，纵深推进转变作风改善发展环境建设年活动，把党风廉政建设工作纳入领导干部目标管理和目标考核，层层分解落实工作责任。创新机制，强化机关内部管理。严格落实“三会一课”制度和要求，积极深入开展“学党章党规、学系列讲话，做合格党员”活动。坚持周二学习例会制度，组织党员干部学习15次。

**【脱贫攻坚】**单位承担脱贫村为锹峪乡峡口村，单位制定了《渭源县苏维埃政府纪念馆2018年度精准扶贫计划》和个人结对农户帮扶计划。多次深入基层，衔接落实，上门为联系户做思想宣传，积极推进整治村庄环境，配合协调抓改路、改水、改厕、垃圾处理、污水清理；整治违章搭建、乱堆乱放，对全村及河流沿岸、道路沿线的生活垃圾及废弃场所进行整治。宣传动员群众做好对公路、河道及村庄公共视野范围内的广告牌、路牌进行清理工作，动员联系户和当地群众参加扶贫办组织的各种技能培训班。组织县内书画家为峡口村民义务写书画40余幅，春联100副。给本馆联系的21户贫困户各送去字画一幅。

### 新华书店

**【概况】**渭源县新华书店是国有图书发行企业，成立于1953年5月，2010年公司改制成甘肃新华书店飞天传媒股份有限公司渭源县分公司，现有职工15人，退休人员11人。党员5人。除县上中心门市部外，下伸会川、莲峰、北寨、县城第二门市部四个网点，会川、莲峰、北寨、第二门市已撤销经营。公司实现了业务、财务、计算机网络化管理，营业部实现了POS系统管理，业务上实现了进、销、调、退、存的教材教辅出版物发行ERP系统，财务上实现了网上报税系统和网银管理，安全上实现了24小时高清视频监控系统，图书品种1万多种，拥有图书近3万册，单位固定资产235万元，县城中心门市部营业面积200平方米，会川门市营业面积150平方米，莲峰门市营业面积80平方米，北寨门市营业面积110平方米，县城第二门市部营业面积75平方米。单位有桑塔纳轿车1辆，五菱客货两用车1辆。

**【经营指标】**全年计划销售任务957万元。利润指标1万元。含税销售954万元，比上年同期减少237万元，下降率为19.8%。利润实现利润1.03万元，比上年同期减少2.24万元，下降率68.5%。发生三项费用183万元，其中：管理费用106万元，经营费用77.6万元，财务费用-0.5万元，费用率为19.7%，比上年同期增长1.76万元，增长率9.7%。期末库存100.7万元。商品进销差价30.3万元，为期末库存的30%。

**【资料征订】**教辅征订新增中小学宪法知识读本9.2万元，检测卷20.4万元，幼儿安全教育资源包7.42万元。宣传征订重点图书《党章》609册2436元、《十九大汇编》236册2832元、《十九大报告》706册8472元、《十九大读本》265册8745元、《新宪法》70册280元、《习近平谈治国理政第二卷》1725册13.8万元、《新时代面对面》2449册51429元、《习近平新时代中国特色社会主义思想三十讲》4856册184528元，《日志录》160册12480元。在4月23日“世界读书日”活动期间，在实验中心小学全店员工同师生们搞了全民阅读活动，使“读者·中国阅读行动——‘书香陇源·读中国’”这一活动圆满成功。

**【精准脱贫】**鹿鸣村三个社接引自来水期间，主管道资金缺口2.5万元，积极与帮扶单位进修学校协商办理，已达成协议给予解决。给三个社接自来水解决资金2000元。给鹿鸣村帮扶资金5000元；给鹿鸣小学捐赠图书及办公用品3181.00元；给10户贫困户春耕期间化肥10袋，价值1000元；给10户贫困户营养品10份，价值1000元。

## 旅　游

### 旅　游

**【概况】**渭源县境内有各类生态文化旅游景点30多处，其中已开发出的知名旅游景区（点）16处，主要有国家AAAA级景区、省级风景名胜区——渭河源，国家级森林公园、国家AAA级景区首阳山，云端仙境、养生胜地——太白山，史前丹霞、“十五里画廊”——天井峡，天堂草原、“陇上香格里拉”——双石门等自然景观；也有华夏文明先祖、夏王朝开国帝王大禹开山避水、疏导渭河的鸟鼠同穴山，有孤竹国二圣、被孔子尊为儒家先贤、万世可风的伯夷叔齐采薇隐居之地首阳山，有秦始皇祖民为抵御羌戎、中国修建最早、保存最为完好的战国秦长城马家山段遗址；有始建于明洪武年间、全国唯一叠梁悬臂式纯木拱桥、集蒋介石、何应钦、孙科等民国军政要员题匾于一身的古代桥梁奇迹——灞陵桥等众多人文遗迹。

**【旅游宣传】**多层次邀请省内外知名学者、旅行商、开发商和精英人士，在兰州、西安、青海、成都、天津等城市成功举办了“华夏文明渭河源”——甘肃·渭源文化旅游资源宣传推介会。依托全省“敦煌行·丝绸之路国际旅游节”，成功举办了首届渭水文化旅游节、八届华夏文明渭河源灵秀渭源祖脉文化旅游节。推介了渭河源景区绚丽的风景，让游客亲身感悟了大禹治水的治世精神和渭源深厚的历史文化底蕴。精心策划，设计印制了《渭源旅游指南》、《游美渭源旅游手册》和景区宣传单页，制作《华夏文明渭河源》《返乡之旅·为源而来》宣传光碟和大型纪录片《探秘渭河源》，并在省市县各级媒体和星级宾馆饭店陈设、播放。组队参加“中国旅游日”、兰洽会、省文博会、陕西旅游营销大会、天津旅博会、厦门等省内外重大宣传节庆活动，宣传推介了渭源旅游资源及精品线路。开拓成都、重庆西南市场，吸引西南、青海游客前来旅游观光。开展了对“灞陵桥”“渭河源”“首阳山”“秦长城”等4项知名品牌作为重点商标进行注册保护。

**【旅游行业管理】**先后出台了渭源县农家乐及农家客栈《管理办法》《星级划分与评定标准》《扶持奖励办法》等扶持政策，为发展乡村旅游创造良好的发展环境。县财政每年安排不少于200万元的专项资金，加大扶持奖助力度。对获得一至五星级农家乐及农家客栈认定并授牌的经营户，一次性分别给予3000元、8000元、20000元、40000元和80000元的资金补助；对乡镇自主打造发展并达到一定规模的专业村，经县上认定后一次性给予20万元的资金奖励。全县农家乐127家，其中全国金牌农家乐1家、市级农家乐示范户32家、县级星级农家乐14家，认证“美渭”特色菜品24个，“吃在农家、住在农家、乐在农家”的乡村旅游模式初步形成。依托“渭河源”“灞陵桥”等文化品牌，培育旅游商品生产企业8家，旅游商店9家，开发出了以灞陵桥、泥塑、皮影为主题的民间工艺品和农副土特产为主的系列旅游商品近50种。

**【旅游规划】**县上根据产业发展阶段性特征，先后筹资450多万元先后委托上海奇创旅游规划咨询公司、北京江山多娇规划院编制《甘肃渭源旅游品牌发展战略策划》和《渭河源大景区总体规划及渭河源、首阳山、太白山、石门雪山核心景区修建性详细规划》，明晰了“三山一水天下田”的资源基底，提出了“华夏文明渭河源”战略品牌，精心打造“一城、一带、四区、五组团”（一城——渭源休闲新城；一带——河源风情休闲带；四区——寻源祭祖、德源谒圣、仙源问道、雪源风情四大核心发展区；五组团—会川医药养生组团、灵秀仙山避暑度假组团、五竹文化休闲组团、锹峪休闲民俗组团、莲峰慢城生活组团五大联动组团），强力推进“生态泉源——渭河源、东方德源——首阳山、灵秀仙源——太白山、丝路雪源——石门雪山”四大品牌景区建设，科学制定梯度推进计划，有效地防止了盲目开发和低水平重复建设。

**【旅游景点及基础设施建设】**全县有AAAA级景区1个（渭河源景区），AAA级景区1个（首阳山景区），AA级景点2个（马铃薯科技示范区和老君山—灞陵桥公园），国家森林公园1处（渭河源国家森林公园包括：首阳山、夷齐古冢、天井峡、石门水库），全国重点文物保护单位2处（灞陵桥、战国秦长城），省级风景名胜区和省级地质公园各1处，其中渭河源景区已入选2013年“绚丽甘肃”最佳生态旅游景区。2012年以来，累计投入资金17亿元，着力改善景区内外环境。其中，投入2.7亿元，灞陵桥景区先后投资实施了16.8公里的渭河文化景观带、占地138公顷的渭河公园和建筑面积2.3万平方米的县级文化综合场馆等建设工程；投入8.67亿元，全面加大了旅游道路改造提升，投资1.23亿元完善了垃圾收运系统等配套服务设施、生态景观绿化、河道水系治理和美丽乡村建设等环境打造工程。渭河源景区已完成生态停车场、游客中心、禹王殿、龙王庙、历史文化展馆、玉龙景观道等景观建设和探源一期、二期道路及环卫、标识、休憩等配套设施，景区各项游览服务功能得到进一步完善，并于2015年7月通过国家AAAA级旅游景区评定；首阳山景区已完成莲心广场、生态停车场，林下休闲区、游客中心、清圣斋等主体工程和道德、福德、立德游线游步道及景观亭廊工程；太白山景区已完成车行道路建设工程。景区开发建设方面，按照景区详规要求，累计投入资金1.34亿元，实施了三大核心景区基础设施建设项目。

**【旅游服务教育培训】**为了发挥旅游产业扶贫带动作用，提升建档立卡贫困劳动力就业技能水平和能力，加快全县脱贫攻坚步伐，委托具有丰富培训经验的渭源县立达劳务有限责任公司承担2018年就业技能培训，共计培训300人，为期15天，培训对象全部为16个乡镇有拟从事旅游业、旅馆业（景区）、餐饮业（农家乐）培训愿望的建档立卡贫困户。

**【脱贫攻坚】**充分发挥旅游产业的辐射带动作用，利用扶贫资金扶持龙头企业，以农村“三变”改革要求，盘活项目资金，按照“公司+基地+农户”的产业化经营模式，创建乡村旅游示范点，带动建档立卡贫困户稳定收益。下达东西部协作旅游产业扶持资金165万元，制定了《渭源县2018年东西部扶贫协作旅游扶贫项目实施方案》。下达渭源县2018年第一批财政专项扶贫资金旅游产业扶贫项目资金396万元，制定了《渭源县旅游产业扶贫项目实施方案》。按照每户10000元的标准折股量化并发放到561户建档立卡贫困户，两个项目均采用公开招标的方式，确定渭源县文旅投公司为项目实施主体，通过涉旅乡镇遴选了本土龙头企业渭源县乡野香乡村旅游开发公司为带动企业。与贫困户逐一签订量化入股协议并发放股权证，代表贫困户集体入股到渭源县乡野香乡村旅游开发公司，加快发展旅游发展，带动贫困户稳定增收，前15年每户每年分配收益1000元（2018—2033年）。

## 渭河源大景区管理委员会

**【概况】**定西市渭河源大景区管理委员会于2018年1月成立，为县级事业单位，隶属渭源县人民政府管理，业务上接受县旅游局协调指导，单位地址为渭源县清源镇首阳路43号。景管委下设3个内设机构：办公室，正科级建制，设主任1名，副主任1名。规划建设部，正科级建制，设部长1名，副部长1名。资源环保部，正科级建制，设部长1名，副部长1名。景管委核定事业编制17名，设主任1名（正处级）、副主任2名，内设机构核正科级职数3名，副科级职数3名，其他工作人员编制8名。撤销渭河源、首阳山、太白山、双石门4个景区管理站和县旅游服务中心，收回其共17名事业编制，主要用于上述单位划转人员用编。

**【管辖范围】**大景区四至范围为：北至316国道会川镇半阴坡村路口、南至会川镇与漳县接壤处、西至会川镇与田家河乡交界大娃鱼沟、东至莲峰镇何家湾村张家庄。涉及莲峰镇、五竹镇、会川镇、锹峪镇4个乡镇共9个行政村，总人口1.491万人，总面积约187平方公里，其中：农用地154.3平方公里，建设用地4.7平方公里，未利用地27.53平方公里；涉及莲峰、五竹、会川3个林场117.14平方公里。涉及已批准开放的宗教场所7处。涉及文物保护场所6处，其中：省级1处为《首阳山辩》碑，市级2处为马鹿山石窟群和夷齐陵园。

**【管理体制】**按照“统一规划、统一开发”的原则，大景区范围内的土地、林业、草山、水利、宗教等资源的所有权、管理权等权属不变，由景管委协助各资源管理部门做好资源保护，做好辖区内相关资源的开发利用，对各行业在大景区范围内实施的项目由景管委进行同期规划审批。大景区内9个村行政区划不变，其行政管理、社会管理、公共服务等职能由原管辖乡镇负责。国土、食药、林业、工商等相关部门的行政管理等职能由各相关单位负责。大景区内行政村居民户口管理、社会治安综合治理、道路交通安全等工作由相应所属辖区公安机关负责。按照政企分开、高效管理的原则，设立大景区旅游开发公司，明细景管委与旅游开发公司的景区管理职能和市场经营职能。旅游开发公司注册为渭河源文化旅游投资开发管理有限责任公司，注册地渭源县，负责景区旅游资源的开发、经营与管理等工作。渭河源大景区管理委员会负责辖区内的规划建设以及景区运营和管理。辖区以外旅游资源管理开发以及旅游市场综合行政执法工作由县旅游局负责。

**【景区项目建设】**（一）渭河源景区二期环线提升工程。2017年4月11日开工建设以来，已完成了祭渭坛基础、主体及所有石材铺装及周围草坪绿化工程，畅远台、悦景台、近源台、岣嵝亭、九州亭主体工程及亭子的广场铺装。环线道路总长3191.6米（其中：塑木栈道总长2280.1米，园路总长911.5米），已完成栈道基础2003米，塑木栈道铺装1980米，完成园路基础垫层911.5米，园路铺装411.5米，三星级厕所1座完成主体及室内装修、生态厕所4座成品安装工程等。（二）首阳山景区旅游开发基础设施建设（一期）项目。2017年8月份开工建设，截至目前，已全面完成建设任务。（三）渭河源景区门禁售检票系统建设工程。建设检票门亭及围栏；安装数字化售检票系统1套，该工程已全面完成建设任务。（四）渭河源景区装饰项目和电力箱变工程。为了首届渭水文化旅游节和露营大会顺利召开，2018年7月份对景区内所有建筑、河道、道路、山体树木等进行了灯光亮化装饰，并在渭河源景区安装400KVA电力箱变1台，布设电缆线300米。（五）渭河源大景区维修工程。对渭河源、首阳山、太白山、石门雪山、天井峡景区道路、房屋、台阶等进行了全面维修改造等。（六）渭河源景区游客中心供暖设备工程。在渭河源景区游客中心室内安装80KW的电锅炉1台，并配套安装40组散热器，现已正常使用。

**【旅游宣传推介】**一是借助节会宣传，打造渭源旅游品牌。参加了2018重庆都市旅游节暨城际旅游交易会、陕西春季旅游营销大会、中国旅游日、第十届中国国际旅游商品博览会，借助“2018天津霍元甲国际武术狂欢节”，参加了省旅发委在天津市举办的甘肃旅游大型宣传推广活动推介会等重大旅游营销活动，借助其大型旅游展销平台，对渭源文化旅游资源进行了推介。二是承办了首届渭水文化旅游节、大禹民间祭祀典礼、第二届露营大会等活动，通过节会宣传，提高了渭源旅游知名度、美誉度和游客参与性，丰富了旅游产品内容。三是协助文化馆成功举办了四月八首阳山山会、伯夷叔齐祭祀民间特色节会，协助甘肃丝绸之路渭河源文化有限责任公司创排的秦腔大剧在渭河源景区进行义演，协助定西市百花演艺文化公司，“十一”黄金周期间在渭河源景区举办了“渭水之歌”主题文艺展演活动，为广大旅游提供了丰富多彩的旅游文艺项目，促进了文化与旅游产业的深度融合。四是配合凤凰网、乐途网项目团队完成了渭河源景区、石门雪山景区、天井峡景区开展旅游资源素材采集和宣传工作。五是策划举办了首届“华夏文明渭河源·冰雪渭源”冬季文化旅游节活动，以及冬春季渭河源大景区旅游市场消费系列活动，促进冬春季旅游收入持续增长，实现了冬春季旅游“淡季不淡”的目标。

**【脱贫攻坚】**一是积极与会川镇醋那村、莲峰镇首阳村、北寨镇麻地湾村对接，安排41名帮扶干部联系三个村的203户建档立卡贫困户。派出6名帮扶干部作为驻村干部（其中2名任队长），强化了驻村帮扶力量。组织干部职工经常性深入帮扶户家中掌握生产生活情况、宣讲帮扶政策、排忧解难，结合产业扶贫等政策，制定了“一户一册”精准脱贫计划、及时填写政策到户“明白卡”等，并随着相关政策的调整家庭情况的变化，及时对“一户一册”计划进行了完善和更新；二是组织帮扶干部认真参加了扶贫办组织的全县脱贫攻坚培训班并参加了考试，结合健康扶贫等专项培训，不断提高了帮扶干部扶贫工作能力；三是加强对派出驻村工作队员的关心支持，坚持每季度召开一次思想工作汇报会，及时了解掌握派出人员的思想和工作动态，解决他们的困难和问题，按标准保障了派出人员的生活和交通费用，并办理了人身意外伤害保险；四是积极筹措资金，给莲峰镇首阳村、会川镇醋那村和北寨镇麻地湾村各支持5000元，用于改善村委会办公条件；五是积极争取福州—定西旅发委东西部协作扶贫项目资金20万元，用于渭河源和首阳山景区的维修，将原本用于维修的资金进行置换，为建档立卡贫困户在景区设置了部分公益性岗位，以增加其收入。

# 卫生健康

## 卫生健康

**【概况】**全县共有医疗卫生单位28个，即县人民医院、县中西医结合医院、县中医院、县疾控中心、县妇幼保健站、县卫生计生局综合监督执法所，民营医院2个，县人口和计划生育服务中心，社区卫生服务中心，乡镇卫生院18个（中心卫生院4个，一般卫生院11个，分院3个）。核定编制床位1586张（县级1250张，乡级336张），每千人口拥有病床4.53张。一体化管理村卫生室217个，村医217人。现有卫生人员843人（县级467人，乡级376人），专业技术人员780人（县级423人，乡级357人），占92.5%；管理人员6人，占0.7%；工勤人员57人，占6.8%。专业技术人员中，本科以上学历429人，占55%；专科学历304人，占39%；中专及以下47人，占6%。正高职称6人，占0.8%；副高职称75人，占9.6%；中级职称148人，占19%；初级职称551人，占70.6%。执业医师（含执业助理医师）317人，护士234人。

**【公立医院改革】**一是重点落实三所县级公立医院综合改革的自主权，合理界定政府和公立医院在人事、资产、财务等方面的责权关系，建立决策、执行、监督相互分工，相互制衡的权力运行机制。二是三所县级公立医院创建了普外科、骨科、脾胃病科、针灸科、内分泌科等6个省级重点学科，县人民医院建成了重症医学科、新生儿重症监护病房、血液透析室、医用氧舱等重点专科，设置了糖尿病防治中心、胸痛中心和脑卒中中心，依靠中心承担相同病种患者的规范化诊疗、管理、健康教育、学术交流、业务培训等工作；县中西医结合医院重新设立了针灸科，提高了中医优势病种诊疗能力；县中医院建成了健康体检（治未病）中心，加强了全县干部保健体检工作。三是县人民医院先后与省人民医院胸外科、兰大二院神经外科骨科、甘肃省妇幼保健院产科儿科等科室建立多学科专科联盟；县中医院与兰大二院和省人民医院、县中西医结合医院与甘肃中医药大学附属医院建立了对口帮扶协作关系。县人民医院建成县医联体诊疗中心，覆盖全县15家乡镇卫生院，并以15家卫生院作为基层医疗接诊点为全县人民提供最为便捷和优质的医疗服务项目。县人民医院与心医国际远程会诊中心合作，通过互联网+医疗，开展远程会诊和远程医学教育，架起了我县与北京、上海等国家级三甲医院的桥梁，患者在本院享受国内知名专家的指导，助推分级诊疗政策的落实。四是三所县级医院在原有绩效考核方案的基础上，建立了以公益性质和运行效率为核心的公立医院绩效考核体系，进一步量化细化指标，完善绩效考核方案，切实加强绩效考核工作。

**【医疗质量安全和服务监管】**一是逐步完善了处方点评和医嘱点评制度，加强合理用药监测控制，规范抗菌药物临床应用管理，对医师的抗菌药物权限进行了限制，重点就诊断处置、用药、检查、收费等不合理行为进行专项整治，有效解决了基层群众“看病贵”。二是严格落实医务人员“八个排队”和医疗机构“八个排队”等医疗服务质量管理核心制度，全面推行医院院长值周制度、医疗服务质量讲评分析会议制度。三是三所县级医院开展了优质护理服务，占病房总数的83%。

**【应对突发公共卫生事件】**一是不断健全突发公共卫生事件监测预警和信息报告网络体系，进一步提升突发公共卫生事件监测预警能力。大力开展突发公共卫生事件风险评估，实现关口前移，提高风险监测、识别和管理水平，及早主动发现突发事件公共卫生风险苗头。二是进一步做好卫生应急值守工作，落实领导带班责任制和值班工作岗位制，坚持24小时值班工作制度。规范各级突发公共卫生事件和突发事件紧急医学救援信息报告制度，信息报送做到及时、有效，严防漏报、迟报、瞒报现象发生。

**【紧急医疗救援】**印发了《渭源县“120”医疗急救体系建设实施方案》，依托县人民医院成立了渭源县“120”医疗急救指挥中心，三所县级医院和18所乡镇卫生院建成立了“120”医疗急救站，全县所有“120”救护车安装了车载GPS定位终端装置，实现了全县“120”救护车由渭源县“120”医疗急救指挥中心统一调度。建立完善了全县卫生应急队伍，主要负责对全县自然灾害、事故灾难、公共卫生和社会安全事件的卫生应急救援。卫生应急队伍下设疾病预防控制、健康宣教和信息报送、医疗救治、后勤保障、卫生监督、心理干预6个组，并实行动态管理。

## 人民医院

**【概况】**渭源县人民医院始建于1947年7月，2011年8月完成整体搬迁。医院占地面积91亩，建筑面积2.9万平方米，目前拥有资产1.4亿元，编制床位500张，职工455人（卫生专业技术人员380人，占比83 %，正高职称6人，副高职称37人，中级职称54人），是全县集医疗、预防、急救、康复、教学为一体的综合性二级甲等医院，市级文明单位。拥有东软0.35T核磁共振、16排螺旋CT、DR、飞利浦高端四维彩超、数字胃肠机、电子胃镜、全自动生化分析仪、病理图像诊断系统、德国贝郎血液透析、8座高压氧舱、奥林巴斯电子腹腔镜、等离子气化电切镜、体外震波碎石机、强生超声高频外科集成系统GEN11等较为先进的医疗设备50多台件。2018年门急诊114943人次，较去年增长7.6%；住院14895人次，较去年增长17.6%；手术1890例，较去年增长10%；120急救出诊842人次，较去年减少4.4 %；住院分娩1562人次，较去年减少21.8%。门诊次均费用79元，较去年增加2元；住院次均费用3668元，较去年增长4.5%。病床使用率78%，出院者平均住院天数9天，药占比26%。年末资产规模1.5亿元，较去年增长36%。实现业务收入7243万元，较2017年增长919万，增幅14.5%。

**【党建工作】**县人民医院党支部升格为党总支部，下设两个党支部，分别选举产生了党总支和党支部书记、委员，重新设立党小组。严格落实“三会一课”、民主生活会和组织生活会、主题党日、政治生日、党员固定活动日等制度，先后组织开展了水泉山和黄香沟植树造林、南谷新村党建主题广场重温入党誓词、元古堆村党团主题教育实践基地学习观摩、党员志愿服务义诊、诗歌朗诵比赛、老党员困难党员慰问等活动。结合“转变作风改善发展环境建设年”、“平安医院”创建活动开展，开展集中约谈6次，个人约谈8次12人。深入持久开展医德医风教育和医药购销领域治理商业贿赂专项整治活动，药品严格执行“三统一”管理，网上集中招标采购，零差率销售。年内培养入党积极分子2名，批准预备党员2名，现有正式党员总共78名，占全院职工的17.5%。大力开展“三好一满意”创建活动，开展优质服务窗口评比和党员示范岗活动，评选优秀医师、优秀护士，充分发挥党员及先进模范的先锋引领作用。

**【医院管理】**制定了《渭源县人民医院章程》，进一步明确了党组织在医院内部治理结构中的地位和作用，明确了医院性质、办医宗旨、功能定位、办医方向、管理体制、经费来源、组织结构、决策机制、管理制度、监督机制、文化建设、党的建设、群团建设，以及举办主体、医院、职工的权利义务等内容。组织核心制度全员培训并考试，定期深入病案室及临床科室检查首诊负责、三级查房、分级护理、手术分级管理、抗菌药物分级管理、临床用血审核等医疗质量安全核心制度落实情况。

**【人才队伍】**意向性引进7名，成功引进针灸推拿专业本科生1名。面向社会公开招聘大专以上检验专业技术人员4名。继续开展医务人员三基三严培训与考核，参考率、合格率达96%。组织医务人员完成继续医学教育任务。利用远程会诊平台，积极开展病例讨论及远程学术讲座。以科室为单位，医务人员每周安排业务学习1次，积极开展病例讨论，相互学习，共同提高。切实做好进修工作，培养重点专科、紧缺专业业务骨干。2014年至2018年，先后派出40多名医务人员到省内外三级甲等医院进修。同时聘请知名专家教授来院进行手术示教92例、学术讲座70次。与福州市晋安区人民医院开展深层次、全方位的东西部医疗卫生扶贫协作，派出赴福州进修学习13人，专业涵盖重症医学科、普外、感染、放射等多学科。晋安区来县医院开展业务技术交流三批次18人。2018年9月至11月，晋安区委组织部、卫计委选派五名医护人员常驻县医院，分别在内分泌科、妇产科、重症医学科开展帮扶工作，先后诊治门诊病人625人次，会诊及疑难病例讨论41例，义诊52人次，学术讲座13次，业务培训203人次、教学查房29次。利用晋安区援助资金49.6万元，委托县政府采购中心以公开招标的方法代理采购新全顺（JX5036XJHZK）救护车两台。2018年4月与定西市人民医院建立了对口支援关系，加挂定西市人民医院渭源分院牌子。市医院累计3次向县医院派出医疗队27人次，诊疗病人1300多人次，帮助手术42例，教学查房12次，开展疑难病例讨论8次，举办各种学术讲座13次。县医院中层管理者及科室骨干42人次分批赴定西市医院进行为期一周的短期培训，提高了管理科学化、规范化水平。坚持“质量效益、公平兼顾”的分配原则，修订了《渭源县人民医院绩效工资实施方案》，完善医院内部分配激励机制。

**【医联体建设】**扎实做好三级医院对口帮扶贫困县县级医院工作，与兰大一院、兰大二院、省人民医院、省二院、省妇幼保健院等省级三甲医院签订了专科联盟合作协议书，与莲峰中心卫生院等10所卫生院签订了医联体合作协议。按照“组成联盟、上下联动、利益共享、抱团发展”的工作要求，逐步形成“基层首诊、分级诊疗、急慢分治、双向转诊”的就医格局，在学科建设、业务协作、学术交流、人才培养、资源共享、家庭医师签约双向转诊、信息化平台建设等方面共同发展，更好地为患者提供安全、便捷、高效的全程优质服务。分级诊疗病种由年初确定的179种增加到年底的230种，严格执行分级诊疗病种临床管理和按病种付费政策，引导患者到基层就诊，畅通上下转诊通道，推动上级医疗机构下转患者数量持续增长，构建科学合理的就医新秩序。

**【支付方式改革】**继续实行“先诊疗后付费”和“一站式结报”服务。开展基本医保支付方式改革。推行总额包干的支付方式改革制度。严格执行分级诊疗病种单病种限额付费，患者按实际发生费用的25%交纳自付费用。探索试行DRGS付费制度。2017年8月份县医院被国家卫计委确定为县级医院DRGS改革试点医院。2018年实际补偿11941人次，总费用4355万元，实际补偿3594万元，分组器共计上传病例11921份，入组率98.6%，具备运行条件。优化就医流程，全面开展惠民便民服务。合理布局诊区设施，完善导诊服务，实现微信挂号、手机APP挂号，设立门诊化验室，开设疼痛门诊、高血压门诊、糖尿病门诊等专科门诊，解决“三长一短”问题。加强急诊急救力量，胸痛、卒中、妇产、外伤等院前院内绿色通道通畅，标识醒目，时钟统一，诊疗规范。设置了患者维权站，维护患者合法权益，履行书面知情同意手续，制定了患者投诉处理流程，设置了投诉箱，公布了投诉电话。积极开展远程医疗，推行日间手术、多学科联合诊疗模式，开展检查检验结果互认及推送。高质量完成利民惠民工作任务，组织43名高中级医师长期开展“一人一策”健康扶贫工作，签约服务6乡镇78村建档立卡贫困户1603户。全面完成全县初升高学校师生肺结核病筛查，实筛人数3828人。扎实做好“两癌”检查项目工作，年内完成北寨、新寨、路园、莲峰、锹峪五镇农村妇女筛查7668人，其中建档立卡户1521人，宫颈癌检查可疑高危人数172人，确诊宫颈原位癌2人，乳腺癌筛查可疑高危人数169人。全力保障中医药产业大会、全市旅游节、美食节等各级各类节庆活动医疗应急工作。积极推进院内调解、人民调解、司法调解、医疗风险分担机制有机结合的“三调解一保险”机制建设，妥善化解医疗纠纷，构建和谐医患关系。

**【重点专科建设】**1.糖尿病防治中心规范运行。2016年10月19日，经省医学会糖尿病专业委员会批准，成立糖尿病防治中心，承担全县糖尿病患者的规范化诊疗、管理、健康教育、学术交流、业务培训工作。2.完成了胸痛中心建设。2016年12月8日启动以来，按照国家胸痛中心基层版建设标准，举全院之力，各科室通力配合，人财物向胸痛中心倾斜，优化诊疗流程，实行急性胸痛优先原则，历时两年，国家胸痛中心执委会2018年11月2日投票通过，12月18日在苏州召开的全国第三次胸痛中心建设会议上，葛均波院士为我院胸痛中心授牌，为全县卫生行业首个国家级专科。3.创评卒中中心、高血压病管理中心。依托中西医结合科和心内科，正在按计划创评高血压病管理中心，定期进行高血压专题讲座，普及高血压防治知识，提高知晓率，对高血压患者进行建档管理，采用中医泡脚等中医适宜技术对高血压进行治疗和预防。

**【医院文化建设】**充分发挥精神文明创建的推动作用，提高管理效能和医疗服务质量，建设“群众满意”医院。关心爱护医务人员身心健康，尊重医务人员劳动成果和辛勤付出，增强医务人员职业荣誉感。2018年8月18日，在首个“中国医师节”，评选表彰了10名优秀医生，脑系科、重症医学科2个优秀医师团队。护士节前夕，医院首次推出“最美护士”评选活动，10名同志荣获首届“最美护士”荣誉称号。建立评优评先长效机制，按届如期评选表彰，大力弘扬“敬佑生命、救死扶伤、甘于奉献、大爱无疆”的职业精神。

**【项目建设】**争取国家预算内投资5000万元，地方配套资金180万元，建设综合楼项目。新建综合楼项目概算投资6780万元，建筑面积建筑面积18458.56平方米，其中地下建筑3071.48平方米，地上建筑15387.08平方米。5月11日集中开工建设，11月份主体工程全面完工，占项目工程总量的72%，拨付项目资金3246万元。

**【护理服务】**全年共选派不同科室护理人员14名，在省内外三甲医院对应科室进修学习三个月；选派5批次41人次参加“甘肃省第三期护士长管理能力提升暨定西市护理质量与安全管理培训会”等专题培训和学术会议。举办了2018年“护理岗位技能大赛”，共有14支代表队45名选手参赛。推行省市医院护理人员APN排班模式，减少护士交接班的频率，全面履行护士的职责，实施责任制整体护理模式。加强院感工作，一次性耗材规范合理使用，医疗垃圾分类规范处置。全院护士着装规范统一，仪容仪表大方，极大地提升了县医院护理队伍的整体形象。

**【药械耗材管理】**结合临床需求，按“从新就低原则”调整医院处方集，优先使用基本药物。新增品种25种，停用非基木药物1种，限量采购3种。医院在用药品669种，其中基本药物426种，非基本药品243种，基本药物品种占64%，使用率比例达70以上（二级综合医院≥65%）。中药饮片使用有了大幅的增长，在用品种360多种，中药颗粒240多种。全年采购药品2290万元，其中基本药品1368万元，占59.7%，中草药129万元。购进卫生材料1095万元，其中：钢板118万元，化验试剂400万元，耗占比21%，网上采购占80%。药械采购工作规范，动态管理在用品种结构，提高供货质量，减少库存，合理贮备药械数量。

**【重点学科、薄弱学科建设】**一是急救中心运行良好，急救网络形成规模。充分发挥县乡120急救网络功能，建立创伤、农药中毒、急性心肌梗死、脑卒中、高危孕产妇等急危重症患者“绿色通道”，基本形成院前院内各环节无缝连接的一体化急救模式。二是建成重症医学科、新生儿重症监护病房，急危重症患者抢救成功率不断提高。三是血液透析室、高压氧舱治疗运行良好。四是人工髋关节置换、复杂骨折创伤手术固定及修复正常开展、特色明显。微创外科迅速发展，普外科常规手术腹腔镜化，初步完成了从开放到微创的结构转换升级，独立开展腹腔镜下胆总管切开取石术、巨脾解剖性切除术、胃癌根治术、直肠癌根治术，填补了县域空白，积累了经验，锻炼了队伍。麻醉科、妇产科密切配合，无痛分娩常规开展。眼科开展白内障复明手术、验光配镜，眼科区部手术，全年手术人次近300人。成功举办了2018年腹部疾病影像学诊断新进展学习班暨定西市第三届放射学年会。超声科室首次参加全省超声技能大赛，在全省70家医院中脱颖而出成功进入决赛，取得了个人三等奖和集体优秀奖。

**【安全生产】**医院实行安全生产工作清单化管理，不断健全各项安全规章制度及应急流程，落实治安安全和消防安全责任状，提升安全生产水平，落实各项内部安全保卫措施，有效防范各类事故发生。定期组织重点岗位工作人员学习培训，对消防安全进行全面检查，对容易引发火灾、存放危险品的病区、重点岗位及存在安全隐患的科室进行了重点检查，对消防设施进行定期维护更换，确保消防器材完好。通过人防、物防、技防结合的三防措施，医院年内无被盗、火灾等恶性事件的发生。继续对部分病房进行重新装修，优化了患者诊疗环境，对医技楼、传染病科地面进行了平整塑化，加强了交通疏导，解决了患者停车难问题，更好地提升了医院形象。

**【脱贫攻坚】**春节期间，购买大米、茶叶等春节慰问品深入30户帮扶户进行慰问，宣传党的扶贫政策。2018年3.8妇女节到来之际，组织骨干医生赴葛家湾村文化广场开展义诊活动。12月29日开展“健康扶贫，冬季暖心”送医送药送健康活动，向36户稳定脱贫户发放奖品（床单），慰问困难党员3户和贫困群众4户，每户送去300元慰问金。共计义诊420多人次，发放药品15000余元，发放健康宣传资料折页700份。出资14010元帮建村文化广场，建成46.7米场地围栏。出资3000元购置绿化树苗2050株，帮助葛家湾村植树造林。出资9100元，帮建村党支部标准化建设，打造村党支部标准化建设展板和宣传版面。减免帮扶村门诊患者诊疗检查费用共计2万余元。

## 中西医结合医院

**【概况】**渭源县中西医结合医院（渭源县第二人民医院）始建于1944年，于2012年10月完成整体搬迁，位于会川镇新城村，占地面积为39244平方米，建筑总面积16168.2平方米。于2013年3月经甘肃省卫生厅批准，更名为渭源县中西医结合医院，编制床位400张，实际开放床位400张。现已发展为一所科室基本配套、设备基本完善，集医疗、教学、康复、预防于一体的中西医结合医院，是甘肃中医药大学附属医院协作医院。医院共有职工267人，正式职工129人，专业技术人员121人，副高职称19人，中级职称20人。现有日本东芝16排螺旋CT、北京高科腾飞DR成像系统、美国非利浦——四维彩色超声诊断仪、美国贝克曼AU680全自动生化分析仪、日本希森美康XN-1000全自动血细胞分析仪、德国狼牌腹腔镜、南京普爱移动式平板“C”型臂X射线机、眼科显微镜等先进的医疗设备。设有42个科室，其中行政职能科室17个、临床科室14个、医技科室11个。针灸科、内分泌科为县级重点专科。

**【重点专科建设】**按照“健全基础学科，加强重点专科，支持特色学科，扶持薄弱专科”的思路，制定了临床重点专科中长期建设规划。2017年依托省政府为民办实事—县级医院重点专科建设项目完成了针灸科、内分泌科学科建设，已确定为省级重点专科。

**【特色科室建设】**建成针灸理疗科，开展穴位贴、红外线理疗、超声理疗、中医药透治疗、艾灸、推拿等适宜中医药技术。内分泌科拥有动态血糖监测仪、胰岛素泵、糖尿病足疼痛治疗仪、周围神经病变检测仪、快速血糖仪、中医超声药透治疗仪、中医封包综合治疗仪、震动排痰仪、心电监护、除颤仪等先进的医疗设备，科室主要负责糖尿病及其并发症、甲状腺疾病，脑血管疾病等常见病、多发病的诊断及治疗工作，运用院内外血糖血压管理平台动态管理病人，开展糖化血红蛋白、尿微量蛋白、胰岛素抗体、C-肽实验、糖尿病外周血管病变检测、甲状腺功能检测等项目、同时开展高血压脑出血微创颅内血肿清除术、慢性硬膜下血肿引流术等先进技术。血液透析室、妇产科、脑系科业务开展较好，吸引了周边县区实现 源，辐射带动作用发挥充分。

**【新技术、新业务开展】**开展急性心肌梗死的静脉溶栓、食道调搏、阴道镜检查、无创机械通气、有创机械通气呼吸支持、急慢性呼吸衰竭重症感染、重症休克、严重复合伤、多器官功能障碍综合征、急性重症胰腺炎、急性心肌梗死溶栓治疗术、高血压脑出血微创引流术、腰椎滑脱椎间融合内固定术、腰椎间盘突出髓核摘除术、椎体成形术（pvp）、人工髋关节置换术、股骨髓内钉十侧板翻修术，股骨、胫骨闭合复位髓内钉内固定术、桡骨远端闭合复位外固定支架固定术，股骨转子间骨折、转子下骨折pFNA内固定术，跟骨、肩胛骨、piIon骨折、肋骨切开复位内固定术、弹性钉治疗小儿四肢骨折，四褥疱大皮瓣转移修补术、手外伤缺换皮瓣修补术、微创经皮钢板治疗胫腓骨骨折、静脉曲张微创剥扎术、手外伤缺损皮瓣修补术。

## 中医医院

**【概况】**渭源县中医医院创建于1984年6月，是一所集医疗、康复、预防、保健、教学、科研、养老为一体的二级甲等中医医院。医院占地面积80亩，建筑面积30829.39平方米。医院编制床位350张，实际开放床位400张，设11个职能科室、23个临床医技科室、9个住院病区、1个健康管理中心和1个医养中心。核定人员编制54人，现有职工326人（正式职工128人，临聘198人），其中：高级职称13人（正高级2人，副高级11人），中级职称22人；硕士研究生1人，本科58人，大专92人。现有定西市名中医2名，市县级拔尖人才、领军人才3名，五级师承教育县级指导老师3名。医院拥有0.35T核磁、西门子螺旋CT、TTM热断层扫描系统、美国GE-8四维彩超、奥林巴斯腹腔镜、鼻胃镜、碎石机、500 mA双床双球管X光机、DR、全自动血液细胞分析仪、全自动生化分析仪等先进医疗设备50多台（件）。2017年共诊治门诊病人118774人（次），住院病人10832人（次），业务总收入4896.6万元。2018年共诊治门诊病人120701人（次），同比增长1.62%；住院病人11926人（次），同比增长10.09%；业务收入5624万元，同比增长14.87%。

**【党建工作】**院党支部制定了年度政治理论学习计划，扎实推进“两学一做”学习教育常态化制度化。2018年9月份，医院党支部成功升格为党总支，完成了第一届总支委员会的选举。坚持“三会一课”制度，扎实开展支部主题党日、党员谈心谈话、民主评议党员、党员志愿者服务等活动。深化先锋带动，推进党员教育管理。着力提升阵地，推进党员活动场所建设及台账管理规范化。筑牢责任体系，推进考核评价标准化。

**【健康扶贫】**一是开展“一站式”结算。2018年2月份，县中医医院和县民政局签订了《渭源县城乡困难群众医疗救助“一站式”即时结算服务工作协议书》，县民政局及时预拨2018年救助资金60万元。2018年，民政医疗救助1248人次，救助68.37万元。4月份中医院HIS系统和PICC（人民保险公司）成功对接，真正实现了医保、民政救助和大病保险的一站式结算服务。二是推进分级诊疗和单病种限额付费。不设起付线，县级按75%报销，建档立卡贫困户患者80%报销。出台了《医保分级诊疗管理办法》，中医院分级诊疗患者占所有出院患者的84.17%。三是扎实开展“一人一策”家庭医生签约工作。中医院负责管理清源镇辖区内16个行政村的建档立卡贫困人口“一人一策”健康帮扶工作，为清源镇建档立卡贫困人口因病致贫返贫户有针对性地制定签约服务包，提供个性化的、全方位的、免费的家庭医生签约服务（简称“签约服务”），未脱贫人群签约4113人，其中因病致贫返贫524人，其他人群3589人。已脱贫人群签约3375人，其中患病人群105人，其他人群3250人。完成“送人就医”12例。

**【人才队伍建设】**一是加强人员进修学习培训。选派10名卫生技术人员到省级三甲医院进修学习，4人按照卫计局安排统一赴福州进修学习。同时，选派急诊科、妇产科、内科4名业务骨干参加万名医师支农工程。二是多方引进急缺人才。招聘紧缺专业本科毕业生两名。三是采取内引外联柔性引才。2018年以来，医院定期邀请兰大二院专家协助开展白内障复明手术，邀请省人民医院外科专家协助开展腹腔镜手术，邀请兰州市第一人民医院肠镜专家每月定期到我院指导开展肠镜诊断技术，聘请兰大一院骨科专家每周为期两天门诊坐诊及手术指导；还柔性引进了兰大二院放射科、普外科、兰大二院定西医院耳鼻喉科、平凉市二院麻醉科等科室支农专家，极大地提高了院眼科、普外科、骨伤科放射科、耳鼻喉科和麻醉科人员的业务水平。2018年5月份，成立了儿科。

**【医院综合改革】**深化人事制度改革，实行按需设岗、定员定岗、科学考核、合同管理，实行中层干部竞聘上岗和全员合同制管理。完善医院内部收入分配激励机制，与兄弟医院学习绩效考核管理，继续修订《渭源县中医医院绩效考核实施方案》及实施细则。完善药品供应保障制度，进一步规范医院药品医用耗材及检验试剂网上集中采购行为，不断加强基本药物使用，除中药饮片、精麻药品外全部药品实行网上集中及阳光采购，统一配送，同时全部实行两票制。全面取消药品加成，取消“以药补医”，理顺医疗服务价格，逐步完善财政补偿与服务收费相结合的补偿机制。共计销售西药和中成药1950万元，共计为老百姓减免药品费用292.51万元。积极调整医疗服务价格，严格按照最新收费标准积极调整医疗服务价格。研究制定医疗费用不合理增长及药占比控制管理办法，并下发各科室实施；于6月20日及7月4日进行了检验试剂及医用耗材谈判，价格分别下调约15%、5%，有效降低了耗占比，促进医院健康发展。2018年，医院综合药占比（除中药饮片）为28.21%。百元医疗收入消耗的卫生材料为21.22元，医疗服务收入占比为42.13%。加强医院信息化建设，已建立和完善以电子病历为核心的医院信息系统；医院搬迁后积极建设中医药视频网络平台和远程会诊系统，开展远程教育及会议、会诊，开展中医药管理局组织的中医药适宜技术视频培训。同时，将医院现有HIS系统与医保系统、新农合系统、居民健康档案管理系统有效对接，已于4月底前完成，并增加PACS、LIS、临床路径管理系统，实行联网统一管理，进一步促进医院信息化建设水平的提升。加强重点学科建设，始终坚持“科技兴院、专科强院”的发展思路，医院在做大做强眼科、针灸科、脾胃科、疼痛科的同时，成立了糖尿病、老年病科，糖尿病科已确定为省级中医重点专科建设，老年病科已确定为市级中医重点专科建设。

**【医院管理】**一是大力实施“三名”战略。认真实施“品牌带动”活动，按照“育名医、建名科、创名院”“三名”工程，全面提升医疗服务质量和服务水平。二是认真开展优质服务。全面实行无假日门诊制度，推行电话预约诊疗，开展责任制护理病房全覆盖，努力实现医疗服务均等化、便民化、优质化。三是切实规范诊疗行为。强化医疗质量和医疗安全管理，严格落实核心制度，实行临床路径管理，分级诊疗病种全面实行临床路径管理，制定了《渭源县中医医院临床路径办法》。四是强化医疗核心制度。定期开展业务学习，加强“三基、三严”培训和考核。进一步完善疑难病历讨论、死亡病历讨论、会诊、术前讨论、院长行政查房及值周制度，狠抓医疗质量，规范医院管理，确保医疗安全。五是继续深化平安医院建设。建立了医疗纠纷第三方调节机制，切实维护患者合法权益。六是加强处方管理，促进合理用药。2018年7月份开始，邀请兰大二院定西医院处方点评专家郭永福主任对医院处方及医嘱进行点评，并进行学术专题交流。

**【医养结合】**积极应对人口老龄化，发展居家、社区和互助式养老，推进医养结合，提高养老服务质量，加强残疾人康复服务。2016年，中医医院被确定为全市医养结合工作试点单位，2017年医养结合工作全面展开，成立了康养中心、养护院、老年病科。2018年建设中医药膳馆，收治医养结合病人206人次，单纯养老2人。

**【中医药服务能力】**分类确定辨证施护病种，实施20余项中医特色护理服务，有效开展药浴、针灸、拔罐等中医护理服务。加大对全体护理人员中医基础知识的培训力度，护士均熟练掌握本科常见病的中医护理常规和中医护理基本操作并提供具有中医药特色的康复和健康指导。积极配合中医药兴城乡活动，大力宣传中医药政策，为清源镇辖区农民免费发放健康工具，教会城乡居民6项适宜技术、药膳食疗知识、急救必备技能、合理用药常识等“健康进家庭”活动。抽调院高年资中医专业人员对全县各医疗机构中医专业技术人员开展中医药适宜技术推广培训，进一步提高全县乡镇卫生院和村卫生室卫生技术人员中医药适宜技术服务能力。

## 疾病预防控制中心

**【概况】**渭源县疾病预防控制中心始建于

1963年，原名“渭源县卫生防疫站”，2003年更名为“渭源县疾病预防控制中心”。1963年仅有职工7人，占地面积143平方米，建筑面积77平方米，主要开展的业务是报告疫情，传染病防治，分发疫苗，下乡宣传等业务。1980年站内开始分设流行病、卫生、地方病、检验、放射、总务六个科室，县医院、中西医结合医院均设防保科，20个乡镇卫生院均配有防疫专干。2003年争取了国债建设项目，修建了1890平方米的办公楼一栋。中心共设职能股室8个，中心现有编制27人，实有职工21人，其中卫生专业技术人员17人（副高 级职称5人，中级职称4人，初级职称8人），管理人员1人，工勤人员3人。

**【疫情监测】**疾控中心疫情人员每天登陆中国疾病预防控制系统审核各乡级上报的传染病病例，每天不少于6次，同时进行传染病病例的查重；每天早上登陆传染病自动预警系统查看并处理预警信息。

**【卫生应急】**建立了突发公共卫生事件应急预案，成立了应急领导小组和技术指导小组及相关处置小组，应急物资准备充足，对辖区内的突发事件能进行及时的处置及上报。

**【碘缺乏病监测】**8～10岁儿童盐碘、尿碘含量：共监测5个乡镇（莲峰镇、峡城乡、锹峪乡、大安乡、麻家集镇）的200份学生家中盐样，非碘盐1份，合格碘盐（21～39 mg/kg）173份，不合格碘盐26份，其中碘含量小于21 mg/kg的22份，碘含量大于39 mg/kg的4份，碘盐覆盖率为99.5%，合格碘盐食用率86.50%。共监测5个乡镇的200份学生尿样，检验结果显示尿碘低于100 μg/L的51人，低于50 μg/L的17人，尿碘中位数为134.86 μg/L。8～10岁儿童甲状腺肿大情况：现场触诊法检查8～10儿童200人，临床甲状腺肿大0人，临床甲肿率0%。孕妇盐碘、尿碘含量：共监测5个乡镇的101份孕妇家中盐样，其中非碘盐1份，合格碘盐（21～39 mg/kg）82份，不合格碘盐18份，碘盐覆盖率为99.01%，合格碘盐食用率82%。共监测5个乡镇的101份孕妇尿样，检验结果显示尿碘低于100 μg/L的40人，尿碘中位数为130.09 μg/L。

**【大骨节病监测】**配合市疾控中心在五竹镇鹿鸣村进行了大骨节病普查，共计检出临床大骨节病人51例，并对鹿鸣村小学全部7～12岁儿童拍了手片，未发现X阳性病例。

**【地方性饮水型氟中毒监测】**（一）监测村饮水氟含量监测结果。本年度共计监测了3个村，分别为：新寨乡新寨村，北寨镇前进村和大安乡大涝子村，其中已改水村3个，占监测村数的100%。共监测了1个改水工程（这3个改水村为同一个大型改水工程），占监测工程的100%；正常运转工程1个，占监测工程的100%；水氟含量合格工程1个，占监测工程的100%，覆盖人口16.4181万人。（二）病情监测结果。氟斑牙病情本年度共在3个改水村开展了儿童氟斑牙的病情监测，3个村降氟改水工程正常运转且水氟含量符合国家标准；共检查8-12岁儿童531人，检出氟斑牙患者34例，氟斑牙检出率为6.40%，氟斑牙指数为0.09。其中可疑病例7例，占全部受检儿童的1.32%；极轻度20例，占全部受检儿童的3.77%；轻度14例，占全部受检儿童的2.64%；中度、重度均0例。龋齿病情 本年度共在3个改水村开展了学龄儿童龋齿的病情监测，3个村降氟改水工程正常运转且水氟含量符合国家标准；共检查学龄儿童512人，检出龋齿患者182例，龋齿检出率为35.54%。其中浅龋病例107例，占全部受检儿童的20.89%；中龋53例，占全部受检儿童的10.35%；深龋齿22例，占全部受检儿童的4.29%。临床氟骨症病情 本年度共在3个改水村开展了成人临床氟骨症的检查，3个村改水工程正常运转且水氟含量符合国家标准。共检查168人，检出临床氟骨症病例35人，轻度病例26人，中度病例9人，重度病例0人。临床氟骨症检出率为20.83%。

**【免疫规划】**2018年全年完成12次冷链运

转，全县卡介苗疫苗应种3043人，实种3041人，接种率99.93%；脊灰疫苗累计应种15392人次，实种15307人次，接种率99.45%；无细胞百白破疫苗累计应种15166人次，实种14810人次，接种率97.65%；麻（风）疹疫苗累计应种3389人，实种2574人，接种率75.95%（缺苗导致）；乙肝疫苗累计应种10594人次，实种10581人次，接种率99.88%；A群流脑疫苗应种7876人次，实种7849人次，接种率99.65%；乙脑疫苗应种7938人次，实种7896人次，接种率99.47%；甲肝疫苗应种4366人次，实种4319人次，接种率98.92%；麻腮风疫苗应种4202人次，实种3957人次，接种率94.16%；A+C流脑疫苗应种5907人次，实种5727人次，接种率96.95%；白破疫苗应种3207人次，实种3167人次，接种率98.75%。认真完成全县新入托、入学儿童进行了预防接种证查验工作，共调查小学159所，托幼机构126所，补种率均达到了95%以上。

**【职业病防治】** 1.重点职业病监测与职业健康风险评估工作监测。2018年经排查核实全县共有55家有重点职业病危害信息的企业。在职业病管理系统中上报13家体检企业信息，实际体检的有6家企业，共体检26人（全是在岗体检），网络上报26人；危害因素是煤尘的有4家、矽肺的有2家，噪声的有2家。全县未有职业病确诊病例和职业病人工伤保险待遇落实。2.职业性放射性疾病监测与职业健康风险评估。全县有22家医疗单位，放射诊疗机构20家，占90.9%；放射工作人员共有56人，参加个人剂量监测30人，个人剂量监测率83%；放射工作人员职业健康检查6人，放射工作人员职业健康检查率17%。仅有1家单位（渭源县中西医结合医院）有职业健康检查资格。3.农药中毒。全县各卫生医疗单位及时收集农药中毒病例，患者确诊后24小时内填报取卡并在职业病管理系统中报告，2018年共上报农药中毒病例90例，其中县医院41例，县中西医医院33例，中医院8例，各乡镇上报8例；非生产性自服82例，生产性自用0例，非生产性误服（用）8例；死亡2例，病死率2.8%。

**【慢性非传染病防治】** 全县65岁以上老年人39367人，健康管理27291人，健康管理率69.32%。各医疗卫生单位为老年人免费体检，积极开展相应健康指导，体检结果及时进行反馈。高血压患者健康管理：2018年省上下达我县高血压管理任务18819人，实际管理30582人，规范管理22822人，规范管理率74.63%。各医疗卫生单位对发现的高血压患者登记造册，建立健康档案，对已确诊的高血压患者纳入健康管理，及时对高血压患者及高危人群进行膳食干预、随访和健康指导。2型糖尿病患者健康管理：2018年省上下达我县糖尿病管理任务3464人，实际管理3392人，规范管理2788人，规范管理率82.19%。各医疗卫生单位对发现的糖尿病患者登记造册，建立健康档案。对已确诊的2型糖尿病患者纳入规范管理，并进行膳食干预、随访和健康指导。

**【公共卫生服务】** 1.农村和城市饮水水质卫生监测工作。2018年水质检测覆盖全县16个乡镇，乡镇覆盖率100%；共计142份水样，检测项目2079项，分别对全县19个农村工程用水的出厂水和末梢水112份、学校供水8份、城市供水22份，进行了检测工作；按照《生活饮用水卫生标准》常规指标42项和氨氮指标进行水质卫生检测，对枯水期、丰水期的出厂水和末梢水各检测1次，检测结果及时录入全国饮用水水质卫生监测信息系统。2.城市生活饮用水水质监测。2018年1—12月，我中心联合县给排水公司人员对五竹水厂出厂水及县政府等10个管网末梢水进行了月监测（12项）、季检测（38项）、年监测（102项），均符合国家《生活饮用水卫生标准》（GB5749-2006）限值要求。3.食源性疾病监测工作。2018年渭源县食源性疾病病例监测将覆盖全县各医疗卫生单位，共计上报食源性疾病病例1526例。县医院上报208例，占13.63%，县中西医结合医院上报706例，占46.26%、县中医院上报120例，占7.87%，乡镇卫生院上报161例，占10.55%，村卫生室上报331例，占21.69%.2018年报告0起食物中毒事件及食品安全事件。4.病媒生物监测工作。(1)蚊密度监测，采取诱蚊灯法对成蚊监测，随机选城镇居民区、农村自然村农户各1处，每月监测2次。(2)蝇密度监测，每年5—10月监测，每个月监测1次，每个监测点随机选择居民区1处、绿化带1处、餐饮2处、农贸市场1处的外环境监测。5.全县医疗卫生、托幼等机构消毒质量监测工作。共计监测26个单位，采样156份。

**【学生营养餐监测】**抽取29所学校（小学21所、初中8所）为常规监测点。监测结果（1）身高：男生平均身高145.46 cm，女生平均身高143.15 cm，合计平均身高144.56 cm。(2)体重：男生平均体重39.13kg；女生平均体重36.91 kg；合计平均体重37.87 kg。(3)营养不良情况：男生中度消瘦率6.52%，轻度消瘦率6.28%；女生中度消瘦率8.04%，轻度消瘦率5.46%。(4)超重肥胖情况：男生超重7.54%，肥胖5.03%，非超重肥胖87.39%；女生超重6.07%，肥胖4.1%，非超重肥胖89.42%。

**【重型精神疾病治疗管理】**在册患者人数1348人，检出率：4.04‰，年在管患者1235人，管理率91.8%，规范管理1103人，规范管理率84%，对这些人全部建立了免费领取药物的档案，长期提供免费的药物进行治疗。

**【脱贫攻坚】**1月份为元明村51户帮扶户送去慰问品（茶叶）51斤，4月份为村帮扶办公费10000元，7月份与元明村党支部联谊在莲峰坡儿村红军烈士陵园重温入党誓词、田家河元古堆考察产业扶贫、上湾侯家寺参观美丽乡村建设，9月份慰问教师，10月份为单位帮扶户送慰问品，12月份帮扶取暖费2000元，并为帮扶户送挂历80幅，共计扶贫24315元。1月份为选道村48户帮扶户送去慰问品（茶叶）48斤，为村帮扶取暖费2000元，4月份为村帮扶办公费10000元，6月份为村帮扶建设过水路面买螺纹钢4000元，9月份慰问教师，10月份为单位帮扶户送慰问品（兔肉40只），12月份为村上帮扶取暖费2000元，为帮扶户送挂历80幅，共计26460元。

## 妇幼保健站

**【概况】**渭源县妇幼保健站现有职工15名，其中副高级2名，中级职称5名、初级2名、员士级2名、后勤管理人员4名。站内设儿保、眼保健，口腔保健，心理咨询室，妇保、女童期保健，青春期保健，更年期保健，老年期保健，盆地康复训练室、乳腺科，男婚检室、女婚检室、放射科、检验室、计划免疫室、健康教育、信息统计室、办证室、公共卫生科、儿童活动室、骨密度检测室、内科、中医科、儿童洗浴中心、新生儿疾病筛查室等业务科室。

**【党建工作】**一是制定《2018年妇幼保健站政治理论学习计划》，特别把《习近平谈治国理政》第二卷和《习近平新时代中国特色社会主义思想三十讲》《党支部工作条例》作为重点学习内容，系统学习了党的政治理论、路线方针政策。二是严格落实“三会一课”、谈心谈话、主题党日活动等基本组织生活制度，把“两学一做”要求落实在常态化的组织生活中；三是坚持和完善“一把手负总责、分管领导分工负责、股室各负其责、干部职工积极参与”的党风廉政建设工作机制，强化责任意识，狠抓责任落实。四是与党员谈心交心，同领导班子成员和股室负责人之间开展谈心谈话，达到疏导不良情绪，增进党内团结的目的。一年来，先后约谈干部6人，集中约谈4次，共60人。五是全面落实廉政风险防控工作，认真排查和防范权力运行中的廉政风险点，建立权力清单，细化防控措施，把主体责任向每一名干部、每一个岗位的“神经末梢”

延伸。

【脱贫攻坚】制定了《渭源县妇幼站脱贫攻坚帮扶工作计划》，组织帮扶责任人到田间地头，到群众家中与帮扶户谈心交心，完善“一户一策”计划。帮扶责任人累计入村入户24天，为毗达村及群众共帮办实事20件，为帮扶户帮办慢病卡6人，帮办残疾证2名，开展义诊2次，化解矛盾纠纷4件，利用社会扶贫网、水滴筹等网络平台募集资金78674元。帮助村级集体经济及环境卫生综合治理、基础设施建设捐助资金、物资等折合人民币共计56369元。帮扶责任人个人捐款共计800元。深入开展“大走访”“大排查”“大讲习”“大帮扶”工作，向群众讲解健康扶贫政策和妇女儿童常见病防治知识，对村保健员进行业务知识培训，鼓励群众参加合作医疗和城乡居民养老保险。

【妇女保健】一是广泛宣传妇女卫生保健知识，使妇女乐意接受妇科普查，全县妇女病检查25435人，检查率为89%。二是对开展母婴保健技术服务的11个医疗机构的工作情况和孕产期保健、儿童保健服务及产科质量进行了4次督导检查，建立健全了产科、儿科急救绿色通道畅通。成立了新生儿和孕产妇死亡评审领导小组和技术指导小组，专家组每季度对死亡的新生儿和孕产妇病例进行了评审并提出了干预措施，严格掌握剖宫产医学指征，降低非医学需要的剖宫产率，剖宫产率为19.12%。三是孕产妇保健。严格筛查高危孕产妇，并对高危孕产妇进行专案管理，管理率为100%。全县产妇数3252人，产前检查3152人，产后访视3145人，产后访视率96.8%，住院分娩3246人，住院分娩率99.9%。孕产妇系统管理3136人，系统管理率96.4%。

【儿童保健】一是入园儿童健康体检3052名，教师健康体检255人，并办理了健康证。儿童近视防控筛查出弱视7人，斜视11人，并转诊上级医院进一步诊治。二是3岁以下儿童11595人，系统管理11138人，系统管理率96.06%。5岁以下儿童18215人，死亡16例，死亡率为4.9‰，血红蛋白检测16358人，检测率为89.8%。7岁以下儿童24420人，系统管理23690人，保健管理率97.01%。婴儿死亡11例，死亡率为3.39‰，新生儿死亡8例，死亡率为2.46‰。6个月内纯母乳喂养率为94.22%。三是通过创新服务理念模式，引进了盆底康复新技术。四是开展儿童智力测查工作，以便根据小孩的发育水平来开展早期教育。

【妇幼卫生项目和婚前保健】一是农村妇女增补叶酸预防神经管缺陷项目育龄妇女叶酸投服912人，叶酸服用率97012%，叶酸服用依从1175人，依从率84.35%。二是对我县35～64岁之间的农村妇女实施“宫颈癌和乳腺癌”免费检查，全县“两癌”检查15300人，100%完成了当年25%的任务，其中建档立卡户7880人。三是预防艾滋病、梅毒和乙肝母婴传播项目。全年孕期接受艾滋病、梅毒和乙肝免费检测3191人，检测率达98.12%，无艾滋病、梅毒阳性孕产妇，乙肝阳性孕产妇62例。四是按照项目规范要求对全县6月龄至2岁的儿童投服营养包，并给予喂养指导。全县适龄儿童营养包发放数为5280人，投服率为91%。五是市上下达全县干血斑筛查任务100人，全年血清筛查1488人，超额完成工作任务。六是新生儿多种遗传代谢病筛查工作。共筛查遗传代谢疾病3043例，筛查率都为100%，初筛阳性116例，苯丙酮尿症和甲状腺功能低下患病率为3.8%。七是全年婚前检查92人，婚检率5%。八是基本公共健康均等化服务项目。我辖区内常住人口11024人，建立居民健康档案10663份，健康档案建档率为96.7%。管理儿童1246人，管理率97.14%；管理孕产妇197人，管理率率96.96%；65岁及以上老年人管理550人，管理率为68.4%。高血压管理911人，管理率72.9%；2型糖尿病管理390人，体检310人；严重精神障碍管理20人，肺结核管理4人。

## 爱卫办

【概况】渭源县爱卫办成立于1974年，一直与县卫生局合署办公。2002年6月从县卫生局分设出来，独立编制，独立办公。现建筑面积为92平方米，职工人数有10人。爱卫办现有编制5人，实有职工10人。

【全县全域无垃圾治理】一是制订了《渭源县全域无垃圾长效机制工作方案》《渭源县全域无垃圾综合治理补充实施意见》。二是各乡镇、各单位与县政府签订了目标责任书，将全域无垃圾综合治理工作列为重要内容进行考核。三是建立了全域无垃圾城乡环境综合治理县级领导联系乡镇工作制度。四是县监察委、县政府督查室、县住建局、执法局、环保局、爱卫办人员组成专项督查和巡查组，采取明察和暗访相结合的方式，对全县各乡镇、各单位全域无垃圾治理工作进行了督查11次，印发通报5期。

【农村改厕】一是县政府与各乡镇签订了责任书，要求各乡镇在易地搬迁、危房改建、新农村建设项目中建造卫生厕所，2018年完成1200座。二是对大安乡10个村185户贫困户、秦祁乡10个村233户贫困户开展旱厕改造，补助资金62.7万元。三是县爱卫办制定了《渭源县农村改厕技术规范》。

【集中开展环境卫生整治】在县城区以整治农贸集市、城中村、城乡接合部等重点部位的垃圾为重点，对垃圾死角进行清理，每日清运生活垃圾44吨，生活垃圾日产日清；开展卫生大扫除活动2次；清理小广告3200余张。各乡镇开展了镇区卫生集中整治，各村开展了清理边沟、修整围墙、清除垃圾为主的村容村貌整洁行动。开展了第30个爱国卫生月活动。

【健康教育】广泛深入开展健康教育与宣传，普及卫生防病知识，推进全民健身和全民健康有机融合，加大工间操推广力度，推动全民健身生活化。各中小学校积极筹划春季运动会，组织开展体育竞赛活动。各乡镇、各村委为每户农户都发放了强化全域无垃圾治理工作的一封信，积极引导群众形成正确的健康观，发动群众开展大扫除，对生活和工作息息相关的街道、社区、村庄等居住环境和单位庭院、办公室、办公桌等工作环境进行彻底清理。

【病媒生物防制】结合环境卫生整治，加大对河道、车站、农贸市场、城中村、城乡接合部等重点区域的环境卫生治理，消除了蚊蝇滋生地。县疾控中心以防控春季传染病为重点，广泛宣传传染病防治知识，动员群众开展家庭卫生大扫除，对室内和房前屋后的环境进行清理，铲除蚊虫滋生环境，从源头上控制蚊虫滋生及春季传染病的发生流行。

【卫生创建活动】积极开展创建卫生镇、村和单位活动。2018年新创建省级卫生乡镇祁家庙镇，省级卫生单位县公安局、县中医医院，省级卫生村4个，分别为会川镇干乍村、上湾乡侯家寺村、路园镇胜利村、麻家集镇路西村，同时加强了对卫生镇、村和单位日常卫生监管。

【脱贫攻坚】祁家庙镇为川套村订阅《甘肃日报》3份，协调为无劳动能力的杨沛荣家帮助水泥4吨，帮助进行危房改建；为川套村帮扶办公经费1000元；积极为建档立卡户进行农村旱厕改造技术指导。

## 红十字事业

【概况】渭源县红十字会成立于1998年12月，属群团组织，是县委领导下从事人道主义事业的正科级社会救助团体，现有专职副会长1名，事业编制人员3人。

【备灾救灾】红十字会有库房两间，救灾物资贮备帐篷20顶，棉被300床，应急包180个。衣服200件。

【项目建设】自2012年以来，红十字会执行博爱家园项目和台湾项目。自2014年，县红十字会博爱家园项目生计基金的低息贷款，每年帮扶会川镇西关村的4户家庭，每户资助2万元用于药材加工和养殖业发展。

**【救助帮扶】**县红十字会通过媒体发布求助信，为白血病患者王家林申请到中国红十字基金会小天使基金彩票公益金项目，资助资金3万元；及时发放博爱送万家救助物资（棉衣、棉被、米面），累计约有300余户特困家庭受益，让弱势群体真正感受到党和政府的关怀。

**【应急救护培训】**县红十字会在中、小学青少年及老师和农村医务人员中进行急救知识技能普及，并在街道居民中也进行了讲授。通过实地应急救援演练、看录像、人体模型操作和理论讲解，使学员对心肺复苏，创伤救护等四项技术和防灾避灾常识有了一定的了解和掌握，已培训4000多人次，累计培训1000名红十字救护员。

**【血液管理】**县采血点建于2014年4月1日，配备一辆采血车，车内设备：冰箱，采血称，血液运输箱，血压计，高频热合机，小型干式生化分析仪，空调及人体称。但由于人流量少，自愿采血人数也少，固定采血点暂停采血。集中采血时，与市血站提前沟通衔接，市血站在来我县集中采血。

# 教　育

## 教　育

**【概况】**2018年，全县共有各级各类学校350所，其中高级中学4所、独立初中19所、九年一贯制学校5所、小学67所、教学点93个、幼儿园159所（公办幼儿园135所、民办幼儿园24所）、职业中等专业学校、教师进修学校、特殊教育学校各1所。在校（园）学生47158人，其中高中7786人、职专982人、初中9750人、小学18205人、幼儿园（含学前班）10356人、特教学校79人。有教职工4175人，其中专任教师3945人，专任教师中高中782人，职专132人，初中1097人，小学及教学点1574，特教学校17人，进修学校19人，幼儿园324人。

**【学前教育】**重点推进学前教育资源向行政村延伸，新建行政村幼儿园19所，在县城区新建第三幼儿园。严格执行幼儿园教师准入制度，配齐幼儿教师，加大行政村幼儿园园长及教师培训力度。全县创建省级示范性幼儿园1所，省一类幼儿园5所，全县学前教育普及水平显著提高，学前三年毛入园率达到95.15%。

**【义务教育】**强化控辍保学工作，切实靠实各乡镇、各部门和学校的责任，城区学校按规定接收进城务工人员随迁子女入学，关爱留守儿童，保障其全部就近入学。办好农村现有教学点。小学学龄儿童净入学率100%，小学毕业生升学率100%，九年义务教育巩固率97.18%。

**【特殊教育】**制定并落实《渭源县三类残疾儿童确认登记和组织入学工作制度》《渭源县随班就读资源中心工作实施方案》，切实保障了残疾儿童少年接受义务教育的权利。构建了以随班就读为主体、特殊教育学校为骨干、“送教上门”为补充的办学体系。在县城建立特教学校1所，特教学校在校学生79人，全县三类残疾儿童入学率达到93.6%。

**【普通高中教育】**积极推动高中新课程和新高考改革工作，优化高中课堂教学方式，改进教学评价模式，全力提高教学质量。严格实施普通高中招生计划备案及学籍审批注册制度的同时，积极推进高中招生政策改革，普通高中招生2218人，高中阶段毛入学率94.5%。参加高考3447人，二本上线1042人，上线率为40.7%，本专科共录取2976人，录取率80.29%。

**【中等职业教育】**招生432人，毕业生357人，其中有324人升入高一级学校。

**【成人教育】**县职专结合精准扶贫和县上产

业结构调整，积极调整专业设置，大力开展“两后生”培训和精准扶贫脱贫人口技能培训，培训贫困家庭“两后生”423人。

【民办教育】全县共有民办幼儿园23所，在校学生3162人，教职工181人。加强对民办幼儿园的指导和管理，落实年检制度，并定期对民办幼儿园园长和教师进行培训，切实规范办园行为，促进民办幼儿教育健康发展。

【教师队伍】全县共有教职工4175名，其中新录用93名，其中招录特岗教师64名、三支一扶人员3名、代课教师转正26名，小学专任教师学历合格率100%，大专以上学历占89.7%；初中专任教师学历合格率100%，本科以上学历占86.23%；普通高中专任教师学历合格率97.83%，研究生学历占2.4%；中职学校专任教师学历合格率96.21%，双师型教师占31.82%。生师比小学1：10.8，初中1：8.84，普通高中1：9.65，中职学校1：7.38。从县城区学校选派21名教师到贫困农村学校支教，晋安区选派10名优秀教师来我县进行为期3至6个月的支教，定西师范高等专科学校选派60名学生来我县进行为期半年的实习支教，同时有12名农村学校教师到城区学校顶岗学习，选派5名青年教师到福州市晋安区中小学、幼儿园和天津市宝砥职业与成人教育中心跟岗学习。通过各类项目累计培训校长教师5082人次。及时发放乡村教师生活补助，全年为2974名乡村教师发放生活补助1098.72万元，人均每月达到307.8元。

【教学研究】分别在庆坪中学、北寨兰渭希望小学、新寨幼儿园开展了教育集团/联盟教学视导活动，达到了“促校带片”的良好效果。依托国培项目，2511人次参加网络和访名校培训。举行了渭源县小学语文教学研讨活动。陈具才同志获“苏步青数学教育奖”（全国25人获奖）。“甘肃省基础教育教学成果奖”获奖3项。结题省级课题14项、市级课题17项。省、市、县级优质课获奖分别为1人、2人、118人。“一师一课”活动中65节课被评为县以上优课，省级13节，市级31节。

【办学条件】基本建设投资13009万元。新建和维修加固校（园）舍总面积4.3万平方米，硬化运动场地161830平方米，以及附属工程建设。校舍总建筑面积56.59万平方米，生均建筑面积小学10.3平方米，初中17.47平方米，普通高中14.49平方米，职业中学31.25平方米。生机比小学5.9：1，初中6：1，普通高中5.6：1。

【特色学校建设】以阳光体育运动和体育艺术“2+1”活动为载体，在全县中小学全面开展了以“发展特点项目，培养特长学生，创建特色学校”为主题的区域特色办学工作，组织开展以体音美活动为主的大课间活动和学生社团活动，定期举办田径运动会、越野赛、球类比赛、文艺会演、书画展览等活动，活跃校园文化，促进学生全面发展。通过设立文化墙、张贴师生作品、呈现师生风采等形式，让富有渭源地域特色的传统文化渗透到校园的每一个角落，做到了文化育人、环境育人。近三年，创建全国青少年校园足球特色学校4所、快乐校园示范学校6所，会川镇西关小学代表队参加“第十六届中国青少年机器人竞赛”获得小学组冠军，西关小学荣获“第十六届中国青少年机器人竞赛校园机器人文化交流奖”。

【教育管理】召开了两次全县教育业务工作会议，全面安排部署了教育业务工作，与各中学、学区、县直学校签订了《教育教学工作目标管理责任书》，细化分解了各项工作任务。对全县中小学、幼儿园进行了4次教学常规检查，有效规范了基层学校教学常规管理工作。完成了全县中小学一年两次的教学质量检测，县上筹资70万元，表彰高考工作先进集体2个、教育工作先进集体8个，表彰先进个人200名。渭源一中获全市教学质量振兴奖，县第三高级中学、新寨小学获全市教育工作先进集体，有8名教师获得市级先进个人，受到了市委、市政府的表彰奖励。

## 渭源县第一中学

【概况】渭源一中是甘肃省示范性普通高中、省级文明校园。现有57个教学班，在校学生2946人。现有教职工259人，其中党员63人，专任教师250人。研究生学历14人，本科以上学历有248人，学历合格率达99.2%，有正高级教师1人，高级教师62人，中级教师91人。有全国优秀教师1名，陇原名师1名，特级教师3名，获省“园丁奖”教师4名，省级学科带头人2名，省级骨干教师12名，省级青年教学能手7名。当年学校荣获“定西市教育质量振兴奖”，顺利通过省教育厅评估验收，晋升为“省级示范性普通高中”，并成功创建“甘肃省中小学心理健康教育特色学校”“甘肃省快乐校园示范学校”“甘肃省首届文明校园”，实现办学层次新跨越。

【学校管理】学校领导班子年龄、学科结构合理，形成梯度；以“四全、四爱、四让”为核心，积极建设“学习型、服务型、创新型”党组织，加强党员队伍建设，推进“两学一做”常态化制度化；坚持开展“五个一”活动，打造阳光教师党员队伍，全面落实党的教育方针和社会主义办学方向；坚持民主办学、民主决策，依法执教、依法办学，建立健全学校各项常规管理制度，构建法制、文明、和谐校园。

【德育工作】学校以社会主义核心价值观为引领，加强和改进课堂教学，运用校园宣传阵地营造良好氛围，丰富完善师生主题教育活动；积极创建省级“快乐校园示范学校”；依托未来文学社、义宁国学社、渭河泥人传习所、英语角等20个社团，开发校本课程30多种，拓宽思想道德建设渠道；发挥省级德育示范学校的资源优势，积极探索德育工作新途径、新办法，精心打造立德树人工程；积极从学生养成教育入手，强化日常行为规范；利用省级心理健康教育特色学校的优势，依托“心灵驿站”培养学生阳光心态，促进学生健康成长；推进学雷锋志愿服务常态化，组织师生参加植树造林、保护母亲河等义务劳动，锻炼体魄，实践担当；重视国防教育，培养爱国情怀。

【教育教研】2018年，先后有200多人次参加了在上海、南昌、重庆、福州、兰州、张掖、敦煌、定西等地举行的不同层次、不同主题的培训和研讨活动，通过教育教学观摩、高考研讨和培训，探索精细化管理和特色教育模式；在甘肃省“用英语讲好中国故事”系列展演活动中1名教师、1名学生获得个人奖，舞台剧《宝莲灯》获全省一等奖，学校获得优秀组织奖，比赛视频被“国培计划”远程培训项目录用。近三年来，我校先后有236篇论文发表在国家、省、市、县各级学术刊物上；100多人次获得省、市、县各级各类奖励，申报课题26项，结题23项。积极参与“一师一优课·一课一名师”晒课活动，学校教师共晒课283节次，其中6节获得省级奖励，48节获得市级奖励。学校以第二课堂为阵地，启迪创新思维，加强创新实践，积极组织开展青少年科技竞赛活动。在近三届科技创新大赛中共获得省级一等奖3项，省级二等奖2项，省级三等奖2项，市级奖34项，1人获得市级优秀辅导员；近三年化学奥林匹克竞赛初赛获得一等奖7人，二等奖37人，三等奖22人。2018年毕业生毕业率为100%，学生参加普通高中学业水平考试各科平均合格率为99.65%、优良率为89.02%，实现了稳步增长；高考成绩连年上升，2018年一本上线率29.94%、二本上线率60.34%，受到了市县有关部门的表彰。

【教师队伍建设】加强师德师风建设，全力打造新时代“四有”教师队伍；开展“新老教师结对帮扶”“班主任经验交流”等活动，加强对教师的培养培训；“走出去、请进来”，鼓励教师研修学习，更新教育理念；利用现有教研力量和教研平台，通过开展党员教师示范、新课程探究公开课、青年教师教学基本功竞赛等活动，促进教师专业水平的发展；极力打造“名师工程”，充分发挥名师工作室的引领、示范、辐射作用。

**【活动阵地建设】**利用班会主阵地和学校网站、电子屏、橱窗宣传平台，对学生进行“四有、五爱”、社会主义核心价值观和遵纪守法教育；组建国旗护卫队，将升国旗仪式作为重要的德育集会，有针对性地对学生进行主题教育；适时致信家长，征求家长意见，争取支持和协助，让家长参与学生的德育教育；充分利用校史室、荣誉室、道德讲堂阵地和道德模范事迹展板等对学生进行道德礼仪教育；大力开展禁毒宣传教育活动，开辟建设了专门的工作室和教育主题长廊，并组织学生赴县禁毒教育基地观看禁毒展览；建设国学教育文化墙，利用学校纸质、电子图书优势，组织开展读书征文活动，建设书香校园；坚持“四条主线教育”，积极改革团学工作，构建“一心双环”工作格局，创建“1+2+3”工作模式，2018年学校团委被评为甘肃省“五四红旗团委”，团委书记陈雨航被评为“全国优秀共青团干部”；挂牌成立渭源一中“红色文化教育基地”和“地方民俗文化特色教育基地”，对学生进行农耕、民俗和红色文化教育。

**【校园文化建设】**投入大量资金，精心做好教室布置和校园美化，完成了教学区、生活区专题布置和安全教育长廊、国学教育长廊、禁毒教育长廊等校园文化建设项目；加强社团活动和思想道德教育阵地建设，设置大型宣传栏，定期更换内容，校园时时处处充满了文明向上、和谐进取的浓厚氛围；将“三操一活动”作为学校常规，大力开展“阳光体育运动”，确保学生每天锻炼1小时，增强学生体质；努力打造德育教育、地方文化、科技创新、国防教育、心理咨询、团学工作等“六项特色”，不断提高校园文化品位；以党员、教工、团员干部为骨干力量，积极注册志愿者，参与孝老敬亲社区活动，传播志愿服务精神；在甘肃省读者集团为学校建成数字化校园的基础上，积极引导师生文明上网、绿色上网，发挥网络信息在校园文化建设中的正能量。2018年5月，学校在下校园安置孔子雕像一座并举行了隆重的揭幕仪式，成为学校永久性的传统文化教育地标。

**【合作交流】**2018年3月，为了发挥示范性高中对农村兄弟高中的辐射带动作用，学校与渭源四中签订协议，建立了长期结对帮扶关系；2018年5月，按照省教育厅关于印发《结对帮扶深度贫困县中小学工作实施方案》的通知精神，兰州市外国语高级中学与学校建立了“一对一”结对帮扶关系，并邀请学校与基地实验校一起参加7月下旬举行的首届甘肃省用英语讲好中国故事展演活动，11月中旬与兰州外国语高级中学互派20多名师生开展为期一周的对口研学活动，增进合作交流，促进教师专业成长，开阔学生学习视野；2018年8月，福州十中与学校建立了“一对一”结对帮扶关系，为学校捐赠了价值5万元的图书资料；2018年9月至11月，福州七中物理教师、硕士研究生陈林来学校支教，承担教育教学工作任务，分享交流教学理念、教学经验；2018年9月底，举行了渭源一中教育联盟集团化办学模式启动仪式，11月中旬组织开展渭源一中教育联盟“同课异构”教研活动，研讨课堂教学和进度计划，将高中教学内容进行整体部署；2018年11月上旬，承办了甘肃省陇原名师工作室教育精准扶贫帮扶项目高中生物学科集中研修活动。

**【办学条件】**学校占地面积131亩，建筑面积35896平方米，现有图书38.5万册（其中纸质图书8.5万册，电子图书30万册），配备理、化、生实验室10间，仪器室3间，有理化生仪器1100多种，12600多件套。可按国家Ⅰ类标准开设实验课，开出率达到100%。有多媒体71套，计算机室4间，阅览室、电子阅览室各1间，图书室2间，通用技术实践室2间，录播教室1间，标准化心理咨询室1间，校医室1间，体育器材室1

间，标准化塑胶操场1个，校园硬化、绿化、美化基本完成。

## 渭源县第二中学

【概况】渭源县第二中学始建于1945年，前身是会川县立初级中学，1958年设立高中部，1962年6月改名为“甘肃省渭源县第二中学”，1980年被确定为定西地区重点中学，2008年12月被命名为市级示范性普通高中。学校占地面积80.68亩，建筑面积20232平方米。主要建筑有教学楼三栋，办公楼两栋，教工住宅楼一栋，教师、学生公寓楼各一栋，师生食堂一栋。有大小操场3个，面积33300平方米。有多功能报告厅2个，计算机教室一个，安装有白板的教室22个，一体机教室28个，实验室9个，仪器室5个，学生实验台252台。阅览室、图书室各一个，图书馆藏图书49772册，阅览室12680，共62452册，生均27.56册。现有41个教学班，学生1770人，教职工211人（其中职员2人，专任教师202人，工勤人员7人）。研究生4人，大学学历195人，教师学历达标率为96.53%。高级职称50人，中级职称76人，初级职称74人，未定级2人。有省园丁奖获得者3人，省级骨干教师8人，省级农村骨干教师21人，省级青年教学能手4人；市级优秀教师11人，市级青年教学能手4人，市级骨干教师21人，市优秀教育工作者2人；县优秀教师47人，县优秀教育工作者9人，县青年教学能手17人，县优秀德育工作者15人，县优秀班主任15人，县级领军人才1人，“县管拔尖人才”1人。教职工中有中共党员65人，男党员53人，女党员12人，党支部下设四个党小组。近年来学校多次被县委、县政府授予“先进单位”称号，两次被定西市委、市政府表彰为教育系统“先进集体”，也被定西市教育局、定西市公安局分别表彰为“基础教育课程改革先进集体”和“治安保卫工作优秀单位”，被定西市委宣传部、市科协命名为“定西市科普示范学校”。

【学校管理】学校认真落实校长负责制，狠抓领导班子建设，学校依法治校、依法治教的管理水平有了新的提高。校长负责、党支部监督、教职工民主参与的学校管理模式已形成。学校领导班子成员分工进一步明确，形成“人人有事管，事事有人管”的良好局面。严格执行国家、省、地、县教育、物价等部门有关规定，规范收费程序，合理收取各项费用。学校以“科学发展观”为指针，以“质量要上去，领导要下去”的理念狠抓教学管理，建立了各种考评及奖惩机制。建立了领导包级、分层管理制度和查课、听课制度。通过建立完善的管理体系，强化了班级管理、备课上课管理和教师的教学评价管理。抓级领导亲自参与本级教学工作，深入了解教情学情，确保高质量完成教育教学目标。以高效课堂建设为切入点，以学校及中层领导上示范课为助推器，以规范教学常规为抓手，以学考、高考和学科竞赛为突破口，推行各年级月考制度，及时进行分析总结，找出问题，采取相应对策。在全面抓教学管理的同时，重点突出高三毕业年级的教学管理工作，定期召开毕业年级专题会议，根据学生的实际，研究、制定相应的策略。采取高三把关和勇推新人相结合的办法，优化了毕业年级的教师队伍。重视实验班管理，注重优化高一、高二年级师资配备，提前着手，及早谋划，与科任教师签订2018、2019年高考目标责任书，确保“一年高考三年抓”，提升基础年级教学水平。

【作风建设】广泛开展师德师风学习教育活动，规范教师言行，提高教师师德修养，全体教职工精神状态良好，队伍中无违法和严重违纪现象。充分发挥骨干教师传帮带作用，加强教师队伍建设。依托县上优秀人才引进办法，新招聘教师1名。胡富存被评为定西市劳动模范，胡富存、刘小红被评为省骨干教师，麻建基、孙建军、刘晓军、包生宏、马晓燕、王胜军、方立平、裴军林被评为甘肃省农村骨干教师。教师节期间，王旭峰、裴军林、漆建华、侯学锋等4位同志被评为渭源县优秀教师，吕金永、苟彦君、姚世宗、李金昌等4位同志被评为渭源县优秀班主任，张辉、王宏、方立平、何华、丁艳菊等5位同志获得县教学质量优胜奖，鱼富强、王苗、姚晓泓等3位同志获得县教学质量进步奖。2018年有25名教师积极响应县政府"无偿献血"的号召，踊跃报名，自愿献血，完成了县政府下达的任务。

**【教科研工作】**召开了新教师培训会、高考研讨会、教学质量提升推进会；选派高三级教师参加省教科所等单位举办的高考研讨会；2018年8月，学校派11人去上海，参加了全国普通高中骨干教师新高考专题高级研修班；派2人去张掖，参加了新修订课程标准培训；派56人去定西，参加了定西市教育局关于组织开展新修订普通高中课程方案和课程标准市级示范教师培训；派5名领导去渭源参加2018年东西部协作晋安区专家渭源支教培训会。每次培训回来后，学校都组织开展二次培训，资料共享，效果很好，教师们反映强烈，教师们的许多疑惑得到了解决，提高了认识，为新高考的顺利开展打下了坚实基础。这些活动的开展，达到了"教研相长"的目的，提高了教学教研的质量和水平。一年来，教师教育教学论文有100多篇在省、市级以上报纸杂志发表，由常莹主持的《高中文言文课堂有效教学研究》课题被立为甘肃省教育科学"十三五"规划课题，2018年11月在渭源县第四届高中英语、化学、语文、数学、物理"优质课竞赛·观摩·研讨·评价·培训"活动中，王鹏红获一等奖，周向君、常莹、何华、侯学锋获二等奖。

**【职工生活】**一是学校充分发挥工会、团委、妇女组织和学生会优势，开展丰富多彩的课余活动，丰富师生课余生活。利用"元旦""五一""三八"等节日，开展各种形式的庆祝活动，大大增强了全体教职工的集体凝聚力。学校工会关心职工生活。深入贫病教职工家庭走访慰问。遇红白喜事，学校安排专门领导协调、组织、安排，尽力为教职工排忧解难，学校充分发挥工会的民主管理与监督职能。每年召开1次教职工代表大会，积极倡导教职工为学校的可持续发展建言献策，使学校管理日趋民主、规范、透明。二是在元旦前夕，走访慰问退休教职工，送去组织上的关心和问候，并且向他们汇报学校一年来工作上取得的成绩，征求他们对学校工作的意见和建议，使离退休教师始终关心学校的发展，为学校的工作发挥余热。三是组织开展形式多样的职工文体活动，丰富教师课余文化生活。如校工会组织教工利用课外活动时间开展排球、篮球比赛、"抢板凳"、"筷子运球"、文艺晚会、师生书画展等。四是积极关爱家境贫寒学生的生活，争取上级部门及社会各界的助学资金，帮助家庭困难的优秀学生完成学业，公正、公平落实惠农政策，不使一个学生因为家境困难而失学。2018年通过积极争取和多方努力，为2018级高一新生共申请到120个香港培苗助学金培苗助学名额；协同香港培苗行动探访团完成了对培苗生本年度的探访活动，共为372名培苗生发放了人民币727980.00元的培苗助学金；为137名各年级同学申请到顺丰莲花公益助学金，共计每年发放助学金374400.00元；根据教育扶贫有关政策，2018年为605名建档立卡户、低保、残疾、孤儿学生组织减免了学杂费，申请了国家助学金。许多受资助的同学以优异的成绩考入了理想的大学，实现了他们的人生理想。

**【综治工作】**学校推行"一岗双责"，即无论是领导还是教职工，既承担所在岗位的业务职责，又承担相应岗位的安全职责，既时时抓业务，又处处抓安全，在考核教职工工作业绩时，既要看业务成绩，更要看安全工作。学校不仅通过主题班会对学生进行安全教育，每学期还安排法制副校长举办一次法制、安全教育专题讲座，增强学生法制意识和安全意识。学校有应对防盗事件、食物中毒事件、政治突发事件、化学实验室突发事故等突发事件的预案，给每位在校生购买了校内意外伤害保险，近三年内无因学校责任造成的重大安全事故。学校每学期对校外寄宿生进行3次大检查，对校外寄宿生中存在的安全问题进行全面排查，每学期进行2次师生安全应急演练，以提高师生在紧急情况下的应急水平，防患于未然。学校与各处室、各班、教研组签订为期一学年的《综治目标责任书》，明确安全责任。节假日安排教职工值班，加强特殊时段的治保值班（高考、中考期间），以保证校产安全。加强教学常规管理，特别注意课间操、晚自习、放学时间教学楼梯处的安全，明确规定授课教师、辅导教师、班主任负责组织学生，防止拥挤；加强体育课的组织管理，合理安排教学内容，做到学生预备活动充分，运动量适中，课堂纪律严明，防止发生意外伤害事故；加强物理、化学、生物实验课的教学管理，加强实验器材和药品管理，防火、防中毒、防腐蚀、防触电等教学事故。成立学生宿舍管理组（由专人负责），加强对学生宿舍的平时值班和住宿生熄灯就寝检查，防火、防盗、防止意外事故的发生。组织学校政教处、总务处有关人员并和会川公安派出所联系不定时对校外住宿生进行检查，责成政教处组织与校外住宿生签订四方协议书，加强校外住宿生的管理。

**【德育工作】**学校建立健全了德育领导小组、政教处、年级组、班主任、学生会及学生干部组成的德育工作体系。通过以老带新的班主任培养模式，培养了一大批业务素质高、工作能力强的优秀班主任，形成了一支敬业、爱岗、实干、奉献的德育主力军。不断拓展德育工作途径。制定了《养成教育实施意见》，以思想道德教育、法制教育、安全教育、心理健康教育等为主题，以学科渗透、热点追踪、实践锻炼、校警共建等为途径的立体型德育网络已逐步形成。通过升旗仪式、国旗下演讲、为贫困同学捐款、主题班会等形式，对学生进行爱国主义、集体主义等人生观、价值观教育。通过开展“纪律、卫生流动红旗”“班级周评比”等活动，强化学生的养成教育。学校采取召开家长座谈会，新生入学教育大会，主题班会，学校集会等多种形式，统一思想，提高认识，增强道德、法制和纪律观念，加强对师生的政治思想教育。其中召开家长会、新生入学教育会、期中考试总结大会、期末考试总结及开学典礼、法制安全教育大会各2次，召开全校住宿生会议1次，住宿生室长会议4次，召开班主任会议8次，并且同部分家长签订帮教协议。采用墙报、黑板报、各班专业知识专栏、“校园之声”广播、阅报栏、宣传栏、编排文艺节目、大课间健身操展示等多种途径丰富校园文化生活。全校春季田径运动会、教职工排球、篮球比赛、学生球赛精彩纷呈。举办了第十届文化艺术节内容涉及文史知识竞赛、师生书画展、演讲比赛、篮球赛、排球赛，意在积极构建绿色校园、文化校园、文明校园、书香校园、和谐校园。举行了高一、高二级演讲比赛和广播体操、课间活动及体育教学成果展示，丰富了学生的课余生活。

**【学校基础建设】**投资600万元建设的2017年高中改造项目渭源二中体育场已经竣工投入使用；投资250万元建设的水冲式厕所于2018年6月开工建设，11月竣工正式投入使用。

**【高考成效】**2018年高考二本以上共上线228人，上线率34.13%，文化课二本以上共上线181人，上线率为31.92%。一本上线57人，应届生文化课二本上线97人，体音美专业生上线47人。学校各项事业蓬勃发展，赢得了社会各界的高度赞誉。在招收生源学习基础不够扎实的情况下，我校二本上线人数和上线率逐年攀升，受到了各级政府、业务主管部门和社会各界的好评。

## 渭源县第三高中

**【概况】**2018年，第三高中共有教学班38

个，其中高一级10个班、高二级12个班、高三级16个班。有学生1745人，其中男生795人，女生950人。教职工198人，其中有党员59人，有省园丁奖教师2人，省级骨干教师4人，市级青年教学能手5人，县级领军人才1人，县级青年教学能手4人。高级教师29人，中级教师61人，初级教师98人。专任教师学历均在本科以上，合格率100%，研究生学历占2%，生师比为1：8.81。

【办学效益】2018年，第三高中高考二本以上上线97人，比去年净增23人，其中一本4人，双完成教体局下达的高考指标，学考各科成绩优良率、合格率稳步提高，教育教学质量明显提升。学校被县委县政府评为2018年高考工作先进单位，被市委市政府评为2018年教育工作先进集体，有31名同志获得了县委县政府的表彰奖励。2018年6月顺利通过了市级示范性高中的评估验收，但由于政策原因，还未挂牌。

【教研教改】为了促进了青年教师专业快速成长，第三高中制定了《青蓝工程实施方案》，举行“青蓝工程”的拜师仪式，建立青年教师成长记录袋。派出196人次到上海、兰州、张掖、定西、通渭、临洮及县内兄弟学校交流学习。选派教师参加渭源县高中教育联盟开展的教研活动；邀请渭源一中数、理、化学科优秀教师来我校开展专业讲座。举行课堂教学竞赛，组织骨干教师示范课9节，青年教师汇报课6节，同课异构课120多节，有效促进了教学交流和研讨。

【办学条件】学校严格执行国家、省市县财务管理制度，开源节流，合理安排资金，基本建设投资189910.00元。完成了1号教学楼和男生公寓楼卫生间、冬季取暖设施、校园电信网络和1、2号教学楼之间下水管道改造，接入了双电源，加强校园绿化管护和财产管理，有效保证了学校正常工作的开展。

【学校特色】第三高中2018年高考艺术体育二本以上上线55人，全校共有专业生336人。组织了第一届校园足球联赛，邀请足球专家李克栋交流指导。举行了第六届校园文化艺术节，庆七一大合唱比赛。参加了定西市校园足球传统学校“星级”竞标赛、“体彩杯”定西市中小学生运动会、渭源县“风华电器杯”中小学生暨成人武术比赛、渭源县中小学生“童心向党·阳光下成长”艺术展演活动，均取得了比较理想的成绩。

## 渭源县第四高级中学

【概况】渭源四中现有教职工137人，现有教学班28个，在校学生1290人。学校占地面积43333平方米，建筑面积13096平方米。2018年1月被评为甘肃省特色实验学校，2018年8月被县委、县政府评为“先进集体”。2018年5月，张耀军被甘肃省教育厅评为甘肃省中小学骨干教师，张正梅被评为甘肃省中小学农村骨干教师；2018年9月，寇晓锋被定西市委、市政府评为“优秀教师”。

【高考成效】2018年，高考文化课二本以上上线142人，比去年增加50人，应届生文化课二本上线80人，上线率31.25%，应届生文化课重点上线33人，体育艺术上线69人。我校2018年高考二本以上共计上线211人，上线率达40.34%。

【校园建设】投资26万元完成花园道路硬化、水池新建，投资15万元完成花园绿化。完成了电锅炉招标及安装及1250千伏安的变压器的公开招标和电路改造工作。投资1050万元的教师公寓楼项目马上就要竣工。

## 渭源县职业中等专业学校

【概况】渭源县职业中等专业学校始建于1986年，是市级重点职业学校。先后被确定为渭源县农村贫困劳动力职业技能培训基地、渭源县阳光工程劳动力转移培训基地、全县财会人员培训基地。学校占地70亩，建筑面积29753.02平方米，现有教职工133人，其中研究生学历3人，本科学历128人。有专任教师132人（专业课教师58人，“双师型”教师40人），现有教学班33个，在校学生982人。学校开设电子技术应用、酒店服务与管理、机电技术应用、汽车运用与维修、计算机应用、计算机平面设计、旅游服务与管理、电子商务、网站建设与管理、物流服务与管理、学前教育、文秘、护理、美术绘画、音乐、体育运动等16个专业。建成了数控车床、数控铣床、气体焊接、现代电工技术、PLC、楼宇智能化工程技术、护理技能等48个实训室。学校有电子备课室1个，阅览室1个，多媒体教室1个，计算机300多台。

**【学校管理】**按照全县开展的“三查三治”、“三纠三促”和“明察暗访”等活动要求，结合学校教师实际，从迟到早退、无故旷工、开会说话聊天玩手机等细微入手，严格落实请销假和签到签离制度，对教师的一言一行从严要求，切实规范从教行为，不断引导教师自觉遵守国家法律法规和学校各项规章制度，努力践行教书育人责任，全校教师的纪律作风状况得到明显好转。重新修订完善了学校教师考核办法，进一步调动了教师教书育人工作积极性。建立健全了由学校班子成员为组长的教师值周制度，每天的卫生、学生安全和纪律等工作由值周组全权负责，形成了学校日常工作有人干、有人管的良好局面。

**【教师队伍建设】**学校狠抓师德师风建设，倡导爱岗敬业，服务学生，奉献教育的职业道德。经常组织全体教师学习上级部门的文件精神及教育政策、法规等，提高教师的政治觉悟，进一步加强教师职业道德建设，强化教师的法律法规意识，做到依法执教。通过师德师风教育，学校教师更加热爱学生，以身作则，更加忠于人民的教育事业，涌现出一批爱岗敬业、乐于奉献的优秀教师。

**【教研工作】**教研工作从课堂常规抓起，通过教研组集体备课、说课、组内听课、评课等活动提高教师业务能力。2018年秋季学期，学校就各教研组分别安排了固定教研活动时间，确保了教研工作的稳定开展。学校还以推门听课、骨干教师全校公开课、青年教师汇报课为抓手，加强教学常规检查；以录像课、优质课竞赛为契机，注重教师教学能力的培养和提升，鼓励青年教师参加各级各类教育教学竞赛。

**【师资培训】**学校通过组织全体教师参加教育教学理论业务学习、安排教师参加国家、省、市级各类培训，有效促进了教师的专业发展。2017年8月至今，学校教师参加各类培训达32人次。其中，3名校长参加了省级中等职业学校管理干部培训，17名教师参加了省级中等职业学校骨干教师培训，11名教师参加了新高考改革专题研修班培训，1名教师参加了数控技术塞德尔基金培训。

**【改善办学条件】**在全校师生和施工企业的共同努力下，2017年全面完成了第一实训楼和校门及门房建设，硬化了校园广场、修建了国旗台和地下增压泵房、维修了室外厕所的化粪池，安装了2014年招标采购的300万元的实训设备，在教学楼和实训楼上安装了校风校训等宣传标语，初步营造了校园文化氛围；完成了第二实训楼的建设，学校的办学功能得到很大的增强。2017年省财政厅下达改善职业教育办学条件资金750万元，除用于第二实训楼和女生宿舍楼缺口资金外，经请示县教体局和县政府同意，为每位教师购置隔离式办公桌椅一套，为第一实训楼配备一些必要的办公设备，全部配备安装到位。省教育厅下达中央专项资金500万元，县政府决定为学校建设塑胶操场，目前项目正在建设当中，计划在明年4月份投入使用。县政府下拨了2016年和2017年两年的取暖费共计128万元，拨付2012年至2017年免学费补助县级配套资金236万元。

**【教学管理】**一是改革课堂教学模式。学校坚持以学生为主体，教师为主导，训练为主线的教学思路，大力倡导先学后教、当堂训练的教学模式。通过组织示范课、公开课、“教学能手”“教坛新秀”评选和教师微课教学、说课等各类教学竞赛活动，不断提高教师课堂教学水平，提升学生学习兴趣，引导学生广泛参与教学活动，取得了较好的成绩。二是重视教科研工作。学校十分重视教科研工作，积极鼓励教师承担课题研究，撰写论文。2017年8月至今，省级课题立项2项，结题鉴定1项，市级课题立项2项，申报甘肃省教育科学规划“十三五”2018年度课题13项，教师在省级以上刊物发表各类教研论文80余篇。三是狠抓学生技能培养。学校根据学科的性质和教材的特点、学生的年龄特点及班级的实际情况，降低教学起点，结合学校实训条件，选择恰当的教学方法，延长实训时长，将专业理论和实践紧密结合起来，培养学生的逻辑思维能力、语言表达能力、动手操作能力及自学能力，使学生都能在理论学习的基础上掌握一定的操作技能，成绩显著。2018年市级技能大赛中，有173名学生获奖，其中19人获一等奖，62人获二等奖，92人获三等奖；另外，在“三校生”高考中，2017年有38名学生被本科院校录取；2018年有13名学生被本科院校录取。

**【德育工作】**（一）传统文化学习。传统文化学习以“诵文—知意—践行”的模式层层推进。诵文，学校免费给各班下发《弟子规》《三字经》《大学》《道德经》等传统文化读本，利用早、中、晚课前10分钟进行诵读，利用校园广播定时播放传统文化知识，开展国学经典诵读比赛。目前，大多数学生能熟练背诵。知意，每学期举办3～5场传统文化知识讲座，讲座形式多样，有专家的视频讲座，有我校何佐伟老师的讲座，也有同学们传统文化学习的心得交流；成立了传统文化学习社团，学生参与度高，由起初的十几人已发展到七、八十人；每学期分年级举办传统文化知识竞赛，竞赛以诵文和知意为重点，有必答题，抢答题，也有电脑随机抽取学生作答的风险题，集知识性和趣味性为一体，是一场传统文化学习的盛宴。践行，学校在学生宿舍内务整理、行为规范、文明礼仪、校园环境保护等方面督促学生践行传统文化，并要求学生将良好的行为规范和文明礼仪延伸至家庭、社会。（二）一周一活动。每周在全校范围内开展一次主题教育活动，主要有新生军训、心理健康知识讲座、传统文化知识讲座、学生成长交流分享会、感恩励志讲座、观看教育影片等内容。每周举行升旗仪式，安排学生进行各类主题演讲，学生参与积极，收效显著。（三）主题班会。根据各年级学生特点，学校分年级制定了班会主题，每两周开展一次，班会形式多样，有辩论、演讲、情景模拟、小品表演等，很大程度上发挥了班会作为学生德育教育主阵地的作用。（四）宿舍内务整理。作为学生行为德育的主渠道，学校狠抓宿舍内务整理。制定了宿舍内务整理“八标准”，并每班安排一名生活辅导员专门负责班级卫生和宿舍内务，勤检查、勤督促、抓落实、抓整改，常抓不懈，良好的宿舍环境和学生行为习惯不断形成。（五）学生社团建设。学校组建了书法、播音与主持、舞蹈、绘画、传统文化学习、吉他、象棋等10个社团，安排每周二、三的课外活动为社团活动时间。在进行特长培养的同时，同学们的闪光点不断挖掘出来，自信心不断增强，对未来充满了希望。

**【技能培训】**学校先后被确定为渭源县阳光工程劳动力转移培训基地、农村贫困劳动力职业技能培训基地、全县财会人员培训基地。2018年培训各级各类人员共1987人。分别为引导性“两后生”1053人，电工14人，钢筋工146人，瓦工122人，旅游服务就业技能313人，创业培训90人，致富带头人125人，东西部协作培训124人；另外组织二年级117名学生考取了中级工技能等级证书，55名专业课教师考取了保育员、育婴员、美容师、电工、焊工、装配钳工等中级工技能等级证书，为全县精准扶贫、精准脱贫工作提供了人才支持。

**【综治工作】**（一）加强领导，健全制度。学校成立了以校长为组长，分管副校长为副组长，政教处人员、各处室负责人、各班主任、门卫为组员的安全领导小组，在领导小组的指导下，不断完善并健全了各类安全制度和应急预案。（二）安全教育。多形式，多渠道对学生进行安全教育。利用开学典礼、学生集会、主题班会、法制报告会、应急演练、校园广播、电子屏、宣传栏、手抄报等对学生进行交通安全、消防安全、饮食安全、禁毒、反邪教、防恐防暴等安全教育。时时讲安全，处处讲安全，安全工作常抓不懈。（三）安全管理。一是校园及周边安全。校内住宿生实行封闭式管理，周内学生不得出校门，减少了外出校门的人流量，有效预防了各类安全事故的发生；实行门卫24小时值班制度和来客登记制度；实行护校队巡查制度，由值周组成员做好放学和晚自习后校园内及校园周边的巡查，及时处置学生违纪和危及学生安全的各类突发情况。二是住宿安全。目前校内住宿866人，校外住宿112人。校内住宿学生由宿舍管理员专人管理，24小时值班，宿舍管理员在晚自习后严查学生出勤，对缺勤学生及时与班主任和家长联系，确保学生住宿安全。校外住宿生由班主任管理，每周不定期检查，及时排查各类安全隐患，如租住彩钢房、电线老化、布线零乱、寝室黑暗狭小、不通风通气、环境卫生差等问题。三是安全隐患排查。学校总务处每个月对校舍、电线、消防设施、监控设施等进行一次安全隐患大排查并建立台账。各班每周对班级和宿舍管制刀具、电线电器、学生矛盾纠纷等进行一次排查并建立台账。四是卫生安全。学校建成了卫生室，由学校护理专业课教师负责日常工作。主要负责请病假学生的跟踪管理、突发性疾病的应急处理、流行性疾病的预防、建立学生健康档案等，并建立和完善了学校《因病缺勤学生追踪制度》《突发公共卫生事件报告制度》《晨检制度》《流行性疾病应急预案》等。五是食品安全。食堂由专人管理，食材采购渠道正规，票据齐全，《食品留样制度》、《陪餐制度》等各类制度健全并严格执行。六是三防建设。学校门房占地120平方米，现有保安1人，门卫2人，每周安排护校队人员6人。安防器械有橡胶警棍、强光手电、头盔、防护盾牌各1件，安全钢叉1套，有灭火器190个，摄像头110个，视频监控硬盘储存时间为15天，共计投入资金123600元（其中今年新增投入1500元，用于更换强光手电、保安服、灭火器等）。

**【党建工作】**一是创新开展党支部工作。根据上级党委部门的要求，结合学校工作特点，创新开展工作。在党员固定活动日中，切实带动党员干部做好教育工作，利用清明节扫墓活动，组织广大党员在革命烈士陵园面对党旗开展入党再宣誓活动；组织党员志愿者慰问敬老院老人，打扫卫生及节目表演；组织全体党员参加红色教育学习等。加强了党员的理想信念及价值观。二是党建带群团工作良好发展。指导群团工作取得了较好的成绩。指导工会和妇委会对困难教职工、生病教师进行慰问，彰显党支部对他们的关怀；在教学工作之余，指导妇委会开展“庆三八”教职工趣味活动；指导学校团委组织学生对烈士陵园进行祭奠活动、开展师生诗词朗诵活动等。使学校群团工作切实开展起来，为教学服务、为师生服务，取得了良好的教育效果。三是真正发挥党员的先锋模范作用。组织党员开展丰富多彩的主题实践活动。围绕学校中心工作，结合教育教学实际，树立党员干部形象，全体党员在各自的岗位上发挥先锋作用，学校的行政干部，教师党员争做教学能手、学科带头人，党员和入党积极分子积极承担高质量的公开课、示范课，并成为教研组交流发言的带头人。党员教师主动参加“党员志愿者服务”社会实践活动，在植树造林、扶贫助残等实践活动中，充分发挥了共产党员的先锋模范作用。

【招生工作】积极向教体局汇报衔接，专门出台了初中学校和九年制学校毕业未考入高中学校的80%的学生一律到县职专就读的硬性规定，组织教师利用各种机会广泛深入开展招生宣传，班子成员分组多次深入全县各初中和九年制学校与家长、学生面对面进行交流对接，宣传动员，保证了招生工作顺利进行。2018年招生报名474人，实际到校432人。

# 科学技术

## 科学技术

【概况】渭源县科学技术局下设有办公室、科管股、项目股、信息咨询中心等4个股室，共有职工10名。

【项目建设】引导渭源县泓润药业科技有限公司、渭源县德园堂药业科技有限公司、甘肃中亚高原饮料有限公司等13家企业开展技改，强化企业科研创新的主体地位。2018年，省科技厅下达我县省级科技计划项目6项，到位资金245万元。积极组织申报2019年度科技计划项目。紧紧围绕我县中医药、制药机械设备制造、生态林种植技术及应用推广等特色优势产业，推荐申报2019年省级科技计划项目13项，引导企业成为科技投入的主体，不断加大企业用于科研方面的投入，提高自主创新能力，增强发展后劲。

【科技特派员管理】一是建强队伍。按照“企业需求、单位推荐、专业对口、双向选择”的“四结合”原则，从农业、农技、畜牧、园艺、马铃薯产业办等涉农部门，乡镇涉农专业干部中选派派驻企业、农民专业合作社科技特派员23名，期满续派10名，改派1名，因工作变动、个人辞职和身份不符合要求等原因退回14名，现有科技特派员73名。县财政列支科技特派员专项经费20万元，成功举办全县科技特派员项目工作、知识产权创新应用能力提升培训班2期，先后组织选派26人参加省市举办的科技特派员创新能力提升培训。通过不断提高选派标准和加强考核管理，加大专业技术人员在科技特派员中的比例，科技特派员队伍不断壮大，整体服务水平和服务能力有了显著提升。二是落实政策。认真贯彻落实《定西市深入推进科技特派员创新创业实施方案》精神，对科技特派员离岗创业全面实行“三保留四优先”优惠政策（保留编制、工资、职务或职称，优先提拔使用、评定职称、评优选先、项目支持），先后有3人提拔为科级领导、2人评为高级职称，12人受到省、市表彰，极大地调动了创新创业积极性。创新科技特派员社会化服务模式，积极倡导科技特派员有偿服务工作。据调查，我县服务企业或农民专业合作社的科技特派员，企业（合作社）支付月薪在1000～5000元之间。三是创新平台。不断完善对全县科技特派员创新创业服务，组建了科技特派员微信工作群、QQ群等信息服务平台，积极开展科研成果研讨、信息交流和服务互动，发挥特派员团队协作力量，形成协同创新机制。

【科技创新】一是强化资金引导，激发企业加快科技成果转化的内在动力。对甘肃绿色禾韵园艺产业有限公司等7家企业（合作社）拨付创新引导资金60万元，鼓励企业（合作社）等创新主体开展新品种引进、设备更新和科技研发，推动科技成果和新旧动能转化工作持续深入开展。二是进一步加大科技成果转化力度。县科技局、县农技中心配合开展了党参根腐病预防技术转化应用，示范推广面积1200亩；甘肃田地白家食品有限责任公司从四川白家引进国内最先进的方便粉丝自动化生产设备和生产工艺，运用“在线连续急冻老化开粉”技术，颠覆传统粉丝添加明矾的制作方式，产品生产实现“零添加”，食品安全保障达到国际先进水平。2018年实现年生产总量360万件，实现销售收入8500万元，利税1445万元。三是大力推进科技成果转化示范基地建设。依托科技型企业在贫困村实施科技成果转化示范基地建设，中药农药“世创植丰宁”、中药材精致饮片加工机械设备制造技术、食用菌液体菌种制种技术、中药材气调保质贮存技术、富硒食用菌种引进扩繁、新型原原种雾培生产技术、当归反季节温室育苗试种、羊肚菌、保健菊花、大果沙棘、鲜切花等农业新品种、新技术的引进试种进展良好，建立科技成果转化示范基地10个。四是实施知识产权强县工程和知识产权优势企业培育工程，制定完善了《渭源县专利申请资助办法》，筹集专项资金2万元，对企业、合作社和个人申请专利过程中产生的申请费、受理费予以全额补贴。对已授权的发明专利，补助年费并给予一定的奖励。申请专利133件（已授权34件），占市上下达我县专利申请量70件的190%；全县累计新增授权发明专利3件，有效发明专利达到8件，每万人发明专利拥有量为0.24件，占目标任务0.25的96%。

**【创新平台建设】**科技特派员参与申报的“渭源县科技特派员众创空间”和“渭水探源众创空间”被认定为省级众创空间，甘肃田地农业科技有限公司、甘肃兴华生物科技有限公司、渭源县瑞丰农业科技有限公司3家企业被认定为省级科技创新型企业，甘肃渭水源药业科技有限公司、渭源县德园堂药业有限公司、甘肃圣源中药材有限公司、甘肃盛源益养药业有限公司等4家企业先后被认定为高新技术企业。组建了科技特派员产业工作站、微信工作群、QQ群等信息交流平台，积极开展科研成果研讨、信息交流和服务互动，发挥特派员团队协作力量，形成协同创新机制。

**【脱贫攻坚】**科技扶贫工作深入推进，一是派驻科技特派员服务团助推精准扶贫。全力实施科技特派员服务团助推精准脱贫“11151”科技扶贫帮扶计划，按照“3～5人组团，专业特长互补，产业对接精准”的原则，以及“结构合理、数量管够、质量管用”的要求，从省、市“三区”人才、科技特派员、贫困村农业科技人才和驻村帮扶队员中选派各类懂技术、有特长的327名专业人员，组成109个科技特派员服务团队，分别对接到全县的109个建档立卡贫困村，进行科技精准对接帮扶，助推脱贫攻坚行动深入开展。服务团通过分析贫困村产业发展现状及瓶颈问题，利用专业优势，按需提供技术服务，开展引导示范，促进贫困群众创业致富。二是按照《渭源县2018年脱贫攻坚农村劳动力培训工作实施方案》，围绕特色产业转型升级发展的技术需求，邀请了省农科院7名专家主导开展科技示范培训工作，并从科技特派员中抽调专业水平扎实，或中级以上职称的79人（次）参与开展培训，引导科技特派员参与到开展科技服务、助推脱贫攻坚的“主战场”，推广农业实用技术，指导富民产业开发，推动特色产业转型升级发展。共培训贫困劳动力558人，全面完成了县上下达520人的培训任务。

## 地　　震

**【概况】**渭源县地震局前身为渭源县地震办公室，成立于1992年5月，与县科委合署办公；2000年4月更名为渭源县地震局，原副科级建制升格为正科级建制，保留原有编制2名，另核增事业编制1名。现有干部职工7名。2018年5月经县委批准成立县地震局党组，有党组书记1名，党组成员2名。在莲峰镇、会川镇、锹峪镇、庆坪镇、麻家集镇各有1个地震宏观监测点，在五竹镇有1个地震监测台。

**【防震减灾】**县地震局负责全县范围内所有建设工程抗震设防审批工作依法做好事中、事后监管。目前抗震设防审批事项备案共14项次（其中补办11项次）。印发《渭源县2018年防震减灾宣传教育工作方案》《渭源县纪念汶川地震十周年宣传活动方案》《渭源县2018年防震减灾工作要点》；在5·12防灾减灾日、在第28个5·20全国助残日、5月22日首阳山第八届文化旅游艺术节、5月29日渭源县第22个民族团结进步月活动启动仪式、9月14日全国科普日集中宣传活动启动仪式上，地震局在老君山文化广场、首阳山、路园镇三河口村举行防震减灾知识宣传活动，县地震局共发放防震减灾宣传手提袋2000个，防震减灾宣传围裙2000个，宣传资料9600多份(册)，收到了很好的宣传效果。5月30日，在会川中学2018年春季学期法制安全知识进校园活动中，县地震局开展“送防震减灾知识进校园活动”，县地震局负责人和该校学生互动，就学生提出的地震预兆和地震来临时、我们怎么办等问题进行现场答问，有152名教职工和1663名学生接受防震减灾知识教育。9月28日，举办全县地震宏观观测员业务培训班。10月24日，县地震局党支部和北寨镇丁家湾村党支部在丁家湾村部联合召开党员大会，县地震局党支部书记贾军凯同志以《党员带头引领，做好新时代农村防震减灾工作》为题，对18名农村党员讲授党课，发放了《防震减灾法律法规规章手册》《防震减灾知识读本》等防震减灾宣传资料。8月份，根据省市地震业务部门要求，对全县235名地震灾情速报人员信息进行更新，其中新增乡镇分管领导16名。渭源县地震局被省地震局评为2018年度防震减灾科普宣传工作先进单位。

**【脱贫攻坚】**积极履行帮扶工作主体责任，及时调整了帮扶工作领导小组，签订《渭源县脱贫攻坚责任承诺书》5份，并每月组织单位6名干部职工进村入户开展帮扶工作。在丁家湾村开展“大走访、大排查、大讲习、大帮扶”活动，组织单位干部职工深入农户家中、深入田间地头，与帮扶农户拉家常，了解群众意愿和诉求。走访农户22户，排查处理家庭矛盾1起。认真贯彻落实中央、省委县委对精准扶贫的各项政策，积极与北寨镇党委、政府和丁家湾村两委班子联系，和驻村帮扶工作队、村“两委”及时衔接，帮助完善了《丁家湾村脱贫攻坚规划》《北寨镇丁家湾村2018年帮扶工作计划》，通过帮扶责任人入户调查沟通，深挖细找致贫原因，对症下药提出帮扶措施，共完成22户未脱贫建档立卡贫困户“一户一策”精准脱贫计划。按照产业奖补政策和补充通知的要求，积极入户摸底衔接，为每户帮扶农户制定切实可行的产业奖补方案和落实对口支持政策，全村共排摸和确定20户养牛农户，4户“5+1”模式养羊农户，4户中蜂养殖农户；向该村印发《花椒栽培技术》100份。严格按照《定西市贫困村驻村帮扶工作队和到村任职第一书记管理实施办法》(定办发〔2018〕41号)要求，选派得力、年轻干部到丁家湾村开展驻村帮扶工作，及时报销其伙食补助和交通费，让其能够安心履行帮扶职责；10月份为其办理人身意外伤害保险300元，并用单位工会费、福利费买520元慰问品对其进行慰问；从生活上关心、关爱帮扶干部。

## 气　象

**【概况】**渭源县气象局成立于1956年11月1日，是渭源县人民政府管理气象工作的主管部门，行使同级人民政府管理气象工作的行政职能。县气象局设3个科室：政策法规科、应急减灾科、办公室（财务科）；2个直属单位：气象台、气象服务中心；2个地方机构：渭源县人工影响天气办公室、渭源县气象灾害防御指挥部办公室。现有正式职工16人，聘用1人。具有中级专业技术职称5人，副高级职称1人。

**【公共气象服务】**实现了部门间资源共享，建立了协作机制，在农业种植、病虫害监测、森林防火、天然林保护、植被恢复、河道防洪、灾情调查、环境保护等方面，开展了气象预警信息发布和专题气象服务。全县16个乡镇全部建立了气象工作站，乡镇气象信息员实现了全覆盖，完善了地质灾害气象风险预警流程和气象短临预警平台，针对当地农业生产需求，建成及时、高效的气象为农服务产品制作与发布平台，及时提供针对性较强的气象为农服务产品，与农民专业合作社及乡镇政府、村委会建立“直通式”联系，实现了针对性、快捷性的气象服务。

**【气象为农服务】**不断完善农业气象服务能力和农村气象灾害防御体系建设。建成了农田小气候观测站一套，便携式自动气象站一套，可触摸式交互终端大屏三台，极大地提升了县级气象局为农服务能力。服务产品有《短期气候预测》《重大气象信息专报》《专题气象服务》《重大气象信息服务专报》《灾害性天气预警信号》《农业气象服务》《雨情快报》等。

**【基础业务】**建成了气象卫星接收地面站，特别是自动站资料实时显示处理系统、Micaps预报产品应用系统、Swan、中小河流洪水和山洪地质灾害气象风险预警服务平台、甘肃省县级预报预警业务平台的投入使用，有效加强了监控、预报预警等技术手段，提高了预报预警准确率和及时率。天气预报发布渠道不断顺畅，通过电视、广播、网络、手机短信、传真、“村村响”大喇叭、服务材料专送等形式，使天气预报信息覆盖面更广，服务更及时。

**【气象灾害防御体系建设】**在全县16个乡镇建设“村村响”重大气象灾害预警预报系统工程。建立了可视天气预报会商系统，完善公共气象服务网站 。完成了气象灾害预警决策服务对象信息更新和备案，组织开展暴雨洪涝灾害风险普查或隐患排查，开展重大灾害性天气联合调查和评估，落实防雷防静电安全责任，完善工作流程、业务规范和有关制度，维护突发事件预警信息发布系统稳定、安全运行，严格落实气象灾害应急准备认证管理制度，加强基层气象防灾减灾队伍建设，提高应急防范能力。

**【人工影响天气作业】**全县布设标准化人工防雹炮点5个，并在每个炮点建成了灾害性天气实景监控系统1套，移动式火箭作业1台，区域自动站30个，乡镇气象工作站16个、信息员217人。

**【气象科普宣传】**2010年被渭源县委宣传部、县科协命名为“青少年科普教育基地”；2011年12月15日被定西市委宣传部、定西市科学技术协会命名为“定西市科普教育基地”；2012年2月被渭源县委、渭源县人民政府命名为“爱国主义教育基地”。每年的3·23世界气象日、科普宣传周、五四青年节、安全宣传月、国庆节、法制宣传日等节日对外开放，组织学生实地参观自动气象站、天气预报制作平台、地面气象综合观测平台、人工影响天气指挥平台等，并采用展板等形式给同学们讲解了气象、天文、地理、地震等自然科学知识，以及面对自然灾害开展综合防灾减灾的基本知识。同时，每年围绕“3·23”世界气象日、5·12防灾减灾日宣传活动，我局全体职工统一着装，集体走上街头，宣传了气象知识，散发宣传材料，接受群众咨询，通过宣传及时普及气象知识的覆盖面。

**【脱贫攻坚】**开展精准扶贫工作以来，县气象局高度重视、积极响应，准确把握精准扶贫行动的核心内容和总体要求，深入学习贯彻党的十九大精神，以习近平新时代中国特色社会主义思想为指导，认真落实省、市、县精准扶贫会议精神。作为田家河乡汤尕沟村的帮扶责任单位，面对加快脱贫攻坚的严峻形势和繁重任务，单位帮扶责任人以更加饱满的精气神，更加坚定必胜的信心决心，及时进村入户，为贫困户排忧解难，宣传扶贫政策，及时制定“一户一策”，多方争取支持，寻求脱贫门路，给予实实在在的帮扶。

# 民生保障

## 民　政

**【救济救灾】**2018年，连续遭受风暴、干旱等灾害。4月19日，阵性降雨、局部冰雹造成4

个乡镇（会川镇、上湾镇、田家河乡、峡城乡）的23个村，174个社，5741户，23981人受灾。受灾面积1442.2公顷，成灾面积622.76公顷，绝收面积58.6公顷。灾害造成直接经济损失199.496万元，其中农业损失172.146万元，公益设施损失27.35万元。田家河乡通社道路8条通社道路受到损失，初步预计灾害损失4.45万元。会川镇杨庄卫生院、峡城卫生院、上湾卫生院和会川镇杨庄村、半阴坡、哈地窝、棉柳坪、元寺滩、和平、干乍以及上湾朱堤村等8个卫生室出现墙体裂缝、屋顶漏水、地基下陷等现象，初步预计灾害损失2.5万元。造成上湾镇水家窑村常家庄社灌溉渠道损坏20米，祁家川村社灌溉渠道300米，渠道淤塞2000立方米，上湾灌区进水闸河堤冲毁3米，共计造成损失12.9万元；黄香沟水厂北部供水主管道滑坡100立方米，导致水管裸露20米，造成损失1.2万元。此次灾害共计造成灌溉渠道受损320米，渠道淤塞2000立方米，损坏供水主管道20米，建筑物受损1座，共计造成损失14.1万元。造成田家河学区西沟小学教室及办公室大面积漏水，墙面脱落严重，漏水面积566平方米，受损计人民币2万元。会川镇和平小学整体屋面（小红瓦）部分破损，造成各房间屋面漏水严重，部分房间和教室有积水，受损价值人民币2.8万元；棉柳坪小学校舍屋面部分小青瓦破损漏水严重，由于地基下陷造成教室教师宿舍墙体裂缝严重，受损价值人民币1.5万元。

7月13日下午16：00时，连续降雨造成14个乡镇155个村、942个社、33350户、131378人受灾。农作物受灾面积6180.6公顷，成灾面积3749公顷，绝收面积7.5公顷。此次洪涝灾害已造成直接经济损失2287.92万元，其中农业损失1025.12万元，工矿企业损失953.9万元，基础设施损失276.7万元，家庭财产损失32.2万元。导致4户12间民房倒塌；严重损毁2户10间；一般损毁10户118间。此次灾害使养殖网箱949箱受灾，受损金鱼790.4万元，毁损网箱243箱，网箱受损金额121.5万元，其他（自繁鱼苗40万元、船只受损2万元）42万元。共计损失953.9万元。

8月27日下午18：00时，连续降雨造成1个乡镇1个村、16户、29人受灾。共倒塌房屋1户3间，严重损坏1户3间，一般损坏14户72间。此次洪涝灾害已造成直接经济损失42万元，其中家庭财产损失42万元。

**【社会捐赠】**慈善协会向社会各界募捐各类捐赠资金130万元，社会捐赠实行封闭运行、专账管理、定期公示捐赠款物的使用和数据上报工作，社会捐赠工作正规化运行。

**【社会救助】**全县城乡低保农村特困供养对象提标工作全面完成。提标后，城市低保保障标准提高7.6%，月补助标准由368元提高到396元；农村低保保障指导标准提高6.3%，一、二类对象月补助标准由292元、275元提高到310元、290元，三、四类对象补助水平不再提高，仍然执行84元和58元的月补助标准；特困供养省级补助标准提高7.6%，其中：城市特困供养标准每年由7032元提高到7566元，农村特困集中供养、分散供养标准分别不低于6432元、5178元。全县现有城市居民最低生活保障对象708户1382人，占全县非农业人口21983人的15.9%，保障标准396元，人均月补差340.3元，全年发放城市低保金875.85万元；有农村低保对象17317户56777人，其中一类保障对象1534户2547人、二类保障对象3545户9680人、三类保障对象7805户26283人、四类保障对象4433户18267人，全年累计发放农村低保资金10490.13万元；有城乡特困供养对象2222户2222人，其中：农村分散供养对象2124户2124人、农村集中供养对象72户72人、城市分散供养7户7人；农村分散供养对象每人每月供养金标准431.5元、农村集中供养对象每人每月供养标准536元；城市供养对象每人每月供养标准630.5元，全年累计发放城乡特困供养金1126.08万元。

**【医疗救助】**坚持“突出重点、救主救重”

的原则，全面落实城乡医疗救助制度，重特大疾病医疗救助病种由7种扩大到50种。共救助困难群众5116人，发放医疗救助金1310万元（其中3000元以上兜底救助1034人749.815万元，一站式服务2901人183.04万元），资助2018年特殊人群参合费164718人346.5万元（其中精准扶贫户102701人1129.71万元）。健全完善了“一门受理、协同办理”机制，在县政府政务大厅以及各乡镇便民服务大厅设置了“社会救助综合服务窗口”，开展了“救急难”工作。年内共为940户3637名城乡困难群众发放临时救助424.25万元。

**【社区建设】**基层政权建设有序推进，村民自治水平得到提升，指导各村建立健全了《村规民约》《村民会议、村民代表会议制度》等规章制度，配合县纪委制定了村务公开管理问责制度，村务公开民主管理工作得到进一步加强。进一步加大城市社区建设力度，切实增强服务功能。健全完善了社区“五站一中心”，将党员、干部教育管理，下岗再就业、社会救助、计划生育、居民服务、青少年思想政治等工作全部纳入到“站”和“中心，为居民提供优质服务。加强党建工作，巩固党建示范社区成果，不断探索新形势下加强社区建设的新思路、新方法。有效整合社区服务资源，增强社区服务效能，探索形成以社区为平台、社会组织为载体、社会工作专业人才为支撑的“三社联动”工作机制。

**【社会福利】**一是在建项目进展顺利。投资558万元的县儿童福利院建设项目，建筑面积2542平方米，设置床位60张，已完成建设任务并以投入运行，共入住残疾儿童403名；投资165万元的会川镇会川社区老年人日间照料中心建设项目，总建筑面积750平方米，设置床位30张，已完成建设任务；投资286万元救灾物资储备库建设项目，占地面积6000平方米，建筑面积742平方米，已完成建设任务。总投资570万元的上湾中心敬老院项目，总建筑面积2544平方米，到位资金466万元，已完成主体工程，预拨工程款143万元。二是开工项目进展良好。县未成年人救助保护中心和救助管理站建设项目（整合项目）一处，总投资501万元，建筑面积1595平方米，已完成建设任务，正在进行附属工程建设。三是创新投融资渠道，加快发展养老服务业。投资1亿元的渭河印象养老服务中心建设项目已完成主体工程建设任务，该项目采用PPP项目模式建设，总建筑面积15786平方米，设置养老公寓床位380张，是一所集养老职业培训、老年保健康复理疗、老年活动就餐和日间照料为一体的综合养老设施。

**【婚姻登记】**抓好婚姻登记管理系统维护和历史数据补录工作。加强婚姻登记机关标准化建设和业务培训，提升婚姻登记机关规范化水平。全面推进婚姻登记管理规范化建设，强化婚姻登记管理信息平台建设。至10月底，共办理结婚登记1874对，离婚登记278对，补发婚姻证件371份，出具证明356份。健全婚姻管理电子档案，为婚姻登记全国联网工作奠定了坚实的基础。

**【殡葬管理】**加强殡葬管理工作，积极落实殡葬服务惠民政策，服务管理水平不断提高。成立了殡葬改革领导小组，通过民办公助的方式，助推渭源县福苑殡葬服务中心为城乡居民开展丧葬代办服务；加强了对党员干部丧事活动的监督，有效遏制了散埋乱葬等违法行为。同时，试行集约的遗体安葬方式，有效提高节地生态安葬率，推行了城乡公益性公墓建设；大力进行殡葬改革宣传活动，并及时报送宣传活动信息；全力开展清明安全祭扫服务保障。在清明前后，提前对安全祭扫活动进行了安排部署，宣传、民政、林业、消防等部门积极开展宣传教育和预防火灾防范活动，为清明安全祭扫提供优质了有力的保障。

**【社会组织管理】**一是积极开展社会组织抽查和专项检查。探索建立已脱钩的行业协会商会和基金会年度报告制度、公益慈善类社会组织认定和监管制度。完善了社会组织信息公开及组织代码制度，探索守信激励和失信惩戒措施。进一步健全了社会组织综合监管体系和查处退出机制，坚决查处社会组织违法行为，依法取缔非法社会组织。二是社会组织党建工作进一步加强。不断完善“党委统一领导、组织部门牵头抓总、民政部门负责落实、业务主管单位协同配合”的社会组织领域党建工作管理体制，充分发挥社会组织党组织的政治核心作用，结合登记、年检、评估、培训等环节，同步开展社会组织党建工作，实现了社会组织领域党的组织和党的工作两个覆盖。三是全县现有各类社会组织348个，其中社团组织273个（农村专业经济协会218个）、民办非企业75个。

**【双拥工作】**以迎接全省双拥模范县届中评估为契机，强化组织领导、健全工作机制、创新工作载体，加大资金投入，突出抓好军地援建“双十工程”、丝绸之路双拥文明线创建、双拥文化建设三个重点，全面落实了双拥政策。在公交、医院、金融等窗口服务单位开设“军人优先”“军人专坐”“军人免费”等优待窗口80多个，在县广播电视台开设了双拥专栏，录制了双拥专题片，筹备举办了以“渭水源头军民情”为主题的军民联欢晚会。建立3公里双拥宣传一条街，悬挂双拥宣传牌260块，在城区电子广告牌上定期播放双拥题材的宣传片300多小时，群发双拥宣传短信50余条，制作国策壁、宣传牌等永久性标语400多个，全县军民国防观念深入人心。列支双拥工作及慰问经费12.5万元，为驻地部队建设投入经费80余万元，社会化拥军投入经费5万余元，部队向帮扶村投入费用3万余元，各类优抚政策全面兑现。顺利通过了全省新一轮双拥模范县创建届中评估工作。

**【优待抚恤】**及时足额发放各类优抚资金，全面实行专户管理、封闭运行，做到了专款专用、重点使用。现有重点优抚对象1889人，其中“三属”人员14人，部分60岁以上烈士子女1人，伤残军人71人，在乡老复员军人75人，“两参”人员310人，带病回乡退伍军人82人，60岁以上农村籍退役士兵1316人，发放各类优抚资金790万元，为2名5～6级伤残军人代缴医疗保险7146.72元，为13名城镇对越参战人员和伤残下岗职工代缴养老保险、医疗保险13.93万元。

**【退役士兵安置】**一是把预防和化解退役士兵群体性集体上访作为优抚安置工作的一项重点来抓，制定工作预案、强化稳控措施、靠实工作责任、突出重点人群，了解他们思想动态和诉求，解决他们的生活困难。对符合政府安排工作条件的全部进行了安置；对已安置未上岗、安置后失业，退休的退役士兵，全面落实了保险待遇，部分纳入低保，同时倾斜安排解决生活困难问题；对80名符合自谋职业安置的退役士兵进行了货币化安置，发放兵役优待金414.1万元，对符合低保条件的同时纳入城乡低保。二是把退役士兵政策落实及其权益保障作为优抚安置工作的硬指标来抓，认真贯彻落实《兵役法》和《退役士兵安置条例》，全面做好退役士兵接受安置工作。对2017年5名转业士官和1名退役军人安置到了行政事业单位；对543名现役军人家属和“三属”悬挂了光荣牌；对全县重点优抚对象住院治疗实施了“一站式”救助服务。加大对退役士兵技能培训力度，采取短期班、“订单式”等形式进行培训，积极为参训人员搭建就业再就业平台，当年历年培训合格率达到了80%。

**【地名管理】**一是制定下发了《渭源县加强地名文化保护暨清理整治不规范地名工作实施方案》，在全县范围内重点清理整治居民区、大型建筑物、街巷、道路、桥梁等地名中存在的“大、洋、怪、重”等不规范地名，进一步规范地名命名、更名发布和使用，营造规范有序的地名环境。二是严格行政区划调整申报审批程序，积极审核上报了行政区划调整事项，完成了锹峪、上湾、庆坪和祁家庙4个乡改镇工作任务。三是根据第二次全国地名普查不同阶段工作内容，进行了地名普查前期准备、业务培训、目录编纂、外业信息采集、内业数据录入、地名标准化处理、成立专家委员会、地名清理整顿等工作，完成了总量80%的普查任务。

**【基层民主政治建设】**一是进一步健全工作机制。结合村务公开民主管理示范村创建工作和村务公开民主管理示范乡镇村评选活动，先后制定了《渭源县村务公开民主管理“难点村”治理工作实施方案》和《2018年渭源县推进村务公开民主管理实施方案》；实行了“五规范、一满意”的工作推进方式，五规范即规范公开内容、规范公开时间、规范公开形式、规范公开阵地、规范公开管理，一满意即群众满意。二是健全村务公开机制。强化村务公开的组织机构，县、乡成立村务公开领导小组、村上由村务监督委员会全面负责落实村务公开民主管理工作。三是整章立制，突出民主管理的制度化建设。指导各村通过成立村务监督委员会，建立了《村规民约》《村民会议、村民代表会议制度》《财务管理制度》《村委会工作制度》《村务监督委员会工作制度》等规章制度。

**【福利彩票发行】**社会福利彩票始终秉承“扶老、助残、救孤、济困”的发行宗旨，践行“取之于民、用之于民”的社会承若，心系弱势群体，致力于社会公益事业。

**【脱贫攻坚】**选派出了6名同志担任驻村帮扶工作队成员，单位12名帮扶干部联系上湾镇侯家寺村66户建档立卡贫困户，7名帮扶干部联系上湾镇朱堤村44户建档立卡贫困户。一是认真开展“一户一策”精准脱贫计划编制工作。帮扶干部通过入户实地查看、与贫困户面对面交流、与村社干部座谈等形式准确掌握了解帮扶户的具体情况，帮扶干部多次入户指导帮助春耕生产，核算收入，精准制定了2018年发展计划，完成了未脱贫“一户一策”帮扶计划制定工作。二是广泛宣传党的十九大、全国“两会”和习近平新时代中国特色社会主义思想，重点宣传了党的十九大关于实施乡村振兴战略、打赢脱贫攻坚战等事关农民群众切身利益的重大战略决策部署，把党的十九大精神传达到每一个帮扶户，用政策调动农民发展生产脱贫致富的内生动力。三是积极为帮扶村帮办实事。在春节期间为上湾镇朱堤村的精准扶贫户送去毛毯158条价值47400元，送去精品挂历70本价值3500元；为家庭困难的5户危房改建户申请救助资金17000元（其中4户每户3000元，1户5000元），为两户由于家人患重特大疾病导致特别困难的家庭，申请救助资金每户5000元共10000元；与帮扶的上湾镇侯家寺村党支部开展互访活动2次，为侯家寺村帮扶电脑1台4000元，开展困难老党员的征求意见和慰问活动1次，慰问期间，为10名生活困难老党员各送去1袋米、1桶食用油，价值100元；第一书记帮办实事方面，联系甘肃法信环保投资有限公司捐献一批“爱心”扶贫物资，并联系渭源县农村物流公司免费送到9户贫困户家中，价值1000多元。

## 老龄工作

**【概况】**全全县总人口中60岁以上老年人49629人，占总人口的14.2%；其中60～69岁2.74万人，70～79岁1.74万人，80～89岁4103人，90～99岁186人，100岁以上1人。空巢老人有877人，留守老人有938人，独居老人有1153人；80岁以上的有4290人。完成了全县空巢老人、留守老人、特困供养3855人的党员干部结对帮扶协议书签订工作（一式三份），共签订3855人。

**【老年人优待服务】**为1313名困难老年人发放经济困难老年人补贴资金179.3万元。办理老年证459本，全省免费办理老年证，县内所有景点、公厕向老年人免费开放。

**【老年人社会保障制度建设】**由县文明办牵头在莲峰镇团结村敬老院开展了“学雷锋”志愿者服务活动，为10名五保老人捐赠面粉10袋、床单被套10套、纯牛奶10箱等慰问品。10月17

日，县民政局牵头到清源镇中心敬老院弘扬尊老敬老爱老，举办了以“营造敬老爱老社会氛围、纪念改革开放40周年”为主题的孝亲敬老活动。县民政局、百花经典幼儿园给五保老人送去面粉、大米、清油、水果、蛋糕、棉衣等价值3800元的慰问品。

**【基层老龄工作】**积极开展老龄工作先进乡镇创建工作。创建老龄工作先进乡镇活动，涉及六方面内容，主要有领导重视，组织健全；制度落实，保障有力；设施完善，服务到位；活动丰富，促进文明；狠抓维权，加强宣传工作，通过开展创建工作，全县老龄工作水平有了明显提升。

**【老年服务设施及文化活动场所建设】**各乡镇充分利用闲置学校、旧村部、敬老院、五保家园等社会资源改建、扩建农村互助老人幸福院，为留守、独居等老人提供交流聚会、文化娱乐活动的场所。县上先后建成了渭源县社会福利服务中心1所，县级养老院1所，县级养护院1所，农村敬老院15所，农村互助老人幸福院95所，城市老年人日间照料中心3所，共116所养老机构。先后为10所五保集中供养机构投入生活设施，配备工作人员和服务人员，共有67名五保老人入院生活。制定下发了《渭源县民政局关于农村五保供养服务机构投入使用后规范运行的通知》、《农村五保供养服务机构各项管理制度》，并和集中供养人员签订了《五保户入院协议》，敬老院规范运行。积极落实五保供养条例，切实解决“三无”人员的生活困难。对60岁以上的孤寡老人（三无人员）全部纳入农村五保供养，实现了应保尽保，分散供养保障标准每人全年4848元。提高老年人生活质量，集中供养保障标准全年每人6012元；对五保户及80岁以上的农村老人新农合参合金实行统一代缴制度。共为2040名五保老人和4757名80岁以上的农村老人代缴2017年新农合参合金101.96万元。为60名农村老年大病患者协调解决医疗救助资金13.1万元。

## 人力资源管理

**【公务员队伍建设】**依法开展公务员录用、登记等工作，完成了1名公务员考录工作，公务员任职定级、登记26人。在全县行政机关公务员县处级正职（含）及以下中开展了公务员远程网络培训和脱贫攻坚专题网络培训。组织新录用公务员进行了初任培训，进一步增强了公务员服务意识、责任意识和依法行政意识。加强公务员平时考核和年终考核管理，促进公务员依法高效行政。

**【军转干部安置服务】**接收自主择业军队转业干部1人，由财政部门根据公务员标准按时发放冬季取暖补助费。

**【事业单位人事制度改革】**一是认真做好事业单位岗位设置管理。全面做好事业单位岗位结构比例的核准和岗位等级认定材料的审查，做好岗位等级变动人员等级认定和聘用备案，共认定聘用管理人员138人，专业技术人员341人，工勤技能人员42人。二是进一步加强事业单位干部管理工作。按照《事业单位人事管理条例》和《事业单位工作人员处分暂行规定》，解除聘用合同25人，给予3名事业干部降低岗位等级处分，12人警告处分，离岗创业4人。三是全面推行事业单位人员聘用制度。积极贯彻落实《甘肃省事业单位岗位结构比例管理试行办法》、《甘肃省事业单位岗位设置管理实施意见》的文件精神，按照岗位设置方案，明确岗位职责，确定岗位等级，聘用工作人员，签订聘用合同，聘用合同签订率达到100%。

**【人才队伍建设】**全县有各类专业技术人才5516人。其中女性1967人，占36%；从学历结构看，本科及以上2802人，占51%；专科1950人，占35%，中专及以下764人，占14%；从年龄结构看，30岁以下3285人，占60%；31～50岁1674人，占30%；51岁以上557人，占10%。从技术职务结构看，具有正高级资格10人（卫计6人，教育2人，农牧2人），具有副高级资格597人（卫计78人，教育472人，其他47人），占11%；具有中级资格1836人，占33%；具有初级资格3361人，占61%。从行业分布结构看，专业技术人员主要集中在教育、卫生系统，教育系统有4162人，占75%；卫生系统有702人，占13%；企业有160人，占3%，其他行业专业技术人员不足百人。全县有各类在职技能人才583人。从学历结构看，本科及以上13人，占2.2%，专科198人，占34%，中专及以下372人，占63.8%；从年龄结构看，30岁以上10人，占1.7%，31-50岁562人，占96.4%，51岁以上11人，占1.9%；从技术职务结构看，高级207人，占36%，中级244人，占42%，初级132人，占22%。推荐选拔省、市县级领军人才，推荐享受政府特殊津贴1人，建立了领军人才和农村实用技术人才后备库。完成农业经济人才、网络人才、小城镇建设人才、金融与资本人才四期培训共38人；认真组织了以环境保护为主要内容的全县事业单位专业技术人员继续教育公需课培训工作，围绕互联网+、一带一路建设、脱贫攻坚、环境保护等主要内容举办五期全县专业技术人员继续教育公需课骨干培训班，培训骨干402人次，专业技术人员5379人次。

**【引智工作】**认真贯彻落实《渭源县引进紧缺专业教师暂行办法》和《渭源县引进紧缺医疗卫生技术人才暂行办法》，公开引进教师15名，引进医疗卫生人才4名。

**【职称评审和人事考试】**积极组织相关专业技术单位参加上级业务主管部门组织的各种学习培训和座谈会；积极向市人力资源和社会保障局申报组建教育、农牧、工程技术类中级评审委员会，市局已经批复同意我县组建以上三类中级职称评审委员会。制定印发了《渭源县中级职称评审委员会组织管理暂行办法（试行）》和《渭源县中级职称申报资格联审管理办法（试行）》，加强职称评审力度，推荐高级3名，中级5名，考核认定初级302名。加强职称资格证书办理工作，办理高级资格证52本，中级资格证47本，初级资格证书27本。

**【机关事业单位工资福利待遇落实】**一是严格落实机关事业单位人员各类增资。按时兑现工资晋升689人，月增资为18.8万元。二是完成全县退休人员移交工作和离退休人员管理工作。完成了全县169个机关事业单位退休人员养老保险的移交工作，并严格坚持到龄即退制度，加强对退休、退职和享受遗属困难生活补助人员的管理工作，共办理退休85人，新增遗属61人；审批丧葬费、抚恤费、遗属困难生活补助费82人，共发放丧葬费561.76万元。三是按时发放科学发展业绩奖、取暖费和年终一次性奖金。发放科学发展业绩奖8678人4466.9万元，取暖费10944人1313.28万元，年终奖共发放1231.91万元。四是全面落实机关事业单位2018年工资普调和艰边增资工作。全面完成2018年工资普调工作，从7月份起执行。其中，行政人员1360人，月增资308.17元；事业人员4844人，人均月增资274.15元；义教2831人，人均月增资333.51元；离休人员24人，月增资404.7元。于7月及时兑现了2018年正常晋升和艰边增资，共计9007人1310.36万元。五是认真落实事业单位绩效工资制度。认真落实全县事业单位绩效工资制度改革，加大绩效考核力度，充分发挥绩效工资的调节和激励机制，激活全县事业单位工作人员的工作积极性和干事创业热情，强化服务意识，不断提高职工对工作的满意度，建立公正、科学、规范的竞争机制和激励机制。

## 就业与社会保障

**【就业和再就业】**聘用64名特岗教师到有关学区、学校任教；分配4名农村订单定向医学生到基层医疗事业单位工作；招录公务员1人到县法院工作；录用12名“三支一扶”人员开展支教、支医、支农、扶贫工作。招考聘用我县7名高校毕业生到福州企事业单位工作，引导高校毕业生进企业35人。申报2018年度事业单位公开招聘计划63名。安置“三支一扶”服务期满人员12人。新增就业人数2018人，占市上下达任务1800人的112.11%。城镇登记失业397人，失业率为3.84%，在控制指标4%以内。

**【就业扶持政策落实】**一是大力开展创业培训。举办了未就业高校毕业生创办你的企业（SYB）创业培训班，共开办三期，288人参加培训，其中未就业高校毕业生158人。培训邀请省就业服务管理局创业培训师讲授。二是认真开展创业担保贷款工作。将返乡创业农民工纳入创业担保贷款申请范围，扩大了创业贷款扶持对象。加大了对担保人（财政供给）担保能力的审查。共为404位申请者发放创业担保贷款4040万元。其中高校毕业生172人，城镇失业人员151人，返乡创业农民工65人，退伍军人14人，建档立卡贫困户1人，刑满释放人员1人。三是规范和加强就业援助。截至2018年底，公益性岗位共有用人单位51个，公益性岗位人员699人，其中共有残疾人21人，退伍军人21人，未就业高校毕业生64人。2018年，共清查清退15人。岗位补贴达到最低工资标准，其中就业补助资金公益性岗位补贴每人每月950元。按照为公益性岗位就业人员缴纳工伤保险的规定，要求各用人单位限期缴纳工伤保险，从根本上消除了工伤工亡事故给用人单位和就业人员带来的赔偿风险。四是加强失业动态监测。为及时、准确掌握监测企业岗位增减情况，分析研判我县就业失业形势，2018年对渭源县水利工程公司等6家监测企业进行了岗位数据和预测数据采集。从监测情况看，减员原因集中于正常解除和终止劳动合同、自然减员、停业整顿和其他（内部调动、业务转移），岗位流失减缓，人员流失在正常范围内。

**【职业技能培训】**印发了《关于印发2018年脱贫攻坚劳动力就业技能培训、创业培训工作实施方案的通知》，在对授课教师教案进行审查的基础上，要求实际操作必须占总课时的一半以上，并在培训结束后进行满意度测评。共完成脱贫攻坚建档立卡劳动力就业技能培训1502人，其中就业技能培训1002人，GYB创业培训500人。

**【职业技能鉴定】**加大了职业资格证书制度宣传力度，提升了职业资格证书的社会认知度，不断扩大鉴定规模，严把鉴定质量关。共完成职业技能鉴定1129人，为鉴定合格的440人发放了职业技能鉴定证书。

**【养老失业保险】**全县参加企业职工养老保险的城镇职工2944人，征收基金1435万元。共有退休人员1484人，其中：“五七工、家属工”2人，正常办理退休手续人员1482人。失业保险参保人数9634人，征收失业保险费412万元。领取失业保险金人员13人次，支付失业金9万元，为18家企业发放稳岗补贴36.75万元。

**【城镇职工医疗保险】**城镇职工医疗保险参保13394人，统筹基本医疗保险金5114万元。全年住院补偿1443人次，统筹基金支付住院费用1065万元，异地就医522人次，基金支付567万元。基金划转职工个人账户2675万元。基金当年结余1119万元，累计结余8062万元。职工参加医疗保险10780人，其中女性1652人，当年基金收入522万元，为555名参保职工（其中女职工501人）支付住院医疗费用127万元，支付生育津贴86万元，基金当年结余282万元，累计结余829万元。

**【城乡居民医疗保险】**城乡居民基本医疗保险参保295424人，参保率为98.9%，其中建档立卡贫困人员100253人，参保率为100%。共筹集基金总额1.9578亿元（2018年基金超支1318.54万元，历年累计结余5083.08万元）。全年医保报销482066人次，报销费用17401.84万元。其中普通门诊就诊415089人次，总费用2228.7万元，补偿金额1483.82万元，报销比例66.6%；门诊慢性特殊疾病报销11656人次，总费用914.1万元，补偿金额615.72万元，报销比例67.4%；住院补偿55321人次，总费用22387.48万元，补偿金额15302.3万元，报销比例68.4%。

【**工伤保险**】全县参加工伤保险的企、事业单位职工9800人，征缴工伤保险费206万元。领取工伤待遇的人员21人，待遇支付211万元，建筑企业参加工伤保险35家企业，职工774人，收缴工伤保险费15.3万元。

【**城乡居民基本养老保险**】全县城乡居民基本养老保险参保人数207912人，其中缴费人数135912人，待遇领取人数50128人，养老保险个人缴费2245.29万元，续保率102%。为50128名待遇享受人员共计发放养老金5382.94万元，其中发放高龄补贴114.3万元。为1536名死亡人员发放丧葬补助金155.39万元，发放率100%。社保卡信息采集及发放工作持续推进，已从省厅领取社保卡24.3万张，已全部发放到参保人员手中。全县社保卡信息采集29.8万人，信息采集率91.5%。已使用社保卡为4.7万名待遇领取人员发放待遇，占待遇发放人数的94%。

【**和谐劳动关系构建**】制定印发了《渭源县2018全面治理拖欠农民工工资问题工作方案》，完善了农民工实名管理制度、农民工工资（劳务费）专用账户管理制度、银行代发农民工工资制度、工资保证金制度、企业欠薪报告制度等5项制度，建立了部门联动处置机制、应急处置机制、行政司法衔接机制、诉求响应机制、劳动争议协调仲裁机制、预警监管机制、企业守法诚信管理和失信惩戒机制等7项机制，为全面治理拖欠农民工工资问题提供了基本遵循和制度保障。95%以上的在建项目均建立了实名制管理台账，签订了劳动合同；对50万元以上的建设项目建立了农民工工资专用账户，共建专用账户40个并由银行代发工资；农民工工资保证金实行差异化缴存，对50万元以下的建设项目按6%收缴，今年收缴农民工工资保证金867.9万元，累计收缴1604万元；县财政筹资拨付50万元建立政府性建设项目应急周转资金。

【**劳动执法监察**】劳动保障监察中队先后对全县重点用工企业开展了日常巡查，全年共检查用工单位208家次，其中建筑施工类企业156家、生产加工类企业52家，涉及各类用工5280人，查处各类违法违规问题25件，下达责令整改文书25份，责令补签劳动合同46家。共接收上级交办案件18件，按时办结18件，办结率100%；接到群众投诉举报40件，结案38件，办结率95%；民生平台转办工单52件，按时办结52件，办结率100%；共追回455人工资388.7万元。依法向县公安局移送拒不支付劳动报酬犯罪一件，公安部门已立案查处。并对2017年2件、2018年2件重大劳动违法案件向社会进行了公布。2018年4月27日，第2例拒不支付劳动报酬犯罪案件依法判决，判处违法行为人拘役6个月，并处罚金2000元。依法对1家拖欠农民工工资的企业列入拖欠农民工工资“黑名单”，限期1年。

【**劳动争议仲裁**】截至2018年底，劳动人事争议仲裁院受理立案44件，其中裁决20件（拖欠工资13件，辞退3件，工伤赔偿2件，确认劳动关系2件），调解8件（拖欠工资8件，辞退1件），开具不予受理通知书1件，驳回1件，超过仲裁时效撤销案件1件，调解成功撤销申请4件，到法院起诉或被申请人无法联系撤案9件，共计涉及金额215300.9元。

【**脱贫攻坚**】（一）农村贫困劳动力培训常抓不懈。完成各类培训13666人，其中完成建档立卡13606人。共组织开展职业技能鉴定1129人，其中取得职业技能鉴定合格证书440人（初级435人，中级5人），合格率38.97%。安排扶贫专项资金1583.8万元，整合省市培训项目资金151.5万元，就业补助资金150万元，各类培训资金达1885.3万元，就业技能培训人均补助资金达到2300元，农业实用技术培训人均补助资金达到416元，为有效高质量开展培训提供了经费保障。

（二）“扶贫车间”建设加快推进。整合资金1814万元对13个扶贫车间进行资助，其中东西扶贫协作帮扶资金建设9个，投资1414万元（东西部扶贫协作福州市市级统筹资金550万元，晋安区县级统筹资金864万元），县财政扶贫专项资金建设4个，投资400万元。建设的13个扶贫车间，带动1814户贫困户每年分红1000元，分红15年；吸纳劳动力就地就近就业人数724余人，其中建档立卡贫困劳动力数达254人。共认定扶贫车间7个。（三）劳务输转工作不断加强。累计输转劳动力6.0446万人，完成率为100.08%，实现劳务收入11.9879亿元，占总任务11.9850亿元的100.02%。其中输转建档立卡贫困劳动力13457人，实现劳务收入2.64亿元。东西部扶贫劳务协作不断强化，组织“晋渭”输转人员599人，其中建档立卡贫困劳动力316人，占任务400人的149%。累计向新疆建设兵团转移就业安置168户309人，其中建档立卡户33户60人。2018年为2017年已安置的符合条件的建档立卡贫困户88户发放财政专项扶贫资金88万元。在新疆转移就业安置工作方面，对已搬迁且稳定居住一年以上的建档立卡贫困户，每户进行1万元补助；对福州务工的建档立卡贫困户，首次赴福州务工可享受每人1000元生活费补贴，每人500元交通费补贴，从事服务业工种可享受每月600元工资补贴，连续补贴半年，优秀员工年底可享受飞机票或火车专列政策等，进一步促进和保障了就业人员安心工作和稳定增收。（四）乡村公益性岗位分两批开发，共1567人，每人每月岗位补贴500元。第一批开发700人，其中省级就业补助资金开发213人，新增整合涉农资金开发487人；第二批由市级财政扶贫专项资金开发867人。全县乡村公益性岗位覆盖了217个行政村，其中71个深度贫困村平均每村8人（省级3人、市级5人），64个一般贫困村平均每村8人（市级8人），82个非贫困村平均每村5～6人。各乡镇结合实际确定了工作岗位，其中乡村保洁员1131人，占比72%，乡村道路维护员194人，占比12%，其他类别岗位242人，占比16%。各乡镇按照要求，对拟聘用人员进行了岗前培训。所有人员均按要求购买了意外伤害保险，每人每年保险费252元。制定并印发了《渭源县乡村公益性岗位管理办法》，各乡镇均制定了管理细则并严格开展考勤管理。

## 劳务工作

**【劳务输转工作】**累计输转劳动力60446人，占任务60400人的100.08%，实现劳务收入11.9879亿元，占总任务11.9850亿元的100.02%。其中输转建档立卡贫困劳动力13457人，100%完成输转任务，实现劳务收入2.64亿元。

**【“春风行动”】**举办了16次面向农村务工人员的“渭源春风行动专场招聘会”，免费为约3万名农村劳动者提供职业介绍，通过各渠道帮助农村劳动者实现就业人数达2.3万人。开展“渭源县精准扶贫用工信息进万家”活动，利用县有线电视、微信公众平台、政务网、掌上渭源等各类渠道，先后发布各类招工信息10期180多条。先后出动50人次发放《农民工维权口袋书》、《农民工就业知识读本》1.5万册。在县劳务办一楼招聘大厅制作各类用工企业展板20套，确定专人进行招聘，在县人社局政务公开电子显示屏24小时滚动发布企业用工信息。各乡镇按照“乡不漏村、村不漏户”的原则，确定了专人对有意愿外出的务工人员进行摸底登记。

**【东西部扶贫劳务协作】**《甘肃渭源·福建晋安劳务输转就业协作协议》中协议中确定的对福州务工的建档立卡贫困户，首次赴福州务工可享受每人1000元生活费补贴，每人500元交通费补贴，从事服务业工种可享受每月600元工资补贴，连续补贴半年，优秀员工年底可享受飞机票或火车专列政策等，进一步促进和保障了就业人员安心工作和稳定增收。为积极推进劳务组织输转工作，县政府与各乡镇、县直职能部门签订了《渭源县2018年东西部扶贫协作“晋渭”劳务输转目标管理责任书》和《渭源县2018年劳务经济工作目标管理责任书》。组织“晋渭”输转人员599人，其中建档立卡贫困劳动力劳务输转316人，完成2018年400人任务的149%。在新疆转移就业安置工作方面：2018年累计向新疆建设兵团转移就业安置168户309人，其中建档立卡户33户60人，涉及的团场有14团、53团和54团。2018年为2017年已安置的符合条件的建档立卡贫困户88户发放财政专项扶贫资金88万元。

**【劳务输转信息平台】**在渭源工业园天元药业成功举办了深入推进扶贫劳务协作加强劳务输转服务工作大会，大力开展精细、精准劳务对接，将每一位农民工对工资需求状况、对企业所需所求以及农民工身体状况和技能水平等进行精准摸底，建立劳务输转信息平台，组织乡镇一级将全县各乡镇有意愿务工的劳动力以及各类企业用工情况录入信息平台，使务工需求与用工需求信息便捷、高效。注重劳动力的就地就近转移，积极与渭源工业园、渭源物流园、会川工业园的加工企业联系，根据用工企业要求，使他们不出家门，就能找到适合自己的工作。

**【劳动力市场】**全县已建立1个劳动力综合市场、1个人力资源服务市场、16个人力资源服务窗口，建设面积达1500平方米。建立了渭源县人力资源网站，实现招聘信息互联互通和信息共享发布，成立了职业中介机构3家，零散劳动力市场8个，民办办学培训机构2家。切实促进农民工外出就业，架构了和“珠三角”“长三角”地区知名企业的就业网络，提升招聘活动的质量，扩大了影响。开展现场招聘会20多场次。启动网络招聘共发布用工信息5000余条，提供就业岗位2万多个，多渠道成功介绍了7.05万人实现就业，新建外地劳务基地5个。

**【创业担保贷款】**严格执行国家创业担保贷款政策，增加贷款资金的可获得性和便捷性，将返乡创业农民工纳入创业担保贷款申请范围，扩大了创业贷款扶持对象。加大了对担保人（财政供给）担保能力的审查，担保人贷款或担保金额超过20万元者不能担保。对建档立卡户进行培训贷款，共培训建档立卡户9次383人。截至目前，共为382位申请者发放创业担保贷款3820万元，占任务3600万元的106.39%。

**【失业动态监测】**为实施更加积极的就业政策，积极探索建立失业预警制度，防范失业风险。为及时、准确掌握监测企业岗位增减情况，分析研判全县就业失业形势，2018年对渭源县水利工程公司等6家监测企业进行了岗位数据和预测数据采集。从2018年1月至目前监测情况看，减员原因集中于正常解除和终止劳动合同、自然减员、停业整顿和其他（内部调动、业务转移），岗位流失减缓，人员流失在正常范围内。

**【就业培训】**省市下达渭源县劳动力培训计划为13000人，其中建档立卡11124人，完成各类培训13666人，占任务的105.2%，其中完成建档立卡13606人，占任务的122.3%。下达就业技能培训任务2600人，完成6091人，占任务的234.3%，岗位提升培训任务130人，完成816人，占任务的627.7%，创业培训任务460人，完成728人，占任务的158.3%。共下达就业专项资金1244万元，用于贫困劳动力职业培训168万元，支出比例为13.5%。共组织开展职业技能鉴定1129人，其中取得职业技能鉴定合格证书440人（初级435人，中级5人），合格率38.97%。安排扶贫专项资金1583.8万元，整合省市培训项目资金151.5万元，就业补助资金150万元，各类培训资金达1885.3万元，就业技能培训人均补助资金达到2300元，农业实用技术培训人均补助资金达到416元，进行专户管理、统筹使用，为开展培训提供了经费保障。

**【劳动关系监管】**制定印发了《渭源县2018全面治理拖欠农民工工资问题工作方案》，进一步明确了工作目标和要求，靠实了县乡两级政府治理欠薪的具体责任、部门监管责任和企业主体责任。完善了农民工实名管理制度、农民工工资（劳务费）专用账户管理制度、银行代发农民工工资制度、工资保证金制度、企业欠薪报告制度等5项制度，建立了部门联动处置机制、应急处置机制、行政司法衔接机制、诉求响应机制、劳动争议协调仲裁机制、预警监管机制、企业守法诚信管理和失信惩戒机制等7项机制，为全面治理拖欠农民工工资问题提供了基本遵循和制度保障。95%以上的在建项目均建立了实名制管理台账，签订了劳动合同；对50万元以上的建设项目建立了农民工工资专用账户，共建专用账户40个并由银行代发工资；农民工工资保证金实行差异化缴存，对50万元以下的建设项目按6%收缴，今年收缴农民工工资保证金867.9万元，累计收缴1604万元；县财政筹资拨付50万元建立政府性建设项目应急周转资金。

**【劳动人事仲裁调解】**劳动人事争议仲裁院受理立案42件，其中裁决20件（拖欠工资13件，辞退3件，工伤赔偿2件，确认劳动关系2件），调解9件（拖欠工资8件，辞退1件），开具不予受理通知书1件，驳回1件，撤销申请2件，其余7件正在办理中，共计涉及金额 216100.9元。认真做好工伤案件的立案、调查、认定工作。截至目前，收到工伤认定申请15件。其中认定13件，正在认定2件。

**【农民工管理】**全县小学共接收进城务工农民子女1.4万人，占城区小学学生总数的72%；城区初中共接收进城务工农民子女0.7万人，占城区中学学生总数的69%。疾控机构全面落实农民工疾病预防控制措施，定期对农民工进行呼吸道传染病和肠道传染病监测，对农民工子女实施预防接种转卡、转证绿色通道制度。全县流动儿童应补种疫苗3900人次，实种3885人次，接种率99.6%。计生部门加强了农民工计划生育管理服务。住建部门加强改善人居环境。公安部门从农民工帮扶、落户等方面采取措施，强化农民工的维权、打击侵害农民工利益的行为、出台针对农民工的落户优惠政策，进一步降低了农民工进城落户的门槛，简化了手续，在户政办理中心设置专门岗位负责农民工落户工作，安排专人负责协调办理全县农民工落户工作。

# 乡镇概况

## 清 源 镇

【概况】清源镇是全县政治、经济、文化、交通中心。东依路园镇，西与祁家庙镇、庆坪镇接壤，南与五竹镇和锹峪镇为邻，北接新寨镇、北寨镇。310国道，定渭、临渭公路，兰海高速穿境而过，交通便利，区位优势明显，是古丝绸之路的主要交通要道和商埠重镇。有25个行政村，176个村民小组，2个居民委员会17个社区居民小组，总人口49501人，其中农业人口9472户38864人，耕地面积8.7万亩。属温带大陆性气候，为高寒阴湿地区，年平均气温5 ℃，年降水量580毫米，无霜期131天，土壤肥沃，土层深厚，适宜马铃薯和各种中药材生长。境内渭河、清源河由南向东穿行而过。地势西南高，东北低。耕地面积63248亩。平均海拔2200米左右，最高海拔2452米，最低海拔2040米。年平均气温5.7 ℃，最热月（7月）平均气温17.4 ℃，最冷月（1月）平均气温-7.7℃。年总日照期2421小时，年平均降雨量543.7毫米。

【国民经济与社会发展】以脱贫攻坚统揽经济社会发展大局，坚持抓脱贫、扩项目、稳增长、促改革、惠民生，努力打造“全省特色经济强镇和全县区域经济文化中心”，经济社会各项事业取得了显著成效。全镇国内生产总值达7.92亿元，同比增长4.9%；农民人均可支配收入达到7525元，增长7.62%；工业增加值由2017年的1.31亿元增加到1.62亿元，年平均增速达12.6%。

【项目建设】坚持谋划争取和建设同步推进，实施北部安全饮水巩固提升工程，改造泉水13处，建成蓄水池8个，群众安全饮水率100%。投资339.99万元，完成通村硬化路9.055公里。完成390户危房改造、160户易地搬迁项目的建设任务。自然村通动力电、行政村宽带网络实现全覆盖。配合全县G310、S227重点道路项目，完成征地300亩。配合县城区供水工程征地200亩。投资121万元，实施了七圣村、马家窑村巷道硬化及65盏路灯安装工程项目；投资60万元，在清源镇红岘村实施农村环境综合整治项目。完成了涉及秦王、年家河、崔家河3个村的“十三五”第一批光伏建设项目。全镇完成固定资产投资7520万元，完成全年任务10000万元的75.2%。加大招商引资力度，总签约资金2.26亿元。

【城乡建设与环境保护】坚持“绿水青山，就是金山银山”的理念，注重生态环境建设。筹资49万余元，调运云杉、山杏、速生柳等苗木51万多株，完成镇级面山绿化3700亩，行道树栽植26公里，退耕还林700亩，秋季补植补造云杉等各类树苗4000株。在鼠山等村新修梯田1000亩。扎实推进全域无垃圾行动，结合公益性岗位，建立保洁队伍25支共计188人，投资60万元，实施了农村环境整治项目，配备垃圾运输车1辆，手推式垃圾车33辆，垃圾桶（箱）405个。依法查处各类违法案件28起，组织各村（社区）群众开展全域无垃圾综合治理工作180余次。依法查处并立案调查违法建筑15起，组织各村（社区）群众开展全域无垃圾综合治理工作180余次。恢复河道沙坑、积水坑8处，疏浚河道5公里，清运河道沟渠、垃圾池、陈年垃圾8000余方；取缔并完成非正规垃圾堆放点30个，逐步形成了全民参与，广泛监督，严厉查处、集中整治的长效管控机制。

**【社会民生】**加大教育卫生保障力度，全镇九年义务教育巩固率达到98.06%，城乡居民医疗保险、养老保险参保率分别达到98.02%、93.86%，建档立卡贫困户实现100%全覆盖，为符合条件的贫困人口全覆盖落实相关特惠政策。实施全面二孩政策，当年网上办证381人，发放各类优惠资金41.468万元，完成国家免费孕前优生检查313对，完成比例为118%。扎实推进建康扶贫，完成贫困人口5441人因病致贫因病返贫调查，完成家庭医生签约和“一人一策”入户，签约服务率达96%，认真落实健康专干“五帮两核”职责，有效解决了群众看病就医难的问题。全面落实民生政策，按照“应保尽保”的原则，纳入农村低保1988户6658人，城镇低保619户1245人，特困供养266人，孤儿11人。开展大病救助288户，临时救助261户，冬春生活困难救助金1965户6818人，困难群众温暖过冬煤炭补助73户。推进平安清源建设，加大食品药品监管力度，查处辖区内违法案件24起。不断提高电子民生平台办理效率，共办结工单445件，办结率98.54%，满意率84.78%。全面加强安全生产，共检查企业33家，整改隐患80条。全镇投资5.57万元养护村社道路19条100多公里；投资15.2万元抢修水毁道路6条，危险路段设立警示标志90余处安装凸镜11处，安装防护栏5处。扎实开展扫黑除恶专项斗争。

**【脱贫攻坚】**紧盯“两不愁，三保障”脱贫目标，实施打赢脱贫攻坚三年行动，严格落实到村到户产业项目，全镇退出贫困村6个，减少贫困人口2971人，贫困发生率下降至6.57%。压实脱贫责任，建立扶贫领域作风建设专项督查、镇级常态化督查、驻村帮扶专项督查三项制度，切实解决责任落实不到位、工作措施不精准、工作作风不扎实等问题。对填写“一户一策”表册中存在不负责任、进度缓慢的帮扶干部，由镇党委、镇政府向所在单位发送“告知书”，促使工作落实落细。全力整改各级反馈（自查）脱贫攻坚突出问题29条。强化精准识别，按照建档立卡贫困户人口应纳尽纳、应退尽退的要求，严把精准识别关，新识别5户19人，返贫4户21人，剔除1户2人。积极推进东西协作，争取福州鼓山镇扶贫资金61万元，在刘家河村建成种植大棚12座，资助全镇62户89名贫困家庭学生，在清源镇鼠山村龙王沟社栽植200亩的云杉、杏树混交林。利用“三变”改革、省管党费补助、光伏收益等形式发展壮大村级集体经济，已全面消除村级集体经济“空壳”。产业扶贫成效显著，着力打造农业示范基地，在漫庄、苏家窑、鼠山三个村建设马铃薯一级种标准化示范基地2000亩，辐射带动马铃薯种薯生产基地达到10000亩，全镇马铃薯种植面积稳定在3.2万亩以上。在柯寨、聂家山、崔家河三个村建设党参核心示范基地2000亩，辐射带动刘家河、七圣、小石岔、马家窑等村建设10000亩党参标准化种植示范片带，全镇中药材种植面积稳定在4.5万亩以上。在马家窑、年家河、七圣三个村建设全膜双垄沟播玉米种植示范基地2000亩，辐射带动全镇旱作农业种植面积达到4000亩以上。大力发展畜牧产业，全镇引进良种基础母牛551头，引进良种母羊639只。培育秦王等4个村为优质牧草种植示范点，种植紫花苜蓿、红豆草等多年生优质牧草2806亩。基础短板不断夯实，全镇现有分散式供水的农户399户1379人，通过2019年农村饮水安全巩固提升项目和脱贫攻坚饮水安全补短板工程年计划为106户建档立卡户和118户一般户接通自来水饮水工程；住房安全方面，对113户C级危房改造维修户按6月底全面消除危房的要求确定时间表、责任人，并根据《甘肃省易地扶贫搬迁旧房拆除和宅基地复垦实施意见》，制定拆除包户责任表，责任明细到人，确保5月底2016年和2017年搬迁未拆除户全部拆旧复垦，年底2018年易地搬迁户拆除旧房率达到35%以上；义务教育方面，坚持控辍保学劝返责任制，确保全镇建档立卡户义务教育巩固率稳定在100%以上；基本养老和医疗方面，确保建档立卡贫困户6月底2019年养老保险参保率100%，2020年建档立卡户医疗保险参保率达到100%。同时，要细化工作责任，严防死守，杜绝高龄老人、新生儿等群体漏保发生。不断加强自身建设，坚持用制度约束和规范行为，进一步完善了镇机关干部签到、请（销）假、值班等一系列办法，确保正常的工作秩序。全面推行阳光政务，定期或不定期公开公示精准扶贫、民政救助、产业奖补、重点工程等项目的实施政策、实施过程、实施结果。严格执行“中央八项规定”，严格控制费用支出，严格财务管理制度，确保把有限的资金用在推动全镇工作上。推行正反向激励，首推镇机关“红黑榜”、“说清楚”制度，实时奖优惩劣。坚持扶贫与扶志相结合，打好政策宣讲、文艺下乡、体育运动、表彰奖励等活动“组合拳”，要充分利用“道德讲习积美超市”“红黑榜”“村规民约”等平台，彰显“真善美”，破封建迷信、天价彩礼等陈恶陋习。充分发挥“道德讲习积美超市”的作用，在北关、崔家河两个村建立了“巾帼道德讲习积美超市”。

## 五 竹 镇

**【概况】**五竹镇位于县城南部，东与锹峪乡相接，南连漳县，西与会川镇的太白山相邻，东北接邻祁家庙乡和清源镇，距县城15公里，316国道、西五公路穿境而过，全镇平均海拔2200米，年平均气温5.6℃，无霜期128天，年降雨量562毫米，属南部高寒二阴区。全镇辖7个行政村、58个村民小组，总面积6平方公里，耕地面积3.3万亩（土地确权后4.63万亩），总人3口3284户13753人，其中非农业人口567人。全镇共有党支部9个（农村支部7个），党员453名。2018年底全镇农民人均可支配收入达到7700元，贫困户人均可支配收入达到5300元。主导产业为生态旅游、马铃薯种薯繁育和中药材种植，年种植马铃薯1.8万亩，产量5万吨，种植中药材1.2万亩，干药产量2400吨。旅游资源丰富，境内分布着渭河源大景区、鹿泉寺、营盘寺、五竹寺和水磨坊等自然景观和人文景观，具有深厚的历史文化底蕴。

**【项目建设】**一是项目前期工作。完成渭源水镇、甘肃省唯一性渭河源景区产业配套山水民宿旅游开发项目、五竹镇2018年易地扶贫搬迁住宅工程项目、渭源县五竹镇渭河源村乡村旅游基础设施和公共服务设施建设项目、五竹镇区域农技站建设项目等8个项目前期工作，总投资31.5481亿元。二是项目资金争取情况。共争取下达五竹镇东西部扶贫车间建设项目、五竹镇渭河源村乡村基础设施和公共服务设施建设项目、五竹镇2018年易地扶贫搬迁建设项目、渭源县五竹镇2018年全域无垃圾城乡一体化建设项目生活垃圾低温热解站建设项目等7个项目，争取到国家投资599万元。三是项目建设情况。实施在建项目共6项：五竹镇五竹村安置区基础设施建设项目已完成审计验收工作；中央移民搬迁财政补助资金基础设施建设项目正在进行审计，产业项目依托甘肃维佳集团及渭源马铃薯种薯繁育合作社2个招商引资项目进行建设；五竹马铃薯高新示范园建设项目完成1000平方米的瓶苗组培室，钢架简易温室40座，马铃薯种薯贮藏窖3座；五竹现代农业示范园建设项目已完成20000平方米智能温室的钢结构安装，50亩花海种植，60亩日光温室土地平整，园区绿化；2016年易地扶贫搬迁建设项目已完成审计工作，搬迁的建档立卡农户已全部搬迁入住；2018年易地扶贫搬迁建设项目计划搬迁贫困户17户70人，其中进城安置2户，集中安置15户，现已全部完成主体建设，10户已完成入住，2户进城安置已完成选房；2018年自然村通硬化路建设项目，硬化道路8.534公里，完成1.2公里道路硬化，其余由于政策原因暂停施工。扶贫车间建设项目按照“三变”模式已完成折股量化工作。四是固定资产投资情况。县上下达固定资产投资任务1.3亿元，完成固定资产投资7185万元。五是招商引资项目成效初显。扶持渭源籍企业家投资800万元的“怡园”农家乐、投资2000万元的渭河源生态酒店、投资1800万元扩建的竹寨园农家酒店均已建成正式运营，吸纳当地就业80多人，旅游旺季以来，累计接待游客2万余人次，营业额达300多万元。投资100万元的渭河源村旅游服务中心，“服务中心+农家乐+农家客栈（农户）”模式已步入正轨，带动加盟经营的10户农户户均接待游客80人以上，增加家庭直接增收2000元。

**【产业发展】**马铃薯产业：投资2200万元的五竹镇马铃薯种薯产业园已建成马铃薯脱毒组培苗扩繁车间和组培温室1200平方米。建成万亩马铃薯原种示范片带1个，在郭家沟村、五竹村和渭河源村分别建成1000亩的农业科技示范点3个，在鹿鸣村建成马铃薯机械化生产示范基地1个；完成马铃薯种植2.3万亩，其中一级种扩繁基地1.3万亩，原种扩繁基地1万亩；完成马铃薯保险投保面积达1711亩，共计理赔15957.9元。中药材产业：建成万亩中药材标准化种植示范片带1个（五竹村、渭河源村、苏家口村、郭家沟村），其中中药材种子种苗繁育基地900亩，中药材标准化生产基地0.81万亩；完成中药材种植1.3万亩，中药材产值保险投保面积达799亩，农户自缴保费共计68560元。旱作农业（设施农业）。完成旱作农业2231亩（鹿鸣304亩、郭家沟301亩、渭河源420亩、五竹382亩、苏家口342亩、路麻滩262亩、黑鹰沟220亩）。黑鹰沟村、路麻滩村、五竹村、渭河源村和鹿鸣村各完成塑料大棚10亩。畜草产业：牛饲养量达到2133头；羊饲养量达到15700只；猪饲养量达到19290头；鸡饲养量达到121700只；肉类总产量达到980吨；禽蛋产量达到542吨；鲜奶产量达到95吨。续扩建建养殖企业1个、新发展家庭适度规模示范户61户，新建规模养殖场10家，技术培训200人次。旅游产业：成立渭河源村旅游服务中心，加盟农家乐3家，农家店（客栈）8户，发展农家乐20户，支持竹寨园农家乐实施二期工程，渭河源生态酒店、黑鹰沟农家乐均已建成投入使用，引导当地群众在景区和渭河源村开设小商品、食品经营店2家，小吃摊点8个，吸纳旅游从业人员50人以上；投资100万元的渭河源村旅游发展项目建设，提升渭河源旅游基础设施。积极培育电商产业，投入补贴资金10万元，建成了渭河源、五竹、苏家口3个较高标准的村级电商服务点，年交易额达110万元以上。

**【生态建设】**按照打造“渭河源水镇”的总体定位，大力开展镇区环境卫生整治，制止乱建和抢占事件23起，依法取缔各类流动菜摊、水果摊30多个，签订门前“五包”责任书150余份。以“治理四乱、拆除四旧、实现四化”为重点，围绕国道和旅游道路沿线开展村容村貌整治和美化绿化行动，清理违章建筑3处，沿渭河源村旅游道路建成复古文化墙1处，完成生态篱笆围栏6户。安排环卫保洁员26名，划段包干定期对环境卫生进行清理打扫。以政府购买服务方式由秀源保洁有限公司统一组织开展镇村垃圾清运收集工作，形成了“社清扫（保洁员、农户）—村转运（保洁员）—镇拉运（环卫公司）—县处理（垃圾厂）”的农村全域无垃圾常效工作机制；全面落实河长制，靠实责任，加强河道管理，投入资金8万元开展河道清理整治行动4次，严厉打击河道非法采砂和倾倒垃圾等破坏河道违法行为2起，罚没收入10万元，有效巩固了河道治理成果；先后三次在全镇范围内开展全域无垃圾集中整治行动，出动车辆32台次，设立宣传警示牌10余个，刷写宣传标语12条，发送宣传信息22条，全镇环境卫生面貌得到较大提升。全镇已经建成垃圾池42处，配备垃圾桶（箱）330个，配备公益性岗位19名，在重点区域、重点路段栽植绿化苗木4000株，定期对庄前屋后、河塘沟渠、乡村道路等范围内的垃圾进行集中清理。成立了由12人组成的环卫队，重点对柴草乱放、粪便乱堆、垃圾乱堆、农业废弃物乱弃等突出问题进行治理。镇上组建了30人的应急扑救队伍，各村分别组建了20人的应急扑救队伍，配备林业管护人员47名（其中公益林管护人员21名，建档立卡护林员26名）；先后发放封山禁牧、森林防火等宣传资料2000余份，书写并粘贴临时性防火标语12条，悬挂固定性防火标语7条，致学生家长通知书1000余份，与坟地较多区域坟主签订《护林防火协议书》，完成了智障人员的排摸及监护人的宣传教育工作；完成历年补植补造135.5亩，补栽苗木约15000株，完成退耕还林任务700亩，栽植苗木77000株，完成面山绿化1700亩；完成行道树栽植16公里，栽植苗木4000株，全镇生态公益林管护面积达11240亩，完成街道绿化。

**【社会事业】**全镇共建成幼儿园6所，建成六年制小学6所，设学前班6个，建成初中1所，有教师129人，实现了建档立卡贫困家庭义务教育阶段适龄学生100%就地就近入学。全镇有0～3岁未适龄儿童424人，学前教育适龄儿童309人，入园人数297人，三年毛入园率96%，有小学生554人，初中生343人，义务教育阶段巩固率99%（其中贫困户100%），“两免一补”和“营养餐”资助政策覆盖所有建档立卡贫困家庭义务教育阶段学生，且对符合政策的123名义务教育阶段学生以人均625元的标准实施了寄宿生生活补贴政策。严格落实医疗保险和报销政策，将贫困人口全部纳入城乡居民基本医疗保险、大病保险和医疗救助保障范围。落实了贫困人口801户3108人补贴6.28万元、五保低保人口759户1394人补贴12.21万元、计生两户785户1558人补贴10.04万元的参加城乡居民基本医疗保险个人缴费财政补贴政策（一类低保、五保、计生两户、孤儿人均180元，二类低保人均36元，一般贫困户人均30元，三类低保人均18元，四类低保人均9元），对城乡居民基本医疗保险和大病保险支付后自付费用仍有困难的109人贫困患者，实施了医疗救助32.95万元的保障政策，切实降低了贫困人口就医负担，加强健康专干队伍建设（每村1名），落实“五帮两核”和贫困家庭医生（乡村医生）签约服务制度，对全镇1075户贫困人口实施了全覆盖的签约服务，“一人一策”签约率达到100%，同时对“先诊疗、后付费”“一站式”即时结算服务政策做到应宣尽宣、应讲尽讲，有效促进了社会各项事业协调发展。全镇7个村均建有60平方米以上村卫生室1所，诊断室、治疗室、药房三室分设，并配备了具有镇村职业医生资格证的医务人员各1名。2018年全镇参加城乡居民基本医疗保险3308户12363人，参保率达到98.27%，其中贫困户达到100%（异地参保42人）。全镇实现了所有行政村文化广场及文化舞台全覆盖，并配备了篮球架、乒乓球台等健身器材70余套。举办各类文艺会演6场次，展现了各村群众积极向上、勤劳致富的精神面貌。

**【国土资源和环境保护】**加大国土资源管理和环境保护治理力度，加强水源地保护治理，杜绝违法占地、未批先建和污染环境等行为，在“4·22”世界地球日和“6·25”全国土地日，开展《土地管理法》《环保法》等法规学习17场次，印发宣传资料800余份；排摸出地质灾害隐患点6个。实施节能降耗工程，投资156万元安装光伏发电设备39户，五竹卫生院完成煤改电锅炉改造1座，路麻滩村新建总投资300万元，规模301千瓦的光伏发电站1处。积极宣传推广运用太阳能热水器、节能灶、沼气池等节能产品，开展节能宣传和培训6次，累积培训人数达600人次。编制完成了美丽村庄建设规划、镇区立面改造方案和316国道沿线村庄风貌改造规划。与镇区各商铺签订了门前“三包”责任书，各村也相应制定了卫生清理制度。

**【社会民生】**社会保障体系全面健全，进一步完善城乡居民基本养老保险制度，严格落实符合参保条件的建档立卡未脱贫的贫困人口，一、二类低保对象，一、二类残疾人，计划生育“两证户”等特困人口参保代缴政策，确保城乡居民养老保险参保率达到98%以上（其中建档立卡贫困人口参保率达到100%），严格按照农村低保制度和低保对象认定程序，完成了低保评定和动态调整工作，确保最低生活保障实现应保尽保。全镇现有农村低保对象701户1995人（其中一类93户143人，二类173户436人，三类280户831人，四类155户585人），2018年累计发放低保金82.35万元；五保户129人（其中集中供养4人，分散供养125人），发放五保金16.82万元；残疾人403人，发放困难残疾人生活补贴197人、重度残疾人护理补贴70人共计补贴资金22.49万元；发放困难老人补贴68人6.8万元；孤儿3人，发放补贴2.3万元（人月均640元）。全镇有各类优抚对象70人，其中，在乡老复员军人4人，伤残军人3人，两参人员11人，带病退伍军人2人，60岁以上农村籍退役士兵49人。另有社救人员1人，地下党1人。新增符合条件的60岁以上农村籍退役士兵4名。全镇共有符合两项补贴条件的残疾人240人，其中生活和护理补贴发放人数27人，生活补贴发放人数168人，护理补贴发放人数45人，共发放资金18.6万元。共有符合困难老人补贴对象68人，累计发放资金6.8万元。共审批大病医疗救助38户，合计救助资金18.2909万元；临时救助23户，合计救助资金7.9119万元。

**【安全生产】**结合安全生产月、庙会、儿童节等节庆活动，开展安全生产宣传活动50次，发放宣传资料2000余份，培训人数达100多人次。共开展安全隐患排查18次，开展道路交通安全、消防安全、防汛安等专项检查60次，下发责令整改意见书72份，整改复查49次；强化食品药品日常监督检查，立案查处违法案件15起，共计处罚金额15291元（一般案件6起，简易程序案件9起），对36家食品生产经营者违法违规行为给予了记分告知，开展网上巡查700多次，农村自办宴席备案12场，现场检查率达100%，食品快速检测250批次，占任务批次的100%。

**【司法信访】**充分发挥镇司法所和各村人民调解委员会作用，共排查矛盾纠纷39起，成功调处39起。先后举办各类培训班2期，培训人员240多人，开展法律讲座13次，发放宣传资料5000余份，送法律下乡3场，制作大型宣传版面2块；充分运用便民服务中心，受理群众来信来访22件，办结22件，镇领导大接访20件26人次，办结20件。受理电子民生平台工单157件（其中：求助类147件，咨询类9件，投诉类1件），已办结答复157件，按时办结率达100%。

**【脱贫攻坚】**一是做到精准识别。对全镇2014年以来所有已脱贫户逐户逐项指标进行了入户核查，对不符合要求并达不到脱贫标准的已脱贫人口坚决重新回退到贫困人口，共新识别7户19人、返贫回退3户14人、误剔除重新纳入1户6人，做到防止“被脱贫现象”的发生。二是做到精准退出。经严格程序认定，2018年脱贫225户819人（其中兜底脱贫50户110人），实现了渭河源、路麻滩两个村整村脱贫退出。二是做到精准管理。按照“谁主管、谁负责，谁录入、谁负责，谁审核、谁负责，谁签字、谁负责”的原则和“一查二填三审四核”的程序步骤，细化数据采集内容，严把责任落实、督导检查、数据采集、审查审核、数据录入、确认上传“六个关口”，确保各类数据真实准确，全面完成了国扶办子系统信息的更新工作，对县、村、户脱贫指标精准对接到村到户，建立了台账。三是抓“三变”改革。2018年整合扶贫资金量化入股到企业，通过折股量化带动贫困户477户、巩固提升户11户，其中马铃薯“三变”带动分红37户，中药材“三变”带动分红40户，扶贫车间带动分红308户，户均年分红1000元；“金鸡”“三变”带动分红50户，户均年分红2000元；光伏到户项目带动贫困户74户（2016年易地搬迁光伏39户，2018年易地搬迁光伏15户，路麻滩光伏电站20户），户均年分红3000元（路麻滩光伏电站户均年分红2000元）。四是抓机制创新。建设村级光伏电站，通过设置公益性岗位、开展公益事业及设立奖补等形式，分配发电收益，并分村制定《村级光伏电站公益性岗位工资分配管理办法》，扶持建档立卡贫困家庭312户，户均年补贴3000元。选聘生态护林员参加森林资源管护服务，建档立卡贫困人口转为生态护林员，扶持贫困人口26名，人均年补助7000元（其中五竹村2人人均年补助8000元）。积极开发镇村道路维护、自来水管护、保洁、绿化、社保协管、公共安全等新型服务性岗位，利用省级补助和县区自筹资金进行补助，扶持贫困人口50名，户均年补贴6000元，激发贫困户内生动力，增加工资性收入，实现稳定脱贫。五是抓金融扶贫。积极与县农业银行、信用社衔接，新建金融服务网点3个，6个村实现了金融网点到村服务。共发放精准扶贫专项贷款716户3580万元，其中个人类603户3014万元，企业带动类114户566万元。2018年到期421户2105万元，其中个人类359户1795万元，企业带动类62户310万元，共回收贷款2091.5万元，其中个人类1781.5万元，企业带动类310万元，个人类回收率达到99.25%，综合回收率达到99.36%。累计完成续贷210户961.3万元，其中发展富民产业续贷130户648万元，归还存量贷款续贷80户313.3万元；村级互助协会累计达到7个，互助资金规模达到230万元，采取1∶10比例增信放大贷款规模，贷款累计达到238户1156.5万元，已回收235户1132.5万元，回收率达到97.9%，还有6户24万元因筹措资金困难尚未收回（正在整改）；2018年共发放精准扶贫小额贷款15户71万元。六是聚焦产业扶贫。通过就业带动、产业带动和分红带动三个扶贫渠道，带动我镇及周边乡镇2240户农户发展马铃薯种薯产业增收致富。引进良种母牛101头、引进良种羊95只、引进良种生猪45头、引进中蜂200箱。成立渭河源村旅游服务中心，采用“旅游服务中心+农家乐+农家店（客栈）”的模式，带动加盟农家乐3家，农家店（客栈）18户，引导开设小商品、食品经营店2家，小吃摊点8个，吸纳旅游从业人员50人以上。实现劳务输转2435人次，劳务创收3827万元，其中输转建档立卡贫困人口469人次，劳务创收1046万元，组织实施晋渭劳务输转22人次，户均增收1.8万元以上。建成扶贫车间2个，吸纳当地劳动力务工59人次，其中贫困劳动力23人次，人均增收2500元以上，增加了贫困户收入。完成各类培训共计631人次，其中就业技能培训337人次，实用技术培训264人次，“两后生”培训30人次。七是集中攻坚饮水难问题和住房不安全问题。衔接水务部门为贫困户免费提供管材以及每个泉补贴600元的标准，为全镇接通自来水31户（建档立卡贫困户），泉水改造提升29户（建档立卡贫困户3户，低保户2户），并对我镇7个村的自来水、整村脱贫退出村渭河源和路麻滩的集中供水点、井供水、泉供水水质进行了检测，经检测水质均达到饮水安全标准。多方合力解决住房不安全问题，2018年新建房屋199户，2018年实施易地扶贫搬迁17户（2户为进城安置），已搬迁入住10户，其余5户主体工程已完工。危房改造以贫困户、低保户、五保户、优抚对象户均2.2万元，其他户1万元，兜底户（特别困难的四类对象）每平方米0.1万元的标准进行补助。易地搬迁以集中安置人均4.3万元、进城安置人均5.774万元，自筹资金人均不超过0.25万元、户均不超过1万元的标准进行补助。

## 锹峪镇

【概况】锹峪镇位于渭源县城南部，南北长20公里，东西宽5公里，总面积67平方公里，距县城13公里，距国家AAAA级渭河源景区12公里，东、东南接莲峰镇，南与漳县接壤，西南、西与五竹镇为邻，西北、北连清源镇，东北依路园镇。位于东经104°05′51″～104°14′48″，北纬34°56′45″～35°07′42″。辖11个行政村，73个村民小组，共有3780户，总人口15980人，总耕地面积34079亩，人均耕地面积2.13亩。共有建档立卡贫困村7个（其中深度贫困村4个，分别为曹家庄村、锹峪村、新丰村、古树村），非建档立卡贫困村4个。

【国民经济和社会发展】随着兰渝铁路建成通车，西五公路、梁桥公路、河锹东西路的建成通车及渭源县工业集中区的建设，锹峪镇交通区位优势更加凸显，镇内交通条件明显改善，实现所有行政村通油路，全镇安全饮水率达到100%，自来水入户率达到98%，动力电覆盖率达到100%，农村危房改造面达到95.72%，全镇实现广播、电视、4G和无线宽带全覆盖。建成峡口省级美丽乡村示范村1个，环境整洁村5个，全镇人居环境不断改善。一是贫困人口贫困村退出取得阶段性成效。2018年，经镇村自验、县级验收和市级验收，脱贫264户1054人，乔阳村、贯子口村实现整村脱贫，现有未脱贫440户1555人，贫困发生率从33.95%下降到9.8%。二是突出到村到户，加快社会发展步伐。1.培育提升富民主导产业。以曹家庄村为中心辐射周边村，建成千亩马铃薯种薯示范基地，完成马铃薯种植1.8万亩；以永丰为中心辐射带动周边村，建成万亩中药材标准化种植示范片带1个，中药材种植1.5万亩。积极探索光伏扶贫模式，通过项目支持、政企共建等方式在曹家庄、贯子口、锹峪村建成光伏项目。电商扶贫方面：全镇现开通网店40家，主要销售中药材、农家杂粮、土蜂蜜、沙棘干果、松子等，截至目前线上交易额30多万元。结合国家电子商务进农村综合示范人员培训项目实施，培训电商人员375人次。2.技能培训拓宽群众致富渠道。开展劳动力技能培训15场次，累计完成贫困农户劳动力实用技术320人次，技能培训任务267人次，劳务输转339人次。累计外出务工农民工收入达5040万元。3.强保障促公共服务水平提升。教育扶贫方面：全面落实义务教育“两免一补”等教育扶贫政策，通过改薄投资99.7万元为锹峪中学新建了校舍、围墙、护坡、校门等附属工程；完成总投资60万元的229.6平方米的裕丰村级幼儿园和450平方米的院落硬化建设任务，完成投资51.5万元的锹峪一小院落硬化3000平方米，建成30平方米的锹峪一小辅助用房和电动门1个。为符合条件的贫困家庭学生全覆盖落实相关特惠政策。社会保障方面：全镇新型农村合作医疗参合率达到97.02%，建档立卡户参合率达100%，新型农村社会养老保险参保率达到96%，建档立卡养老保险参保率达100%。完成贯子口村、锹峪村健康促进模式改革工作，标准化卫生室覆盖行政村比率达到100%；计生优惠政策落实率100%。“4+1”签约医生服务率100%，并认真贯彻落实“五帮两核”工作职责。

【经济管理与监督】一是坚持乡镇财政体制改革极力推进乡财县管、村财乡管工作。严格规范财务管理，加强原始票据的审核，对于票据不规范，手续不健全，内容不真实，开支不明确的票据一律拒绝支付，从而规范了财务支出管理。加强村级财务的管理。对11个行政村完成了清产核资的清理工作，对固定资产全面地进行盘盈和盘亏，以及在扶贫领域的财务检查，配合镇纪委对违纪问题进行了整改，做到了村级财务的正常运转。二是继续做好惠农政策落实和资金的发放工作。2018年财政转移支付收入完成2280.77万元；非税收入完成2.9万元。一般预算支出完成2280.77万元。三是实施了“局所联动、信访整推”活动。对群众在惠农政策、资金发放等方面存在的问题进行了“局所联动、信访整推”活动。

【城乡建设与环境保护】一是项目建设不断增强，开工建设总投资7723.45万元项目45个，完成投资5072.33万元。锹峪镇水利设施建设项目和峡口村民俗度假村项目进展顺利。易地扶贫搬迁市列重点项目插花安置159户全部完成住宅主体工程。签约招商引资项目3项。二是环境保护及农村环境卫生治理工作、贯彻落实河长制工作有序开展。调整充实了锹峪镇环境专项整治工作领导小组成员，并制定了实施方案，组织力量对河河道、梁锹路、西五公路沿线、镇区公共地段的环境卫生进行集中清理整治12次；垃圾清理工具全部配备到位。三是生态建设稳步推进，完成植树造林和面山绿化工作任务。投资12万元完成10个村造林绿化点1000亩，栽植油松、沙棘等各类树种13.6万株；完成面山绿化1000亩，栽植云杉、速生柳、油松等各类树种5.75万株；群众义务植树26.7万株，完成乔阳村、曹家庄村400棵行道树补植补造，实现了镇村道路绿化全覆盖。四是组织实施曹家庄村村级光伏电站等节能技术示范工程3个，开展节能宣传和培训工作2次；积极开展废旧农膜以旧换新工作。完成农村公路养护38.8公里，拉备沙465方，结合畜草产业完成1.5平方公里的水土保持治理工程；完成基本农田保护2683.22公顷，耕地保有量3442.18公顷。

【社会事业】一是依法行政有序推进。举办依法行政专题研讨班2期、举办村社干部法制培训班的学习，建立领导学法用法制度，配备了法制专干2名，开展了执法评议，规范了执法行为。推进政务公开，逐步推进“三张清单一张网”建设，规范了镇便民行政服务中心办事程序，充实职能窗口，提高了办事效率，方便了办事群众。二是信访工作不断加强。充分运用便民服务中心和电子民生平台，完善了信访接待制度，共接待群众来访191人次，调处民事纠纷167起。电子民生平台规范运转，共办理各类民生事项124件次，按时办结率为100%，回复率为100%。三是安全生产抓细抓实。严格落实安全生产责任，在全镇开展以交通安全治理、交通劝导、交通违法行为整治、森林防火、消防安全、食品药品安全、环境卫生整治、“两违”整治、河道非法采砂整治等为主要内容的培训会11场次，发放宣传材料3500余份，增强了辖区内群众的安全生产自建能力。四是产品质量和食品药品监管扎实有效。加强对农村自办宴席备案管理，实行流动厨师持证上岗制度，强化风险管控，预防重大食品安全事故发生。对学校食堂、营养餐及农村食品药品市场开展专项整治，共立案查处食品药品违法案件2起，下发责令整改通知书31份，督促经营户换领《食品经营许可证》36本，新办小作坊、小吃摊点许可14家，责令停产停业2家，确保了全镇广大群众的饮食用药安全。五是文卫教体事业健康发展。巩固和发展农村新型合作医疗，新农合参保率达到98%。学前3年毛入学率和九年义务教育巩固率均达到90%，教育教学质量稳步提升。六是环境保护及农村环境卫生治理工作、贯彻落实河长制工作有序开展。结合农村公共服务运行维护机制试点工作，调整充实了锹峪镇环境专项整治工作领导小组成员，并制定了实施方案，组织人员和工具对锹峪河河道、梁锹路、西五公路沿线、镇区公共地段的环境卫生进行集中清理整治12次；垃圾清理工具全部配备到位。

【社会民生】一是完成了全镇2018年城乡低保暨特困供养对象提标工作。全镇共有保障对象1049户3389人，保障面22%，其中一类91户151人、二类246户675人、三类477户1566人和四类235户997人；及时进行动态管理调整（提标和全年）低保对象331户1031人，其中新增86户254人，清退245户873人，自然减员158人，做到了应保尽保，应退尽退。对农村特困供养对象重新入户调查、核定、审核并完善档案，全镇现有特困供养对象147户151人（其中分散供养147户149人、孤儿3户3人），分散供养补助标准431.5元/人/月，孤儿保障金640元/人/月，通过"一折通"每月10日前发放到困难群众手中。二是积极推进农村低保和精准扶贫两项制度有效衔接。全镇农村低保提标结束后共有低保户1049户3389人；其中纳入建档立卡630户2243人，两项衔接率65.6%，其中一类纳入44户86人；二类纳入141户432人；其中三类纳入302户1115人；四类纳入143户610人。三是全面加大医疗救助和临时救助政策救助力度。全面落实城乡医疗救助制度，临时救助制度。1—12月份，共救助困难群众6538人，发放医疗救助金40.7172万元，资助2018年特殊人群参合费6997人19.7334万元(其中精准扶贫户2781人2.5029万元)。健全完善了“一门受理、协同办理”机制，在便民服务大厅设置了“社会救助综合服务窗口”，全面开展了“救急难”工作。共为城乡困难群众发放临时救助39户164人，其中县级临时救助20户79人，发放救助金37891元，发放乡级临时救助金18200元，共26户85人（2018、2019临时救助金）。全镇共有持证残疾人616人，经个人申请，村委会评议，乡镇审核，27人纳入重度补贴；283人纳入护理补贴，发放两项补贴240720元。四是健全完善体制机制，在防灾减灾能力上实现提升。修订了《锹峪镇自然灾害救助应急预案》《锹峪镇受灾群众冬春生活救助工作程序及步骤》，2018年年初发放2017—2018冬春生活救助金54万元，2018年7月10日我镇受到强降雨灾情，农作物受灾2656亩，房屋倒塌2户8间，督促受灾群众进行灾后重建，并完成建设任务，拨付资金8万元有效保障了受灾群众的基本生活。五是认真落实优抚政策，退役士兵信息得到进一步完善。组织包村领导驻村干部多次开展走访和慰问老伤残军人、老复员军人、“两参”军人，主动帮助他们解决生产、生活中的实际困难，为他们提供便利的条件和服务，把党和政府的温暖送到每个优抚对象家中，为优抚对象发放光荣军属牌18个，全面排摸农村籍退役士兵，建立信息台账。

**【脱贫攻坚】**一是坚持目标导向，贫困人口贫困村退出取得阶段性成效。2017年底建档立卡贫困人口规模1355户5410人，贫困发生率为33.95%，已脱贫655户2805人，未脱贫700户2605人。2018年，经镇村自验、县级验收和市级验收，脱贫264户1054人，乔阳村、贯子口村实现整村脱贫，现有未脱贫440户1555人，贫困发生率从33.95%下降到9.8%。二是坚持精准方略，突出到村到户，加快全面脱贫步伐。坚持基础优先的扶贫攻坚方向，利用各类项目，全面加强水、电、路等农村基础设施建设，大力提升基础设施建设水平。2018年全镇道路建设、危房改建、易地扶贫搬迁、文化舞台及广场建设、村级光伏电站、村级集体经济等各类项目全面完成阶段性建设任务。三是坚持问题导向，健全机制助推脱贫力度。认真落实结对帮扶机制，强化帮扶措施，深入扎实开展扶贫工作、细致疏导群众情绪、及时化解矛盾纠纷，切实增强党员干部联系群众、服务群众的针对性和时效性，全面促进帮扶目标、任务、方式与扶贫攻坚的深度融合。2018年全镇贫困面下降到9.8%，全镇农村居民人均可支配收入达到7538元，贫困人口人均纯收入争取达到4100元。四是强化组织领导，夯实扶贫工作基础。1.加强干部思想建设。镇党委、政府按照全面从严治党主体责任要求及县委“一台账两清单”制度规定，认真落实党风廉政建设党委的主体责任，镇党委、镇纪委对11名驻村帮扶工作队队长、9名镇属单位负责人、全体干部进行了约谈；班子成员对各自分管干部约谈14次150人次，全面强化干部作风的转变，为脱贫攻坚提供了有力的思想保障。2.加强扶贫队伍建设。镇党委、政府抽调精干力量加强到脱贫村上开展驻村工作，进一步加强了扶贫工作力量。严格落实驻村帮扶工作队“四个一”管理运行机制，将经常性监督检查和随机检查紧密结合起来，切实加强对驻村帮扶工作队的管理，严格工作纪律，坚持以制度管人、管事，建立长效机制，确保驻村帮扶工作队成员吃住在村，作用发挥在村。3.加强扶贫财力支撑。为全面落实驻村办公制度，保证驻村帮扶工作队工作的正常开展，加强驻村帮扶工作队食宿保障，投资1万余元对全镇11个村配备了生活必需品，建立驻村帮扶工作队“三清单”，对驻村帮扶工作队实行痕迹化管理，为驻村办公提供了基础保障。4.全面落实“一户一策”“一册一卡一清单”精准帮扶措施。用过筛子的办法对11个村开展困难户摸排工作，完善贫困户基础信息，规范建档立卡村贫困退出的相关资料，做到了底数清、任务清、职责清、问题清、对策清、措施清。围绕产业增收、基本医疗、安全住房、兜底保障等方面，对700户建档立卡贫困户和10户有潜在返贫因素的贫困户全部制定了“一户一策”帮扶计划，并将“一户一策”精准脱贫计划与三年脱贫攻坚实施方案、镇村重点工作和帮扶单位帮扶计划有机衔接，确保了帮扶措施有项目支撑、有资金保障、有专人落实。采取折股量化、产业到户奖补两种形式，加快培育一批带动贫困户短期致富长期增收的多元富民产业，落实马铃薯产业扶贫项目带动农户52户、中药材产业扶贫项目带动农户60户，金鸡项目带动270户，东西部光伏带动40户，易地搬迁配套产业191户，蔬菜10户，旅游45户，产业到户奖补中药材212户，马铃薯105户，新技术111户，养殖业260户，其中养牛227户227头，养羊11户85只，养猪3户20头，养蜂19户120箱，实现贫困户产业扶贫到户到人政策全覆盖。5.着力抓好问题整改。按照贫困村、贫困人口退出指标先后多次查漏补缺，做到到村资料分类明细、内容详尽，到户资料全面准确、清晰明了。认真制定《锹峪镇2017年度脱贫攻坚问题整改方案》，共梳理问题清单25项，整改25项，整改率达到100%。

## 路园镇

【概况】路园镇位于县城东部，渭河和316国道穿境而过，东西长16公里，南北宽11公里，总面积约79平方公里，境内居住着回汉两个民族；全镇有12个村民委员会91个村民小组，总人口20177人，人口密度为264人／平方公里；耕地面积46442亩，其中水浇地28188亩，镇政府驻双轮磨村，距县城10余公里。境内平均海拔2150米，年平均气温6 ℃，年平均降水量543.7毫米；有事业单位9个，行业协会15个，中小学校15所，教职工246人，学生3633人，有乡镇企业和私营企业52家；2018年全镇工农业总产值1.2亿元，财政收入103.3万元。路园有历史悠久的文化，境内有新石器时代的仰韶文化和齐家文化的上坪、寺坪和马家窑文化的王家咀等遗址及斜坡汉墓群。

【基础设施建设】通信设施先进，程控电话、有线电视直接与县城联网；投资200多万元覆盖路园、清源、锹峪、莲峰、蒲川以及陇西县首阳镇等地的无线移动通讯塔已在上坪建成。各项社会服务管理机构基本健全。全镇12个行政村4815户农户中已完成4677户自来水入户，自来水入户率96.9%，饮水安全比重达100%；农村电网改造已全面完成，通电率100%；完成道路硬化42.5公里，全镇12个村通村道路全部实现了水泥硬化；共实施农村D级危房改造83户，已完成83户。通过实施易地扶贫搬迁工程，落实安置贫困户121户；全镇移动通讯3G、4G网络实现了全覆盖，宽带覆盖率达到了100%。

【产业发展】草莓产业：东湾村依托“合作社+农户+基地+市场”的种植模式，立足区位优势，按照“企业培育、合作社引导、群众自愿、打造高效精品”的原则，由7户（其中贫困户3户）农民组成了“渭源县富民草莓种植农民专业合作社”，现种植80座大棚50亩，建成40立方米草莓贮藏库1座，种植生产过程监控一套。草莓种植基地先后在渭源电视台、定西电视台、新华社每日甘肃等媒体宣传报道。蔬菜产业：在大路村、三河口村已建成蔬菜贮藏气调库2座，贮藏能力达到1.3万吨，招商引资计划建成蔬菜贮藏气调库30座，贮藏能力达到3万吨，总贮藏能力预计达到5万吨。引进兰州鑫大地春农产品包装有限公司与渭源县通达蔬菜种植农民专业合作社参与高原夏菜基地的管理服务、技术指导及蔬菜销售。合作社带动16户贫困户入股分红。中药材产业：主要以黄芪和党参两大品种为主，发展育苗和商品中药材，正向自繁、自育、自栽、精深加工，并向GAP无公害方向发展。中部川沿三河口、胜利、双轮磨、锹甲铺、大路五村为片带，形成以黄芪为主的区域特色品牌产品，建成了万亩黄芪GAP种植基地；北部王家山、峪岭、东湾三村和西部的潘家岔、陆家湾、盛家坪三村形成以党参为主的特色区域品牌产品。畜草产业：主要以三河口、胜利村为主的肉牛生产基地和肉羊生产基地，以大路村为主的蛋鸡生产基地，以锹甲铺、潘家岔、陆家湾、王家山、峪岭、东湾等村发展家庭分散养殖为主，培养养殖专业村，使畜禽结构和产业布局得到了合理调整。劳务产业：完成贫困家庭劳动力培训1581人次，完成劳务输转4445人次，其中组织输转赴福州市季节性务工人员37人次（建档立卡贫困劳动力17人次），新疆阿拉尔市十四团转移就业安置3户11人（建档立卡户1户4人、低保户2户7人），主要从事钢筋工、瓦工、砌筑工等，人均月收入2800-3000元之间。

**【作风建设】**以“两学一做”学习教育常态化制度化为载体，深化“两学一做”学习教育活动成果，加强了干部作风建设，提高了政府工作效能，完善了便民服务大厅和村级便民服务点服务机制，深化机关效能建设和干部职工绩效考核机制。认真办理人大代表建议意见，积极推进惩治和预防腐败体系建设，落实全面从严治党“一岗双责”制，严格执行中央“八项规定”和省市县有关规定，以政府采购、项目建设、工程招投标等领域为重点，健全监督管理制度，严肃财经纪律，严格执行财政预算制度，“三公”经费支出同比下降0.96%。扎实开展机关和基层站所政风行风民主评议活动，机关作风进一步改善，干部工作服务水平有了大幅度提升。

**【项目建设】**新建续建项目35个，总投资1.85亿元；储备镇区道路建设项目、东湾村特色小镇建设项目等7项，概算总投资1.2亿元。引进企业3家，签约资金2.1亿元；完成固定资产投资1.01亿元。

**【安全生产】**严格落实“党政同责、一岗双责、失职追责”责任体系，推动企业落实安全生产主体责任，全面加强安全隐患排查治理，构建了纵向到底、横向到边、齐抓共管、覆盖全镇的安全生产监管网络，建立安监微信平台12个，纳入群众、驾驶员1860人，开展安全隐患大检查24次，排查消除安全隐患点121处，整治砂厂9家关停8家。镇交管站、村交管室开展常态化交通劝导工作，设立道路安全劝导站12个，设置安全警示牌24处，开展集中劝导24次，劝返305余人次，开展联合监督执法16场，开展了五小车辆摸底工作，全镇五小车辆保有量10354辆，先后发放道路交通安全宣传材料1万余份，签订交通安全承诺书3万多份，签订无牌无证农用车禁止违法载人保证书1万余份，建立了底数明晰、责任明确的交通安全管控体系。引导全镇宗教场所全部安装了消防和监控设备，建立健全消防组织机构24个，全镇未发生道路交通和消防方面的重大事故。

**【食品药品监管】**加大对食品药品的专项检查力度，落实了食品安全村级“一专三员”职责，聘任村级协管员12名、社级信息员91名，镇村联络员12名，修订完善了《路园镇食品药品突发事故应急预案》等制度，建立了农村自办宴席报备制度，健全了食品药品经营户监管台账，先后报备自办宴席220场，开展食品安全知识专项培训8场次，培训人员560多人，办理食品经营许可证135户，查处违法案件13起，开展定期专项检查10次，全镇未发生食品安全事故。

**【社会事业】**全面贯彻落实教育优先发展战略，有效巩固“两基”成果，农村学龄儿童入学率达到100%，适龄幼儿入园率达到92%以上。全面落实“两免一补”，强化师德师风建设和学生管理，形成了完善的管理体系，实行了镇党委、政府副科级以上领导干部和包村干部联系学校制度。农村合作医疗制度逐步规范完善，全镇新型农村合作医疗参合率稳定在98%以上。强化基本医疗服务，积极推进健康促进模式改革，全民健康水平不断提升。重视乡村文化建设，积极改善文化基础设施条件，先后建成双轮磨村、三河口村、锹家铺村等文化广场5处，活动器材全部配备到位，新建锹甲铺村、大路村、盛家坪村级活动场所3处。农家书屋、村卫生室达到全覆盖，符合政策生育率为98%，人口自然增长率为9.5‰，计划生育技术服务率100%。认真落实《社会救助工作暂行办法》，城乡低保农村五保落实动态管理，先后完成了2次城乡低保、五保提标及清查清理、有效期管理制度落实工作，全面落实“保主保重、公平公正、动态管理、应保尽保、应退尽退”的原则，全镇低保对象达到1400户4582人，五保对象58户60人。

**【综治维稳】**深入开展“平安路园”和创建“社会管理基层基础建设”活动，加强了“一站一队两室三会”建设，建成调委会13个、警务室13个，确定网格管理员91名，成立交警中队1个、治安巡逻队14支。全镇未发生命案和重大群体性案件。制定下发了禁毒工作实施方案，组织动员50%以上手机持有人关注了禁毒微信二维码，印发《不涉毒承诺保证书》和《致全县人民的一封信》等宣传资料1万份，做到了禁毒知识宣传全覆盖，并对9名在册吸毒人员进行了风险评估登记，对4名社区戒毒人员和3名社区康复人员建立了分类档案，加强了日常管理，巩固了无毒乡镇创建成果。落实了矛盾纠纷月排查制度，做到信访和电子民生反映问题调查处理答复及时得当。城乡居民养老保险、村干部养老保险参保率近年来均达到96%以上。进一步提高了群众的生活水平和“幸福”指数。

**【小城镇建设】**委托西安建筑科技大学建筑设计研究院，对产业发展、镇域镇村体系、镇域旅游发展和镇区总体布局等内容进行了详细规划，结合“两违”整治工作，建立了镇综合执法人员包段包户责任制，全面开展了镇区违章建筑及违法占地的查处，加大了环境卫生的整治力度，为全镇人民营造了一个干净、整齐、舒适的生活环境。

## 莲峰镇

**【概况】**莲峰镇位于渭源县东南部，东接陇西县，南部与莲峰国营林场和漳县相连，西与锹峪镇毗邻，北与路园镇接壤，是陇西、渭源、漳县三县的集市贸易中心。莲峰镇镇域南北长23公里，东西宽17公里，总面积约145平方公里。镇政府驻莲峰上街，距县城25公里。全镇共有23个村，168个社，13846户，46939人。气候特征：境内菜子坡等南部林区边缘地带属寒冷特湿润气候，年降水量980毫米左右，低温阴雨，光热不足，无霜期100天左右，年平均气温约3 ℃。张家滩、首阳、下寨等村属于冷凉湿润气候，年降水量680～800毫米，年平均温度4～4.9 ℃，无霜期119～130天。何家湾、孔家坪、坡儿等村为冷温半湿润气候，年降水量578～650毫米，无霜期131～141天，年平均气温5～5.5 ℃。上下街及杨家咀村属于温凉半干旱气候，热量气候较好，年降水量525～600毫米，无霜期141天，年平均温度5.7～6 ℃。地貌特征：莲峰镇地势大致由西南向东北倾斜，西南高，东北低。最高海拔3281

米，最低海拔1980米。境内大体分为南部中高山土石山地及浅山沟谷底两种地貌。地质特征：莲峰镇地处陇西黄土高原西部及秦岭地槽西端交汇地带，属于西岭褶皱系。基岩主要为巨厚砾岩的老第三系地层，呈一套暗红色、浅红色层及巨厚层砾岩、含砾砂岩泥岩。水资源：莲峰镇境内有两条河，即莲峰河、蒲川河。两河基本相平行，蒲川河发源于钻天涯，全长25公里，流域面积86平方公里；莲峰河发源于五嘴崖，全长27公里，流域面积107平方公里。蒲川河上建有石门水库，蓄水量达500万立方米，有效灌溉面积10164亩，保灌面积9504亩。矿产资源及其他自然资源：辖区内及周边地区有水刷石、方解石、玉石、大理石等非金属矿。莲峰镇土壤肥沃，土层深厚，适宜洋芋和各种中药材的成长。旅游资源：莲峰镇镇域内旅游景点众多，有莲峰山、首阳山、石门夜月、天井幽谷、红军烈士陵园等。道路交通情况：兰渝铁路、渭武高速穿境而过，莲峰镇北部有国道316公路，现有县乡公路3条，分别为罗莲公路、黑天公路、西五公路。电力、电信工程状况：全镇的23个行政村已全部通电，供电率达100%。电信覆盖率100%。社会服务设施状况：镇内设有莲峰公安派出所、莲峰法庭、莲峰林场、水管所、书店等。全镇共有学区2个，为莲峰学区和蒲川学区，高中1所，独立初中2所，幼儿园2所，五年制小学20所，分布于21个行政村。

**【经济社会发展】**全镇总户数13846户，总人口46171人，其中农业人口10797户，农业人口45245人。2017年末全镇总劳动力约26640人，从事一、二、三产业的人分别约为19905人、2750人、3985人。莲峰镇粮食作物主要是小麦、蚕豆、洋芋等，尤其洋芋、蚕豆以产量高、质地优良著称；经济作物有黄芪、党参、当归、胡麻、油菜等。粮食作物播种面积43130亩，其中马铃薯播种面积38036亩；经济作物播种面积44325亩，其中中药材面积达43799亩。全镇生产总值较上年增长12%，达到1.96亿元。储备项目23项，预算投资1.1639亿元；争取建设项目11项，到位资金4385.8万元，完成了莲峰镇生活垃圾处理项目一期工程、坡儿、岔口、菜子坡易地搬迁点建设等一批重大项目建设；完成固定资产投资9045.46万元，占下达8000万元任务的113.07%。引进企业7个，签约资金达3.1亿元，到位资金1.53万元，资金到位率达102%，项目开工率达100%。全镇农民人均可支配收入净增1004元，达到8171元，贫困户人均可支配收入净增604元，达到4281元，增幅分别达到14%、16.4%。

**【城乡建设】**编制完成了《渭源县莲峰镇总体规划（2017—2030年）》。美丽乡村建设以首阳、石门、古迹坪、蒲河、元明、张家滩、坡儿、团结、老庄、绽坡、何家湾等十一村为示范点，首先建设成首阳乡村旅游新型农村社区，然后逐步向全镇推广。

**【国土资源管理】**推进土地储备、耕地占补平衡，全镇耕地保有量达到14.24万亩，基本农田保护面积达到10.6万亩。

**【绿化工作】**栽植云杉、山杏24万株，累计绿化面积1000亩，打造精品点200亩，完成四旁栽植柳树、云杉、啤特果等144.5万株。做好林区管护和封山禁牧工作。

**【环境保护及农村环境卫生治理】**新签订“门前三包”责任书350份，发放各类宣传资料1万余份，设置大小环境保护警示牌24个。建成垃圾集中收集点46个，完成下街狼儿沟垃圾厂1期工程建设，清理整治莲峰河、蒲川河河道63.2公里。确定总河长1名，镇级河长6名，村级河长42名，选定环境卫生监督员175名，河道巡查员21名，河道保洁员706名，将全镇23个村33个路段3条河和7个重点区域实行包片包干包路段和定期清扫责任制。突出整治重点，组织干部群众2000多人开展整治活动16次，出动铲车320台次，清运垃圾960多吨，清扫村社道路200多公里，拆除乱搭乱建30余处，整治垃圾、粪堆临散堆放点75处。加强环境卫生督查、评比、暗访、曝光和问责力度，形成了全域无垃圾整治督查问责常态化。

**【农村能源及节能降耗】**在镇区安装改造太阳能路灯47盏，积极推广节能产品和节能示范技术，建成废旧农膜回收站1处，对全镇废旧农膜进行了集中回收，提高能源利用率。

**【社会民生事业】**共有农村低保3450户11573人，其中一类414户769人、二类998户2803人、三类1225户4466人、四类813户3535人，经过清理规范，共计清除699户1972人，新增540户1768人。农村特困供养216户221人，其中在敬老院集中供养的有10人，分散供养的有205户210人。建立一人一档制度，符合条件的经济困难老年人有269人，优抚对象233人，农村留守儿童共107人。

**【脱贫攻坚】**有建档立卡贫困村10个（其中深度贫困村6个），建档立卡贫困人口3218户13564人，贫困发生率30.16%。已脱贫1798户7752人，其中2017年脱贫人口636户2822人，现有未脱贫人口1420户5812人，贫困发生率下降到了12.85%。基础设施方面，统筹整合各类新建续建项目31项，整合资金2.8亿元。解决自来水入户累计达到9475户，入户率87.86%，饮水安全比重为100%；共累计完成农网改造173个社，改造率已达到97.7%；共完成砂化道路2.33公里，通社硬化道路31.027公里。全镇通村道路硬化率达100%；完成危房改造927户，拨付补助资金1641万元；全面完成菜子坡、岔口、坡儿三处易地搬迁点到户落实任务。全镇通讯信号覆盖率累计达到100%，村部通网率达到100%；开通微博微信平台各1个，成立电子商务服务中心1处，建成村级电子商务服务点13处，物流快递11家，注册运营网店42家，线上线下年销售额达1050万元。富民产业方面，按照“公司+基地+农户”的模式，累计注册种植协会79家，建成中药材加工小区3个，合作社63家，发展收购贩运户575户，个体加工大户35户，种植中药材4.8万亩，累计注册养殖协会23家，建成养殖场、合作社14个；完成劳务输转1.1万人次，实现劳务收入1.52亿元。金融扶贫方面，累计协调落实精准扶贫专项贷款2012户，其中企业带动类612户；新建村级金融便民服务网点2处；建成互助增信协会23个，发放互助增信贷款737户3579.5万元。能力提升方面，先后开展农民工技能培训8670人，鉴定927人，颁发证书414本。

## 北寨镇

**【概况】**北寨镇位于渭源县东北部，地势东高西低，干旱少雨，植被稀少，水土流失严重，是典型的北部干旱山区，属市级深度贫困乡镇，13个村均为建档立卡贫困村（其中陈家渠村为深度贫困村）。总占地面积144.28平方公里，辖13个行政村92个村民小组，4255户17238人，耕地面积6万亩，其中退耕还林面积2.5万亩，引洮灌区面积4000亩，主导产业为中药材、马铃薯、蔬菜、畜草、劳务输转等。2018年退出3个建档立卡贫困村（前进、小寨、盐滩），脱贫208户846人，贫困发生率下降到6.4%。

**【脱贫攻坚】**2014年以来，经过多次动态调整后全镇共有建档立卡贫困人口1222户4985人。五年来累计减贫928户3928人（其中2014年脱贫264户1110人、2015年脱贫438户1930人、2017年减贫18户69人、2018年减贫208户846人），贫困面由28.92%下降到6.4%。先后投资270万元实施农村D级危房改造142户521人，全面消除了农村D级危房；共投资199万元实施农村C级危房改造165户，已全部完成建设任务；2018年共投资1006.6万元实施易地扶贫搬迁49户（其中插花安置44户已全部完成主体工程，进城购房5户已选房）；2018年投资1700万元实施自然村通硬化路项目34公里、投资20万元实施过水路面建设项目1处、投资25万元实施全域无垃圾低温热解站项目1处；自然村通动力电、行政村通畅率、标准化村卫生室、4G网络覆盖比例均达到了100%，逐步夯实了脱贫攻坚基础。完成了52户自来水入户（其中建档立卡户4户，一般户48户）和21户泉水改造任务。对3名智障儿童（有学籍）儿童通过持续送教上门、签订家校协议。完成2个村（阳山、马莲）卫生室改建任务；完成全镇41人的异地参保证明收集工作，补齐医疗保障短板。完成51户危房改造任务。完成2018年易地扶贫搬迁44户插花安置农户的搬迁入住和后续扶持产业配套任务。解决12人无户籍、57人的未销户迁入迁出不及时的问题。

**【产业发展】**马铃薯产业方面，在丁家湾村和小寨村分别建成500亩的黑膜马铃薯示范点2个；在张家堡村建成1000亩马铃薯原种生产示范基地1个。中药材产业方面，在阳山村、祁坪村建成1200亩党参种植产业基地，其中示范种植黑膜地膜党参300亩。在郑家川村、阳坡村、马莲村、陈家渠村建成1200亩党参育苗基地一个。旱作农业（设施农业）方面，建成3000亩全膜双垄沟播玉米种植示范点产业基地建成旱作农业种植产业基地1个（张家堡村、盐滩村、前进村、郑家川村、暖阳村各600亩）。蔬菜产业方面，在盐滩村、前进村、张家堡村、郑家川村、暖阳村建成1200亩高原夏菜产业基地。畜草产业方面，引进基础母羊200只，种植青贮玉米20亩，建设消毒室1间面积40平方米。扶贫车间方面，在前进村投资100多万元建设服装加工扶贫车间1处，建成将带动周边群众就业，稳定实现增收。

**【党建工作】**深入探索实施“党支部+合作社（企业）+贫困户”“党支部+电商+贫困户”“党支部+帮扶单位+贫困户”等党建助推脱贫攻坚模式，大力推进“协会、支部建在产业链，党员、致富能人聚在产业链，贫困户富在产业链”的“三链”建设，带动全镇36家产业合作社联系贫困户368户，每年户均增收2400多元，为脱贫攻坚鼓足发展后劲。实施“先锋培育”工程，推行支部引领、党员带富两种发展模式，组建党员能人团队8个，建立党员创业示范基地6处，组织83名致富能人型党员结对帮带贫困户265户，带动贫困群众脱贫致富。

**【脱贫攻坚】**产业脱贫方面，落实财政扶贫资金269.79万元，13个行政村全覆盖，受益建档立卡贫困户978户（分别为：盐滩村种植农民专业合作社实施33.9万元582亩的蔬菜基地建设项目，辐射带动郑家川村、前进村建档立卡贫困户；北寨镇祁坪村种植农民专业合作社实施88.2万元675亩的党参种植基地项目，辐射带动马莲村、阳山村、阳坡村建档立卡贫困户；北寨镇丁家湾村种植农民专业合作社实施51.93万元610亩马铃薯原种示范基地种植建设项目，辐射带动张家堡村、小寨村建档立卡贫困户；北寨镇陈家渠村种植农民专业合作社实施95.76万元720亩的党参基地建设项目，麻地湾村、暖阳村建档立卡贫困户）。养殖业贷款暨财政奖补资金产业到户项目中，发展带动建档立卡户163户，其中106户贫困户引进良种牛106头，57户贫困户引进良种羊513只，涉及奖补资金117.7万元，农户贷款及自筹资金95万元。就业脱贫方面，积极推进“143”技术到户培训（即一个主导产业，四类培训对象，三种培训方式），结合镇党校、新时代文明实践所，以农民学历教育、职业技能、实用技术培训为重点，多层次、多形式开展农民教育培训全覆盖，变“培训到人”为“技术到户”，提升贫困户自我发展能力。按照“东部抓福州、西部抓新疆”的指示精神，实现通过劳务输转户均增收4000元左右，计划完成职业技能鉴定619人。生态脱贫方面，优先将建档立卡贫困户转化为管护员，已选聘生态护林员60名，管护林业面积1.6万亩，年收入每人7000元，着力解决无其他脱贫渠道的建档立卡贫困人口脱贫问题。社会保障兜底方面，坚持因户因人施策，采用“三变”模式，实现对一类低保户折股量化分红带动全覆盖，不断提高兜底质量；采取“以奖代补”和“三变”模式相结合的方式，实现对一二类低保户家庭政策性扶持全覆盖。健康脱贫方面，积极推行家庭医生“4+1”联包签约服务和“一人一策”健康帮扶工作，群众就医报销比率提高到98%，参合率达到98.7%，为特殊困难群体落实了新农合减免政策，建档立卡贫困户参合率达到了100%。教育扶贫方面，涉及建档立卡未脱贫贫困家庭739户，有学生1173人，其中学前118人、义务教育424人、高中213人、中职及以上631人。学前三年毛入园率、九年义务教育巩固率、高中阶段毛入学率分别达到100%、100%、96.7%；全面落实教育扶贫各项政策，为全镇324名入园幼儿发放保教费，91名建档立卡义务教育阶段学生免除学杂费和书本费，17名建档立卡普通高中在校生免除学杂费，为品学兼优、家庭经济困难的每年发放2000元助学金；48名建档立卡中职在校生免除学费2000元/学年；79名省内高职建档立卡在校生落实了学杂费和书本费免除政策，32名新录取或高等院校就读的建档立卡大学生落实生源地助学贷款；建档立卡户76名“两后生”享受雨露计划培训补助资金每生3000元。

**【欧美同学会帮扶】**充分结合欧美同学会优势帮扶资源，积极对接欧美同学会，建立了帮扶需求清单，理清了发展思路，制定了帮扶计划，明确了帮扶措施，靠实了帮扶责任，实现了精准对接帮扶。欧美同学会先后于2018年8月7日、9月25日到北寨镇进行实地考察，并初步签订了27个框架性协议。帮扶捐赠总资金195.98万元。在产业发展方面，蔬菜基地打机井5万元，地达菜扶贫车间购买烘干设备5万元；18万元的帮扶扶贫车间建设及蔬菜基地灌溉水井资金中10万元用于手工编织车间，光伏农场蔬菜种植8万元。在教育扶贫方面，捐赠40万元的10台多媒体教学一体机已全部投入教学使用；价值2.6万元的100套“魔法涂涂-航海历险记”AR科普图书已投放到学区各教学点用于教学使用；价值15万元的智慧教室设备和软件已完成安装，并投入教学使用；组织齐鲁名师学长在兰渭希望小学进行挂牌和教学培训，配备价值2万元的50套书画教学设备已投入教学使用，并投入20万元基金用于教学培训。在医疗扶贫方面，价值12万元的第四代抗感染制剂欧迈缇、小宁萌已全部投入医疗使用；捐赠价值7万元的1台救护车已投入北寨镇卫生院，用于各类医疗救助。

## 大安乡

**【概况】**大安乡位于渭源县东北部，东接陇西县，北连安定区，西依秦祁乡，南邻北寨镇，南北长16公里，东西宽15公里，总面积131平方公里，是全省40个深度贫困乡镇之一。全乡辖10个行政村68个村民小组，10个村全部为建档立卡贫困村，其中深度贫困村2个（杜家铺村、井儿山村），有农村人口3030户12697人，城镇人口191户235人，有低保五保户996户3680人，占总人口的28.98%，有建档立卡户1087户4401人，占总人口的34.67%，已脱贫626户2675人，未脱贫465户1723人，贫困发生率为13.57%。2018年农民人均可支配收入为6680元，贫困户人均可支配收入为3830元。

**【国民经济和社会发展】**主动应对经济发展新常态，坚持项目统领、城乡统筹、产业增效，全乡经济社会保持了平稳较快发展态势，主要经济指标连年保持中高速增长。全乡生产总值由2011年底的7500万元增长到1.29亿元，年均增长13.4%；固定资产投资由500万元增长到3480万元，年均增长119%；社会消费品零售总额由341.2万元增长到587万元，年均增长14.4%，粮食总产量由4461.5吨增长到12991吨，年均增长38.2%；农民人均可支配收入由2186元提高到6135元，年均增长36.2%；金融机构存款金额增长1790万元、贷款金额增长2920万元，存贷比从55%提高到77%。

【城乡建设与环境保护】通过实施易地扶贫搬迁项目，打通了乡区至杜家铺村的道路，延伸了大涝子段街道，进一步扩大了乡区规模。建成大安农贸市场，完善了城镇功能，彻底解决了长期以来以路为市、占道经营、乱摆乱放的问题。完成了大安街道硬化和人行道彩砖铺设以及街道的绿化美化，提升了整体对外形象。实施街道排洪工程建设项目3个，切实解决街道排洪不畅的问题。为大安街道安装太阳能路灯，统一规划设计和安装街道两侧商铺广告牌匾，街道面貌发生巨大变化，确保了整洁优美的环境。完成了10个村的村庄规划编制工作。注重和加强生态建设，组织干部群众对全乡3.25万亩退耕还林进行补植补造，完成面山绿化5000亩，完成道路绿化88.2公里，共栽植国槐、七叶树、云杉、速生柳、刺槐等各类苗木76万株。不断改善人居环境，在红堡子村率先建成县级美丽乡村示范村，建成杜家铺、大涝子、张家川、方家庄四个“环境整洁村”，建成乡村社垃圾堆放点33处，在街道投放垃圾箱4个，设立废旧农膜回收点2处，环境卫生治理力度不断加大，人居环境得到进一步改善。

【社会事业】始终重视和加强社会建设，尤其是把社会稳定作为压倒一切的工作任务来抓。严格落实村级民事代办点制度及领导班子信访接待日制度，畅通了信访渠道，加大矛盾纠纷调处力度，做到了小事不出村，大事不出乡，有效预防和控制了越级上访事件发生，促进了全乡社会稳定。深入开展家庭拒绝邪教活动，引导动员群众自觉远离邪教组织，形成了人人“崇尚科学、反对邪教”的良好氛围，全面开展“七五”普法、“弘扬法治　共创平安”十大行动，大力宣传法律知识，增强了公民的法律意识。切实加强防灾减灾工作，深入开展安全生产大检查大排查大整治专项行动，按照工作计划做到了安全隐患排查治理“全覆盖、零容忍、严执法、重实效”的目标要求。开展食品药品安全监督和专项整治，规范了市场经营秩序，为全乡营造了放心、安全的食品药品市场环境，安全生产形势总体稳定。全力推行政务公开，建成了规范化的政务大厅，设立民政救助、惠农补贴、食药监管等7个服务窗口，简化办事程序，政务服务环境不断优化、服务质量不断提升。国土资源管理、民族宗教、质量监督、妇女儿童、粮食安全、老龄、残疾人等各项工作全面发展。

【社会民生】坚持资金资源向民生聚集，让发展成果更多更公平惠及全乡人民。重视教育事业发展，不断加大教育投入力度，投资809万元新建学生宿舍楼及业务用房4089平方米，办学条件得到明显改善；推进全乡教育教学改革和创新，教育教学水平有了明显提升，小学升学率达到100%，初中升学率达到80%以上；每年召开教师节表彰大会对优秀教师和先进教育工作者进行表彰奖励，连续举办庆“六一”暨“健康杯”篮球赛，举办庆“五一”机关干部职工运动会，丰富干部群众的文化生活。全面开展乡综合文化站达标创建工作，配备电脑、打印机等办公设备，为大石岔、井儿山、方家庄、红堡子、张家川、杜家铺6个村配置体育健身器材，建成“乡村舞台”2个，农村广播电视“村村通”“户户通”实现全覆盖。严格落实计划生育政策，积极倡导婚育新风尚。按照“4+1”健康促进模式，积极开展体检筛查，大力推进机关、医院、学校、村居、家庭“五个阵地”建设。深化国防动员和双拥共建，落实民族宗教政策，重视和支持妇女、共青团等工作，社会各项事业都取得了新的进步。全面落实城乡低保、五保政策，城乡低保惠及870户3140人，五保供养56人，人均保障资金达到1776.4元，累计落实惠农补贴资金7500多万元。加强对全乡对留守儿童、空巢老人进行建档管理，对全乡55名留守儿童、98名空巢老人实行结对帮扶，定期上门家访并进行跟踪服务，确保健康和谐发展。完善防灾减灾体系建设，建立乡级救灾物资贮备点一处，加强乡村两级灾害信息员队伍建设，每年组织开展业务培训2场次，防汛演练1次，应对自然灾害的综合防范和抵御能力不断提高，人民生命财产安全得到有力保障。

**【脱贫攻坚】**抢抓中央和省市县关于精准扶贫、精准脱贫的政策机遇，聚集最大人力、物力、财力，精准施策、精准发力，全乡基础设施、产业发展、社会事业等方面发生了显著变化，人民群众生活水平有了明显提高。完成自来水入户2747户，入户率97.17%；通村通社道路硬化里程达到85公里，通村道路硬化率达到100%。实施易地扶贫搬迁项目2个，搬迁贫困户263户；完成灾后重建63户，灾后维修1626户，累计实施危房改造758户。整合项目及各类资金8450万元，新修梯田3000亩，梯田面积累计达到4.66万亩，梯田化程度达到90%；整理红堡子、杜家铺、方家庄、中庄村高标准农田18000亩，整修机耕路34公里；实施农网改造1335户，动力电通社率达100%；新建卫生室10个、新建文化活动广场10个。举办劳动技能培训58场次，发放各类资料2万多册（份），完成技能鉴定402人，实现新增“两后生”培训实现全覆盖。先后输转劳动力2530多人次，实现年均劳务收入2471万元以上。发展网店经营户16家，实现线上交易约0.95万元，线下交易约15.5万元。未脱贫745户2941人，减少贫困人口6014人，贫困发生率由2011年的70.4%下降到23.16%，贫困户人均可支配收入达到3941元，贫困户人均可支配收入增长率为15.2%。

积极探索产业发展与扶贫开发有机结合的发展模式，依托项目建设，因地制宜，大力培育富民产业，提升产业发展水平。一是在张家川、杜家铺和大涝子等村通过建设旱作农业种植示范基地，辐射带动形成了选马流域和桥子沟流域两个旱作农业种植片带，年种植面积稳定在1.6万亩以上。二是在红堡子、方家庄、邱家川为中心，沿定渭公路两侧建成带状延伸的万亩商品马铃薯种植长廊，全乡马铃薯种植稳定在3万亩以上，人均2.3亩，（其中黑膜种植面积达到1.6万亩）。三是积极引导群众调整种植结构，扩大中药材种植面积，中药材种植面积达到2.2万亩，并建成种子繁育基地2个。四是大力发展肉羊产业，累计发展养殖专业合作社22个，建成养殖小区（养殖场）24个，发展养殖大户1570户，羊饲养量达8万只以上，成功探索出“大户带动，投羊还羔，二次投放，滚动发展”的模式。产业结构日趋合理，产业水平明显提升，逐渐形成了以“两种一养”（双垄沟播玉米、商品马铃薯种植、肉羊繁育）为主的产业发展新局面。

## 秦祁乡

**【概况】**秦祁乡位于渭源县北部，东邻北寨镇，南接新寨镇，西面与临洮县连儿湾乡接壤，北面与临洮县漫洼乡、定西市内官镇相邻，距渭源县城47公里。全乡总面积115平方公里，耕地面积4.06万亩，人均占有耕地4.09亩，退耕还林面积28456亩，人均退耕还林面积2.87亩，可用天然草原面积4.63万亩，人工种草面积3.7万亩。全乡辖11个行政村，64个村名小组2348户9907人（其中：农村低保户230户803人，五保户48户52人，残疾人户230户231人，孤儿6户6人，优抚对象82户82人）。最高海拔（岗家岔山顶）2585米，年平均气温5℃，年降水量420毫米。现有建档立卡贫困村5个、非建档立卡贫困村6个，剩余未脱贫人口537户2119人，贫困发生率将从2018年的42.3%下降到21.39%。

**【国民经济和社会发展】**主动应对经济发展新常态，坚持项目统领、城乡统筹、产业增效，全乡经济社会保持了平稳较快发展态势。全乡生产总值由2011年底的7280万元增长到2018年底的1.45亿元；社会消费品零售总额由331.2万元增长到577万元，粮食总产量由4661.5吨增长到13825吨；农民人均可支配收入由2186元提高到

6135元。争取项目35项，总投资4781.21万元，占下达任务1500万元313.7%。全年完成固定资产投资5882万元，占县上下达5000万元任务的117%。

**【城乡建设与环境保护】**注重城乡建设和生态建设，易地扶贫搬迁方面，针对“十二五”期间涉及全乡中坪村、铜钱村、杨川村易地搬迁安置点存在的问题，逐一进行整改，完成易地搬迁安置点项目验收审计，完善软件资料已整理上报，完成报账706.3万元，报账率92.74%，入住125户，入住率72.3%。2016—2017年易地搬迁插花安置28户已搬迁入住。动员群众加大对旧房拆除宅基地复垦力度，确保搬迁农户稳定入住。“十三五”期间易地扶贫搬迁插花安置135户598人，其中进城购房18户90人，完成18户选房；插花安置117户508人，开工112户，开工率95.72%。完成新一轮退耕还林工程1000亩建设任务，完成秦祁乡中坪村环境综合整治项目，完成垃圾低温磁化热解站建设项目厂房建设，设备采购完成招标，正在组织供货。完成面山绿化1000亩、钙果经济林33.2亩、核桃经济林200亩，完成啤特果种植基地2个500亩；完成11村100亩精品绿化点各一个，栽植行道树17公里。依据乡管村用的原则，在建档立卡贫困户中选聘65名保洁员和58名生态护林员，由123户保洁员和护林任小组长，在全乡64个根据区域特征成立了123个环境卫生保洁队，实行包片包段包干责任和网络化管理的模式，采取周一、三、五等定期不定期对村内环境卫生进行清理，组织教育群众对庄前屋后、田间地头垃圾及废旧农膜进行回收，特别是涉及兰渝铁路沿线的杨川、白土坡村存在的大量建筑生活堆放点和卫星遥感排查出的11个非正规垃圾堆放点环境卫生进行了重点整治。

**【社会事业】**深入推进“放管服”等制度改革，进一步规范乡便民服务大厅，简化服务窗口办事程序，做到最大限度方便于民；依法规范信访秩序，严格落实村级民事代办点制度及领导班子信访接待日制度，畅通了信访渠道，加大矛盾纠纷调处力度，有效预防和控制了越级上访事件发生；深入开展社会治安集中整治，班子成员带头签订扫黑除恶承诺书，深挖排查问题线索，不间断地对黑恶势力进行“大扫除”；深入开展家庭拒绝邪教活动，引导动员群众自觉远离邪教组织，形成了人人“崇尚科学、反对邪教”的良好氛围，全面开展“七五”普法、“弘扬法治 共创平安”十大行动，大力宣传法律知识，增强了公民的法律意识；加大禁毒工作宣传力度，深入学校开展禁毒知识宣讲活动，全乡2380户农户签订了禁毒承诺书；深入开展安全生产大检查大排查大整治专项行动，做到安全隐患排查治理“全覆盖、零容忍、严执法、重实效”的目标要求。完成“1+36”应急预案修订，建立乡、村、社三级信息化应急体系，组织民兵应急连开展应急演练。开展食品药品安全监督和专项整治，规范了市场经营秩序，为全乡营造了放心、安全的食品药品市场环境；全力推行政务公开，建成了规范化的政务大厅，设立民政救助、惠农补贴、食药监管等7个服务窗口，简化办事程序，政务服务环境不断优化、服务质量不断提升；严格落实民主集中制原则，修订完善政府工作规则，重点工作实行周安排月计划季部署、督查督办问题线索向乡纪委移送等机制，政府落实力不断提升。

**【社会民生】**教育事业优先发展，投资301.64万元秦祁中学基础设施建设项目现已开工建设，通过项目的实施进一步改善办学条件。学前三年毛入园率、九年义务教育巩固率分别达到100%。卫计改革有效推进，全乡新农合全乡新农合参合率达到99.1%，养老保险参保率76.01%。新农合报销、医疗救助、兜底补偿129人次122.5万元，补偿63.7万元，门诊统筹3098人14万元，补偿10万元。办理大病救助31人13.34万元，临时救助6人2.62万元。开展家庭医生“4+1”联包签约服务，对全乡750户2971人贫困户进行入户摸底，制定“一人一策”帮扶计划，筛查出患重大疾病37人，慢性病157人。认真开展城乡低保农村五保提标工作，确定农村低保378户1421人，城镇低保11户14人，农村特困难供养57户60人。发放残疾人两项补贴75人5.5万元，发放救灾资金65万元。

【脱贫攻坚】2018年底有贫困户750户2971人，贫困发生率29.96%。完成杨川、糜川、铜钱三村建设光伏产业基地，增加集体经济收入，铜钱村已完成并网发电。开展妇女培训、农业技术培训、养殖技术培训等14期，累计培训1600人次，累计输出劳动力1815人（次），其中组织输出1100人（次），预计实现劳务收入2600多万元，完成技能鉴定100人（次）。积极对接新疆生产建设兵团和福建晋安，分三批组织110名干部群众赴新疆进行实地考察，搬迁农户50户166人(其中建档立卡户27户99人)。13户未就业贫困户大学生有意向参加福建晋安区事业单位，抢抓东西部协作向福建晋安区劳务输转28人次。治理水土流失5平方公里，成立用水者协会11个，衔接临洮县连儿湾乡为豹子沟村13户群众接通自来水，完成杨川村易地搬迁点自来水入户60户，其他各村累计接通自来水23户，全乡自来水入户率达到98%以上，安全饮水率达到100%；维修自来水管道15处，改造管道2.5公里，新建蓄水池3座，维修各类观察井10座，埋设主管线3公里。卫生精准扶贫大数据库管理平台卫生扶贫受益人数为55人，住院费用合计408426.43元，新农合普惠政策报销金额普惠政策263665.03元，新农合报销提高5%的报销金额18486.41元。贫困人口大病保险共报销21376.05元。患重大疾病的13人，住院费用合计216441.1元，新农合普惠政策报销金额普惠政策151719.35元，新农合报销提高5%的报销金额10611.49元，大病报销162330.84元。实现贫困户新农合参合全覆盖，对符合条件的患病人口全覆盖落实医疗保障相关政策。继续推行农村新型合作医疗保险政策、健康促进模式及公共卫生下乡体检活动，印制《告广大参合农民政策说明书》1000余份。集中调运了农膜58吨，完成马铃薯种植3.1万亩，马铃薯黑膜全覆盖1.5万亩，推广双垄沟播技术种植玉米、蚕豆和马铃薯2.5万亩，建成马铃薯千亩示范点1个，以种植白条党参为主，完成中药材种植1.5万亩，其中无公害标准化种植3000.36亩，完成党参种子繁育100.25亩、种苗繁育基地1600.75亩，建设中药材标准化生产基地7000.59亩，在豹子沟村建成党参育苗基地1个。学习借鉴安定区内官镇经验，带动当地群众试验种植芹菜、紫甘蓝等高原夏菜200亩，取得了初步成效。筹措资金20万元在中坪村建设大学生养牛基地1个，以合作社+农户+市场的模式，带动全乡发展规模养殖场10个，规模养殖户148户，组建专业种养殖合作社40家，家庭适度规模养殖示范户146户，在中坪、杨川、豹子沟打造养殖专业村，全乡牛存栏量5329头，其中母牛1781头，羊存栏量47784只，其中基础母羊28897只，积极打造秦祁咸水羊等本土畜草产业品牌。在糜川村建成500亩紫花苜蓿种植示范点1个，探索建成高科技菌草种植示范点100亩，在铜钱村建成500亩燕麦种植示范点1个，为贫困村发展建立了产业支撑。

## 新寨镇

【概况】新寨镇位于渭源县北部，距县城35公里，朱韩公路从中穿过，南临清源镇，西临庆坪乡、临洮县窑店镇，北接秦祁乡，全镇总面积160平方公里，平均海拔2400米，无霜期130天，年平均气温4℃，年均降水量470毫米；地势西北高，东南底，全镇辖19个行政村110个村民小组，4885户21189人，耕地总面积66466亩。主要农作物有白条党参、马铃薯、小麦、胡麻、蚕豆等。建档立卡贫困村4个、非建档立卡贫困村15个。

【经济管理与监督】积极培育壮大种植、畜

草、劳务等传统优势产业，积极探索发展电商、光伏等新兴产业。完成中药材种植4.2万亩，标准化种植2万亩，建成涉及朱韩路沿线11个行政村面积2万亩的种植示范片带1个。完成马铃薯种植1.65万亩；建成千亩旱作农业种植示范基地1个（主要涉及寺坪、闫家沟、中寨3个村），完成玉米种植8800亩。青贮秸秆、高粱种植面积达到500亩，多年生牧草0.5万亩，全株玉米1万亩，完成廖家寨村畜草种植100亩。完成续扩建养殖企业5个，圈舍改建600间，新增规模养羊示范户35户，完成家庭适度规模养羊示范户100户，青贮饲料1.87万吨，氨化0.26万吨。全镇基础母牛存栏量2400头，基础母羊存栏量29000只；完成黄牛冻配改良359头。林业生态建设：完成镇级面山绿化500亩，栽植云杉3万株、落叶松8万株，完成19个村各100亩的造林绿化任务；完成12公里镇村道路绿化美化任务，共栽植新疆杨1600株、云杉10000株、速生柳2000株；对历年道路绿化进行了补植补栽。加强封山禁牧和森林防火工作。开展以“重承诺、遵合约、讲信誉、守规则、立诚信、塑形象”为主要内容的金融知识宣传活动。现有村级公路34条97公里，对列入养护的15条农村公路拉砂备料1537方，农村公路管理养护率达100%。

**【城乡建设与环境保护】**储备项目2个，总投资2400万元，新寨镇黎家湾街道拓宽改造工程和姚集街道拓宽改造工程。争取项目10个，总投资1.88亿元。其中：资金到位项目3个，国家投资2903万元。基础设施建设方面3个，总投资1493.92万元；项目建设4个，2014年易地扶贫搬迁项目南、北大路安置区住宅工程全部完成主体建设，已通过县级初验，户上正在接电，其余单项已完工；姚集安置区全面完成建设任务；三个安置区共完成投资5981.02万元。2014年易地搬迁基础设施配套项目（道路工程）已全部完工，完成投资883.08万元。2017年第一批行政村道路建设项目已全部完工，第二批自然村通硬化路工程全部完成沙砾垫层的铺设，2018年自然村通硬化路工程正在进行路基建设，完成投资5318.14万元。新寨镇光伏扶贫农光互补项目光伏电站已经全面并网发电，完成投资1188万元。成立城乡环境卫生综合整治工作组，确定垃圾清运员和环境卫生保洁员，实现了全镇环境卫生日常保洁常态化。通过政府采购，公开招标的形式，由渭源县清爽保洁服务有限公司负责镇区环境卫生日常保洁清扫及各村的垃圾收集清运工作。开展节能宣传和培训工作，组织推广沼气、太阳能、节能灯等节能产品、技术，提高新型能源利用率。

**【社会事业】**依法行政工作，建立了法律知识学习培训长效机制，集中学习5次，抽查测试1次，执法案卷评查1次，依法行政检查10次，集中宣传活动2次，依法行政讲座2期，建立健全政府信息公开监督和保障机制。信访工作，落实了矛盾纠纷月排查和领导干部接访下访制度，积极推进依法逐级走访，开展越级缠访闹访治理，建立健全信访绩效问责制度，规范信访案件办理程序，积极办理上级转交办重点信访案件。安全生产工作，组织开展“安全生产月”活动，以学校、餐饮娱乐等人员密集场所、建筑工程和加油站等为重点，开展安全生产常态化督查检查。进一步完善了各类应急预案，储备了应急救援物资并进行了安全生产应急救援演练，切实做好了应对各种突发事件的应急准备工作。加强道路交通安全宣传教育，印发《致全镇广大驾驶员的一封信》，制定了《消防工作实施方案》，成立了镇兼职义务消防队和19个村义务消防分队，做到消防队伍全覆盖，与各村各单位签订了消防责任书，定期不定期对各村各单位开展消防隐患排查。国土资源管理工作，落实最严格的耕地保护制度和占补平衡，耕地保有量达到10.86万亩，基本农田保护面积8.39万亩；与各村签订了基本农田保护责任书，建立了基本农田动态巡查台账；积极开展地质灾害防治工作，完善应急预案和防治方案，健全防治网络体系。产品质量监管工作，强化产品质量法律法规宣传，加强危房改建等工程质量监督检查，开展专项治理，确保产品质量安全，开展农产品、食品、餐饮消费、猪肉质量、工程质量专项治理。公共文化工程，开展文化活动4场（次），加强农家书屋图书管理，做到“六防”，层层落实责任。抓好师德建设、安全教育和行风建设，开展德育活动10场（次），不断丰富校园生活。

**【社会民生】**惠农资金落实方面，采取“财政—银行—个人”的社会化发放模式，发放耕地地力保护补贴21.6万元、残疾人专职委员补贴2.2万元、残疾人两项补贴5.9万元、妇女编织培训人员补助1900万元、实用技术培训误工补助3.77万元、短期误工拾花工补贴5900元。劳动和社会保障方面，累计输出劳动力3560人，其中组织输出113人，完成新疆劳动力转移就业安置21户72人，赴福州晋安区务工41人。全镇养老保险参保缴费7063人，续保率91.86%。为837户3037人发放农村低保金510.27万元，为13户20人发放城镇低保金8.99万元，为160户169人发放农村五保金88.5万元，受理电子民生平台工单245件，按时办结245件，按时办结率100%。

**【脱贫攻坚】**一是年内减贫任务全面完成。2018年，认真贯彻中央和省市县各项扶贫政策，认真制定“一户一策”精准扶贫计划，全面落实到户到人各项措施，充分发挥贫困户自主脱贫作用，脱贫275户1145人，剩余贫困人口627户2453人，贫困发生率预计降至11.92%。廖家寨村率先实现整村脱贫，并顺利通过市级验收。二是重点脱贫任务高效落实。全面解决全镇41户贫困户饮水安全问题，确保贫困村及建档立卡贫困户饮水安全率达到100%，全镇贫困村自来水入户率稳定达到96%以上；高标准完成全镇25条73.972公里村组道路硬化建设任务；完成208户2018年易地扶贫搬迁插花安置住房及配套设施建设任务和101户C级危房提升改造工作任务。投资433.802万元为黎家湾中学新建教学及辅助用房1600平方米，硬化操场3200平方米，硬化校园3046平方米，修建围墙198米，全面改善教学条件，使初中升学率位居全县前列。种植业方面，采用“公司+基地+农户”的农村“三变”改革模式，在大坪村建成中药材产业扶贫项目党参基地1000亩，带动4个贫困村60户贫困户户均增收1000元以上，推动全镇中药材产业向市场化、集约化、专业化方向发展。在三合村试种100亩左右红花，带动70户以上建档立卡贫困户亩均增收2000元。养殖业方面，新建规模养殖场1个（剪子岔村）、家庭养殖场10个，培育养殖专业村1个，引进良种牛50头、良种羊250只、良种猪100头，建设畜禽集贸市场1个，发展家庭适度规模牧草种植户30户，安排残疾人养殖项目户22户。光伏产业方面，完成光伏电站并网发电，第一笔光伏扶贫分红资金110万元已经全部兑付到村到户。劳务产业方面，实现年度新增“两后生”培训全覆盖，完成各类农村劳动力培训922人以上，就业技能培训403人以上，实用技术培训379人以上的工作任务；完成34人以上的“晋渭”劳务输转工作任务。完成新疆建设兵团职工招录，解决赴疆搬迁户初期生产生活困难，确保稳定搬迁实现脱贫。电商产业方面，完成12个村级电商服务点建设任务，基本实现“三有一能”目标；通过购买培训、委托培训等多种方式，开展基础普及性培训和业务能力提升培训，实现村村有电商人才。加大扶贫项目到户到人力度，公益性岗位121户121人（户均增收6000元）、生态护林员54户54人（户均增收7000元）、易地搬迁208户936人（进城安置158户711人、插花安置50户225人）、村级光伏带动收益316户（户均增收3000元）、残疾人养牛户22户（户均落实扶贫资金10000元）、中蜂养殖30户（户均落实扶贫资金5000元）、中药材带动分红60户（户均增收1000元）、马铃薯带动分红68户（户均增收1000元）、养殖业到户363户（其中扶持养牛户284户、养羊户79户，户均落实扶贫资金13000元左右）、金鸡带动分红557户（2019年预计户均可增收2000元）、中药材到户奖补735户（共计落实奖补资金103.5万元）、马铃薯到户奖补284户（共计落实奖补资金15.96万元）、推广遮阳网抗旱、膜侧栽植等新技术奖补65户（共计落实奖补资金5.89万元）。

## 庆坪镇

**【概况】**庆坪镇位于渭源县北部，镇政府驻庆坪村老庄社，距渭源县城19公里，东接新寨镇，南邻清源镇，西与祁家庙镇毗邻，北与临洮县窑店镇、康家集乡接壤，属北部干旱山区，地势东北高，西南低，平均海拔2100～2492米，土地面积97平方公里，属二阴山区，北部干旱，南部湿润，年平均气温6.1℃，年降水量450毫米左右，无霜期130天，主要粮食作物有小麦、蚕豆、马铃薯、玉米、油菜，主要经济作物有当归、党参、黄芪等中药材，土地确权前耕地面积40123.84亩，人均2.71亩，土地确权后耕地面积59832.48亩，人均4.047亩；有林地10134亩（其中退耕还林4800亩），森林覆盖率为7.04%。风景秀丽，历史古迹众多，自古为丝绸之路古道的重镇之一。境内有秦长城遗址、夜月崖、王韶堡等名胜。二郎庙被列为县级文物保护单位。交通十分便利，正在建设的310国道试验段穿境而过。

**【项目建设】**（一）新建项目方面：争取投资项目10项，总投资达到3559.644万元。投资50万元的龚家沟村美丽乡村建设项目，已完成竣工验收；投资25万元的2018年全域无垃圾城乡一体化设施建设项目土建工程，主体已全部完工；投资123.9万元的业务用房及职工食堂扩建项目，已全部完成建设任务；投资81.28万元窑坡村大坪至阳屲山硬化道路工程和投资47.5万元的易地扶贫搬李家堡村巷道硬化工程，已全部完工；投资99.76万元的2017年易地扶贫搬迁养殖暖棚项目，已完成设计和批复，并完成部分农户养殖暖棚建设；投资159万元的危房改造项目，共136户，其中低保户31户，建档立卡贫困户36户，五保户11户，其他农户58户；投资30万元的省级党费补助清泉村发展村级集体经济项目，已产生3万元的集体经济收益；投资1213.65万元的2018年通自然村硬化道路项目，目前已完成面层硬化7.785公里，完成水稳层18.787公里，完成沙砾垫层24.273公里；投资814.134万元的2018年易地搬迁项目，下达投资的34户141人，全部开工，目前竣工的33户，1户调整为进城购房；庆坪学区2018年实施的改薄项目和幼儿园建设项目共8项投资915.42万元，已全面完成建设任务。（二）项目配合方面：配合中铁十七局集团第三工程有限公司顺利完成了G310线陇西至临洮段公路工程试验段（庆坪段）建设项目，庆坪境内大部分路段已完成铺油罩面。配合县交运局完成了庆周路至龚家沟村部硬化道路的铺油罩面工程；配合县交运局完成了窑坡村侯家岔社至李家堡村村部硬化道路工程；配合县国土局完成了王家川村、李家窑村、庆坪村的土地整理项目；配合县水务局完成城区供水征地拆迁工作。（三）项目储备方面：共储备项目5项，总投资5711万元，庆坪镇污水处理厂建设项目投资5000万元；庆坪镇畜禽交易市场建设项目投资103万元；庆坪镇锅炉房改造项目投资150万元；樊家湾、潘家沟、李家堡、线家沟、龚家沟等村的村级活动场所建设项目投资260万元；庆坪镇综合农业蔬菜种植项目投资198万元。

**【城乡建设与环境保护】**坚持“绿水青山就是金山银山”的发展理念，全面推动造林绿化、全域无垃圾示范乡镇创建、美丽乡村建设、河长制责任落实等重点工作。以龚家沟村余家渠社为试点，率先开展以清除“四旧”（废旧房屋、废旧墙壁、废旧杂物、废旧设施）和实现“四化”（道路硬化、环境美化、镇村绿化、人居环境亮化）为主题的美丽乡村示范点建设工程，完成余家渠美丽乡村示范点部分农户的青瓦更换及白墙粉刷工作，旅游休闲公园正在加快进度施工；积极动员组织干部群众5600多人次参加义务植树，完成面山绿化540亩，其中龚家沟村280亩，栽植云杉2.2万株；线家沟村260亩，栽植米云杉1.7万株；完成村级面山绿化1420亩，栽植云杉、杏树、刺槐共计8.5万株；完成道旁植树50.94公里，栽植云杉0.7万株，速生柳树0.3万株；确定每周一为全镇环境卫生整治日，累计开展全域无垃圾集中专项整治活动21次、参与人数1.3万多人次。对全镇范围内9条主要河流全部落实具体责任人，设立河长公示牌，全面落实镇、村两级河长和巡河员、保洁员职责，切实强化了河道的日常管理和专项治理；为各村和镇区配备公益性岗位人员47名，在镇区探索实施环境卫生公司化运营模式，在人员、管理和资金上破解了环境卫生治理的难题，促进全镇环境卫生进一步好转。

**【社会事业】**教育方面：义务教育阶段巩固率98%，幼儿园三年毛入园率94.3%；在王家川、老王沟两村新建幼儿园各一所。医疗方面：14个村均建成标准化村卫生室，并配备村医；城乡居民基本医疗保险参保率为99.23%。14个村乡村舞台都建成。

**【社会民生】**严格落实安全生产“党政同责、一岗双责、失职追责”制度，重点对建筑工程、道路交通、烟花爆竹、加油取暖等行业领域和人员密集场所进行安全监管，共开展各类安全生产大检查大整治行动40余次，刷写安全生产宣传标语32条，发放宣传资料3000余份，各类安全生产责任书、承诺书和协议书签订率达到100%，发现并整治存在的安全隐患24处，发布检查通报14次。积极组织干部群众3700多人次，对水毁道路、道路边沟、路肩进行填补整修，养护各类农村公路64.95公里，安全生产的长效机制不断完善健全。坚持“有黑扫黑、无黑除恶、无恶铲霸、无霸治乱”的原则，研究制定《庆坪镇扫黑除恶专项斗争工作实施方案》，在重点部位悬挂横幅16处、刷写墙体标语21条、布置喷绘版面8面，设立举报箱15个，并利用微信平台转发宣传政策，确保扫黑除恶行动家喻户晓、人人知晓。共受理电子民生平台27起，已办结19起，办结率为70%，按时办结率为100%。完成城乡低保、农村五保提标工作，做到对象准确、程序规范、补差合理、群众认可，各类民政救助资金全部及时发放到位；养老保险参保率达到82.23%，顺利完成了社保卡办理和信息采集工作。超额完成免费孕前优生健康检查任务，对患病的240名贫困人口制定了“一人一策”健康扶贫计划，健康扶贫各项工作平稳有序开展。开展食品药品联合执法活动4次，共发放宣传品600多份，开展食品抽样检验检测138例，对农村20人以上集体聚餐进行了备案登记，共检查26户，加大对辖区违法违规经营行为的打击力度，共立案查处11起案件，保证了群众饮食用药安全。

**【脱贫攻坚】**始终坚持把脱贫攻坚作为首要政治任务，紧盯“两不愁、三保障”脱贫目标，围绕落实“六个精准”和“五个一批”，打好政策组合拳，实现了关山根和王家川2个贫困村的脱贫退出，260户1116人稳定脱贫的目标，剩余未脱贫人口338户1283人，全镇贫困发生率下降到8.6%。（一）紧扣致贫因素，抓实“一户一策”。逐村逐户开展了以“贫困户信息核实、家庭收入核查、软件资料核对、周督查周通报周整改”为主要内容的脱贫攻坚“百日攻坚”活动，重点对2017年底未脱贫人口进行全覆盖核查，按照“缺什么、补什么”的原则，因户因人制定完善“一户一策”脱贫措施。同时，打好政策组合拳，抓实“一户一策”脱贫措施的落地见效。通过产业带动投入到户资金776万元；通过以奖代补政策扶持，兑付种养殖到户产业奖补资金466.056万元；通过就业扶贫组织开展各类培训665人次，完成技能鉴定269人，输出劳动力2612人；通过生态扶贫选聘生态护林员56名；通过光伏扶贫为关山根村、李家堡村集体经济发放分红10万元，为122户建档立卡贫困户户均分红3000元，新建村级光伏电站3个，带动建档立卡贫困户129户，预计户均年增收2000元；通过健康扶贫，群众就医报销比率提高到98%，建档立卡贫困户参合率达到100%；通过教育扶贫，学前三年毛入园率、九年义务教育巩固率、高中阶段毛入学率分别达到100%、100%、97.7%；融合各方帮扶资源实现精准帮扶，2018年度各类帮扶捐赠总资金达60余万元。（二）对接脱贫主业，找准脱贫路径。立足镇情实际，坚持把产业发展作为脱贫攻坚的核心，因户因人施策，根据贫困户劳动力、技能技术和产业现状，实行分类指导，找准精准脱贫路径，积极构建产业发展新体系。结合农村“三变”改革，合理规划产业发展布局，紧紧围绕对象精准化、产业特色化、经营组织化、技能专业化思路，突破发展马铃薯、中药材、牛、羊、劳务等特色产业，实现村村有主导产业，户户有增收项目。全镇稳定中药材种植面积16537.5万亩，推广地膜中药材种植2050亩；保持马铃薯良种种植1万亩，其中示范种植黑膜马铃薯2600亩；完成全膜双垄沟播玉米种植1.5万亩；全镇养殖户1500户，养殖大户56户，促进种养殖产业向标准化、规模化、集约化发展。（三）聚焦党建保障，助推脱贫攻坚。坚持把抓党建作为最大政绩，推动基层党建与脱贫攻坚互促共进、融合发展。紧密结合党支部建设标准化工作的开展，充分发挥党支部政治引领和党员的先锋模范作用，积极创新工作模式，使基层党支部和广大党员真正成为脱贫攻坚的战斗团、先锋队。深入探索实施“党支部+合作社（企业）+贫困户”“党支部+电商+贫困户”“党支部+帮扶单位+贫困户”等党建助推脱贫攻坚模式，大力推进“协会、支部建在产业链，党员、致富能人聚在产业链，贫困户富在产业链”的“三链”建设，带动全镇31家产业合作社联系贫困户1222户，每年户均增收2400多元，为脱贫攻坚鼓足发展后劲。同时，狠抓脱贫攻坚问题整改，及时召开党委扩大会议专题研究，认真查摆问题，深刻剖析原因，明确工作责任，逐项分解形成台账并狠抓整改落实。截至目前，梳理的30条问题已全部整改到位。

## 祁家庙镇

**【概况】**祁家庙镇位于渭源县南部，东接清源镇，南邻五竹镇，西连会川镇，北与上湾、庆坪和临洮县接壤，南北长18公里，东西宽9公里，海拔2220-2623米，气候温和，土地肥沃，属南部高寒阴湿区，年平均气温4℃，年降水量560-600毫米，无霜期130天，主要粮食作物有小麦、蚕豆、马铃薯、油菜，主要经济作物有当归、党参等中药材，耕地面积55255亩，人均3.17亩，共有13个行政村，60个村民小组，4132户，17438人，上年人均纯收入7105元。镇区辖祁家庙中学、学区、小学、幼儿园、卫生院、派出所、信用社、兽医站、水利站9个驻镇单位。全镇现有建档立卡贫困村7个（分别是边家堡、烟雾沟、瓦楼、川套、石家营、红土庄、祁家沟），深度贫困村7个（分别是石家营、红土庄、祁家沟、官路、金家坪、郭家山、乔家沟）。2017年底，全镇建档立卡人口为1421户5803人，占全镇农业人口的33.2%，未脱贫人口为738户2822人，贫困发生率调整为16.2%。2014—2018年五年累计稳定脱贫1037户4476人，2018年底剩余未脱贫390户1286人，贫困发生率7.6%，较2013年下降26.5个百分点。

**【脱贫攻坚】**一是完善基础设施建设。2014—2017年稳定脱贫672户2945人，2018年6—8月份，经建档立卡核查整改后，全镇建档立卡未脱贫调整为752户2885人，贫困发生率为17.05%。9—10月份，通过乡村初验、县级数据比对和县市级脱贫验收，计划整体脱贫边家堡、烟雾沟两个建档立卡贫困村，拟脱贫人口247户1043人，贫困发生率预计下降到10.88%。通过实施危旧房改造，着力改善群众居住条件和生活环境，年底基本实现全镇住无危房目标；2018年易地扶贫搬迁项目全镇23户84人，其中插花安置20户71人，进城安置3户13人，已全部完成；投资2766万元55.32公里通社硬化路，已完成设计评审等前期工作；结合小城镇建设实施易地扶贫搬迁管网工程，完成投资510万元完善雨水收集排放、人行道铺设、路灯、绿化亮化以及相关工程配套设施；建设完成投资150万元生活垃圾低温热解处理站一处，安装垃圾热解处理设备一套；配合完成“十三五”第一批光伏项目建设选址、测绘和建设工作（涉及石家营、边家堡、祁家沟和红土庄4个村）。二是积极落实到户产业项目，制定完善“一户一策”。从“种植、养殖、劳务+种植、劳务+养殖”对贫困户脱贫主业进行调查摸底核实，并完成了643户贫困户的产业对接。落实种植业奖补户649户2623人，涉及补贴资金163万元，养殖业奖补户344户369万元，其中牛259户、东西部协作27户，羊33户，猪2户，中蜂23户，已全部发放到户；大力发展农业产业组织，成立镇农投公司1个，镇合作联社3个，村级农民专业合作社29个，合作社启动资金每个合作社5000元，贫困户每户300元全部兑付到合作社账户，为全镇1424户建档立卡贫困户每户分红30元；对全镇752户“一户一策”精准脱贫计划的制定完善工作全面完成，全部上传到甘肃省大数据信息管理平台，并发放到户。三是专项贷款精准实施，文化助推脱贫攻坚成效明显。对全镇2014年脱贫、2015年以后新识别的未享受精准扶贫专项贷款且有需求的建档立卡贫困户的评级授信进行审核，确保做到不漏村、不漏户、全覆盖，目前全镇共发放小额贷款36户154万元，完成了62户贫困户的续贷手续办理，其中第一批15户72万元贷款已发放；全镇先后在瓦楼村、金家坪村、露巴村、烟雾沟村、边家堡村、官路村开展文化助推脱贫攻坚活动6场次，成功举办了首届民俗文化艺术节，把扶贫与扶志扶智有机融合，切实转变了思想观念，拓宽了致富门路，提高了脱贫攻坚成效。四是认真开展脱贫认定验收，及早自查补齐短板。根据贫困人口退出6项指标，对全镇13个行政村2018年所有未脱贫户进行了乡村初验、县级信息比对和县市级验收，预计脱贫307户1308人，比年初计划超出50户138人，贫困发生率预计下降到9.4%；2018年拟脱贫退出的边家堡、烟雾沟两个村在贫困发生率、产业发展、基础设施、公共服务等四个方面均达到脱贫退出标准；通过烟雾沟村“畅返不畅”项目的实施，对已超过使用期限，严重返砂的周华寨至烟雾沟6.8公里通村道路进行铺油罩面；对全镇256户危旧房进行了维修和重建，其中重建203户，维修49户，置换4户。竣工234户，竣工率91%，通过不断补齐发展短板，进一步巩固了脱贫成效。五是全面梳理脱贫攻坚问题，逐条抓好问题整改。根据县委县政府2017年度脱贫攻坚问题整改方案，镇党委、政府高度重视，及时召开镇党委扩大会议专题研究，认真查摆问题，明确工作责任，深刻剖析原因，逐项分解形成台账，制定整改方案。在梳理的23条问题中，已完成整改21条，整改完成率达91.3%，其余2个问题（发展壮大村集体经济、电商基础设施相对滞后）的整改正在有序进行。

**【项目建设】**以镇区街道结合易地扶贫搬迁项目，投资510万元完善雨水污水收集排放、人行道铺设、路灯、绿化亮化以及相关工程配套设施，已基本完工。申报并建成垃圾热处理站1处，目前项目建设已竣工，正在进行验收。“十三五”期间累计完成插花安置28户114人，进城购房3户13人，争取到易地搬迁融资平台基金债券投资820.87万元，极大的完善了各安置点及安置区河堤护岸、道路、人居环境亮化绿化、周边环境整治等，保障了搬迁群众的安居乐业。以分散统规方式建成石家营、边家堡、祁家沟和红土庄村4个村光伏发电站两处，能有效带动贫困户增收，将带动村级集体经济持续发展。建设完成了200吨果蔬保鲜库一处，中药材烘干房8座，正在建设官路村食用菌塑料大棚基地一处，采用“党支部+合作社+合作社+贫困户”的发展模式，在官路、郭家山等村种植香菇及特色高原夏菜等，采用三变带动贫困户模式，成立蔬菜种植基地，并带动贫困户752户2885人脱贫致富，增加村级集体经济，彻底改变村级集体经济薄弱的尴尬局面。引进杭白菊种植企业以“公司+合作社+农户”模式种植杭白菊基地一处，以合作社牵头发展特色养殖小区一处，不断探索新型中药材种植技术，实验性获得当归育苗方式。

【产业发展】加快农业和农村经济结构调整，合理布局、科学规划，采取项目引导、基地带动，产业协会推动的模式，大力发展中药材、马铃薯、畜牧养殖、劳务输出等特色优势产业，有效提高了农业综合整体水平和效益。组织新增“两后生”及农村劳动力进行技能培训，完成劳动力培训683人次，全面完成年度目标任务，输转剩余劳动力734人（次）。另外，目前输转赴福州贫困劳动力6个，其中建档立卡贫困户2人。

【粮食安全】严格落实粮食安全省长责任制，切实做好粮食生产、储备和流通监管，承担起保障粮食安全的主体责任。为方便群众储粮，衔接县级部门发放小型储粮仓86个。

【社会事业】以全面二孩政策宣传、利益导向和优质服务为重点，积极开展育龄群众宣传教育、优质服务、优惠政策落实、流动人口卫生计生基本公共服务均等化工作、特殊困难家庭帮扶项目落实、健康扶贫等工作，计划生育工作稳步推进。共完成国家免费孕前优生健康检查70对，提前超额完成了年度工作任务，一孩生育登记40例、二孩生育登记59例、三孩登记6例，审批6例，“4+1”家庭医生联包签约服务5830人。参加新型农村合作医疗达15144人，参合率99.16%。积极开展养老保险收缴、社保信息采集、待遇享受人员核对发放、死亡人员注销和丧葬费发放，严格票据整理核销，做到100%社保资金准确发放。城镇居民社会养老保险应参保人11416人，实际参保人11188人，参保率达到87.88%。严格落实惠农财政补贴“一册明、一折统”发放管理工作，确保所有惠农财政补贴由镇财政所通过信用社直接打到农户“一折统”，共发放各类惠农资金34项1301.8万元；进一步完善了强农惠农信息公开平台建设工作，信访事项及电子民生平台督办工作进一步加强，受理电子民生平台工单149件，按时办结147件，按时办结率98.66%，全县第三季度考核第一名；查办信访案件20起，办结率100%。全面完成了城镇低保和农村五保提标工作。重新审定了保障对象及补差金额，现有城镇低保户2户4人，农村低保1104户3485（其中一类对象99户142人，二类对象149户367人，三类对象487户1585人，四类对象369户1391人），五保户103户107人，享受低保人数占全镇农业总人口的23.1%。共申报城镇医疗救助43户44人次，发放救助资金20.33万元，申报临时救助33户33人次，发放救助资金25.68万元。

【安全生产】制定完善了安全生产应急预案及安全生产风险管控台账，积极组织相关单位在全镇范围内开展了安全生产、道路交通、森林防火、砂场、烟花爆竹、危险化学品和建筑工地危险物品等专项整治活动，全面排查整治各类安全隐患，全镇微企业有64户，其中危险化学品销售点3个、烟花爆竹销售点4个。通过政府微信平台，发送有关安全信息常识120余条；各村张贴悬挂宣传横幅95条，设置危险路段警示标志20块，购置道路交通安全警示背心200件、锥型桶60个、交通劝导员袖章200个、口哨200个，发放安全生产知识读本3400多本，通过宣传，降低了各类安全生产事故发生的风险，确保全镇人民群众生命财产安生。

【依法行政】积极组织开展大型法制宣传活动，对行政执法人员和村级干部进行相关法律知识培训，确保对村民的法制宣传教育工作顺利开展。在各村开展“学法、懂法、守法、用法”为主要内容的普法教育，提高广大群众的法律意识和法律素质。2018年以来，全镇共举办法制宣传活动5次，举办各类学法培训和讲座18场次，印发各类法律宣传资料1000多份，张贴各类标语60张。

**【食品药品监督管理】**发放《食品安全知识宣传册》《食品安全知识读本》《双安双创宣传单》3600余份；配合县食药局完成劳动力培训任务，配合镇综合执法所开展联合执法检查6次，对经营户约谈2次，办理一般程序食品案件12起，上缴罚款15550元。农业保险收缴。全镇成立农业保险收缴工作领导小组，并将县上下达的马铃薯保险2.4万亩，中药材保险0.35万亩的任务全部分解到各村，截至5月底全镇收缴马铃薯保险1.3万亩，完成任务数的54%，收缴中药材保险0.18万亩，完成任务数的51%。6月上旬将全面完成收缴任务。

**【生态环境建设】**完成镇级面山绿化1000亩，栽植云杉7万多株，各村完成村级面山绿化1300亩，栽植云杉10万多株，完成行道树栽植20公里，共栽植速生柳和云杉各2000株。在大寨子、瓦楼、烟雾沟、边家堡、乔家沟、红土庄六村完成退耕还林1300亩，栽植云杉13万多株，完成小流域治理1.5平方公里。严格遵守耕地保护红线，确保全镇耕地保有量不低于5642.64公顷，永久基本农田保护面积4997.43公顷。严格执行“3+”环境监管模式、“1+4”环境监管责任体系，深入贯彻“大气十条”“水十条”“土十条”规定，落实《定西市贯彻落实〈甘肃省生态环境保护工作责任规定（试行）〉实施细则》。积极开展全域无垃圾综合治理工作。全面推行“河长制”，累计出动执法人员83余人次，取缔占道经营3处，查处非法采砂案件1起，破坏林地用途案件1起，查处农用车非法载人10起，全域无垃圾治理巡查15次，制止乱停乱放15余起。组织群众对各自砂化、硬化道路及时进行边沟、路肩垃圾清理、路面清扫，组织养护员定期对辖区内农村公路开展养护工作，共完成49公里列养农村公路的养护工作，拉备砂1400多方。完成了20公里道路的部分水毁抢修，完成了农村道路养护任务。

## 上湾镇

**【概况】**上湾镇位于渭源县西部，南北长16公里，东西宽13公里，总面积108平方公里。全镇耕地38445亩，辖11个行政村，109个村民小组，4929户21419人。临渭高速和国道212线穿境而过，镇区距县城40公里，距临渭高速会川出口2公里。总面积108平方公里上湾镇地处漫坝河河谷地区，地势南高北低，漫坝河由南向北流经12公里，与临洮接壤。最高海拔（马脊山梁）2632米，最低海拔（文家坪）2060米。耕地面积47692.1亩，中药材、劳务、旱作农业、养殖为主导产业。上湾镇地处漫坝河河谷地区，地势南高北低，漫坝河由南向北流经12公里，与临洮接壤。最高海拔（马脊山梁）2632米，最低海拔（文家坪）2060米。大部分村社属二阴区川谷地带，气候温和，最冷月（1月）平均气温零下10 ℃，最热月（7月）平均气温17 ℃，年平均气温5.7 ℃。年降水量540毫米，无霜期140天。大部分地区土壤肥沃。粮食作物以小麦、豆类、洋芋为主，经济作物有党参、当归、胡麻、油菜等。建国初期，上湾隶属会川县第二区。1958年4月撤销会川县，上湾并入渭源县。至1983年9月为上湾人民公社，1983年9月以后更名上湾镇人民政府。2017年8月，根据《甘肃省民政厅关于定西市渭源县等4县20个镇撤镇改镇的批复》，上湾镇撤镇设镇，行政区域界线和政府驻地不变。全镇有水家窑、上湾、元树、尖山、杨家寺、侯家寺、朱堤、周家窑、常家坪、大庄、凡家rs湾11个行政村，共119个村民小组，4929户21877人，其中农业人口4929户21419人，非农业人口358人。镇属机关有信用社、电管站、水务站、邮政所、派出所、兽医站、卫生院、初级中学、上湾学区。全镇有党支部14个，其中村支部11个，机关支部1个，社会组织机构党支部2个，党员共计542名。群团组织有妇联、工会、团委等社会群团组织。镇政府设司法所、食药所、执法所、农路管理所、民政站、扶贫站、党建办、计生办、综治办等部门。全镇共注册各类中药材种植、苗木繁育、特色水产养殖业农民专业合作社、协会等28个。

**【产业资源】**通过“支部引领、项目资金撬动、合作经营联动、折股量化带动”等办法，规划建成集农家生活、民俗风情体验、花卉观赏、垂钓休闲等为一体的镇村旅游业，可带动农户58户户均增收1万元以上。依托镇区紧邻临渭高速出口和212国道的交通区位优势，规划建设占地50亩的集仓储、物流、餐饮、住宿、汽修等服务为一体的现代物流园区和占地20亩的农贸市场，可带动农户240户户均增收5000元左右。依托全镇5000亩优质沙棘林，采取入股分红形式政府注入产业资金500万元，建成沙棘加工厂，为144户建档立卡户连续3年每年分红3000元。同时，为搬迁户提供就业岗位80多个，拓宽了搬迁群众的增收渠道。规划建设占地50亩的休闲观光农业大棚、30亩的日光温室和150亩玫瑰园，主要发展草莓采摘、玫瑰和香菇种植，可带动农户142户户均增收2000元以上。充分利用光照充分的资源优势，为142户建档立卡贫困户建设户用分布式3KW光伏发电站，每年每户分红3000元。培育引进各类产业主体7家，走上了“土地流转保底、就地输转务工、合作经营增收、农户企业共赢”的发展路子，实现了土地流转获租金、就地务工挣薪金、合作经营得资金、折股量化分股金、光伏扶贫收年金的“一园生五金”产业扶贫收益，达到了易地搬迁“搬得出、稳得住、能脱贫、可致富”的目的。

**【城镇建设】**小城镇建设有序推进。建成了广场舞台、新农村和绿化靓化、环保车辆等配套设施。各村建成了宽敞明亮的村级办公场所，电脑、宽带、办公设备一应俱全。上大路、尖韦路、尖红路横贯全境。村社巷道硬化基本完成，达到90%以上。民居住宅在不断改善。

**【社会民生】**现有中学1所，小学9所，幼儿园1所，教师126人，在校学生1115人，初中小学辍学控制率达到2%内。有卫生院1个，职工23人，其中职业医生3人；综合门诊大楼1栋，住院部和院职工宿舍楼2栋。村建成卫生室11个，配备各类医疗器械、医用药品和医务人员，承担起全镇的医疗卫生、疾病预防和健康扶贫工作。全镇11个村119个社已经实现了自来水全覆盖，自来水入社率达到了100%、入户率达到了96%以上，安全饮水比例达到了100%；全镇119个社基本完成了农村电网改造，动力电覆盖率达到了80%；全镇11个村通村硬化路实现了全覆盖；46个社有35个社通了硬化路，自然村道路硬化率达到了76.1%。11个社19.357公里列入了道路改造计划；全镇11个村实现了宽带网络全覆盖，电视节目综合覆盖率达到100%，移动3G、电信3G手机信号实现了全覆盖。新建3个村级舞台，硬化3个村文化广场，全镇11个村实现了村村有文化广场，有文艺舞台，有图书室、书柜图书、文艺演出类的各样器材。全镇特困供养人员、残疾人事业、复退役人员动态管理、城镇最低生活保障管理、经济困难老年人、儿童关爱事业、老龄工作等各项工作有保障、有序地开展。有五保户85户90人，有城镇低保户15户20人，有农村低保户1508户4570人，有二代持证残疾人494人，经济困难老人有145人。通过造林绿化、美丽镇村建设、环境卫生治理等措施，提高群众环保意识，人居环境逐步在改善。

**【脱贫攻坚】**人口动态：四年来，累计减贫921户4058人（其中，2014年减贫246户1111人、2015年减贫211户909人、2016年减贫182户803人、2017年减贫282户1235人），2016年底返贫5户21人。2017年底全镇现有未脱贫贫困人口1039户3614人，贫困面从2013年度的

33.02%下降到17.16%。退出时序：经过反复调研，预定2018年脱贫退出2个村，其中建档里卡贫困村1个（周家窑）。一般非建档立卡贫困村1个（水家窑）。2019年脱贫7个村，其中建档立卡深度贫困村1个（杨家寺村）。建档立卡贫困村1个（朱堤村）。非建档立卡深度贫困村2个（尖山村、常家坪村）。2020年脱贫2个村，其中建档立卡深度贫困村1个（元树山村），非建档立卡深度贫困村1个（凡家岻）。扶贫措施：教育扶贫：全面落实义务教育“两免一补”等教育扶贫政策，通过改薄投资129.38万元为上湾中学新建校舍142平方米，室外运动场地硬化6620平方米，修建围墙143米；修建元树村村级幼儿园1所；为符合条件的贫困家庭学生全覆盖落实相关特惠政策。健康扶贫：完成凡家岻村健康促进模式改革工作，标准化卫生室覆盖行政村比率达到100%；相关计生优惠政策落实率100%。社会保障扶贫：一是全面落实新型农村合作医疗、城乡居民社会养老保险和大病保险政策，2017年全乡新型农村合作医疗参合率达到98.5%，建档立卡户参合率达100%，2016年新型农村社会养老保险参保率达到96.7%，建档立卡养老保险参保率达96.1%。二是严格按照标准落实农村低保五保政策，完成了农村低保提标工作，目前全乡共有低保户1539户4694人，五保户72户77人。劳务扶贫：2017年全镇建档立卡贫困户劳动力3571人，其中有培训需求的2547人，其中两后生技能教育培训78人、技能鉴定培训73人，创业意识培训28人，创业致富带头人培训6人，劳务品牌培训200人（其中品牌钢筋培训100人，品牌电焊工培训100人），劳动力素质提升食药流通培训38人，新型职业农民培训19人，农业实用技术培训300人，药材办中药材种植培训200人，旱作物种植培训300人，科技局农业示范培训51人，妇联家政示范培训4人，文广局培训9人，旅游局培训7人。金融扶贫：全镇累计发放精准扶贫贷款1040户5200万元，带动分红394户。建成互助增信11个，投入保证金370万元，发放互助增信贷款211户1014万元。电商扶贫：电商扶贫：计划协调移动公司在大庄村开通4G网络，全乡4G网络达到全覆盖，新建圆通通快递服务网点1家，同时代理申通、邮政各1家，结合国家电子商务进农村综合示范人员培训项目实施，计划培训电商人员35人次。生态扶贫：全镇聘用建档立卡贫困户62人担任生态护林员，年收入可达到7000元以上。公益扶贫：通过设置村级卫生清理、环保等公益性岗位，让建档立卡贫困户参加公益活动致富脱贫。

## 麻家集镇

【**概况**】麻家集镇坐落于洮河之滨、南屏山麓，平均海拔2105米，年降雨量523.5毫米，年平均气温5.7 ℃。距县城66公里，东北与上湾镇相连，南与峡城乡毗邻，东连田家河乡，西北与临洮县南屏镇接壤。耕地30560亩，林地17784.8亩，退耕还林面积1900亩，森林覆盖率18.8%。主要粮食作物有马铃薯、小麦、玉米等，经济作物以当归、蚕豆为主。辖10个行政村88个村民小组，3772户16757人，有建档立卡贫困村5个，其中深度贫困村3个。有建档立卡贫困人口1673户6843人，其中2014年脱贫223户996人，2015年脱贫221户948人，2016年脱贫128户607人，2017年脱贫187户869人，2018年脱贫235户1006人。有未脱贫户679户2417人，贫困发生率14.42%，其中一、二类低保户392户1116人，占未脱贫人口的46.26%，兜底户111户211人，兜底率为18.9%。

【**项目建设**】招商引资项目9项，签约资金5542.7万元，占任务的110.85%。争取到新建项目21项，建设资金5302.75万元。完成自来水入户工程75户，全镇自来水入户率为94.5%，自来水村社覆盖率达100%，建档立卡户安全饮水比率达100%。严格按照“一申、二评、三核、四批”程序规范操作，严把工程质量，加强监督检查，完成危房改造167户，竣工率达100%。

**【产业发展】**在毗达村和塄坎村分别建成1000亩农业科技示范点2个；在袁家河村建成马铃薯标准化生产示范基地1个；在塄坎、毗达、袁家河村建成万亩中药材标准化种植示范片带1个；全膜双垄沟播玉米种植4000亩；牛、羊、猪、鸡饲养量分别达到3500头、12000只、10000头、10万余只。

**【基层党建】**以提升组织力为重点，聚焦党支部建设标准化工作的各个环节，列出时间表、制定路线图，反复学标议标；广泛开展自查自纠，倒排工期逐项立标整改，坚持每月部署推进、每季度督查检查、随机明察暗访，以常抓问题整改促进工作落实。突出支部特色，拉高争创标杆，精心打造袁家河、乔家滩、土牌湾3个标准化示范点，以示范效应带动其他各党支部围绕争创规范全面达标。

**【队伍建设】**调整党支部书记2名，培养储备村级后备干部50名，发展党员11名，培养入党积极分子14名。切实用标准化规范解决路西村党支部服务意识差、服务能力弱、群众意见大等突出问题。紧扣全镇脱贫攻坚工作大局，精准选派28名党员干部到村担任帮扶队员，协助第一书记在建好班子、抓好队伍上理思路、出实招。筹集资金70多万元，高标准完成塄坎和土牌湾村活动阵地的新建和扩建，购置办公设备和食宿用品，改善村级办公条件和驻村帮扶队生活条件。

**【美丽乡村建设】**开展人居环境整治和以清除“四旧”（废旧房屋、废旧墙壁、废旧杂物、废旧设施）、建设“四化”（道路硬化、环境美化、乡村绿化、人居环境亮化）为主题的美丽乡村建设，全镇8个村40个村庄1700多户8000多人参与建设，参与面占全镇总户数的46%，全镇的村容村貌得到极大改善，人居环境和人民生活水平明显提高。完成了袁家河村美丽乡村“千村示范村”和村文化广场建设、塄坎村村级活动场所、村文化广场建设。开展全域无垃圾综合整治行动，建立健全执法巡查督查、镇区卫生日常保洁和垃圾处理等长效机制，对镇区、公路沿线、各村及其他重点区域加强日常巡查，配备垃圾车3台，垃圾箱12个，垃圾桶264个，完成了垃圾热解站建设。

**【作风建设】**以“作风转变提升年”活动暨“脱贫攻坚作风建设年”活动为载体，切实抓紧抓好“两学一做”学习教育常态化制度化，进一步加强干部作风建设。投入2.6万余元改建镇便民服务大厅及10个行政村的便民服务站，购置了办公设备，更换了版面，建立了麻家集镇党务政务电子查询平台。认真办理人大代表建议和议案，积极推进惩治和预防腐败体系建设，落实党风廉政建设责任制，严格执行中央“八项规定”和省市县有关规定，以政府采购、项目建设、工程招投标等领域为重点，健全监督管理制度，严肃财经纪律，严格执行财政预算制度，“三公”经费支出同比下降。

**【生态环境建设】**采取“项目带动、企业投资、政府实施”的措施，全镇完成面山绿化2000亩任务。完成历年补植补造1000亩，补栽苗木约15000株；退耕还林补植补造500亩，栽植苗木11000株；行道树栽植40.1公里，栽植苗木12778株。

**【社会事业】**全镇高标准、多功能村级活动场所达100%；通讯普及率达100%，电视节目综合覆盖率达100%；九年义务教育巩固率为95.8%，学前三年毛入园率95.51%，其中精准扶贫户学前三年毛入学率达到98.5%。发放农资综合补贴、草原奖补、生态公益林补偿、农作物良种补贴、农村低保五保供养、优抚、计生扶助、危房改造资金等共计1736.28万元。完成了城乡低保、五保提标工作，共有低保户1196户3957人，占全镇农村人口总数的24.08%，城镇低保户29户42人，五保户70户73人。新型农村合作医疗参合率97.3%，建档立卡户参合率达100%，城乡居民养老保险参保率达93.68%，建档立卡户参保率达100%。

【社会管理综合治理】综治、禁毒、维稳、反邪教、食品药品、安全生产、环境卫生综合治理等工作取得新进步，有效地维护了社会稳定。加大宣传力度，增强群众防火意识，尤其是严防清明前上坟祭祀火灾事件发生。持续完善社会矛盾排查预警、调处化解和重大决策社会稳定风险评估制度，依法有效预防和化解矛盾纠纷。提高运用法律推动信访工作水平，建立健全领导接访制度，引导群众依法维权和化解矛盾纠纷。收到来信来访案件6件，已全部办理答复；接县民生办批转上访事项109件次，共办结109件次，办结率达到100%，满意率达96.3%。落实安全生产“党政同责、一岗双责、失职追责”制度，重点对建筑工程、道路交通、烟花爆竹等行业领域和人员密集场所进行安全监管，消除影响社会安全稳定的风险隐患。完善并全面落实“河长+警长”部门联合执法等11项制度，对宗丹河、陆家沟河和八戒河区域进行了集中清理。调解矛盾纠纷112起，办理电子民生平台事项109件。全面落实两孩政策实施工作，加强出生人口监测，提高统筹解决人口问题能力，确保全镇计划生育工作健康稳定发展。

【社会民生】完成了城乡低保、五保提标工作，共有低保户1196户3957人，占农村人口总数的24.08%，城镇低保户29户42人，五保户70户73人。新型农村合作医疗参合率97.3%，建档立卡户参合率达100%，城乡居民养老保险参保率达93.68%，建档立卡户参保率达100%。通过“两后生培训”“东西协作扶贫培训”“就业技能培训”“农业实用技术培训”等培训项目，开展培训19场6399人次。通过“东西部协作”项目实现福州晋安区劳务输转就业35人；到新疆生产建设兵团第一师阿拉尔市十四团移民搬迁8户28人；完成劳动力技能鉴定168人，发放培训证1423户。

【脱贫攻坚】动态管理和贫困退出方面：按照“应纳尽纳”“应退则退”“应扶尽扶”的要求，新纳入13户40人，返贫8户37人，误剔除重新纳入3户11人。对全镇符合条件的贫困村、贫困户按照贫困村退出4项指标、贫困户退出6项指标进行逐村、逐户、逐项核查验收，通过乡村初验、部门数据比、市县验收后拟退出235户1006人。四沟村的贫困发生率、产业发展、基础设施、基本公共服务等四项指标经通过乡村自评、市县验收均已达标并通过退出验收。产业助推精准扶贫方面：1.产业带动类。各类入股1435万元带动贫困户882户，其中中药材带动40户，马铃薯带动69户，蔬菜带动15户，扶贫车间带动80户，光伏带动共525户（其中东西部协作光伏带动125户），400户光伏带动通过参加公益劳动获取每年3000元的劳动报酬。2.种植奖补类。对在马铃薯、中药材、蔬菜等经济作物种植和新技术新品种推广上合理扩大种植面积的按照奖补方案进行补贴，全镇共享受种植业补贴资金为34.2万元，涉及贫困户325户（其中中药材补贴27.76万元受益户152户，马铃薯补贴2.88万元受益140户，蔬菜补贴3.56万元受益33户）。3.养殖奖补类。全镇新建、改建圈舍379座，为462户贫困户引进良种牛462头（其中东西部协作帮扶80头）；为7户贫困户发放良种羊43只、1户贫困户发放猪10头、20户贫困户发放中蜂105箱（其中，东西部协作帮扶18户90箱）。“一户一策”制定方面：完成“一户一策”921户3448人，其中未脱贫914户3422人，已脱贫需巩固提升7户26人，在制定一户一策过程中严格按照省市文件精神及“一户一策”精准脱贫计划填写说明要求，进村入户对接户内需求，分析困难和问题，对症下药，制定符合贫困户实际发展需要的“一户一策”精准脱贫计划。帮扶工作方面：省市县各级帮扶单位充分发挥统筹协调、合力联动职责，分批次、有计划进村入户开展经常性常态化帮扶工作。各帮扶责任人充分履行各自职责，积极参与“一户一策”制定完善、产业扶贫及政策落实明白册（卡）填写、基础设施建设、产业奖补政策落实等工作。省市县各级帮扶单位通过提供物资、帮扶资金、协调落实项目等方式，共协调争取落实项目、筹措资金和提供帮扶物资1026.0389万元（其中省直865万元、市直14.26万元、县直146.7789万元），积极投身脱贫攻坚帮扶事业，形成了齐抓共管、争创一流的浓厚氛围。党建保障脱贫攻坚方面：积极推进党建工作与脱贫攻坚的有机结合，全面落实党委、党支部主体责任，把精准扶贫、精准脱贫作为党建工作的重要内容和目标任务，通过结合党支部建设标准化工作的开展，充分发挥党支部政治引领和党员的先锋模范带头作用，全面推动基层党建在脱贫攻坚中的保障和推动作用，使基层党支部和广大党员真正成为脱贫攻坚的先锋队。

## 峡 城 乡

**【概况】**峡城乡位于渭源西南部，距县城69公里，东南连卓尼县，西北接临洮县，西南与临潭、康乐隔河遥望。地形呈南北狭长、东西较窄走向。多以高山丘陵、草原草甸为主，河谷平地为辅。北连海甸峡、南近九甸峡、西临冶木峡、东贯磨沟峡，峡城因“四峡环城”而得名，总面积约72平方公里。魏晋南北朝时便有城郭雏形和各民族文化交流，约有1600年悠久历史，是西北通向巴蜀等地茶马古道、丝绸之路的必经之地，现峡城卫生院为原北城古遗址，南城根现还留一些残垣断壁。当地发掘出人类早期活动的瓦窑遗址、三国古战场和姜维脱甲遗址（现脱甲山）、有刘基造访过的康家村灵芝口山，历史悠久的磨沟峡石刻和20世纪60年代初的引洮渠残痕。峡城常年气候温暖湿润、无霜期长、日照充足。境内河流纵横，水力充沛，水域面积约4300亩。洮河横贯全境16公里，流经4个村（峡城、祁家寨、门楼寺、秋池湾）。境内洮河上建有大型电站4座（莲麓、峡城、吉利、海甸峡）；磨沟河穿境9.3公里，流经3个村（脱甲山、杨庄、峡城），河上建有小型梯级电站2座，所发电全部并入大电网。有草场、森林、草甸和藤条、阔叶、针阔混交林等丰富的草场、森林资源。现有林地面积4.18万亩，人均1.81亩左右。境内盛产鲜蕨菜、卧龙头、苜蓿等山野菜和重楼、猪苓、金银花、淫羊藿、野柴胡、藏红花、野黄芩等多种野生中药材。动物种类繁多，有洮河鱼、金鳟、虹鳟、中华鲟、冶木鱼、石花鱼、双唇嘴鱼和七彩鲑等类别。有梅花鹿、蕨麻猪、娃娃鱼（大鲵）、野牦牛，野山鸡、乌鸡、珍珠鸡和各种鸟类。境内有“船崖巨舫”、百年古树、海甸漂流、洮河古渡、“石人东望”、锁链之桥、九甸盛景、磨沟幽谷。毗邻冶力雄关、白石积雪、莲花奇峰和南屏林海涛、茫茫天窗山等旖旎俊秀的自然景色。铺满河床的各种形状各异、色彩斑驳、钟灵毓秀，自然天成的洮河石子。峡城原生态资源丰富，距冶力关镇（国家4A级森林公园）—莲花山森林公园—甘南大草原景区（桑科草原）—玉井秀峰湿地公园旅游经济圈1小时左右车程。洮河有悠久的洮岷、河湟花儿、各种庙会山场、多样刺绣纸剪、灵巧的手编山货、洮河奇石加工等多样民间文化和独具风格的特色小吃。全乡有杨庄、脱甲山、大林、峡城、康家、祁家寨、门楼寺、秋池湾等8个自然行政村，共46个村民小组，2249户9127人（其中农业人口8716人，非农业人口386人）。乡属机关有信用社、电管站、水务站、造林站、邮政所、派出所、兽医站、卫生院、峡城中学、峡城学区、中心小学等11个单位。有党支部11个，其中村支部8个，机关支部1个，社会组织机构党支部2个。党员共计422名。群团组织有妇联、工会、团委。乡政府下辖司法所、食药所、执法所、农路所、民政站、扶贫站、党建办、计生办、综治办等部门。注册各类中药材种植、苗木繁育、特色水产养殖业农民专业合作社、扶贫协会等28个。

【经济综述】全乡耕地面积为15425亩，山地占80%以上，土地确权后总数26595亩，人均3.07亩。主要作物有小麦类、豆类、油料类，马铃薯、玉米、荞麦、燕麦、中药材等作物。2019年中药材达7302亩（其中柴胡2863亩、党参1318亩、黄芪1750.5亩、当归1053.6亩，其他中药材316.9亩），小麦5580亩、豆类3089亩、马铃薯5584.5亩、油料2477.6亩，玉米1153.5亩；劳务产业是当地群众收入的主要支柱，占到收入的60%以上。脱甲山、大林、杨庄、康家4个村形成了以黄芪、党参、柴胡为主的中药材种植带，面积约4833亩左右；在祁家寨、峡城、门楼寺、秋池湾4个村形成了以柴胡、黄芪、黄芪等为主的中药材种植；今年在洮河沿岸的峡城、祁家寨、门楼寺、秋池湾等4村，推广栽植金丝皇菊129.57多亩，预计受益群众398户。养殖以养羊、养牛为主，主要集中在杨庄、大林、康家、脱甲山、秋池湾等5个村。肉牛饲养量达到597多头，肉羊饲养量达到2015多只；在洮河沿岸峡城、祁家寨、门楼寺、秋池湾4村网箱养鱼业逐渐兴起，养殖水域面积达到了104.5亩以上。各种鱼类存栏量达到了97.8万尾，估算年利润可实现400多万元。网箱养鱼产业链中收益的群众达到了76多户，养殖业收入约占到45%左右；秋池湾、祁家寨、门楼寺、峡城村引进金丝皇菊示范种植达129.57多亩；脱甲山村种植油用牡丹、藜麦种植138.8亩；杨庄村林区新建成露天网格养殖场1个，占地面积约50亩，投放野鸡苗500余只。

【救灾重建】改造农村C、D级危房1137户，投入资金达1423.93万元。全乡农民居住环境极大得到改善，各村设有垃圾处理点和环保型垃圾箱，有公益性村社保洁员，定时清理分选和处理。通过易地搬迁，插花安置，危房改建等方式，使困难群众居住条件，生产条件，生活状况显著提高。

【城乡建设】建成了广场舞台、新农村和绿化靓化、环保车辆、塑胶球场、景区建设等基础配套设施大为改观。各村都建成了宽敞明亮的村级办公场所。并配备了电脑、打印机配置、接通了宽带网络、办公桌椅等设备一应俱全。沈峡（会川沈家滩路口至峡城段正在铺油造面改造阶段）、峡海（峡城至海甸峡）公路横贯全境。通过洮河大桥（峡城村磊滩大桥）与临夏、甘南两州互联互通，融为一体。乡村社巷道硬化基本完成，达到%96以上。民居住宅条件、住宅环境在不断改善。全乡8个村46个社已经实现了自来水全覆盖，自来水入社率达到了100%、入户率达到了92%以上，安全饮水比例达到了100%；全乡46个社全面接通了了农村电网，全覆盖式动力电改造全面完成；全乡8个村通村硬化路实现了全覆盖；46个社有9个社通了硬化路，自然村道路硬化率达到了81%。全乡8个村实现了宽带网络全覆盖，电视节目综合覆盖率达到100%，移动4G、电信4G手机信号实现了全覆盖。通过造林绿化、“四旁”绿化、美丽乡村建设、环境卫生专项治理等措施，提高广大群众环保意识，力争打造一个宜居宜游的洮河岸边依山傍水的小城镇。

【社会事业】教育事业：小学5所，中心小学1所。在校学生达539人，教师64人；有中学1所，在校学生214人，教师24人；幼儿园4所，其中峡城幼儿园、脱甲山幼儿、门楼寺幼儿园为公办，杨庄幼儿园为民办；入园学生216人，设学前班5个，学生81名；峡城中学占地面积约17亩11790平方米，教师24人（其中支教老师3人），男教师11人、女教师13人；有7～9年级6个班214名学生。教学大楼、寄宿生宿舍楼、教师宿舍楼、实验楼各一栋、学生餐厅一座。校园操场、浴室、围墙、厕所、门卫室、校门等配套设施2018年底全部竣工。全乡没有辍学的义务教育阶段学生，义务教育巩固率100%，适龄儿童入园率100%。医疗事业：有卫生院1个，职工18人，其中职业医师6人；综合门诊大楼三层1栋，住院部和职工宿舍楼各1栋。村级建成卫生室8个，配备各类医疗器械、医用药品和8名医务人员，承担起全乡的医疗卫生、疾病预防和健康扶贫工作。新建3个村级舞台，硬化6个村文化广场，全乡8个村实现了村村有文化广场，有文艺舞台，有村阅览室、书柜图书架、文艺演出类的各样器材用品。

**【民生事业】**全乡养老保险应参保4684人，已参保3886人，参保率82.96%，1346人正在享受待遇金。医疗保险参保率达到98.36%，其中建档立卡户达100%。全乡特困供养人员、残疾人事业、复退役人员建档动态管理、城乡最低生活保障管理、经济困难老年人、儿童关爱事业、老龄工作、困境儿童等各项工作有保障有序地开展。有五保户67户69人，城镇低保户4户8人，农村低保户428户1349人，二代持证残疾者253人，经济困难老人有64人，建档立卡户285户贫困户享受最低生活保障。全部进行动态化管理，达到应进尽进，应退尽退。

**【脱贫攻坚】**全乡现有建档立卡贫困村4个（脱甲山、康家、大林、秋池湾），其中市级深度贫困村2个（康家、大林），有非建档立卡贫困村4个（峡城、杨庄、祁家寨、门楼寺），其中深度贫困村3个（杨庄、祁家寨、门楼寺）。现有未脱贫户225户695人，贫困发生率8.02%。市级帮扶单位1个，市财政局帮扶秋池湾、脱甲山、康家3个村；县直帮扶单位3个，分别为县环保局、县综合执法局、县计生服务中心帮扶联系5个村；市级联系领导3名，联系秋池湾、脱甲山两村，县级联系领导4名，联系其余6个村。市级帮扶干部36名，联系贫困户76户，县级帮扶干部52名联系贫困户208户，乡镇帮扶干部64名联系贫困户389户。2013年建档立卡贫困户673户2669人，贫困发生率30.75%，2014年脱贫102户461人，2015年脱贫69户330人，2016年脱贫26户119人，2017年脱贫106户499人。2018年脱贫145户571人。教育扶贫：教育普惠、特惠制政策全面落实，新增“两后生”培训实现全覆盖，落实“两后生”补贴14人次，“雨露计划”14人。健康扶贫：8个村建成卫生室全面建成，医疗保险参保率全乡达到了98%，建档立卡户100%，673户贫困户2669个患病人口录入健康扶贫系统，并全部享受了医疗救助政策。社会保障扶贫：养老保险续保率达到82.96%，1346人领取养老保险金。兜底脱贫51户84人。劳务扶贫：劳务收入占到全乡人均纯收入的60%以上。各类培训总816人。通过各种渠道共输出劳动力1611人，其中贫困户劳动力481人，实现劳务收入3640万元。抢抓新疆建设兵团转移就业安置和福建晋安区东西部协作劳务输转发展机遇，迁户、分流来增加收入。金融扶贫：累计发放精准扶贫贷款361户1805万元，带动分红120户。建成互助增信8个，投入保证金280万元，发放互助增信贷款95户470万元。电商扶贫：电商累计达到了23家，在峡城街道建成电商物流服务点1个，招募电商合伙人8个。生态扶贫：聘用建档立卡贫困户48人担任生态护林员，年收入可达到4500～7000元以上。公益扶贫：通过设置村级卫生清理环保等公益性岗位，让建档立卡贫困户参加公益活动致富脱贫。“一户一策”帮扶计划的制定工作做到“四个衔接”，即户上的情况衔接、大数据平台衔接、脱贫攻坚方案衔接、本乡产业培育衔接；靠实“四个责任”，即帮扶干部、村社干部、驻村工作队、乡扶贫站干部的责任；通过驻村工作队员入户谈心走访，来制定切合农户实际的帮扶计划与帮扶措施。

## 田家河乡

**【概况】**田家河乡位于渭源县西南部，距县城47公里，沈峡公路、田麻公路穿境而过，总面积67平方公里，耕地面积2.92万亩，人均2.7亩，林地1.8万亩，草场3.4万亩，平均海拔2300米，属高寒阴湿气候。全乡辖8个行政村72个村民小组2623户11046人，其中非农业人口226人。中药材（百合）、马铃薯、劳务、养殖、乡村旅游是全乡的支柱产业，光伏发电、电子商务等新型产业初具雏形。全乡有建档立卡贫困村5个，建档立卡人口908户3577人（2018年未脱贫户自然消亡4户4人），已脱贫648户2752人（2014年171户747人，2015年165户715人，2016年54户247人，2017年87户409人，2018年171户634人），其中发展生产脱贫621户2700人，易地搬迁脱贫4户19人，生态补偿脱贫25户25人，发展教育脱贫213户274人，社会保障兜底脱贫27户52人。2018年全乡农民人均可支配收入达到7456元，建档立卡户人均纯收入5213元。

**【脱贫攻坚】**全乡上下以扶贫攻坚统揽工作大局，紧盯到村六大项、到户四大项考核指标，逐村逐户调查摸底，围绕到户到人，认真开展“一户一策”精准脱贫，突出产业扶贫，以水、电、路、房、网、农村环境整治等为重点，认真排查问题和短板，全面整改脱贫攻坚突出问题。国扶办、市供销社等10个帮扶单位278名干部联系8个村909户建档立卡贫困户，2018年预脱贫171户636人，贫困发生率7.53%。2018年农民人均可支配收入预计达到8112元，相较2017年的7288元同比增长11.3%，贫困人口人均可支配收入4213元，同比增长9.71%。产业到户方面：一是“折股量化带动分红”349户，其中东西部光伏带动40户，马铃薯带动34户，中药材带动60户，蔬菜带动15户，食用菌带动10户，金鸡项目带动190户，发放股权证119本。二是筹资118.34万元（其中财政奖补资金102.194万元，农户自筹16.146万元）引进良种牛74头，引进良种羊77只，引进中蜂65箱，覆盖贫困户92户，新建圈舍21户；并与农户、供种企业签订了三方托管协议，户均补助达1.065万元。三是种植业到户奖补贫困户数379户1331人，补贴面积668.55亩，补贴资金44.2544万元，户均补贴0.12万元。四是累计发放互助增信贷款194户852万元；精准扶贫专项贷款487户2411万元（其中个人类295户1451万元，带动类192户930万元）；小额信贷54户249万元，精准扶贫专项贷款个人类到期还款207户2411万元。安全饮水方面：共接通自来水2328户，覆盖率为88.75%，饮用水为井水的83户，集中供水点17户，泉水195户，安全饮水实现全覆盖。其中建档立卡贫困户饮水安全率达到100%。针对香卜路、新集、汤尕沟、田家河、韦家河等5个村出现自来水水源不足，供水不稳定现象，衔接县水务部门实施巩固提升项目，进行管线改造，确保人畜饮水正常。动力电改造方面：改造西沟村台子社、生地湾社动力电1.9公里，香卜路村烂泥沟社动力电改造已完成线路放线，动力电覆盖率达到98.45%。危房改造方面：实施危房改造1292户，共发放补助资金1535.29万元，排摸存量危房78户，建成75户并通过县级验收，2户列入2019年危房改造计划，全乡基本实现居无危房的目标。易地扶贫搬迁方面：2018年全乡易地扶贫搬迁18户79人，共计补助456.146万元，人均补助5.774万元，均为进城安置，1户已入住，9户正在装修，8户期房正在建设。农村环境整治方面：建立“户分类、村收集、乡转运”的垃圾集中处置模式，聘用公益性岗位62人负责环境卫生日常清洁，健全“日产日清”长效机制；督促各村全面落实门前“五包”责任制，不断强化农村环境治理成效，改善人居环境，提升全乡群众生活幸福感。累计印发全域无垃圾宣传单3000余份，推送环保小知识200多条；整治活动参与人数达2000余人次，整治乱贴乱画乱堆乱放现象30余处，拆除各类违章棚建、破旧房屋6间；制作宣传广告牌15块，悬挂宣传横幅30条。文化广场方面：文化广场8各村达到全覆盖。医疗卫生方面：实现标准化卫生室全覆盖，配齐了有执业资格的乡村医生，养老保险和医疗保险参保率分别达到98%和99.02%，建档立卡贫困户参保率达到100%。继续帮扶计生特扶家庭，实施家庭医生签约服务，乡村医疗卫生水平稳步提高。参加基本医疗保险共10431人，参保率为99.21%，其中建档立卡贫困户共参保3577人，参保率为100%。2018年建档立卡户中住院报销共676人，报销242万元，报销比例均达到85%以上。特殊门诊慢性病196人，报销7.89万元。建制村通网络方面：改造提升网络设备5处，8个行政村均接通了有线宽带，4G网络覆盖率达到100%。农民专业合作组织方面：成立了田家河乡裕兴农投公司和农机、种植、养殖3个乡级联合社，运营良好的合作社达46家，其中村委会主导的合作社19家，实现909户建档立卡户全覆盖纳入，每户入股300元，已享受保底分红收益30元，人均增收300元。对符合补助条件的韦家河村种植专业合作社、高石崖村种植专业合作社，每个合作社补助资金10万元，共计20万元，现已实施完工，并通过验收。集体经济收入方面：结合各村经济发展基础，深入推进“三变”改革，对村集体所有“三资”进行清产清资。筹资349万元，收回香卜路村村级光伏电站，村级收益达8万元，投入资金410.6万元的高石崖、韦家河两个村级光伏电站完成主体建设，田家河村光伏发电项目并入会川园区带动，高石崖村的省管党费30万元已入股甘肃东海高科现代科技有限公司。集体经济收入5万元以上的村已达到5个。

**【项目建设】**高石崖、韦家河村光伏电站已完成主体建设。投资672万元的大石头河旅游道路建设完成建设任务；2017年第二批下达道路硬化12公里，其中4公里已完成沙垫的铺设，8公里已完成水稳铺设；2018年第一批下达道路硬化8.5公里和巷道硬化5.1公里，正在组织招标中；投资400万元的街道改造项目已完成初设；投资300万元的省级美丽乡村建设项目已完成可研编制和上报。香卜路惠民种养专业合作社组织实施的投资157.1万元的香卜路村世行项目已竣工投产；投资200万元的鹌鹑养殖项目已投产；投资380万元的香卜路村国扶办扶贫监测村产业发展项目已完成可研的编制和上报。投资30万元元古堆村特色旅游小镇建设，已完成招标，正在建设；投资10万元的元古堆停车场正在组织设计，投资30万元村党建文化广场于7月底建成并投入使用；投资10万元的大石头河旅游厕所完成建设。投资118万元的田家河乡垃圾处理厂，正在进行设备安装。

**【产业发展】**种植业方面，全力打造了1个马铃薯培育产业村（香卜路村）、3个中药材培育产业村（香卜路村、高石崖村和韦家河村），稳定中药材种植面积1.5万亩，其中中药材标准化生产基地0.8万亩；保持马铃薯良种1.3万亩，其中原种扩繁基地0.3万亩。养殖业方面，采取“企业（合作社）+农户”的模式，以发展肉羊和南山放养虫草鸡养殖为重点，大力发展养殖企业、联户养殖小区和规模养殖户，全乡共有养殖小区、企业、合作社41个，扩建养殖小区、企业、合作社4个，新增家庭养殖户9户。劳务输转方面，以提升群众自身发展能力和实力为目标，进一步转变扶贫方式，推动“输血扶贫”向“造血扶贫”转变。全乡完成农民实用技术、劳动技能等培训1000人次，其中建档立卡户580人次。积极组织动员有意愿的农户赴晋进疆务工，累计输出劳动力1450人次，其中精准扶贫户423人次，实现务工收入3350万元，年人均增收2万元，达到了“输转一人、就业一人、脱贫一户”的目标。乡村旅游方面，通过招商引资开发建设生态旅游度假村，建成游客接待中心1处、客房10间，新建农家饭庄1家，红歌大本营1处，民宿7家，乡村陈列馆1座，在渭河源大景区开设扶贫公益特产和纪念品专卖店1个，辐射带动周边农户增收致富。7—9月份民宿已接待240余人入住，收益约2万元，其中80%归群众所有，20%归村集体所有。光伏产业方面，投入帮扶资金40万元，以户均1万元的入股资金折股量化入股到高石崖、韦家河两个村级光伏电站；电商产业方面，建成村邮站8个，新建中药材、土特产网店

2家，全乡网店总数达到28家，网店均正常运营，实现销售收入21万元。生态扶贫方面，聘选贫困人口生态护林员20名，每人每年发放补助7000元。

**【生态环境】**生态建设方面，完成面山绿化1800亩，高石崖村面山绿化精品点1000亩，其余7村共完成面山绿化800亩；绿化道路10公里，栽植行道树苗木云杉2120株，速生柳2000株；在汤尕沟村实施新一轮退耕还林300亩。进一步加强封山禁牧和护林防火工作，与8个村签订了封山禁牧责任书，成立了110多人的封山禁牧管护队伍，广泛开展封山禁牧政策和护林防火知识的宣传，有效地防止了森林火灾的发生。美丽乡村建设方面，加强"河长制"工作，在辖区内河流两旁醒目处全部设置了河长制公示牌和警示牌，其中县级公示牌2块，乡级公示牌2块，村级公示牌4块。乡级共巡河30次，村级河长完成了每月3次以上的巡河任务，河沟道巡河员、保洁员及社会监督员各自按照职责，对河沟道垃圾乱扔、乱堆、乱放加强了日常监管。杜绝了"六乱"行为发生，实现了河沟道"七无一增"和"河畅、水清、岸绿、景美"的总体目标。投资300万元的省级美丽乡村建设项目，已完成可研编制和上报。

**【社会民生】**着力促进教育资源均衡配置、医疗服务水平提升、农村低保规范运行、养老保险全面推进，切实发挥好政策兜底扶贫作用。投资95万元的韦家河村、汤尕沟村幼儿园、投资272.65万元的田家河村小学和汤尕沟村小学教学及辅助用房、投资200万元的田家河中学教师周转房建设项目已全部竣工。共计享受"雨露计划"两后生培训29人，人均1500元；享受省内高职（大专）免除学杂费20人，人均5000元；享受生源地助学贷款45人，共计26.235万元。养老保险参保7368人，参保率达到98.5%；医疗保险参保10212人，参保率达到99.02%。进一步健全弱势群体帮扶机制，现有低保人口486户1910人、特困供养人口106户111人，累计发放农村低保金435.15万元，特困供养救助资金57.49万元，发放临时救助73户245人25.56万元。

**【综治维稳】**坚持领导干部下访制度，落实群众信访诉求"一册通工作法"，积极开展矛盾纠纷排查调处，坚持开展"四无"乡镇创建活动。共接待群众来访24起，成功处理24起，排查矛盾纠纷125起，调处125起，无赴省进京越级上访情况发生。扫黑除恶有序推进。

**【安全生产】**坚持"党政同责、一岗双责、齐抓共管"的原则，层层签订责任书，落实安全生产月度例会制度、不定期督查工作机制。不定期对辖区内生产企业进行安全生产大检查，发现隐患立即督促整改到位。加大了森林防火宣传和巡查力度。一年来召开全乡安全生产工作暨安委会全体（扩大）会议4次，安全生产工作专题会议7次，投资2万元建成12平方米的乡级劝导站1处，安装视频监控系统7个，共发放责令整改通知书30份，发现安全生产、道路交通、消防等安全隐患53处，整改34处，整改率达64.2%。制定了食品药品安全应急预案，举办了三期食品药品从业人员培训班；开展农村自办宴席登记备案。全乡全年无安全责任事故发生。

**【作风建设】**扎实推进"两学一做"学习教育常态化、制度化，牢固树立"四个意识"，狠抓政府自身建设，切实推进"放管服"工作，机关形象进一步转变，发展意识进一步增强，工作作风更加务实，服务能力得到加强。全面落实党风廉政建设责任制，严格控制经费使用，机关管理水平进一步提升。严格执行党务、政务、财务公开制度，实施阳光监督。

## 会川镇

**【概况】**会川镇位于渭源县西南部，北距省城兰州市117公里、临洮县25公里，东距县城渭源35公里，国道212和316线交汇贯穿，兰海高速临渭段途经会川并设有出口，交通便利，区位优势明显，是古丝绸之路的主要交通要道和商埠重镇。全镇总面积127平方公里，辖22个行政村，1个居委会，209个村民小组，10110户4.4万人，耕地10.29万亩，草地4.6万亩，林地2.2万亩，属温带大陆性气候，为高寒阴湿地区，年平均气温5℃，年降水量580毫米，无霜期131天，土壤肥沃，土层深厚，适宜马铃薯和各种中药材生长。镇区规划面积为10.06平方公里，现已形成“三纵三横”道路网框架，镇区主街道实现集供水、供热、供气、通讯、排水“五网合一”的道路管网改造，城镇化品位高，功能完善。曾设会川县，是渭源县南部6个乡镇及定西市漳县、甘南州卓尼县部分乡镇的区域经济文化中心，为“中国马铃薯良种之乡”、全省十大名镇，县二中和县二院均位于会川镇区，资源优势独特。洮河支流漫坝河自南向北流经全境，罗家磨村黄香沟境内的生态无人区漫坝河，为渭源北部农村饮水安全项目工程水源地，水资源优势明显。境内太白山，有“小华山”之称，是渭水源国家级森林公园景区之一。

**【国民经济和社会发展】**全镇上下深入学习贯彻习近平新时代中国特色社会主义思想和党的十九大精神，以脱贫攻坚统揽经济社会发展大局，坚持抓脱贫、扩项目、稳增长、促改革、惠民生，努力打造“全省特色经济强镇和全县区域经济文化中心”。全镇国内生产总值达7.68亿元，同比增长4.2%，固定资产投资达到7.2亿元，同比增长1.8%；农民人均可支配收入达到7464元，增长7.5%；工业增加值由2017年的1.27亿元增加到1.53亿元，年平均增速达12.6%，全镇社会稳定，经济社会各项事业健康发展。

**【经济管理与监督】**坚持谋划争取和建设同步推进，打出一套抓项目促投资组合拳，项目支撑显著提升。资金争取方面，重点从易地扶贫搬迁、危房改造、会川镇城区生活污水处理工程等已储备项目为抓手，加大资金争取力度。紧紧围绕棚户区改造、产业开发、生态环保等政策投资领域，精心谋划项目，并积极开展项目调查摸底、方案编制、项目申报等工作，主动衔接争取资金。争取到位资金5849.2万元，占年度任务2500万元的233.96%。项目建设方面，共谋划实施项目6项，总投资11.84亿元，投资8.6亿元的会川镇青年路棚户区改造一期工程已完成安置房屋主体工程；投资1.3亿元的会川镇秀水丽景园二期工程正在建设主体工程；投资3600万元的会川镇宏园商业街建设项目设计方案已通过县规委会审查，正在办理项目开工许可等前期手续；投资2108万元的建设道路里程42.1公里的第二批通自然村硬化路建设项目现已全面完成建设任务；投资840万元的会川镇2014年易地扶贫搬迁基础设施建设工程完成建设任务并投入使用；投资5000万元的牧儿山生态绿化建设项完成建设任务。招商引资方面，县上下达2亿元的招商引资任务，引进招商引资项目3个，总签约金额2.65亿元，占年度任务的132.5%，到位资金1.3亿元，占任务6000万元的216%，分别为投资1.8亿元的永安市场提升改造工程，到位资金3000万元，正在进行土地性质的变更，周边房屋征收正在进行评估；投资7000万元的渭源县晶农生态农业有限公司目前完成组建工作；投资1500万元的会川商品混凝土有限责任公司建成并投入使用。

**【城乡建设】**坚持城乡统筹兼顾，共同协调发展，城乡面貌持续改善。按照“道路先行，功能配套、环境优美”的思路，大力推进城镇建设，投资840万元的文化广场（易地搬迁提升工程）已全面完工，投资363万元的广场及镇区主街道绿化、亮化工程已全面完成；投资34万元建成“雪亮工程”，镇区污水处理厂工程进展顺利，场区基础设施已基本完工，正在进行污水处理设备的安装和主管网的埋设工作；积极争取到国家发改委专项补助资金1760万元，保障项目建设缺口资金，增加建设新城至东关大桥近4公里污水管网，解决二中、二院及青年路东侧漫坝河西侧企业住户的生活污水排放困难，实现镇区污水处理全覆盖；为全镇22个行政村采购太阳能路灯476盏，垃圾收集箱105个，城乡综合服务功能更趋完善。坚持问题导向，强化源头治理，生态环境不断改善。会川污水处理工程基本建成，城镇生活污水处理率达90%。投资380万元完成万宝供热脱硫改造工程。投资350万元建成会川镇垃圾处理低温磁化热解站。全镇22个行政村均组建了村级卫生保洁队伍，有村级卫生保洁员105名。积极推进政府采购服务、市场化运作的模式，与甘肃恩腾劳务服务有限公司达成镇区垃圾外包协议，彻底解决了我镇在镇区垃圾清运过程中的一系列问题。环保举措持续发力，持续高压整治非煤矿山、河道非法采砂，依法停产、整顿企业4家。坚决打好大气、水、土壤污染防治攻坚战，实施了燃煤锅炉、建筑扬尘、餐饮油烟、清洁燃煤等领域专项治理，配合县环保部门完成了镇区集中供热工程的在线监控设备安装。

**【生态环境建设】**全域无垃圾综合治理扎实推进，探索建立健全了村民自治长效管理机制、科学有效的考评奖罚机制，形成全覆盖、无缝隙、无盲点的网格化管理体系，将国道沿线及漫坝河两岸乱搭乱建、垃圾倾倒、生活污水排放等集中问题作为综合整治工作的重中之重，下达限期整改通知书160余份，集中整治污染水域12.6公里，清理河道垃圾680余吨，拆除镇区主街道梁家坡段沿线违法建筑30多处。各村组建了一支相对稳定的村级环卫整治工作队伍，通过定人员、定报酬、定职责、定任务等“四定措施”，强化了各村重点部位、重点区域的环境卫生清理保洁工作。定西日报和渭源县电视台专题对全域无垃圾工作进行了宣传报道。罗家磨、干乍村创新开展户户评比机制，全力提高了村民保护生活环境的良好意识，营造了干净、整洁、无垃圾的美丽乡村。按照“科学规划、集中连片、适地适树”的原则，完成面山绿化3200亩（其中镇级面山绿化1000亩，村级面山绿化2200亩），栽植云杉15万株，大果沙棘14万株，油松6万株，其他树种9万株。道路绿化42公里，栽植3厘米以上速生柳1.5万株，云杉4000株。镇区城市绿化4.2公里，各村发动群众四旁及义务植树60万株。河长制工作全面落实，制定出台了《会川镇全面推行河长制工作方案》《会川镇河长巡河制度》等4项制度，成立了会川镇河长制工作领导小组，全面落实镇村两级“河长+警长”制，建立镇村级河道长效管理组织28个，漫坝河、小南川河、铁沟河3条主要河流及8条支流沟道河长制工作达到全覆盖，设有镇级河长7名，每村设有联络员、巡查员、保洁员各1名。

**【社会事业】**义务教育均衡发展通过国家、省级评估验收。投资552.9万元，新建维修校（园）舍0.63万平方米，村级幼儿园覆盖率达80%以上，全镇22个村学前三年幼儿毛入园率达到99.23%，小学六年巩固率达到99.59%，建档立卡贫困户义务教育阶段适龄儿童九年巩固率达到96%。积极开展庆国庆、庆元旦等各类群众、职工文化活动，大力开展“单位争先、农户创星、党员干部评优”活动，不断丰富群众文化生活。深化健康促进模式改革，积极推行家庭医生“4+1”联包签约服务、城乡居民医疗保险整合等改革措施，全面实行医疗费用“先诊疗后付费”和“一站式”即时结报制度，群众就医报销比率提高到70.2%，参合率达到99.3%。两所卫生院均实现标准化建设，为707名奖扶扶助对象、17户计划生育特殊困难家庭和180户16周岁以下独生子女户发放各类资金79.3万元。积极动员155对待孕夫妇参加了国家孕前优生免费健康检查。全镇所有建档立卡贫困人口均制定了“一人一策”，完成“4+1”家庭医生签约。

**【社会民生】**社会民生稳步推进，以着力改善民生为根本，立足优势，创新机制，切实解决人民群众最关心、最直接、最现实的利益问题。全面落实城乡低保、医疗救助等保障和优抚政策，完成城乡低保、特困供养提标工作，做到对象准确、程序规范、补差合理、群众认可。2018年，共发放低保金7.6万人次1872.86万元、困难老人补助金810人次24.55万元、冬春生活困难救助金1763户4429人75万元、孤儿基本生活补助金9户9人609万元、残疾人两项补贴1575人次51.22万元、大病救助102人次43.83万元、优抚资金659人次63.57万元、普惠制慰问金375户375人75万元。发放城镇居民低保金99户183人76万元，发放各类涉农惠农资金631万元。累计为各类民政重点工作对象7482人发放各类民政资金1685万元。牢固树立安全发展观念，严格落实安全生产“党政同责、一岗双责、失职追责”制度，重点对建筑工程、道路交通、食品药品、烟花爆竹、供电供热取暖、防火等行业领域和人员密集场所进行安全监管，全镇范围内未发生重特大安全生产事故，总体形势稳定向好。持续完善社会矛盾排查预警、调处化解和重大决策社会稳定风险评估制度，依法有效预防和化解矛盾纠纷，共受理各类信访事项101件。大力开展社会治安集中整治，严格落实反恐防爆维稳措施，坚决消除影响社会安全稳定的风险隐患，不断增强人民群众的安全感。扎实开展扫黑除恶专项斗争，严厉打击各类违法犯罪活动，受理治安案件145起，较上年度下降44.8%，刑事案件35起，较上年度下降57.8%。禁毒工作稳步推进，严厉打击各类违法犯罪活动，社会大局和谐稳定。积极动员适龄农村妇女参加了免费“两癌”筛查工作，全镇目标人群为8652人，应参检2500人，完成2552人，占应参检人数的102%。电子民生平台反映事项办理工作明显提升，共办理电子民生平台反映事项584件，及时办结率100%，办结率96.09%，满意率75.31%，双满意率51.88%。

**【脱贫攻坚】**紧紧围绕“两不愁、三保障”标准，大力开展“绣花式”扶贫，紧盯贫困村4项、贫困人口6项脱贫指标，2018年740户3004人实现稳定脱贫，贫困人口减少到985户3191人，贫困发生率下降到7.96%。健全工作制度机制，实行督查周通报和重点工作调度等制度，共问责处理25人，综合、专项调度重点工作18场次。制定“一户一策”精准脱贫计划1732户。深入开展“大走访、大排查、大讲习、大帮扶”活动，开展技能和技术培训4600多人次。紧紧围绕增加贫困户收入的目标，采取产业到户奖补、折股量化等形式，整合扶贫资源，集中力量全力培育“种养殖产业铺路、劳务产业引路、光伏产业拓路”的产业模式，马铃薯种薯、中药材、养殖业等主导产业优势进一步显现，劳务、金鸡、光伏、食用菌、旅游等新型产业得到补充，建档立卡贫困户产业扶贫到户到人政策实现全覆盖。基础短板不断夯实，新接通自来水245户，新建改造通村道路78.5公里，实施易地扶贫搬迁125户（其中进城安置30户、插花安置95户）、危房改造324户，饮水安全率、行政村通畅率均达到100%，自然村通动力电、行政村光纤宽带网络实现全覆盖。新型农村合作医疗参合率达到98%，城乡居民养老保险参保率达到96%，建档立卡贫困人口参保率和参合率均达到100%。义务教育小学阶段无辍学适龄儿童，初中辍学率控制在2%以内，学前3年毛入学率在96.6%以上。镇脱贫攻坚领导小组负责统筹协调全镇脱贫攻坚工作，推行党政主要负责人联系村、其他副科级领导包村责任制，形成了一级抓一级、层层抓落实的强有力领导机制，保证了脱贫攻坚各项任务全面完成。结合渭源县惠农资金监管网的运营，对县纪委交办的疑点问题进行了及时整改，共清收资金44户6.45万元，问责处理镇村干部74人。持续开展扶贫领域作风和腐败问题专项整治。坚持扶贫与扶志相结合，大力实施“精神扶贫”工程，注重培育贫困群众主体意识，切实增强贫困群众自我发展能力。加强贫困群众思想、文化、道德、法律、感恩教育，建设新时代文明实践中心，运用农村“大喇叭”、微信群等媒介开展讲习，引导贫困群众树立宁愿苦干、不愿苦熬的观念，帮助贫困户摆脱思想贫困。鼓励贫困群众向村“两委”签订脱贫承诺书，明确贫困群众脱贫责任。建立多劳多得、多劳多奖机制，全面推广以表现换积分、以积分换物品的“道德讲习积美超市”做法，落实建立贫困村村内公共设施岗位补贴、劳务补助、劳动增收奖励机制，坚决杜绝“保姆式”扶贫和政策“养懒汉”。推进移风易俗，探索建立村民议事会、道德评议会、红白理事会、禁毒禁赌会等自治组织，开展高价彩礼、婚丧嫁娶大操大办、薄养厚葬、不赡养老人等专项整治，引导群众树立健康文明新风尚。

# 2018年渭源县国民经济和社会发展统计公报

渭源县统计局

（2019年4月）

2018年，全县上下认真贯彻落实习近平新时代中国特色社会主义思想，以新发展理念为引领，认真落实中央和省市及县委的决策部署，牢牢把握稳中求进总基调，迎难而上、负重奋进、开拓创新、真抓实干，全县继续保持了经济运行平稳向好，各项事业全面进步，社会大局和谐稳定的良好局面。

## 一、综合

初步核算，2018年全县实现地区生产总值331679.2万元，同比增长6.0%。其中：第一产业增加值108394.6万元，同比增长5.5%；第二产业增加值37280万元，同比增长2.7%；第三产业增加值186004.6万元，同比增长7.0%。一、二、三产业结构比为32.7∶11.2∶56.1。

第一产业拉动GDP增长1.8个百分点，对经济增长的贡献率为30.8%；第二产业拉动GDP增长0.4个百分点，对经济增长的贡献率为5.7%；第三产业拉动GDP增长3.8个百分点，对经济增长的贡献率为63.5%。

按常住人口计算，全县人均地区生产总值9993元。

人口：年末全县常住人口33.27万人，其中女性人口16.29万人。常住人口中，城镇人口8.89万人，占常住人口的比重为26.72%；乡村人口24.38万人，占常住人口的比重为73.28%。城镇化率26.72%，比上年提高了0.9个百分点。全年人口出生率为12.73‰，死亡率为7.95‰，人口自然增长率为4.74‰。

扶贫：全县全年共减少贫困人口5457户22515人，年末帮扶工作队人数468人。

## 二、农业

全年农作物播种面积111.57万亩。其中：粮食作物播种面积79.41万亩，同比增长4.8%，粮食作物中夏粮播种面积31.19万亩，同比增长5.7%；折粮薯类（马铃薯）播种面积31.76万亩，同比增长5.8%；油料播种面积2.49万亩。全县中草药材播种面积27.99万亩，同比增长6.0%，其中当归、党参、黄芪播种面积分别为8.36万亩、10.78万亩、7.78万亩。蔬菜园艺播种面积1.33万亩。

全年粮食作物总产量19.15万吨，同比增长6.6%。其中：夏粮产量5.05万吨，同比下降

1.6%。折粮薯类（马铃薯）产量8.17万吨，同比增长11.1%。

全县中草药材产量7.44万吨，同比增长11.0%，其中当归、党参、黄芪产量分别为2.38万吨、1.90万吨、2.81万吨。油料产量0.39万吨；蔬菜产量1.17万吨。

年末大牲畜存栏2.97万头，同比增长5.3%，其中牛存栏2.81万头，同比增长6.0%。猪、羊、家禽存栏分别为4.03万头、10.40万只和30.47万只，同比增长分别为2.1%、2.2%、3.8%。

全年牛出栏0.50万头，同比增长5.2%。猪、羊、家禽出栏分别为4.34万头、4.86万只和30.86万只，同比增长分别为1.8%、3.4%和1.6%。全年肉类总产量4644.3吨，鲜蛋产量914.1吨，牛奶产量880.9吨。

全县农林牧渔业总产值164040万元，其中：农业产值145198万元，林业产值2551万元，牧业产值12582万元，渔业产值73万元，农林牧渔服务业产值3637万元。

全县共实现农林牧渔业增加值109340万元，同比增长5.5%。其中：农业增加值100121万元，同比增长5.5%；林业增加值628万元，同比增长11.9%；牧业增加值7610万元，同比增长5.3%；渔业增加值36万元，同比增长1.4%；农林牧渔服务业增加值946万元，同比增长1.6%。

## 三、工业和建筑业

工业：全年实现工业增加值13353万元，同比增长2.5%。工业增加值占全县地区生产总值的比重为4.03%。

全县年末共有规模以上工业企业8户，全年累计实现营业收入25630.1万元，营业利润3097.2万元，营业收入利润率12.2%。累计完成工业总产值40193.1万元，同比增长15.7%，实现规模以上工业增加值5420万元，增长5.7%。

建筑业：全年实现建筑业增加值23927万元，同比增长2.8%。建筑业增加值占全县地区生产总值的比重为7.2%。具有资质等级的总承包和专业承包建筑业企业4户。

## 四、固定资产投资

全县固定资产投资同比增长10.3%，其中：项目投资同比增长7.6%，全年实施500万元及以上项目91个；房地产开发投资同比增长21.2%，共实施房地产项目7个。

## 五、消费

全年实现社会消费品零售总额80191.6万元，同比增长7.6%。

按销售单位所在地分：城镇实现社会消费品零售总额55931.6万元，同比增长7.2%；乡村实现社会消费品零售总额24260万元，同比增长8.5%。

按消费形态分：实现商品零售额67615.4万元，同比增长7.3%；实现餐饮收入额12576.2万元，同比增长9.1%。

按行业分：批发业完成8172万元，同比增长8.5%；零售业完成59443.4万元，同比增长7.1%；住宿业完成1555.2万元，同比增长13.7%；餐饮业完成11021万元，同比增长8.5%。

全县共有限额以上商业单位3户。

全县共实现批发和零售业增加值30569万元，同比增长4.5%；实现住宿和餐饮业增加值9756万元，同比增长5.3%。

## 六、外贸、电商及招商

对外贸易：全县全年完成进出口总值326万元，同比增长86.3%，其中出口总值326万元，同比增长86.3%。

电子商务：全县共有电子商务交易平台2个，全年实现平台交易额2700万元。全县电子商务销售金额8730.1万元，同比增长39.0%；电子商务采购金额12000万元，同比增长21.0%。全县共有电子商务从业人员400人。

招商引资：全县招商引资到位资金31.15亿元。全年实施招商引资项目27项，其中新引进项目13项，续建项目14项。

## 七、交通、邮电和旅游

交通运输：全年交通运输、仓储和邮政业实

现增加值17732万元，同比增长4.5%。完成公路客运量158.4万人，同比增长3.6%。完成公路货运量916万吨，同比增长10.3%。全县共有客运线路55条，公交线路4条，公交车辆59辆，年末共有出租车辆227辆。

邮政：全年邮政行业业务收入1279万元，同比增长41.6%。其中，快递业务收入1150万元，增长23.0%。全县邮政营业网点18个，快递营业网点75个。

电信通讯：全县共有电信企业营业网点235个，从业人员317人，全年电信行业业务收入14020万元。年末全县固定电话用户1.0万户；移动电话用户30.44万户。年末互联网宽带接入用户7.74万户。

旅游：全年接待境内外游客120.1万人次，同比增长29.2%。实现旅游综合收入4.99亿元，同比增长39.5%。

## 八、财政和金融

财政：全年完成大口径财政收入25360万元，同比增长0.8%。完成一般公共预算收入14777万元，同比增长6.1%。其中税收收入8110万元，同比增长44.6%；非税收入6667万元，同比下降19.9%。公共财政预算支出296294万元，同比增长24.3%。其中：一般公共服务支出21831万元，同比增长10.7%；教育支出58538万元，同比增长5.8%；医疗卫生与计划生育支出35798万元，同比增长27.8%；住房保障支出13638万元，同比增长18.9%。

金融：年末全县金融机构人民币存款余额672485万元，同比增长6.4%，其中住户存款余额494947万元，同比增长9.9%；金融机构人民币贷款余额494388万元，同比下降5.2%，其中涉农贷款余额412356万元，同比下降6.4%。

## 九、科学技术和教育

科技：全年科学技术支出604万元。登记科技项目6项，荣获科技进步奖项目1项。专利申请133件，专利授权34件，每万人口发明专利拥有量0.24件。年末全县共有科技特派员73人。

教育：年末共有各级各类学校350所。其中：高级中学4所，初级中学19所，小学160所，九年制学校5所，幼儿园159所，成人教育学校1所，中等职业学校1所，特殊教育学校1所。

年末共有在校（册）学生47158人。其中高中在校生7786人，初中在校生9414人，小学在校生17692人，九年制学校在校生849人，在园幼儿10356人，中职在校生982人，特殊教育在校生79人。全县共有教职工4133人，其中专任教师3945人。

学前教育三年毛入园率95.15%，学龄儿童入学率100%，九年义务教育巩固率为97.18%，初中毕业生升学率67.0%。本科上线人数1225人，本科上线率40.7%，本科录取率44.3%。

## 十、文化、卫生和体育

文化：年末全县共有国有转企改制演艺企业1个，从业人员38人，全年演出283场次。文化馆1个，从业人员7人，乡镇综合文化站16个。公共图书馆1个，从业人员9人，藏书10.0万册。博物馆1个，从业人员5人，文物藏品1431件。农家书屋217个，文化信息资源共享工程村级终端接收站点217个，乡村舞台217个，城市数字影院1个。

广电：全县有广播台1座，全年制作广播节目时间658小时，全年公共广播节目播出时间1958小时，广播人口综合覆盖率96.6%。全县有电视台1座，全年制作电视节目时间418小时，全年公共电视节目播出时间2549小时，电视节目人口综合覆盖率96.2%。广播电视从业人员31人。

卫生：年末共有各类医疗卫生机构302个。其中，医院5所，乡镇卫生院18个，社区卫生服务中心1个，村卫生室217个，诊所（卫生所、医务室）57个，专业公共卫生机构4个。各类医疗卫生机构共有床位1586张，卫生技术人员781人，其中执业（助理）医师311人，注册护士

229人。孕产妇住院分娩率99.9%，婴儿死亡率3.39‰。

体育：全县共有体育场馆1个，体育工作者6人，专职教练员6人，等级裁判员24人，各类在训队员20人，年末全县公共体育场地面积36.67万平方米。群众健身点52个，社会体育指导员1312人，共有各类体育协会、俱乐部16个。

## 十一、人民生活和社会保障

人民生活：全县城镇居民人均可支配收入23443元，比上年增长7.6%；城镇居民人均消费支出17579元。农村居民人均可支配收入7456元，比上年增长9.4%；农村居民人均消费支出8022元。

就业：全年新增城镇就业2020人，实现失业人员再就业290人，就业困难人员就业182人，城镇登记失业率3.84%。

社会保险：年末全县机关事业单位养老保险参保人数9507人，本年退休208人，年末领取机关事业单位退休人员养老金人数1873人。年末全县企业职工养老保险参保人数3046人，本年退休92人，年末领取企业职工退休人员养老金人数1516人。年末城乡居民养老保险参保人数207969人，本年退休3398人，年末领取城乡居民退休人员养老金人数51436人。年末失地农民养老保险、村干部养老保险、村医养老保险参保人数分别为1237人、745人和199人。年末失业保险参保人数9679人，领取失业补偿金人数6人。年末工伤保险参保人数11000人，年末领取工伤待遇人数21人。

医疗保障：年末全县城乡居民医疗保险参保人数29.54万人，收缴保险费5006.8万元。年内住院治疗5.5万人（次），基金报销住院费用15302.3万元；门诊诊疗42.68万人（次），报销门诊诊疗费用2099.5万元。年末全县城镇职工医疗保险参保人数1.34万人，收缴保险费5114万元。年内住院治疗1965人（次），基金报销住院费用1632万元。

城乡低保：年末全县城镇最低生活保障居民共910户1731人。农村最低生活保障居民共17056户55785人，其中一、二类低保居民共3532户12007人。全县年末城镇特困供养7户7人，农村特困供养2207户2207人。

## 十二、资源、环境保护和安全生产

资源：全县全年水资源总量2.193亿立方米，其中过境水量0.053亿立方米，人均水资源量659.15立方米。全年总用水量0.273亿立方米，其中：生活用水0.102亿立方米，工业用水量0.017亿立方米，农业用水量0.093亿立方米，人均用水量81.93立方米。

林业：年内完成造林封育2.7万亩（人工造林2.5万亩，封山育林0.2万亩），年末实有封山育林面积11.63万亩。全年四旁（零星）植树360万株，育苗面积0.75万亩。全县森林面积2.97万公顷，森林蓄积量176.62万立方米，森林覆盖率达到15.7%。年末共有领取报酬的各类护林员1216人。

环境：全县共有水源地保护区3个，当年完成“三同时”环保验收项目9个，城镇生活污水处理率87%，工业固体废物综合利用率100%。

安全生产：全年共发生各类生产经营性安全事故2起，死亡2人，直接经济损失64.05万元。

**注释：**

1.本公报各项统计数据为初步统计数。

2.生产总值、各产业增加值绝对数按现价计算，增长速度按不变价计算（2015年不变价）。

3.本公报中相关行业统计数据来自县内各行业主管部门。

# 年度人物

## 2018年新任副县级以上干部简介

刘爱君　男，汉族，1974年12月出生，甘肃皋兰人，研究生学历。省级文化企业国有资产监督管理办公室主任，现任中共渭源县委副书记（挂职）。1993.09—1996.07，西北师范大学数学系电算会计与统计专业学生；1996.07—1999.09，甘肃省国有资产管理局干部；1999.09—2001.04，甘肃省财政厅世界银行处干部；2001.04—2004.05，甘肃省国外贷款管理委员会办公室干部（其间：1998.09—2001.07，兰州大学会计学专业学习；2000.09—2002.07，中央财经大学财政学专业研究生课程进修班结业）；2004.05—2005.10，甘肃省国外贷款管理委员会办公室副主任科员；2005.10—2009.01，甘肃省国外贷款管理委员会办公室主任科员；2009.01—2010.11，甘肃省国外贷款管理委员会办公室主任科员、省财政厅教科文处工作；2010.11—2012.12，甘肃省财政厅干部教育中心副主任、省财政厅教科文处工作；2012.12—2015.07，甘肃省财政厅科教文处副处长（其间：2011.09—2013.12，兰州交通大学工商管理专业学习，2012.11—2013.06，挂职担任康乐县胭脂镇镇党委副书记）；2015.07—2016.01，甘肃省财政厅科技文化处副处长；2016.01—2018.08，甘肃省省级文化企业国有资产监督管理办公室主任；2018.08，中共甘肃省渭源县委员会副书记（挂职）。

刘胜安　男，1969年3月出生，汉族，湖北孝感人，2006年9月入党，1992年7月参加工作，同济医科大学本科学历，现任中共渭源县委副书记（挂职）。1987.09—1992.06，同济医科大学卫生统计专业学生；1992.06—1992.07，待业；1992.07—1993.08，北京市结核病胸部肿瘤研究所实习；1993.08—1996.12，北京市结核病胸部肿瘤研究所；1996.12—1998.01，国务院扶贫办外资中心干部；1998.01—2000.08，国务院扶贫办外资中心主任科员；2000.08—2004.12，国务院扶贫办外资中心项目管理处副处长；2004.12—2007.12，国务院扶贫办外资中心项目管理处处长；2007.12—2009.05，国务院扶贫办外资中心技援项目处处长；2009.05—2014.10，国务院扶贫办外资中心国际合作处处长；2014.10—2015.05，中国国际扶贫中心正处级干部（2014.01—2015.12，在江西省石城县挂职锻炼，挂任县委副书记、副县长）；2015.05—2017.05，中国国际扶贫中心外资处处长；2017.05—2018.11，国务院扶贫办规划财务司专项处处长；2018.11，中共甘肃省渭源县委副书记（挂职）。

张显峰　男，1974年1月出生，汉族，吉林农安人，1998年6月加入中国共产党，1998年7月参加工作，黑龙江大学毕业，会计学专业，中央财经大学在职研究生，现任中共渭源县委常委、渭源县人民政府副县长（挂职）。1994.09—1998.07，黑龙江大学经济学院会计学专业学生；1998.07—1999.12，农业部北京农垦管理干部学院助理会计师；1999.12—2001.08，农业部北京农垦管理干部学院科员、副主任科员；2001.08—2003.09，中国农垦经济发展中心刊物编辑处编辑、副主任科员；2003.09—2013.09，全国贫困地区干部培训中心会计、会计师、主任科员、宣传处、农民培训处、科技项目处主任科员；2013.09—2015.07，全国贫困地区干部培训中心科技项目处副处长；2015.07—2017.07，全国扶贫培训宣传中心宣传联络处副处长；2017.07—2018.03，全国扶贫宣传教育中心宣传合作处副处长（其间：2017.05—2017.10中组部选派到国家信访局挂职副处级督查专员助理；2017.10至今在办政策法规司合署办公）；2018.03—2018.05，中共甘肃省渭源县委员会委员、常委，渭源县人民政府副县长（挂职）；2018.05，中共甘肃省渭源县委员会委员、常委、渭源县人民政府副县长（挂职）、县政府党组成员。

林柳强　男，汉族，1967年12月出生，福建福州人，1993年6月加入中国共产党，1989年8月参加工作。福州师范专科学校历史学专业毕业，中央党校在职大学学历，现任中共渭源县委常委、县政府副县长（挂职）。1986.09—1989.07，福州师范专科学校学生；1989.07—1989.08，待业；1989.08—1986.11，福州市闽安中学教师；1986.11—1998.07，福州市晋安区委宣传部科员；1998.07—2000.12，福州市晋安区委办公室科员（2000.08—2002.12参加中共中央党校行政管理专业在职本科学习）；2000.12—2003.03，福州市晋安区委政研室副主任；2003.03—2005.12，福州市晋安区委办副主任；2005.12—2007.01，福州市晋安区新店镇党委副书记；2007.01—2011.11，福州市晋安区新店镇党委副书记、人大主席；2011.11—2014.05，福州市晋安区象园街道党工委副书记、办事处主任；2014.05—2014.07，福州市晋安区鼓山镇党委副书记、象园街道党工委副书记、办事处主任；2014.07—2015.01，福州市福兴经济开发区管委会副主任、晋安区鼓山镇党委副书记、象园街道党工委副书记、办事处主任；2015.01—2015.12，福州市福兴经济开发区管委会副主任、晋安区鼓山镇党委副书记、镇长；2015.12—2016.05， 福州市福兴经济开发区党工委书记、管委会副主任、晋安区鼓山镇党委副书记、镇长；2016.05—2017.03，福州市福兴经济开发区党工委书记、管委会副主任、晋安区鼓山镇党委书记；2017.03—2018.12，福州市福兴经济开发区管委会主任、晋安区鼓山镇党委副书记；2018.12，中共甘肃省渭源县委员会委员、常委、渭源县人民政府副县长（挂职）。

郭凯　女，汉族，甘肃漳县人，1979年7月出生，2003年2月加入中国共产党，1997年8月参加工作，陇西师范普师，兰州大学汉语言文学经济管理专业在职大学，现任渭源人民政府副县长。1993.07—1997.08，陇西师范学校普师专业学生；1997.08—2000.05，漳县盐井小学教师（其间：1999.07—1999.12在兰州大学汉语言文学专业大专班学习）；2000.05—2004.10，漳县文教体育局干部；2004.10—2006.11，漳县县委组织部干部；2006.11—2009.08，漳县县委副科级组织员（其间：2004.06—2007.06在兰州大学汉语言文学专业本科班学习）；2009.08—2010.09，漳县县委组织部副部长；2010.09—2011.06，漳县妇女联合会主席；2011.06—2012.04 ，漳县妇女联合会党组书记、主席；2012.04—2012.12，漳县马泉乡党委副书记、乡长；2012.12—2014.05，漳县马泉乡党委书记；2014.05—2018.05，漳县三岔镇党委书记（副县级）；2018.05，渭源县人民政府副县长。

潘学明　男，汉族，1978年11月出生，甘肃省陇西县人，省委党校研究生学历，2007年6

月加入中国共产党，甘肃2001年11月参加工作。现任渭源县人民政府副县长。1998.09—2001.07，兰州大学临床医学专业学生；2001.07—2001.11，待业；2001.11—2003.08，陇西县巩昌镇卫生院干部；2003.08—2010.03，陇西县卫生局干部；（2002.09—2004.07在兰州医学院临床医学院本科班学习）；2010.03—2012.10，陇西县卫生局副局长；2012.10—2015.07，陇西县柯寨乡党委副书记、乡长；2015.07—2016.12，陇西县双泉乡党委书记；2016.12—2018.04，陇西县菜子镇党委书记；2018.04—2018.05，渭源县人民政府副县长候选人；2018.05，渭源县人民政府党组成员、副县长。

魏长缨　男，汉族，1971年8月出生，甘肃省渭源县人，中央党校大学，1994年12月加入中国共产党，1992年8月参加工作，现任定西市渭河源大景区管理委员会主任。1988.09—1992.07，临洮师范学生；1992.07—1992.08，待业；1992.08—1995.03，渭源县会川镇西关小学教师；1995.03—1998.10，渭源县委政法委干部（其间：1994.10—1997.12自考兰州大学法律专业大专学历）；1998.10—2002.07，渭源县清源镇党委副书记；2002.07—2004.08，渭源县庆坪乡党委副书记、乡长；2004.08—2007.08，渭源县大安乡党委书记；2007.08—2009.12，渭源县莲峰镇党委书记；2009.12—2010.05，渭源县会川镇党委副书记、镇长；2010.05—2011.08，渭源县会川镇党委书记；2011.08—2014.03，渭源县会川镇党委书记（副县级）；2014.03—2014.05，渭源县人民政府党组成员、副县长候选人、会川镇党委书记（副县级）；2014.05—2015.05，渭源县人民政府党组成员、副县长、会川镇党委书记（副县级）；2015.05—2018.04，渭源县人民政府党组成员、副县长；2018.04—2018.05，定西市渭河源大景区管理委员会主任、县人民政府党组成员；2018.05，定西市渭河源大景区管理委员会主任。

包进忠　男，汉族，1971年9月出生，甘肃省渭源县人，中央党校在职大学毕业，1992年3月加入中国共产党，1990年8月参加工作，现任定西市渭河源大景区管理委员会副主任。1986.09—1990.06，临洮师范学生；1990.06—1990.08，待业；1990.08—1993.03，渭源县卫生局干部；1993.03—1996.01，渭源县委办公室干部；1996.01—1997.01，渭源县计划生育委员会副主任；1997.01—2001.03，渭源县计划生育局副局长；2001.03—2004.12，渭源县计划生育局局长兼计划生育服务站站长（其间：1999.08—2002.06在中央党校函授学院法律专业大专班学习，2002.08—2004.12在中央党校函授学院法律专业本科班学习）；2004.12—2007.01，渭源县政府办公室主任；2007.01—2009.03，渭源县教育局局长，2008年5月兼渭源县教育局党组副书记；2009.03—2010.10，渭源县教育局党组书记、局长；2010.10—2017.08，渭源县教育体育局党组书记、局长；2017.08—2018.01 定西市渭河源大景区管理委员会副主任、渭源县教育体育局党组书记、局长；2018.01，定西市渭河源大景区管理委员会副主任。

何俊　男，汉族，1968年11月出生，甘肃省渭源县人，甘肃省委党校在职大学，1995年11月加入中国共产党，1988年8月参加工作，现任定西市渭河源大景区管理委员会副主任。1984.09—1988.07，陇西师范学校普师专业学生；1988.07—1988.08，待业；1988.08—1992.08，渭源县秦祁中学教师（其间：1990.09—1992.06在定西教育学院历史学专业学习）；1992.08—1994.08，渭源县会川中学教师；1994.08—1995.02，渭源县委党校干部；1995.02—1998.08，渭源县委组织部干部；1998.08—1999.11，渭源县委副科级组织员；1999.11—2002.07，渭源县教育局副局长；2002.07—2004.12，渭源县旅游局局长；2004.12—2009.03，渭源县环境保护局局长（其间：2003.09—2005.12在中共甘肃省委党校本科班行政管理专业学习）；2009.03—2009.09，渭源县环境保护局党组书记、局长；2009.09—2012.02，渭源县发展和改革局党组书记、局长；2012.02—2012.03，渭源县财政局党组书记；2012.03—2017.08，渭源县财政局党组书记、局长；2017.08—2018.01，定西市渭河源大景区管理委员会副主任、渭源县财政局党组书记、局长；2018.01，定西市渭河源大景区管理委员会副主任。

## 2018年度受表彰的先进单位与先进个人

**一、2017年道路交通安全目标责任考核先进单位（定委〔2018〕7号）**

2017年农村道路交通安全工作先进乡镇：

渭源县五竹镇人民政府

渭源县秦祁乡人民政府

**二、2017年度全市维护社会稳定工作先进县区和先进单位（定委〔2018〕10号）**

授予渭源县2017年度全市维护社会稳定工作一等奖，奖励1万元，颁发奖牌一面。

**三、第十三批市级各类文明单位和精神文明建设先进工作者（定委〔2018〕17号）**

文明单位：渭源县粮食局

文明村：渭源县田家河乡元古堆村

文明校园：渭源县清源一小

精神文明建设先进工作者：

何晓云　渭源县县委常委、宣传部部长

**四、定西市第三届劳动模范和先进工作者（定委〔2018〕26号）**

定西市劳动模范：

杨建国　会川镇杨庄村党支部书记

苏元林　大安乡红堡子村党支部书记

定西市先进工作者：

张自成　县公安局禁毒中队中队长

胡福存　渭源县第二中学办公室主任、高级教师

陈晓雯　渭源县地方税务局管理分局局长

赵书平　渭源县县公路管理段路面养护队队长、技术员

**五、全市教育工作先进集体和先进个人（定委〔2018〕59号）**

定西市教育质量振兴奖：

渭源县第一中学

定西市教育工作先进集体：

渭源县第三高级中学

渭源县新寨镇新寨小学

定西市优秀教师：

赵明珍　渭源县第一中学

李俊生　渭源县路园学区

魏生军　渭源县峡城学区

寇晓峰　渭源县第四高级中学

黄艳萍（女）　渭源县第二幼儿园

定西市优秀班主任：

薛卉琴　渭源县清源镇星光学校

王海燕（女）　渭源县会川镇西关中心小学

定西市优秀教育工作者：

李耀权　渭源县清源中学

**六、第二届全市公安系统“十大忠诚卫士”（定委〔2018〕73号）**

张自成　渭源县公安局禁毒大队大队长

**七、“丝绸之路”中国（甘肃）中医药博览园建设和2018中国（甘肃）中医药产业博览会组织工作先进单位和先进个人（定委〔2018〕87号）**

2018中国（甘肃）中医药产业博览会组织奖：

中共渭源县委、渭源县人民政府

渭源县人民政府办公室

**八、2018中国（甘肃）中医药产业博览会组织工作先进个人**

张振亚 渭源县委副书记

潘学明 渭源县政府副县长

李国伟 渭源县卫计局局长

漆世文 渭源县委办公室副主任

蒲永亮 渭源县商务局副局长

## 九、2018年聘用副高级以上职称人员

| 姓名 | 单位名称 | 聘用岗位 |
|---|---|---|
| 杨彦峰 | 渭源一中 | 正高级教师四级（四） |
| 杨迎春 | 县医院 | 三级主任医师（四） |
| 车玉霞 | 清源镇 | 高级农艺师三级（七） |
| 陈海强 | 麻家集中心卫生院 | 三级副主任医师（七） |
| 苟淑红 | 县中西医结合医院 | 三级超声医学副主任医师（七） |
| 贾顺明 | 锹峪卫生院 | 三级中医内科副主任医师（七） |
| 李慧卓 | 水务局 | 高级工程师三级（七） |
| 李晓东 | 上湾卫生院 | 三级副主任药师（七） |
| 李永明 | 蒲川卫生院 | 三级副主任药师（七） |
| 梁永兰 | 县中西医结合医院 | 三级副主任药师（七） |
| 谢继仓 | 麻家集中心卫生院 | 三级副主任医师（七） |
| 朱永安 | 县给排水公司 | 高级工程师三级（七） |
| 李君平 | 黎家湾学区 | 高级教师三级（七） |
| 刘宏谦 | 黎家湾学区 | 高级教师三级（七） |
| 王贤璋 | 黎家湾学区 | 高级教师三级（七） |
| 张玉琴 | 县特殊教育学校 | 高级教师三级（七） |
| 刘小艳 | 庆坪学区 | 高级教师三级（七） |
| 裴永伟 | 庆坪学区 | 高级教师三级（七） |
| 王晓琴 | 会川学区 | 高级教师三级（七） |
| 李志贵 | 会川学区 | 高级教师三级（七） |
| 罗茹琴 | 会川学区 | 高级教师三级（七） |
| 祁永生 | 会川学区 | 高级教师三级（七） |
| 杨慧芬 | 会川学区 | 高级教师三级（七） |
| 赵彩芸 | 实验小学 | 高级教师三级（七） |
| 马　齐 | 峡城学区 | 高级教师三级（七） |
| 马新立 | 峡城中学 | 高级教师三级（七） |
| 祁莉霞 | 五竹学区 | 高级教师三级（七） |
| 汪淑珍 | 五竹学区 | 高级教师三级（七） |
| 何晓隽 | 祁家庙学区 | 高级教师三级（七） |
| 曹忠贤 | 祁家庙学区 | 高级教师三级（七） |
| 牛学平 | 新寨学区 | 高级教师三级（七） |
| 王清福 | 秦祁学区 | 高级教师三级（七） |
| 陈志丽 | 莲峰学区 | 高级教师三级（七） |
| 李艳红 | 莲峰学区 | 高级教师三级（七） |

韩立平　莲峰学区　高级教师三级（七）
王军兵　新寨中学　高级教师三级（七）
王永古　田家河学区　高级教师三级（七）
赵志荣　杨庄学区　高级教师三级（七）
周　铭　杨庄学区　高级教师三级（七）
罗　熙　路园学区　高级教师三级（七）
侯芝英　县幼儿园　高级教师三级（七）
景全英　锹峪学区　高级教师三级（七）
郸　复　县职专　高级教师三级（七）
贾永斌　县职专　高级教师三级（七）
牛晓荣　县职专　高级教师三级（七）
李　强　清源二小　高级教师三级（七）
江聚红　清源二小　高级教师三级（七）
李建华　蒲川学区　高级教师三级（七）
赵红霞　蒲川学区　高级教师三级（七）
彭新桃　蒲川学区　高级教师三级（七）
杨增礼　麻家集学区　高级教师三级（七）
张彦彪　北寨学区　高级教师三级（七）
田俊林　北寨学区　高级教师三级（七）
朱福贵　麻家集中学　高级教师三级（七）
周光远　第三高中　高级教师三级（七）
马文平　第三高中　高级教师三级（七）
杨　珍　第三高中　高级教师三级（七）
方建军　第三高中　高级教师三级（七）
王尚英　会川中学　高级教师三级（七）
王明星　祁家庙中学　高级教师三级（七）
马学文　县医院　三级副主任医师（七）
陈金宏　县医院　三级副主任医师（七）
周艳琴　县医院　三级副主任护师（七）
赵彩兰　县中医医院　三级副主任医师（七）
杨国军　县职专　高级教师三级（七）
马　龙　第三高中　高级教师三级（七）

# 附　录

## 关于渭源县2018年国民经济和社会发展计划执行情况及2019年国民经济和社会发展计划（草案）的报告

——2019年1月4日在渭源县第十六届人民代表大会第三次会议上

渭源县发展和改革局局长　陈维光

各位代表：

受县人民政府委托，我向大会报告渭源县2018年国民经济和社会发展计划执行情况及2019年国民经济和社会发展计划（草案），请予审议，并请各位政协委员和列席人员提出意见建议。

### 一、2018年经济社会发展计划执行情况

2018年，全县经济社会发展坚持以习近平新时代中国特色社会主义思想为指导，全面贯彻落实党的十九大和十九届二中、三中全会精神，按照县第十四次党代会的决策部署，紧紧围绕县第十六届人民代表大会第二次会议审议批准的各项发展目标，坚持稳中求进工作总基调，落实高质量发展要求，以乡村振兴为统揽，以脱贫攻坚为重点，抓项目、促投资、补短板，各项工作有序落实，经济持续健康发展。

初步预计，2018年经济社会发展主要指标完成情况为：

——生产总值35.38亿元，增长6.1%，高于计划增长（6%）0.1个百分点，占计划34.84亿元的101.5%。其中：第一产业增加值13.04亿元，增长5.9%，高于计划增长（5.5%）0.4个百分点，占计划12.16亿元的107.2%。第二产业增加值3.72亿元，增长3.0%，低于计划增长（6.5%）3.5个百分点，占计划4.7亿元的79.1%；其中工业增加值1.3亿元，增长2.2%，低于计划增长（6%）3.8个百分点，占计划2.3亿元的56.5%，规模以上工业增加值0.49亿元，增长6%，低于计划增长（6.6%）0.6个百分点，占计划0.96亿元的51.0%；建筑业增加值2.42亿元，增长3.5%，占计划2.4亿元的100.8%。第三产业18.62亿元，增长6.9%，高于计划增长（6%）0.9个百分点，占计划17.98亿元的103.6%。

——固定资产投资15.73亿元，增长10%，完成计划目标增速。

——社会消费品零售总额8.1亿元，增长8.6%，高于计划增长（8%）0.6个百分点，占计划8.2亿元的98.8%。

——大口径财政收入2.53亿元，增长0.81%，低于计划增长（6%）5.19个百分点，占调整计划2.67亿元的94.8%；一般公共预算收入1.48亿元，增长6.07%，高于计划增长（4%）2.07个百分点，占调整计划1.45亿元的102.1%；一般公共预算支出29.63亿元，增长24.26%。

——城镇居民人均可支配收入23531元，增长8%，高于计划增长（7.7%）0.3个百分点，占计划23249元的101.2%；农村居民人均可支配收入7360元，增长8%，低于计划增长（10.5%）2.5个百分点，占计划7531元的97.7%。

——金融机构存款余额66.38亿元，增长5%，金融机构贷款余额51.09亿元，下降2%。

——人口自然增长率4.63‰。

主要成效是：

（一）脱贫攻坚成效显著。坚持精准扶贫精准脱贫，紧盯“两不愁、三保障”，下足绣花功夫，投入各类扶贫资金17.81亿元，着力补齐基础设施短板，大力发展扶贫产业。新接通自来水2224户，安全饮水率达到100%。改造电网418.8公里，自然村动力电覆盖率达到100%。新建通村道路388.2公里，行政村道路通畅率达到100%。实施易地扶贫搬迁1606户、危房改造2194户。217个行政村宽带网络实现全覆盖。深化“菜单式”扶贫模式，大力发展增收产业，引导贫困户发展牛、羊、蜂等产业。创建扶贫车间20个，吸纳就业人数1019人，其中建档立卡贫困劳动力405人。累计建成农民专业合作社2138个。2018年全县退出贫困村31个，减少贫困人口2.2万人，贫困发生率由年初的15.98%下降到9.02%。

（二）项目建设稳步推进。以项目集中开工为抓手，深入推进项目建设，实施各类项目113项（新建74项，续建39项），总投资117亿元，其中：中央预算内项目12项，投资5.35亿元；市列重点项目9项，投资9.1亿元；列入全市集中开工项目58项，投资27.2亿元；项目累计完成投资29.6亿元。紧盯国家投资导向，加大基础设施、社会资本投资等项目谋划储备力度，完成500万元以上项目前期编制89项，审批500万元以上项目69项。实施招商引资项目27项，落实到位资金25亿元。

（三）特色产业持续发展。马铃薯种薯产业方面，马铃薯种植面积稳定在40万亩，年产脱毒瓶苗4.8亿株、原原种5亿粒，年产各级种薯80万吨，贮藏能力达到60万吨以上。发展种薯企业6家，合作社336家。引进青薯、兴佳、丽薯等系列新品种48个。研发生产马铃薯主食产品，延长马铃薯产业链条，年产富硒马铃薯方便粉丝和方便面皮360万件。中医药产业方面，成功承办了2018中国（甘肃）中医药产业博览会——中药材产业扶贫论坛和全省中药材产业扶贫现场会。渭源白条党参被认定为中国驰名商标，通过了国家级出口食品农产品（中药材）质量安全示范区复查考核。中药材种植面积稳定在40万亩，其中党参12万亩，当归8万亩，黄芪16万亩。支持和引导德园堂、广印堂、渭水源、永安、亳春堂等15家中医药企业（合作社）建设中药材标准化生产基地9万亩。完成中药材产值保险7.73万亩，新建中药材烘干房24座。草牧产业方面，总投资4.73亿元的渭源县现代农业产业园金鸡产业扶贫项目进展顺利。新建规模养殖场17个、家庭养殖场152个，新发展家庭适度规模养殖示范户1536户、养殖专业村11个。全县牛、羊、猪、鸡、蜂饲养量分别达到6.4万头、38.1万只、25.1万头、204.3万只、0.9万箱，出栏分别为1.65万头、20.4万、13.1万头、122.1万只。肉蛋奶总产量达到2.6万吨。文化旅游产业方面，成功举办了首届渭水文化旅游节。创编了普法宣传现代戏《公民张三》。景区基础设施建设持续推进，总投资2329.4万元的渭河源景区二期环线提升工程、总投资1378.9万元的首阳山景区基础设施一期工程和总投资30.6亿元的渭河源水镇等项目进展顺利。五竹镇渭河源村、田家河乡元古堆村被评为省级乡村旅游示范村。“华夏文明渭河源”文化旅游战略品牌进一步提升。年内接待游客120.1万人次，实现旅游收入5.2亿元。

（四）新兴产业培育壮大。大力发展蔬菜产业，蔬菜种植面积达到6.4万亩，新建果蔬储藏库7座，仓储能力7023吨。建成食用菌大棚101座。优质鲜切花试验示范产业园建成增效，金丝皇菊等花卉试种成功。电商产业不断壮大，全县累计建成网店685家，发展网销企业51家，引进、组建电商服务公司4家，电子商务交易额突破2亿元。光伏产业方面，新建总投资2.06亿元建设装机规模29.112兆瓦的村级光伏扶贫电站105个，全县总装机规模达到47.249兆瓦，实现109个建档立卡贫困村村级光伏电站全覆盖，累计带动贫困户9051户。深入推进劳务输出工作，全年开展农村贫困劳动力培训1.3万人次，输转劳动力6.04万人，实现劳务收入11.99亿元。向新疆建设兵团转移就业安置168户309人。

（五）城乡发展统筹推进。县城建设方面，完成《渭源县城乡统筹规划（2018—2035）》纲要编制。实施重点建设项目13项，北环路东段（操场路至鸡咀段）、关中路、文化场馆道路建设工程全面贯通。渭河风情线夜景亮化4.4公里。一中东侧、一中南侧、北环路、清源路北侧、南门西侧等棚户区改造工程进展良好，年内完成棚户区改造2222户。启动实施了苗圃路、县城区33栋住宅楼（1001套）的城市危房改造和渭水源旅游接待中心等工程。投资9150万元实施了县供热中心、渭水源东区供热站扩容改造，供热质量持续改善。小城镇建设方面，五竹、路园、新寨、庆坪等镇区道路拓宽改造工程建成通车。莲峰生活垃圾处理工程投入使用，会川污水处理工程完成年度建设任务。莲峰、北寨、祁家庙等镇区道路及管网改造进展顺利。在上湾、秦祁等乡镇新建生活垃圾低温热解磁化处理站13座。交通运输方面，渭（源）武（都）高速、国道310线建设项目进展顺利。定渭公路建成通车，完成2018年“畅返不畅”道路建设。渭河源景区旅游公路、省道229线渭源段和沈峡公路有序推进。全县境内建成公路总里程达到1291.1公里，公路密度为62.79公里/百平方公里。全社会客运量达到1654.46万人次，客运周转量达到2357.85万人公里，货运量达到25023.89万吨，货运周转量达到85023.87万吨公里。水利建设方面，实施水利工程项目12项，总投资2.13亿元，其中西南部农村供水安全巩固提升工程等8项竣工使用，县城区供水工程等4项正在建设。年内新增高效节水灌溉面积0.5万亩。防汛抗旱工作有效开展，河（湖）长制工作全面推进。

（六）生态保护力度加大。完成生态绿化8.43万亩，道路绿化521公里，群众义务植树350万株，森林覆盖率达到15.71%。实施了三北防护林、天然林保护、新一轮退耕还林、淤地坝除险加固、小流域综合治理等工程，新增水土流失综合治理面积45平方公里，累计治理水土流失面积950.1平方公里，治理程度达到55.3%。全力抓好中央和省、市环境保护督察反馈意见整改工作，20蒸吨及以上燃煤锅炉提标改造、水污染防治等23个问题已经全面完成整改任务。深入开展全县全域无垃圾治理行动，投资2300万元实施了生活垃圾综合治理城乡一体化项目。年内审批建设用地2个批次56.8亩。投资2863万元，实施土地整理项目6个，新增耕地95.6亩。全县耕地保有量129.26万亩。

（七）工业规模发展壮大。出台了《渭源县工业发展实施意见》，编制了全国中药材精制饮片加工示范基地规划，争取到中医药产业园集中供热项目，有力地支持了全县工业经济发展。全县现有中小微企业480家，其中工业企业176家，省市级农业产业化龙头企业19家。新增规上企业3家，累计达到11家。通过药品生产许可证、GMP认证的企业28家。续建的兰州佛慈制药万吨中药饮片加工项目、渭康药业中药材高能辐照项目进展顺利。引进中国医药百强企业天津红日集团与佛慈药业合作建设的中药饮片和配方颗粒项目落地建设。实现进出口贸易总值326万元。

（八）人民生活持续改善。教育体育方面，投资1.3亿元，建设和改建校舍4.3万平方米，硬化运动场地16.18万平方米。全县义务教育均衡发展顺利通过省上督导评估和国家认定，在全省接受评估的12个县（区）中名列第一。渭源一中通过省级示范性普通高中评估认定。学前教育三年毛入园率、九年义务教育巩固率、高中阶段毛入学率和高考二本上线率分别达到95.15%、97.18%、94.5%、40.7%。卫生计生方面，投资6780万元的县人民医院综合楼建设项目完成主体工程，投资443万元的县疾控中心综合业务楼项目完成建设任务。居民健康档案建档率达到96.99%。每千人拥有病床和卫生技术人员分别达到4.41张和2.24人。全县人口出生率为8.34%，人口自然增长率为4.63‰。社会保障方面，2018年累计发放医疗救助金2802.7万元、临时救助金518.8万元、各类优抚资金789.3万元、孤儿生活保障金58.6万元、城镇低保金887.8万元、农村低保金10474.7万元、农村特困供养救助金1125.3万元。城乡居民医疗保险、养老保险参保率分别达到98.4%、98.9%。新增城镇就业人数2018人，城镇登记失业率为3.84%。

各位代表，2018年，全县经济运行总体上虽然保持了平稳增长的态势，但仍然存在一些困难和问题。一是脱贫攻坚任务艰巨，贫困群众收入水平不高，产业收入占比较低，基础设施建设标准不够高。二是工业企业仍以农副产品初级加工为主，规模小、数量少、层次低、实力弱、发展慢，对财政的贡献率低。三是固定资产投资增长缓慢，项目少、投资总量小，项目前期工作滞后，项目用地、资金保障压力依然很大。四是基础设施欠账大，民生保障任务重，加快城乡公共服务建设、统筹经济社会协调发展任重道远。对于这些困难和问题，我们将在今后的工作中认真研究，采取强有力措施切实加以解决。

## 二、2019年经济社会发展主要预期目标及主要任务

2019年，全县经济社会发展要以习近平新时代中国特色社会主义思想为指导，持续深入贯彻落实“八个着力”重要指示精神，在县委的正确领导下，在县人大常委会、县政协的监督支持下，坚持稳中求进工作总基调，坚持新发展理念，坚持推进高质量发展，统筹推进稳增长、促改革、调结构、惠民生、防风险工作，扎实推进乡村振兴战略，集中精力脱贫攻坚，突出项目推动发展，加强保障改善民生，提高人民群众获得感、幸福感、安全感。

主要预期目标：

——生产总值37.5亿元，增长6%，其中：第一产业增加值13.76亿元，增长5.5%。第二产业增加值3.81亿元，增长2.4%，其中工业增加值1.37亿元，增长5%；规模以上工业增加值0.52亿元，增长5.5%；建筑业增加值2.44亿元，增长1%。第三产业增加值19.93亿元，增长7%。

——全社会固定资产投资17.6亿元，增长12%。

——大口径财政收入2.69亿元，增长6%。地方一般公共预算收入1.54亿元，增长4%。

——社会消费品零售总额8.75亿元，增长8%。

——城镇居民人均可支配收入25413元，增长8%；农村居民人均可支配收入8096元，增长10%。

——金融机构存款余额71亿元，增长7%；贷款余额54亿元，增长5.7%。

——人口自然增长率控制在9‰以内。

主要任务：

（一）合力脱贫攻坚，确保决战决胜。紧盯“两不愁、三保障”，集中人力物力财力，瞄准深度贫困聚焦发力，聚集产业发展和增加收入，实施脱贫攻坚行动方案，持续推进“五个一批”工程，深入推进基础设施和公共服务设施建设，着力改善发展条件，增强发展能力，多措并举打基础、补弱项，培育壮大集体经济，发挥农民专业合作社带动作用，做大做强主导产业，做优做精特色农产品。全力实施“畅返不畅”道路建设项目，争取完成贫困村道路改造提升111公里；全面解决住房安全问题，完成存量危房改造1901户和新增危房改建；持续实施安全饮水巩固提升工程，全面解决10个乡镇25个村供水不稳定、水量不足的问题；抓好控辍保学工作，确保贫困家庭子女义务教育巩固率稳定在100%；按照村卫生室标准化要求全面实施未达标村卫生室扩建（维修）、县医院重症医学科和新生儿重症监护房2个重点专科项目建设。加强乡村公益性岗位开发和扶贫车间创建。力争年内减少贫困人口2.6万人以上，实现全县脱贫摘帽。

（二）加强项目建设，确保投资增长。严格落实领导包抓项目、集中开工、“五步三法”等工作机制，着力抓好总投资92.4亿元的85项重点建设项目。深化项目并联审批改革，督促协调落实用地、规划、环评等保障要素，加快前期手续办理进度，确保项目按期开工建设。紧盯国家乡村振兴、基础设施补短板、社会投融资等支持政策，围绕县域供水、供电、供暖，生态环境和特色产业谋划储备项目50项以上，力争年内前期项目资金、用地等保障要素能够落实。着力优化招商引资、投资兴业环境，力争全年招商引资签约资金达到40亿元以上，落实到位资金27亿元以上。

（三）推进创新发展，加快产业升级。马铃薯种薯产业方面，完成马铃薯种植40万亩，其中原种生产田5万亩、一级种生产田35万亩。充分发挥国际马铃薯中心亚太中心渭源（项目）工作站优势，开展马铃薯新品种选育工作。服务和引导马铃薯主食化生产企业达产达标，不断开拓市场，延伸产业链条，提高产业效益。中医药产业方面，围绕建设国家中医药产业发展综合试验区先行先试的要求，依托“渭源白条党参”国家驰名商标品牌、“国家级出口农产品（党参、黄芪、当归）质量安全示范区”品牌，做大做强中医药产业。完成中药材种植40万亩。依托农产品产地初加工项目，保障中药材初加工转化率达到80%以上。通过企业带动、项目带动、科技带动、金融带动，加快全县中医药产业提质增效。加快中药材质量追溯体系建设，中药材品质明显提升；推进中医药产业与养生保健、文化旅游、餐饮、电子商务融合发展，产业融合发展能力明显提升。草牧产业方面，全面完成现代农业产业园金鸡产业扶贫项目。扩大多年生牧草及全株青贮玉米种植面积，提升草产业发展水平，年加工草产品2万吨。新改扩建养殖场（企业）15个，注册家庭养殖场150个，发展规模养殖示范户1550户。牛、羊、猪、鸡、蜂饲养量分别达到6.5万头、38.5万只、25.5万头、400万只、1万箱，肉蛋奶总产量达到2.6万吨以上。文化旅游产业方面，促进文化旅游体育产业融合发展，加快乡村旅游发展步伐。完成渭河源景区二期环线提升工程和首阳山景区基础设施一期工程，开工建设渭河源景区和渭河东源景区旅游基础设施建设项目。加大招商引资，争取秀峰山景区开发一期项目落地建设。举办旅游节会，加大营销推介。支持农家乐建设，促进旅游消费。完成渭河源村、峡口村等5个市级乡村旅游示范村规划编制和基础配套设施建设任务。力争年内接待游客138万人次，旅游综合收入达到5.86亿元。

（四）发展新兴产业，拓宽增收路径。围绕建设高原夏菜基地目标，全县蔬菜种植面积达到6.8万亩，其中高原夏菜5.1万亩。完成3座果蔬菜库建设。大力发展光伏食用菌种植规模，种植百合3000亩以上。加强与省市衔接，争取将26个非建档立卡深度贫困村纳入光伏建设计划。壮大电商产业，实现电子商务交易额2亿元以上。继续扩大鲜切花种植面积，采用“公司+基地+车间+贫困户”的模式，实现花卉与脱贫攻坚、旅游观光、生态保护、乡村振兴融合发展。加大劳务输转力度，对有培训需求的农村贫困劳动力实现培训全覆盖，争取输转劳动力6.04万人，实现劳务收入11.99亿元。力争向新疆生产建设兵团转移就业安置200户。

（五）改善基础条件，推进城乡发展。城乡建设方面，推进渭源县城乡统筹规划审批，完成县城区控制性详细规划修编，完成路园、北寨、五竹等13个乡镇的总体规划审批。继续抓好北环路、一中南侧、清源路北侧、南门西侧棚户区改造，持续推进北环路东段道路建设、供热基础设施改造等重点市政工程。新建渭水华府及河道改造、一中西侧棚户区改造等工程；实施国道310线县城区过境段改造等工程，提升城镇综合服务能力。交通运输方面，全力推进省道229线渭源段、渭河源景区旅游公路建设进度，建设现代农业产业园渭河大桥工程、现代农业产业园配套道路工程、田麻路县乡道路改造等工程。全社会客运量达到1965.32万人次，客运周转量达到2689.61万人公里，货运量达到26012.72万吨，货运周转量达到86105.36万吨公里。水利建设方面，加快县城区供水工程、峡城乡秋池湾休闲观光农业示范基地建设项目建设进度，实施现代农业产业园路园养殖区供水工程。全面落实最严格水资源管理制度，加快推进节水型社会达标建设工作步伐。

（六）加强生态保护，改善环境质量。严守生态功能保障基线、环境质量安全底线、自然资源利用上线三大红线，努力改善县域生态环境质量。坚决打赢污染防治攻坚战，继续围绕燃煤锅炉整治、煤质管控、清洁取暖、扬尘管控等方面综合施策，推进全县空气质量改善。全面推行河（湖）长制，突出重点流域水污染防治力度，确保全县水环境质量稳定达标。完成县城区面山绿化0.6万亩，乡村绿化3.52万亩，通道绿化0.4万亩。大力实施农村人居环境整治，继续开展农村生活垃圾、污水治理，加大农村改厕力度，全面提升村容村貌。加大节能减排监督检查力度，确保万元GDP能耗下降和二氧化硫、化学需氧量等主要污染物排放量控制在市上下达的指标之内。

（七）完善园区功能，助推工业发展。全面落实各级民营企业座谈会议精神，切实打造优质营商环境，落实“一企一策”制度，依托产业资源优势，助推工业发展壮大。继续完善工业园区基础设施，加快渭源中医药产业园集中供热工程建设，积极谋划建设会川工业园区集中供热项目、渭源工业集中区工业污水处理项目和会川工业园区污水管网工程，进一步配齐工业发展基础功能。积极探索建立健全资金保障机制和投融资机制，整合项目资金、信贷资金、企业资金和民间资金，发挥集合效应，着力解决园区发展投入不足和企业融资难的问题。抓好甘肃佛慈红日药源产业发展有限公司的中药饮片和配方颗粒等项目，支持企业中药饮片加工项目通过GMP认证。积极建设精制中药材饮片产业示范基地，力争将渭源工业集中区申报为省级经济开发区。

（八）谋求民生福祉，完善公共体系。坚持教育优先发展，坚定不移持续改善办学条件，做好2018年第二批、第三批全面改薄、第四高中教师公寓、职业中专体育运动场建设项目的续建；争取农村小规模学校、乡镇寄宿制学校、乡村教师周转宿舍、改善高中阶段办学条件等项目。加大中等职业教育招生，学前教育三年毛入园率预计达到96.33%、九年义务教育巩固率预计达到98.03%、高中阶段毛入学率预计达到96%。进一步完善基层卫生工作基础，强力推动公立医院改革，加快推进中医事业发展；县人民医院综合楼建设项目争取建成使用，疾病预防控制中心业务用房建设项目开工建设。严格落实政府促进就业责任，推进全民创业行动，努力创造就业岗位，城镇新增就业人数1800人以上，城镇失业率控制在4%以内。严格落实城乡低保和医疗救助等政策，不断提高社会保障救助工作水平。同时，积极开展安全生产、产品质量、食品药品监管、信访维稳、工商管理、粮食物价、审计、双拥、保险、消防、人防、档案、地方志、气象、民族宗教、科技、体制改革、妇女儿童、青少年、残疾人、老龄、老干部等各项工作，全力服务全县经济和社会各项事业的稳步发展。

各位代表，做好2019年全县经济社会发展工作，任务艰巨，责任重大，使命光荣。我们要在县委、县政府的坚强领导下，以更加昂扬的斗志、更加振奋的精神、更加务实的作风，狠抓工作落实，自觉接受县人大及其常委会的监督评议，认真听取县政协和社会各界的意见建议，开拓进取，真抓实干，为全面完成全县经济社会发展各项目标任务而努力奋斗！

# 关于渭源县2018年财政预算执行情况和2019年财政预算（草案）的报告

——2019年1月4日在渭源县第十六届人民代表大会第三次会议上

渭源县财政局局长　潘继平

各位代表：

受县人民政府委托，现将渭源县2018年财政预算执行情况和2019年财政预算（草案）的报告提请大会审议，请各位政协委员和其他列席人员提出建议意见。

## 一、2018年财政预算执行情况

2018年，全县财政工作全面贯彻党的十九大精神，以习近平新时代中国特色社会主义思想为指导，在县委的坚强领导下，在县人大常委会、县政协的有效监督和大力支持下，紧紧围绕县十六届人民代表大会第二次会议批准的财政预算及县十六届人大常委会第十六次会议批准的财政调整预算，坚持依法理财，加强收入征管，聚焦脱贫攻坚，硬化预算约束，盘活存量资金，加快支出进度，强化财政监管，全力保障经济社会平稳健康发展。

### （一）财政收支预算执行情况

1.一般公共预算执行情况

收入预算执行情况：全县大口径财政收入完成25360万元，占调整预算26665万元的95.11%，同比增收204万元，增长0.81%。一般公共预算收入完成14777万元，占调整预算14489万元的101.99%，同比增收845万元，增长6.07%。

支出预算执行情况：全县一般公共预算支出完成296294万元，同比增支57849万元，增长24.26%，占变动预算297230万元的99.69%。

分科目支出为：

——一般公共服务支出21831万元。

——国防支出7万元。

——公共安全支出6676万元。

——教育支出58538万元。

——科学技术支出604万元。

——文化体育与传媒支出3695万元。

——社会保障和就业支出40284万元。

——医疗卫生与计划生育支出35798万元。

——节能环保支出5952万元。

——城乡社区支出3508万元。

——农林水支出91220万元。

——交通运输支出4374万元。

——资源勘探信息等支出650万元。

——商业服务业等支出2391万元。

——国土海洋气象等支出5455万元。

——住房保障支出13638万元。

——粮油物资储备支出235万元。

——债务付息支出995万元。

——其他支出419万元。

——债务发行费用24万元。

全县实际可用财力情况：一是一般公共预算

收入14777万元；二是返还性收入1824万元；三是一般性转移支付收入160479万元（其中：均衡性转移支付收入62208万元、县级基本财力保障机制奖补资金收入14056万元、结算补助收入3789万元、企业事业单位划转补助收入634万元、成品油价格和税费改革转移支付收入446万元、基层公检法司转移支付收入678万元、城乡义务教育转移支付收入8490万元、基本养老金转移支付收入7483万元、城乡居民医疗保险基金转移支付收入14092万元、农村综合改革转移支付收入5394万元、重点生态功能区转移支付收入5653万元、固定数额补助收入13728万元、民族地区转移支付收入10万元、贫困地区转移支付收入23768万元、其他一般性转移支付收入50万元）；四是专项转移支付收入98037万元；五是上年结转859万元；六是新增地方政府一般债券收入24000万元；七是调入预算稳定调节基金112万元；八是减去上解上级支出2570万元，补充预算稳定调节基金288万元。全县实际可用财力为297230万元。

2.政府性基金预算执行情况

收入预算执行情况：全县政府性基金收入完成17499万元，占调整预算23071万元的75.85%，同比减收340万元，下降1.91%，其中：农业土地开发资金收入34万元，国有土地使用权出让收入17163万元，城市基础设施配套费收入302万元。

支出预算执行情况：政府性基金支出57379万元，同比增支32129万元，增长127.24%，占变动预算58989万元的97.27%。

分科目支出为：

——社会保障和就业支出155万元。

——城乡社区支出54813万元。

——农林水支出558万元。

——商用服务业等支出31万元。

——其他支出1330万元。

——债务付息支出457万元。

——债务发行费用支出35万元。

3.社会保险基金预算执行情况

收入预算执行情况：社会保险基金收入完成60777万元，占调整预算55393万元的109.72%，同比增收24150万元，增长65.93%，其中：企业职工基本养老保险基金收入4613万元，机关事业单位基本养老保险基金收入20380万元，城乡居民基本养老保险基金收入10195万元，城镇职工基本医疗保险基金收入5240万元，居民基本医疗保险基金收入19550万元，工伤保险基金收入268万元，生育保险基金收入531万元。

支出预算执行情况：社会保险基金支出46877万元，占调整预算50210万元的93.36%，同比增支1572万元，增长3.47%，其中：企业职工基本养老保险基金支出4510万元，机关事业单位基本养老保险基金支出6798万元，城乡居民基本养老保险基金支出9838万元，城镇职工基本医疗保险基金支出4171万元，城乡居民基本医疗保险基金支出20899万元，工伤保险基金支出292万元，生育保险基金支出369万元。

（二）财政收支预算平衡情况

1.一般公共预算收支平衡情况。一般公共预算总收入300234万元，其中：一般公共预算收入14777万元，返还性收入1824万元，一般性转移支付收入160479万元，专项转移支付收入98037万元，上年结转859万元，地方政府一般债券收入24146万元，调入预算稳定调节基金112万元。一般公共预算总支出300234万元，其中：一般公共预算支出296294万元，债务还本支出146万元，上解上级支出2570万元，补充预算稳定调节基金288万元，年终结余936万元。

2.政府性基金收支平衡情况。政府性基金总收入58989万元，其中：县本级收入17499万元，上级专项补助1990万元，地方政府专项债券收入35020万元，上年结余4480万元。政府性基金总支出58989万元，其中：政府性基金支出57379万元，债务还本支出20万元，年终结余1590

万元。

3.社会保险基金收支平衡情况。社会保险基金总收入80066万元，其中：当年收入60777万元，上年结余19289万元。社会保险基金总支出80066万元，其中：社会保险基金支出46877万元，年末滚存结余33189万元。

以上收支均实现当年财政收支平衡。

（三）转移支付资金安排使用情况

2018年上级共下达我县返还性收入1824万元，一般性转移支付收入160479万元，专项转移支付收入98037万元。

一般性转移支付中财力性转移支付主要用于人员经费、党政机关事业单位正常运转及民生支出，有特定用途的转移支付收入用于扶贫、教育、公共安全、农村道路建设等方面支出。专项转移支付收入用于上级下达的教育、医疗卫生、社会保障、农林水等公共服务领域支出。

（四）地方政府性债务情况

按照财政部对地方政府债务管理的规定，地方政府债务实行限额管理。2018年上级核定全县地方政府负有偿还责任的债务限额104438.4万元，其中：一般债务55313.5万元，专项债务49124.9万元；全县地方政府性债务余额101877万元，较上年增加57566万元，增长129.91%，其中：政府负有偿还责任的债务余额100705万元，政府负有担保责任的债务余额1172万元。债务规模在上级核定的限额之内。

（五）主要工作措施

1.强化收入征管，收入质量得到新提升。面对宏观经济下行压力持续加大、企业生产经营困难、国家减税降费政策调整等影响，全县财税部门进一步细化征管措施，努力挖掘增收潜力，堵塞征管漏洞，依法依规组织收入。一般公共预算收入完成14777万元，同比增收845万元，增长6.07%，其中：税收收入完成8110万元，同比增收2501万元，增长44.59%；非税收入完成6667万元，同比减收1656万元，下降19.9%。财政收入稳中有升，收入结构进一步优化，收入质量明显提升。

2.聚焦立项争资，保障能力得到新提高。全力应对收入增长乏力、可用财力不足、资金调度困难等挑战，分析资金和项目投资导向，积极主动与上级财政部门沟通衔接，力求在产业发展、基础设施建设、以奖代补、生态环境保护等方面争取更多资金支持经济社会发展。全年共争取到位上级补助收入260340万元，同比增加38709万元，增长17.47%，其中：一般性转移支付补助160479万元、专项转移支付98037万元，分别同比增长14.82%、22.48%。全县财政支出达到296294万元，剔除债券资金后增长14.2%，有效缓解了财政支出压力，财政实力进一步增强。

3.保障资金投入，县域经济实现新发展。贯彻落实县委关于全县经济社会发展的各项决策部署，紧盯县域经济发展目标要求，主动对照财政工作任务，全力推动县域经济高质量发展。一是推进重大项目建设。安排项目前期费1743万元，支持重点项目争取，着力培育新的经济增长点；拨付棚户区改造及农村危房等建设资金46577万元，全力保障困难群体住有所居；落实城乡规划建设、城乡环境综合整治3903万元，“美丽乡村”资金630万元，全力打造生态宜居环境。二是扶持优特产业发展。加大财政职能发挥和政策制度落实，拨付资金27272万元，扶持中医药、马铃薯、旅游、光伏、特色种植养殖等优势产业发展。拨付科技创新、企业以奖代补等资金580万元，支持龙头企业转型升级。落实电商扶贫、便民服务建设等专项资金1450万元，培育壮大新兴产业。投入各类农业产业保险补贴1126万元，降低农业生产风险，稳定和提高农民收入，促进农业特色产业良性循环发展。三是支持中小企业发展。积极对接中央、省市产业发展政策，帮助企业争取上级财政支持898万元，用于中小企业技改、科技创新、节能、设备补助等。认真执行国家、省市有关税费减免优惠政策，做到应减尽减、应退尽退。及时调整涉企收费目录清单，取消、停征、免征41项行政事业性收费项目，扶持企业发展，为企业发展创造良好环境。

4.聚焦精准扶贫，脱贫攻坚取得新成效。按照《关于打赢脱贫攻坚的实施意见》，坚持把资金向精准扶贫聚拢，通过整合财政涉农资金，加大财政投入，确保全县精准脱贫资金需求。一是建立脱贫攻坚财政投入逐年增长机制，县预算安排财政专项扶贫资金3865万元，占一般公共预算收入的26.16%。二是加大财政涉农资金统筹整合力度，统筹整合资金38480万元，保障了到户到产业资金需求，其中：到户资金达到36289万元，到户率达到94.31%，到户产业资金为27272万元，到产业比例达到75.15%。三是扎实推进“七个一批”脱贫攻坚工程，投入各类扶贫资金178081万元，占一般公共预算支出的60.1%，重点用于教育、发展生产、转移就业、生态补偿、医疗救助、易地搬迁、社会保障兜底等扶贫领域。四是拨付财政贴息资金5941万元，引导金融机构发放精准扶贫专项、小额信贷等贷款，有效解决贫困户发展资金短缺问题。

5.优化支出结构，民生福祉得到新改善。调整优化支出结构，财力向脱贫攻坚、社会民生、重点项目等方面倾斜，民生支出257242万元，占一般公共预算支出的86.82%。一是支持教育事业优先发展。继续大力支持学前教育、义务教育、高中教育及职业教育，促进教育资源均衡发展，全面落实家庭经济困难寄宿生生活补助、乡村教师生活补助、职中和高中学生困难补助等政策，教育支出58538万元，同比增长5.78%，占一般公共预算支出的19.76%。二是惠农补贴政策有效落实。全面落实强农惠农政策，不断加大耕地地力保护，农业生态资源保护等投入力度，促进农民增产增收。拨付资金39508万元，同比增长5082万元，占一般公共预算支出的13.33%。三是社会保障体系不断完善。积极筹集资金，保障城乡低保、农村五保、孤儿、重度残疾人、计划生育奖励扶助人员等基本生活补助。养老金支出21146万元，其中：城乡居民基本养老保险支出9838万元，机关事业单位基本养老保险金支出6798万元，企业职工基本养老保险金支出4510万元；强化医疗保障、社会救助、城乡居民医疗保险，社会保障与就业支出40284万元，同比增长7.55%，占一般公共预算支出的13.6%。四是医疗卫生条件持续改善。有序推进公立医院改革，全面提高基层医疗卫生服务机构的服务能力和基本公共卫生服务均等化，医疗卫生与计划生育支出35798万元，同比增长27.8%，占一般公共预算支出的12.08%。五是文化体育事业繁荣发展。推进文化体育等基础设施建设，文化体育与传媒支出3695万元，同比增长11.09%，占一般公共预算支出的1.25%。

6.注重改革监管，管理能力迈上新台阶。一是深化预算管理改革。健全预算编制体系，细化预算编制内容，全面公开预决算，实现预算编制网上申报、网上审核。二是强化预算执行动态监控。将预算指标全部纳入管理系统，通过预算执行分析、综合账务查询、资金动态监控，全面反映预算执行进度和执行情况。三是加大财政监督检查力度。重点强化财政专项扶贫资金、惠农资金、产业发展资金、非税收入等资金的监督检查，涉及资金19436万元。四是加强结余结转资金管理。实行财政资金周调度周通报制度，共清理盘活财政存量资金28815万元，统筹用于脱贫攻坚、民生事业等领域。五是加强国有资产管理。审批资产配置及处置事项，出租出借房屋、场地收入211万元。通过政府采购，实现支出32151万元，节约资金1086万元，节约率3.27%。六是推行绩效评价管理。完善绩效评价目标体系，录入扶贫资金监管平台项目98个，涉及资金178081万元，进一步提升财政资金使用效益。

各位代表，全县财政工作经受住了严峻考验和挑战，取得了一定成绩，这主要得益于县委的正确领导，得益于县人大常委会、县政协的有力监督和大力支持，得益于全县人民的共同努力。但我们也清醒认识到财政运行中存在的一些困难和问题：一是财政收入来源单一，工业基础薄弱，税收增长主要依靠政府投资拉动，可持续性财源匮乏。二是可用财力较少，自给率低，调控能力较弱，财政保障范围不断扩大，财政保工资、保运转、保民生、促发展等刚性支出逐年增加，收支矛盾日益突出。三是随着债券还本高峰期日益临近，财政在保障政府债券还本付息、化解存量债务方面压力较大。

对这些困难和问题，我们一定高度重视，认真听取各位代表、委员的意见建议，积极研究对策，努力加以解决。

**二、2019年财政预算（草案）**

按照预算法等有关规定，结合全县工作任务，2019年预算编制指导思想是：深入贯彻党的十九大精神，以习近平新时代中国特色社会主义思想为指导，紧紧围绕县委决策部署，以“稳增长、调结构、惠民生、促改革、强管理、防风险”为主线，以提高财政发展的质量和效益为目标，以决胜脱贫攻坚、保障民生改善为重点，进一步优化支出结构，盘活存量，用好增量，完善预算绩效管理，防范地方债务风险，促进全县经济社会平稳健康发展。

2019年预算编制基本原则是：一是量力而行，量入为出；二是依法依规，统筹兼顾，突出重点；三是强化全口径预算管理，加大资金统筹力度；四是强化预算绩效管理，提高资金使用效益；五是坚持厉行节约，推进预决算公开。

（一）全县一般公共预算草案

1.收入预算。2019年，全县大口径财政收入预算为26881万元，同比增长6%。其中：一般公共预算收入预算为15368万元，同比增长4%。

2.支出预算。2019年，全县预算财力为161178万元（不含当年未提前下达专项转移支付和一般性转移支付增量）。相应安排一般公共预算支出为160256万元，上解上级支出922万元。

分项目支出为：

——一般公共服务支出19773万元。

——国防支出7万元。

——公共安全支出3042万元。

——教育支出45603万元。

——科学技术支出134万元。

——文化旅游体育与传媒支出2690万元。

——社会保障和就业支出26486万元。

——卫生健康支出12570万元。

——节能环保支出262万元。

——城乡社区支出923万元。

——农林水支出36669万元。

——交通运输支出3426万元。

——商业服务业等支出181万元。

——自然资源海洋气象等支出487万元。

——住房保障支出5603万元。

——粮油物资储备支出221万元。

——灾害防治及应急管理支出285万元

——债务付息支出1894万元。

3.收支平衡预算。2019年，一般公共财政预算总收入为161178万元，其中：一般公共预算收入15368万元，返还性收入1824万元，一般性转移支付收入131243万元，专项转移支付收入11807万元，上年结余收入936万元；一般公共预算总支出为161178万元，其中：一般公共预算支出160256万元，上解上级支出922万元。

（二）全县政府性基金预算草案

2019年，县本级政府性基金收入预算为9065万元，其中：国有土地使用权出让收入8950万元，城市基础设施配套费收入105万元，其他政府性基金收入10万元；上级补助收入387万元；上年结余收入1590万元。政府性基金支出预算按照专款专用、自求平衡的原则，相应安排支出11042万元。

分科目支出为：

——文化旅游体育与传媒支出24万元。

——社会保障和就业支出254万元。

——城乡社区支出8795万元。

——其他支出124万元。

——债务付息支出1845万元。

（三）全县社会保险基金预算草案

2019年全县社会保险基金收入预算为37878万元，其中：企业职工基本养老保险基金收入3796万元，城乡居民基本养老保险基金收入10188万元，机关事业单位基本养老保险基金收入17006万元，职工基本医疗保险基金收入5878万元，工伤保险基金收入394万元，生育保险基金收入616万元。社会保险基金支出预算27632万元，其中：企业职工基本养老保险基金支出4435万元，城乡居民基本养老保险基金支出7085万元，机关事业单位基本养老保险基金支出11582万元，职工基本医疗保险基金支出4143万元，工伤保险基金支出92万元，生育保险基金支出295万元。本年收支结余10246万元，年末滚存结余43435万元。

（四）转移支付资金预计

2019年返还性收入预计1824万元，上级提前下达一般性转移支付收入预计131243万元，其中：均衡性转移支付收入63039万元、县级基本财力保障机制奖补资金收入14305万元、结算补助收入1671万元、企业事业单位划转补助收入634万元、成品油价格和税费改革转移支付补助收入135万元、基本养老金转移支付收入6624万元、重点生态功能区转移支付收入4456万元、固定数额补助收入12290万元、贫困地区转移支付收入18427万元、公共安全共同财政事权转移支付收入64万元、教育共同财政事权转移支付收入5226万元、社会保障和就业共同财政事权转移支付收入802万元、卫生健康共同财政事权转移支付收入2231万元、住房保障共同财政事权转移支付收入1339万元，专项转移支付收入11807万元。一般性转移支付中财力性转移支付主要安排用于人员经费、党政机关事业单位正常运转及基本民生支出，有特定用途的一般性转移支付和专项转移支付收入按资金用途主要用于脱贫攻坚、社会事业发展及保障民生支出。

（五）地方政府性债务预计

2019年预计省上新增我县地方政府性债务额度20000万元，地方政府债务限额预计达到120705万元，新增地方政府性债务资金预安排公益性项目、土地储备项目及棚户区改造项目。待省上核定县地方政府性债券额度后，按程序将地方政府性债务限额、新增债券额度和拟安排等情况报县人大常委会审查批准。

（六）主要工作措施

1.紧盯政策导向，着力增加可用财力。紧紧围绕省、市、县决策部署，发挥财政职能，实施积极财政政策，做优做实财政收入。一是紧盯国家政策取向和资金投向，充分发挥财政资金引导作用，强化项目建设和产业发展的财税导向，落实国家各项减税降费政策，减轻企业负担，支持企业发展壮大，努力培植长期稳定的主体财源。二是进一步加强综合治税，对重点税源实施实时监控，认真梳理重点税源征管工作的薄弱环节，提高税源精细化管理，堵塞征管漏洞，依法依规组织收入，确保应收尽收。三是抢抓中央加大对深度贫困地区转移支付、大幅增加地方政府专项债券的有利政策机遇，全力争取均衡性、县级基本财力保障、脱贫攻坚等转移支付补助，提升财政保障能力。

2.统筹整合资金，着力保障脱贫攻坚。按照全县脱贫攻坚规划，围绕“两不愁、三保障”目标，紧盯脱贫攻坚短板，实化细化脱贫攻坚政策措施，统筹本级预算安排、上级财力补助、盘活存量资金等各类可用财力，进一步加大扶贫领域财政投入力度，全力保障脱贫攻坚资金向深度贫困乡镇、村社倾斜，重点用于产业发展、产业奖补，增加贫困群体收入；支持道路、饮水安全、危房改造、易地扶贫搬迁等基础设施建设，改善贫困群众基本生产生活条件。预算安排扶贫支出24187万元，占一般公共预算支出的15.09%，其中：县本级预算安排专项财政扶贫资金3984万元，占一般公共预算收入的25.92%万元。

3.优化支出结构，着力促进民生改善。坚持经济发展和民生改善相协调，积极促进就业创业，支持发展公平优质教育，提高社会保障水平，强化民生兜底保障，促进文化事业发展，让人民群众有更多获得感和幸福感。一是加大民生投入，重点支持教育、文化、社会保障、医疗卫生等基本民生需要。二是全面落实耕地地力保护补贴、草原生态奖补、农机具购置补贴等各项强农惠农政策，确保惠农资金及时拨付到农户手中。三是加大基层补助力度，落实乡镇、村级公用经费、村社干部基本报酬提标政策，切实解决乡镇、村级实际困难，为基层各项工作顺利开展提供资金保障。

4.强化财政监管，着力提高资金效益。一是树立依法理财意识，严格执行预算法相关规定，把预算编制、预算执行、预算调整全过程纳入监督范围，自觉接受人大常委会、政协和社会各界监督，提高依法理财工作水平。二是完善审计监督、行政监察、绩效评价协作机制；采取日常监督、专项检查和重点检查相结合的方式，强化对重大政策、重点项目和民生事项资金落实情况的监督检查。三是加强国有资产管理，按照“摸家底，建机制，严程序，强监管”的工作思路，理顺管理机制，建立完善制度，规范管理行为，进一步强化国有资产购置、经营和处置管理，防止国有资产流失。

5.深化财政改革，着力提升管理水平。一是强化绩效管理，持续提升财政管理效能，全面实施预算绩效管理，夯实预算执行管理基础，逐步推进财政预算绩效评价制度，建立“花钱必问效，无效必问责”的扶贫资金绩效管理机制，对中央42项、省级25项扶贫资金及市县扶贫资金设定绩效目标，实施全过程绩效跟踪，加强绩效结果应用，强化绩效责任约束。二是探索运用PPP模式（政府和社会资本合作），引导社会资本参与公共设施、城镇建设和产业投资。三是强化债务管理，实行地方政府性债务限额管理，积极争取地方政府置换债券额度，做好政府存量债务置换，降低政府债务利息负担；完善监管机制，努力化解政府债务，最大限度地降低和化解债务风险。

各位代表，新时代财政改革与发展任务艰巨、使命光荣，全面完成2019年各项财政预算任务，对于决胜脱贫攻坚、全面建成小康社会意义重大。我们将在县委的坚强领导下，在县人大常委会、县政协的监督指导下，在社会各界的大力支持下，坚定信心，振奋精神，攻坚克难，砥砺奋进，扎实开展工作，努力开创财政工作新局面，为全县经济社会发展提供坚实的财力保障！

# 渭源县人民法院工作报告

——2019年1月5日在渭源县第十六届人民代表大会第三次会议上

渭源县人民法院院长 范 勰

各位代表：

现在，我代表县人民法院向大会报告工作，请予审议，并请各位政协委员和列席人员提出意见和建议。

## 2018年主要工作

2018年，县法院坚持以习近平新时代中国特色社会主义思想为引领，认真贯彻落实党的十九大精神，牢固树立“四个意识”，在县委坚强领导，县人大及其常委会有力监督，县政府、县政协和社会各界的支持下，紧紧围绕“努力让人民群众在每一个司法案件中感受到公平正义”的工作目标，坚持司法为民、公正司法，依法履行审判职能，全力攻坚执行难，深入推进司法体制改革，加快智慧法院建设，维护社会大局稳定、促进社会公平正义、保障人民安居乐业的工作机制不断完善，司法水平不断提高，审判质效进一步提升，各项工作取得新进展。

全年共受理各类案件5448件，办结5220件，同比分别上升30.27%和31.05%，收结案数均创历史新高，结案率95.81%，同比上升6.91个百分点；员额法官人均结案227件，同比上升31.21%。法定审限内结案率、案件服判息诉率提高到97.04%和97.39%。

### 一、贯彻总体国家安全观，推进平安渭源建设

依法惩治刑事犯罪，维护社会和谐稳定，确保人民安居乐业。受理各类刑事案件248件，同比上升5.53%；审结237件，同比上升3.04%；判处罪犯255人。

——坚决维护国家安全和社会稳定。严惩严重暴力、涉枪涉爆、危险驾驶等危害公共安全犯罪，坚决维护人民群众的安全感，为经济社会发展创造和谐稳定的环境。审结故意杀人、故意伤害、抢劫、强奸等暴力犯罪案件28案42人；审结非法携带、持有、制造枪支犯罪案件11案11人；审结交通肇事、危险驾驶犯罪案件124案124人。

——深入开展扫黑除恶专项斗争。依法审理恶势力犯罪案件2案10人，有效打击了犯罪分子的嚣张气焰、净化了社会风气；严惩严重危害社会治安犯罪，审结寻衅滋事、赌博、运输、贩卖毒品类案件11案18人，推动社会治安形势持续向好。

——依法严惩腐败犯罪。落实中央反腐决策部署，坚守反腐败前沿阵地，推动反腐败斗争深入开展。积极配合国家监察体制改革，推动司法审判与国家监察有机衔接。审结贪污、贿赂、渎职、职务侵占犯罪案件4案5人，其中监察委员会移送、检察机关公诉的2案3人，均判处实刑。

——依法严惩破坏市场经济秩序犯罪。积极参与整顿和规范市场经济秩序，依法惩治破坏金融管理秩序和金融诈骗犯罪案件，有效维护了市

场经济秩序和金融安全。审结虚开增值税专用发票、非法吸收公众存款、集资诈骗、合同诈骗、信用卡诈骗、非法经营等犯罪案件14案14人。

——坚持惩罚犯罪与保障人权相统一。充分发挥刑事审判的惩戒、震慑、预防功能，坚持严格司法、依法裁判，既兼顾法律正义与社会正义，又坚守法律底线和道德底线。对严重危害国家安全、暴恐、严重暴力犯罪，坚持依法严惩方针，共判处实刑72人，其中5年以上有期徒刑11人；对情节较轻、社会危害较小的犯罪，依法从宽处罚，共适用非监禁刑183人，做到宽严相济。

——积极参与社会治安综合治理。落实“谁执法谁普法”责任，延伸审判职能，深入开展社会矛盾和安全隐患大排查大整治、信访积案集中化解工作，切实履行维护社会和谐稳定的政治责任。发挥审判职能，参与社会治安综合治理，在案发地开展巡回审判28场次，旁听群众2000多人；在学校、社区、农村开展法治讲座和禁毒等法律知识讲座55场次，参加学生、群众8000多人。

**二、贯彻新发展理念，服务大局保障民生**

充分发挥民商事和行政审判职能，依法调节各类社会关系。受理各类民商事和行政案件3203件，审结3098件，同比分别上升18.41%和19.02%，涉案标的额35142.93万元。

——努力创造良好的营商环境。注重保护民营企业和其他市场主体的生产经营自主权和财产权益，及时明确产权归属，强化产权司法保护，促进创业创新，审结权属和侵犯财产权益纠纷案件187件，标的1367万元；加强合同类案件审判工作，坚持平等保护，支持守约，制裁违约，依法保护市场主体的人身自由和财产权利，着力营造干事创业的法治环境，审结买卖、建筑施工、合伙等商事案件515件，标的6741.47万元。

——积极防范和化解金融风险。依法服务和保障金融体制改革，妥善处理涉金融纠纷，在经济下行、违约现象加剧的情势下，尽力防范和化解金融风险，为金融活动的有序开展营造了良好的法制环境，审结金融借款、小额信贷等案件742件，标的11851万元；审结金融贷款追偿权案件及农村互助基金贷款纠纷109件，标的1837.20万元。

——努力维护婚姻家庭和谐稳定。制定《家事案件审理规程》，设立家事审判法庭，引入家事辅助人制度，不断深化家事审判方式改革，家事案件从重视财产处理向情感修复转变，尽力挽救婚姻陷入危机的家庭。审结婚姻家庭类案件772件，调解和好373件，判决不准离婚141件，占家事案件的66.58%，尽最大努力保护当事人及未成年子女的权益。

——全力服务和保障民生权益。保障进城务工农民工合法权益，推动农村剩余劳动力通过非农产业脱贫致富，审结劳务合同等案件192件；保障农村“三变”改革，推动农业产业结构调整，助推产业扶贫工作，审结农村集体产权、承包经营权流转、新型农业经营等涉农案件19件；审结婚约财产纠纷案件35件，支持返还彩礼346.6万元，有效遏制农村高价彩礼和借婚敛财。

——积极稳妥化解行政争议。根据省高院的决定，由我院交叉集中管辖安定、陇西、岷县、漳县四县区乡科级行政机关为被告的第一审行政案件，共受理各类行政案件153件，审结151件，其中判决行政机关败诉13件，维护行政相对人的合法权益；坚持实质性化解行政争议，将协调工作贯穿始终，协调化解行政争议后当事人主动撤诉42件。全面落实立案登记制，当场立案151件，登记后不予立案22件，有效解决行政诉讼立案难、审理难、执行难的“三难”问题，促进政府依法规范行使职权，助推法治政府建设。

——多举措助推脱贫攻坚。按照县委安排，选派5名干警常驻庆坪、梁家沟等5个村担任第一书记或帮扶工作队队员，院机关40多名干警每人帮扶4-6户建档立卡贫困户，定期入户排摸情况、对结制定“一户一策”、落实产业扶贫措施，出资8.1万元为三个帮扶村购进荒山绿化苗木、马铃薯种子，配备电脑、打印机等办公设备，为贫困户解决实际困难等；充分发挥审判职能作用，宣讲法律和政策，开展矛盾纠纷大排查，及时化解矛盾纠纷；全力配合扶贫贷款的回收工作，向13名拒不偿还精准扶贫贷款的被执行人发出拘留协查通知，向精准扶贫贷款到期贫困户发出支付令50件，加强精准扶贫贷款回收政策宣传工作，敦促收回161万元，确保扶贫资金安全。

**三、攻坚基本解决执行难，坚决维护法律权威和胜诉权益**

把“基本解决执行难”作为全年工作的重中之重，举全院之力破解执行难，确保如期兑现向党和人民作出的庄严承诺。受理执行案件1997件，执结1885件，同比分别上升56.86%和42.69%。执结率94.69%，执结标的额8495.51万元。

——*凝聚合力破解执行难*。紧紧依靠党委领导，构建执行难综合治理格局。与公安、检察机关联合下发《通告》，敦促规避抗拒被执行人主动履行生效裁判，敦促131人自动履行了还款义务，履行金额284万元；与拘留所建立院所联动解纷机制，解决司法拘留收押难题；与保险公司签订战略合作协议，实现保险业务与法院推进诉讼保全及执行业务有效对接；注重源头治理，立审执联动，审判兼顾执行，实行《财产保全告知制度》，全面推进诉前、诉讼财产保全，有效防止被执行人转移隐匿财产。办理保全案件292件，冻结银行存款1071万元，查封车辆32辆，不动产2433万元，房产2633平方米；与检察机关联合发文规范财产刑执行，共执结财产刑案件61件，结案标的158.7万元，共同维护了司法权威。

——*增强威慑破解执行难*。推进联合惩戒体系建设，让失信被执行人“一处失信、处处受限”。发布失信被执行人名单245人次，限制其购买动车票、高铁票、机票；限制消费447人次；集中开展打击拒执专项行动，累计向公安机关移送涉嫌拒执案件16件17人，立案10件11人（公诉3件3人，自诉7件8人），判处3件3人。司法拘留360人，拘传41人，罚款1人；完善失信被执行人信息公示制度，在县电视台、城区街道电子显示屏、微信公众号、法院诉讼服务中心大屏幕等平台曝光失信被执行人，促使被执行人主动到法院履行义务。

——*创新举措破解执行难*。积极开展执行“百日会战”、执行“骨头案”清理等专项执行行动，采取凌晨出击、午间蹲守、节假日集中执行等措施，执结案件1048件。进一步提高执行信息化水平，继续拓展完善网络执行查控系统，与金融机构、车辆管理等部门建立信息网络查询及协作工作机制，累计发出查询申请1293条，查获财产信息1128条；建成并充分运用执行“天眼”定位系统，对长期逃避执行的被执行人实施精准定位，组织执行干警赶赴陕西、四川等地抓获7名“老赖”；全面推行网络司法拍卖，实现需拍卖案件100%网上拍卖，提高了效率、降低了成本、增强了透明度。

——*强化管理破解执行难*。加强制度建设，有效约束和规范执行权。对照第三方评估指标体系查漏补缺，进一步加强执行规范化建设。建成集远程视频调度、监控、执行信息查询、执行财产网络查控等功能的执行指挥中心，规范执行流程、提升执行效率、增强执行透明度。依托执行案件管理平台、网络查询等信息化手段，向当事人公开执行案件的进展和流程，全面践行阳光执行。强化依法执行、公正执行、善意执行、文明执行理念，加强执行作风和廉政建设，对执行领域违纪违法行为零容忍。

——*司法救助破解执行难*。不断加强和改进司法救助工作，筹资10万元设立救助基金，积极与市中院及县委政法委沟通汇报争取，及时为执行不能案件的申请人申报司法救助金，对13名特困申请人发放救助金40.2万元，以解决困难申请人燃眉之急。为32件案件当事人依法减缓免诉讼费9.6万元，有效保障困难当事人依法行使诉讼权利。

## 四、坚持改革创新，推动完善司法体制机制建设

坚持目标导向和问题导向，遵循司法规律，不断将司法体制改革推向纵深。

——全面落实司法责任制。落实“让审理者裁判，由裁判者负责”的要求，取消案件审批制，院庭长不再对未参与审理的案件签发裁判文书，确立合议庭、法官办案主体地位，提交审判委员会讨论的案件数量大幅下降。设立专业法官会议提供咨询意见，统一裁判标准，避免同案不同判。院、庭长带头办理疑难复杂案件，全年院庭长直接办案2321件，占结案数的44.46%。

——全面落实人员分类管理改革。紧紧牵住司法责任制这个“牛鼻子”，全面落实司法人员分类管理改革，同步推进审判辅助人员制度改革。建立以员额法官为中心的新型审判团队，实现85%以上的人员向办案一线集中。积极协调配合，完成省以下法院人财物统管；制定法官业绩考核办法，将办案数量、效率、效果与考核挂钩，改变“吃大锅饭”的弊端，鼓励法官多办案、办好案，进一步激发队伍内生动力，有效破解案多人少难题。

——完善公正高效审判机制。大力推进以审判为中心的刑事诉讼制度改革，实现侦查人员、证人出庭作证制度化，充分发挥庭审在查明事实、认定证据、保护诉权、公正裁判中的决定性作用，完善防范冤假错案机制。深化刑事案件量刑规范化改革，探索认罪认罚从宽制度。实行案件繁简分流，实现简案快审，繁案精审，提高了审判质效，适用简易程序审理2849案、小额速裁110案。积极探索电子送达、门户网站公告送达等多种送达方式，有效缓解送达难问题。

——创新审判管理模式。加强审判监督管理，定期对案件质效指标分析、通报和经验交流，在收案数增长30.27%的情况下，实现结案率同比增长6.91个百分点、案件平均审理天数同比缩短20天的良好态势，全年结案率、平均审理天数等综合质效指标一直位列全市法院第一名，办案效率得到大幅度提升。完善案件评查制度，全年共评查案件1300余件，按月发布《案件评查通报》，通报每个案件的得分和存在的问题，及时纠正审判和执行工作中存在的问题，有效实现了动态监督。

——加快智慧法院建设。建成并运行了案件信息管理系统，实现了全部案件网上办理，电子卷宗随案同步生成，全年随案同步生成电子卷宗10896宗，极大提高了办案效率；已建成运行七个数字法庭，在新浪网开通了庭审直播通道，实现了所有开庭审理案件全程录音录像和庭审活动一键上网直播；建成并运行连接最高法院的远程提讯系统和远程接访系统，实现上级法院询问当事人、信访接待网上办理；建成诉讼服务中心、执行指挥中心和信访接待中心，实现网上立案、网上查控财产、统一指挥协调等各项功能，为审判执行工作提供了强大的技术支撑。

## 五、自觉接受监督，努力让司法更加贴近人民群众

树立监督就是支持的理念，自觉接受人大、政协、检察机关以及社会监督，全面推进司法公开，不断满足人民群众的知情权、参与权、表达权和监督权，促进司法公正，提升司法公信，切实改进法院工作。

——自觉接受人大、政协监督。主动接受人大法律监督，认真落实县十六届人大二次会议决议。积极配合县人大常委会开展专项执法检查和工作调研，专题报告司法责任制改革推进情况。自觉接受政协民主监督，注重拓宽与人大代表及政协委员的联系渠道，主动邀请人大代表及政协委员视察法院、观摩庭审和座谈交流，增进法院与人大、政协工作的沟通交流。

——依法接受检察监督。严格遵守宪法和法律规定，自觉接受检察机关诉讼监督，在诉讼活动中坚持分工负责，互相配合，互相制约，确保严格公正司法；认真办理检察建议，严格规范司

法行为；认真贯彻落实《关于人民检察院检察长列席人民法院审判委员会会议的实施意见》，主动邀请检察长列席审判委员会。

——广泛接受社会监督。坚持以公开为原则、不公开为例外，全方位多领域推进司法公开，在中国庭审公开网直播庭审652场次、中国裁判文书网公开文书1667份、公开执行信息1972件、推送微信130条、在各级媒体刊发新闻稿72篇、与省电视台制播法治节目1期、举办法院公众开放日活动，切实推进公众了解、参与、监督法院工作；扩大司法民主，落实人民陪审员倍增计划，普通程序案件人民陪审员参审比例达到92.26%。

**六、坚持党建引领，致力提高干警素质和队伍形象**

坚持“抓党建带队伍促审判树形象创一流”的总体思路，落实全面从严治党主体责任，致力打造忠诚、干净、担当的法院队伍。

——抓思想　树导向　激活力。组织干警深入学习贯彻党的十九大精神和习近平新时代中国特色社会主义思想，牢固树立“四个意识”，切实增强“四个自信”，坚决维护习近平总书记在党中央和全党核心地位，坚决维护以习近平同志为核心的党中央权威和集中统一领导；加强法院文化建设，建成文化长廊、不定期举办趣味运动会，组织演讲、征文、书法、摄影、绘画等各种活动，激发干警的工作热情；广泛开展读书学习活动，建立图书室，每年列支专项经费用于购置电子书、各类图书、订阅报纸、杂志，为干警提供良好的学习环境和丰富的学习工具；评选“党员先锋岗”“先进个人”“办案能手”，比办案、比服务、比奉献，促进创先争优、比学赶超，增强队伍凝聚力、战斗力。

——抓班子　强素质　固根基。切实发挥院党组把方向管大局保落实的主体作用，严格履行党组书记第一责任人的责任，切实加强党的建设。强化领导班子建设，坚持以抓好党组中心组学习为主的各种理论学习，努力提高领导班子的决策能力、领导能力、司法能力；加强党支部标准化建设，进一步发挥党支部的战斗堡垒作用和党员干警的先锋模范作用；坚持院领导带头办理疑难复杂案件，做到能审判、善协调、会管理。加强司法能力建设，建立法官和业务骨干到国家法官学院、大学进修培训机制，有效提高了干警的业务技能和司法能力。开展司法警察岗位技能大比武，增强执法实战能力，保障涉诉群众和干警人身安全。

——抓责任　严风纪　促廉洁。结合转变作风改善发展环境建设年活动，建立健全审务督查机制，对庭审作风、日常纪律等组织明察暗访35次，对发现的16个问题公开亮丑，督促整改，切实纠正不良行为，确保廉洁司法；用好监督执纪“四种形态”，完善监察建议、廉政谈话提醒等制度，建立党组书记、分管领导、部门负责人三级提醒谈话机制，开展提醒谈话45人次，对发现个别干警苗头性、倾向性的问题及履责不到位的干警约谈4人次、通报批评8人次。落实防止干预过问案件的“两个规定”，加强对司法权运行重点领域和关键环节的监督，严防司法腐败。

各位代表，过去一年县法院工作取得的新发展新进步，是县委正确领导、县人大及其常委会有效监督，县政府、县政协及社会各界关心支持的结果，也是在座人大代表、政协委员理解和支持的结果。在此，我谨代表县法院向大家表示衷心的感谢并致以崇高的敬意！

同时，我们也清醒地认识到工作中的不足和差距：一是面对新形势新任务，法院防控风险、服务发展，化解矛盾纠纷的能力仍有差距。二是面对加速攀升的案件，尽管我们不断优化资源配置、推进繁简分流、主动加班加点，案多人少的矛盾仍然突出，办案质量效率、便民利民等各项工作需进一步提升。三是面对社会对破解执行难的关切，攻坚克难的力度需进一步加强，跨部门失信联合惩戒机制仍需下大气力不断推进。四是面对全面从严治党新要求，一些干警责任意识不强、司法能力不足，少数干警司法行为不规范的问题时有发生。五是面对转变作风的要求，个别干警对自己要求不严，存在违法违纪的问题。对此，我们将在各方面关心支持下，采取有力措施认真研究解决。

## 2019年工作要点

2019年，县法院将高举习近平新时代中国特色社会主义思想伟大旗帜，全面深入贯彻落实党的十九大精神，认真落实本次大会决议，不忘司法为民的初心，牢记公正司法的使命，继续深化司法体制综合配套改革，加快智慧法院建设，为满足人民群众对美好生活的向往和打赢脱贫攻坚战提供更加有力的司法服务和司法保障。

**一、充分发挥审判职能，保障经济社会全面发展**

全力保障脱贫攻坚，主动把握和积极适应经济发展新常态，妥善处理好涉精准扶贫、乡村振兴战略、扫黑除恶、禁毒等重点工作中发生的各类案件，加强对财产所有权、民营企业经营自主权的司法保护，提高运用法治方式保护产权的水平，保障创新发展、协调发展。加强对教育、就业、医疗、社会保障、生态环境等案件的审理执行，促进共享发展、绿色发展。坚决打击严重刑事犯罪，严惩经济犯罪、职务犯罪，积极参与社会综合治理。依法审理行政案件，推动转变作风改善发展环境，建设更高水平的法治渭源，营造一流营商环境。

**二、坚持以人民为中心发展思想，切实维护社会公平正义**

紧扣我国社会主要矛盾变化，围绕人民群众对美好生活的向往，坚持改进诉讼服务，完善司法救助，加强人权司法保障、产权司法保护，建立健全基本解决执行难长效机制。更加自觉地接受人大法律监督、政协民主监督、检察监督和社会监督，践行阳光司法。加强信息化建设融合应用，完善四大公开平台，加强全媒体、立体化司法宣传，通过以案释法、司法建议等方式推进“七五”普法，让人民群众感受更多公平正义。加强审判监督和管理，规范司法行为，统一裁判尺度，防止冤案错案。

**三、全面深化司法体制改革，提升司法公信力**

探索员额法官“能上能下”动态管理机制，不断完善审判团队建设，夯实司法责任制改革基础。推进审判辅助人员管理、司法人员职业保障制度等配套改革，激发司法改革的内生动力。全面落实以审判为中心的诉讼制度改革，严格证据标准，切实发挥庭审在查明事实、认定证据、保护诉权、公正裁判中的决定性作用。深化刑事速裁、认罪认罚从宽制度改革，加大繁简分流力度，推进简案快审、难案精审；全面落实法律援助值班律师制度，推行刑事案件律师辩护全覆盖，加强人权司法保障。持续推进家事审判、多元化纠纷解决机制、人民陪审员制度等改革，加强对立案登记制、行政案件跨域管辖、涉诉信访改革新情况新问题的研究，确保改革取得更大实效。

**四、努力打造过硬法院队伍，坚决保障公正廉洁司法**

坚定不移推进全面从严治党，严格执行党章、准则、条例等党内法规，严肃党内政治生活，强化党内监督，树牢“四个意识”。加强教育培训和优秀审判人才培养，不断提升公正司法的能力。准确把握监督执纪“四种形态”，完善廉政风险防控机制，坚决惩治司法腐败。严格落实中央《保护司法人员依法履行法定职责规定》，坚持问责与保护相结合，强化法官依法履职保障。

各位代表，百舸争流奋楫者先，千帆竞发勇进者胜。新的一年，县法院将在县委的坚强领导下，在县人大及其常委会的有力监督下，在县政府及社会各界的大力支持下，凝心聚力，求真务实，开拓进取，奋力开创县法院工作新局面，为谱写渭源高质量发展新篇章作出新的贡献！

# 渭源县人民检察院工作报告

## ——2019年1月5日在渭源县第十六届人民代表大会第三次会议上

渭源县人民检察院检察长 赵金铸

各位代表：

现在，我代表县人民检察院向大会报告工作，请予审议，并请各位政协委员和其他列席人员提出意见和建议。

### 2018年工作回顾

2018年，县检察院在县委和市检察院的正确领导下，在县人大及其常委会的依法监督、县政府的大力支持和县政协的民主监督下，认真贯彻落实习近平新时代中国特色社会主义思想及党的十九大精神，主动对标“讲政治、顾大局、谋发展、重自强”总要求，不忘检察初心、牢记监督使命，紧紧围绕县委县政府中心工作，认真落实县第十六届人民代表大会第二次会议决议，坚持以党建带队伍、以队建促业务的工作思路，扎实推进省检察院“产权保护、脱贫攻坚、生态环保、扫黑除恶、公益诉讼和司法改革”六项重点工作和市检察院“创新机制、创优工作、创建特色”三创工作，全面履行法律监督职责、持续推进司法改革、从严加强队伍管理，各项检察工作取得新进展。

**一、充分发挥检察职能，围绕中心服务大局**

紧紧围绕改革发展稳定大局，充分履行各项检察职能，主动作为，努力为经济社会发展营造良好的法治环境，推动建设更高水平的平安渭源。

*严厉打击各类刑事犯罪。*依法履行批捕、起诉等职能，严厉打击故意杀人、故意伤害等严重暴力犯罪，严厉打击抢劫、盗窃、诈骗等多发性侵财犯罪，严厉打击非法吸收公众存款、集资诈骗等破坏金融秩序犯罪，严厉打击贩卖毒品、聚众赌博等黄赌毒犯罪，坚决遏制刑事犯罪高发态势，提升人民群众安全感。共受理审查逮捕案件73件104人（同比下降27%和11.9%），审查后批准逮捕47件73人（同比件数下降14.5%，人数上升12.3%），不批准逮捕26件31人（同比下降39.5%和35.4%），无逮捕后判无罪、撤案及上级院改变原决定的情形。受理移送审查起诉案件241件284人（同比件数上升6.2%，人数持平），提起公诉206件243人（同比上升9.9%和8%），不起诉29件30人（同比上升52.6%和25%），无起诉后判无罪案件。

*依法从严惩处职务犯罪。*积极配合国家监察体制改革，确保反腐败高压态势。全年共受理县监察委移送职务犯罪案件4件5人，起诉2件3人，法院均判处有期徒刑，不起诉1件1人，正在办理1件1人。案件受理后指派具有丰富办案经验的资深检察官承办，在刑事诉讼法尚未修改的情况下，依据《国家监察委员会与最高人民检察院办理职务犯罪案件工作衔接办法》要求，在证据收集、强制措施适用以及案件定性处理等环

节，及时与县监察委协商沟通，听取监察委的意见，形成共识，做到无缝对接，确保案件办理的政治效果、法律效果和社会效果有机统一。

深入推进扫黑除恶专项斗争。认真贯彻中央、省市县委关于开展扫黑除恶专项斗争的部署要求，成立扫黑除恶专项领导小组，制定《开展扫黑除恶专项斗争实施方案》，明确目标任务和工作重点，确保工作机制高度一致。全年受理公安机关移送审查起诉涉恶案件5件13人，经层报省检察院审批认定2件10人为涉恶案件，目前已提起公诉，另外3件3人以普通刑事案件办理。不断强化线索排查，确保精准打击。制定了涉黑涉恶线索“大排查、大核查”实施方案，对2015年以来已办结和正在办理的700余件审查起诉案件逐一进行了排查。不断强化依法办案，确保震慑态势高度有力，严格按照两高两部《关于办理黑恶势力犯罪案件若干问题的指导意见》，充分发挥批捕、起诉职能，注重事实依据，准确适用法律，既不拔高案件定性，也不放纵打击重点。如在办理李某某、仰某某等10人涉嫌恶势力团伙犯罪案件时，因该案时间跨度大、交叉作案多、被害人多等特点，及时派出检察官提前介入引导侦查取证，多次召开检察官联席会议分析案情，全面讨论、深入研究，对需要进一步核查、完善的证据及时要求公安机关补证，做到事实清楚、证据确实充分、定性准确，确保了案件质量和效率。

积极主动化解社会矛盾。健全检察环节依法维权和化解纠纷机制，在办理轻微刑事案件和民事申诉案件中，通过办案风险评估、刑事和解、检调对接等方式，积极促成当事人和解，最大限度促进社会和谐，依法受理控告申诉案件11件，通过释法说理，做到息诉罢访4件，通过分流相关部门妥善处理7件。开展刑事被害人司法救助1件，申请落实救助金6万元，从经济上给予被害人救助，缓解其实际生活困难，彰显司法关怀和人权保障。积极构建信访与“网、电、视频”相融合的群众诉求新渠道，深化检察长接访工作，推进派驻乡镇检察室规范化建设，着力解决申诉难问题。全年依法妥善办理群众来信来访35件次，派驻乡镇检察室接待群众来访49人次、提供法律咨询53人次、化解矛盾纠纷7件，不断增强人民群众获得感、幸福感、安全感。全面落实“谁执法谁普法”责任制，落实对所办案件进行以案释法、检察文书说理制度；结合“普法基层行”“检察宣讲乡村行”等活动，集中宣讲扫黑除恶、禁毒、反邪教、公益诉讼和与人民群众息息相关的婚姻法、继承法、土地法等方面的知识，进一步提升广大人民群众的法治意识和法治观念。

助力脱贫攻坚，全力服务发展大局。紧紧围绕县委关于精准扶贫精准脱贫工作部署要求，牢牢把握工作重点，为脱贫攻坚大局提供有力的法治保障，制定了《服务和保障全县脱贫攻坚工作方案》，切实找准检察机关服务和保障精准扶贫精准脱贫工作的立足点、切入点和着力点，充分发挥惩治、监督、教育、保护等职能作用，着力为精准扶贫精准脱贫工作营造和谐稳定的社会环境和公平正义的法治环境。严厉打击危害农村稳定、破坏农业生产和侵害农民利益的各类犯罪活动，加大非公有制经济产权的保护力度，切实为脱贫攻坚提供司法保障。办理农村基层组织人员职务侵占案件1件1人，拒不支付劳动报酬案件2件2人，打击虚开增值税专用发票犯罪2件2人，依法惩治合同诈骗案件2件2人，有力保护了当事人合法权益。16名帮扶责任人紧盯“两不愁三保障”要求，积极履行帮扶职责，对97户贫困户从制定脱贫方案、“一户一策”入手，采取切实有效举措，用心用力、扶智扶志、真帮实助，共同为困难群众如期脱贫献计出力。

**二、聚焦监督主责主业，深入推进法治渭源建设**

坚持聚焦法律监督主责主业，不断拓展监督方式，增强监督实效，努力让人民群众在每一个司法案件中感受到公平正义。

强化刑事诉讼检察监督。主动适应新形势、新变化和经济发展新常态，严格依照法定权限和程序，强化侦查活动和刑事审判活动监督。严把案件事实关、证据关、程序关和法律适用关，对不构成犯罪、犯罪情节轻微或证据不足的，依法决定不批捕31人、不起诉30人。坚决纠正有案不立、有罪不究等问题，监督侦查机关立案5件5人，督促撤案3件3人。严格核查刑讯逼供、非法取证、漏捕漏诉等问题，依法纠正侦查活动违法3件3人，追加逮捕2人，追加起诉2人，追诉遗漏同案犯3人。加强刑事审判监督，依法审查后，对1件认为确有错误的刑事判决提出抗诉。积极落实检察长列席审判委员会制度。

强化民事行政检察监督。积极打造民事行政诉讼监督、行政非诉执行监督及支持起诉协调发展的多元化格局，开展了行政非诉执行监督、加强产权司法保护优化营商环境等专项活动。共办理民事行政监督案件8件，其中针对办案中发现的执行行为和适用法律问题发出检察建议6份，督促办案机关和单位纠正错误、规范执法、依法履职，有力地维护司法权威和当事人的合法权益；审查民事裁判监督案件1件，提请抗诉后市院支持抗诉意见。主动与县劳动监察部门衔接，加大对农民工合法权益保障力度，支持起诉农民工讨薪案件2件，帮助李存林等22名农民工讨回拖欠工资12万余元。

强化刑事执行检察监督。积极开展日常检察监督和重点节假日安全大检查，就看守所存在的安全隐患等问题，发出纠正违法通知书和检察建议各1份。与在押人员座谈42人次，办理在押人员申诉刑期计算错误案件2件2人，办理提请暂予监外执行监督案件1件1人，保障了被监管人合法权益。加大社区矫正工作检察力度，联合司法局对全县170余名社区矫正人员监管档案、日常管理等情况进行了全面检察，就存在的问题发出纠正违法通知书3份。准确把握羁押必要性审查案件办理流程和审查标准，办理羁押必要性审查案件10件10人，其中建议变更强制措施5件5人，采纳4件4人。全力开展财产刑执行检察，针对核查出的38人10万余元财产刑未执行到位的问题向法院发出纠正违法通知书，督促整改。

强化公益诉讼检察监督。习近平总书记指出检察机关是保护国家利益和社会公共利益的一支重要力量，通过积极办理公益诉讼案件，充分贯彻落实总书记的指示精神，依法保护国家和社会公共利益。深刻领会“绿水青山就是金山银山、良好生态环境是普惠民生福祉、山水林田湖草是生命共同体”的丰富内涵，高度重视全县生态环境保护，开展了“洮河流域生态环境保护检察公益诉讼专项调查”活动，针对县某辖区垃圾未按规定收集处理影响周边环境、采矿区周边生态环境遭到严重破坏等问题，向有监管职责的单位发出检察建议5份，督促其依法履行职责，彻底整治垃圾乱堆乱放问题，修复被破坏的生态。依法开展国有财产保护、国有土地使用权出让等领域检察公益诉讼工作，通过诉前检察建议程序追缴国有建设用地使用权出让金2500余万元。围绕服务健康中国战略，积极推进“保障千家万户舌尖上的安全”检察公益诉讼专项监督活动，在全县开展了农村义务教育学校食堂食品安全专项监督工作，覆盖全县农村义务教育中小学校186所、涉及供餐学生24426名，对发现的问题及时建议有关单位进行整改。

强化未成年人检察工作。不断完善“捕、诉、监、防”一体化工作机制，强化对涉罪未成年人的教育、感化和挽救。受理审查逮捕未成年人犯罪案件6件7人，审查后批准逮捕4件4人（纠正漏捕1件1人），不批准逮捕2件3人，不捕率为42.8%。受理审查起诉未成年人犯罪案件8件11人，经审查提起公诉7人，不起诉2人，不起诉率为18.2%；附条件不起诉2人，不起诉率为18.2%。开展社会调查9人（次），通知合适成年人到场13人（次），犯罪记录封存11人（次），对11名未委托辩护人的未成年人犯罪嫌疑人，及时通知法律援助机构为其指派律师提供辩护，落实了合适成年人到场、社会调查、附条件不起诉等特殊检察制度。

## 三、始终坚持改革创新，不断增强检察监督能力

按照中央、省市县委和上级检察院的统一部署，蹄疾步稳完成各项改革任务，推动公正高效权威的司法体制和机制建设。

扎实推进司法体制改革。持续按照司法体制改革总体要求，抓重点、破难点、建机制，大胆探索、用心实践，集中精力推动司法体制改革和相关配套机制改革落地落实。有序推进检察官员额制改革，建立健全了绩效考核机制，实现了检察官、检察辅助人员、司法行政人员分类管理。稳妥推进内设机构改革，将原13个内设机构改设为政治部、办公室、第一检察部、第二检察部、综合业务部5个部门在内部试运行，合理建立新型办案团队和优化办案组织，大力推进“捕诉合一”。全面推进司法责任制改革，通过明确员额检察官职责权限、改革办案模式、完善司法责任认定和追究，不断突出检察官的主体地位，逐步形成“谁办案谁负责、谁决定谁负责”的办案机制。深入推进以审判为中心的刑事诉讼制度改革，严格执行修改后刑事诉讼法规定的刑事案件速裁程序和认罪认罚从宽制度，实现“繁案精办”“简案快办”。全面实现人财物省级统一管理，人员用编、入编、出编和人员信息划转等编制审批事项由省检察院、省编办统一管理、核定和调配，完成了各项经费、资产管理和政府采购的省级上划，基本建立了相对统一完善的经费保障机制。

不断健全检察管理机制。坚持管理规范化、科学化的工作理念，不断完善党组会、检委会、检察长办公会、院务会“四项决策机制”，进一步健全管人、管事、管案、管物“四项管理机制”，确保检察决策科学和管理规范。全面运行检察统一业务应用系统，实现办案信息网上录入、办案流程网上监控、办案活动网上监督，全力构建网上全程监控、案件质量评查、司法档案管理、办案业绩考评等立体化案件管理新机制。持续开展扣押冻结款物、警车警械管理使用、规范安全理性文明司法等专项检查，认真解决自身在办案中存在的突出问题。

主动接受社会各界监督。树立监督者更要接受监督的意识，坚持向县人大及其常委会报告工作，主动向政协通报工作，积极配合开展专题视察、执法检查等活动。先后向县人大常委会专题报告深化司法体制改革和队伍建设等工作，认真落实审议意见，不断改进工作。全力支持代表、委员依法履职，通过召开座谈会、上门走访、邀请视察等方式，真心实意听取意见建议，按时办结代表、委员提出的提案。有力推进12309检察服务中心建设，建成了集国家赔偿、控告申诉、法律咨询、司法救助等功能于一体的“一站式”服务中心，实现“两微一端”和案件信息公开系统的全覆盖，努力让检察工作融入群众“朋友圈”。全年向社会发布重要案件信息101件、程序性信息269件，公开法律文书158件，让人民群众更加充分地了解检察和监督检察。

## 四、始终坚持全面从严治检，努力打造过硬检察队伍

始终把队伍建设放在突出位置，坚决落实全面从严治党、从严治检责任，着力打造高素质检察队伍。

加强思想政治建设。深入学习贯彻党的十九大精神，不断创新丰富学习方式和载体，推动习近平新时代中国特色社会主义思想入脑入心，牢固树立“四个意识”，坚定“四个自信”，践行“两个维护”。深入推进“两学一做”学习教育常态化制度化，认真开展“不忘初心、牢记使命”主题教育，“主题党日”“政治生日”“党性体验”及重温入党誓词等活动，教育引导广大检察人员对党忠诚老实，努力做到信念过硬、政治过硬、责任过硬、能力过硬、作风过硬。不断加强意识

形态领域价值引领、思想引导和阵地管理，巩固和强化检察人员政治立场、政治意识、政治观念、政治纪律，铸牢精神支柱，夯实思想根基，确保检察人员必须政治可靠，保证检察机关作为党领导下的国家法律监督机关，充分履行在意识形态领域斗争中肩负的重要使命。

加强素质能力建设。深入推进检察人才队伍建设，分层分类组织培训，全年共培训干警112人次，实现轮训全覆盖，干警业务素能进一步提升，思维眼界进一步开阔，队伍职业化、专业化水平进一步提高。先后有4个集体、17名同志受到县级以上表彰。通过支持学习深造、承办重大案件、承担重要课题研究等方式锻炼队伍，大学本科占比达到了92.8%、法律专业占比90.4%，2名干警通过了国家法律职业资格考试，1篇调研文章在国家级刊物发表。高度重视检察宣传工作，全方位宣传新时代中国特色社会主义法治成效，积极讲述检察好故事、传播法治正能量，全年共发表宣传稿件2318篇，其中国家级纸质媒体30篇、省市级纸质媒体34篇、省级以上网络媒体78篇、“两微一端”2176篇。

加强纪律作风建设。全面落实从严治党新要求、新部署，以永远在路上的执着把全面从严治党引向深入，不断开创全面从严治党、从严治检新局面。全体检察人员严格执行《中国共产党纪律处分条例》、中央八项规定精神及《检察人员纪律处分条例（试行）》等纪律禁令，模范遵守检察官职业道德，坚持文明、理性、平和的执法理念。始终坚持民主集中制原则，对班子成员进行合理分工，对“三重一大”等重大问题、重大事项由集体研究决定，提高班子成员依法办事的自觉性，使班子更加团结、队伍更加稳定、工作劲头更加十足。严格落实党风廉政建设责任制和“一岗双责”，认真开展“转变作风改善发展环境建设年”活动，并与“三纠三促”专项行动、省检察院“六项重点工作”落实紧密结合起来，以求真务实、真抓实干的作风和钉钉子精神，做实做细做好各项工作。制定了落实全面从严治党主体责任实施办法、监督责任实施办法、党风廉政建设约谈办法、谈心谈话制度，不断健全全面从严治党制度，强化主体责任和监督责任，强化追责问责，持续发力，推进全面从严治党向纵深发展。

加强检察文化建设。高度重视检察文化建设，把检察文化建设与检察业务工作同部署、同推进、同考核，以创建“全省检察文化建设示范院”为目标，着力巩固省级文明单位创建成果，围绕“筑根基、提品位、强素质”开展系列文化创新活动，营造浓厚的检察文化氛围，力求以检察文化“软实力”提升检察队伍“精气神”。以检察官文联为依托，积极践行社会主义核心价值观，传承中华优秀传统文化，弘扬社会主义先进文化，开展了“学党史检史、悟初心使命”主题活动，引导干警筑牢从事检察工作的思想根基；建设检察文化长廊、廉心亭、书画创作室、新媒体工作室等场所，营造了浓厚的文化氛围，有效提升干警的文化品位和生活情趣；开展“检察官沙龙”“青年干警之窗”系列研讨活动，不断提升干警执法水平。

各位代表，2018年，县检察院各项工作成绩的取得，是县委和市检察院坚强领导的结果，是县人大及其常委会监督和县政府、县政协及社会各界支持的结果，也是各级人大代表、政协委员和社会各界关心帮助的结果。在此，我代表县检察院全体干警表示衷心的感谢并致以崇高的敬意！

回顾过去一年的工作，我们深切体会到，做好检察工作要坚持做到“六个必须”：一是必须坚持党的绝对领导，坚持以习近平新时代中国特色社会主义思想为指导，树牢“四个意识”，坚定“四个自信”，坚决维护党中央权威和集中统一领导，切实维护习近平总书记的核心地位，才能确保检察工作沿着正确方向胜利前进。二是必须坚持宪法定位，依法履行法律监督职责，自觉主动融入大局、服务大局，为经济社会持续健康发展创造良好法治环境，才能更好地彰显检察工作的价值。三是必须自觉接受人大及其常委会监督，同时还要自觉接受民主监督和社会各方面的监督，才能保证检察职能得到充分的发挥。四是必须深入贯彻以人民为中心的发展思想，及时回应民生关切，依法解决民生诉求，把检察工作做到百姓心坎上，才能从根本上赢得人民的信任和支持。五是必须锐意推进改革创新，不断完善司法管理体制和检察权运行机制，让检察工作在改革中完善、在创新中发展，才能有效补齐短板、破解难题。六是必须牢牢坚持全面从严治党，把纪律和规矩挺在前面，敢管敢严，真管真严，才能增强检察队伍的创造力凝聚力战斗力、提高司法公信力。

与此同时，我们还清醒地认识到，检察工作仍然存在一些问题和不足：检察工作服务中心大局的实效有待进一步提升；法律监督工作发展不够平衡，特别是民事、行政检察工作相对薄弱；司法办案科技含量不高，“智慧检务”建设需要进一步加快推进；检察队伍专业化水平与新时代新任务新要求还有不小差距；司法作风和纪律作风建设仍需强化。对这些问题，我们将采取有力措施，认真加以解决。

## 2019年主要工作任务

2019年，是新中国成立70周年，是决胜全面建成小康社会第一个百年奋斗目标的关键之年，也是实施“十三五”规划的重要之年，更是实现全县整体脱贫摘帽的决战决胜之年。县检察院党组和全体检察人员要以习近平新时代中国特色社会主义思想为指导，坚持党对检察工作的绝对领导和以人民为中心的发展思想，坚持“讲政治、顾大局、谋发展、重自强”总体要求，坚持聚焦服务大局与聚焦主责主业有机结合，坚持以司法办案为中心，以创新发展为主线，坚持以深化司法改革和智慧检务建设为动力，强化追诉、诉讼监督、司法审查职能，以内设机构改革为突破口，强化检察队伍建设，全面协调均衡推进刑事检察、民事检察、行政检察、公益诉讼工作，履行好维护国家政治安全、确保社会大局稳定、促进社会公平正义、保障人民安居乐业的主要任务，为新时代我县经济社会持续健康发展创造安全的政治环境、稳定的社会环境、公正的法治环境，提供更加优质高效的法治产品、检察产品。

### 一、坚定不移坚持党的绝对领导，确保检察工作沿着正确方向砥砺前行

要深刻认识到党的绝对领导是检察工作的最高原则、最大优势，任何时候任何情况下都不能有丝毫动摇。要坚持把讲政治放在第一位，增强“四个意识”，坚定“四个自信”，践行“两个维护”，正确处理党的绝对领导和依法独立公正行使检察权的关系，坚持把党的绝对领导贯彻到检察工作各方面，坚持重大事项、重大问题、重大案件请示报告制度。要牢固树立旗帜鲜明讲政治的理念，牢固树立以人民为中心的理念，牢固树立以办案强化法律监督的理念，牢固树立法律监督要实现双赢多赢共赢的理念，牢固树立司法办案要实现“三个效果”有机统一的理念。

### 二、坚定不移履行服务大局的基本职责，为经济社会持续健康发展提供有力法治保障

要自觉聚焦大局、服务大局、保障大局，进一步找准切入点、着力点，充分发挥检察机关职能作用，坚持把打击犯罪、维护稳定与化解风险、促进发展统筹起来，主动服务保障打好防范化解重大风险、精准脱贫、污染防治三大攻坚战，为全面建成小康社会提供有力司法保障。要以人民安全为宗旨，严厉打击故意杀人、故意伤害等严重暴力犯罪，严厉打击抢劫、盗窃、诈骗等多发性侵财犯罪，严厉打击非法吸收公众存款、集资诈骗、信用卡诈骗等破坏金融秩序犯罪，严厉打击以危险方法危害公共安全犯罪，继

续严厉打击涉黑涉恶犯罪。要贯彻服务理念，寓办案于服务之中，助力政府、促进政府解决难以推进和落实的公益难题，在公益诉讼这个领域急政府所急、分政府之忧，通过公益诉讼办案服务政府、服务经济发展。

**三、坚定不移贯彻以人民为中心的发展思想，努力满足人民群众美好生活需要**

要牢记人民检察为人民的初心使命，始终把人民放在心中最高位置，坚决贯彻落实好党的群众路线，确保检察工作反映民意、维护民利、凝聚民心。要把满足人民群众美好生活需要作为检察工作的基本导向，把群众路线作为检察工作的生命线，把人民群众满意作为检察工作的根本标准。要做实做强做优新时代法律监督，坚持双赢多赢共赢，实现刑事、民事、行政、公益诉讼等各项检察监督工作全面平衡充分发展。要强化对未成人合法权益的司法保护，深入开展“护苗行动”；要继续加大危害食品药品安全犯罪的打击力度，深入开展“护康行动”；要重点打击非法占用农用地、破坏耕地等犯罪，深入开展“护耕行动”；要依法严惩破坏生态环境资源的各类犯罪，维护我县得天独厚的生态优势，深入开展“护绿行动”。

**四、坚定不移自觉接受各界监督，努力改进检察工作**

要自觉接受人大及其常委会的监督，牢固树立“检察权是人民赋予的、受人大监督、对人大负责”的意识，严格规范执法行为，自觉接受每年人大的专项视察、认真执行决议决定、切实办理交办案件、密切联系代表，把加强代表联络作为自觉接受监督、支持代表依法履职的重要方式。要主动接受政协民主监督，牢固树立“监督就是支持”的理念，不断完善委员联络、信息报送、案件监督等机制，切实增强监督的自觉性。

要自觉接受社会各界监督，积极拓宽渠道，不断深化检务公开，扎实开展“检察开放日”等活动，加强检民互动交流，让更多的人监督、支持检察工作。要主动接受新闻媒体舆论监督，进一步加强与新闻媒体联系沟通，不断健全涉检舆情及时采集处理反馈机制。

**五、坚定不移落实新时代党的建设总要求，进一步加强过硬检察队伍建设**

要坚持以政治建设为统领，把讲政治与抓业务紧密结合起来，着力培养专业能力、专业精神，把全面从严治党、全面从严治检责任落到实处，努力建设一支既政治过硬又本领高强的检察队伍。要锲而不舍加强纪律作风建设，坚决贯彻落实中央八项规定精神和省市县委各项规定，坚决整治不正之风，持续推进规范司法行为，不断健全案件管理机制，切实把检察权关进制度笼子，保障公正廉洁司法。要统筹推进检察官、检察辅助、司法行政三类人员建设，坚持认识好干部、培养好干部、用好好干部，建立崇尚实干、主动担当、加油鼓劲的正向激励体系，落实“庸者下、平者让、能者上”的选人用人原则，让更多忠诚干净担当的好干部脱颖而出、担当重任，努力打造“五个过硬”检察队伍，为推动新时代检察事业科学发展提供坚强的组织保障、人才支持和精神动力。

各位代表，新时代赋予新使命。县检察院将在县委和市检察院的坚强领导下，认真贯彻落实本次会议决议，牢记全县人民的期望和重托，以永不懈怠的精神状态和一往无前的奋斗姿态，不断开创新时代渭源检察工作新局面，为全县政治安定、社会稳定、经济发展、人民安居乐业和2019年如期实现整体脱贫摘帽做出更大的贡献！

# 定西市地方志编纂委员会办公室文件

定志办函〔2019〕3号

## 定西市地方志编纂委员会办公室关于《渭源年鉴》(2019)出版的批复

渭源县地方志编纂中心:

你中心关于《渭源年鉴》(2019)出版的请示(渭志中心〔2019〕1号收悉,经研究,批复如下:

《渭源年鉴》(2019)框架结构基本合理,领属划分较为得当,记述层次清楚,资料内容完整,图片安排较为合理,是一部较为成熟的稿件;主题较为突出,指导思想正确,没有发现违反出版物规定的言论、观点和内容,同意出版印刷。

定西市地方志办公室

2019年10月10日